FUSION 360 모델링

3D 프린팅 완전 정복

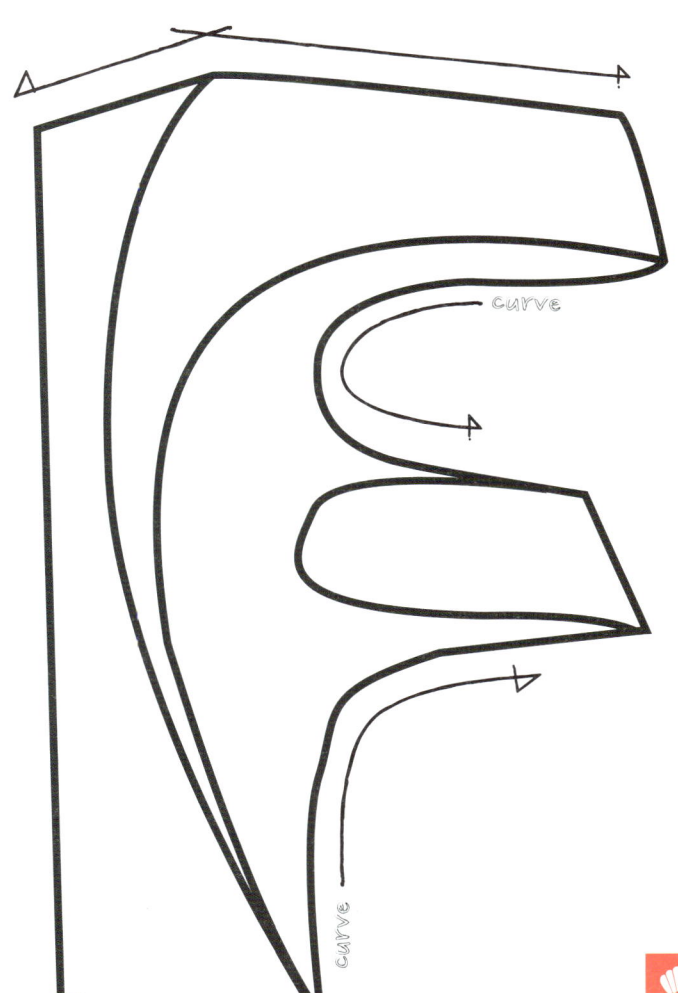

크라운출판사
http://www.crownbook.com

>> 저자 소개

홍표제
- 現 ㈜쓰리디아이템즈 매니저
- 前 Maker's Education 교육팀장
- 3D 프린팅 전문 강사
- AUTODESK FUSION 360 ACI(오토데스크 국제공인 강사)

E-mail : pjhong@3ditems.net

임건우
- 現 ㈜쓰리디아이템즈 기술본부장
- 現 ㈜메이커스코리아 기술본부장
- 現 홈팩토리문화진흥 협동조합 사무국장
- 사단법인 한국3D프린팅협회 표창장 '우수강사 표창장'

E-mail : gwlim@3ditems.net

이기훈
- 現 ㈜쓰리디아이템즈 대표이사
- 現 ㈜메이커스코리아 대표이사
- 現 홈팩토리문화진흥 협동조합 이사장
- 산업인력공단 국가직무능력표준(NCS) '3D 프린팅 분야' 개발위원
- 국가기술표준원 미래예측위원회 3D 프린팅 분과위원

E-mail : khlee@3ditems.net

㈜쓰리디아이템즈
사이트 : http://3ditems.net
카페 : http://cafe.naver.com/3ddong

>>> 이 책을 펴내며

　4차 산업혁명을 견인할 기술 중의 하나로 3D 프린터가 조명을 받으면서 3D 모델링을 배우고자 하는 사람들도 많이 늘어났습니다. TinkerCAD, 123D Design 등 교육용 무료 프로그램들이 보편화되면서 많은 사람들이 3D 모델링을 접하고 자연스럽게 전문적인 프로그램에 대한 필요로 이어지면서 Autodesk사에서는 Fusion 360을 출시하였습니다.

　Fusion 360은 파라메트릭 모델링 방식을 기초로 하고 있지만 곡면 모델링 작업 환경과 자유형 모델링 작업 환경과 같은 여러 가지 모델링 방식을 채용하였습니다. 파라메트릭 방식으로는 작성하기 힘들었던 비정형의 유기적인 모델을 쉽고 간단하게 만들어내면서 각각의 작업 환경들이 서로를 상호 보완하는 강력한 모델링 프로그램입니다. 또한 Fusion 360은 렌더링, 애니메이션, 시뮬레이션, CAM까지 모든 작업을 하나의 프로그램에 Fusion 해 놓은 통합 솔루션입니다. 이러한 기능적인 면에서는 기존의 고가 소프트웨어에 비교해 보아도 손색이 없을 정도이며 어떤 면에서는 오히려 더 강력한 모습을 보여주기도 합니다.

　이런 혁신적인 소프트웨어인 Fusion 360의 더 놀라운 점은 지금이 완성된 모습이 아니라 계속해서 진화하고 있다는 점입니다. 실제로 책을 집필하는 도중에도 계속되는 업데이트로 기능이 더욱 강화되어 수정하는 작업이 늘어날 정도였습니다. Fusion 360은 활성화된 커뮤니티를 바탕으로 사용자들의 의견을 적극 반영하여 완전체로서 진화하고 있습니다.

　비록 Fusion 360이 책 한 권에 담아내지 못할 정도로 방대하여 더 많은 내용을 설명하지는 못했지만 독자 여러분이 이 책에서 Fusion 360을 활용한 여러 작업 환경에서의 모델링을 다양한 예제들로 하나하나 배워나갈 수 있도록 노력했습니다. 모델링을 처음 접하고 배우는 독자분들이 이 책을 통하여 모델링에 더욱 흥미를 느끼고 친근해질 수 있는 계기가 되기를 희망합니다.

쓰리디아이템즈 기술교육팀
홍표제

>>> 이 책의 구성

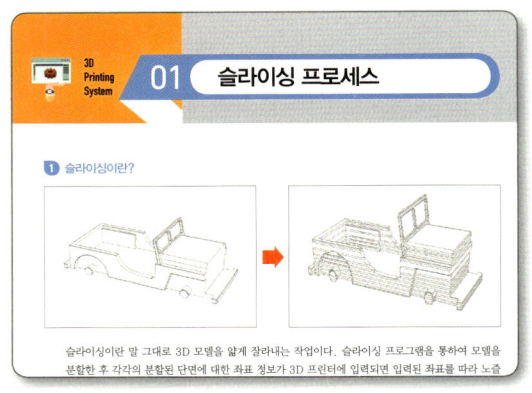

핵심 이론
꼭 알아야 할 학습 내용과 기능,
실습 과정을 상세하게 소개하였습니다.

예제
프로그램을 통해 직접
스케치해볼 수 있도록 하였습니다.

모델링 따라 하기
순서에 따라 모델링을 자연스럽게
익힐 수 있도록 하였습니다.

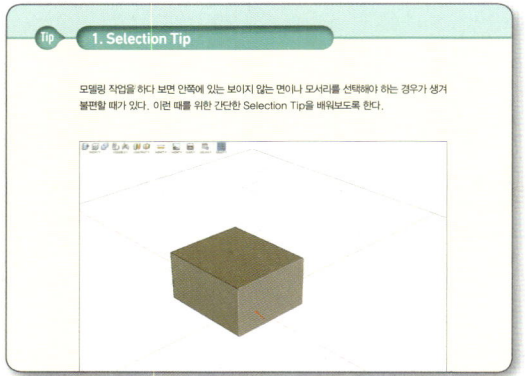

Tip
알아두면 유용할 정보를 담았습니다.

4 • 3D 프린팅 완전 정복 Fusion 360 모델링

>>> 차례

Chapter 01 Fusion 360이란?
- 01. Fusion 360 소개 ··· 8
- 02. 설치 및 회원 가입 ·· 14

Chapter 02 Projects 관리
- 01. 프로젝트 생성하기 ··· 20
- 02. 저장하기 ·· 22
- 03. 파일 업로드 및 불러오기 ·· 25
- 04. Projects 초대하기 ·· 27
- 05. Branch & Merge ·· 28
- 06. A360을 이용한 Projects 관리 ··· 32
- 07. Fusion 360 애플리케이션 사용하기 ······································ 38

Chapter 03 Fusion 360 준비
- 01. 화면 구성 ·· 42
- 02. 뷰 큐브 ·· 43
- 03. 탐색 바 ·· 45
- 04. 마우스 조작법 ·· 52
- 05. 환경 설정 ·· 53

Chapter 04 Fusion 360 Sketch
- 01. Sketch 기본 툴 설명 ·· 56
- 02. Sketch Palette ·· 65
- 예제 01. Sketch 따라 하기(1) ·· 70
- 예제 02. Sketch 따라 하기(2) ·· 79
- Tip. Sketch Palette Slice ··· 86

Chapter 05 Model 작업 환경에서의 모델링
- 01. Create 기본 툴 설명 ·· 90
- 02. Extrude 상세 설명 ··· 98
- 03. Revolve 상세 설명 ··· 103
- 04. Sweep 상세 설명 ··· 105
- 05. Loft 상세 설명 ·· 107
- 06. Modify 기본 툴 설명 ·· 108
- 07. Inspect 기본 툴 설명 ·· 113
- 08. Insert 기본 툴 설명 ·· 115
- 09. Construct 기본 툴 설명 ··· 117
- 모델링 따라 하기 01. 스마트폰 거치대 모델링 ····························· 121
- 모델링 따라 하기 02. 장난감 자동차 모델링 ································ 136

모델링 따라 하기 03. 병 모델링 ·· 154
모델링 따라 하기 04. 의자 모델링 ·· 172
Tip 1. Selection tip ··· 196
Tip 2. Named View ··· 198
유의 사항. Loft 순서에 따른 유의 사항 ···································· 200

Chapter 06 Patch 작업 환경에서의 모델링

01. Create 기본 툴 설명 ··· 202
02. Modify 기본 툴 설명 ·· 204
03. Assemble 기본 툴 설명 ·· 206
04. Solid Body로 변환하는 방법 ··· 210
모델링 따라 하기 01. 해먹의자 모델링 ···································· 214
모델링 따라 하기 02. 안경 모델링 ·· 228
Tip 1. Toolbox 사용하기 ··· 262
Tip 2. Insert Spline Fit Point ··· 263
Tip 3. Insert McMaster-Carr Component ································ 265

Chapter 07 Sculpt 작업 환경에서의 모델링

01. Create 기본 툴 설명 ··· 270
02. Modify 기본 툴 설명 ·· 273
03. Edit Form 상세 설명 ·· 280
04. Symmetry 기본 툴 설명 ··· 284
05. Utilities 기본 툴 설명 ··· 286
모델링 따라 하기 01. 감자 칼 모델링 ···································· 288
모델링 따라 하기 02. 스테이플러 리무버 모델링 ·························· 322
Tip. Direct Modeling ·· 350
유의 사항. Sculpt 작업 환경에서의 유의 사항 ···························· 353

Chapter 08 Mesh 작업 환경에서의 모델링

01. Mesh 작업 환경에 대하여 ··· 358
02. Create 기본 툴 설명 ··· 360
03. BRep to Mesh 상세 설명 ·· 361
04. Modify 기본 툴 설명 ·· 365
05. Remesh 상세 설명 ·· 370
06. Reduce 상세 설명 ·· 373
모델링 따라 하기 01. 깨진 파일 복구하기 ································ 376
모델링 따라 하기 02. 스캔 파일 보정하기 ································ 385
Tip. Face Group을 이용하여 원하는 영역을 쉽게 선택하기 ················ 399

Chapter 09 자동차 모형 만들기

01. 슬라이싱 프로세스 ·· 404
02. 후가공 ··· 410

Chapter
01

Fusion 360이란?

01 **Fusion 360 소개**
02 **설치 및 회원 가입**

01 Fusion 360 소개

　Fusion 360은 Autodesk사의 3D CAD/CAM 소프트웨어이다. Fusion 360은 설계와 디자인뿐만 아니라 렌더링, 애니메이션, 시뮬레이션을 하나의 프로그램으로 통합한 혁신적인 제품 설계 소프트웨어이다. Fusion 360은 클라우드 서비스를 기반으로 여러 소스의 데이터를 하나의 프로젝트 안에서 관리하여 협업의 효율성을 극대화한다. 또한 A360 서버, Fusion 360 애플리케이션을 이용하여 언제, 어디서든지 Fusion 360에 접속할 수 있다.

1 Fusion 360의 설계와 양식 탐색

① 자유형 모델링 및 스컬프팅

　T-스플라인 기술이나 스케치 곡선, 패치, 돌출을 사용하여 부드럽고 정확한 서페이스를 작성할 수 있다. 양식의 면, 모서리 및 정점을 편집하면 모델에서 원하는 곡률의 정확한 크기를 얻을 수 있다.

② 솔리드 모델링

　　Fusion 360에서는 내역 모델링이 내역 타임 라인으로 구성된다. 타임 라인은 설계 프로세스 중에 사용된 명령을 캡처한다. 이전 작업을 업데이트할 필요 없이 뒤로 돌아가 해당 작업을 편집할 수 있다. 모든 것은 자동으로 업데이트된다. 내역이 없는 기준 피처를 제작한 다음 하향식 설계를 위해 내역 사용 환경에서 이 피처를 사용해본다.

　　유기적 설계 및 세부 기계 부품(또는 둘 다)을 손쉽게 작성할 수 있는 강력한 솔리드 모델링 도구를 사용해본다. 강력한 부울 연산을 수행하고 웹, 로프트, 패턴 등의 기능을 기존 모델에 추가할 수 있다.

③ 파라메트릭 모델링

　　스케치에 대한 정확한 매개변수를 설정할 수 있다. 특정 값 및 관계형 기능을 사용하여 치수를 모델링 할 수 있다. 매개변수를 변경하면 모델이 업데이트되므로 이전에 작성한 기계 기능이 변경되지 않는다.

④ 메시 모델링

　　스캔한 STL 또는 OBJ 데이터를 가져와 Fusion 360 설계를 위한 참조로 사용할 수 있다. 객체 스냅을 사용하여 서페이스 바로 위에 T-스플라인 면을 생성하거나 당기기 명령을 사용하여 메시 본체 바로 위에 정점을 스냅 할 수 있다. 이런 식으로 T-스플라인 모델을 자유롭게 편집할 수 있다.

⑤ 부품 라이브러리 및 콘텐츠

　　Fusion 360에서는 ISO, ANSI, DIN 등에 기초한 엔지니어링 표준 부품의 라이브러리가 제공된다. 이 라이브러리를 새 설계의 출발점으로 사용하거나 기존 설계에 삽입하면 처음부터 부품을 다시 제작할 필요가 없다.

2 Fusion 360 통합 시뮬레이션, 설계 엔지니어링

① 시뮬레이션 및 테스트

　　제작 전에 설계가 동작하는 방식을 이해하면 시간과 자원을 절약할 수 있다. 테스트를 작성하고 테스트 결과를 애니메이션으로 표현하면 모델의 가장 약한 부분이나 고장 나기 쉬운 부분을 파악하는 데 도움이 된다. A360을 통해 팀과 학습 결과를 공유하며 보고 마크업 할 수 있다.

Unit 01 Fusion 360 소개

② 데이터 변환
　SLDPRT, SAT, IGES, STEP, STL, OBJ 등의 표준 CAD 형식을 가져올 수 있다. Fusion 360은 원래 파일을 보존하며 별도의 F3D 파일을 생성한다.
　로컬과 클라우드를 통해 내보낼 수 있다. 모델이 변환되어 다운로드할 준비가 되면 사용자에게 이메일 알림이 전송된다.

③ 조립품 모델링
　부품을 설계한 것과 동일한 환경에서 부품을 조립할 수 있으며, 조립할 때 부품을 결합하거나 특정 접합 원점 및 위치를 선택할 수 있다.
　리지드, 회전, 원통형, 핀-슬롯 평면 및 볼 등의 여러 다른 접합 유형 중 선택할 수 있고, 설계에 필요한 정확한 이동량을 파악하기 위해 접합부 제한을 설정하고 실시간으로 역운동학을 미리 검토할 수 있다.

④ 접합 및 동작 연구
　동작 연구 시에 모든 접합부를 활성화하여 조립품이 작동하는 프로토타입으로서 어떻게 동작하는지 파악할 수 있다.
　동작이 수행되어야 하는 특정 순서를 설정하여 접합부의 동작을 애니메이션으로 표현하며 처음부터 끝까지 동작을 재생하거나 반대로 재생할 수 있다.

⑤ 렌더링
　Fusion 360의 로컬 실시간 레이트레이싱 렌더링 엔진 또는 강력한 클라우드 렌더링을 사용하여 사실적인 렌더링을 작성할 수 있다.
　반투명 플라스틱, 페인트, 목재, 금속, 유리 및 복합 재료 같은 광범위한 재료 라이브러리에서 선택할 수 있다. 기존 재료를 편집하고 요구 사항에 맞는 맞춤형 재료를 제작할 수 있다.
　초점 길이, 필드 깊이, 광원 및 환경과 같은 다양한 카메라 설정을 탐색할 수 있다.

⑥ 애니메이션
　유연한 카메라 뷰, 페이드인/페이드아웃, 수동 또는 자동 분해 기능 및 추가 정보가 필요한 영역에 대한 지시 인출선을 사용하여 제품이 결합 및 분해되는 방법을 완전하게 애니메이션으로 표현할 수 있다. 이러한 장면을 MP4 동영상으로 내보내면 다른 사람들과 간편하게 공유할 수 있다.

3 Fusion 360 설계 제작

① 2축 및 2.5축 기계 가공

Fusion 360의 CAM 기능은 HSMWorks 및 Inventor HSM™과 동일한, 검증된 CAM 커널을 공유하므로 사이클 타임을 단축하며 기계 및 도구 마모를 줄이고 고품질의 완성된 부품을 제작하는 도구 경로를 신속하게 구현할 수 있다.

2D 전략에는 드릴링, 컨투어링, 포켓팅, 페이싱 및 가변 클리어링이 포함된다.

② 3축 기계 가공

기존의 모든 2축 전략에 더해 추가적으로 제공되는 3축 CAM은 평행 도구 경로, 가로 클리어링, 펜슬링, 가리비/균일 스톱오버 전략 및 보다 유기적 설계를 위한 나선/모프된 나선을 제공한다.

③ 3D 프린팅 유틸리티

메시 구조를 미리 보고 프린트 전 미세 조정을 수행하며 최적화된 지지 구조를 자동으로 생성하는 등 3D 프린팅에 맞게 준비된 설계를 완성할 수 있다. 또한 한 번에 여러 가지 설계 도면을 프린트할 수도 있다.

Fusion 360은 Autodesk Ember™ 3D 프린터를 준비하고 직접 통신할 수 있게 해주는 Autodesk® Print Studio(Spark 사용)를 포함한 3D 프린팅 소프트웨어 유틸리티와 함께 간편히 사용할 수 있다. 또한 Type A Machines, Dremel, MakerBot 및 Ultimaker의 프린터와 직접 통합되며 다양한 3D 프린터와도 호환된다.

④ 도면

연관적 2D 도면을 사용하여 신속하게 뷰, 치수 및 공차를 지정할 수 있다. 이 도면은 원본 모델의 하위 공정이 변경되는 경우 한 번의 클릭으로 간편하게 업데이트된다. 도면은 DWG 또는 PDF로 로컬에 보관할 수 있다.

4 Fusion 360 협업 및 관리

① 분산된 설계

여러 작업자가 하나의 프로젝트 내에서 참조된 구성 요소를 생성 및 수정할 수 있으므로 여러 지역에 분산되어 일하는 팀이 보다 효율적으로 일할 수 있다.

분산 설계 방식을 적용할 경우 하나의 Fusion 360 디자인을 다른 설계에 삽입하고 둘 사이에 연관 링크를 유지할 수 있다. 연결된 설계가 수정되면 변경 사항을 반영하여 참조된 설계가 업데

Unit 01 Fusion 360 소개

이트되도록 선택할 수 있다. 최종 작업한 상태에서 설계 도면을 열면 Fusion 360이 '업데이트 되지 않은' 참조 구성 요소를 강조 표시하여 개별적으로나 전체적으로 해당 구성 요소를 업데이트할 수 있게 해준다.

② 동기화된 설계 검토

여러 지역에 분산된 팀원 및 고객과 실시간으로 설계를 검토할 수 있다. 라이브 검토 세션에서 팀은 Fusion 360 내에서 모델의 수정 사항을 볼 수 있으며 웹브라우저에서 모델과 상호 작용할 수 있다.

③ 추적, 주석 및 공유

인원수에 제한 없이 팀원을 프로젝트에 초대할 수 있다. 라이브 작업 피드를 통해 버전을 추적하고 프로젝트 내에서 다른 사람이 작업한 내용을 볼 수 있다. 또한 A360 Team 응용 프로그램을 통해 웹브라우저에서 진행 상황과 팀 작업을 추적할 수 있다.

④ 버전 관리

Fusion 360 내에서 팀이 작업 중인 프로젝트 버전을 볼 수 있다. A360 Team을 사용하여 클라우드에서 여러 설계 버전을 저장하거나 로컬에 보관할 수 있다.

이전 파일 버전을 검토하고 이전 설계로 반복하기 위해 버전 내역의 맨 위로 이동할 수 있는 기능이 지원된다.

통합된 검색 엔진을 사용하여 복잡한 설계 파일에 포함된 구성 요소 및 데이터 아카이브를 간편하게 찾을 수 있다.

⑤ 모바일 보기 및 관리

Fusion 360 모바일 앱을 사용하면 회사 내부 및 외부의 사람들과 함께 3D 설계를 보고, 마크업을 추가하고 주석을 달며 협업을 진행할 수 있다.

iOS 또는 Android 모바일 장치에서 프로젝트에 액세스하여 3D로 설계를 검토하고 상호 작용할 수 있고, 최신 업데이트를 보고 주석을 게시하거나 검토 영역에 마크업을 추가하여 피드백을 전달할 수 있다.

DWG, SLFPRT, IPT, IAM, CATPART, IGES, STEP 및 STL을 포함하여 100개가 넘는 파일 형식이 지원된다.

⑥ 데이터 및 설계 공유 또는 게시

커뮤니티 갤러리에 설계를 업로드하거나 데이터 패널의 공개 공유 링크를 사용하여 특정인과 설계를 안전하게 공유할 수 있다. 이 링크를 사용하면 오토데스크 어카운트가 없더라도 한 사람 이상의 수신자가 오토데스크의 무료 3D 뷰어를 사용하여 웹브라우저 내에서 설계를 보고 다운로드할 수 있다. 프로젝트를 보고, 주석을 달며 편집할 권한을 가진 사람을 관리할 수 있고 3D 웹 뷰어에서 직접 주석 작성 도구를 사용하여 중점을 두려는 설계의 영역을 측정하고 마크업 하여 수정 · 지시할 수 있다. 추가 다운로드나 플러그인 없이 Fusion 360에서 65개가 넘는 형식으로 2D 및 3D 파일을 볼 수 있다.

⑦ API 확장성

기본 제공되는 API 편집 기능을 사용하여 Fusion 360에서 맞춤형 작업을 자동화할 수 있다. JavaScript 또는 Python을 사용하면 Fusion 360 내에서 맞춤형 스크립트를 작성할 수 있다 (Brackets 및 Spyder 2 사용). 샘플 스크립트에는 볼트 생성기, 스퍼 기어 생성기 및 단순 재료 명세서(BOM) 추출기가 포함된다.

⑧ 설계 분리 및 병합

동일한 마스터 설계에서 여러 개의 분기를 작성하여 팀원들이 중단 없이 반복하도록 할 수 있다. 분기가 변경되면 전체 팀에게 통지가 전달되므로 모두가 서로의 작업에 대해 인지할 수 있다. 분기는 다른 분기와 병합될 수 있으며 직관적인 변경 충돌 감지 기능을 사용하여 기본 설계로 되돌아갈 수 있다.

⑨ Fusion 360 시스템 권장 사양

System requirements for Autodesk Fusion 360	
Operating System	Apple® macOS™ Sierra v10.12; Mac® OS® X v10.11.x(El Capitan); Mac OS X v10.10.x(Yosemite) Microsoft® Windows® 7 SP1, Windows 8.1, or Windows 10(64-bit only)
CPU Type	64-bit processor(32-bit not supported)
Memory	3GB RAM(4GB or more recommended)
Graphics Card	512MB GDDR RAM or more, except Intel GMA X3100 cards
Disk Space	~2.5 GB
Pointing Device	Microsoft-compliant mouse, Apple Mouse, Magic Mouse, MacBook Pro trackpad
Internet	A DSL internet connection or faster

02 설치 및 회원 가입

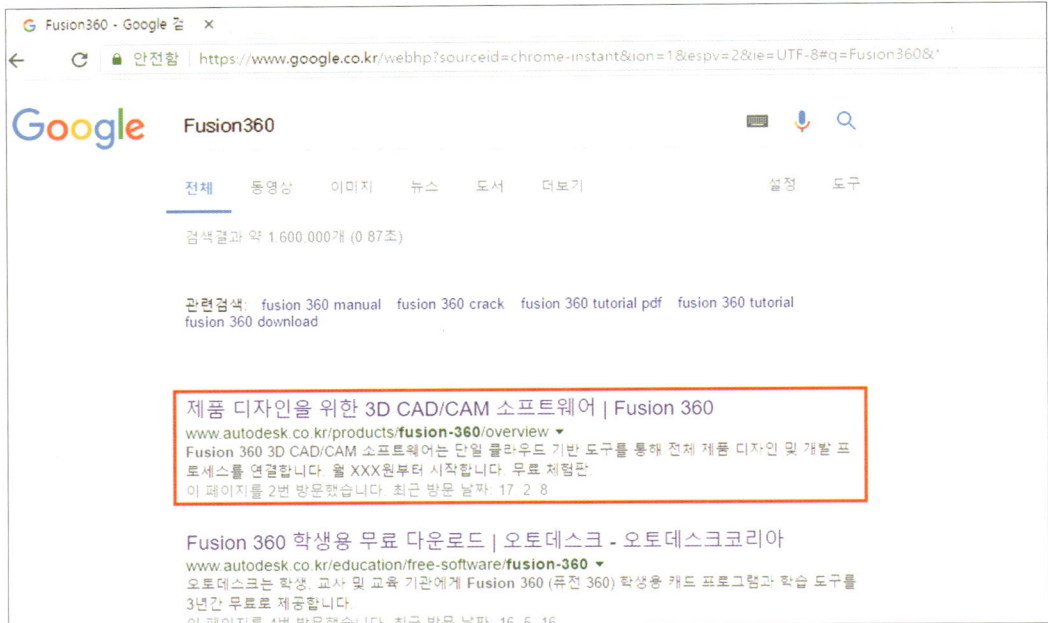

02-1 구글에서 'Fusion 360'을 검색해서 나오는 맨 처음 사이트를 클릭하여 접속한다.

02-2 '무료 체험판 다운로드'를 클릭한다.

14 • 3D 프린팅 완전 정복 Fusion 360 모델링

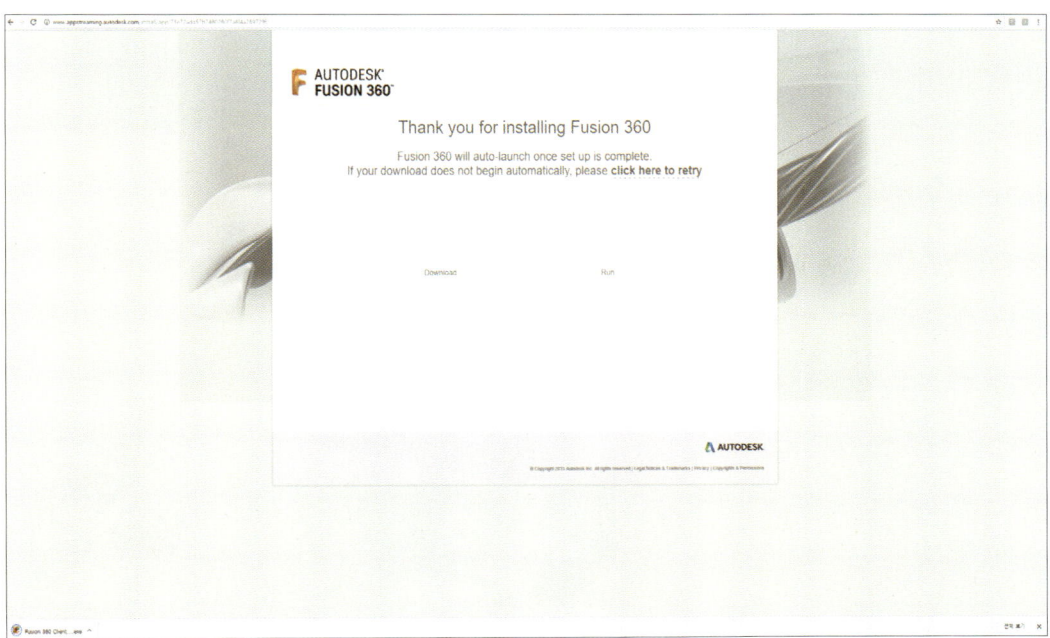

02-3 메일 주소를 작성하고 체크 박스에 체크한 뒤 저장한다.

02-4 그림과 같은 화면으로 넘어가면서 설치 파일이 자동으로 다운로드된다. 다운로드가 완료되면 Fusion 360을 설치한다.

Unit 02 설치 및 회원 가입

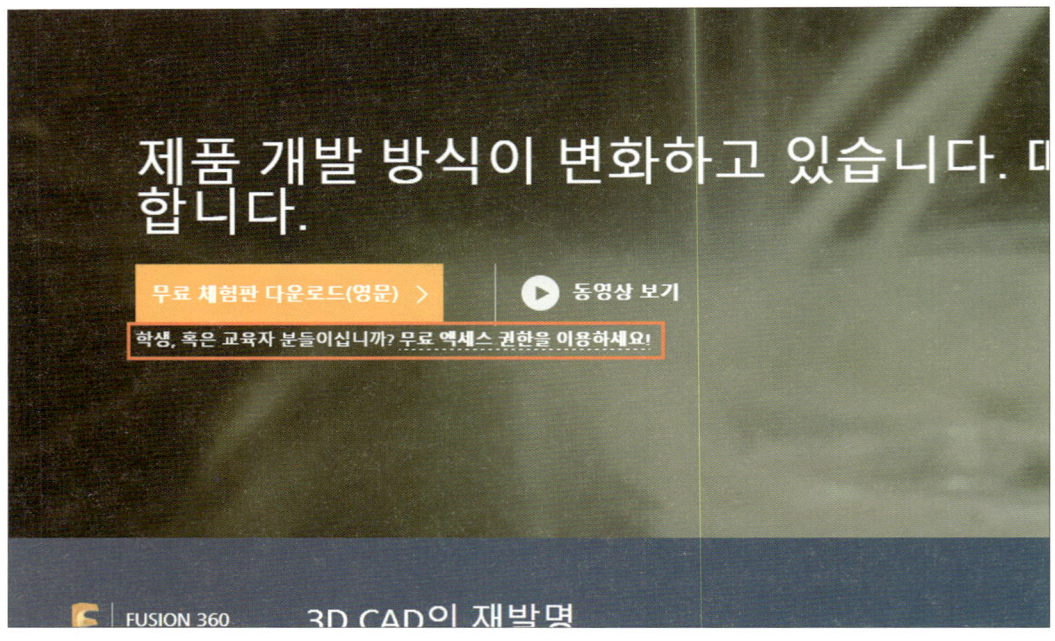

02-5 Autodesk 회원 가입을 하기 위해 맨 처음 화면에서 '무료 액세스 권한 이용하기'를 클릭한다.

02-6 '계정 생성'을 클릭한다.

02-7 국가와 교육 역할을 선택한 후 '다음' 버튼을 클릭한다.

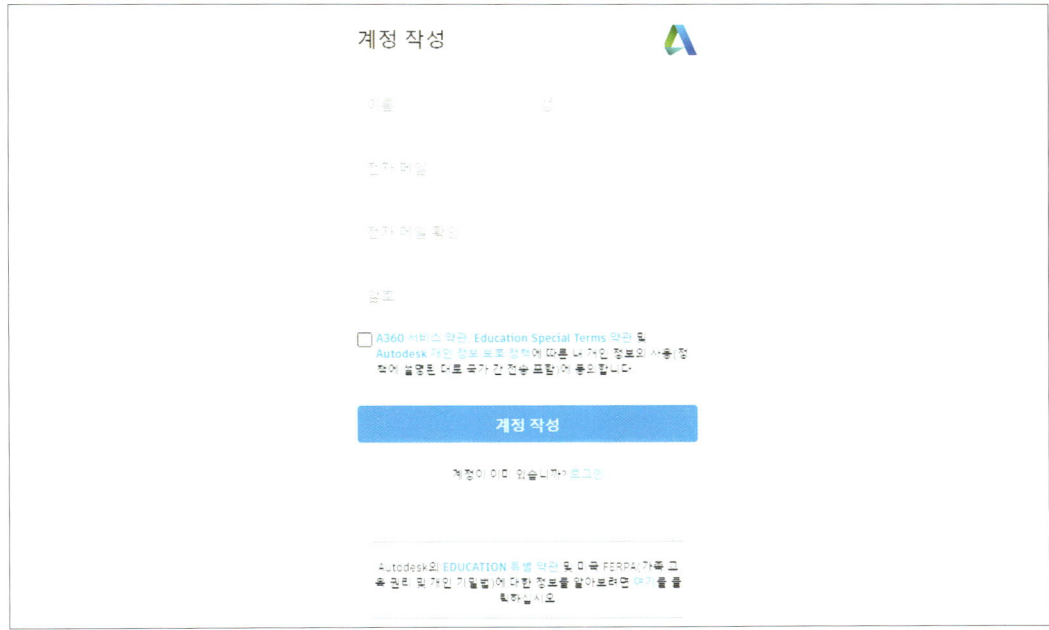

02-8 이름과 메일 주소 그리고 암호를 작성한 후 '계정 작성'을 클릭한다. 이때 작성한 메일 주소가 Autodesk의 아이디가 된다.

MEMO

Chapter

02

Projects 관리

01 프로젝트 생성하기
02 저장하기
03 파일 업로드 및 불러오기
04 Projects 초대하기
05 Branch & Merge
06 A360을 이용한 Projects 관리
07 Fusion 360 애플리케이션 사용하기

01 프로젝트 생성하기

Fusion 360은 클라우드 서비스를 기반으로 하여 여러 소스의 데이터를 프로젝트를 통하여 쉽게 공유하고 조작하여 작업의 효율성을 향상시킨다.

01-1 화면 좌측 상단의 'Show Data Panel' 아이콘을 클릭하면 화면 왼쪽에 Projects 메뉴가 나타난다.

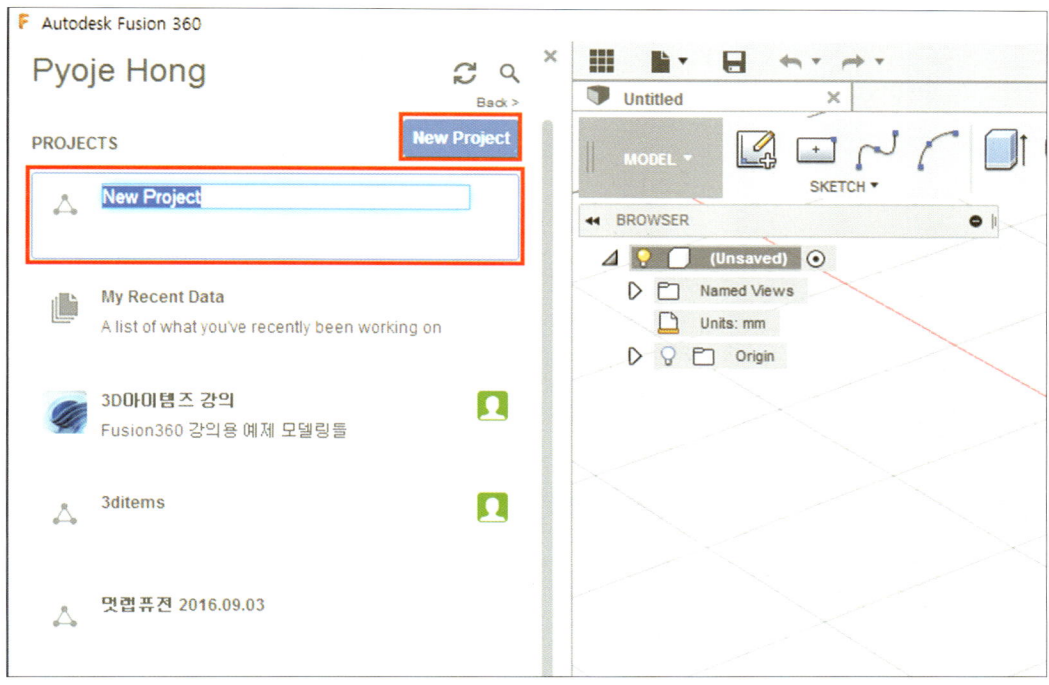

01-2 'New Project'를 클릭하여 새로운 프로젝트를 생성한다.

02 저장하기

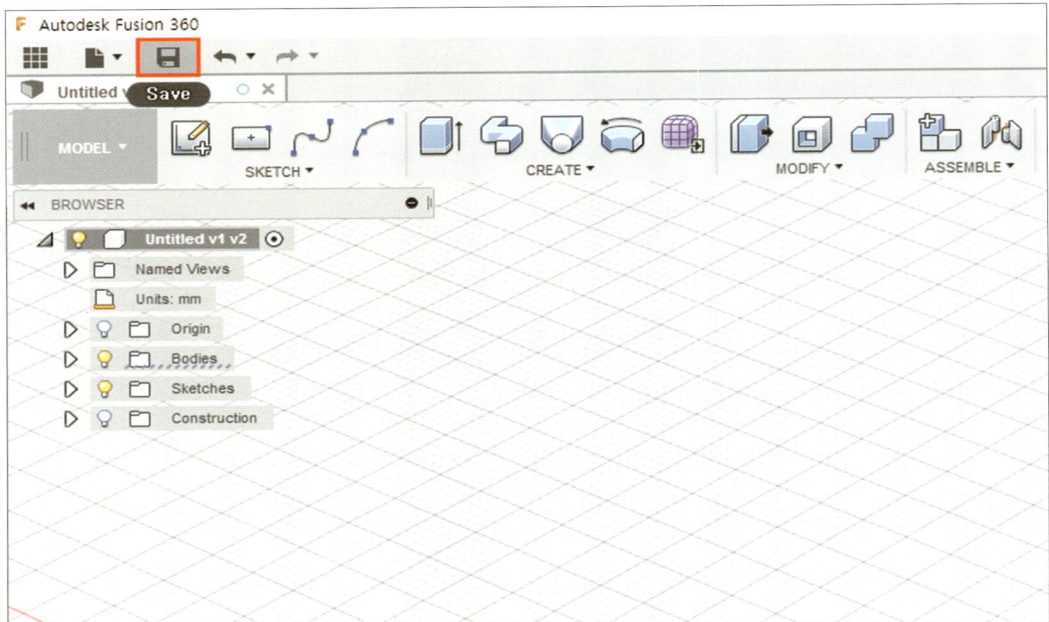

02-1 모델을 생성한 뒤 화면 상단의 'Save' 아이콘을 클릭한다.

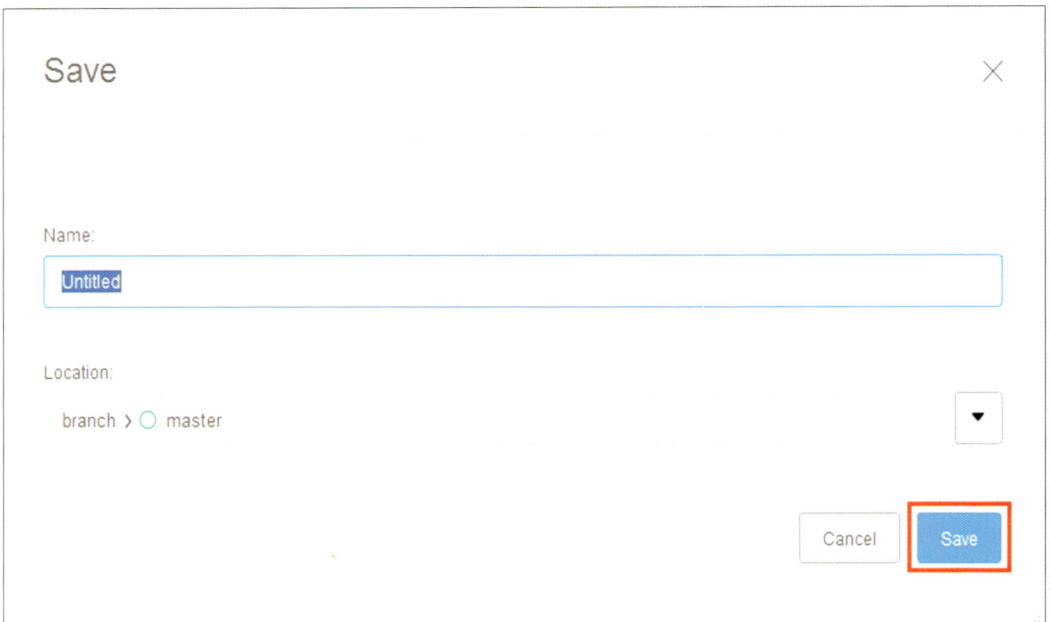

02-2 프로젝트 위치를 설정한 후 'Save'를 클릭하여 저장한다.

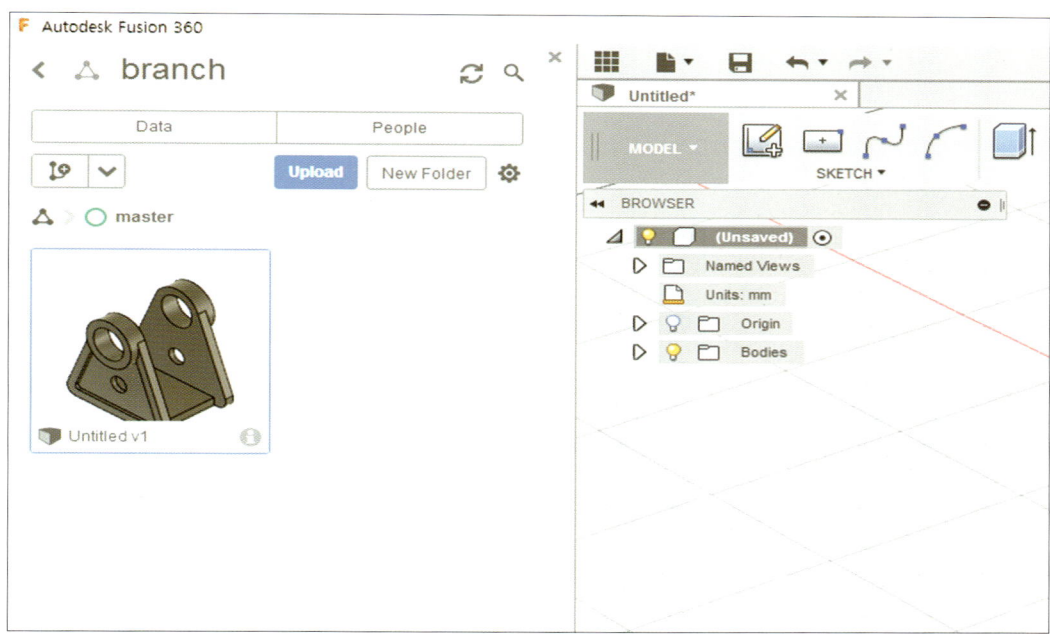

02-3 그림과 같이 프로젝트에 저장된 것을 확인할 수 있다.

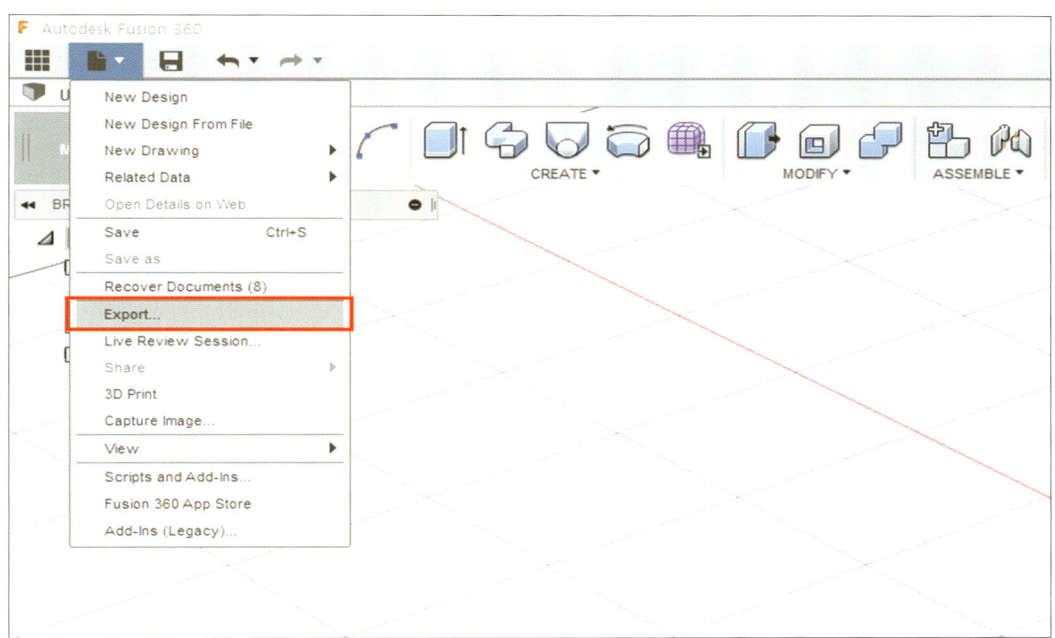

02-4 컴퓨터의 드라이브에 저장하려면 화면 상단의 File 메뉴의 'Export'를 클릭한다.

Unit 02 저장하기

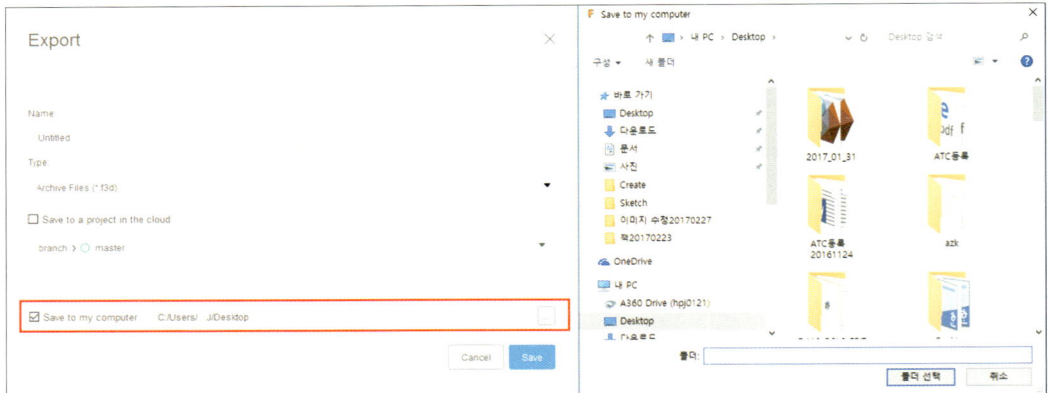

02-5 Save to my computer에서 저장 위치를 설정한 후 'Save'를 클릭하여 컴퓨터 드라이브에 저장한다.

03 파일 업로드 및 불러오기

Fusion 360은 프로젝트 외의 파일을 불러오려면 반드시 프로젝트에 업로드해야 한다.

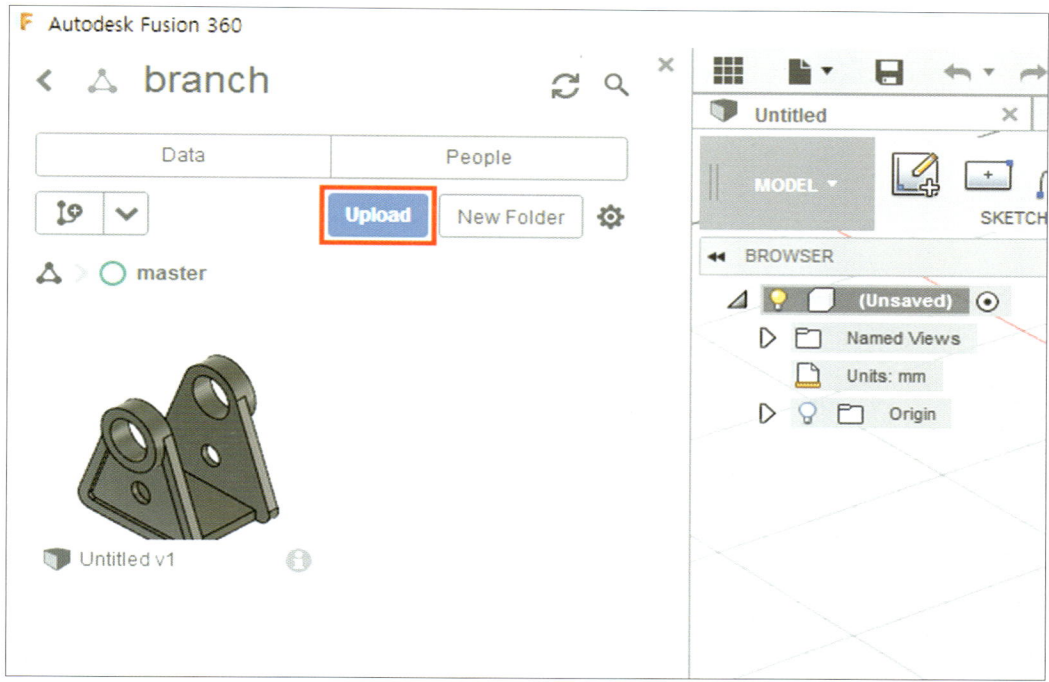

03-1 프로젝트 상단의 'Upload'를 클릭한다.

Unit 03 파일 업로드 및 불러오기

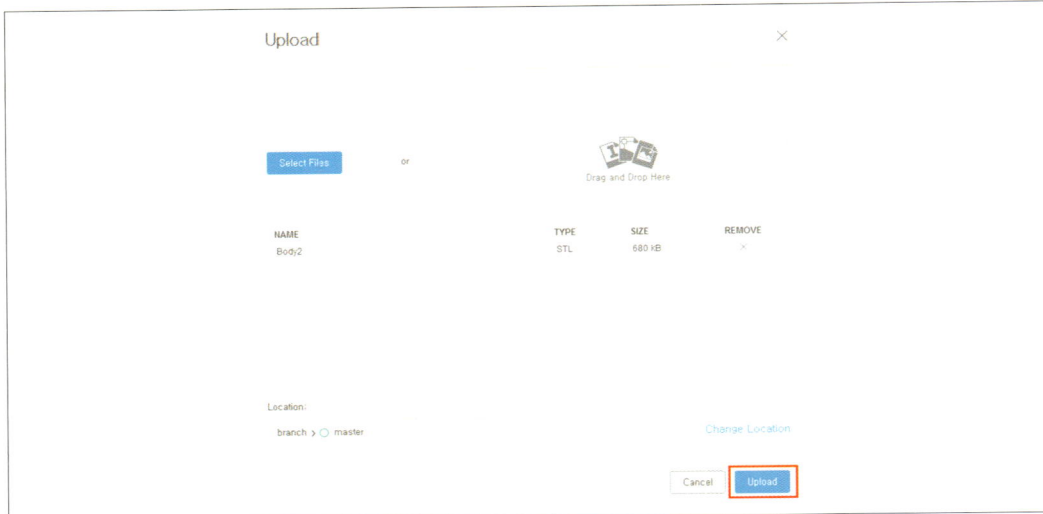

03-2 파일을 선택한 후 'Upload'를 클릭하여 프로젝트에 업로드할 수 있다.

다음과 같은 형식의 파일을 업로드하고 불러올 수 있다.

- Alias files(*.wire)
- AutoCAD DWG files(*.dwg)
- Autodesk Fusion 360 files(*.f3d, *.f3z)
- Autodesk Fusion 360 Drawing files(*.f2d)
- Autodesk Fusion 360 Toolpath files(*.cam360)
- Autodesk Inventor files(*.iam, *.ipt)
- Catia V5 files(*.CATProduct, *.CATPart)
- DXF files(*.dxf)
- FBX files(*.fbx)
- IGES files(*.iges, *.ige, *.igs)
- NX files(*.prt)
- OBJ files(*.obj)
- Parasolid Binary files(*.x_b)
- Parasolid Text files(*.x_t)
- Pro/ENGINEER and Crea Parametric files(*.asm, *.prt)
- Pro/ENGINEER Granite files(*.g)
- Pro/ENGINEER Neutral files(*.neu)
- Rhino files(*.3dm)
- SAT/SMT files(*.sab, *.sat, *.smb, *.smt)
- SolidWorks files(*.prt, *.asm, *.sldprt, *.sldasm)
- STEP files(*.ste, *.step, *.stp)
- STL files(*.stl)
- SketchUp files(*.sku)

04　Projects 초대하기

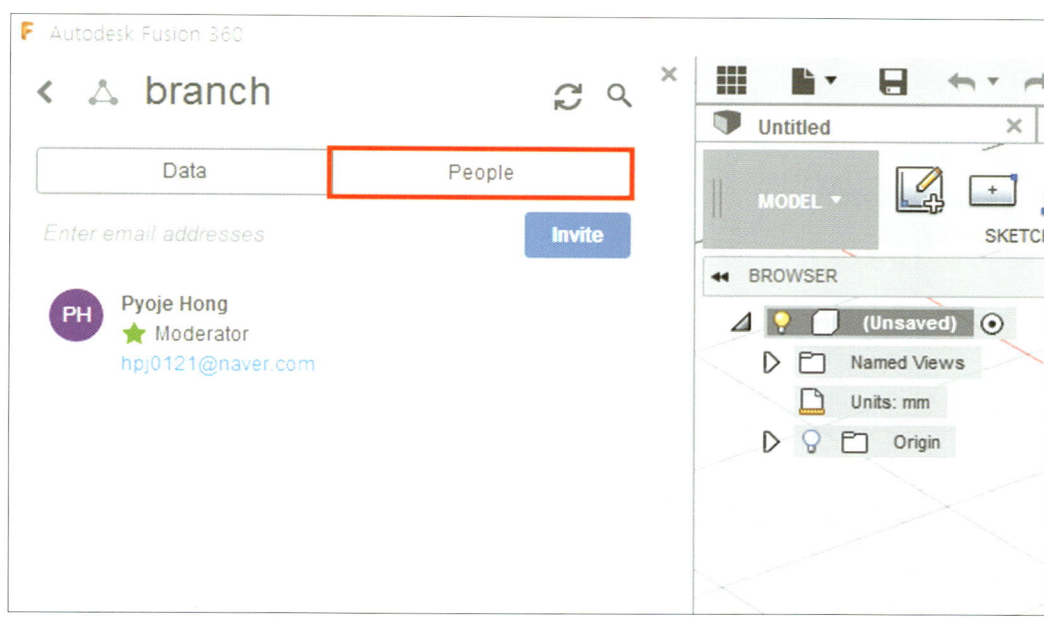

04-1　프로젝트 상단의 'People'을 클릭한다.

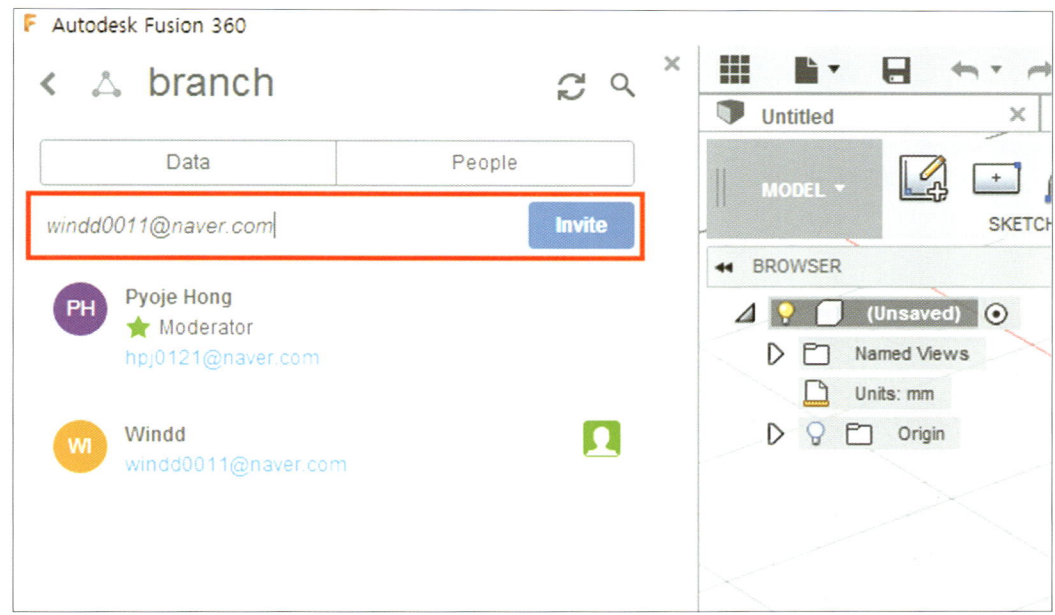

04-2　아래의 창에 초대하고자 하는 사람의 이메일 형식의 Autodesk 아이디를 작성한 후 'Invite'를 클릭하여 초대하면 프로젝트에 추가되는 것을 확인할 수 있다.

05 Branch & Merge

Fusion 360은 Branch & Merge를 통하여 효율적인 프로젝트 협업을 이끌어내어 쉽고 간단하게 프로젝트를 관리할 수 있다.

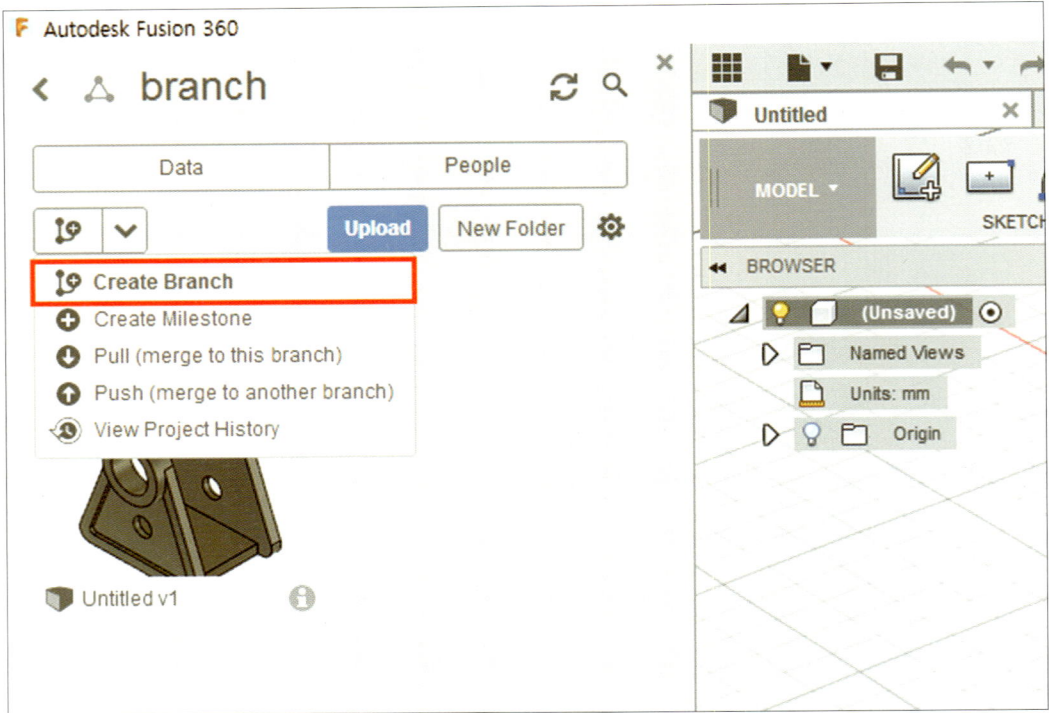

05-1 프로젝트에서 'Branch & Merge Option'을 클릭한 후 'Create Branch'를 클릭한다.

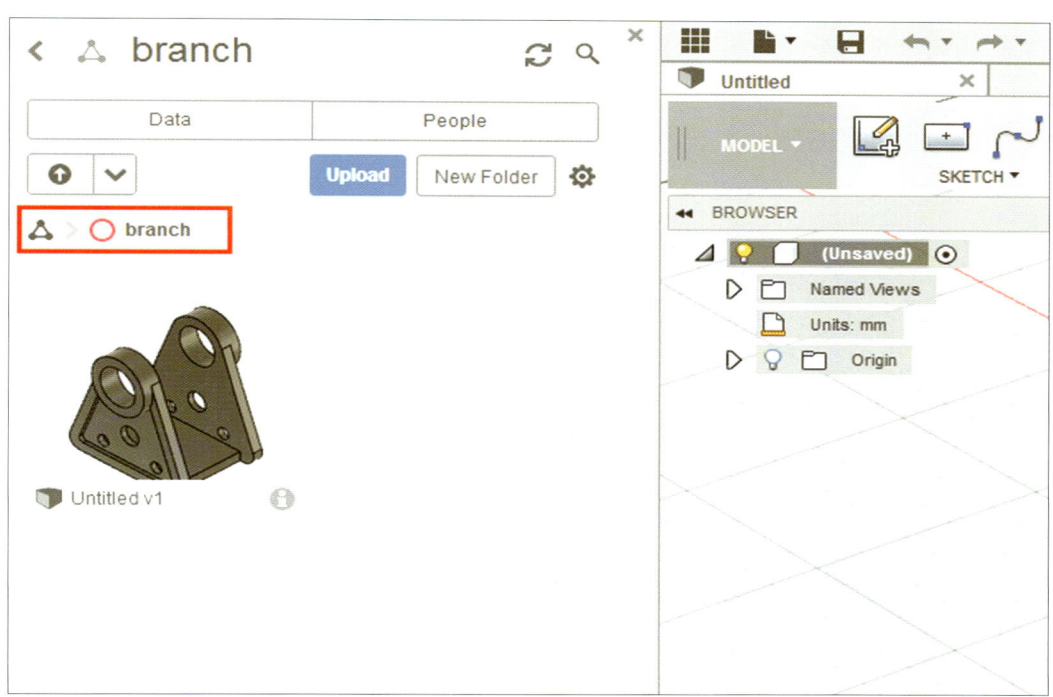

05-2 그림과 같은 화면이 나타난다. Branch name을 적고 'Create'를 클릭한다.

05-3 Data Panel을 확인해보면 Branch가 생성된 것을 확인할 수 있다.

Unit 05 Branch & Merge

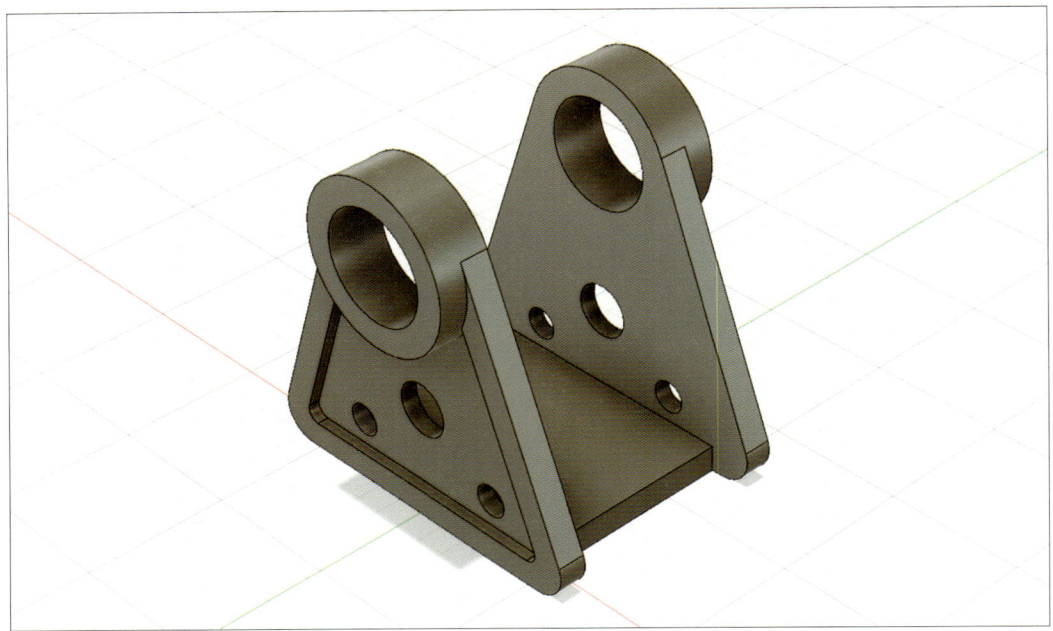

05-4 그림과 같이 Branch를 수정한다.

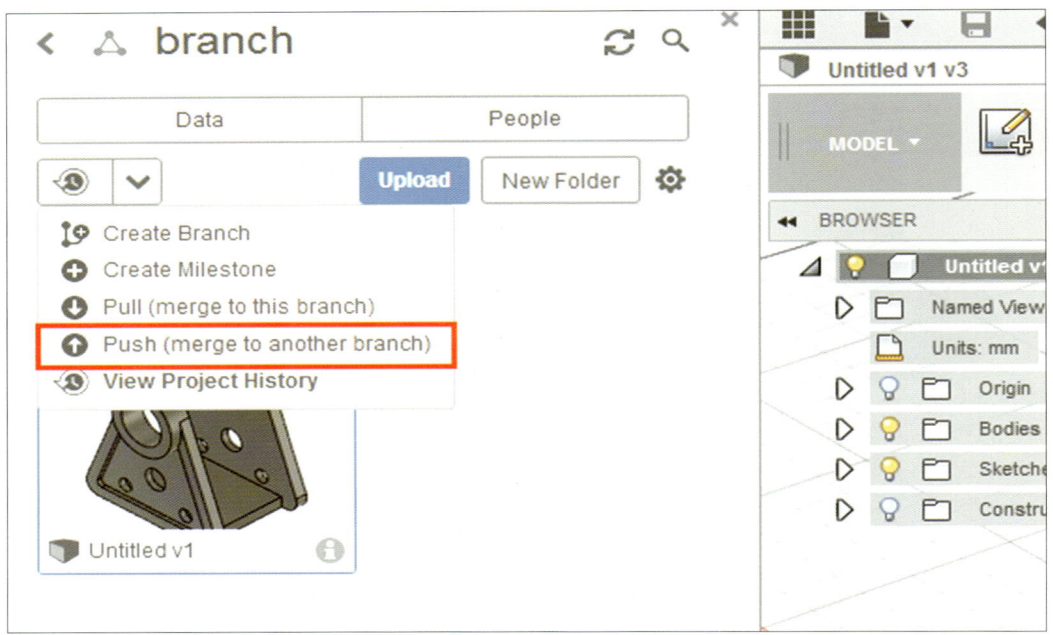

05-5 'Push(merge to another branch)'를 클릭한다.

05-6 Branch와 Master를 확인한 후 'Merge'를 클릭한다.

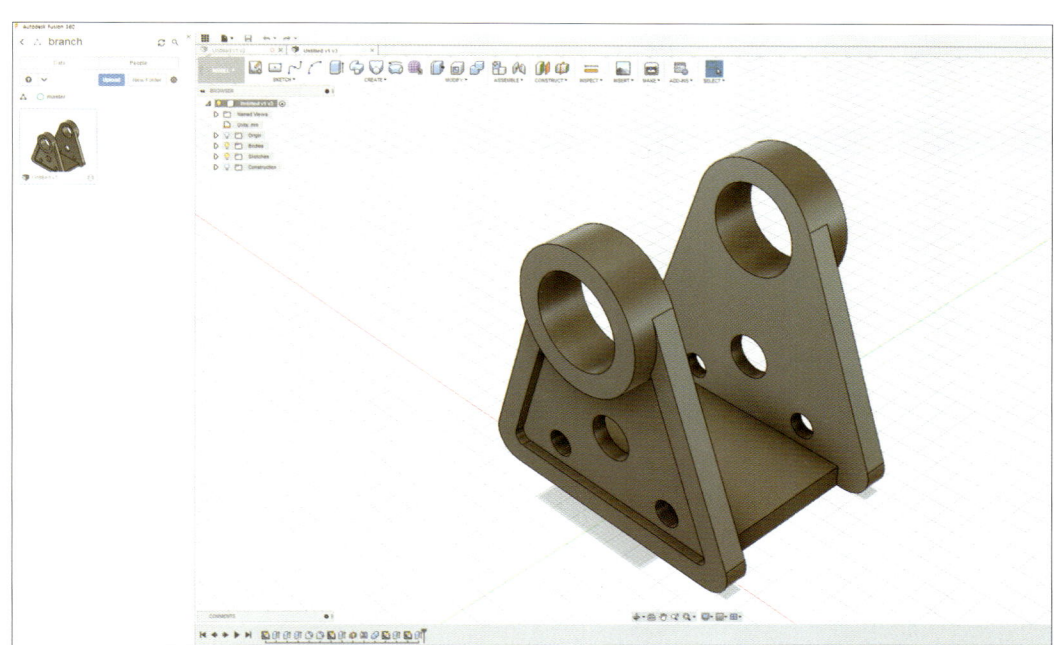

05-7 Master 모델에도 변경 사항이 적용된 것을 확인할 수 있다.

06 A360을 이용한 Projects 관리

A360은 프로젝트를 관리할 수 있는 클라우드 서비스이다.

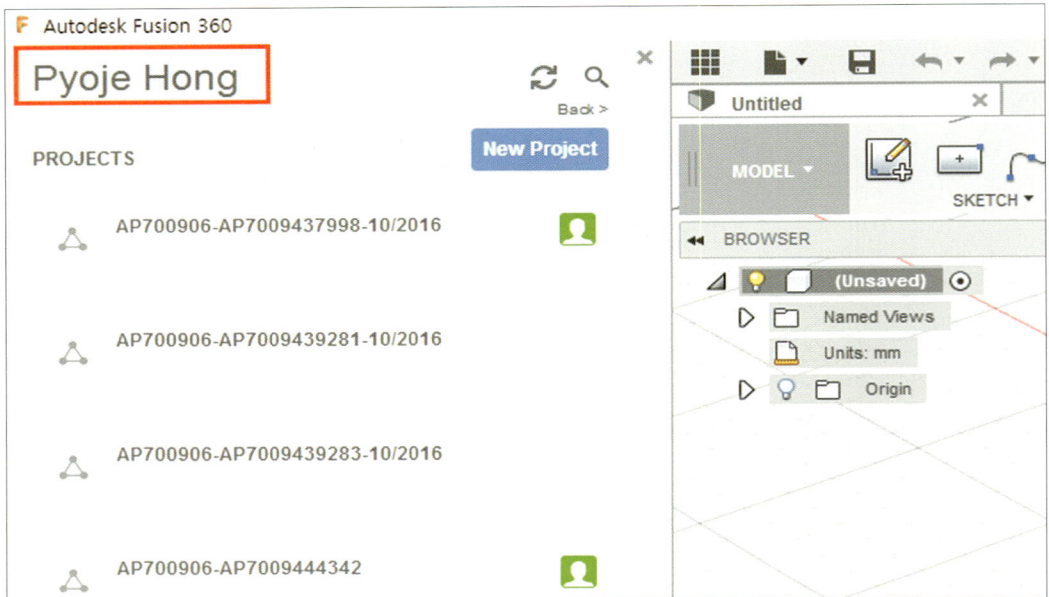

06-1 프로젝트 상단의 사용자 이름을 클릭한다.

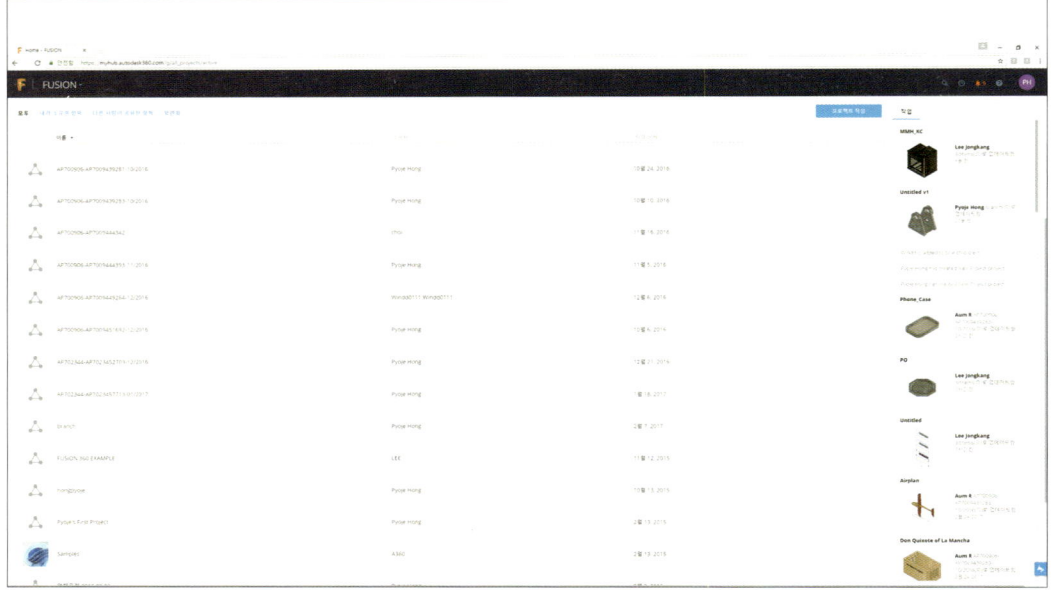

06-2 웹브라우저가 열리면서 프로젝트가 정리되어 있는 A360이 실행된다.

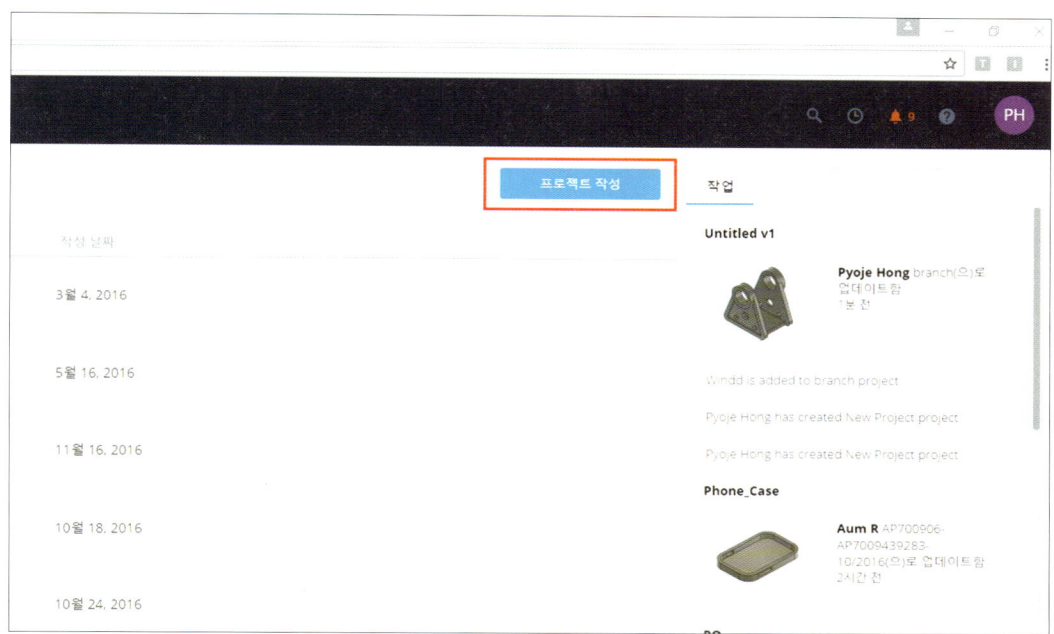

06-3 화면 우측 상단의 '프로젝트 작성'을 클릭하여 새로운 프로젝트를 생성할 수 있다.

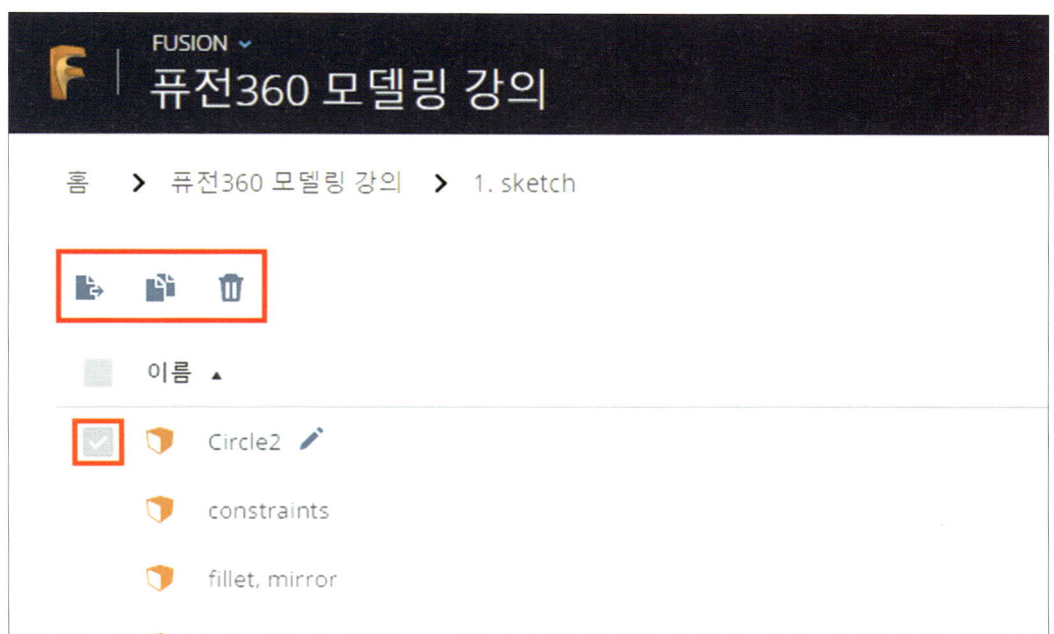

06-4 프로젝트를 선택하여 들어가면 모델링 파일을 확인할 수 있고 왼쪽 체크 박스에 체크하면 파일을 이동 · 복사 · 삭제할 수 있는 툴이 활성화된다.

Unit 06 A360을 이용한 Projects 관리

06-5 우측의 '초대' 버튼을 클릭하면 Fusion 360 내에서 했던 것과 마찬가지로 프로젝트에 원하는 사람을 초대할 수 있다.

06-6 좀 더 상세하게 확인하고 싶은 모델의 이름을 클릭한다.

06-7 화면 우측의 '보기 및 주석 달기'를 클릭한다.

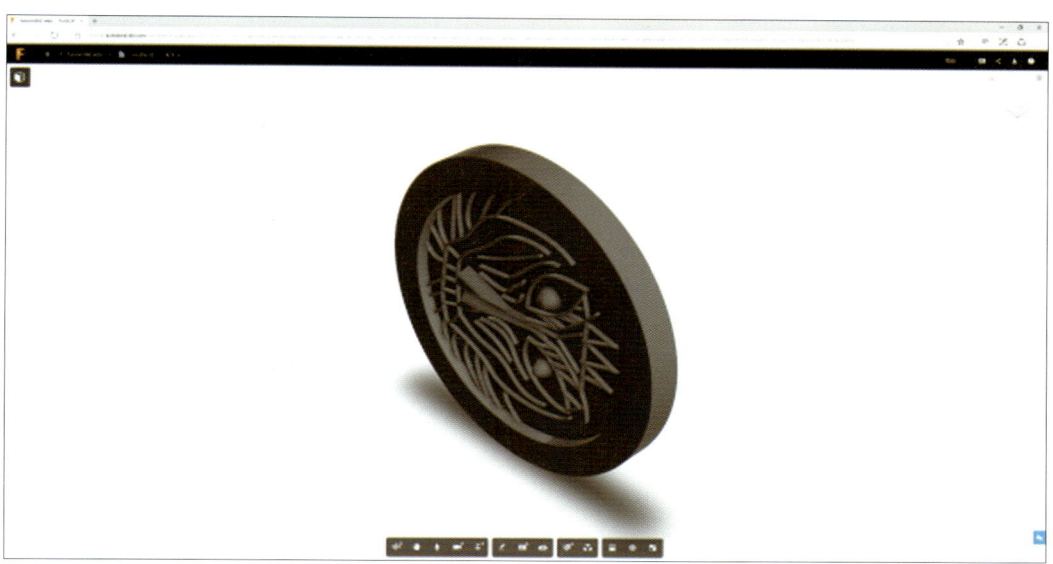

06-8 뷰 모드로 화면이 전환된다.

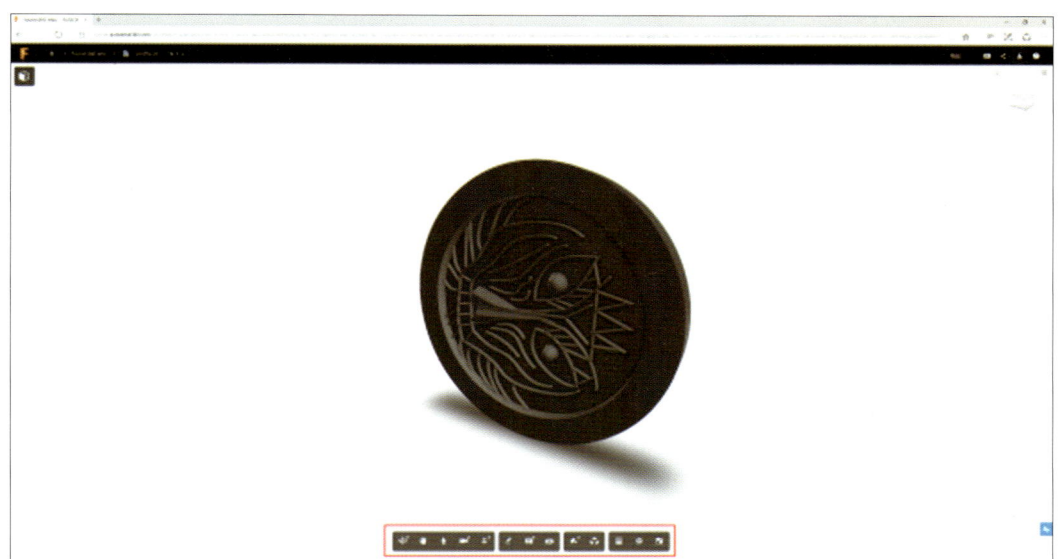

06-9 뷰 모드에서는 화면 하단의 툴을 이용하여 모델을 자세하게 확인하거나 주석을 삽입하는 것이 가능하다.

Unit 06 A360을 이용한 Projects 관리

06-10 툴 바의 단면 분석을 클릭하면 추가한 단면으로 모델을 잘라 분석하는 것이 가능하다.

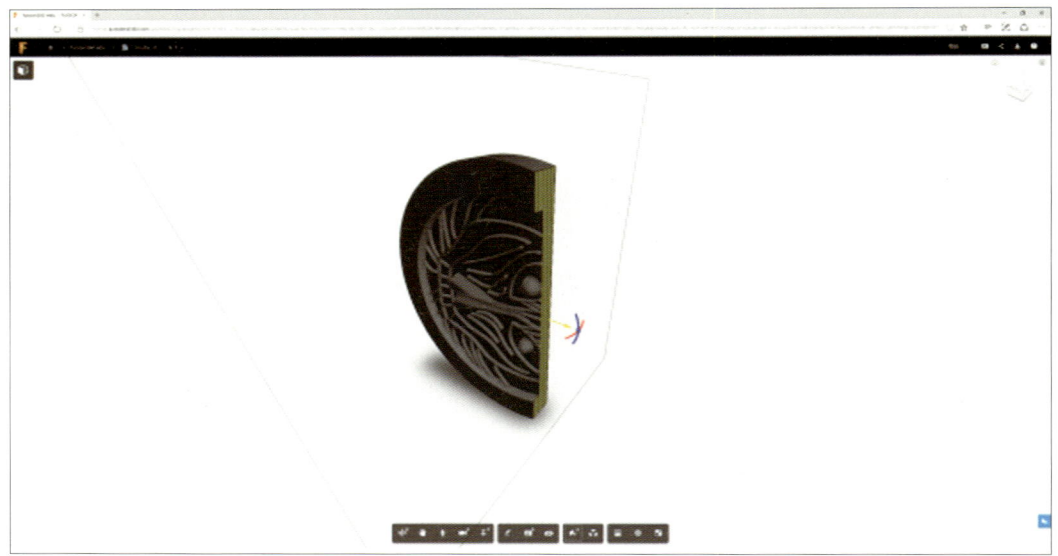

06-11 화살표를 이용하여 단면을 이동시키거나 회전시켜 여러 방향에서 단면을 분석할 수 있다.

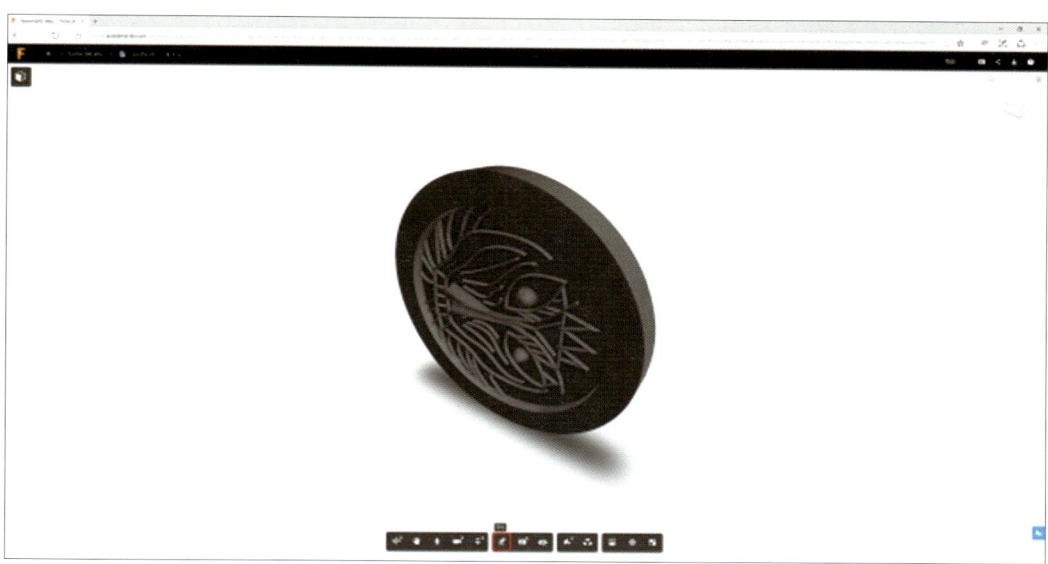

06-12 툴 바의 표식을 이용하여 모델에 표식을 남길 수 있다.

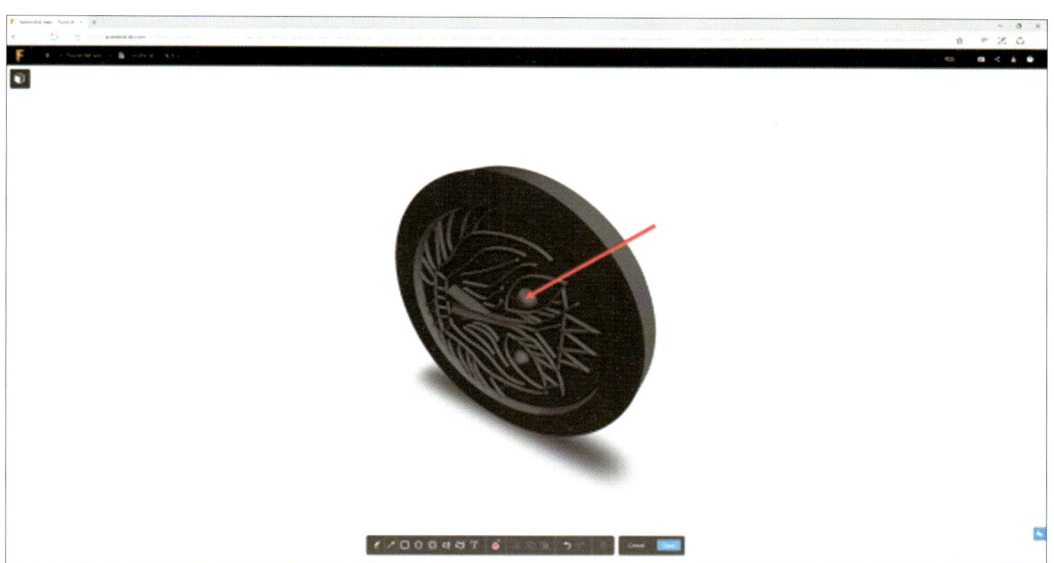

06-13 그림과 같이 표식을 남긴 후 'Save'를 클릭하여 저장하면 프로젝트에 초대되어 있는 사람을 모두 확인하고 공동으로 협업할 수 있다.

07 Fusion 360 애플리케이션 사용하기

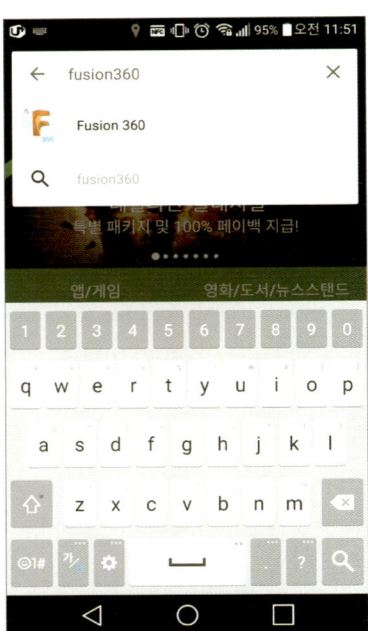

07-1 Playstore 또는 Appstore에서 Fusion 360을 검색한다.

07-2 애플리케이션을 다운로드해 설치한다.

07-3 Autodesk 아이디로 로그인한다.

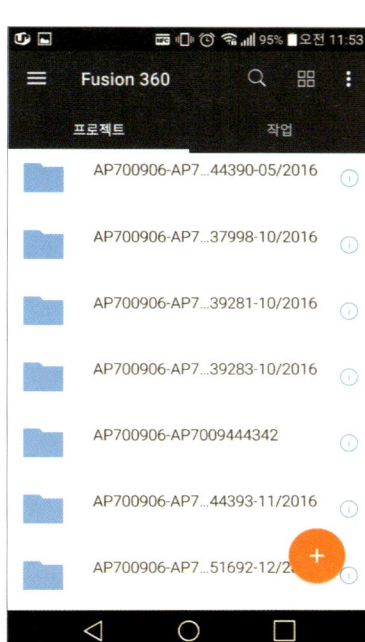

07-4 A360과 마찬가지로 프로젝트를 관리하는 업무를 모바일을 통하여 간단하게 실시한다.

Chapter 02 Projects 관리

MEMO

Chapter

03

Fusion 360 준비

01 화면 구성
02 뷰 큐브
03 탐색 바
04 마우스 조작법
05 환경 설정

01 화면 구성

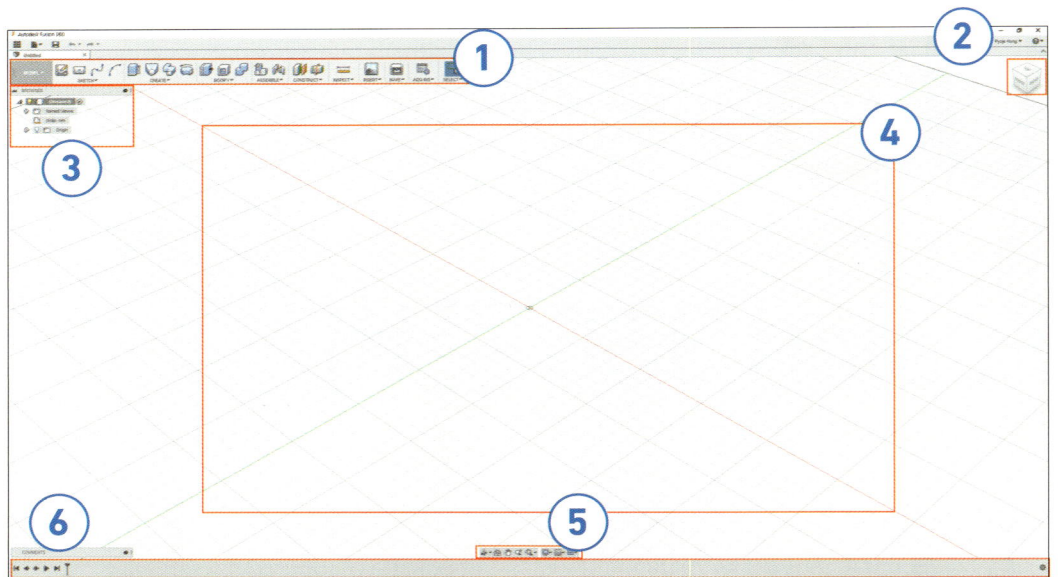

① **툴 바** : Fusion 360 모델링에 필요한 툴들이 모여 있다.
② **뷰 큐브** : 화면 시점의 내비게이션 역할을 수행한다.
③ **브라우저** : 작업하고 있는 스케치, 바디, 참조 사항들이 표시된다.
④ **작업 창** : 모델링 작업이 이루어지는 작업 창이다.
⑤ **화면 제어 바** : 화면을 제어하는 메뉴들이 모여 있다.
⑥ **타임라인** : 모델링 작업 과정을 기록하고 재생할 수 있다.

02 뷰 큐브

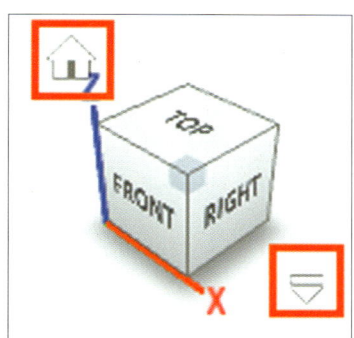

뷰 큐브는 화면 시점의 내비게이션 역할을 수행한다. 화면을 회전시키면 뷰 큐브도 같이 회전하면서 현재 사용자가 보고 있는 시점이 어느 방향인지를 알 수 있다. 또한 뷰 큐브를 이용하여 화면을 회전시키는 것도 가능하다.

1 뷰 큐브 상세 설정

Unit 02 뷰 큐브

Go Home 기본 시점 화면으로 되돌아간다.

Orthographic 정투영법으로 화면을 표시한다.   **Perspective** 원근법으로 화면을 표시한다.

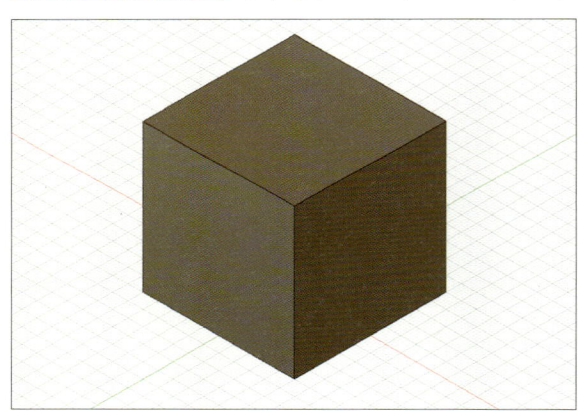
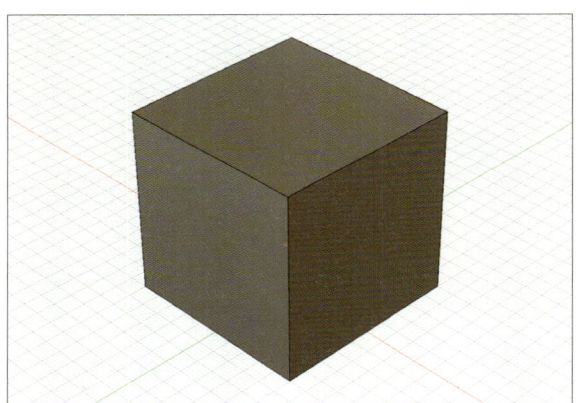

Perspective with Ortho Faces 스케치 작업 환경에서는 정투영법, 모델 생성 환경에서는 원근법으로 화면을 표시한다.

Set Current View as Home 현재 시점을 Home으로 설정한다.

Set Current View as 현재 시점을 TOP 또는 FRONT로 설정한다.

03 탐색 바

Orbit 화면 시점을 회전시킨다.
Look at 선택한 단면 방향으로 시점을 이동시킨다.
Pan 화면 시점을 수평 이동시킨다.
Zoom 화면을 확대 · 축소한다.
Fit 모델을 화면에 맞춘다.
Display Settings 작업 화면을 설정한다.
Grid and Snaps 작업 판의 모눈 크기와 스냅 등을 설정한다.
Viewport Single View 또는 Multiple Views의 화면 구성 방식을 설정한다.

 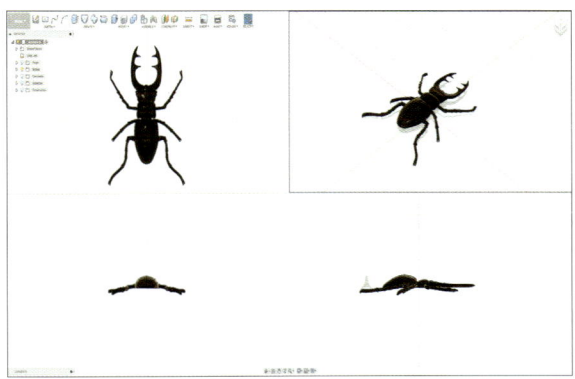

〈Single View와 Multiple Views〉

Unit 03 탐색 바

1 Visual Style

Shaded 모델을 음영 처리한다.

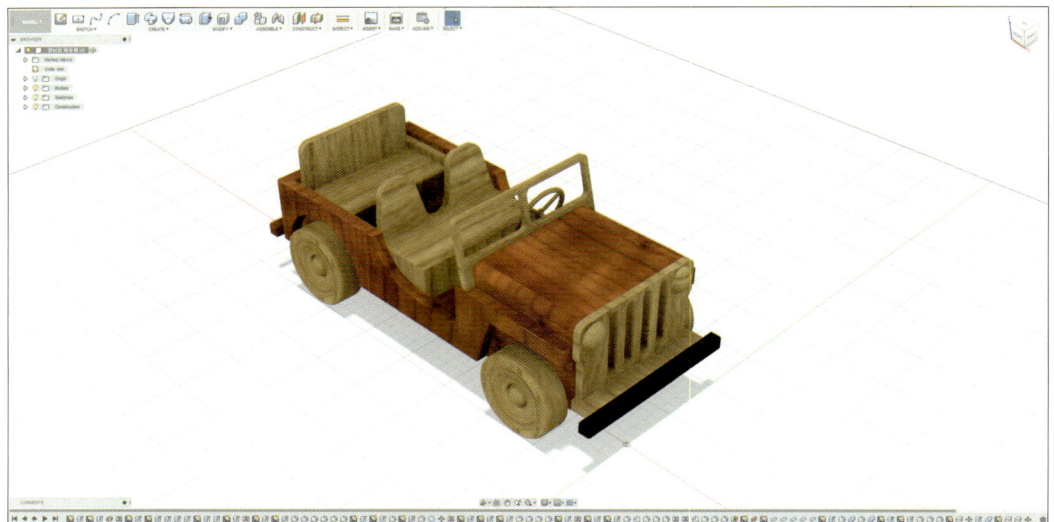

Shaded with Hidden Edges 모델의 숨겨진 모서리를 점선으로 표시한다.

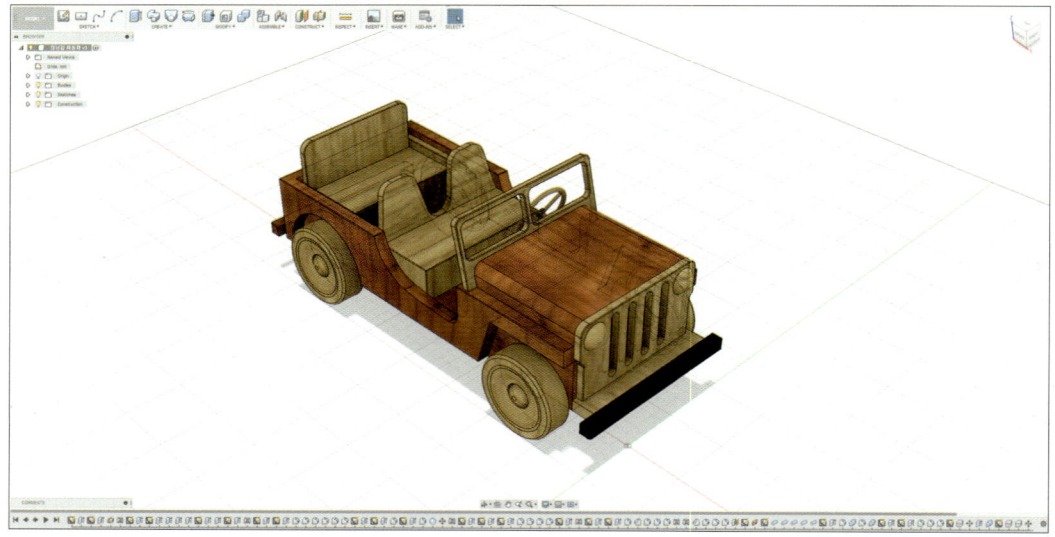

Shaded with Visible Edges Only 모델의 보이는 모서리만 표시한다.

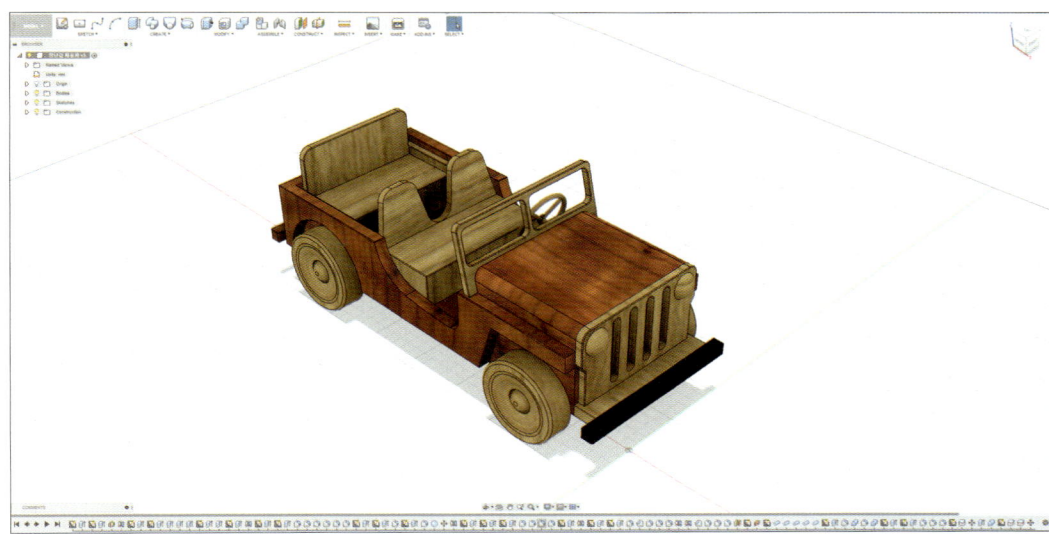

Wireframe 모델을 와이어 프레임으로 표시한다.

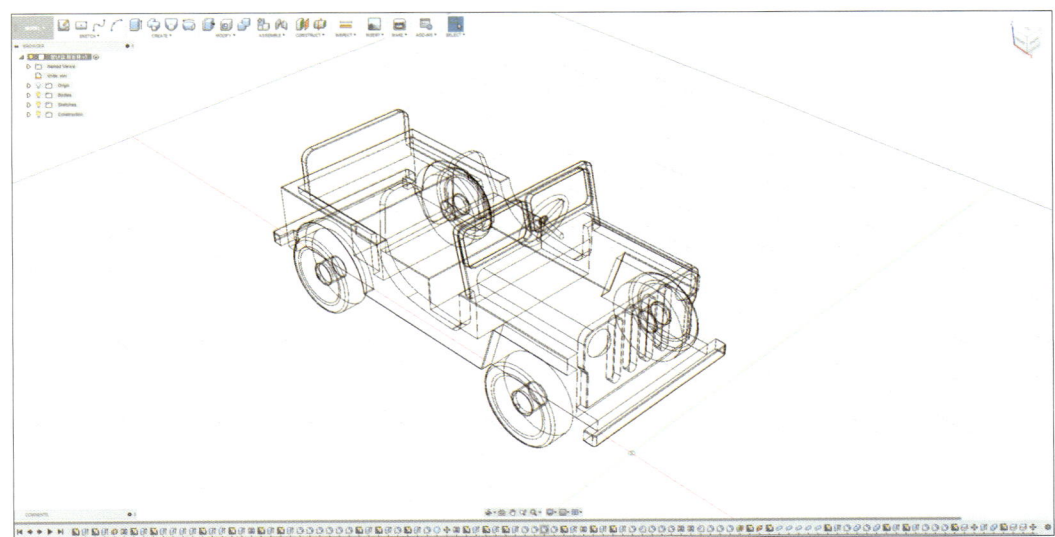

Unit 03 탐색 바

Wireframe with Hidden Edges 모델의 숨겨진 모서리를 점선으로 표시한다.

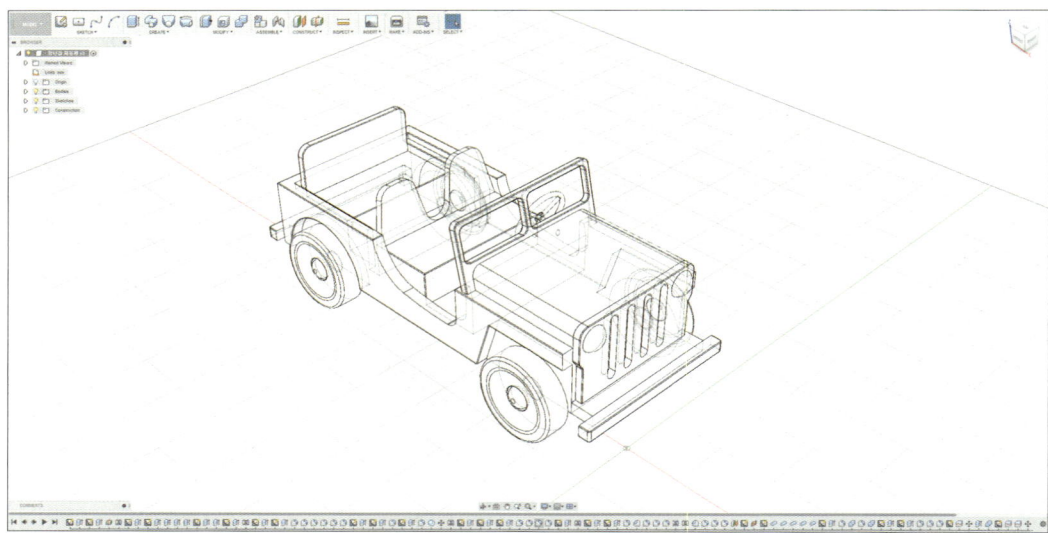

Wireframe with Visible Edges Only 모델의 보이는 모서리만 와이어 프레임으로 표시한다.

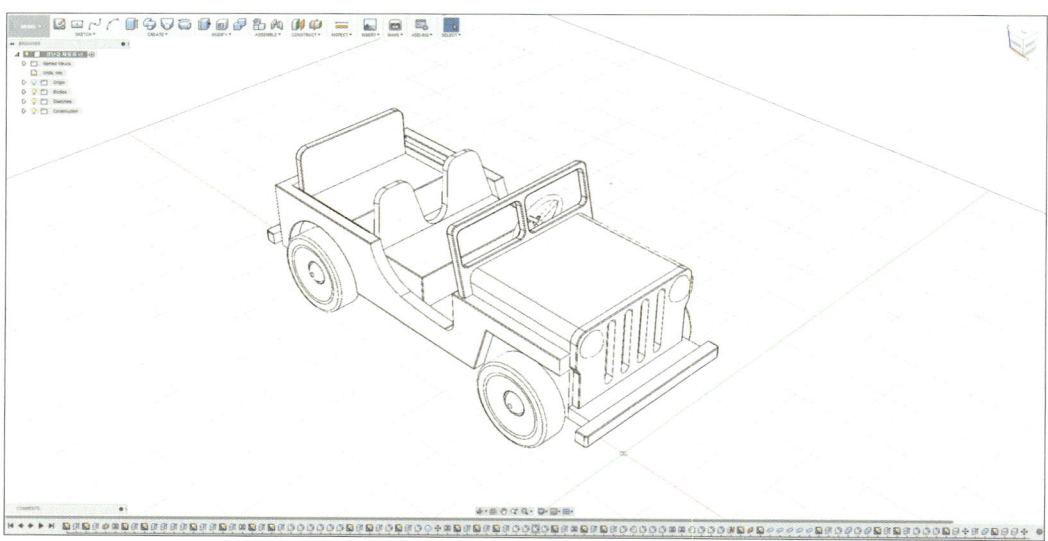

2 Environment

Dark Sky

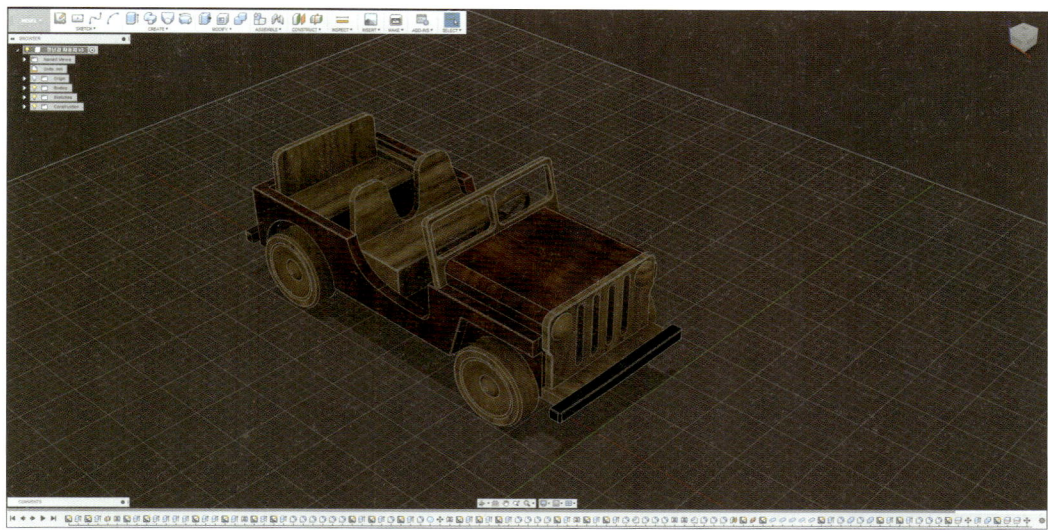

Gray Room

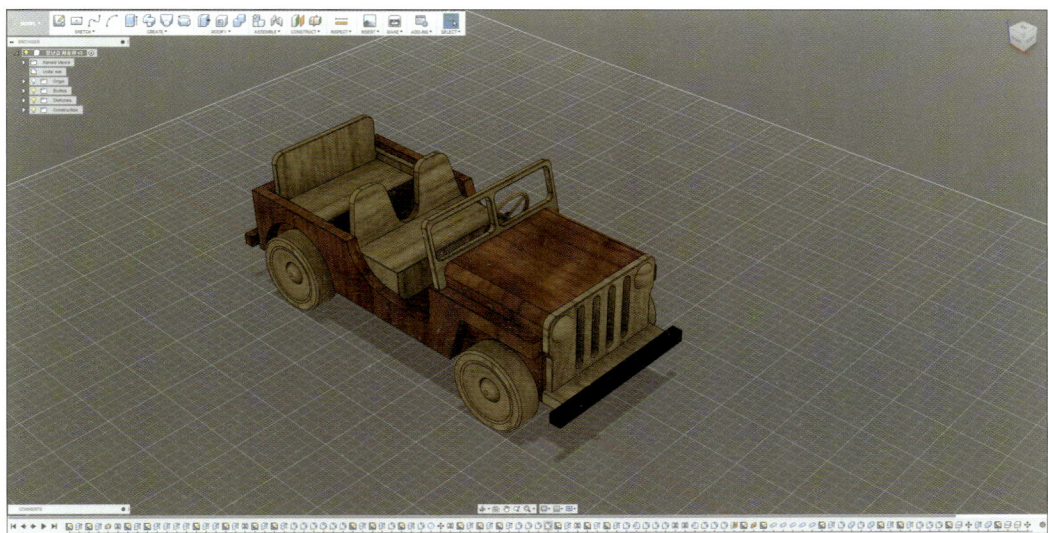

Unit 03 탐색 바

Photo Booth

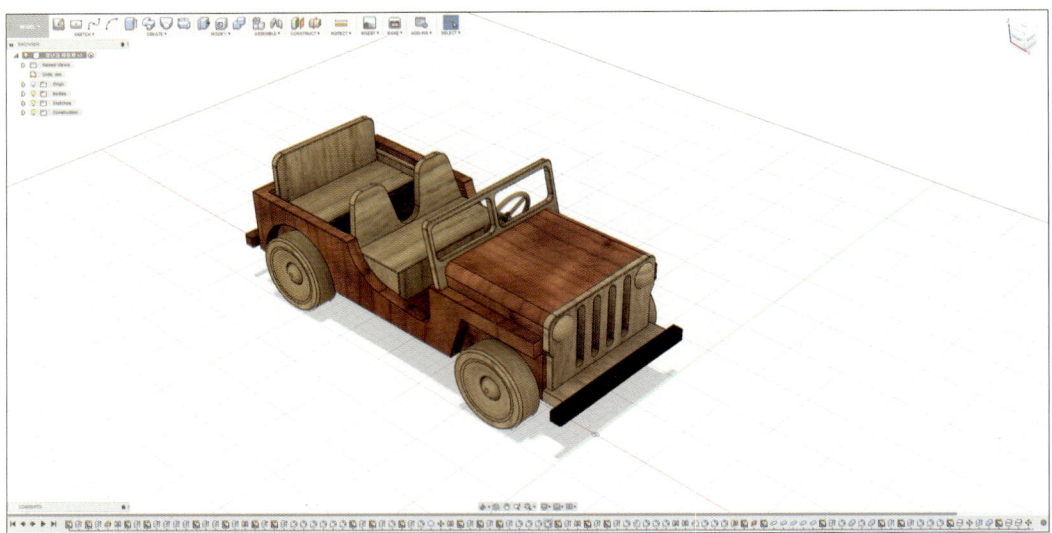

Tranquility Blue

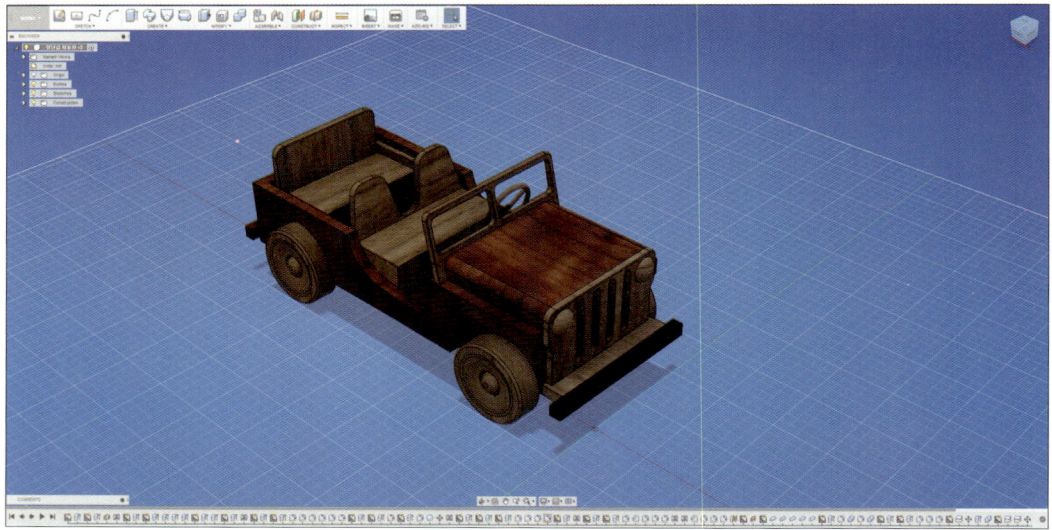

Infinity Pool

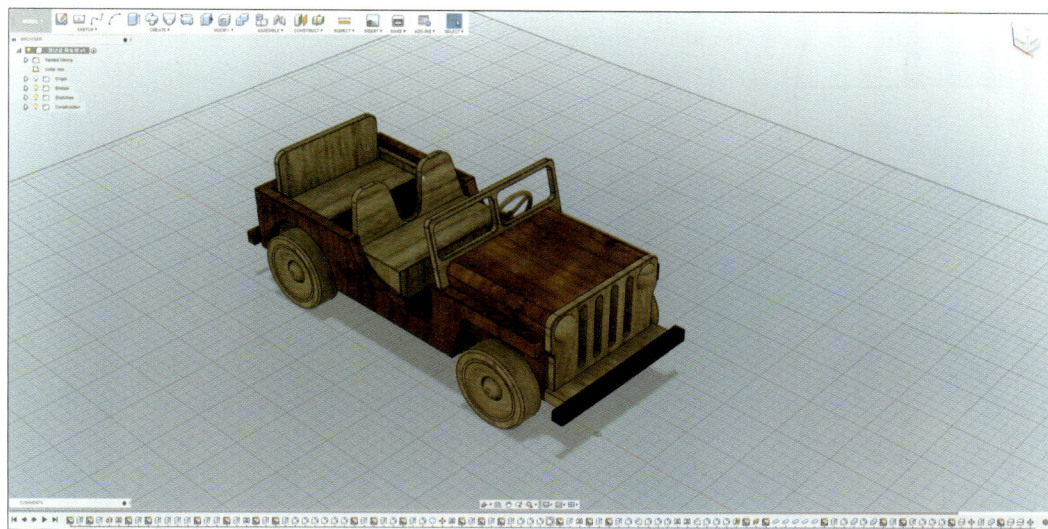

04 마우스 조작법

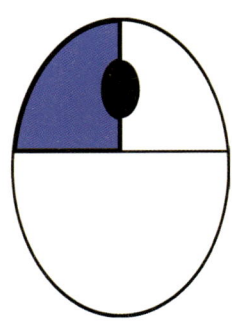

마우스 왼쪽 클릭 명령어를 실행하거나 모델을 선택한다.

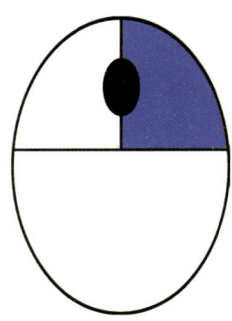

마우스 오른쪽 클릭 퀵 메뉴를 실행한다.

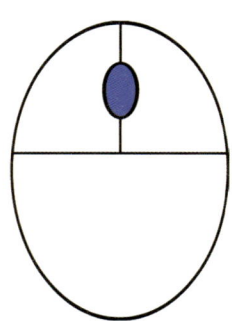

마우스 휠 클릭 드래그 화면을 수평 이동시킨다.
Shift + 마우스 휠 클릭 드래그 화면을 회전 이동시킨다.

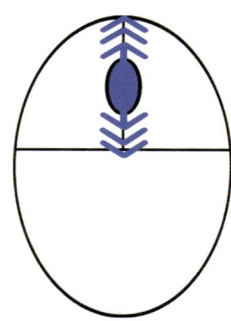

마우스 휠 스크롤 화면을 확대·축소한다.

05 환경 설정

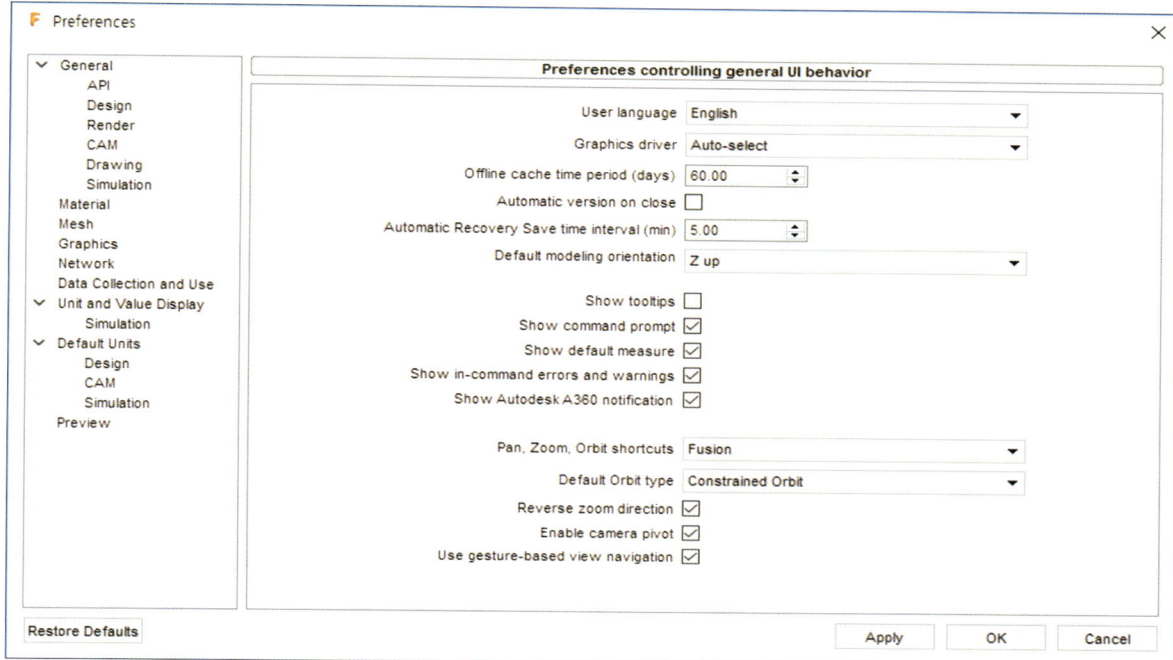

User language 사용자 언어를 설정한다.
Graphics driver 그래픽 드라이버를 설정한다.
Offline cache time period(days) 오프라인 모드에서 캐시 파일을 저장해 두는 기간을 설정한다.
Automatic version on close 작업을 종료할 때 파일을 자동 저장하는 옵션이다.
Automatic Recovery Save time interval(min) 자동 복원 시간 설정 옵션이다.
Default modeling orientation 기본 축 방향을 설정한다.
Show tooltips 도움말 활성화 옵션이다.
Show command prompt 명령 프롬프트 활성화 옵션이다.
Show default measure 기본 측정 값 활성화 옵션이다.
Show in-command errors and warnings 경고창 활성화 옵션이다.
Show Autodesk A360 notification A360 알림 활성화 옵션이다.
Pan, Zoom, Orbit shortcuts 화면 조작 인터페이스 설정 옵션이다.
Default Orbit type 화면 회전 설정 옵션이다.
Reverse zoom direction 화면 확대·축소 방향 설정 옵션이다.
Enable camera pivot 카메라 중심점 활성화 옵션이다.
Use gesture-based view navigation 사용자 제스처 인식 옵션이다.

MEMO

Chapter 04

Fusion 360 Sketch

01 **Sketch 기본 툴 설명**
02 **Sketch Palette**
예제 01 **Sketch 따라 하기 (1)**
예제 02 **Sketch 따라 하기 (2)**
Tip. Sketch Palette Slice

3D Printing System

01 Sketch 기본 툴 설명

Create Sketch 스케치 작업 면을 선택한다.

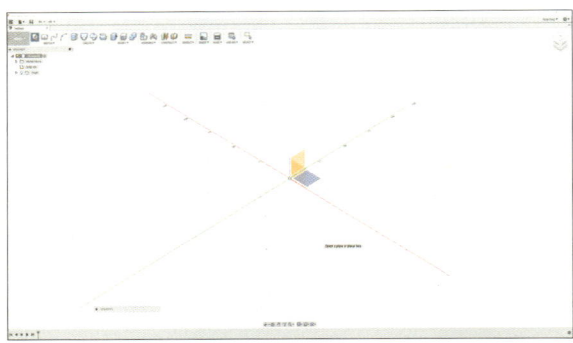

Line 직선 또는 호를 작성한다.

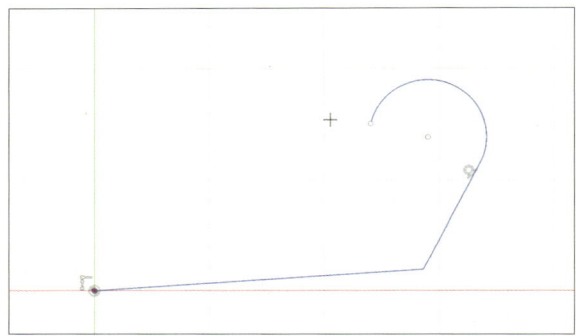

Rectangle 사각형을 작성한다.

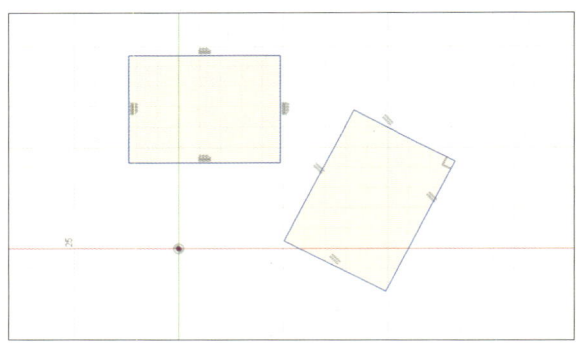

Circle 원을 작성한다.

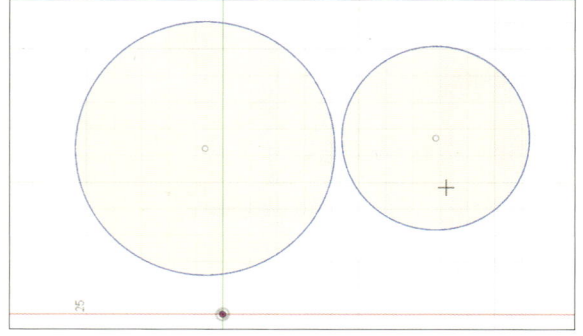

Arc 호를 작성한다.

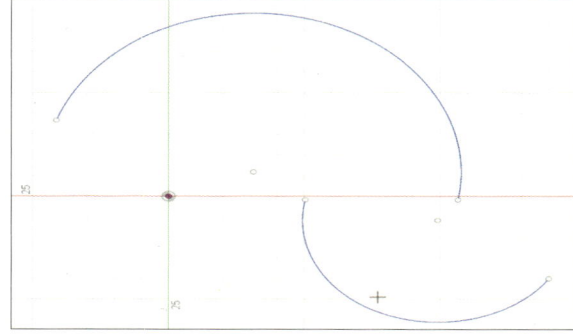

Polygon 다각형을 작성한다.

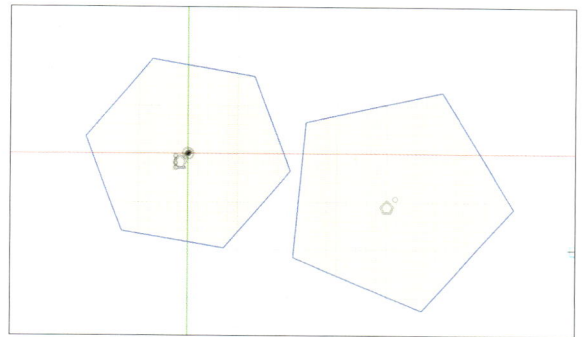

Ellipse 타원을 작성한다.

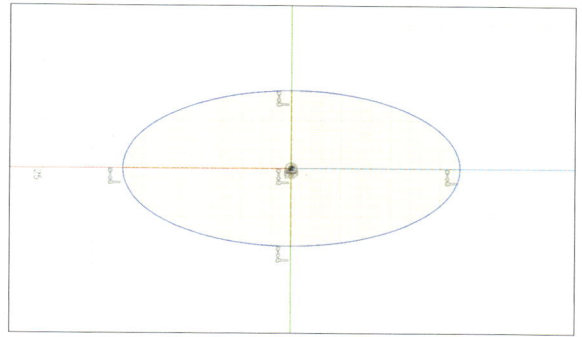

Slot 슬롯 스케치를 작성한다.

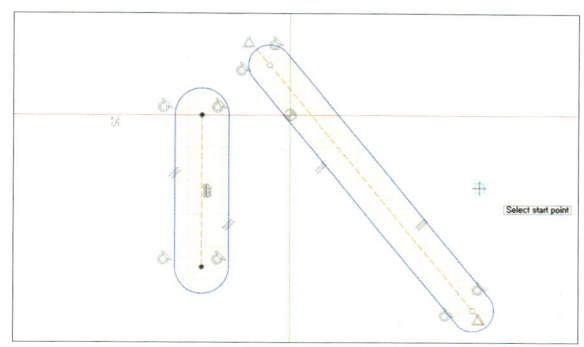

Spline 자유 곡선을 작성한다.

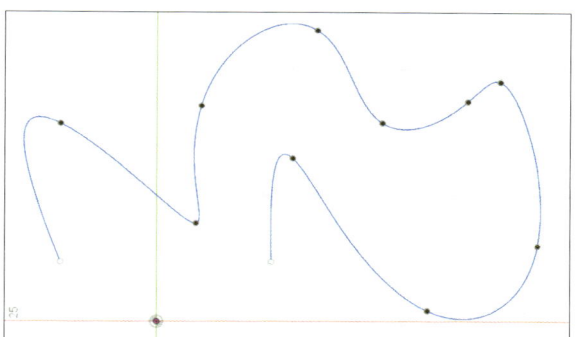

Conic Curve 원뿔 곡선을 작성한다.

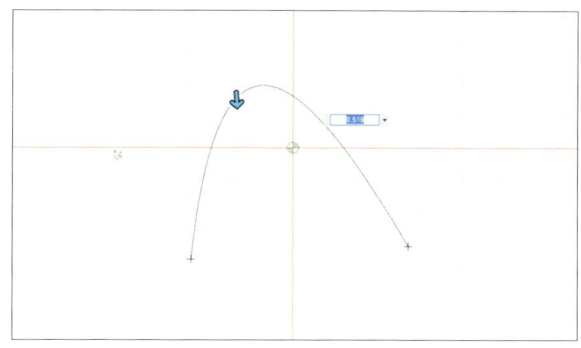

Point 점을 작성한다.

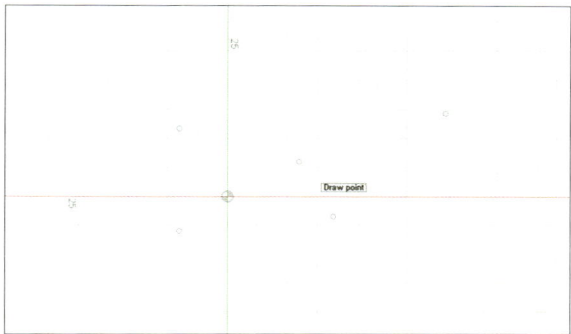

Unit 01 Sketch 기본 툴 설명

Text 문자를 작성한다.

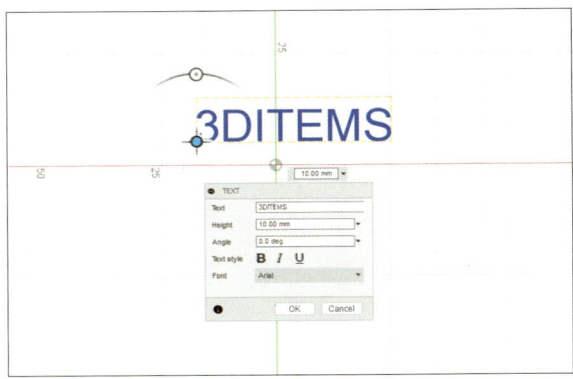

Fillet 꼭짓점을 둥글게 깎아낸다.

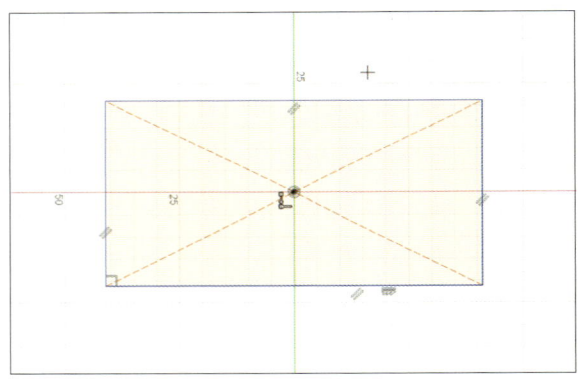
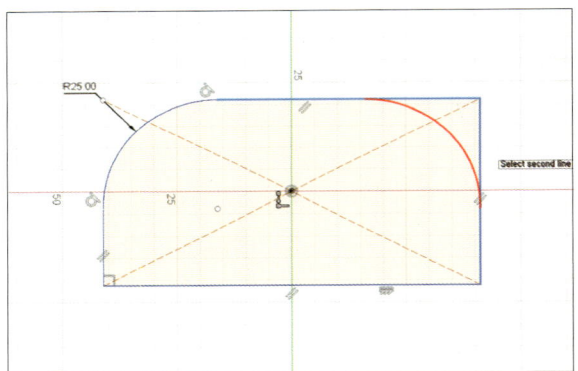

Trim 교차되어 있는 스케치를 잘라낸다.

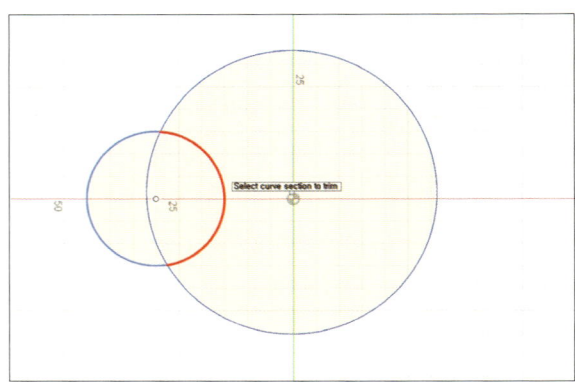
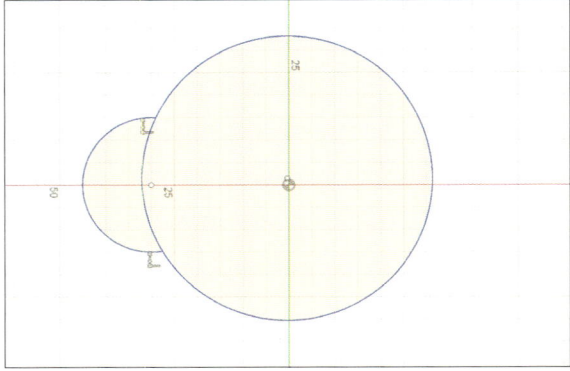

Extend 스케치를 연장한다.

 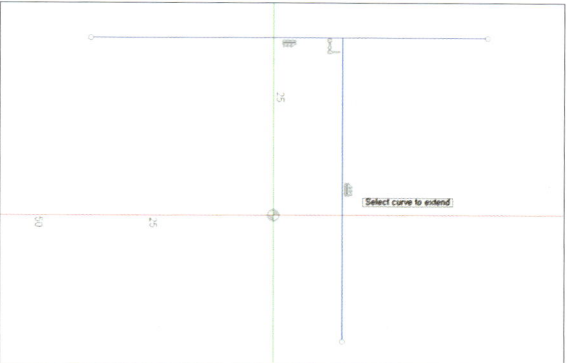

Break 스케치를 분할한다.

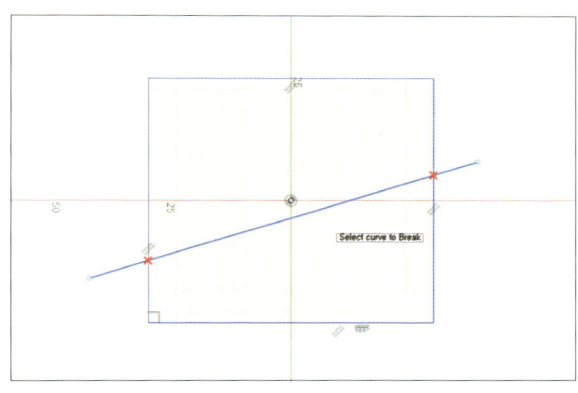 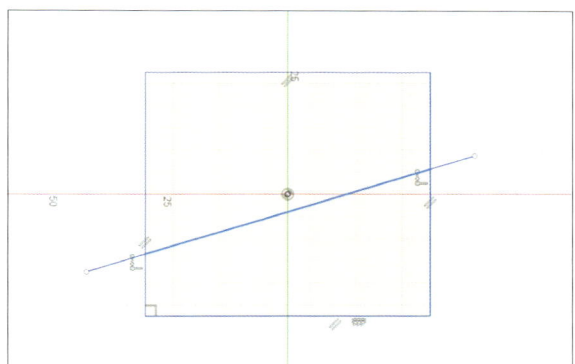

Sketch Scale 스케치 축척을 변경한다.

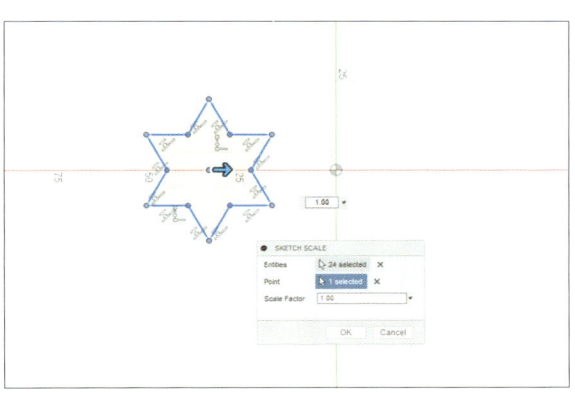 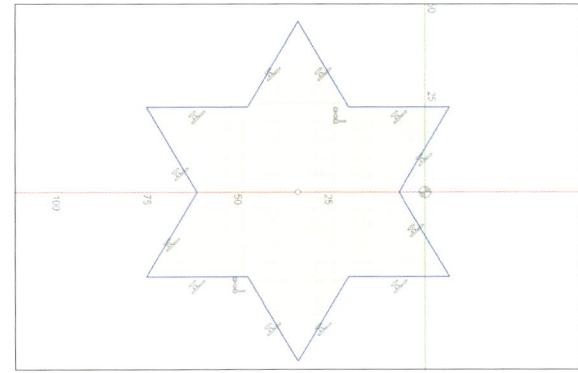

Unit 01 Sketch 기본 툴 설명

Offset 스케치를 일정한 간격으로 띄운다.

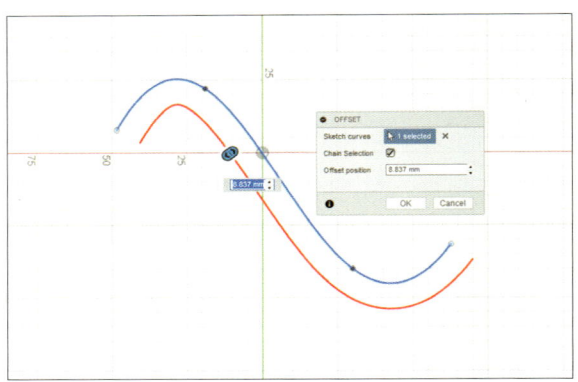 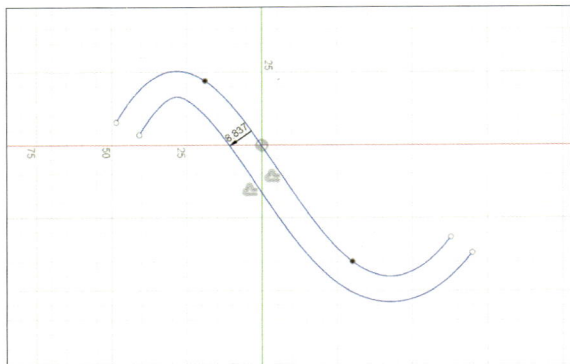

Mirror 스케치를 대칭 복사한다.

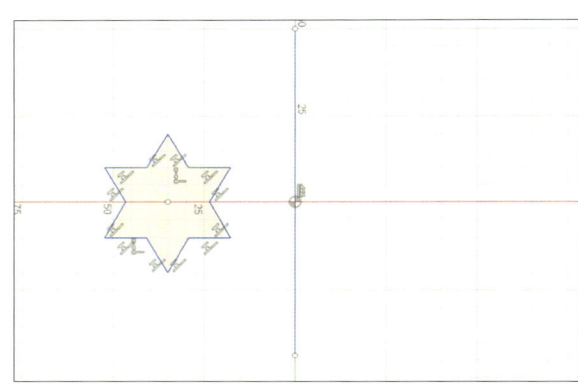 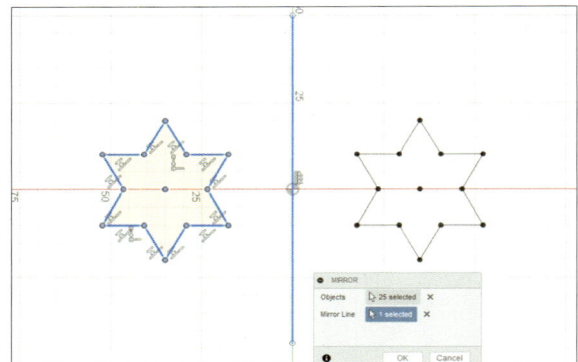

Circular Pattern 스케치를 원형 배열한다.

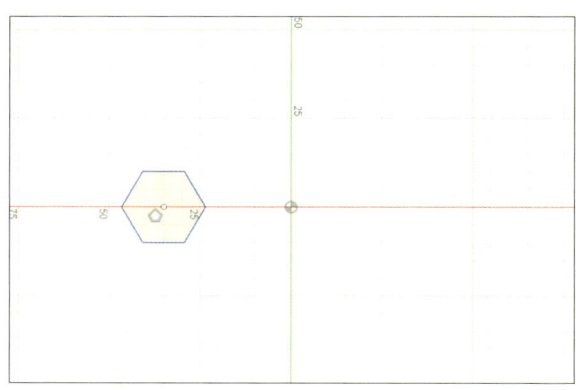 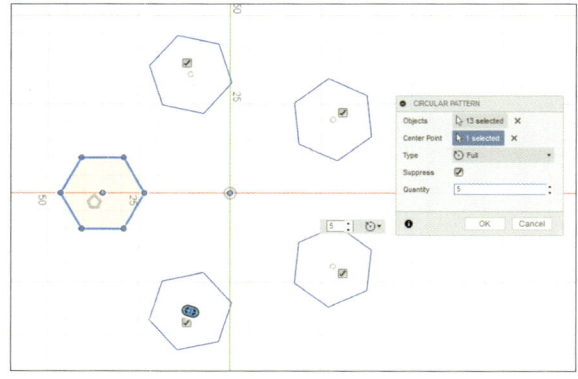

Rectangular Pattern 스케치를 사각 배열한다.

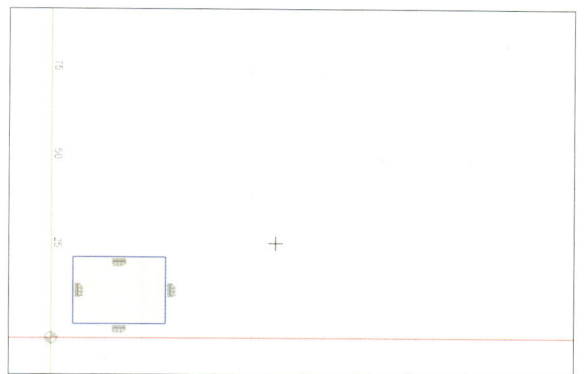 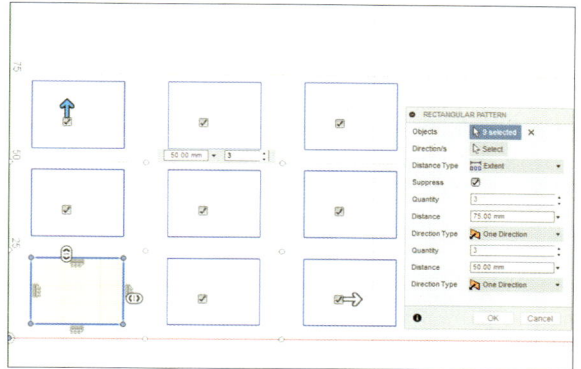

Project 모델의 윤곽 또는 스케치를 선택한 작업 면에 투영한다.

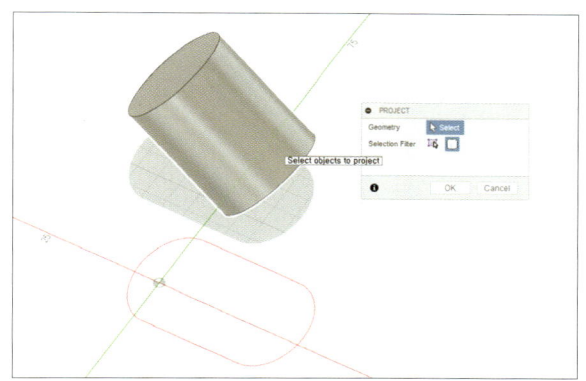 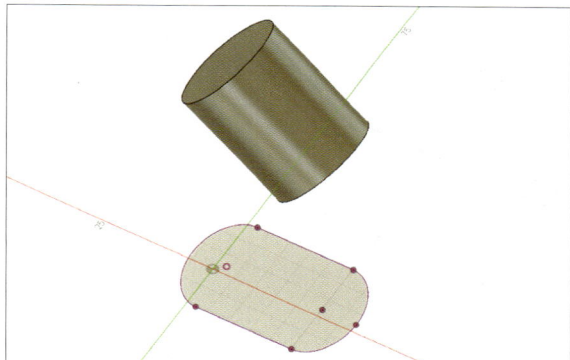

Intersect 모델의 단면 스케치를 선택한 작업 면에 작성한다.

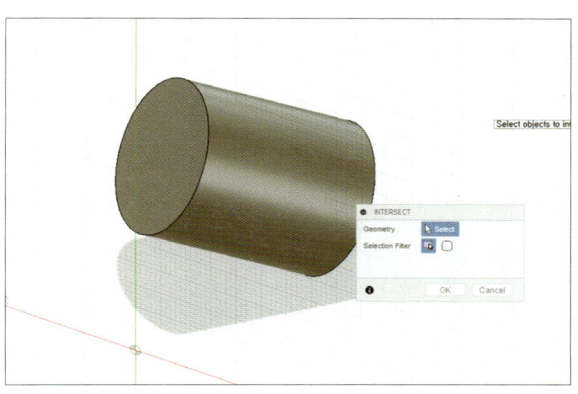 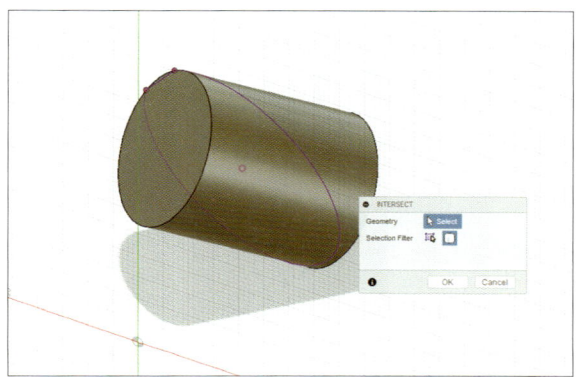

Unit 01 Sketch 기본 툴 설명

Intersect Mesh Body 메시 모델의 단면 스케치를 선택한 작업 면에 작성한다.

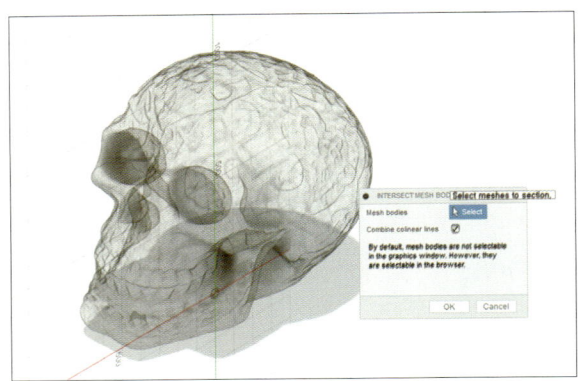 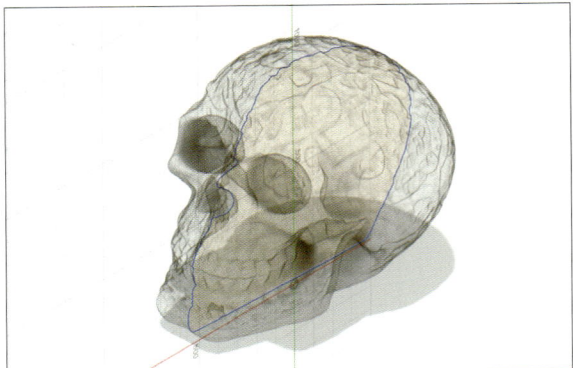

Include 3D Geometry 모델의 모서리를 3차원 스케치로 작성한다.

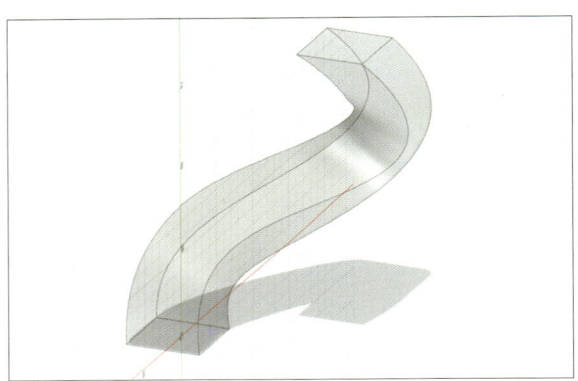 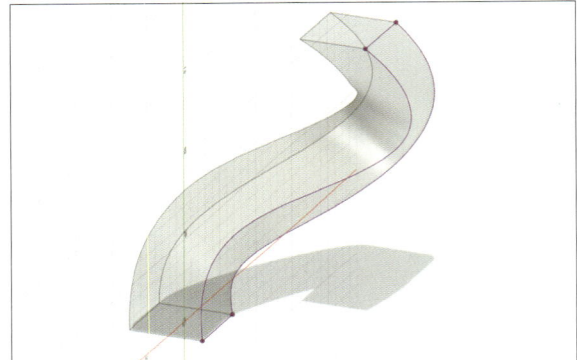

Project To Surface 곡면에 스케치를 투영한다.

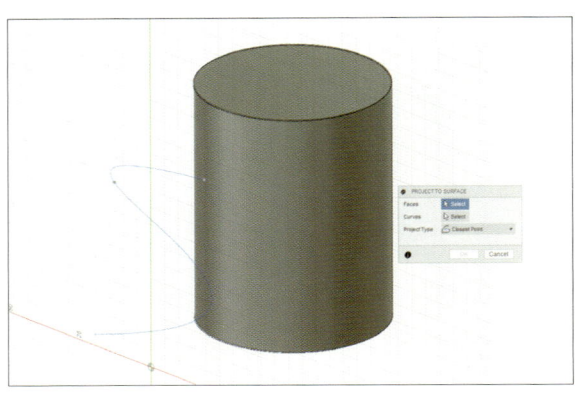 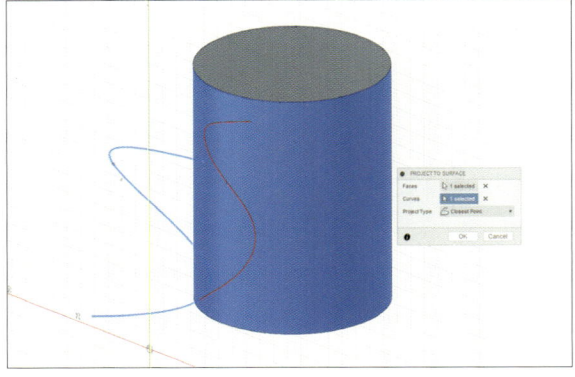

Intersection Curve 선택한 면에 스케치를 교차시킨다.

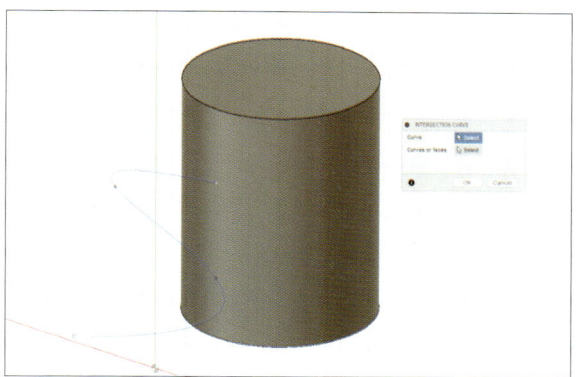
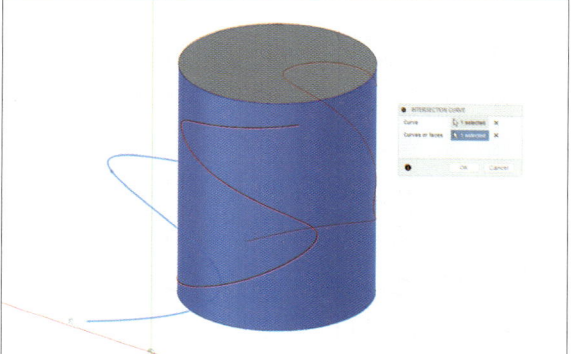

Create Mesh Section 메시 모델의 단면을 생성한다.

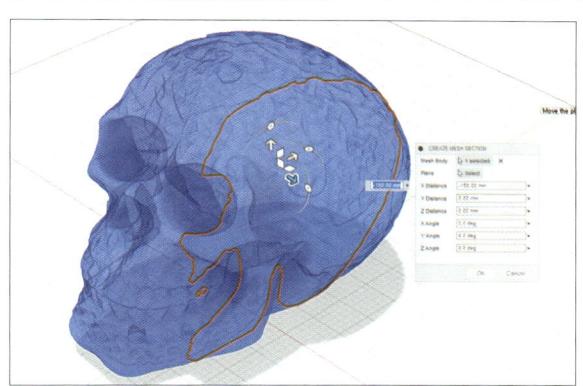

Fit Curves to Mesh Section 메시 단면의 스케치를 작성한다.

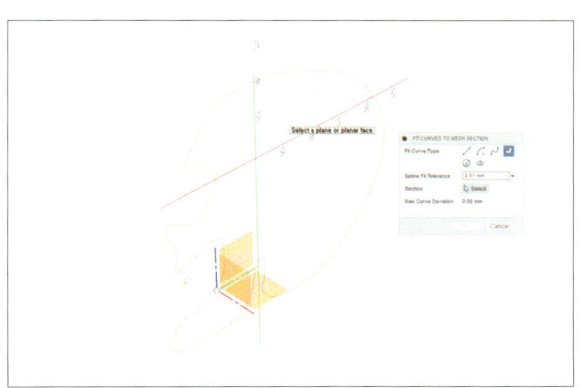
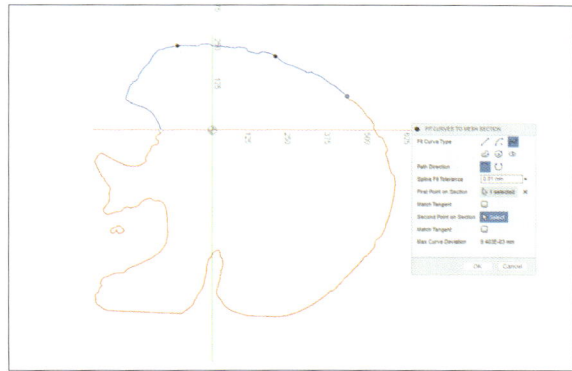

Unit 01 Sketch 기본 툴 설명

Sketch Dimension 스케치에 치수를 작성한다.

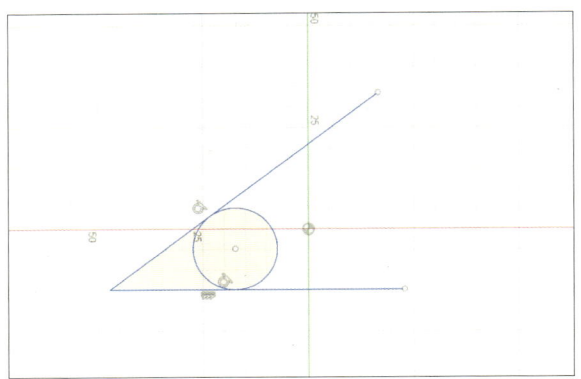 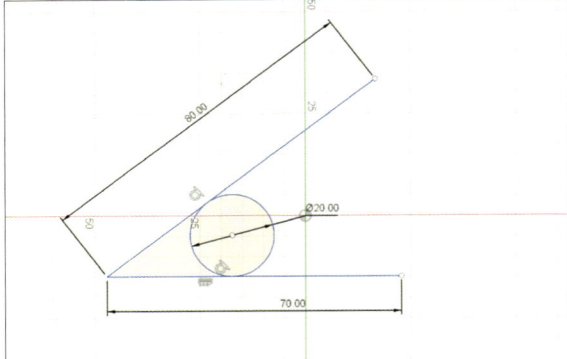

02 Sketch Palette

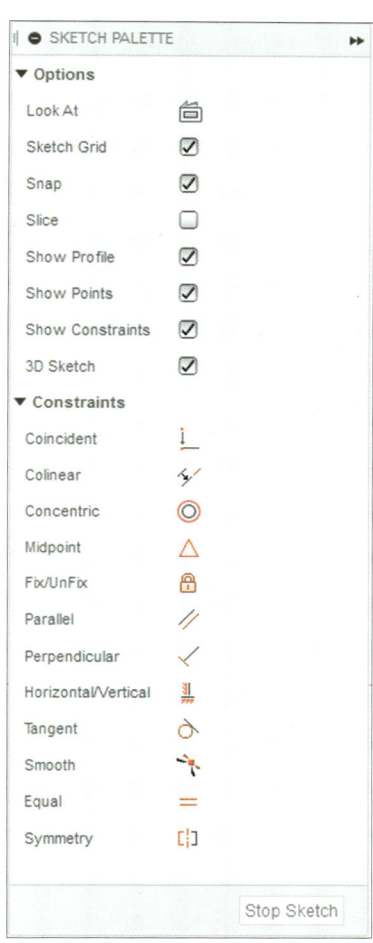

1 옵션

Look At 현재 작업 면에 화면을 정렬한다.

Sketch Grid 그리드를 활성화 · 비활성화한다.

Snap 스냅을 활성화 · 비활성화한다.

Slice 스케치 단면 모드를 활성화 · 비활성화한다.

Show Profile 폐곡선 영역에 색상을 표시한다.

Show Point 점을 표시한다.

Show Constraints 구속 조건을 표시한다.

3D Sketch 3차원 스케치 작성을 활성화한다.

Unit 02 Sketch Palette

2 구속 조건

Coincident 일치 구속 조건을 작성한다.

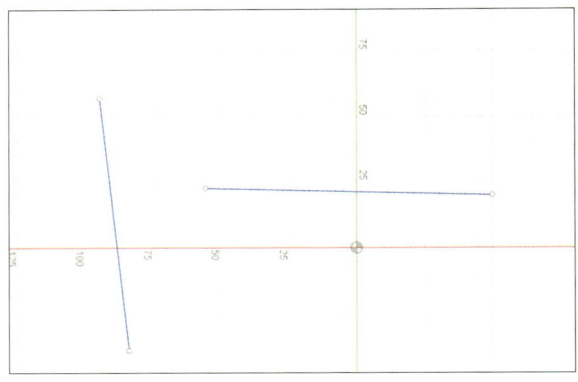 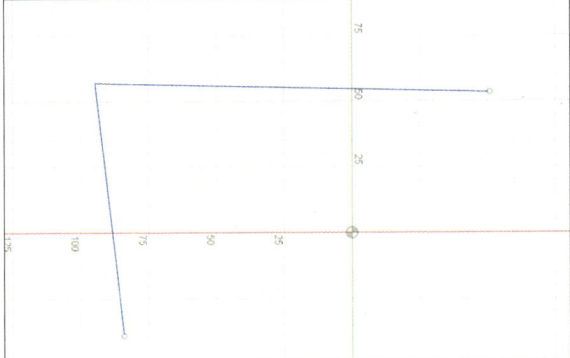

Colinear 동일 선상 구속 조건을 작성한다.

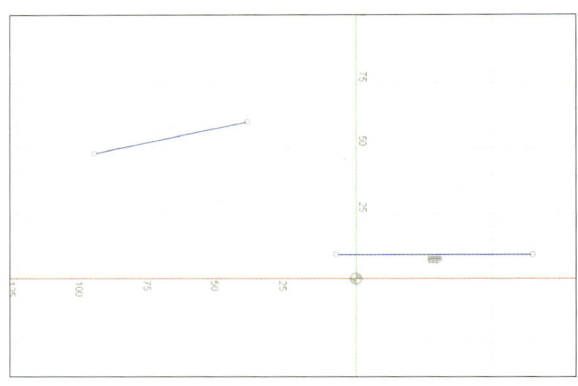 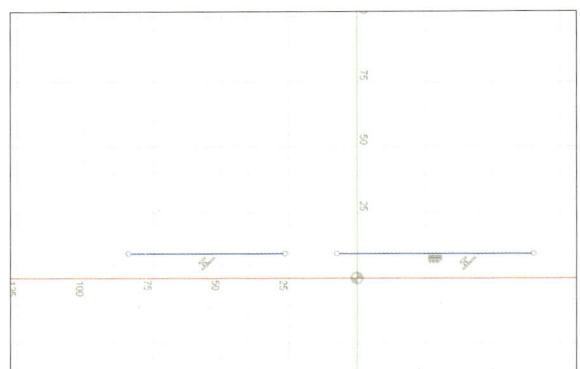

Concentric 동심원 구속 조건을 작성한다.

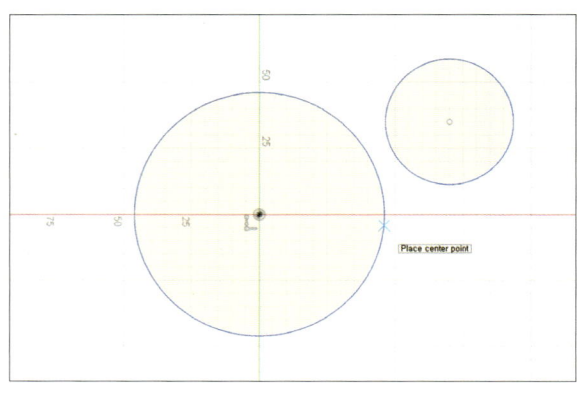 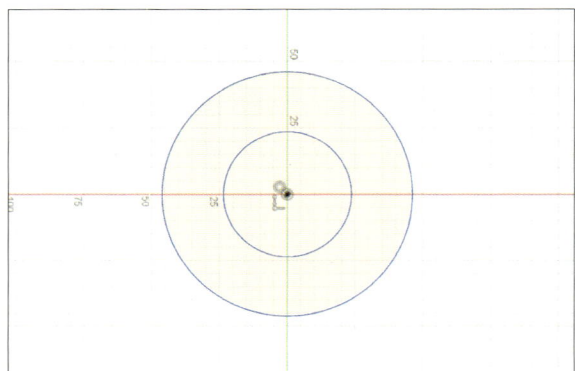

Midpoint 중심점 구속 조건을 작성한다.

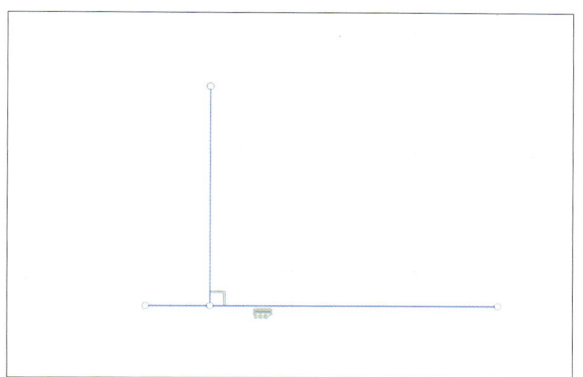 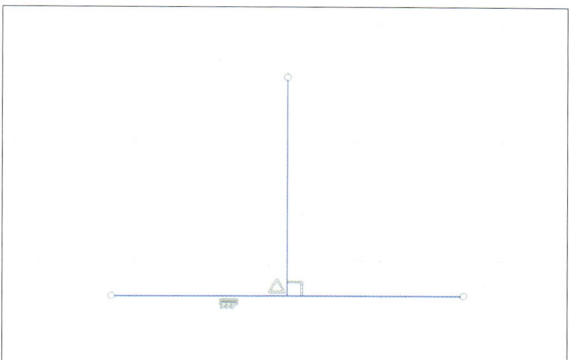

Fix/UnFix 고정 구속 조건을 작성한다.

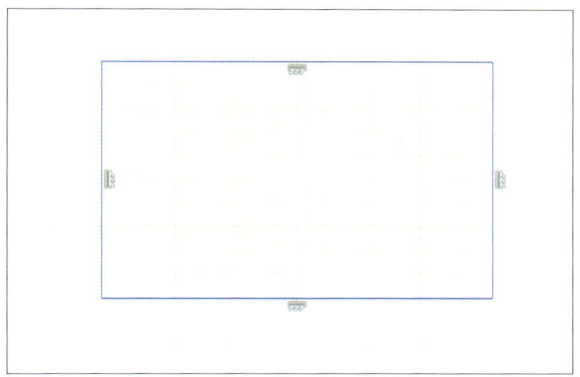 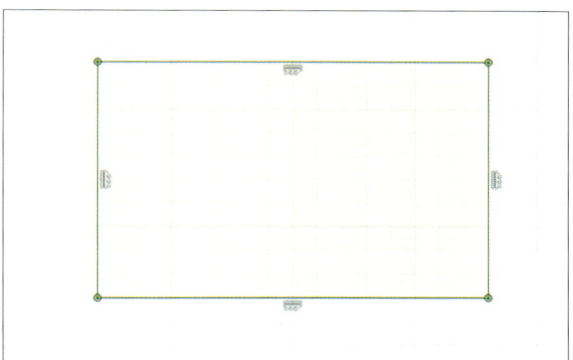

Parallel 평행 구속 조건을 작성한다.

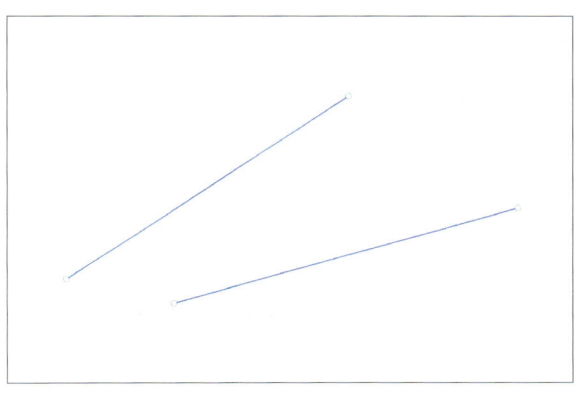 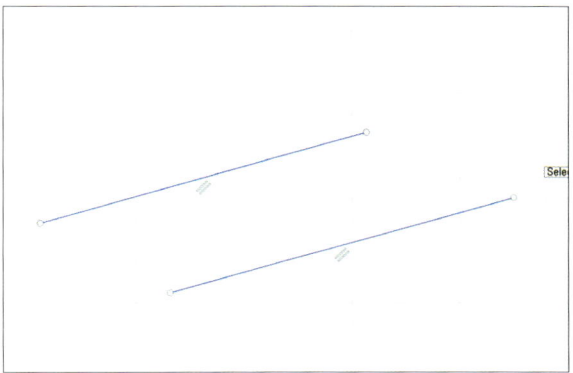

Unit 02 Sketch Palette

Perpendicular 수직 구속 조건을 작성한다.

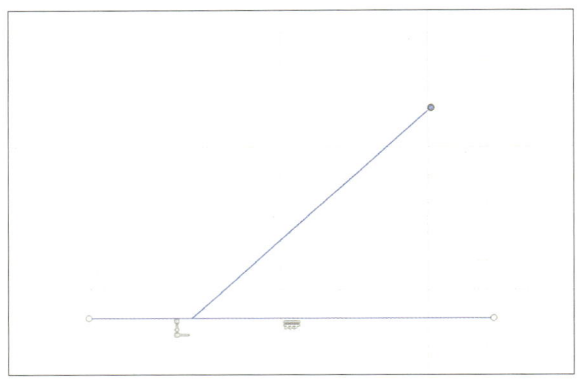 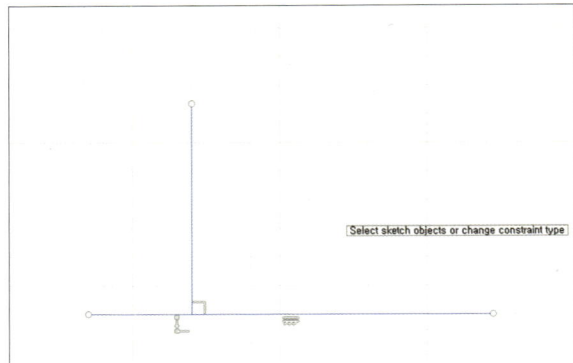

Horizontal/Vertical 수평/수직 구속 조건을 작성한다.

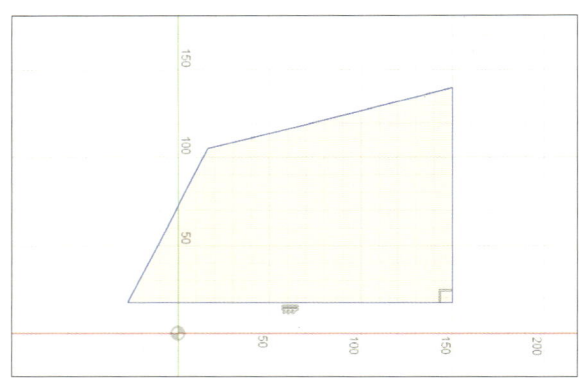 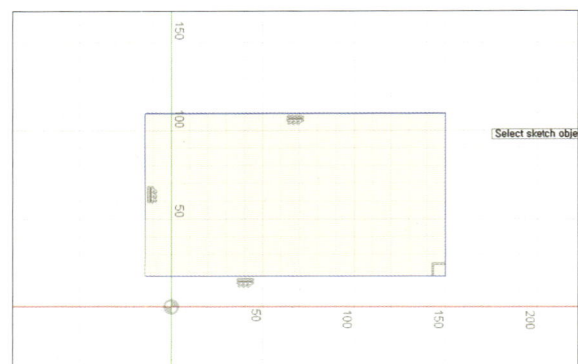

Tangent 접선 구속 조건을 작성한다.

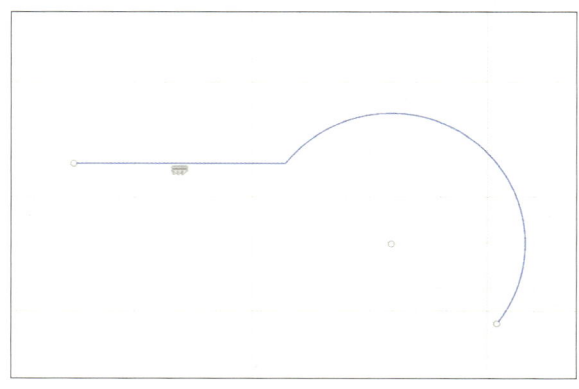 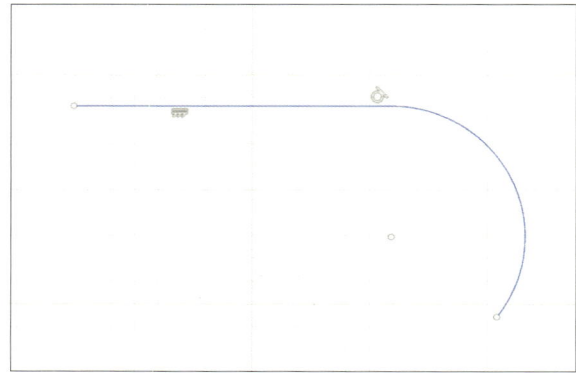

Smooth 곡률 연속 구속 조건을 작성한다.

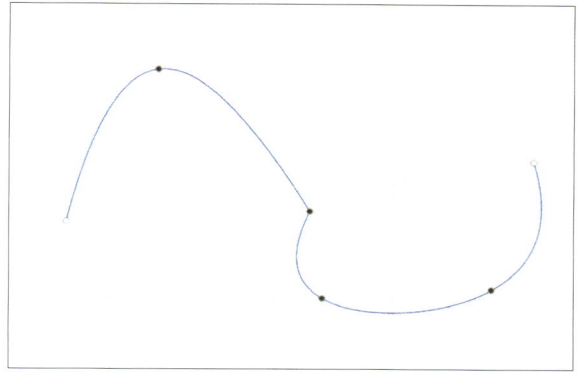 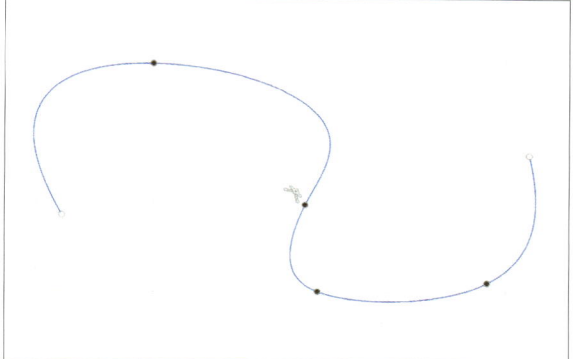

Equal 동일 구속 조건을 작성한다.

 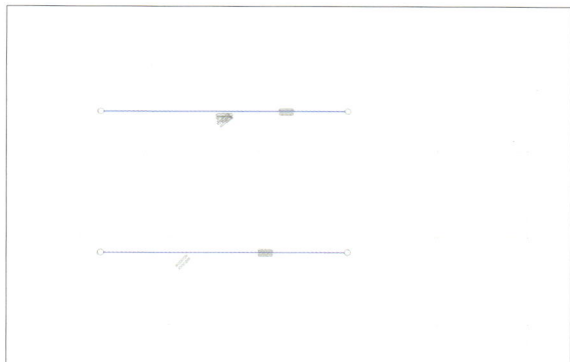

Symmetry 대칭 구속 조건을 작성한다.

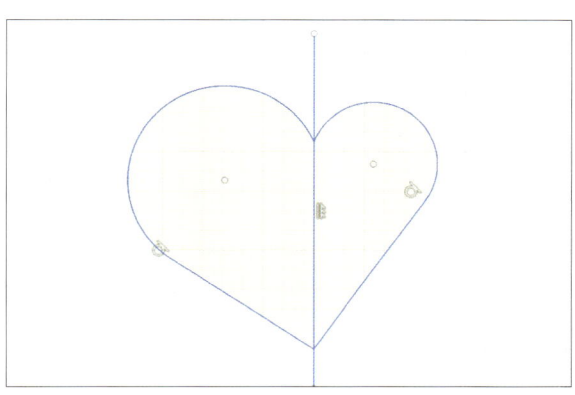 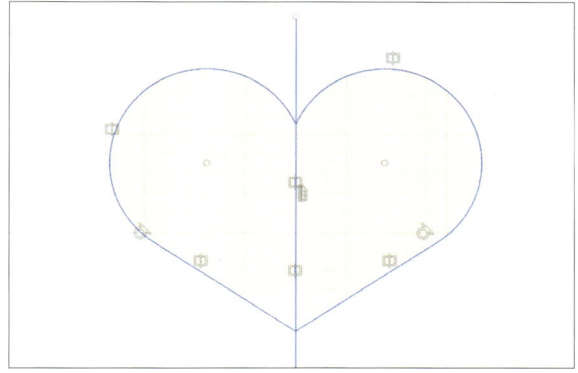

예제 01 Sketch 따라 하기 (1)

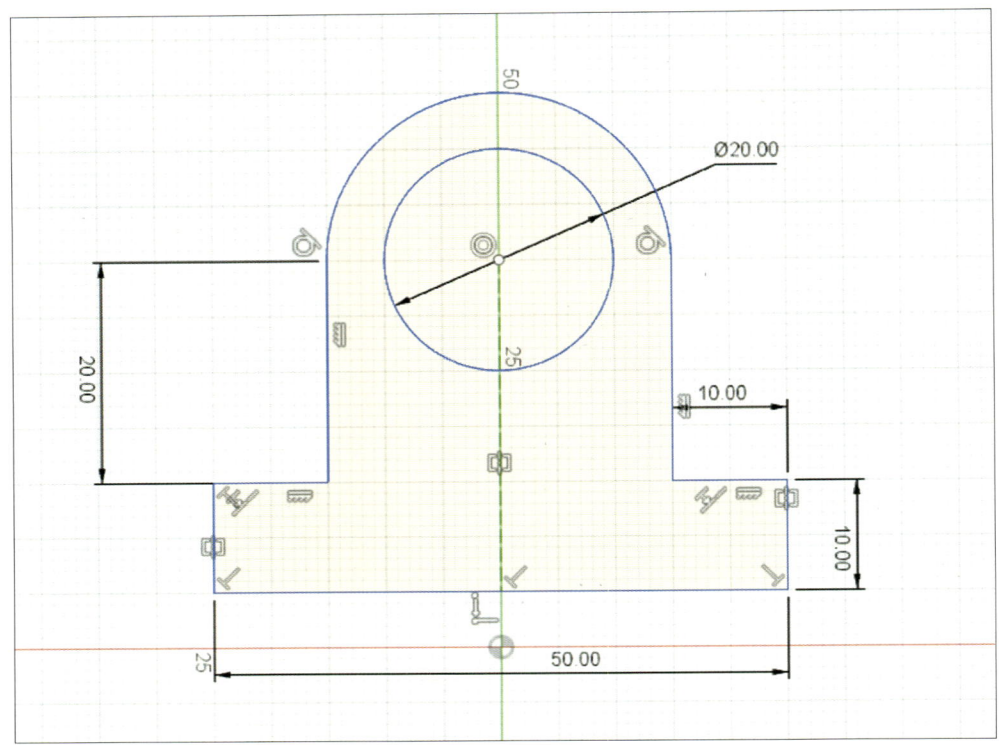

그림과 같은 스케치 도면을 작성해보도록 한다.

학습 목표

1. Sketch Dimension을 이용한 정확한 도면을 작성한다.
2. Sketch Palette를 활용하여 스케치를 수정한다.

예제 풀이 과정을 동영상으로 확인할 수 있다.

01-1

Sketch의 'Create Sketch'를 클릭한다.

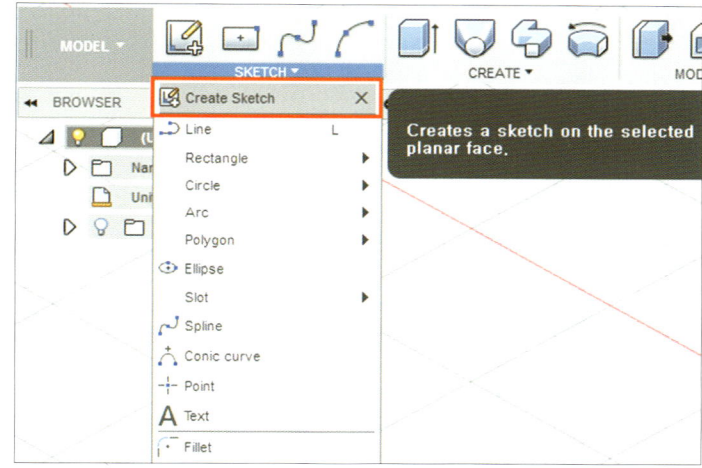

01-2

스케치를 작성할 작업 면을 선택한다.

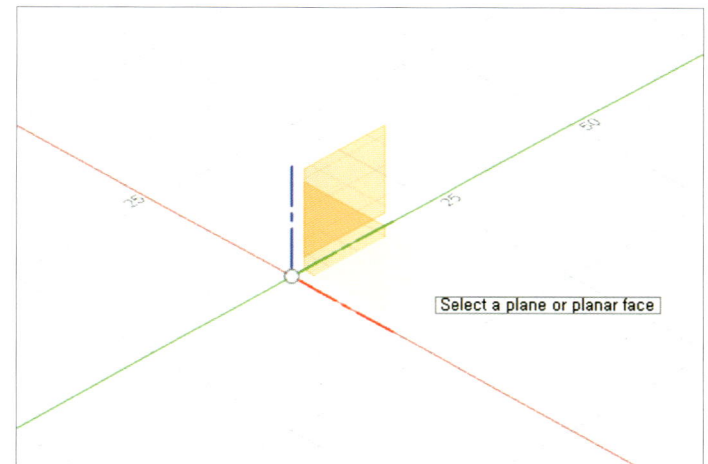

01-3

Circle의 'Center Diameter Circle'을 클릭한다.

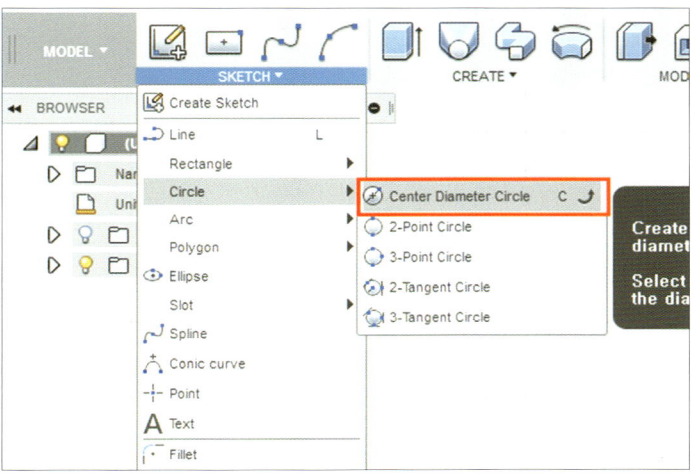

01-4

그림과 같이 대략적인 원 스케치를 작성한다.

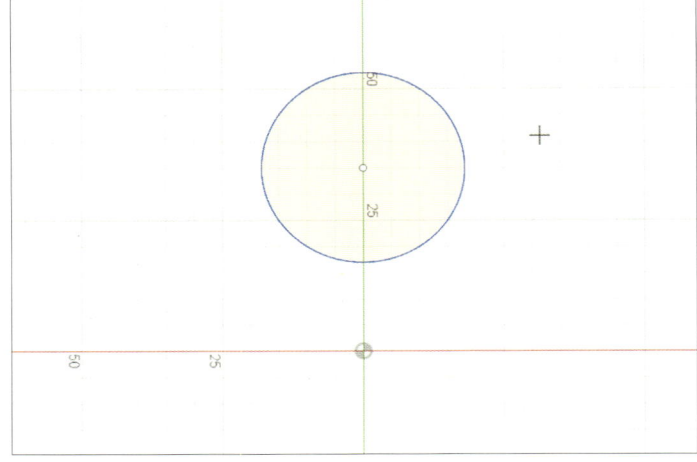

01-5

Sketch의 'Offset'을 클릭한다.

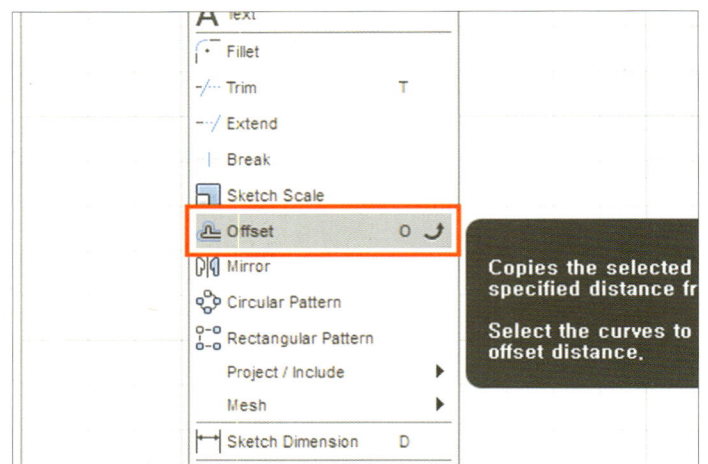

01-6

원 스케치를 클릭하여 간격 띄우기를 한다.

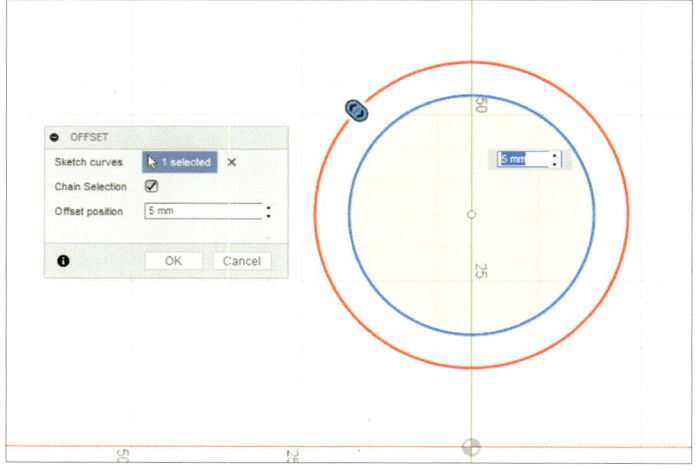

01-7

Sketch의 'Line'을 클릭한다.

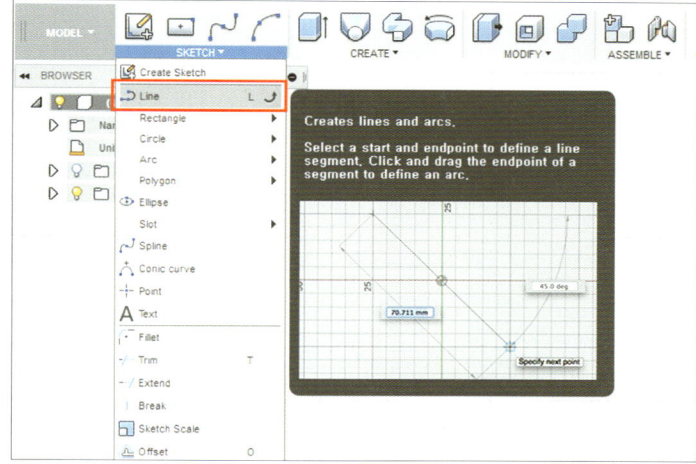

01-8

그림과 같이 Line을 연결하여 대략적인 스케치를 작성한다.

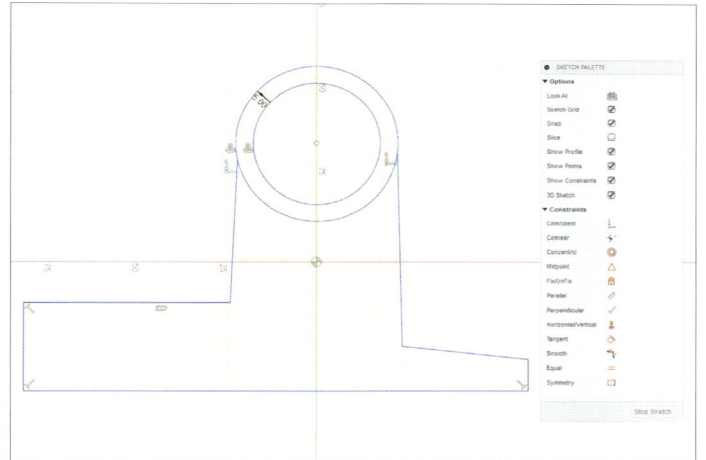

01-9

Sketch Palette에서 Horizontal/Vertical을 클릭한다.

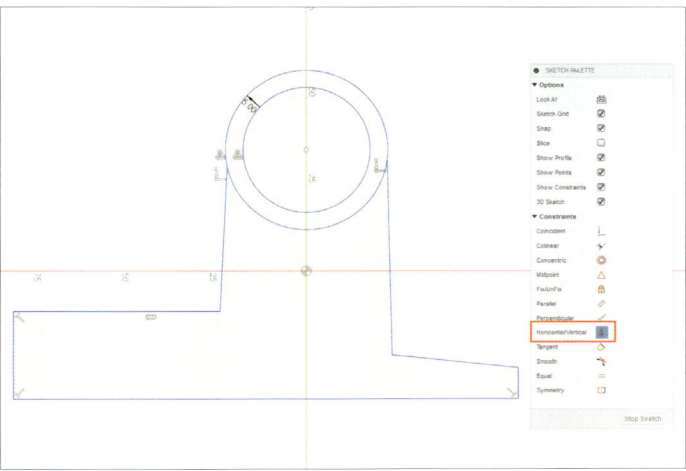

01-10

삐뚤어져 있는 라인을 클릭하면 수평/수직을 이루도록 수정된다.

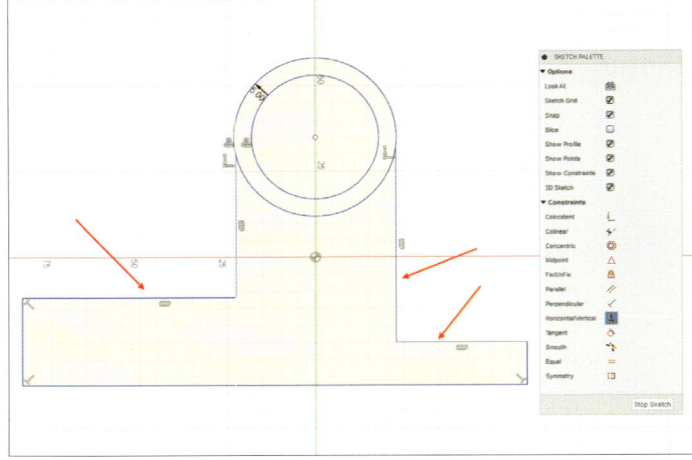

01-11

Sketch Palette에서 'Colinear'를 클릭한다.

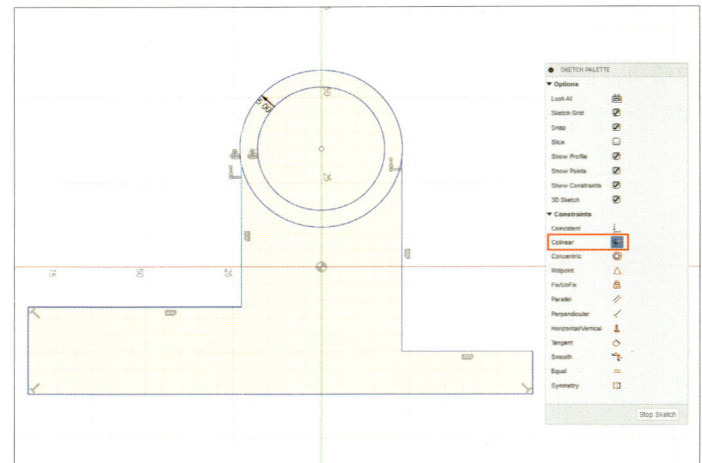

01-12

그림과 같이 라인을 클릭하면 두 라인이 동일 선상에 놓이게 된다.

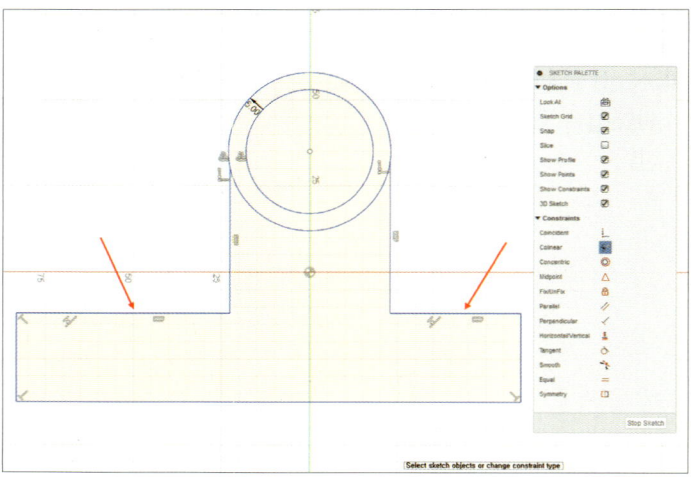

01-13

Sketch Palette에서 'Tangent'를 클릭한다.

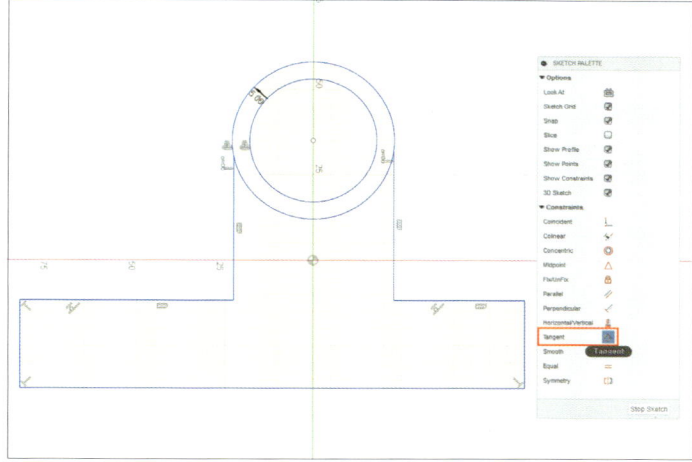

01-14

그림에 표시된 직선과 원 스케치를 클릭하여 Tangent 구속 조건을 적용한다.

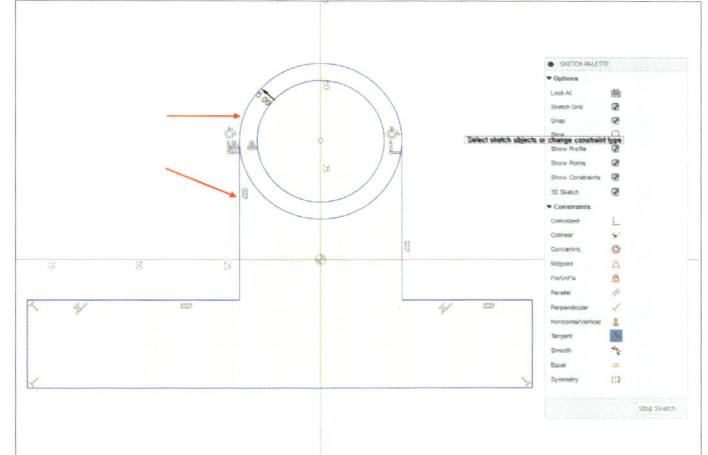

01-15

Line을 이용하여 그림과 같이 원의 중심에서 수직을 이루도록 직선을 작성한다.

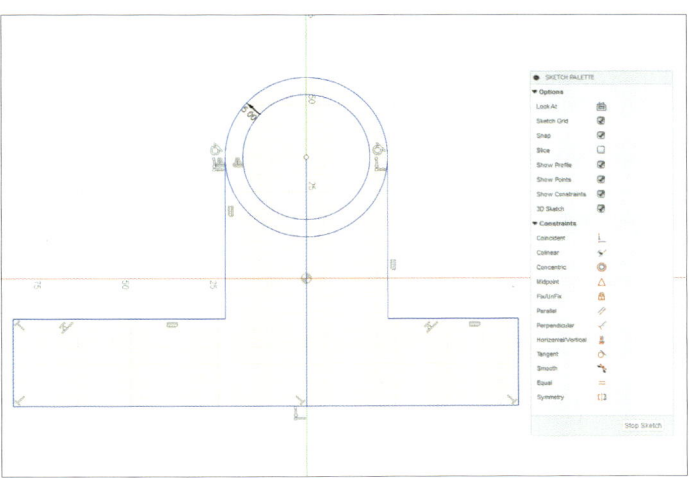

01-16

라인을 오른쪽 마우스로 클릭한 후 'Normal/Construction'을 클릭하여 참조선으로 변경한다.

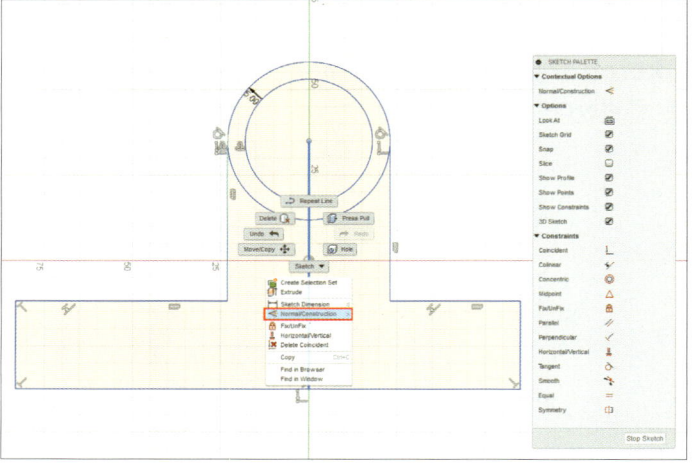

01-17

Sketch Palette에서 'Fix/Un-Fix'를 클릭한다.

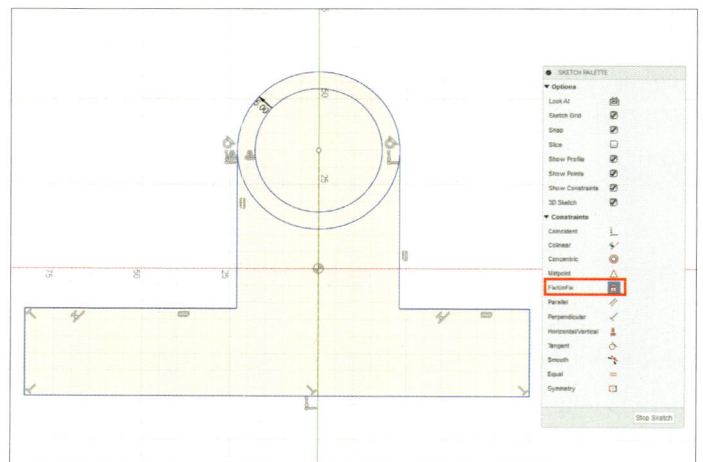

01-18

참조선을 클릭하여 고정시킨다.

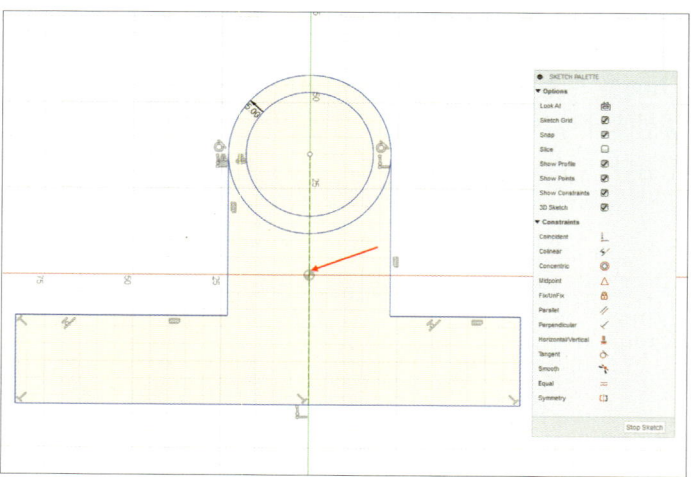

01-19

Sketch Palette에서 'Symmetry'를 클릭한다.

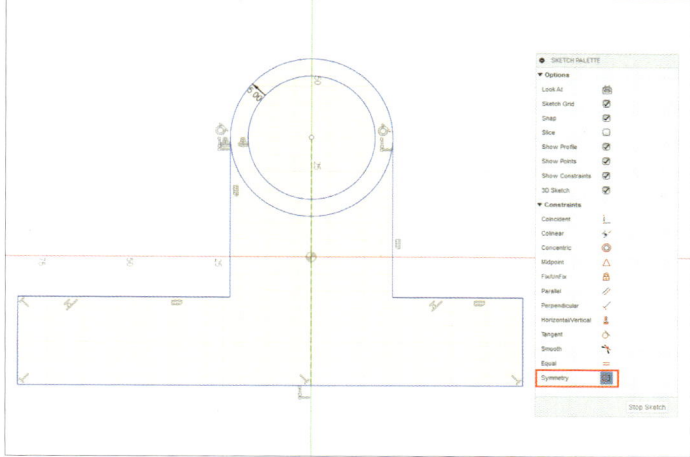

01-20

양끝 라인을 선택하고 참조선을 클릭하면 참조선을 중심으로 좌우 대칭된다.

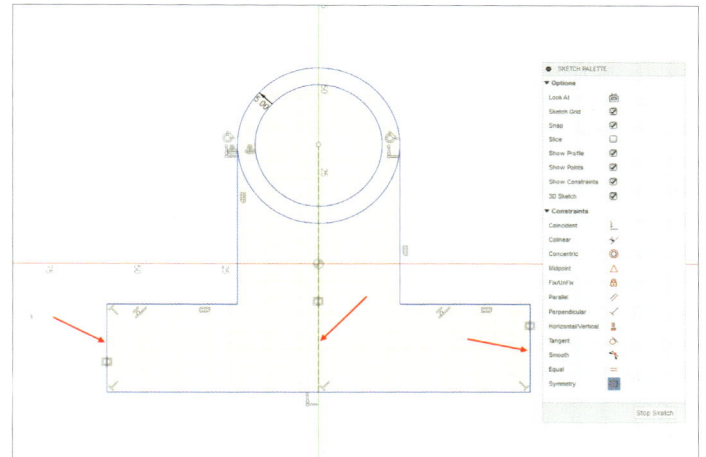

01-21

Sketch에서 'Trim'을 클릭한다.

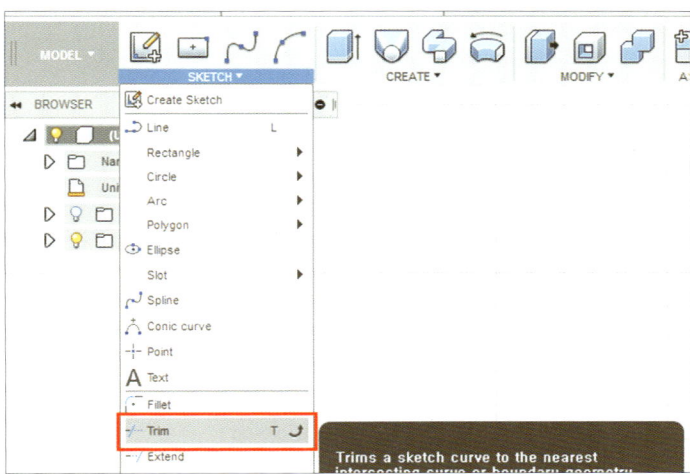

01-22

불필요한 라인을 클릭하여 제거한다.

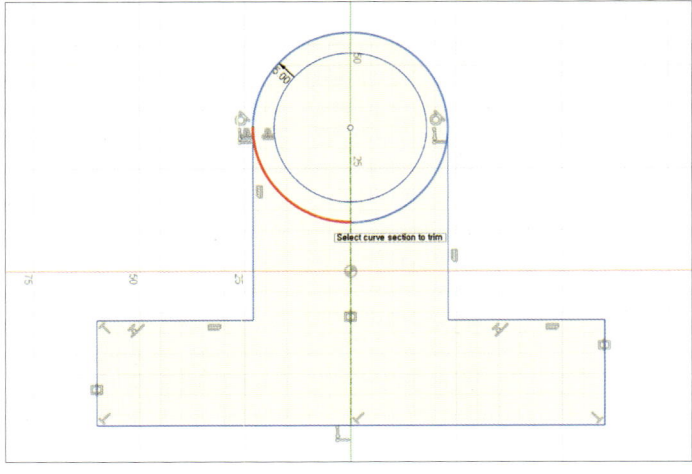

01-23

Sketch에서 'Sketch Dimension'을 클릭한다.

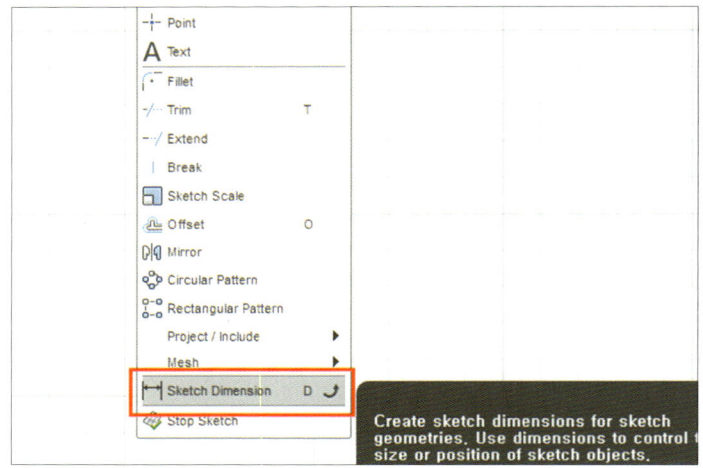

01-24

그림과 같이 수치를 입력하여 스케치를 작성한다.

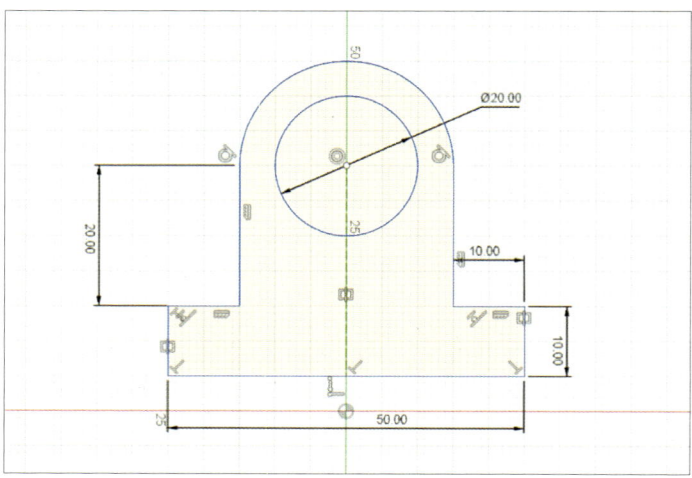

예제 02 Sketch 따라 하기 (2)

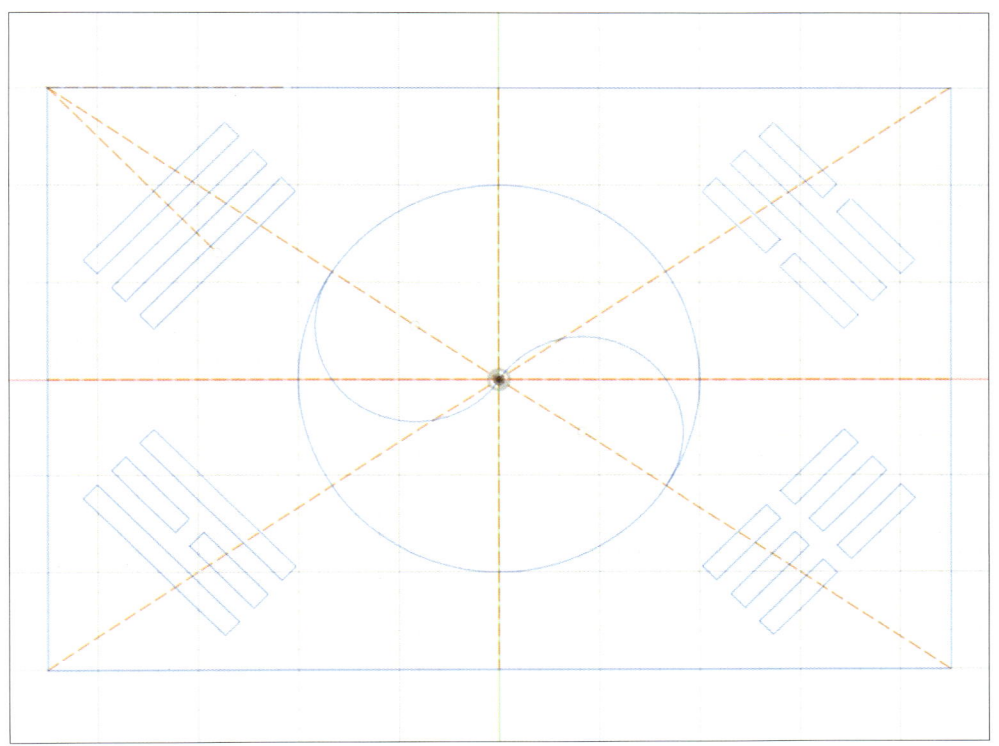

그림과 같은 스케치 도면을 작성해보도록 한다.

학습 목표

1. Sketch의 다양한 툴을 사용하여 도면 작성 기술을 숙련한다.
2. Pattern, Mirror 툴을 사용하여 도면 작성 기술을 숙련한다.

예제 풀이 과정을 동영상으로 확인할 수 있다.

02-1

Center Rectangle 툴을 사용하여 원점을 중심으로 그림과 같은 수치의 사각형 스케치를 작성한다.

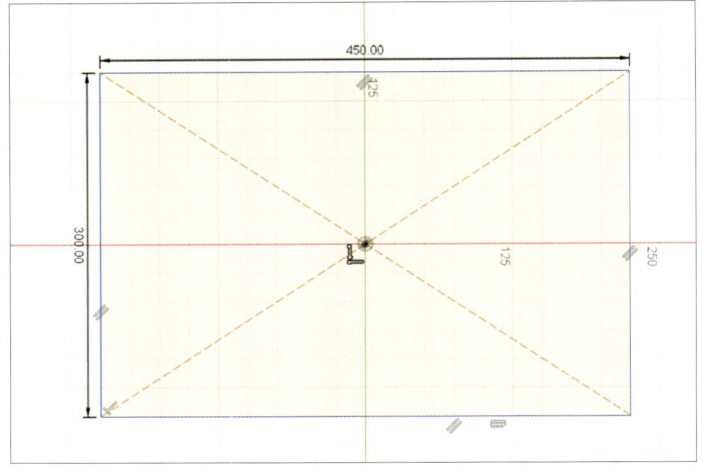

02-2

Center Diameter Circle 툴을 사용하여 원점을 중심으로 그림과 같은 수치의 원 스케치를 작성한다.

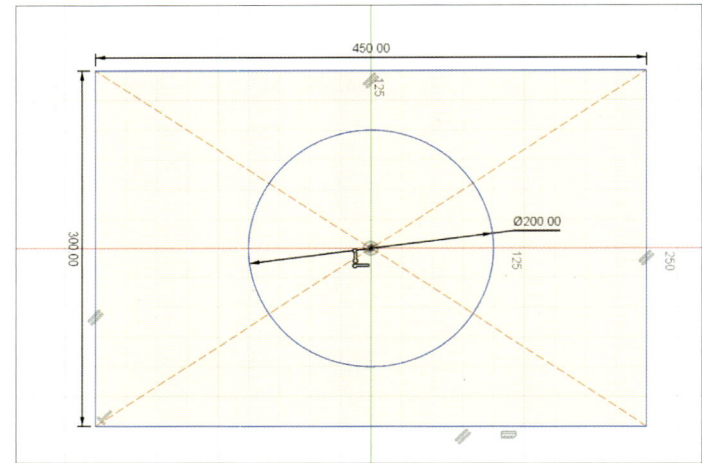

02-3

2-Point Circle 툴을 이용하여 그림과 같은 원 스케치를 작성한다.

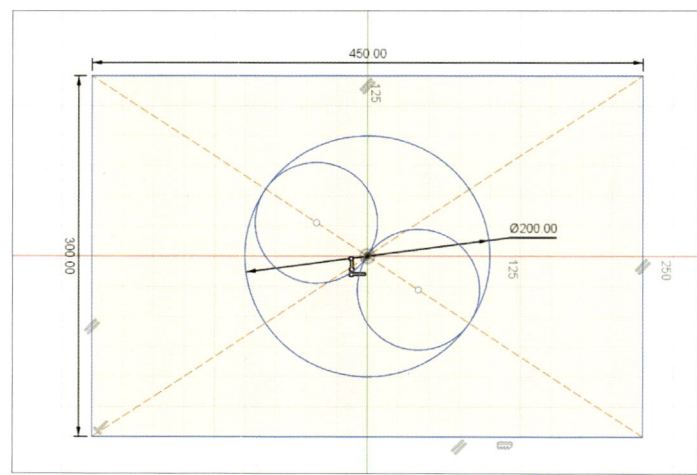

02-4

Trim 툴을 이용하여 불필요한 선을 제거한다.

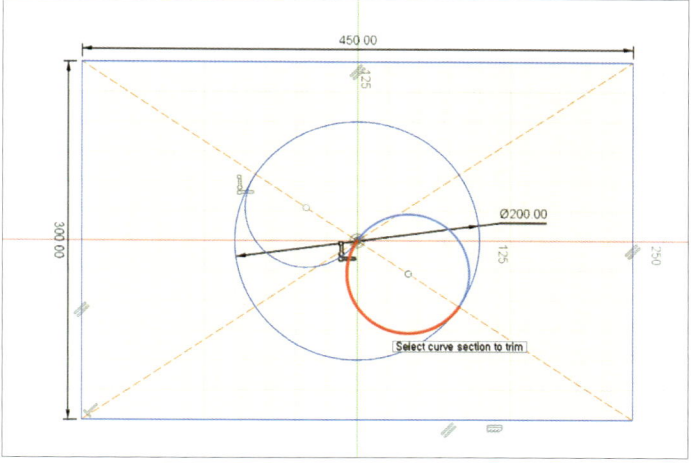

02-5

그림과 같이 구석의 모서리에 라인 스케치를 작성한다.

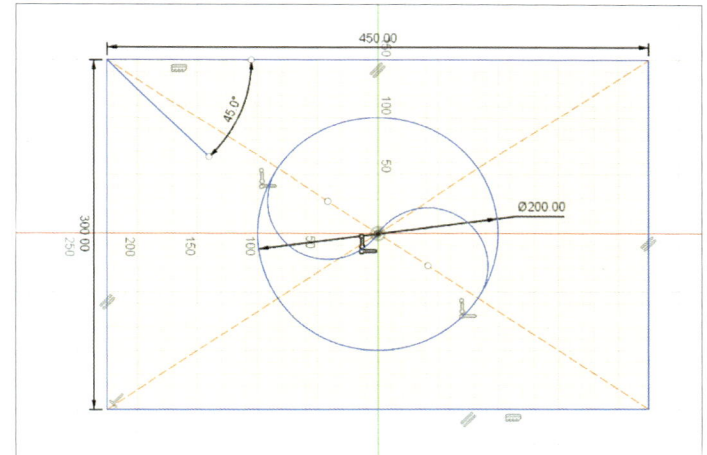

02-6

라인을 오른쪽 마우스로 클릭하여 'Normal/Construction'을 클릭한다.

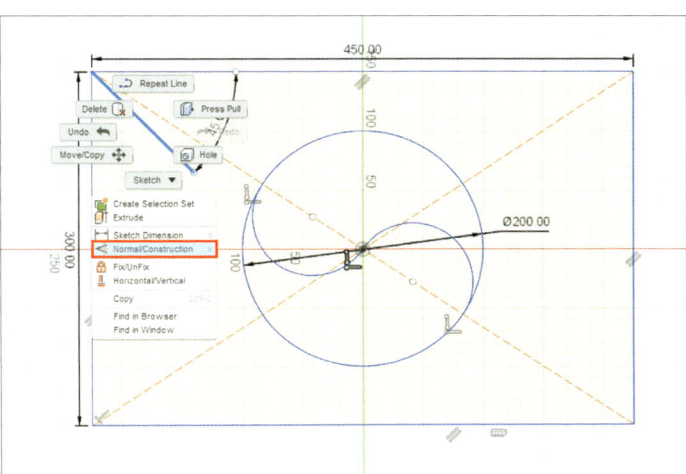

02-7

3-Point Rectangle 툴을 이용하여 그림과 같은 수치의 사각형 스케치를 작성한다.

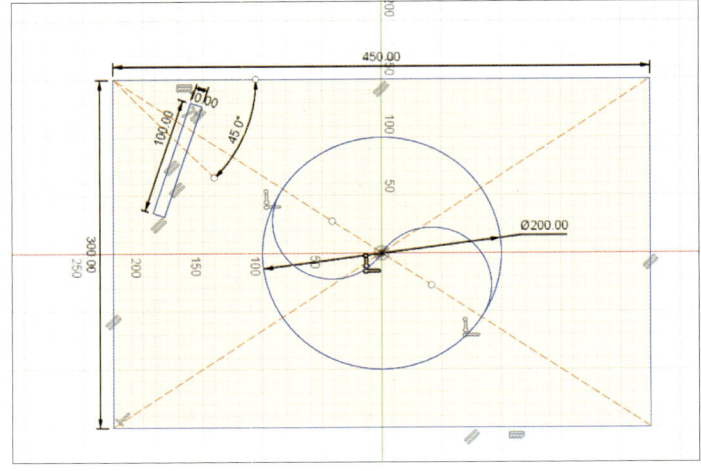

02-8

Sketch Palette의 Symmetry 구속 조건을 이용하여 사각형을 배열한다.

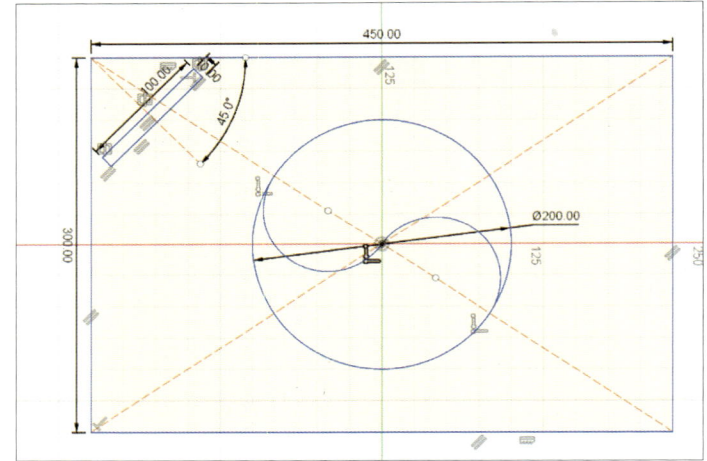

02-9

Sketch Dimension 툴을 이용하여 꼭짓점과 사각형 스케치 사이의 수치를 그림과 같이 입력한다.

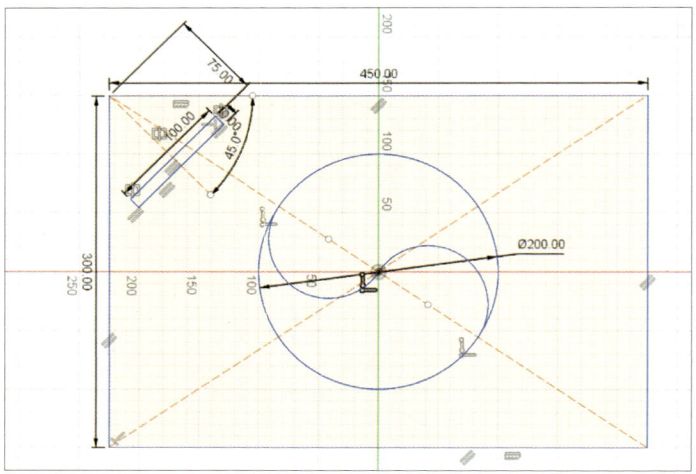

02-10

Rectangular Pattern 툴을 이용한다. Distance Type을 Spacing으로 변경하고 그림과 같이 거리 값을 입력하여 배열한다.

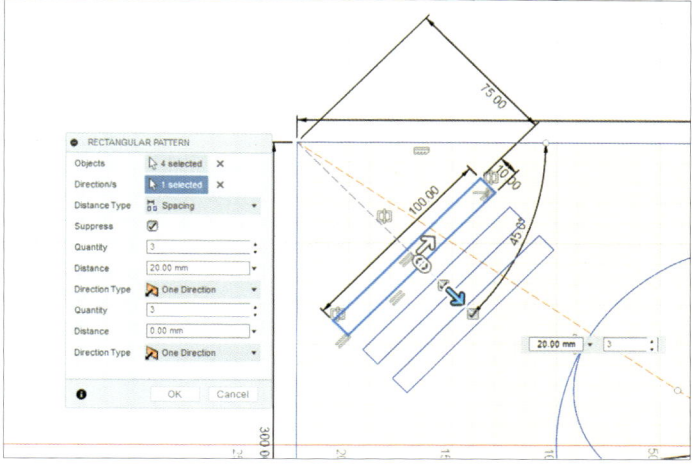

02-11

그림과 같이 태극기를 4등분하는 라인 스케치를 작성한다.

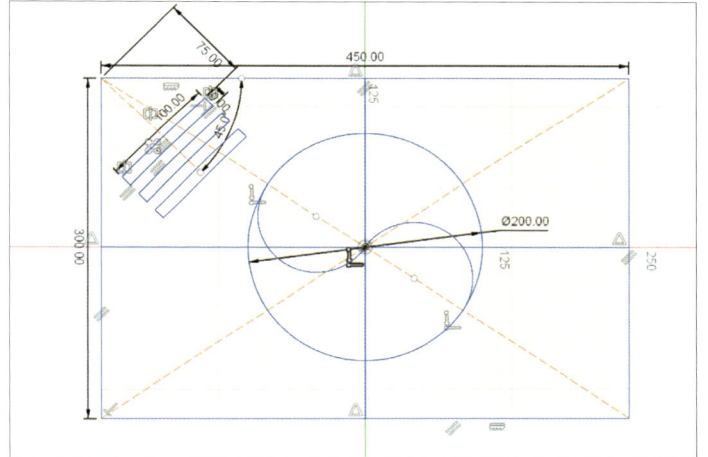

02-12

Normal/Construction을 이용하여 참조선으로 변경한다.

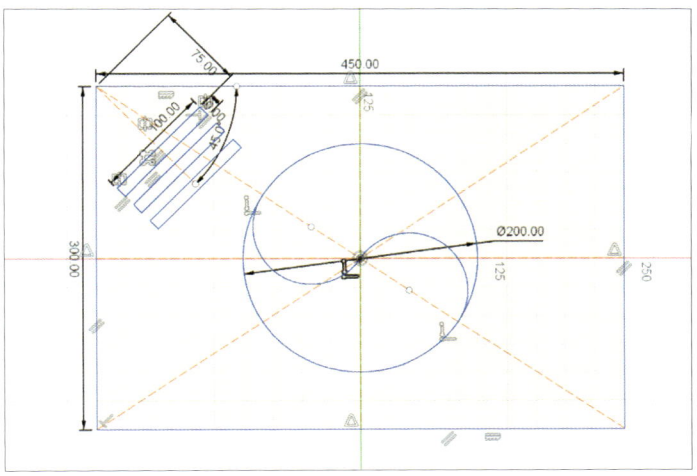

02-13

Mirror 툴을 이용하여 그림과 같이 대칭 복사한다.

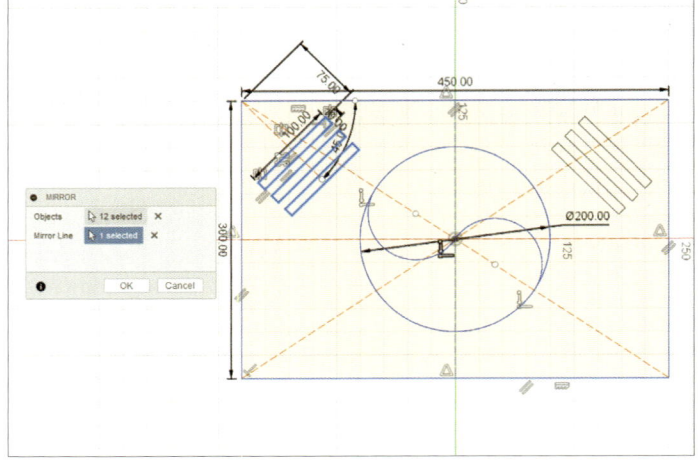

02-14

다시 한 번 Mirror 툴을 사용하여 아래쪽으로 대칭 복사한다.

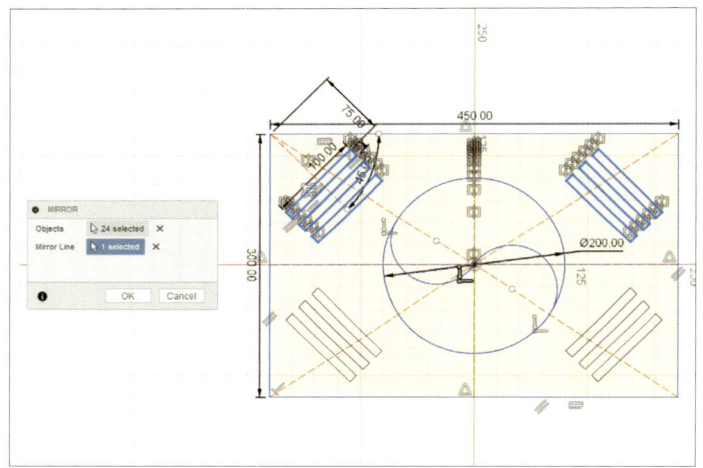

02-15

대칭 복사한 사각형 스케치에 그림과 같은 라인 스케치를 작성한다.

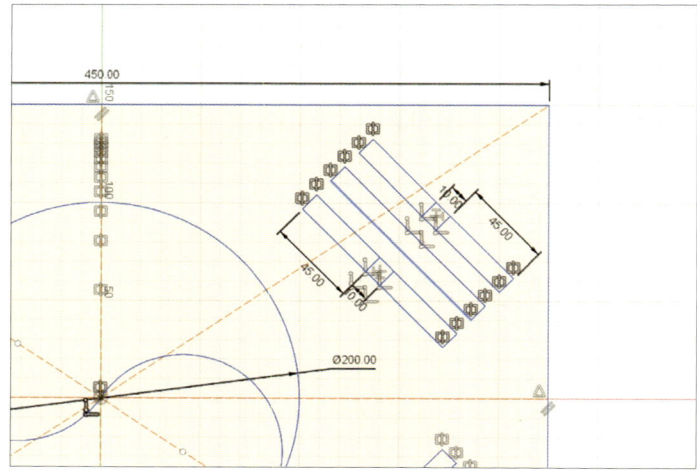

02-16

Trim 툴을 이용하여 불필요한 라인을 제거한다.

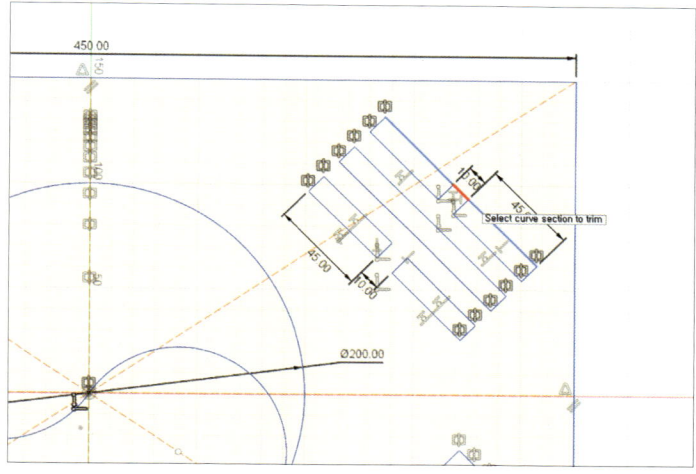

02-17

나머지 사각형 스케치도 마찬가지 방법으로 태극기 모양 스케치를 작성한다.

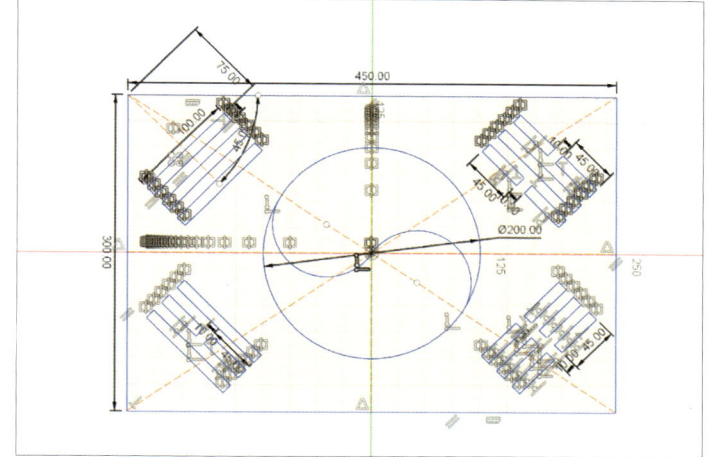

02-18

완성된 이미지이다.

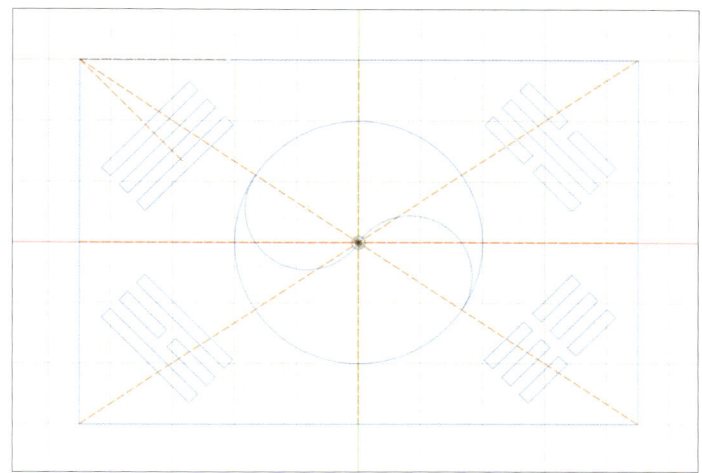

> **Tip** **Sketch Palette Slice**

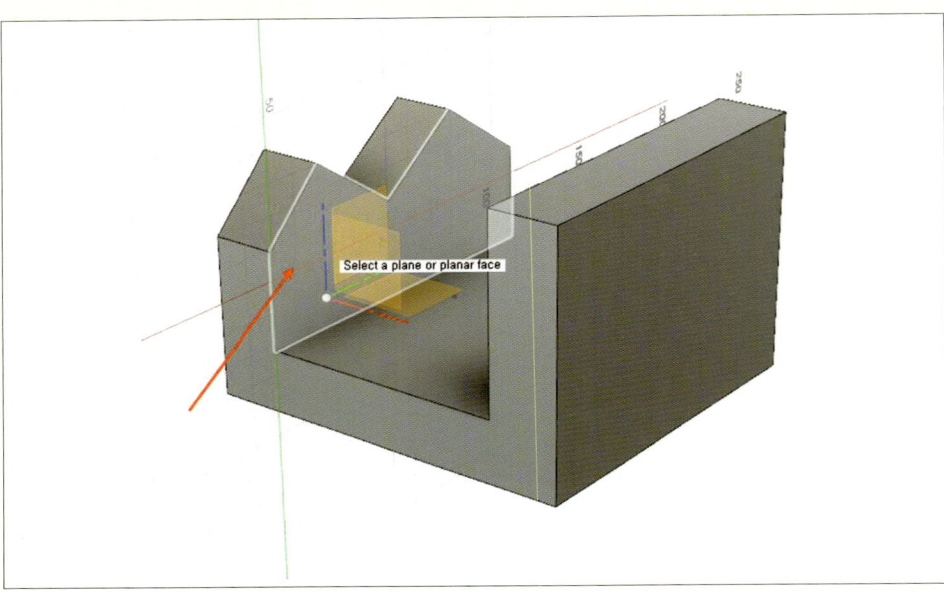

그림과 같이 모델의 안쪽을 스케치 작업 면으로 선택한 경우,

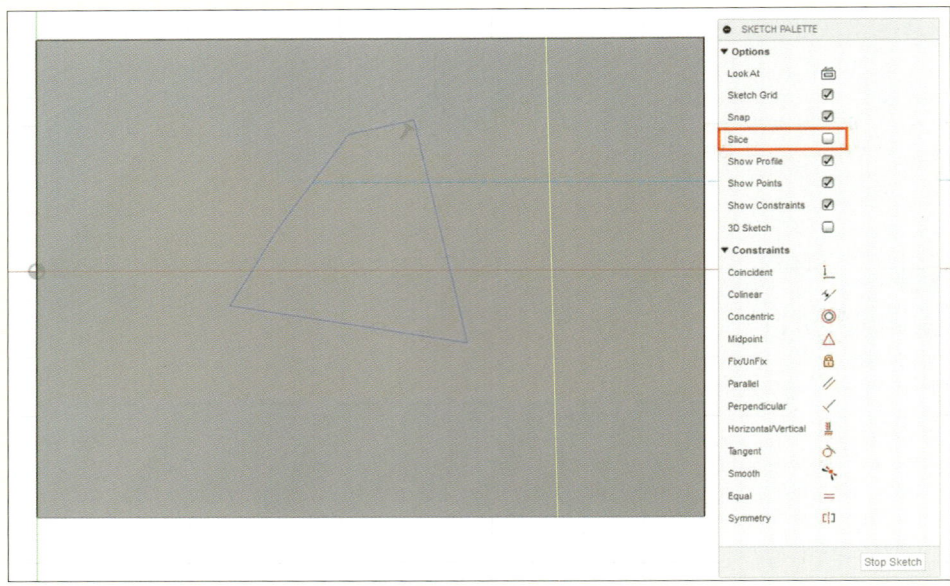

모델의 다른 부분에 가려 스케치를 작성하기 불편할 수 있다. 이때 Sketch Palette의 Options에서 'Slice'에 체크한다.

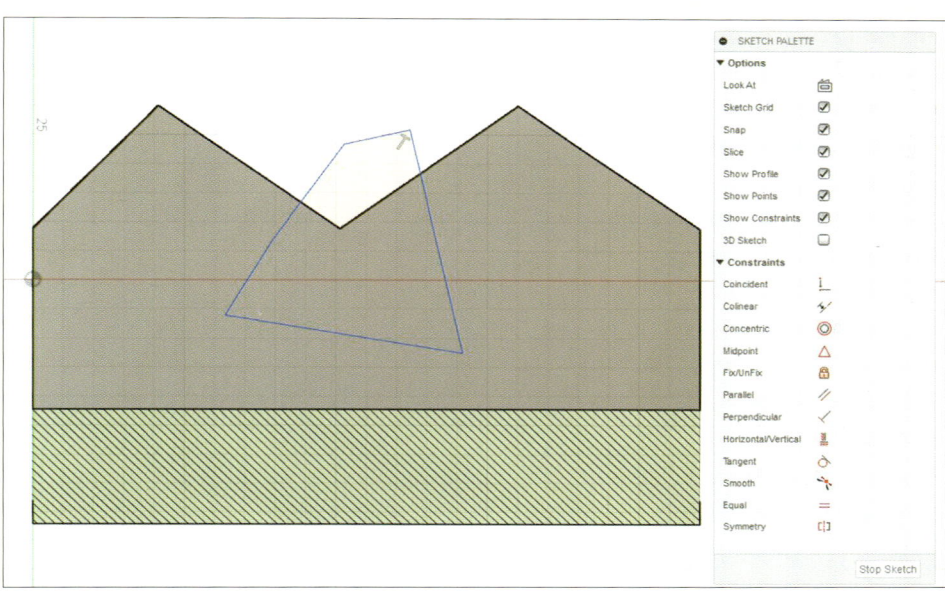

그림과 같이 선택한 스케치 작업 면을 기준으로 모델을 슬라이싱하여 단면을 표시해준다.

MEMO

Chapter

05

Model 작업 환경에서의 모델링

01 **Create** 기본 툴 설명
02 **Extrude** 상세 설명
03 **Revolve** 상세 설명
04 **Sweep** 상세 설명
05 **Loft** 상세 설명
06 **Modify** 기본 툴 설명
07 **Inspect** 기본 툴 설명
08 **Insert** 기본 툴 설명
09 **Construct** 기본 툴 설명
모델링 따라 하기 01   스마트폰 거치대 모델링
모델링 따라 하기 02   장난감 자동차 모델링
모델링 따라 하기 03   병 모델링
모델링 따라 하기 04   의자 모델링
Tip 1. Selection tip
Tip 2. Named View
유의 사항   Loft 순서에 따른 유의 사항

01 Create 기본 툴 설명

New Component 새로운 구성 요소를 생성한다.

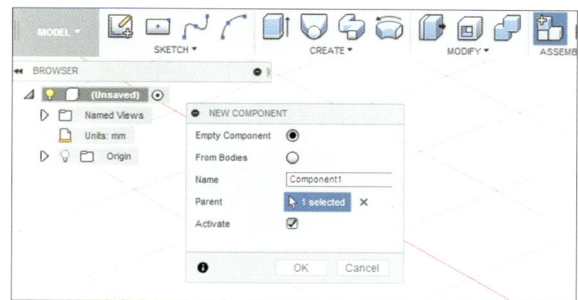

Extrude 프로파일(스케치 단면 또는 바디 평면)을 돌출시켜 모델을 생성한다.

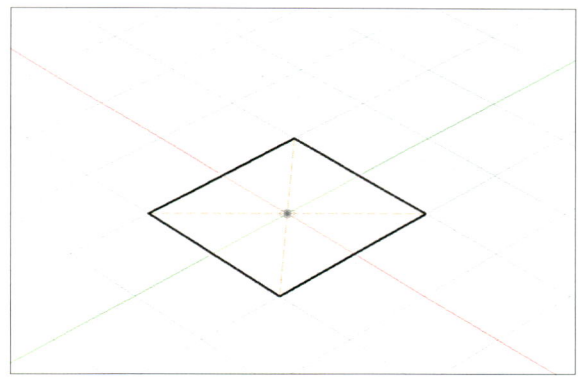
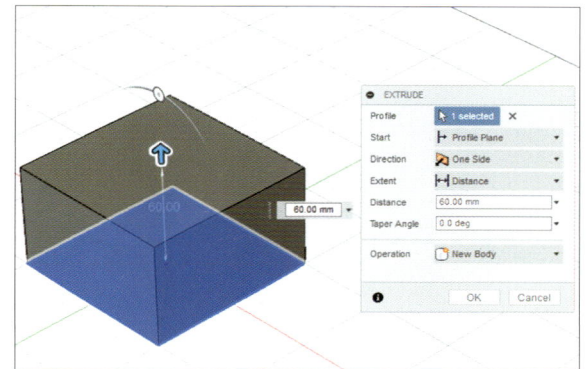

Revolve 축을 중심으로 프로파일을 회전시켜 모델을 생성한다.

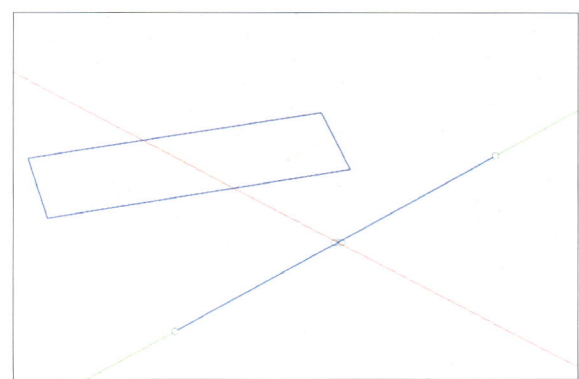
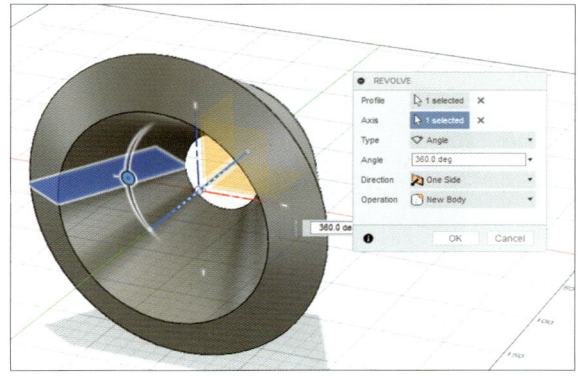

Chapter 05 Model 작업 환경에서의 모델링 • 91

Unit 01 Create 기본 툴 설명

Sweep 프로파일이 경로를 따라 이동하면서 모델을 생성한다.

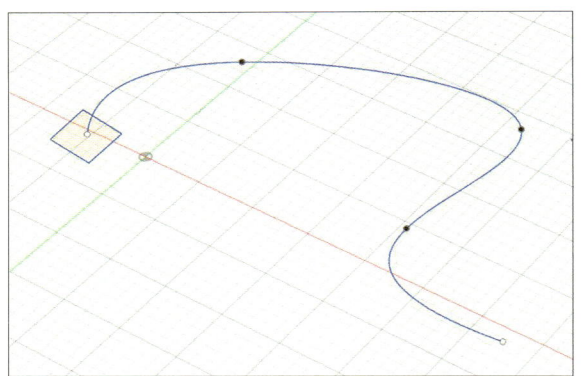 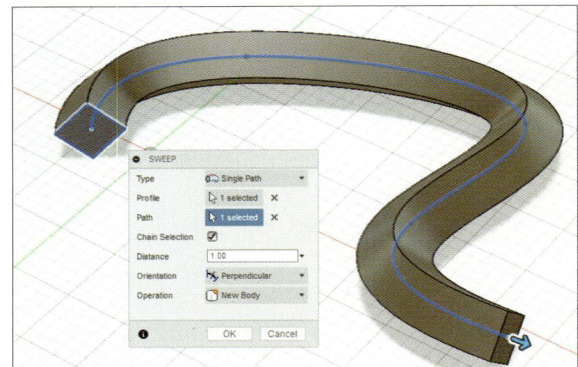

Loft 두 개 이상의 프로파일을 연결하여 모델을 생성한다.

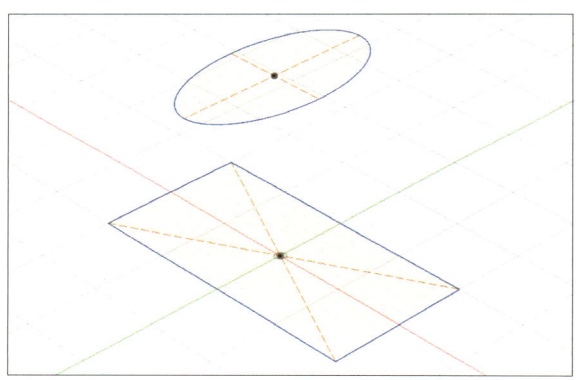 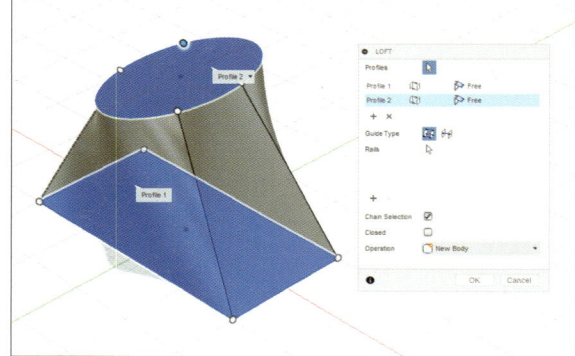

Rib 스케치 라인을 이용하여 지지대를 생성한다.

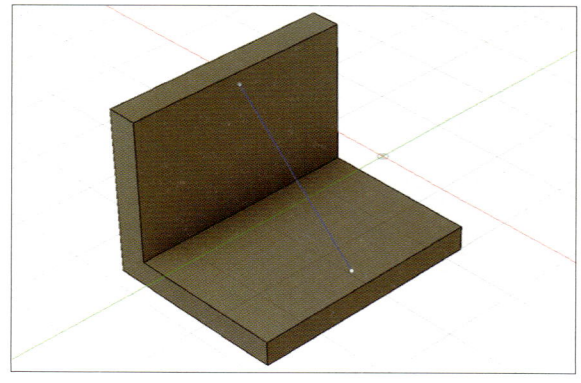 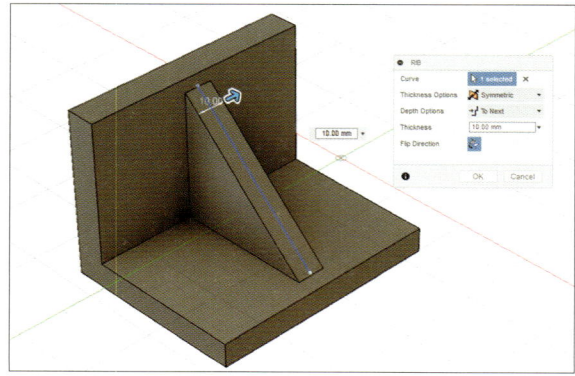

Web 스케치 라인을 이용하여 그물 형태의 구조물을 생성한다.

 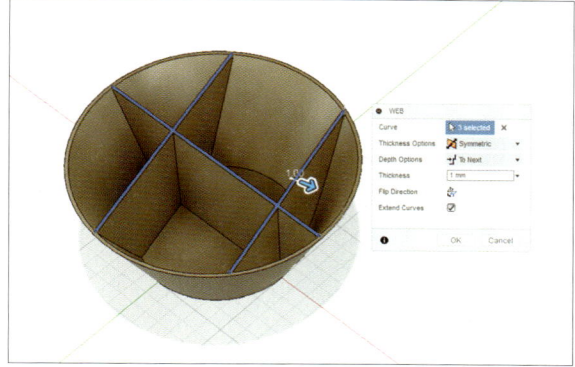

Hole 모델에 구멍을 생성한다.

 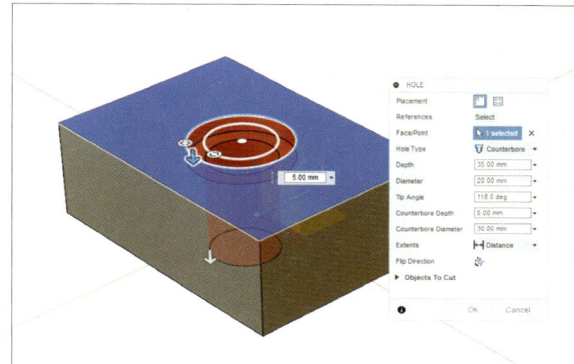

Thread 원기둥의 곡면에 나사선을 생성한다.

 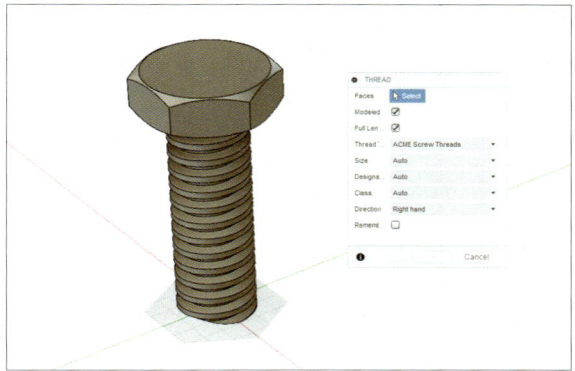

Unit 01 Create 기본 툴 설명

Box 박스를 생성한다.

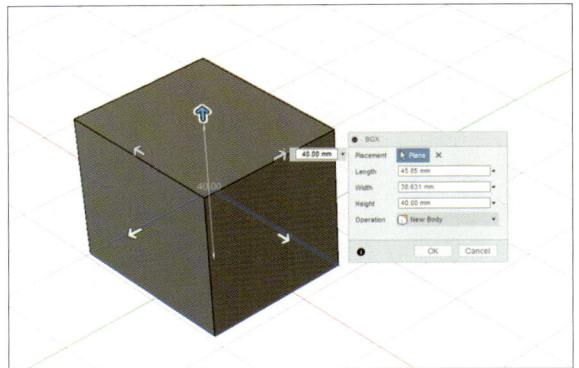

Cylinder 원기둥을 생성한다.

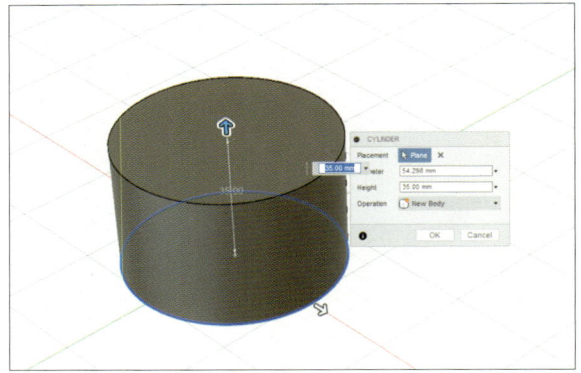

Sphere 구를 생성한다.

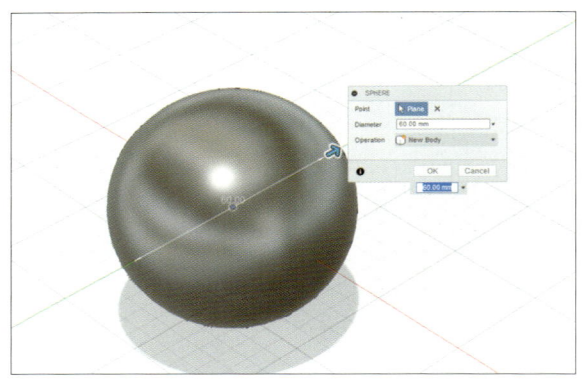

Torus 도넛 모양 모델을 생성한다.

Coil 나선형 코일을 생성한다.

Pipe 파이프 모델을 생성한다.

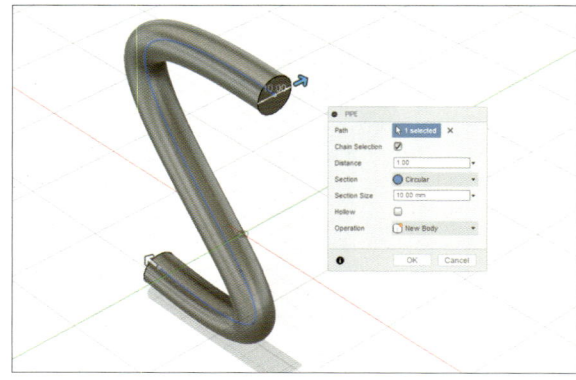

Rectangular Pattern 모델을 사각 배열한다.

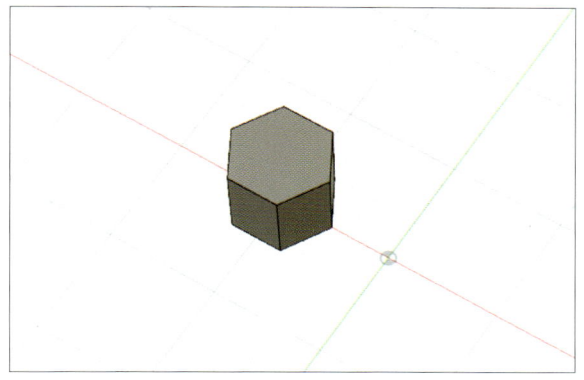 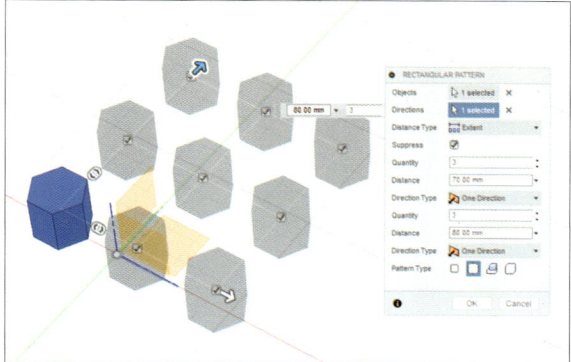

Circular Pattern 모델을 원형 배열한다.

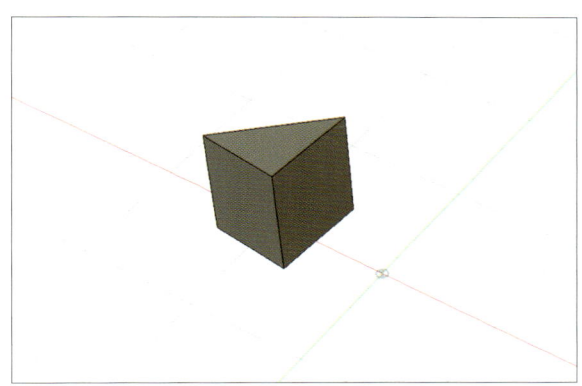 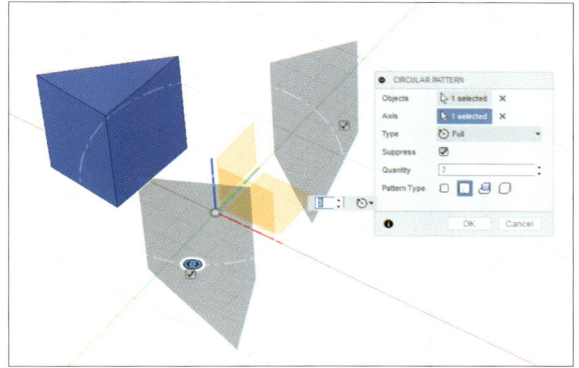

Pattern on Path 선택한 경로를 따라 모델을 배열한다.

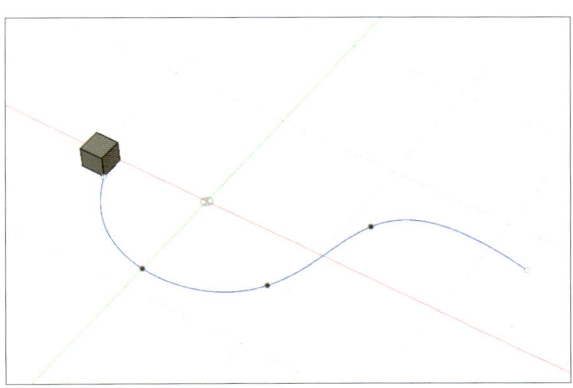 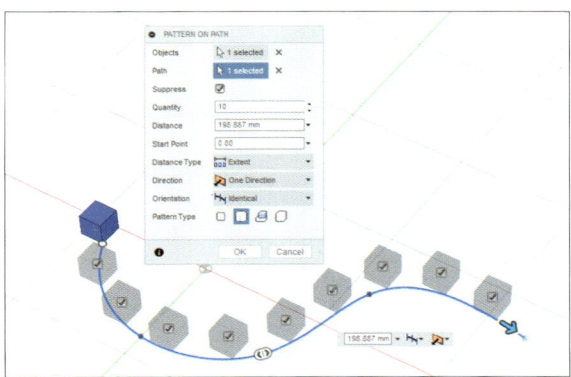

Unit 01 Create 기본 툴 설명

Mirror 모델을 대칭 복사한다.

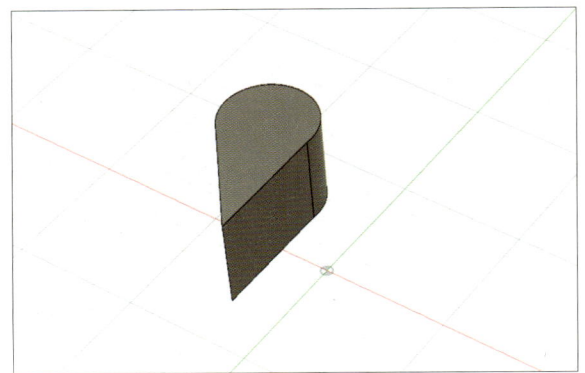
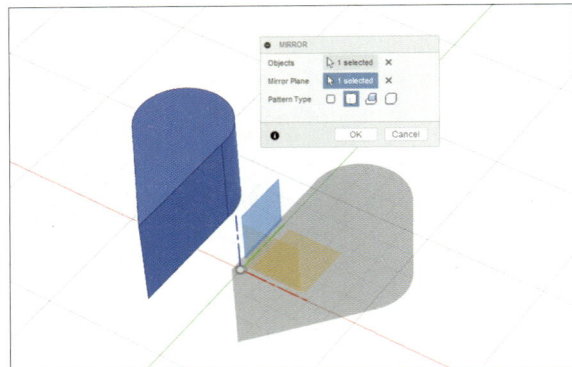

Thicken 면에 두께를 준다.

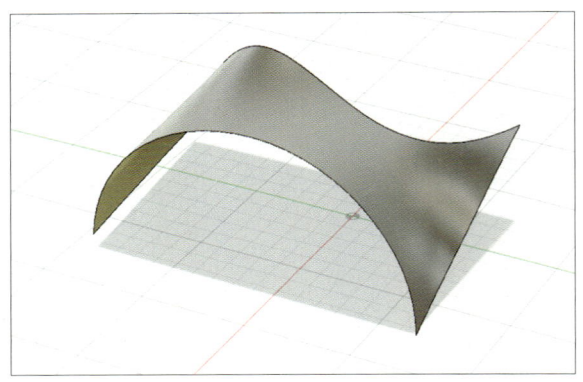
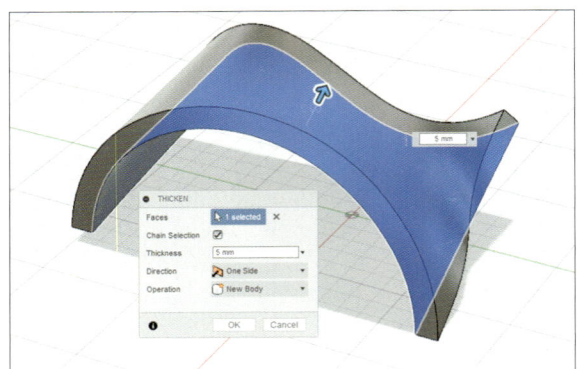

Boundary Fill 닫힌 공간에 솔리드 모델을 생성한다.

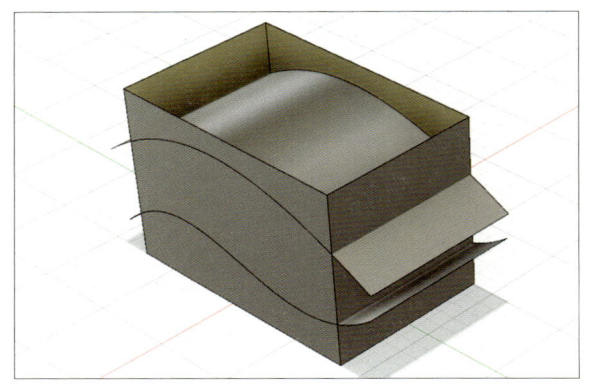
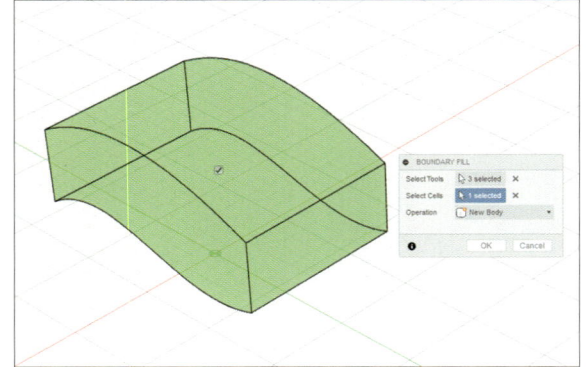

Create Form 스컬프 모델링 작업 환경으로 변환한다.

Create Base Feature 기본 피처를 생성한다.

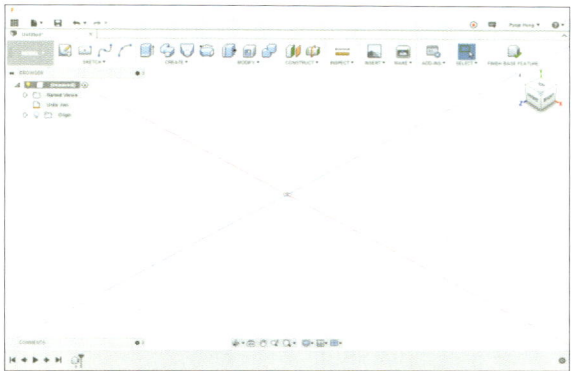

Create Mesh 메시 모델 작업 환경으로 변환한다.

02 Extrude 상세 설명

Profile 돌출시키고자 하는 스케치 평면 또는 바디 평면을 선택한다.

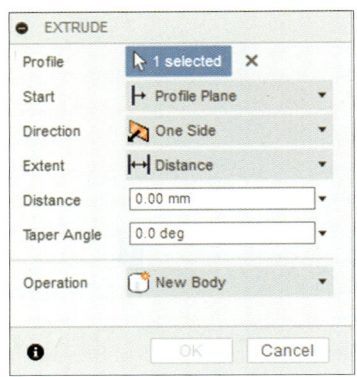

Start 돌출 시작점을 설정한다.

Profile Plane : 선택한 프로파일을 시작 위치로 설정한다.

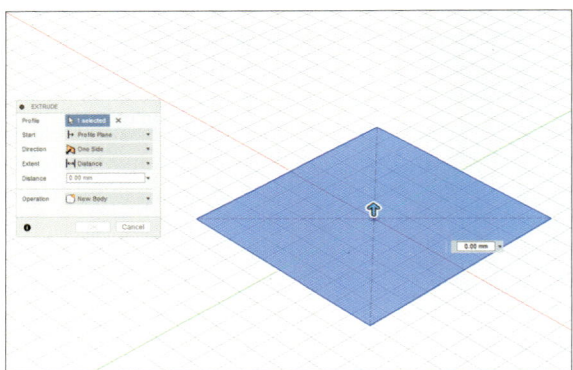 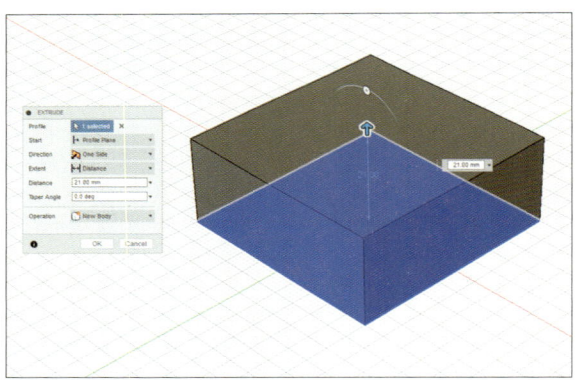

Offset Plane : 선택한 프로파일을 기준으로 일정 간격 떨어진 위치를 시작 위치로 설정한다.

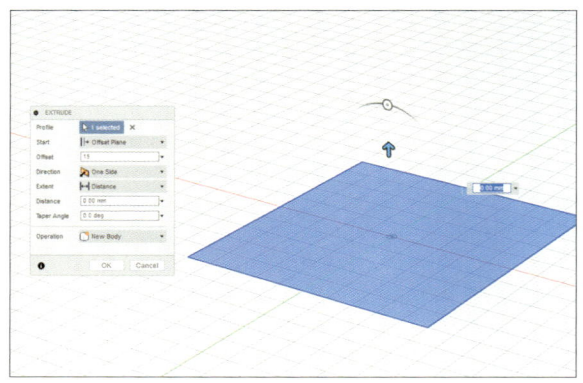 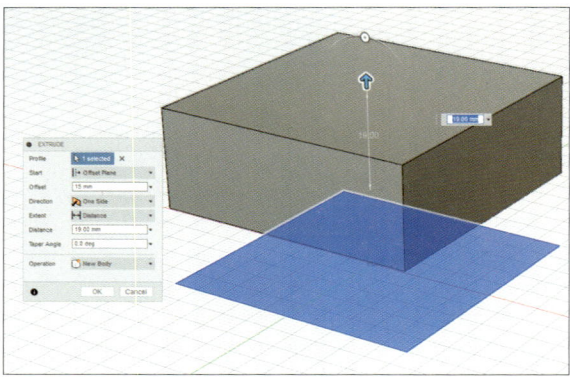

From Object : 선택한 모델의 평면을 시작 위치로 설정한다.

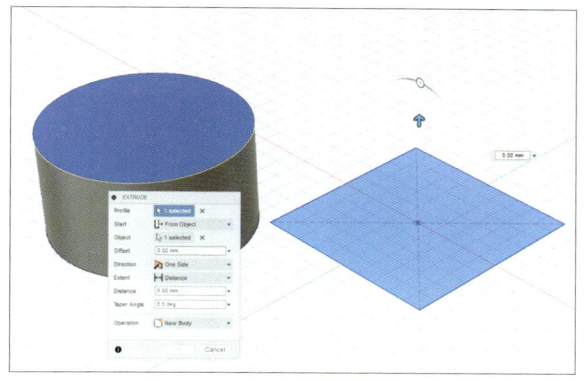 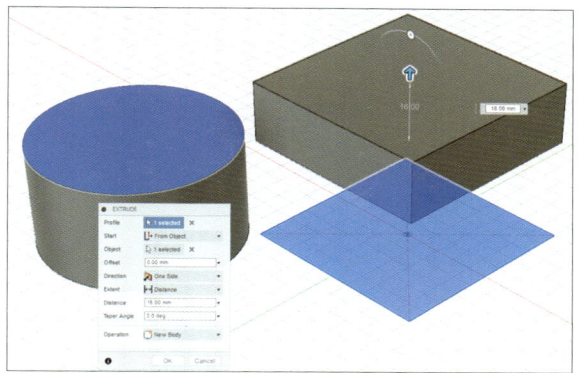

Direction 돌출 방향을 설정한다.
Oneside : 한 방향으로 돌출시킨다.   **Two Sides** : 양쪽 방향으로 돌출시킨다.

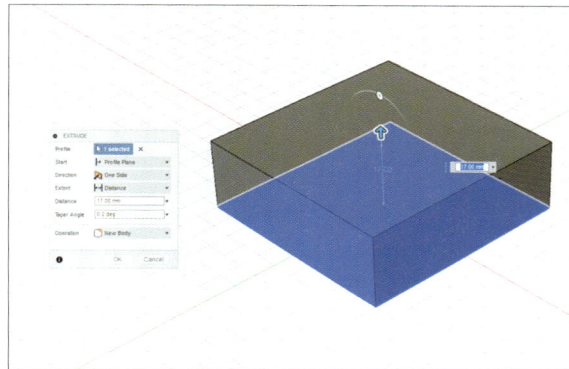 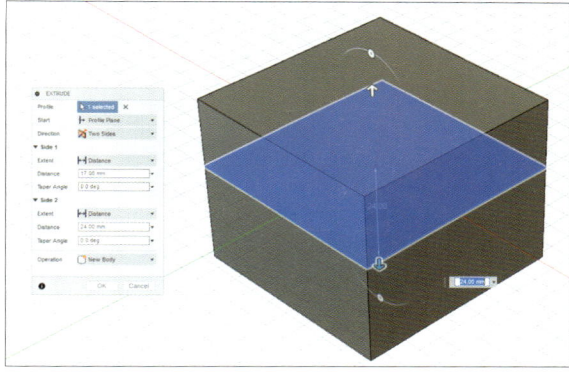

Symmetric : 선택한 프로파일을 기준으로 양쪽이 대칭되도록 돌출시킨다.

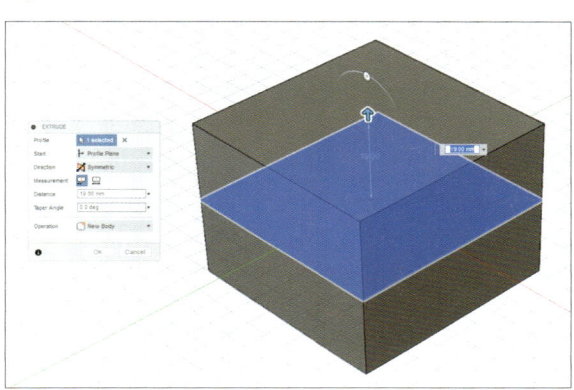

Unit 02 Extrude 상세 설명

Extent 돌출되는 정도를 설정한다.

Distance : 마우스를 드래그하거나 수치를 입력한 만큼 돌출된다.

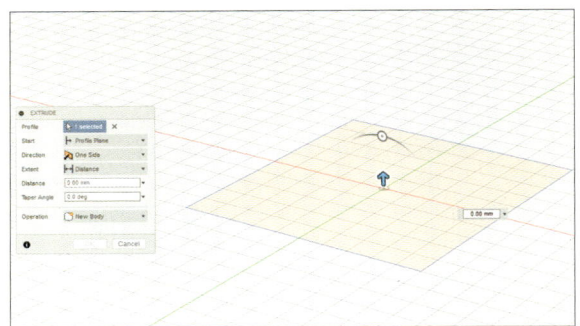 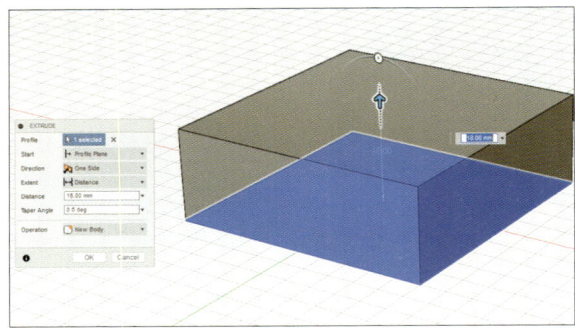

To Object : 선택한 모델의 면까지 돌출된다.

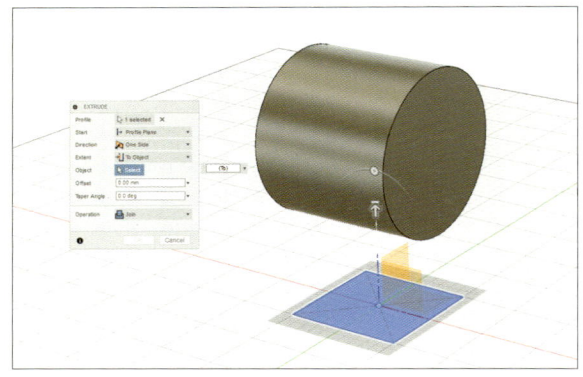 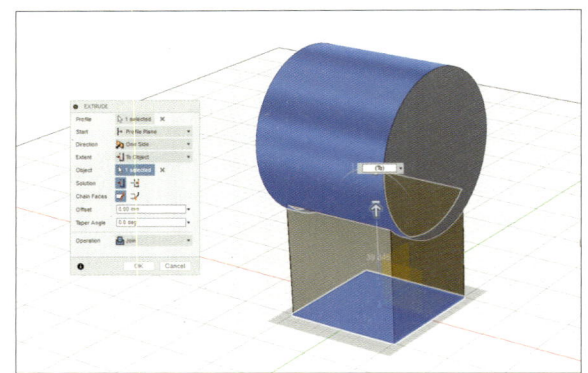

All : 선택한 모델의 끝까지 돌출된다.

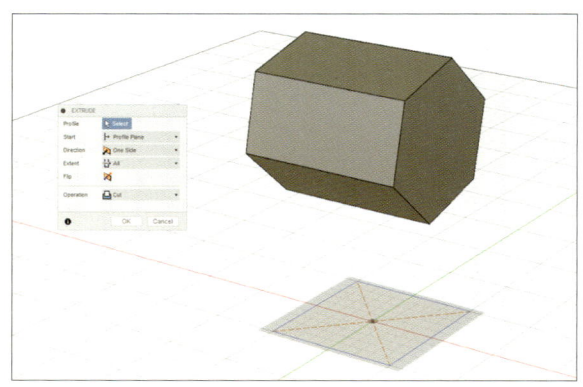 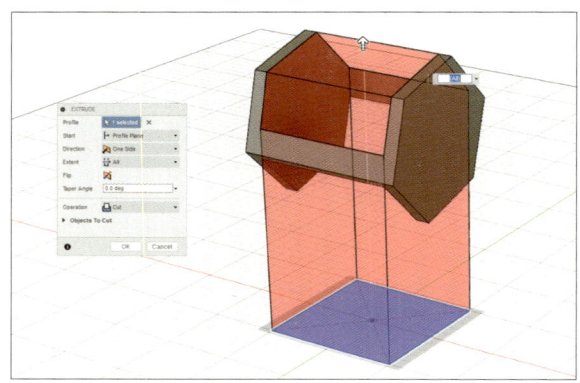

Taper Angle 돌출 각도를 설정한다.

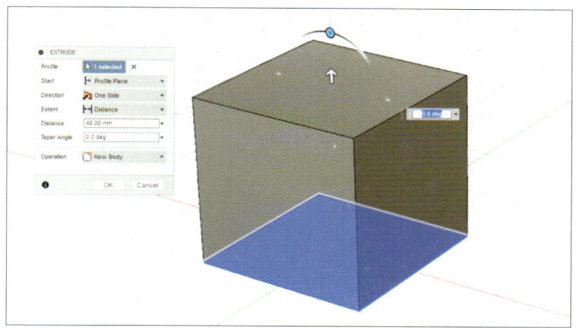 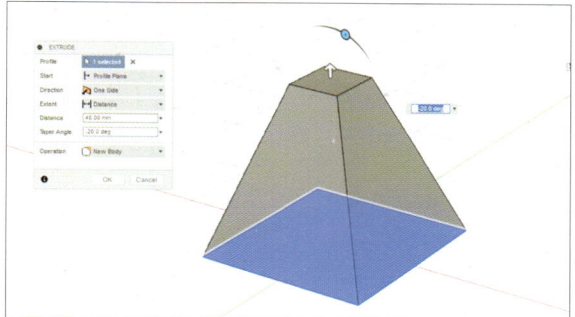

Operation 모델 간의 돌출 옵션을 설정한다.

Join : 돌출되는 형상과 합쳐져 하나의 바디를 생성한다.

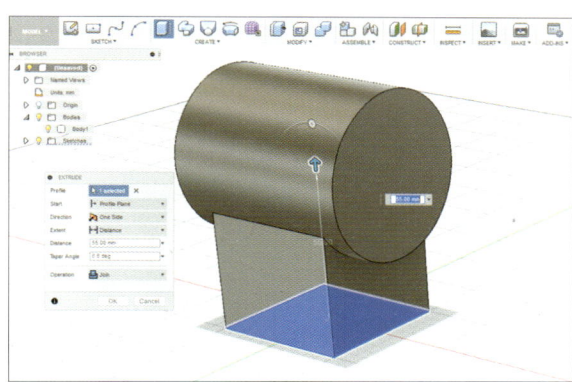 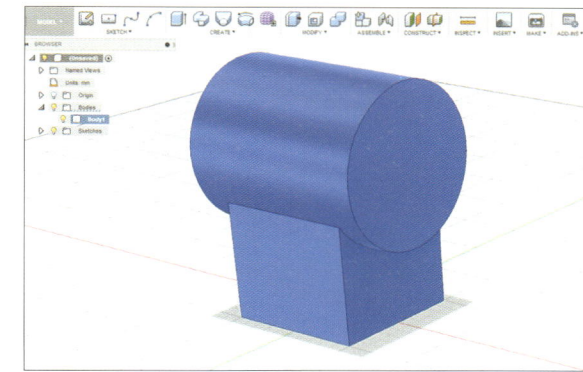

Cut : 돌출되는 형상과 겹치는 만큼 깎여 나간 바디를 생성한다.

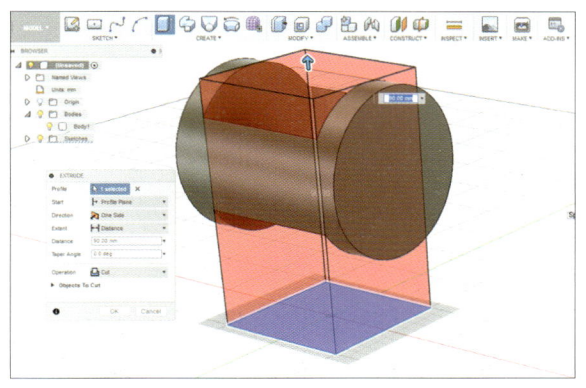 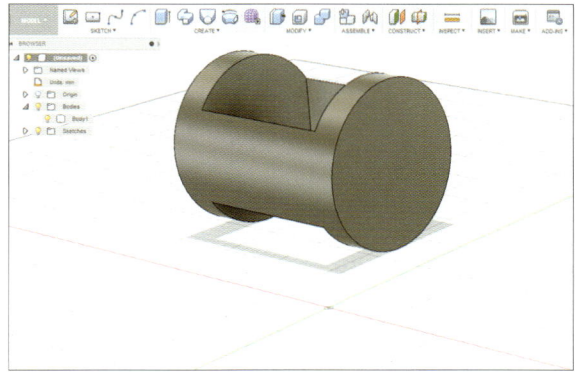

Unit 02 Extrude 상세 설명

Intersect : 돌출되는 형상과 겹쳐진 부분을 바디로 생성한다.

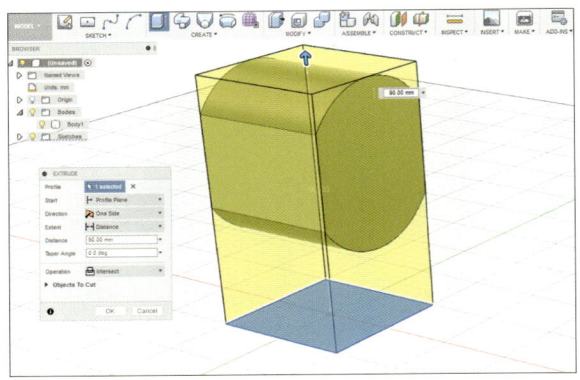 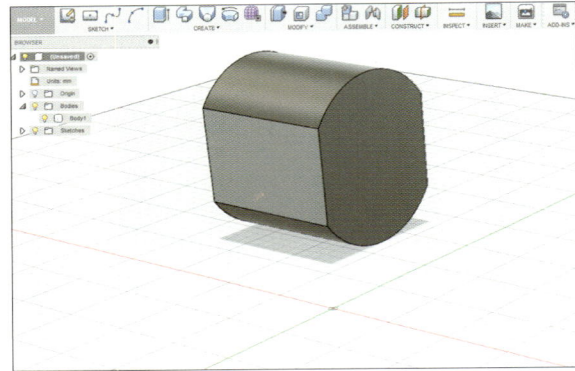

New Solid : 별개의 바디를 생성한다.

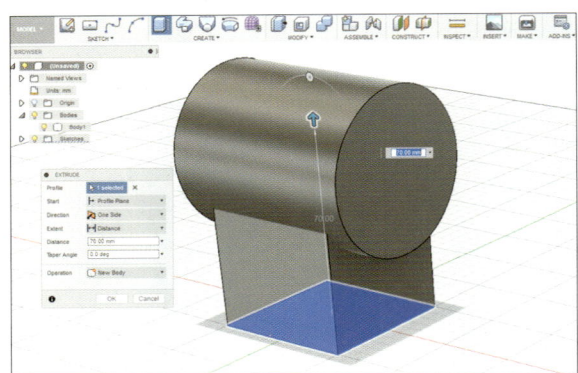 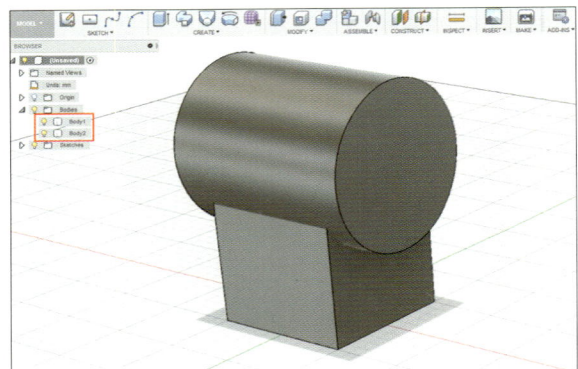

New Component : 새 부품을 생성한다.

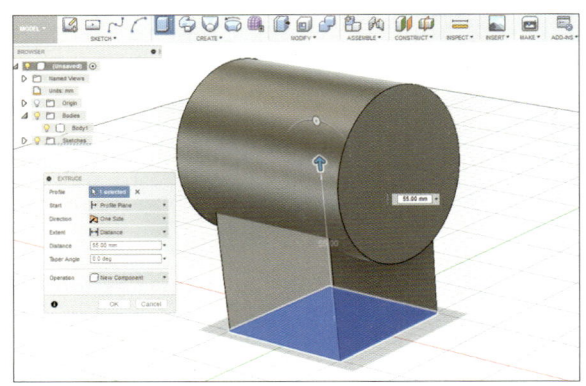 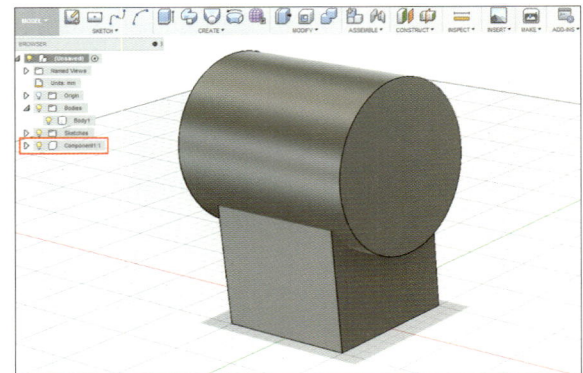

03 Revolve 상세 설명

Profile 스케치 평면 또는 바디 평면을 선택한다.
Axis 축을 선택한다.

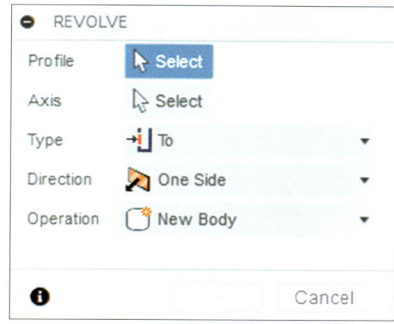

Type 리볼브 피처가 작성되는 타입을 설정한다.
Angle : 회전 각도를 설정한다.

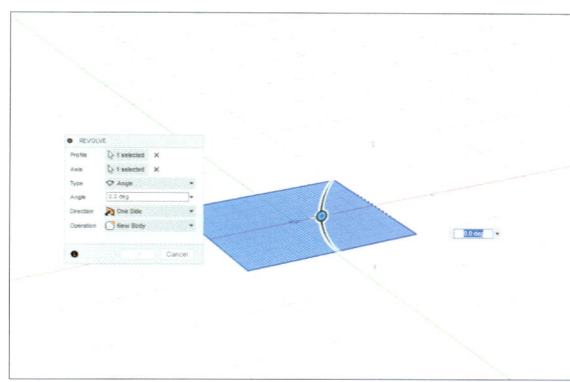 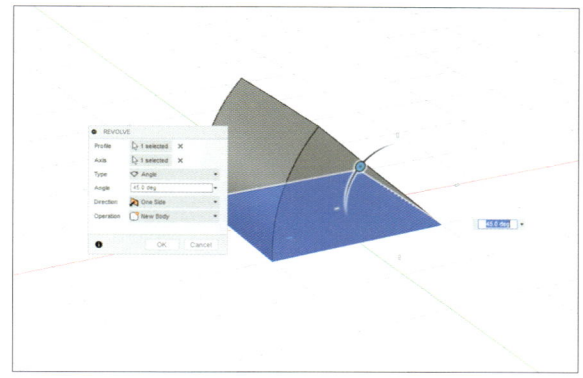

To : 선택한 면까지 회전시켜 모델을 생성한다.

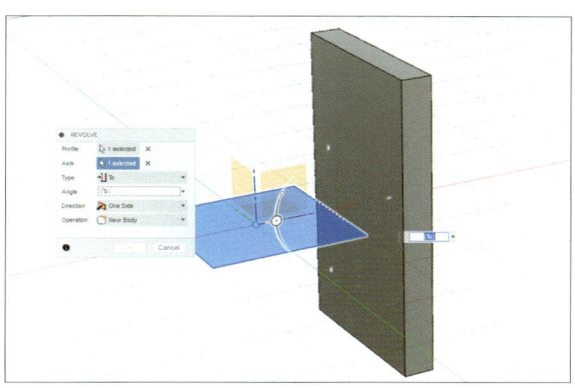 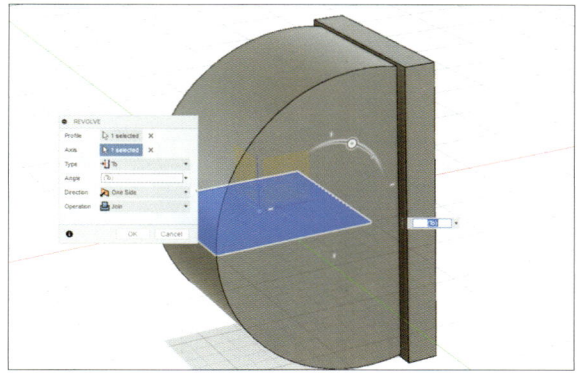

Unit 03 Revolve 상세 설명

Full : 360도 회전시킨다.

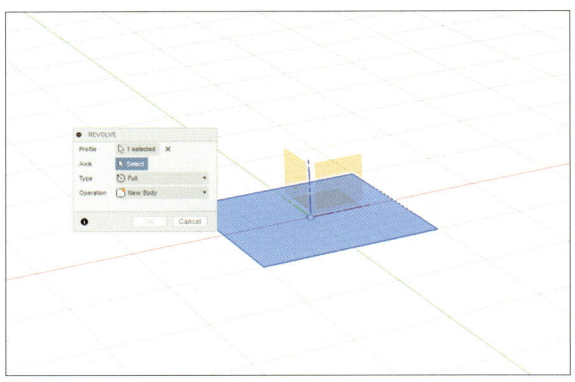
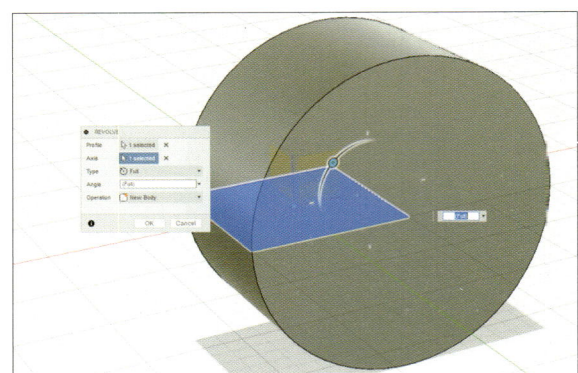

Direction 회전 방향을 설정한다.
One Side : 한 방향으로 회전시킨다.

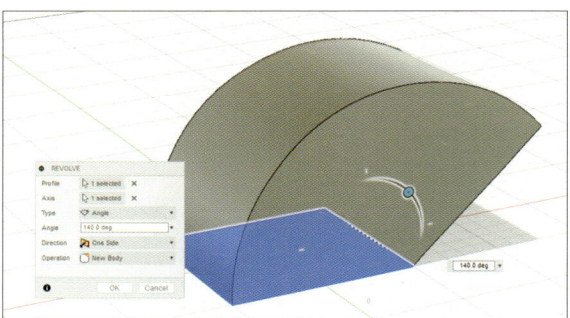

Two Side : 두 방향으로 회전시킨다.

Symmetric : 선택한 축을 기준으로 양쪽이 대칭되도록 회전시킨다.

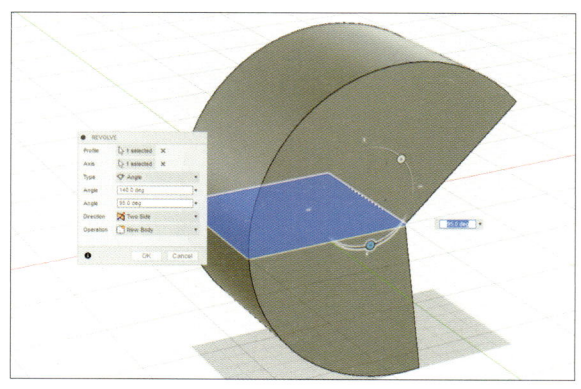
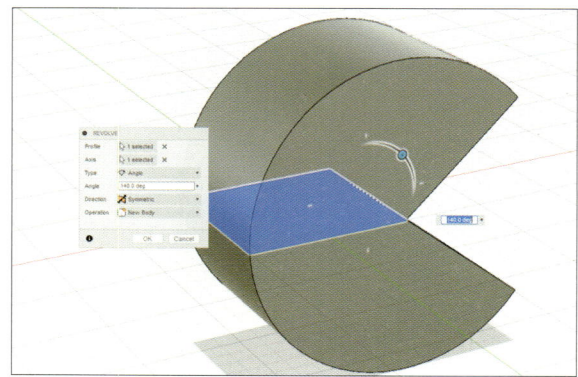

04 Sweep 상세 설명

Type 스윕 피처가 작성되는 타입을 선택한다.

Single Path : 프로파일이 하나의 패스를 따라 이동하면서 모델을 생성한다.

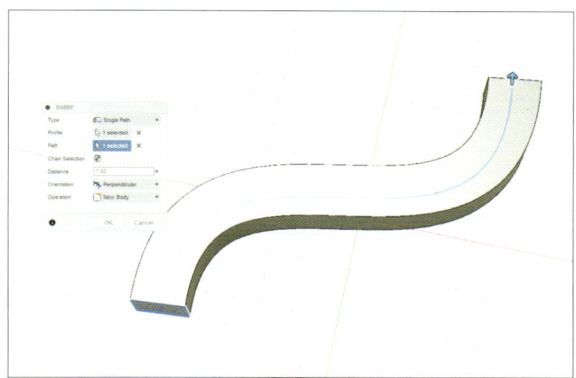 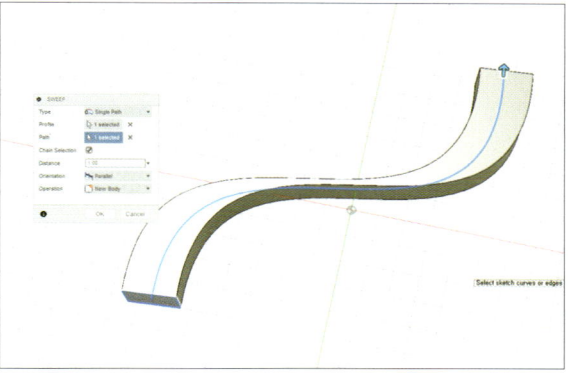

Path+Guide Rail : 프로파일이 패스와 가이드 레일을 따라 이동하면서 모델을 생성한다.

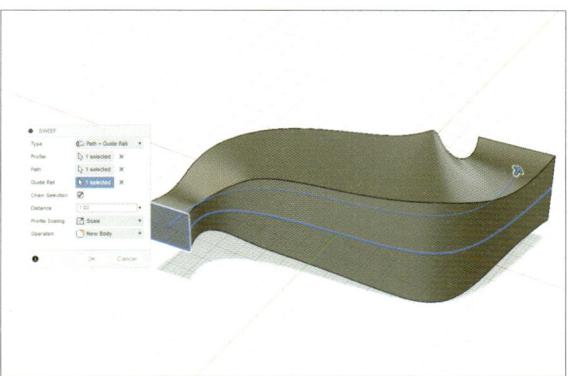

Unit 04 Sweep 상세 설명

Profile 스케치 평면 또는 바디 평면을 선택한다.
Path 프로파일이 따라 이동할 스케치 또는 바디의 모서리를 선택한다.
Orientation 스윕 방향을 설정한다.

Perpendicular : 프로파일이 패스의 방향성을 따라 이동하면서 모델을 생성한다.

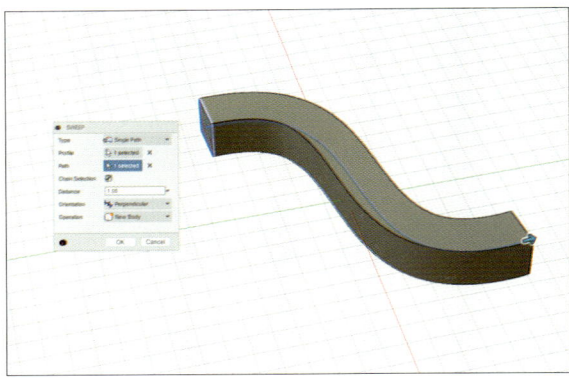

Parallel : 프로파일에 평행한 방향으로 패스를 따라 이동하면서 모델을 생성한다.

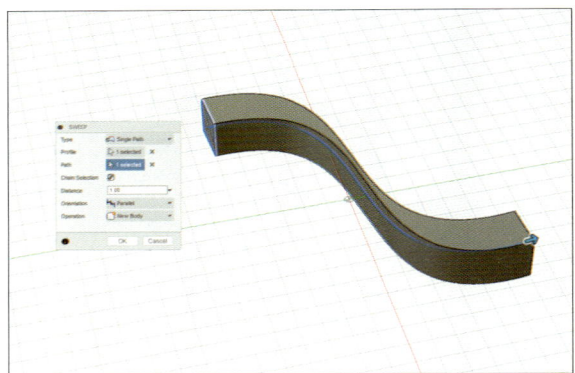

05 Loft 상세 설명

Profile 스케치 평면 또는 바디 평면을 선택한다.
Guide Type 로프트 피처의 가이드 타입을 설정한다.
Rail : 선택한 평면이 레일을 따라 이동하면서 모델을 생성한다.

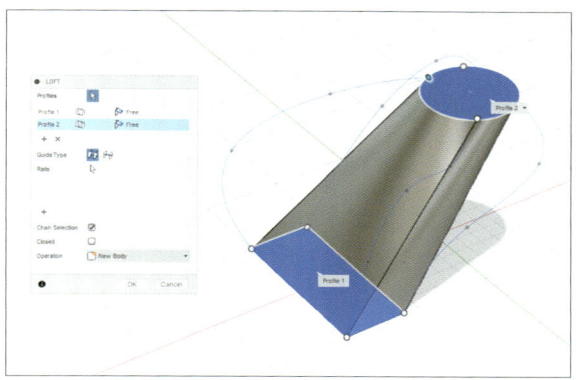 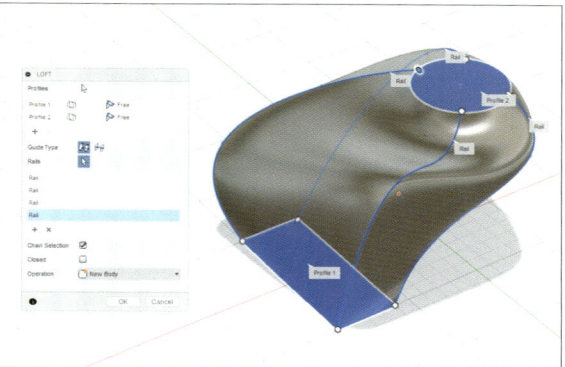

Centerline : 선택한 평면이 중심선을 따라 이동하면서 모델을 생성한다.

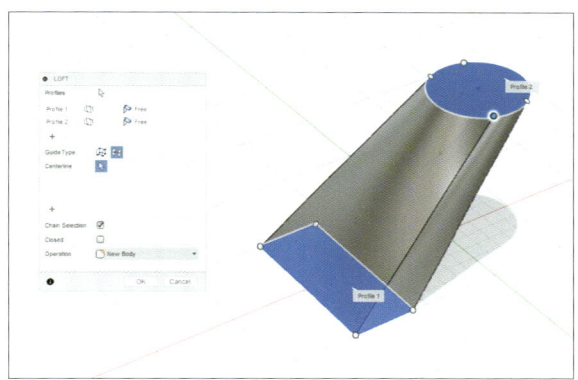 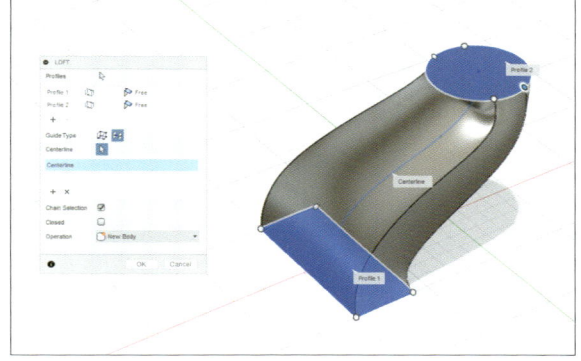

Closed 프로파일을 연결하여 닫힌 모델을 생성한다.

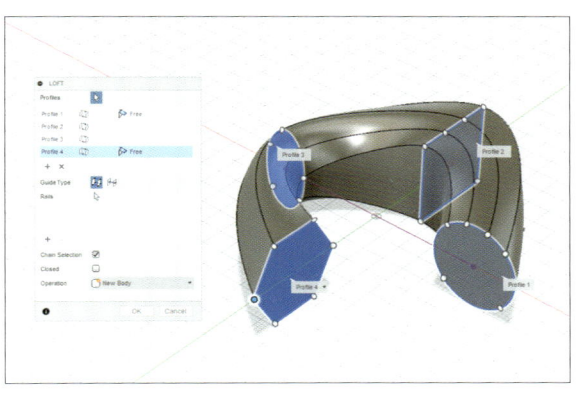 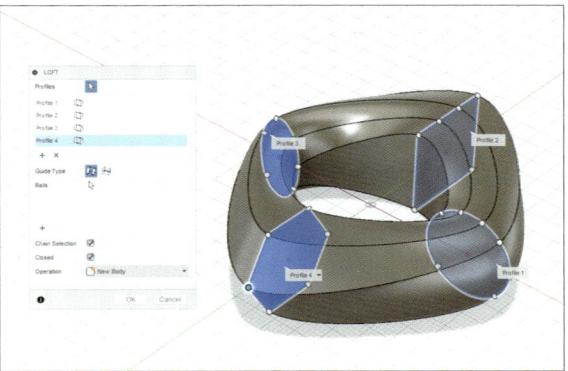

06 Modify 기본 툴 설명

Press Pull 프로파일을 확장시켜 모델을 생성한다.

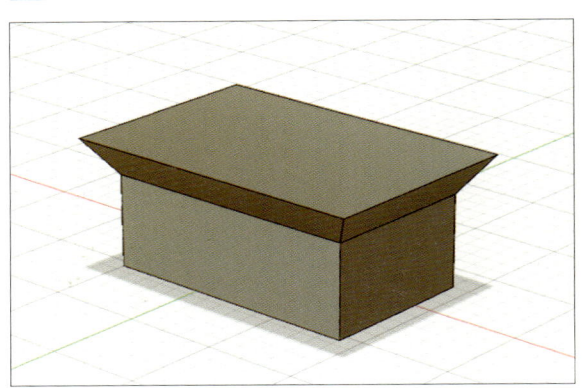
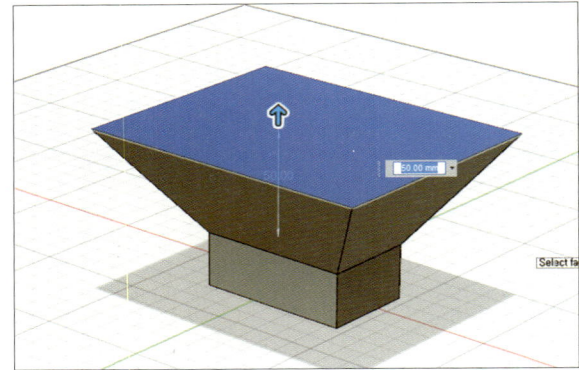

Fillet 모서리를 모깎기 한다.

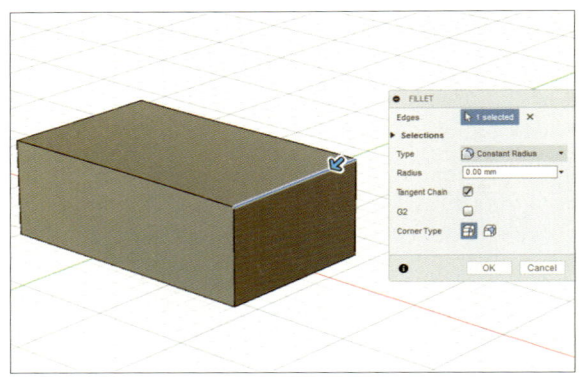
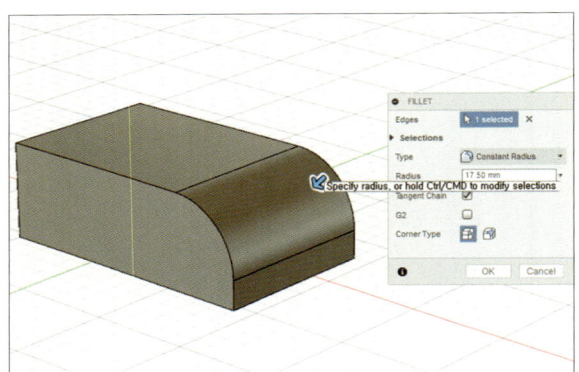

Rule Fillet 선택한 면을 구성하는 모서리를 모깎기 한다.

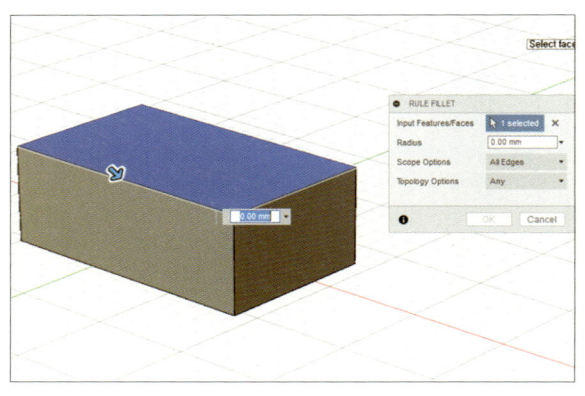
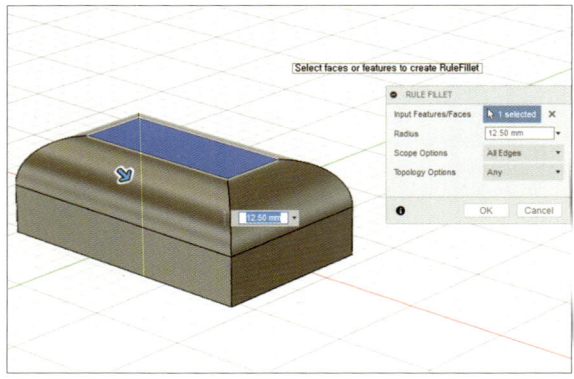

Chamfer 모서리를 모따기 한다.

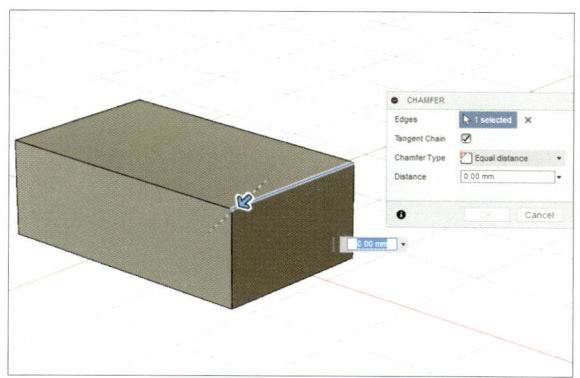 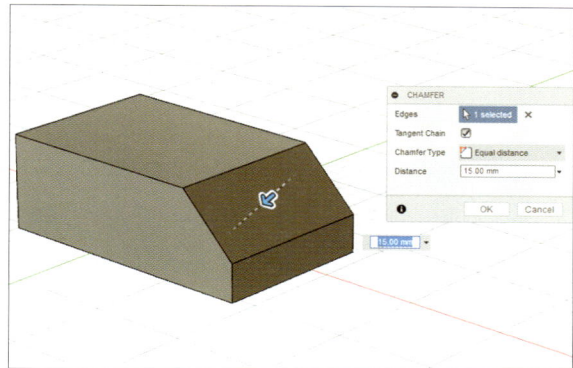

Shell 모델 속 비우기를 한다.

 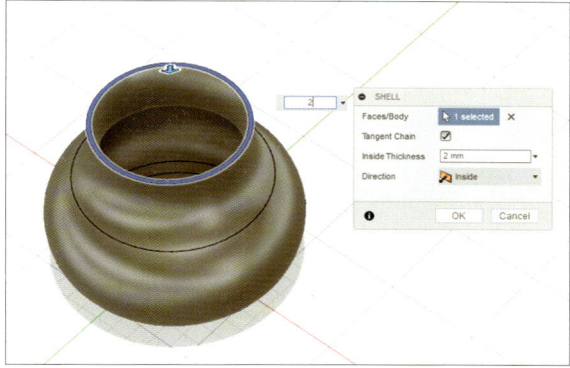

Draft 면에 기울기를 준다.

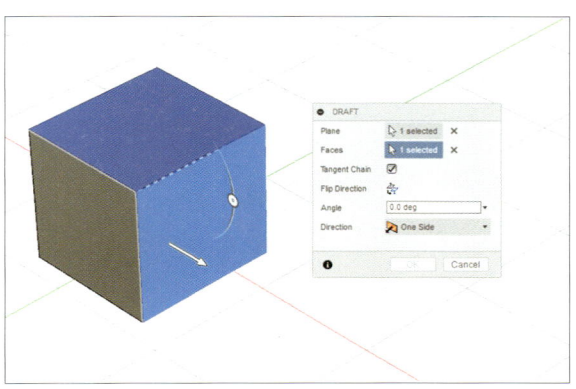 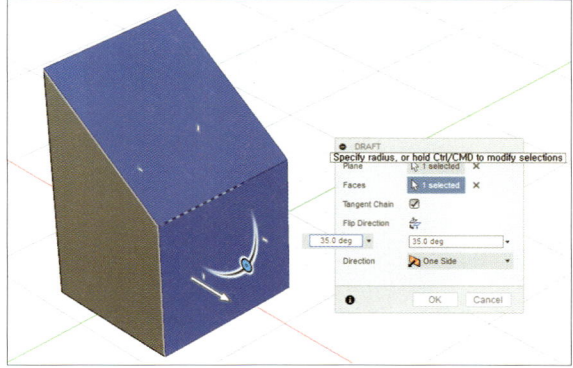

Chapter 05 Model 작업 환경에서의 모델링 • 109

Unit 06 Modify 기본 툴 설명

Scale 모델의 축척을 변경한다.

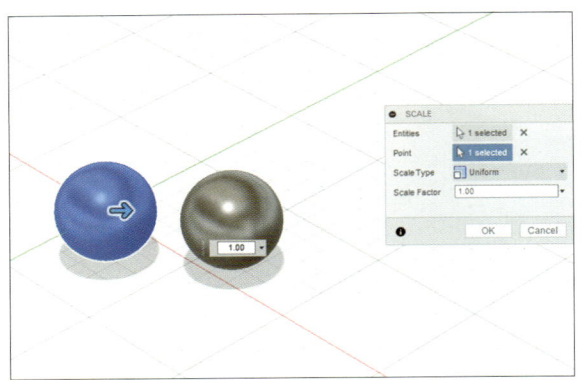 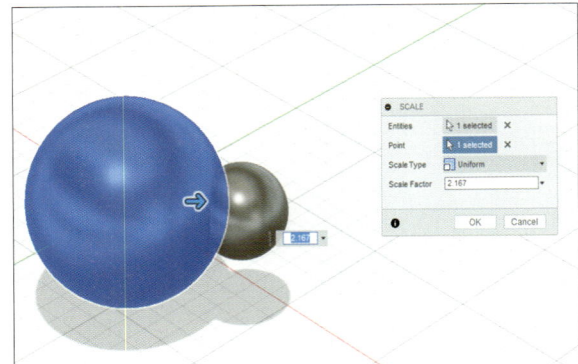

Combine 두 개 이상의 모델을 합치거나 빼는 툴이다.

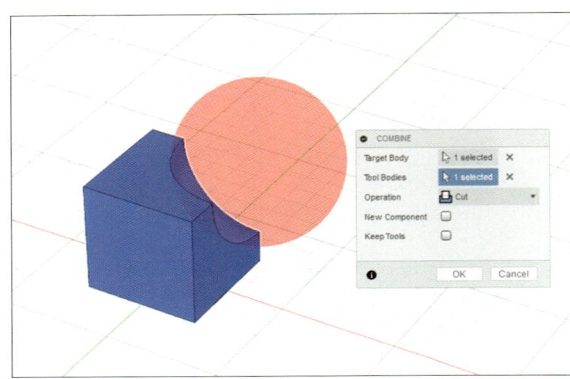 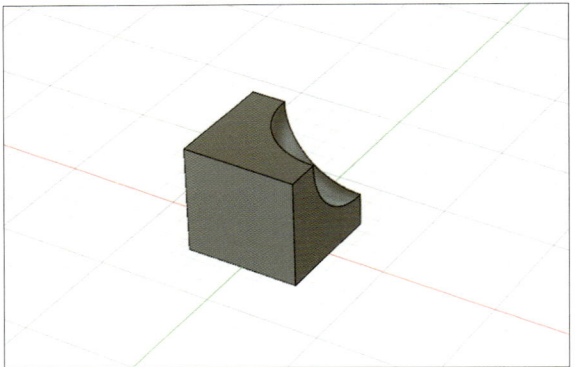

Replace Body 모델의 면을 다른 면으로 대체한다.

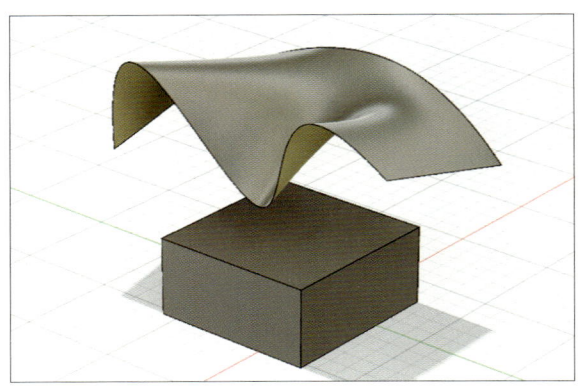 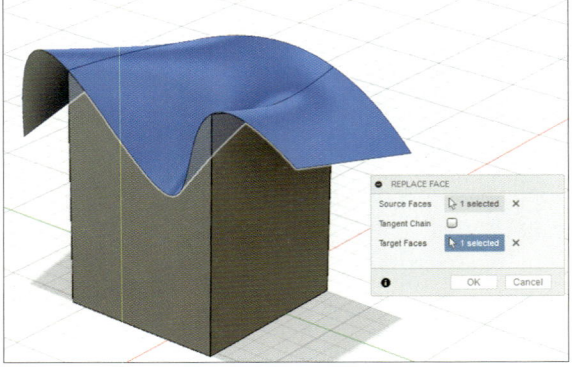

Split Face 면을 분할한다.

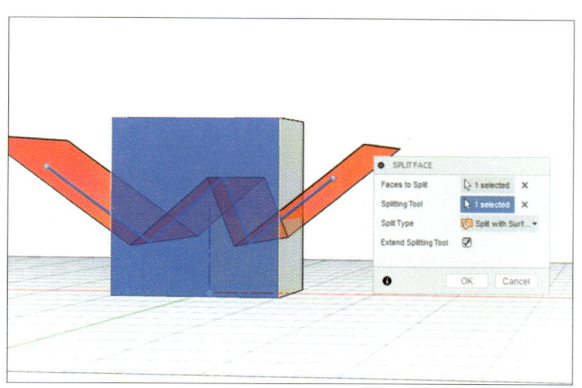 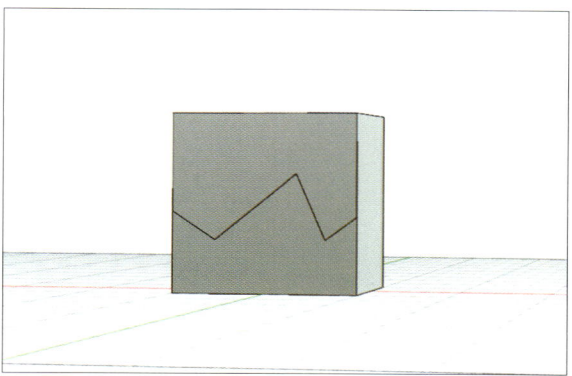

Split Body 모델을 분할한다.

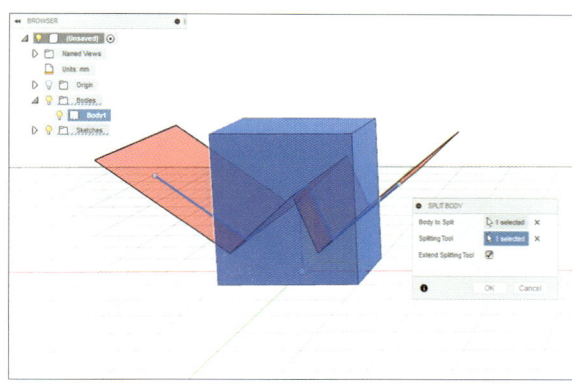 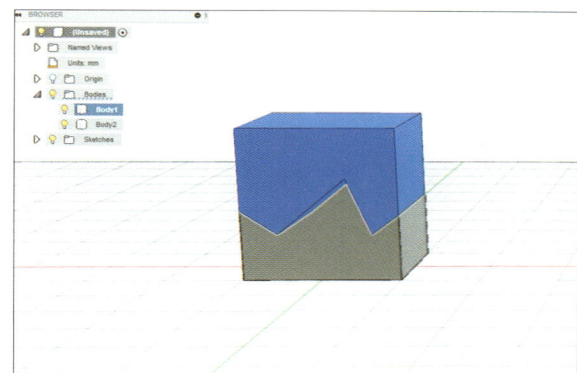

Silhouette Split 윤곽 라인을 기준으로 분할한다.

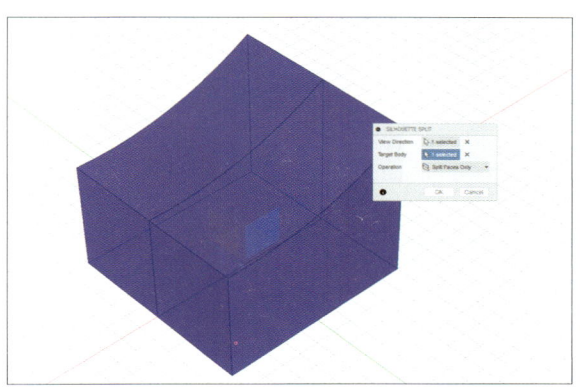 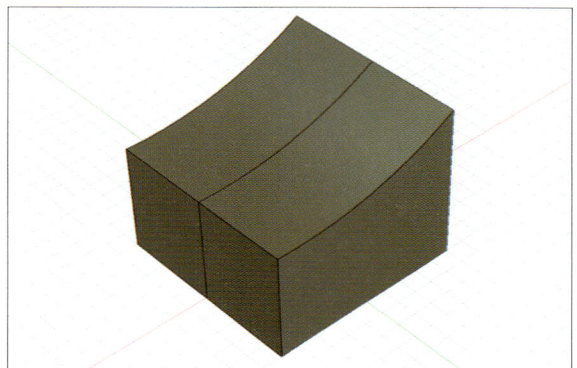

Unit 06 Modify 기본 툴 설명

Move 모델을 이동 · 회전시킨다.

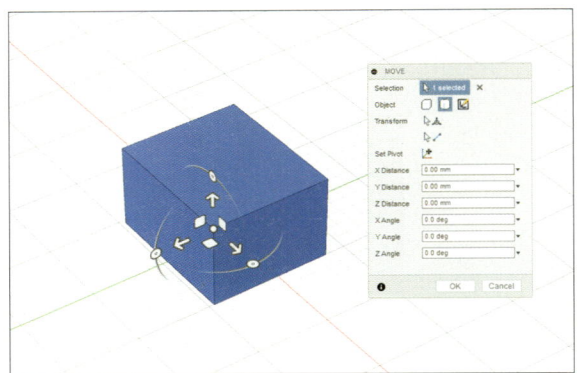 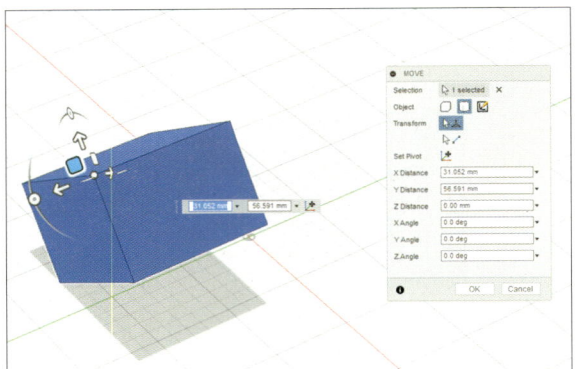

Align 모델을 정렬한다.

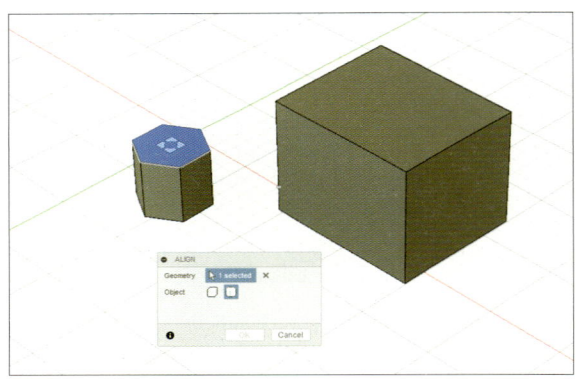 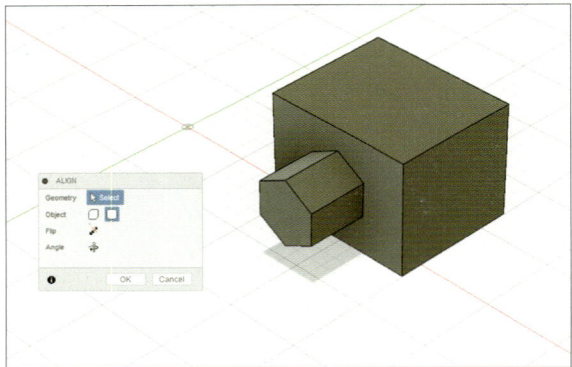

07 Inspect 기본 툴 설명

Measure 거리, 각도, 면적 등을 측정한다.

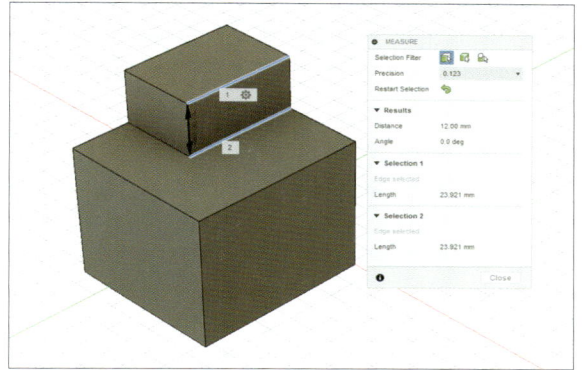

Interference 부품 간의 간섭을 분석한다.

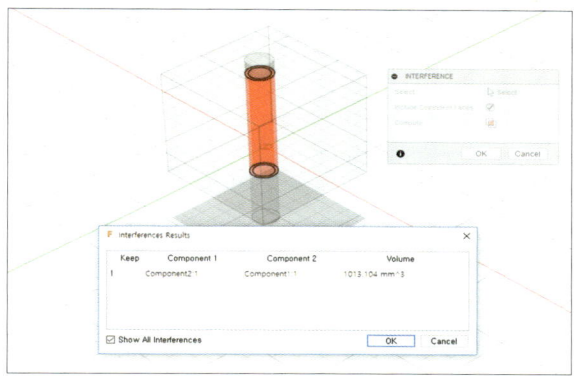

Curvature Comb Analysis 곡률을 분석한다.

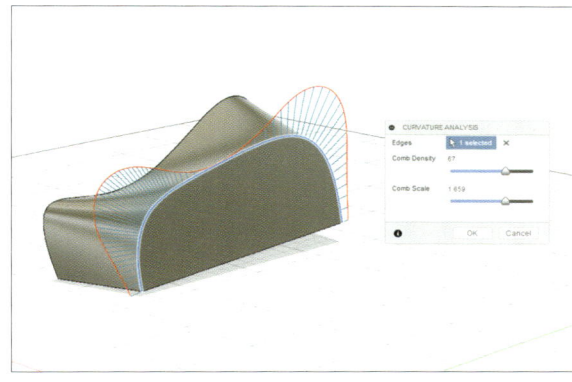

Zebra Analysis 연속성을 분석한다.

Draft Analysis 기울기를 분석한다.

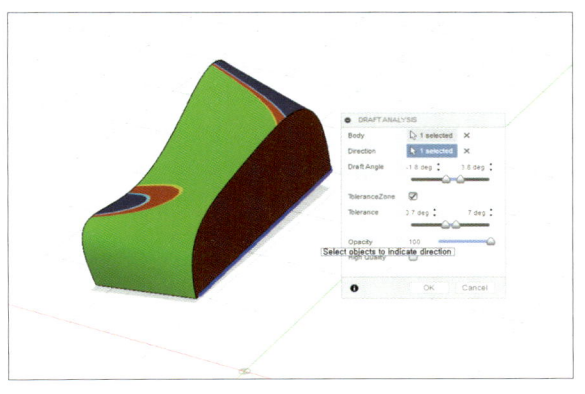

Curvature Map Analysis 표면 곡률을 분석한다.

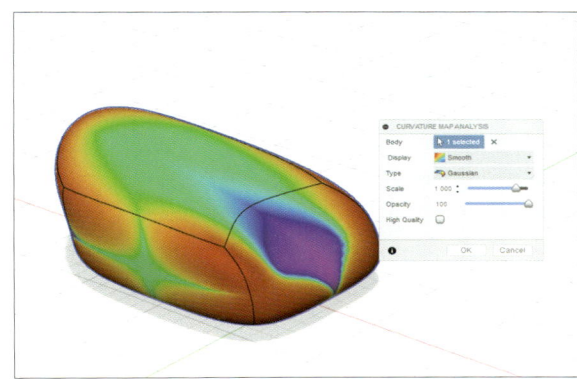

Unit 07 Inspect 기본 툴 설명

Section Analysis 단면을 분석한다.

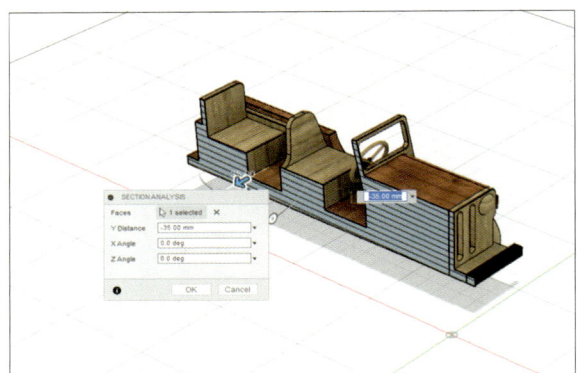

Component Color Cycle Toggle 부품 피처를 색상으로 구분한다.

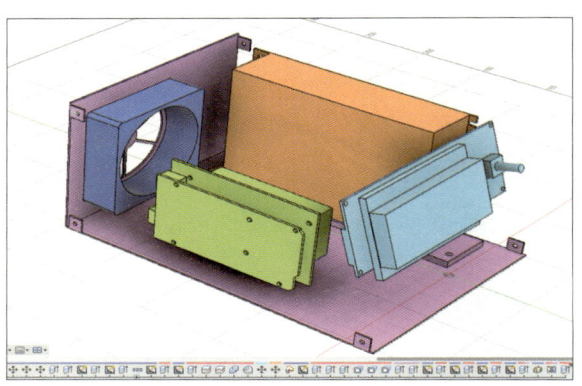

08 Insert 기본 툴 설명

Decal 선택한 면에 이미지를 삽입한다.

Attached Canvas 모델링을 위한 콘셉트 이미지를 삽입한다.

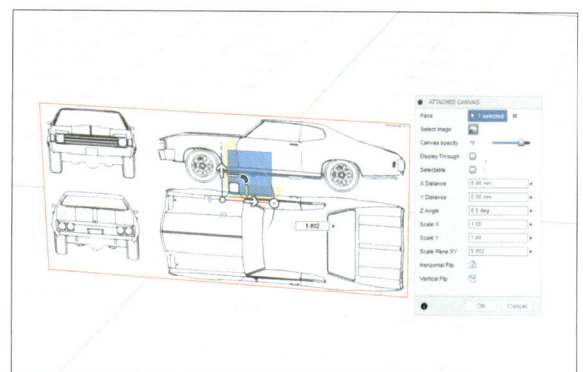

Insert Mesh 메시 모델을 불러온다.

Insert Svg Svg 이미지 파일을 불러온다.

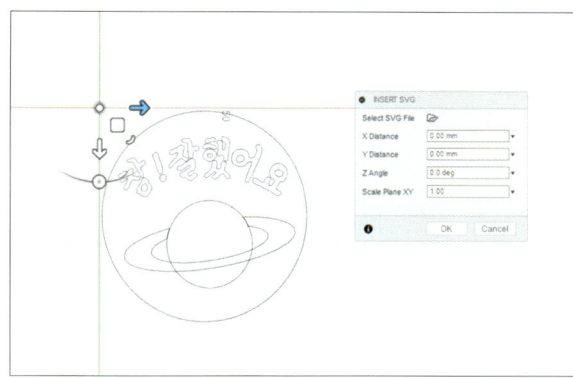

Unit 08 Insert 기본 툴 설명

Insert Dxf Dxf 도면 파일을 불러온다.

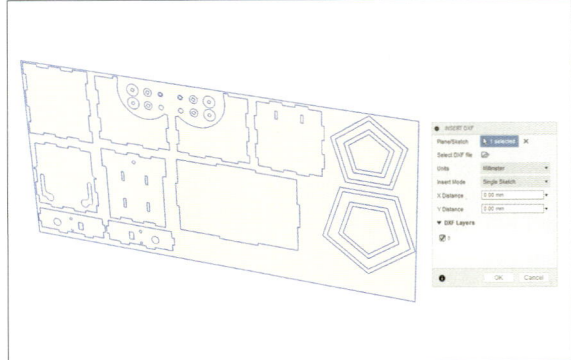

Insert Mcmaster-Carr Component 부품 모델을 불러온다.

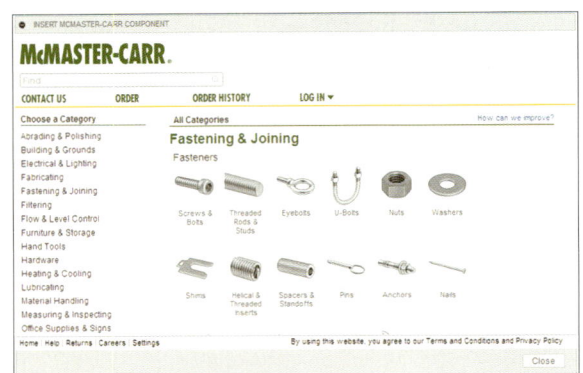

Insert a Manufacture Parts parts4cad에서 부품 모델을 불러온다.

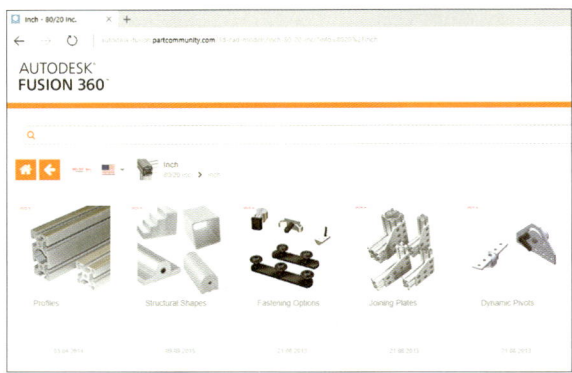

09 Construct 기본 툴 설명

Offset Plane 프로파일에서 일정한 간격을 띄운 작업 면을 생성한다.
Plane at Angle 라인 또는 모서리를 기준으로 일정 각도만큼 기울인 작업 면을 생성한다.

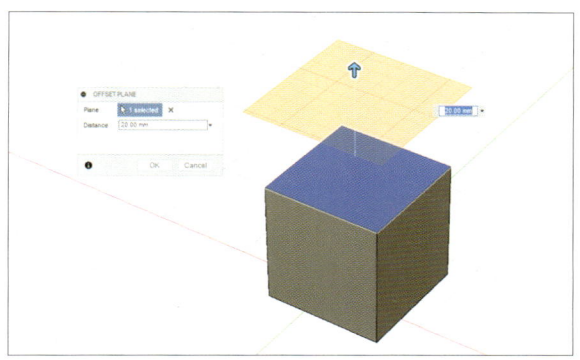 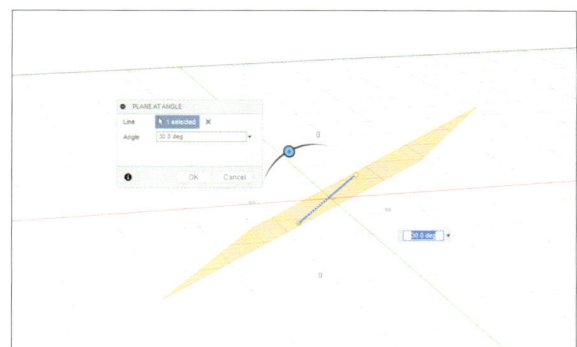

Tangent Plane 곡면에 접하는 작업 면을 생성한다.
Midplane 두 평면의 중간에 작업 면을 생성한다.

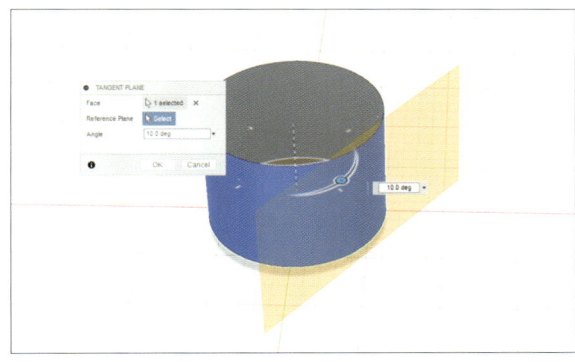 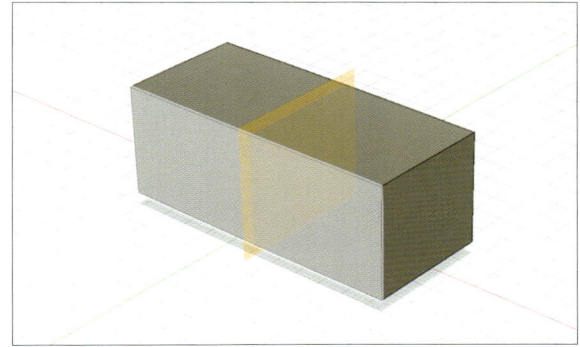

Plane Through Two Edges 동일 선상의 두 모서리를 지나는 작업 면을 생성한다.
Plane Through Three points 세 개의 점을 지나는 작업 면을 생성한다.

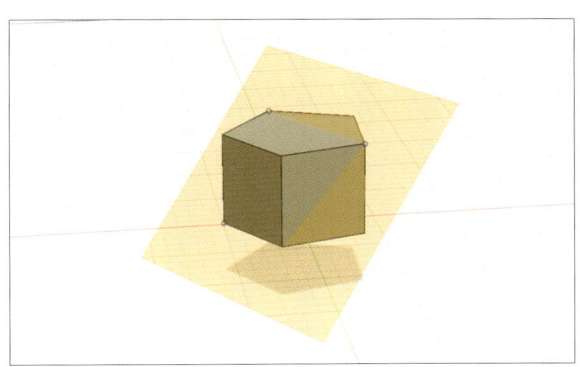 

Unit 09 Construct 기본 툴 설명

Plane Tangent to Face at Point 면과 점에 접하는 작업 면을 생성한다.
Plane Along Path 라인과 수직을 이루는 작업 면을 생성한다.

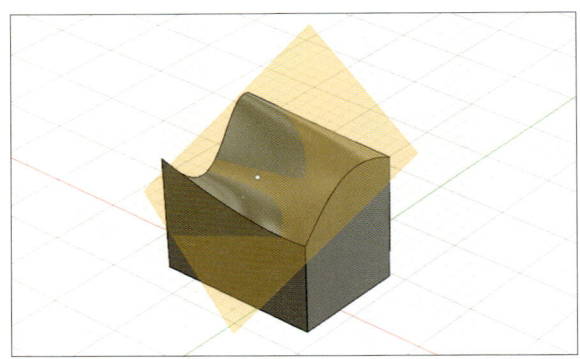
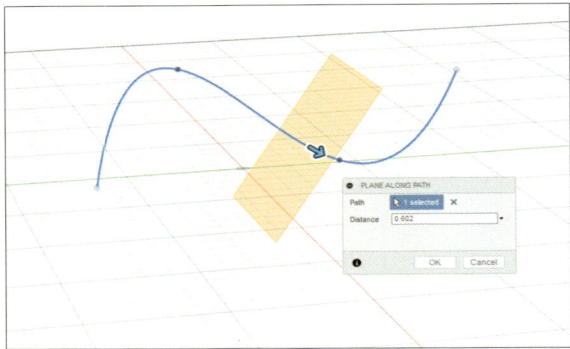

Axis Through Cylinder/Cone/Torus 원기둥·원뿔·도넛의 중심을 지나는 축을 생성한다.
Axis Perpendicular at Point 면과 수직을 이루는 축을 생성한다.

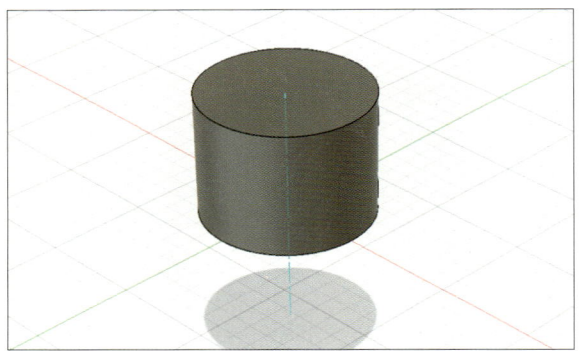
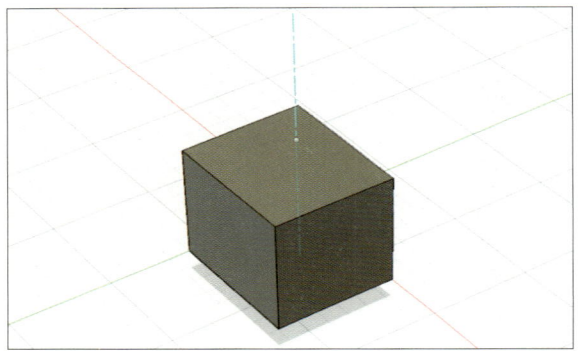

Axis Through Two Planes 두 면을 교차하는 축을 생성한다.
Axis Through Two Points 두 점을 지나는 축을 생성한다.

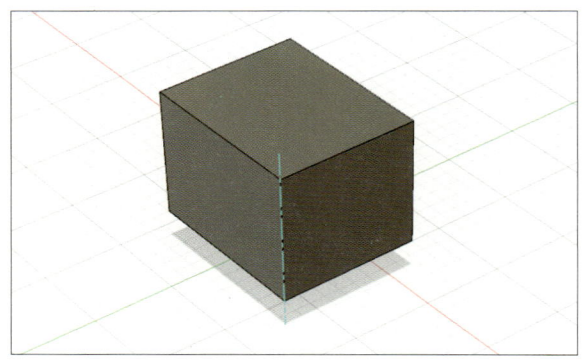
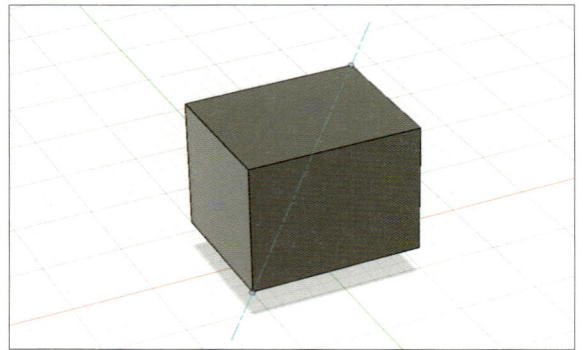

Axis Through Edge 모서리를 지나는 축을 생성한다.
Axis Perpendicular to Face at Point 면 위의 점에 수직한 축을 생성한다.

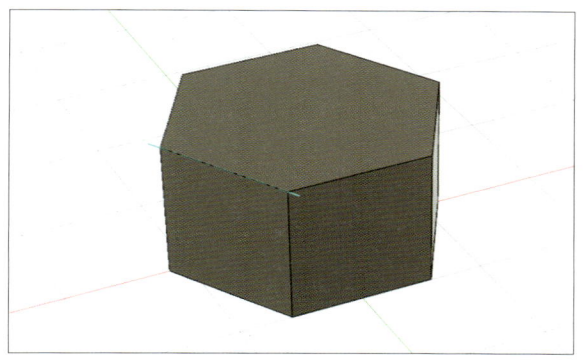 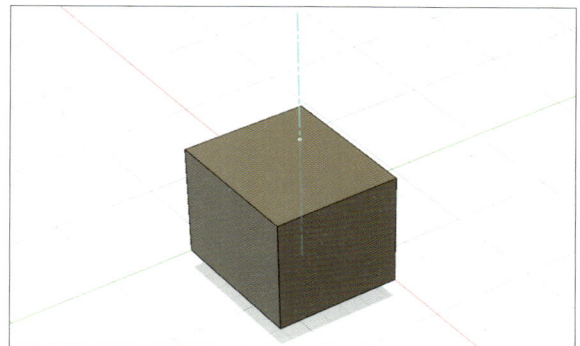

Point at Vertex 꼭짓점 위에 점을 생성한다.
Point Through Two Edges 두 개의 모서리 교차 지점에 점을 생성한다.

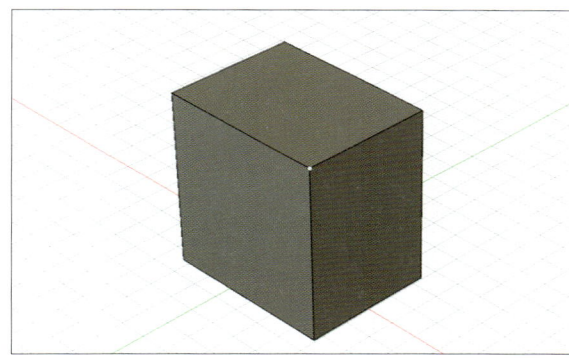 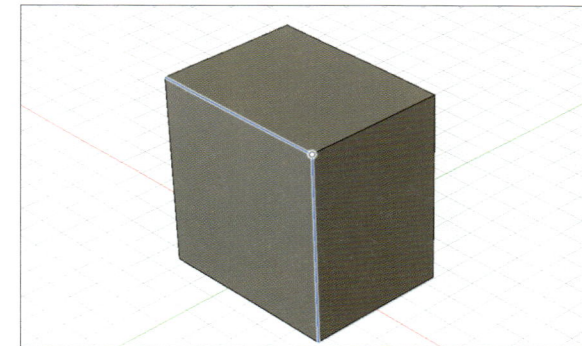

Point Through Three Planes Edges 세 개의 평면의 교차 지점에 점을 생성한다.
Point at Center for Circle/Sphere/Torus 원·구·도넛의 중심에 점을 생성한다.

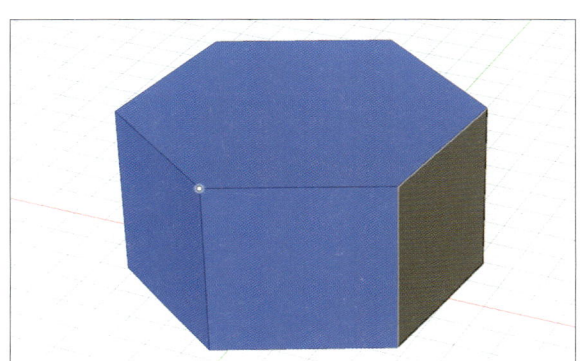 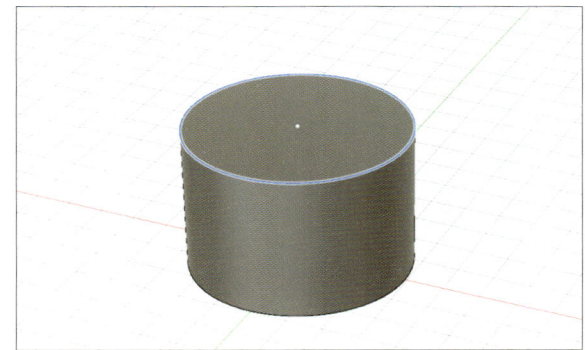

Unit 09 Construct 기본 툴 설명

Point at Edge and Plane 모서리와 평면의 교차 지점에 점을 생성한다.

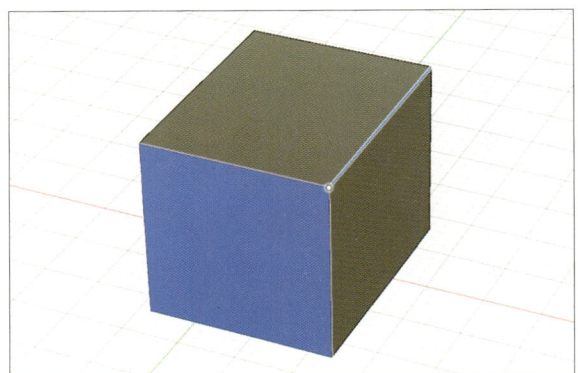

스마트폰 거치대 모델링

그림과 같은 스마트폰 거치대 모델링을 배워보도록 한다.

학습 목표

1. Sketch 작업 면에 대해 이해한다.
2. Extrude 툴을 이용하여 3차원 모델을 생성한다.
3. Extrude Operation을 이해한다.
4. Render 작업 환경을 이해하고 Appearance를 적용한다.

예제 풀이 과정을 동영상으로 확인할 수 있다.

01-1

Sketch의 'Line'을 클릭한다.

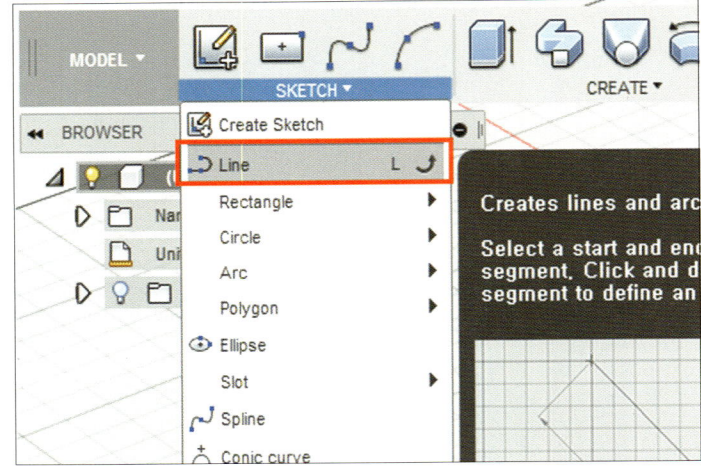

01-2

스케치 작업 면으로 XZ평면을 선택한다.

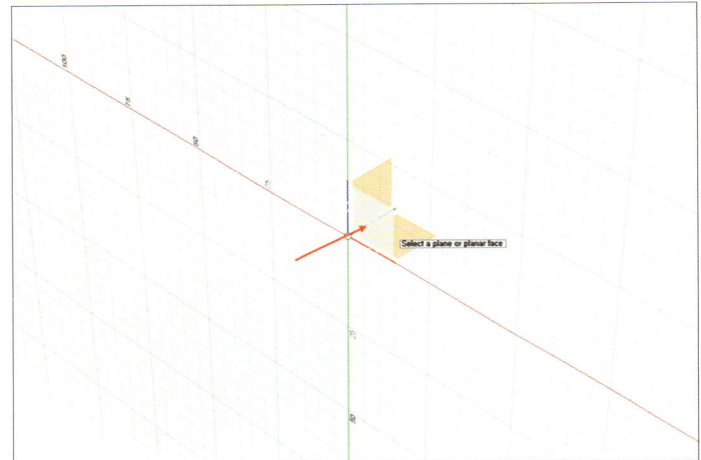

01-3

그림과 같이 라인 스케치를 작성한다.

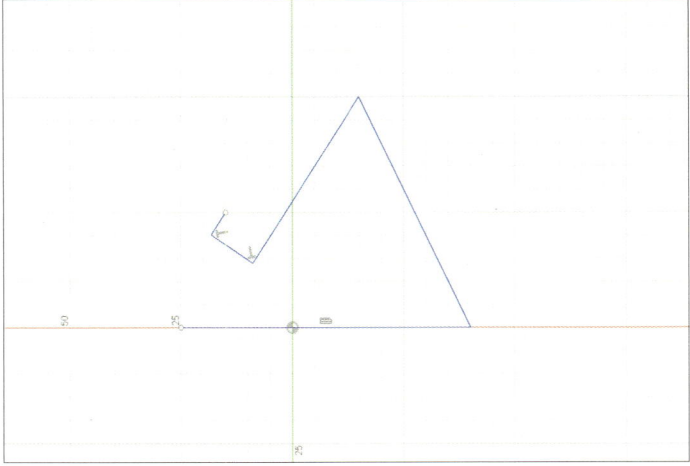

01-4

Sketch의 'Sketch Dimmension'
을 클릭한다.

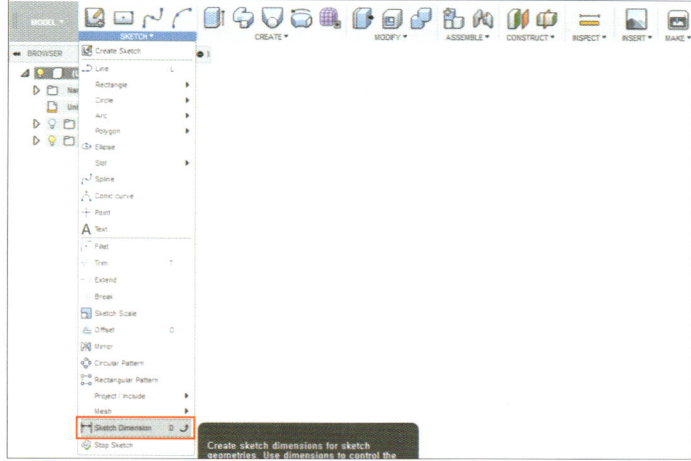

01-5

라인 스케치를 클릭한 후 마우스를
아래쪽으로 옮기면 그림과 같이 수치
의 미리 보기가 된다. 바닥 면을 다시
클릭하여 수치를 입력한다.

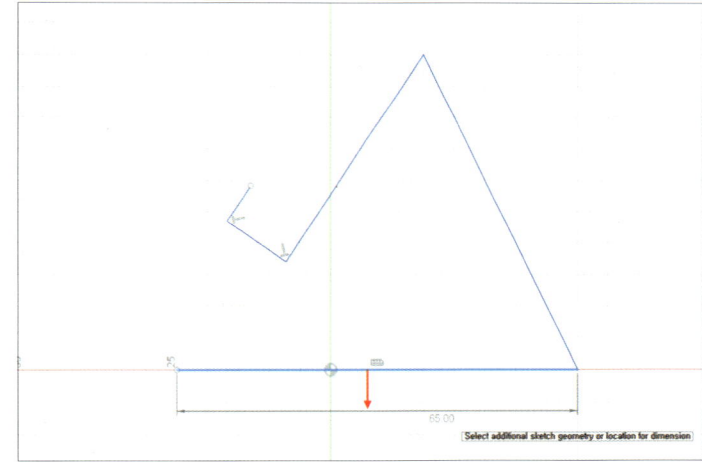

01-6

그림과 같이 스케치를 선택하여 두
스케치 사이의 각도 값을 입력한다.

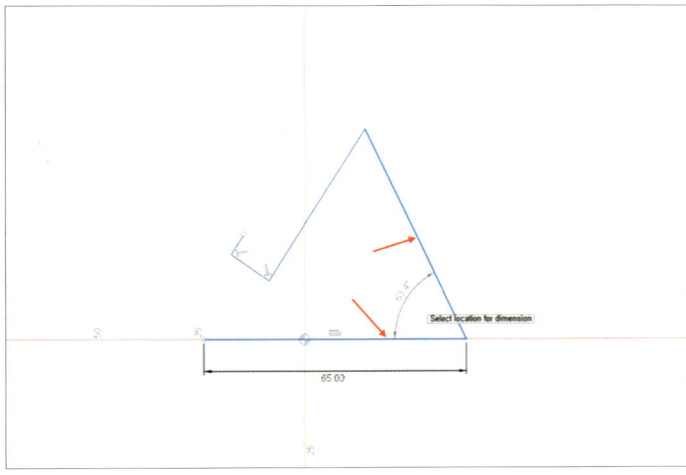

01-7

나머지 부분도 그림과 같이 수치를 입력한다.

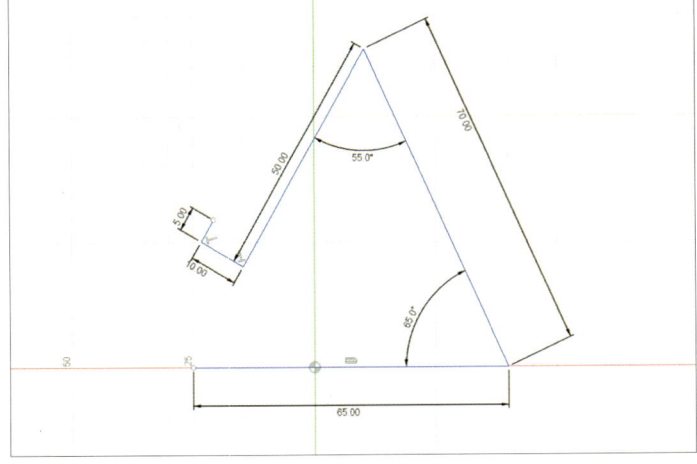

01-8

Sketch의 'Fillet'을 클릭한다.

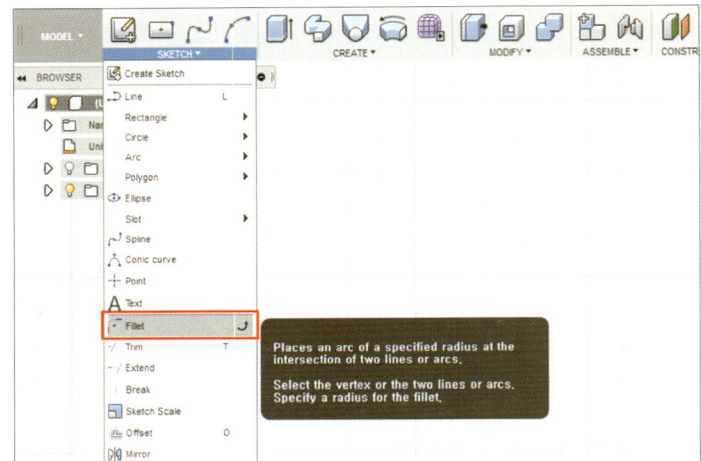

01-9

스케치의 꼭짓점을 클릭한 후 반지름 값을 입력한다.

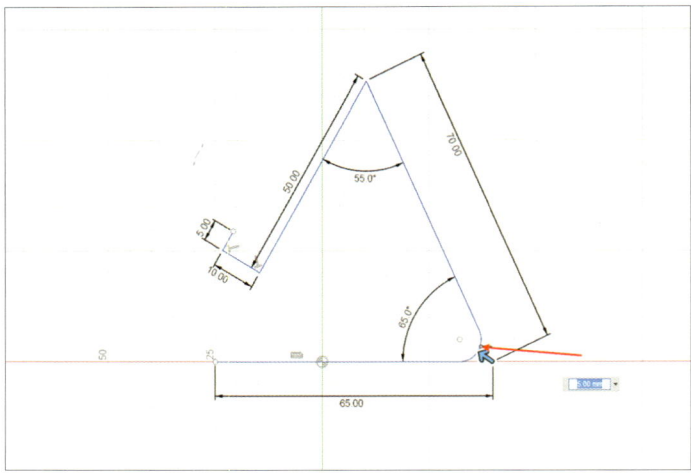

01-10

나머지 부분도 마찬가지로 Fillet 툴을 이용하여 그림과 같이 수치를 입력한다.

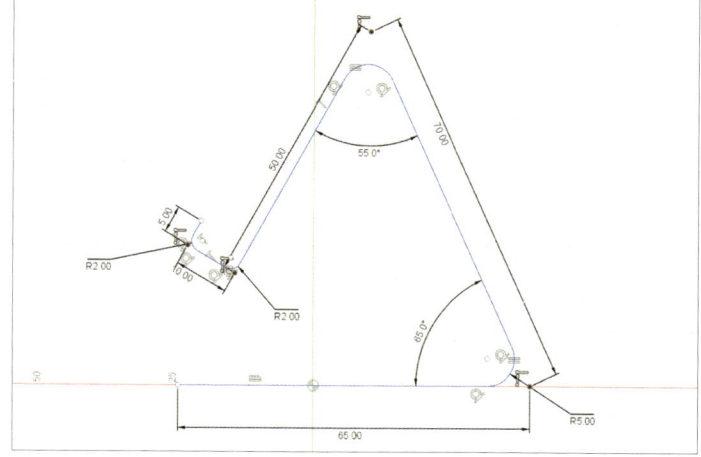

01-11

Sketch의 'Offset'을 클릭한다.

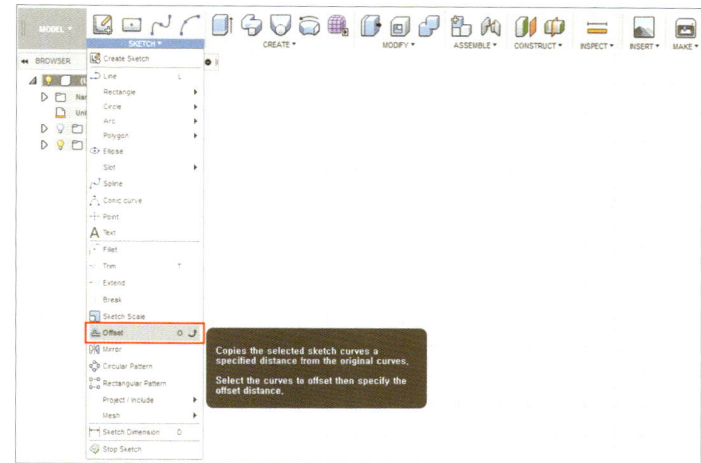

01-12

작성된 스케치를 클릭하면 빨간색으로 미리 보기가 활성화된다. Offset Position에 수치를 입력하면 입력한 수치만큼 일정 간격으로 떨어진 스케치가 작성된다.

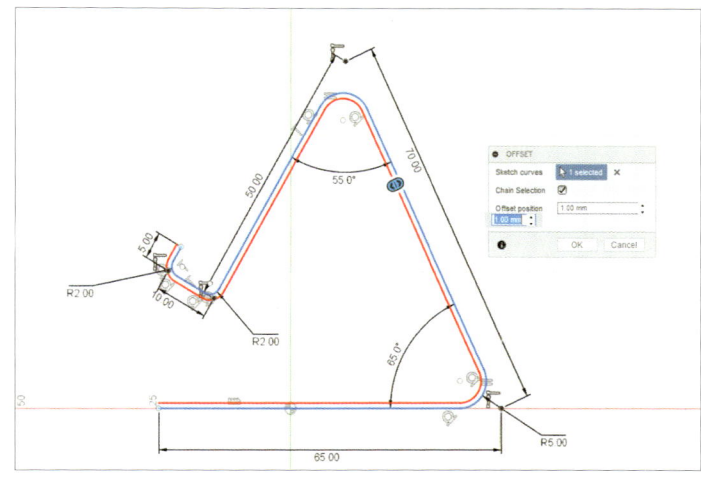

01-13

그림과 같이 스케치의 끝부분을 Line 툴을 이용하여 닫아준다.

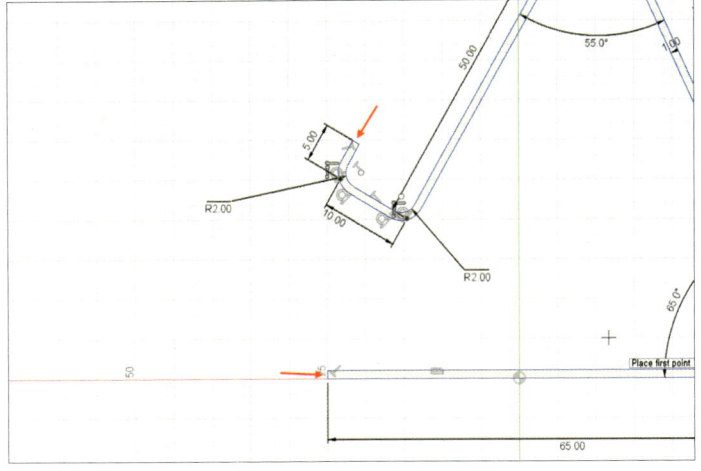

01-14

Create의 'Extrude'를 클릭한다.

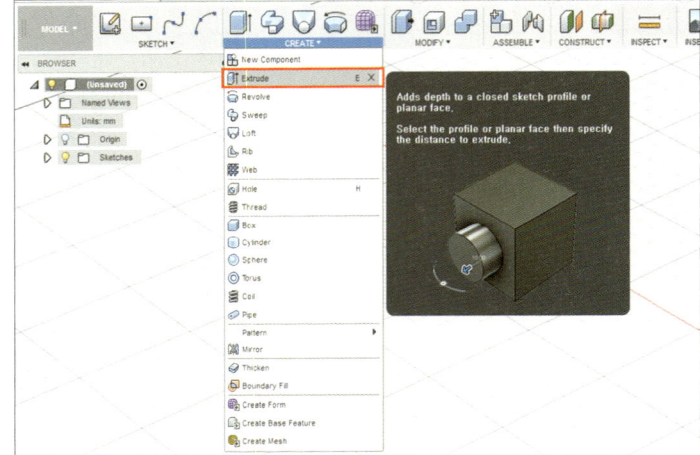

01-15

작성된 스케치 프로파일을 클릭하면 그림과 같이 화살표 아이콘이 활성화 된다.

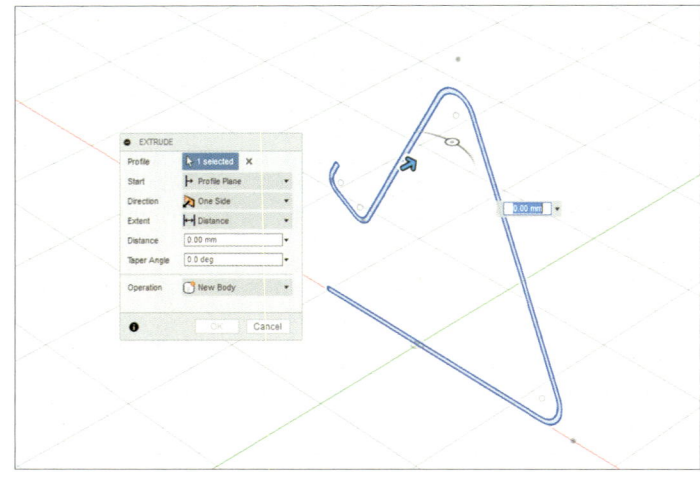

01-16

화살표를 드래그하여 돌출시켜 모델을 생성한다.

01-17

Sketch의 'Center Diameter Circle'을 클릭한다.

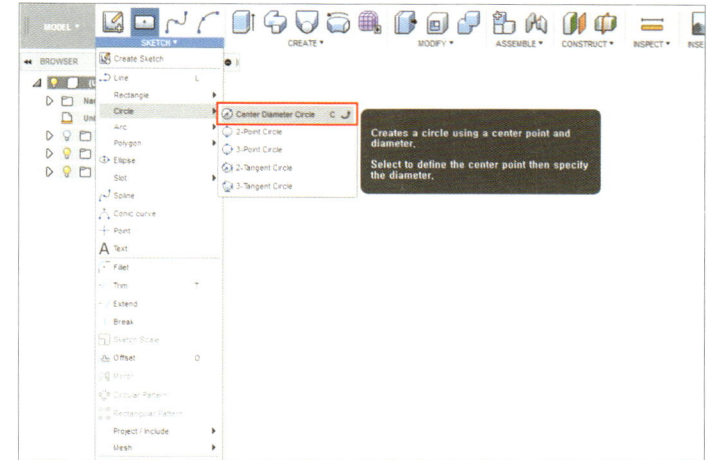

01-18

거치대의 뒷면을 스케치 작업 면으로 선택한다.

01-19

그림과 같이 원 스케치를 작성한다.

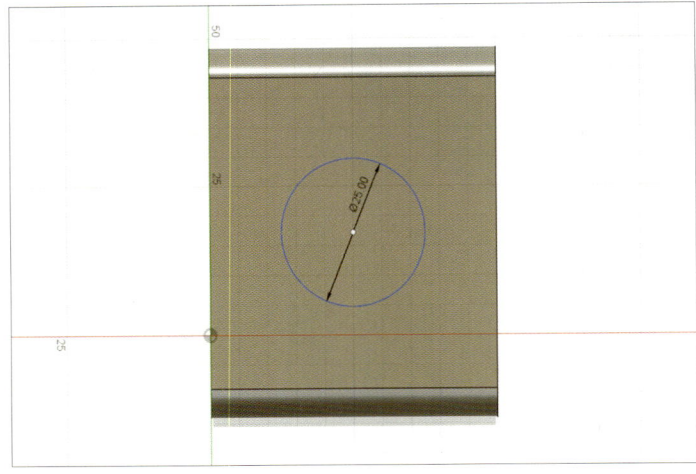

01-20

Create의 'Extrude'를 클릭하고 원 스케치를 선택한다.

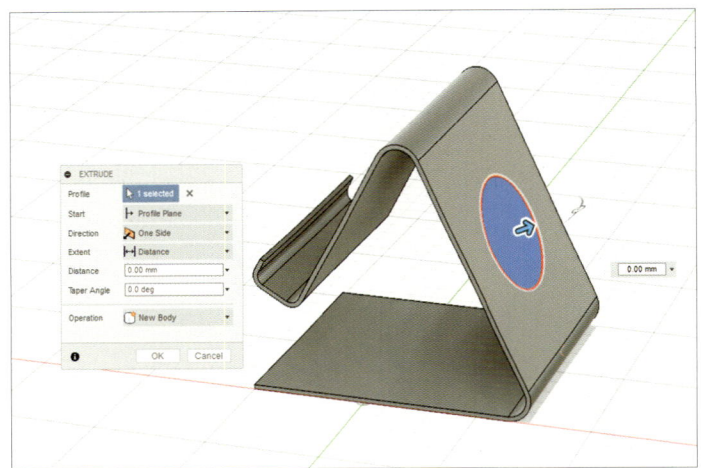

01-21

안쪽으로 화살표를 드래그한 후 OK 버튼을 눌러 완료하면 원 스케치 모양으로 구멍이 뚫린 것을 확인할 수 있다.

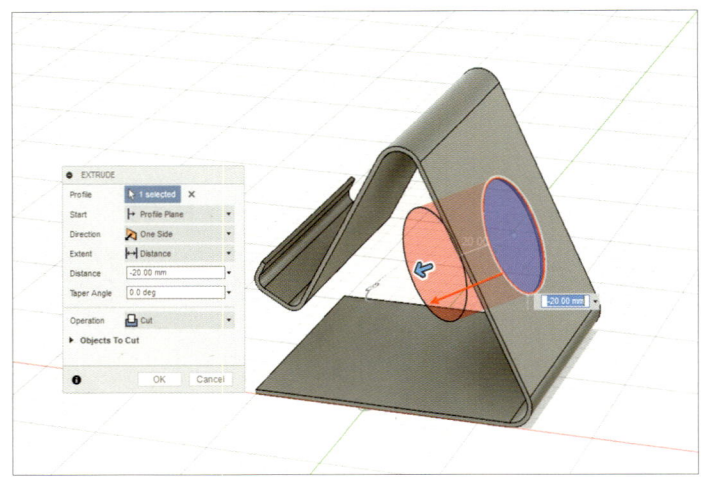

01-22

Sketch의 Line을 클릭하고 그림과 같이 거치대 앞면을 작업 면으로 선택한다.

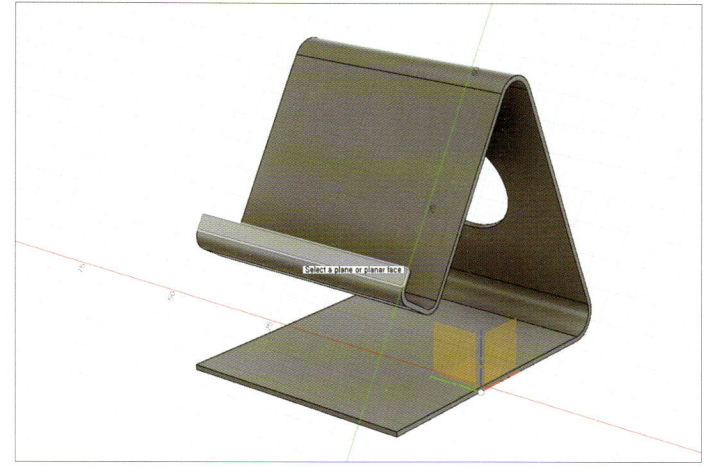

01-23

마우스 포인터로 앞면의 모서리 위를 움직이다 보면 그림과 같이 아이콘이 변하는 지점이 있다. 이 부분이 중심점이다.

01-24

중심점을 기준으로 그림과 같이 라인 스케치를 작성한다.

01-25

Sketch의 Offset을 사용하여 그림과 같이 중심으로부터 스케치를 작성한다.

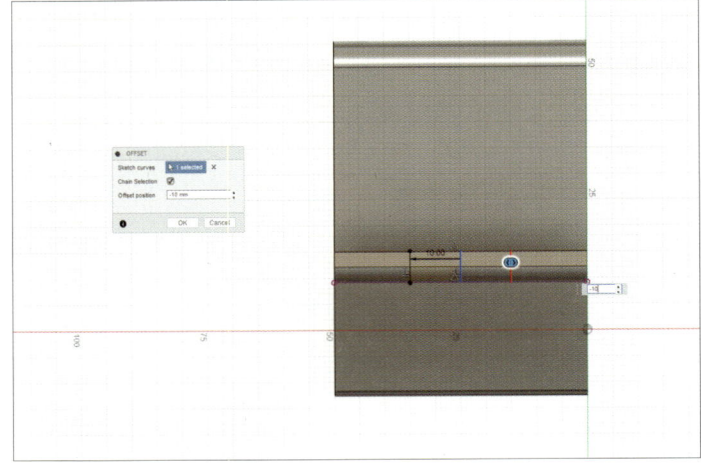

01-26

Create의 'Extrude'를 클릭하고 스케치를 선택한다.

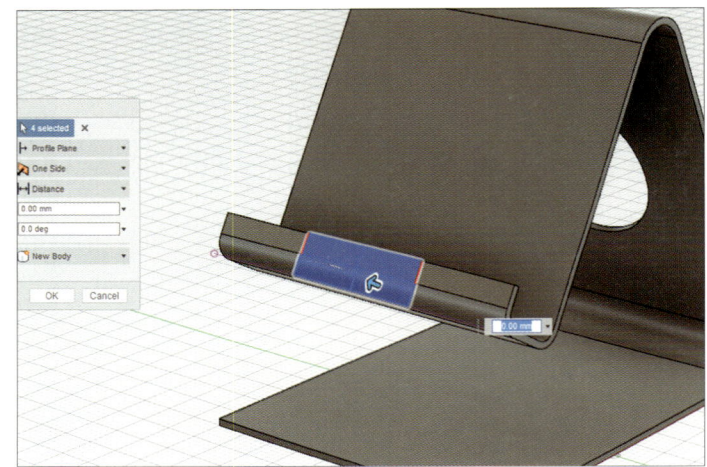

01-27

안쪽 방향으로 화살표를 드래그하여 그림과 같이 돌출되는 부분만큼 깎여나간 모델을 생성한다.

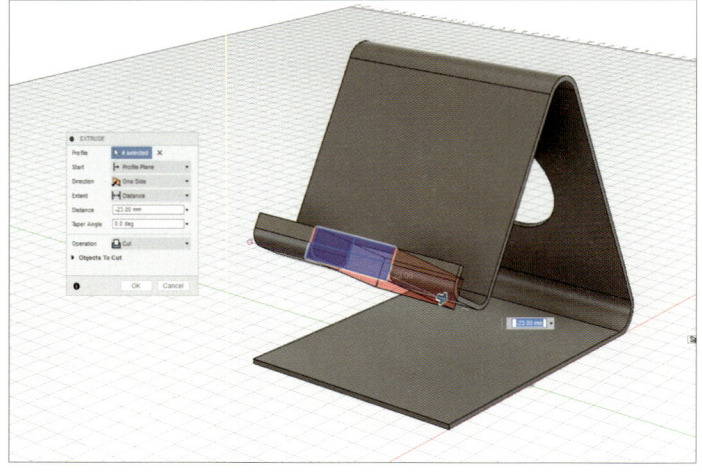

01-28

Modify의 'Fillet'을 클릭한다.

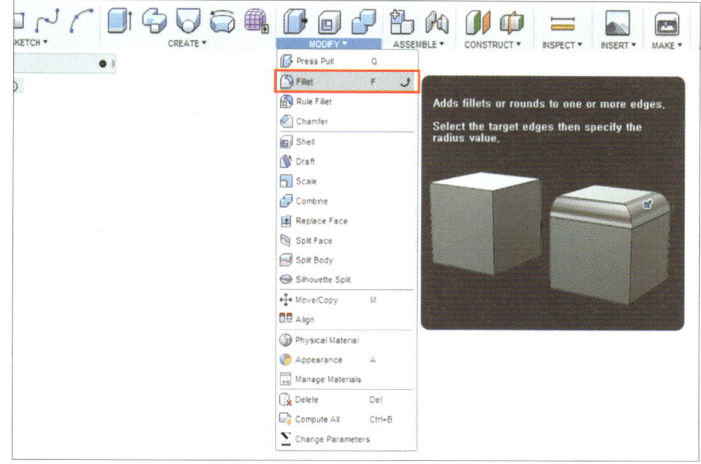

01-29

아랫면의 뾰족한 모서리를 선택한다.

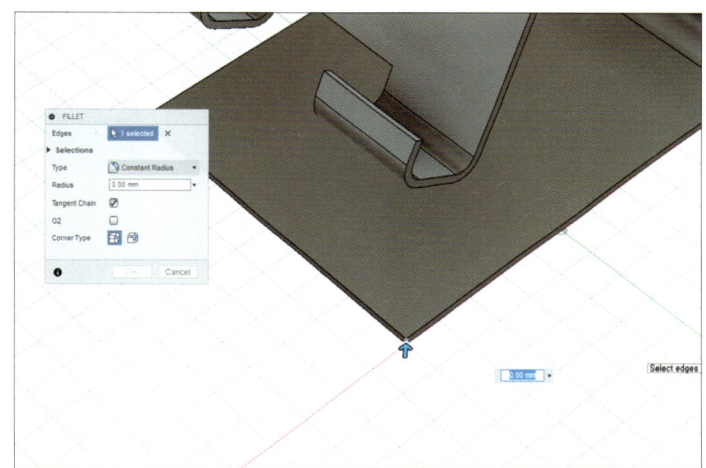

01-30

화살표를 안쪽으로 드래그하여 그림과 같이 모서리를 둥글게 수정한다.

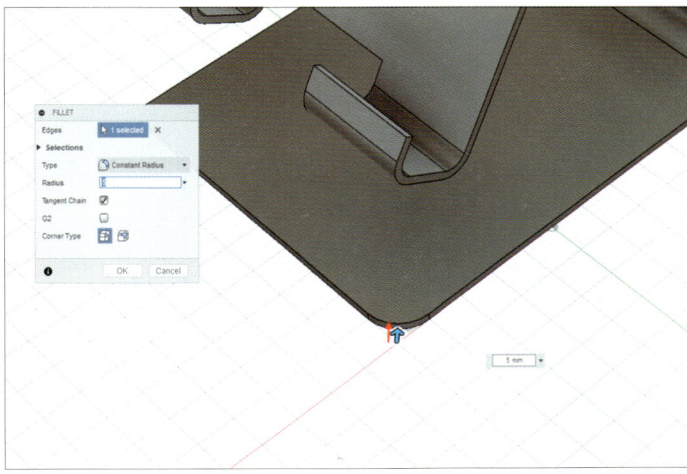

01-31

나머지 모서리 부분도 Fillet 툴을 사용하여 둥글게 만들면 그림과 같은 모델링이 완성된다.

01-32

툴 바에서 'Render'를 클릭하여 Render 작업 환경으로 전환한다.

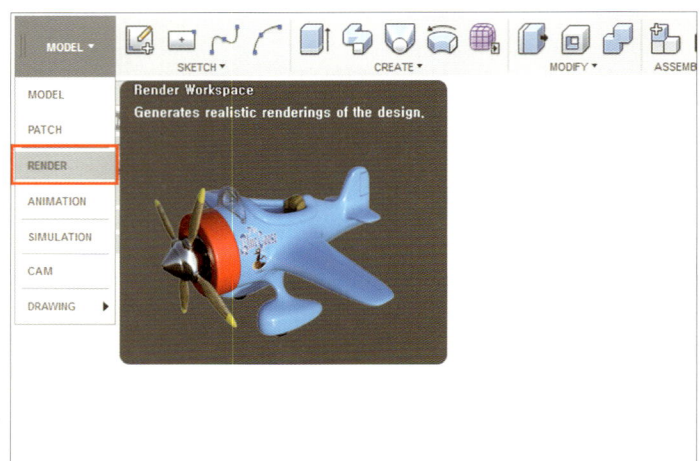

01-33

색상과 재질을 입히기 위해 툴 바에서 'Appearance'를 클릭한다.

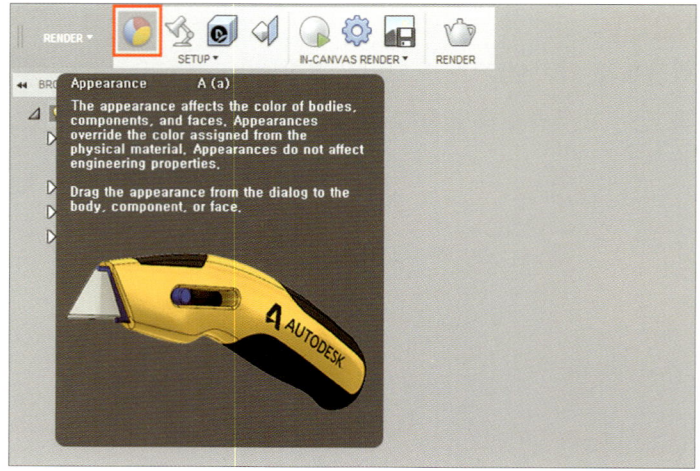

01-34

면 오른쪽에 Library가 활성화된다.

01-35

Library에서 재질과 색상을 선택하여 모델에 드래그한다.

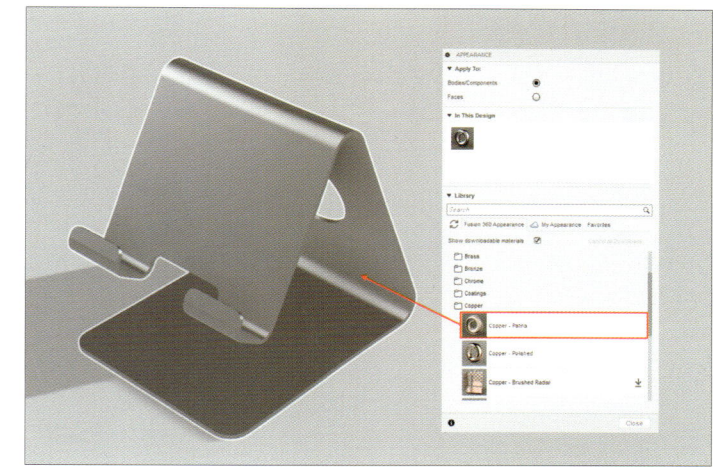

01-36

그림과 같이 선택한 재질과 색상이 모델에 적용된 것을 확인할 수 있다.

01-37

In This Design에서 적용된 재질을 오른쪽 마우스로 클릭한 후 'Edit'를 클릭한다.

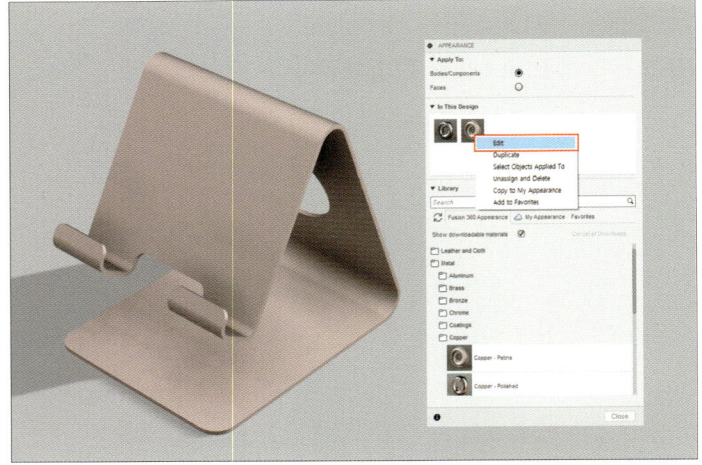

01-38

좀 더 원하는 색상을 선택하여 적용할 수 있다.

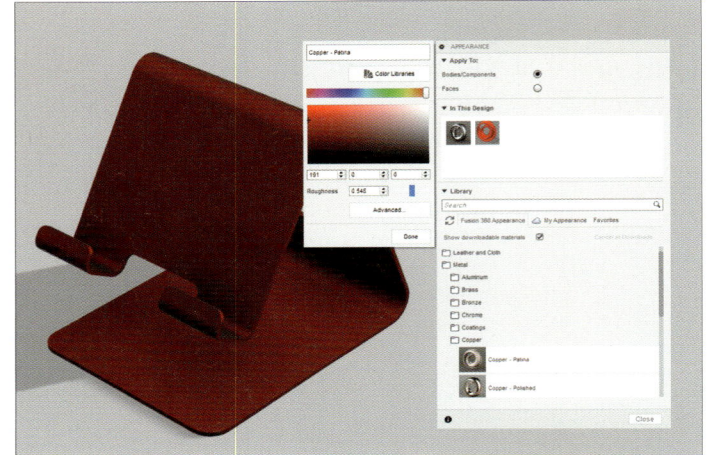

01-39

원하는 색상 지정이 완료되었다면 툴바에서 'In-Canvas Render'를 클릭하여 렌더 작업을 진행한다. 렌더 작업 진행 중에는 화면을 회전시키거나 움직이면 다시 처음부터 렌더링 작업이 진행되므로 렌더 작업 전에 미리 재질이나 보이는 각도 등을 설정한다.

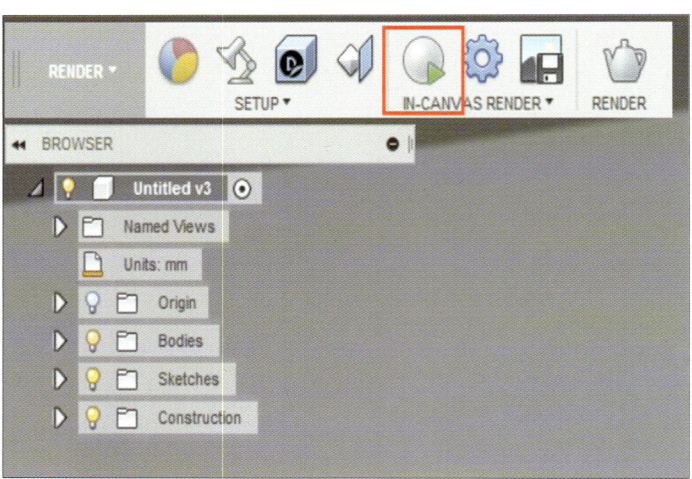

01-40

렌더 작업이 완료되었다면 'Capture Image'를 클릭한다.

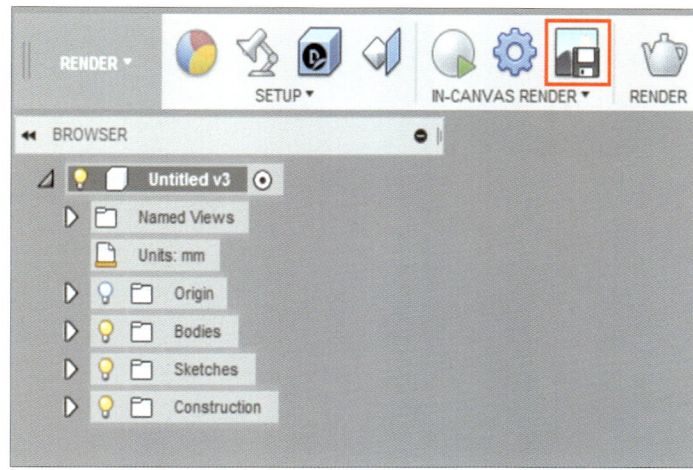

01-41

그림과 같이 렌더링 이미지를 얻을 수 있다.

장난감 자동차 모델링

그림과 같은 장난감 자동차 모델링을 배워보도록 한다.

학습 목표

1. Construct 툴을 이용한 임의의 작업 면 생성에 대해 학습한다.
2. Mirror 툴을 이용한 대칭 복사에 대해 학습한다.
3. Fillet, Chamfer 툴을 이용한 모델 수정에 대해 학습한다.
4. Render 작업 환경에서 Scene Settings에 대해 학습한다.

예제 풀이 과정을 동영상으로 확인할 수 있다.

02-1
그림과 같이 사각형 스케치를 작성한다.

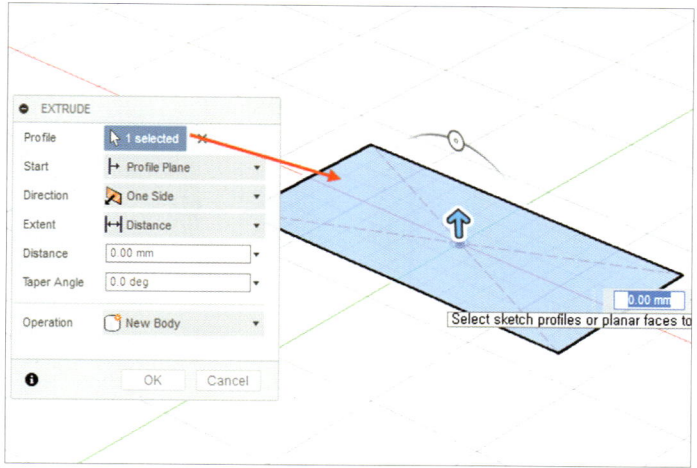

02-2
Extrude 툴을 사용하여 그림과 같이 스케치를 돌출시킨다.

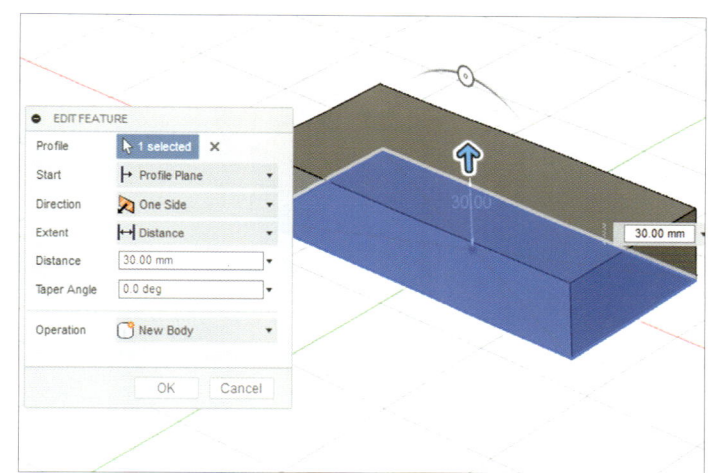

02-3
직사각형 박스 옆면을 스케치 작업면으로 선택한다.

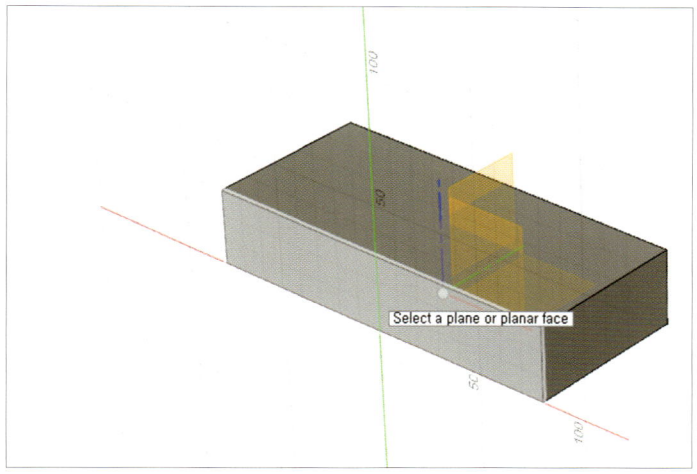

02-4
선택한 작업 면에 그림과 같은 스케치를 작성한다.

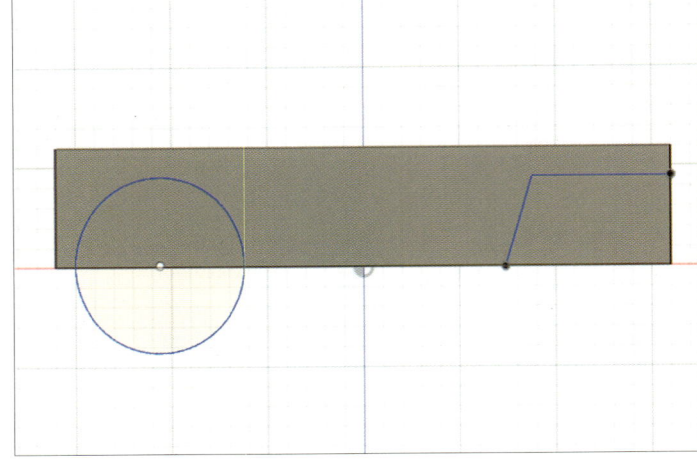

02-5
Extrude 툴을 사용하여 스케치를 사각형 박스 안쪽으로 돌출시켜 깎아낸다.

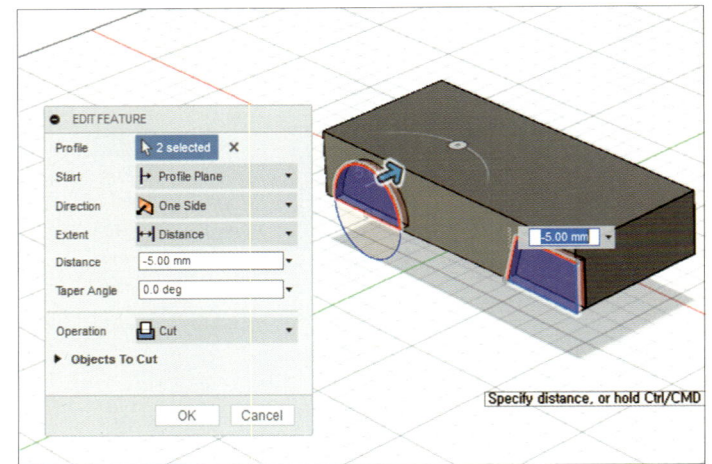

02-6
Construct의 Mid Plane을 사용하여 작업 면을 생성한다.

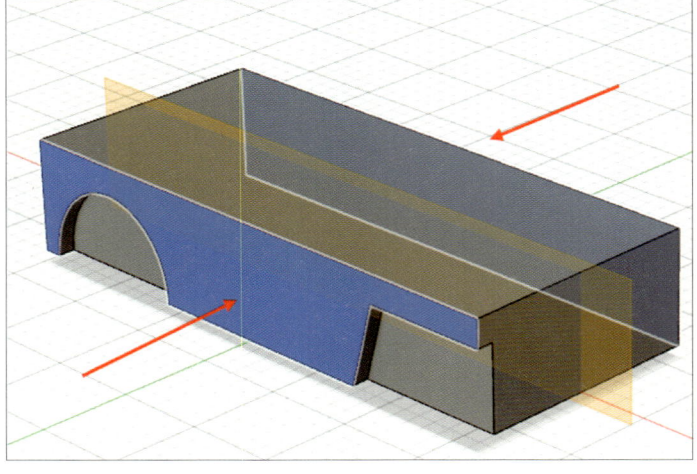

02-7

Create의 Mirror 툴을 선택한 후 Pattern Type을 Faces로 변경한다. Objects는 안쪽으로 깎여 들어간 면을 선택하고 Mirror Plane은 Mid Plane을 이용하여 생성한 작업 면을 선택한다.

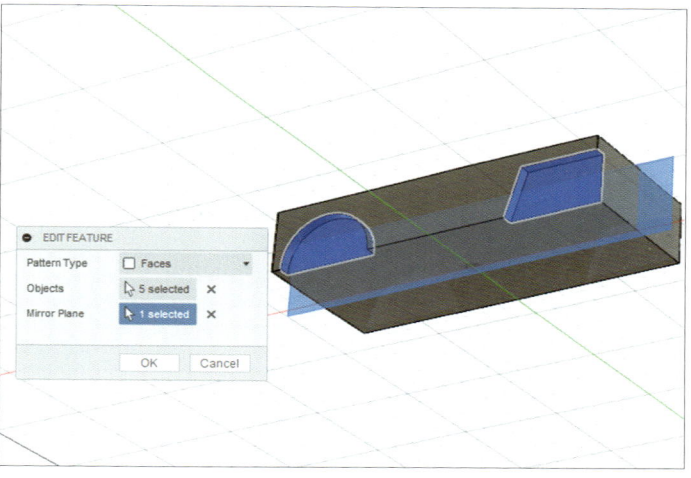

02-8

그림과 같이 반대쪽에도 깎여 들어간 형상이 생성된 것을 확인할 수 있다.

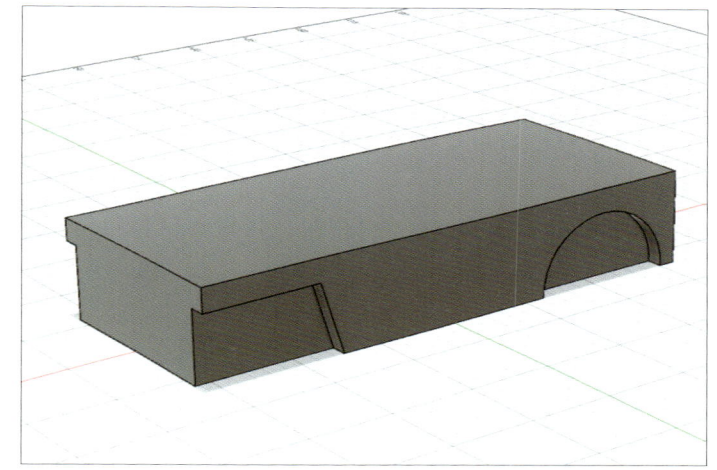

02-9

상자의 윗면을 스케치 작업 면으로 선택한다.

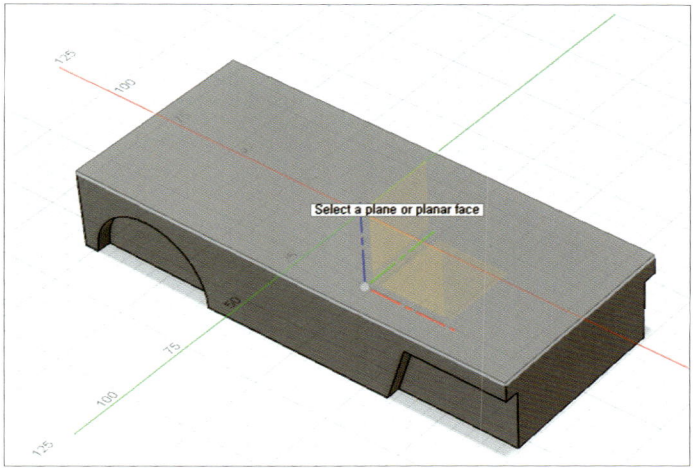

02-10

그림과 같은 사각형 스케치를 작성한다.

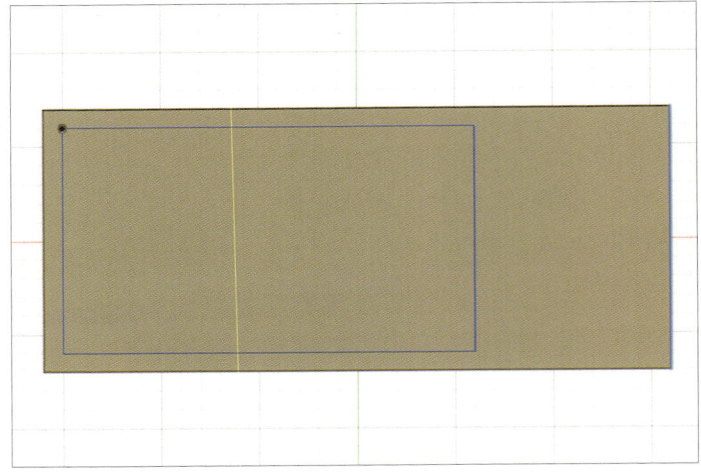

02-11

Extrude 툴을 사용하여 사각형 스케치를 아래 방향으로 돌출시켜 깎아낸다.

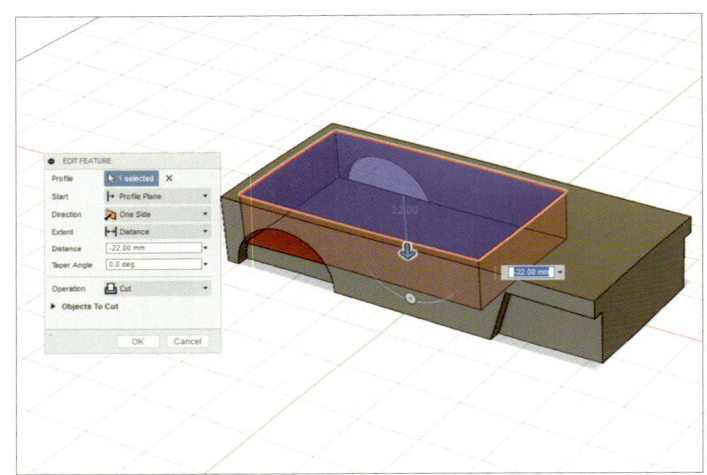

02-12

상자의 옆면을 스케치 작업 면으로 선택한 뒤 그림과 같은 스케치를 작성한다.

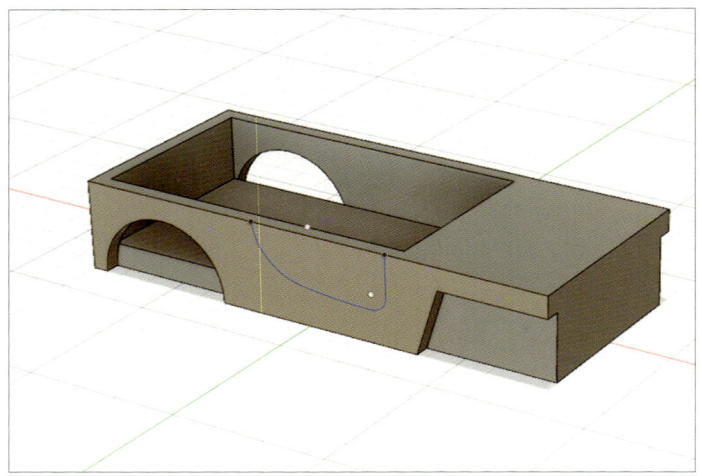

02-13

Extrude 툴을 사용하여 스케치를 돌출시켜 깎아낸다.

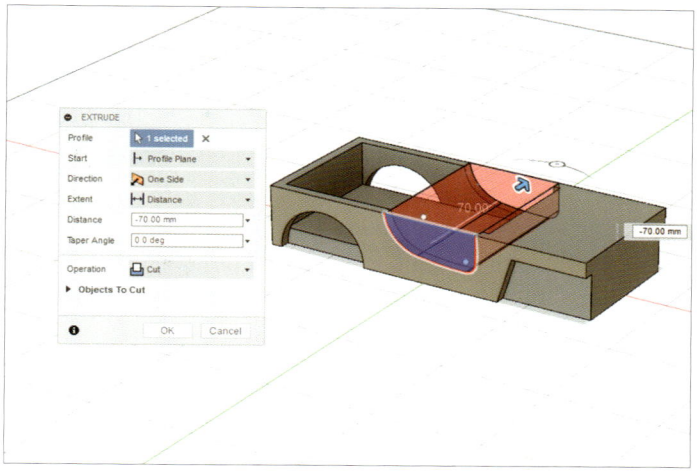

02-14

상자의 안쪽 바닥 면에 그림과 같은 스케치를 작성한다.

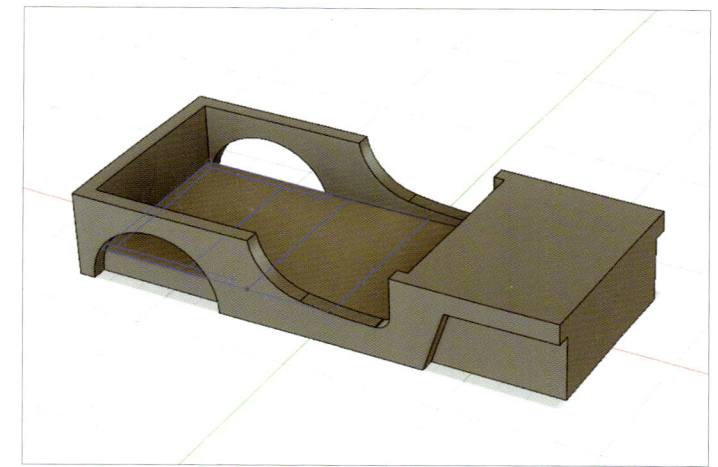

02-15

Extrude 툴을 사용하여 그림과 같이 의자가 될 수 있도록 돌출시킨다.

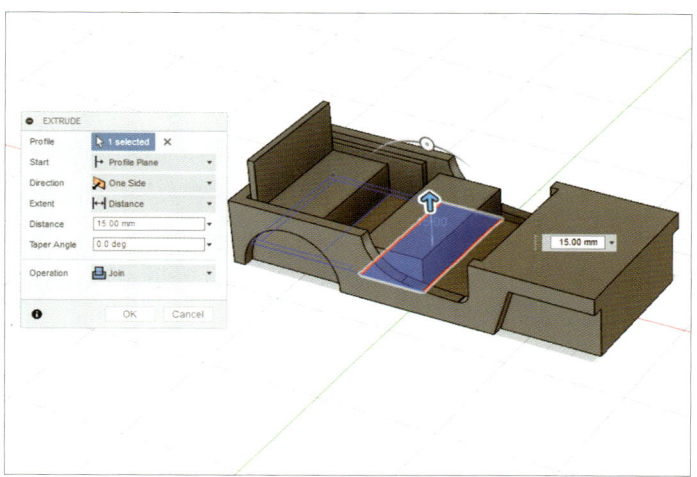

02-16

상자의 안쪽 옆면에 그림과 같은 스케치를 작성한다.

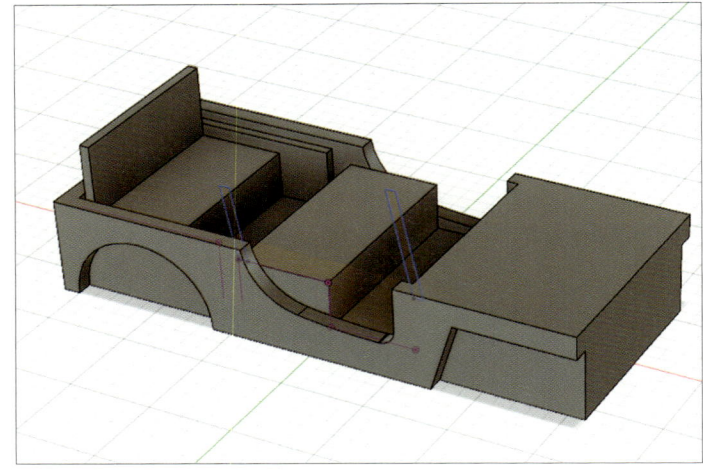

02-17

Extrude 툴을 사용하여 그림과 같이 돌출시켜 앞 유리와 등받이 모델을 생성한다.

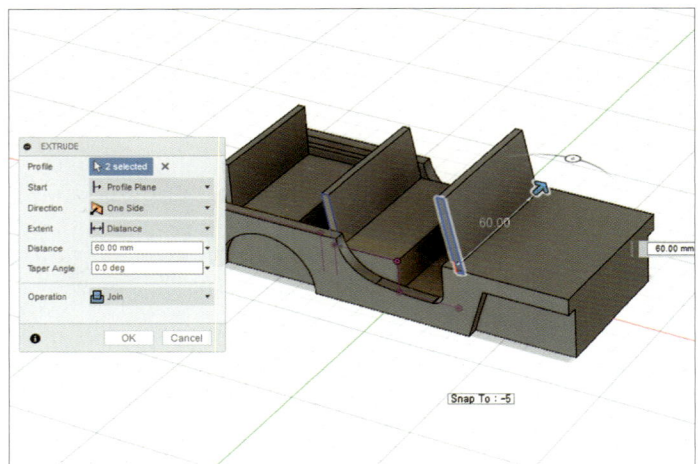

02-18

앞 유리 정면을 스케치 작업 면으로 선택한 후, 그림과 같은 스케치를 작성한다.

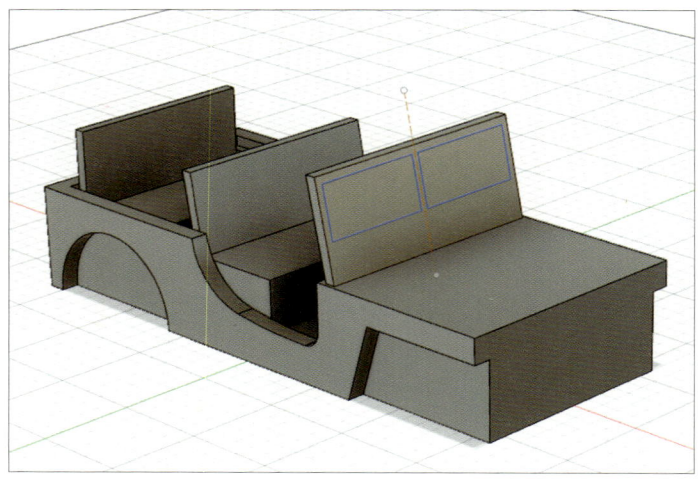

02-19

Extrude 툴을 사용하여 안쪽으로 돌출시켜 창문 모양으로 깎아낸다.

02-20

Modify의 Fillet 툴을 사용하여 각 진 모서리 부분을 둥글게 마감한다.

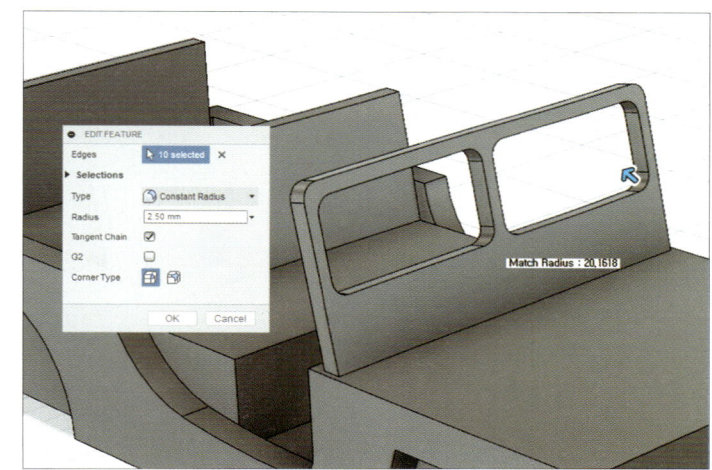

02-21

자동차 앞부분에 그림과 같은 스케치를 작성한다.

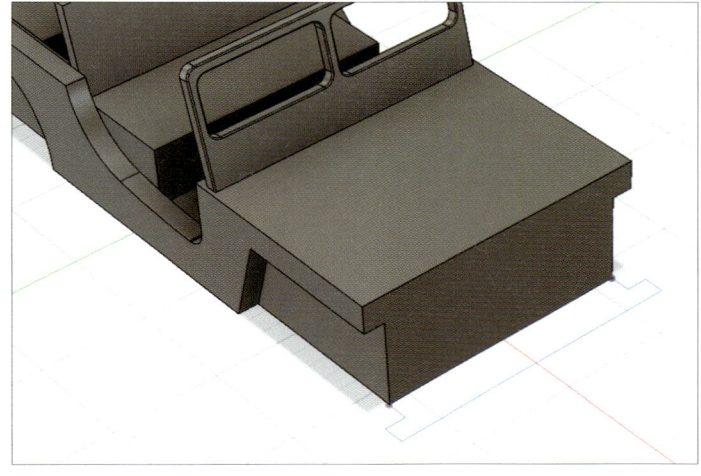

02-22

Extrude 툴을 사용하여 돌출시켜 앞 범퍼 모양을 생성한다.

02-23

자동차 앞면을 스케치 작업 면으로 선택하고 그림과 같은 스케치를 작성한다.

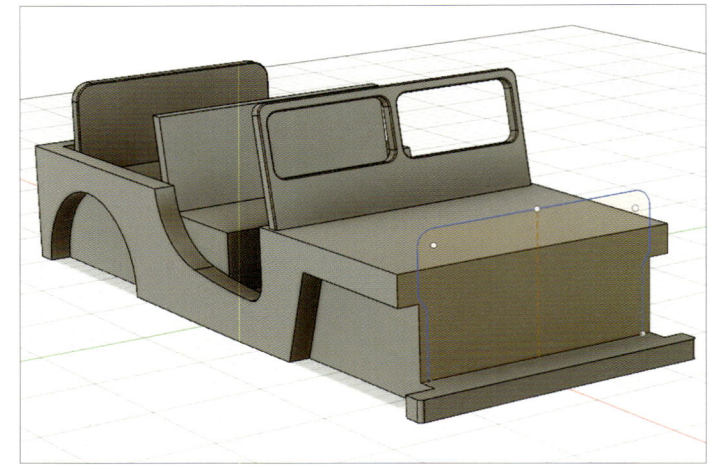

02-24

Extrude 툴을 사용하여 돌출시킨다. 이때 Direction을 Two Sides로 설정하고 Operation은 Join으로 변경한 후 그림과 같은 모델을 생성한다.

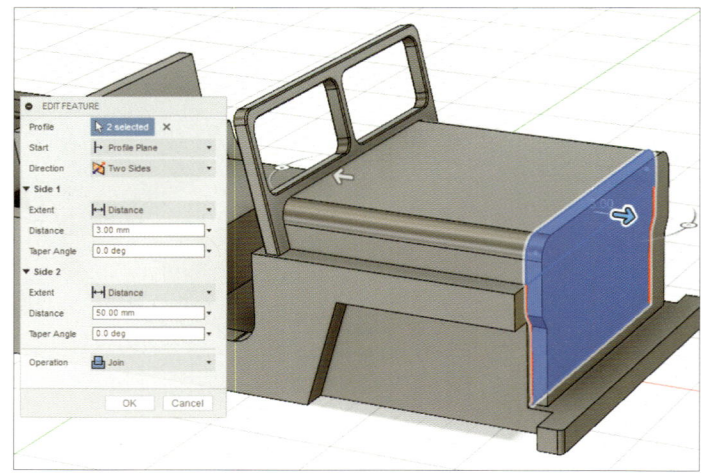

02-25

Create의 Sphere를 사용하여 자동차 전조등 모델을 생성한다.

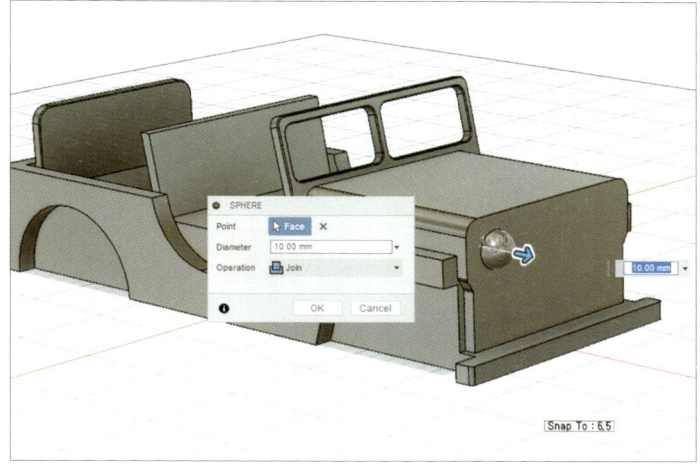

02-26

자동차 앞면을 스케치 작업 면으로 선택하고 그림과 같은 스케치를 작성한다.

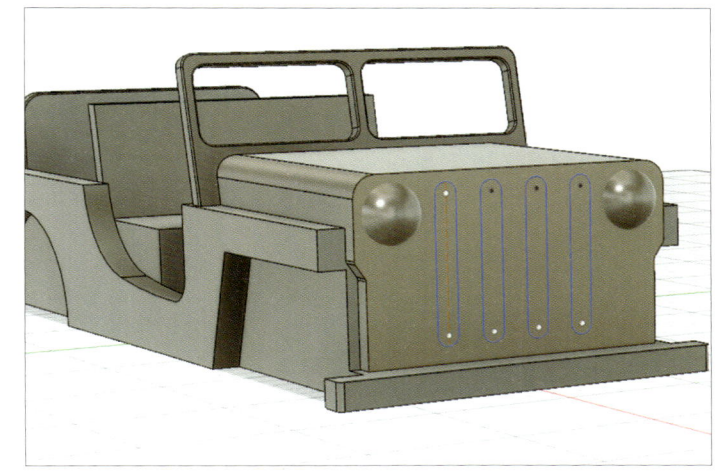

02-27

Extrude 툴을 사용하여 안쪽으로 돌출시켜 깎아낸다.

02-28

뒤쪽에도 앞쪽과 마찬가지 방법으로 범퍼를 만들어준다.

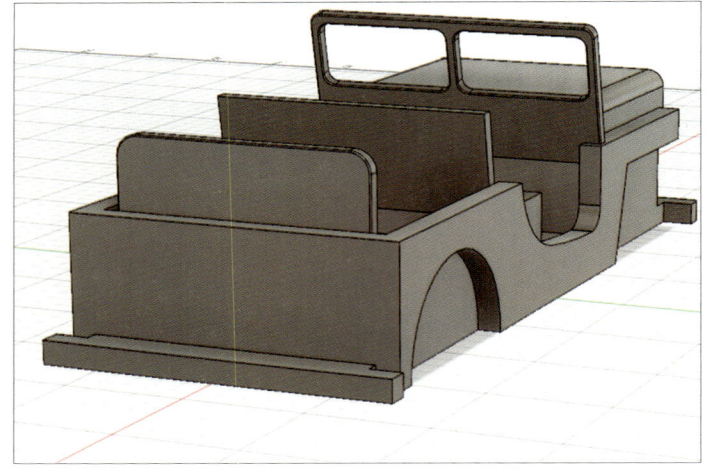

02-29

자동차 옆면을 스케치 작업 면으로 선택하고 원 스케치를 작성한다.

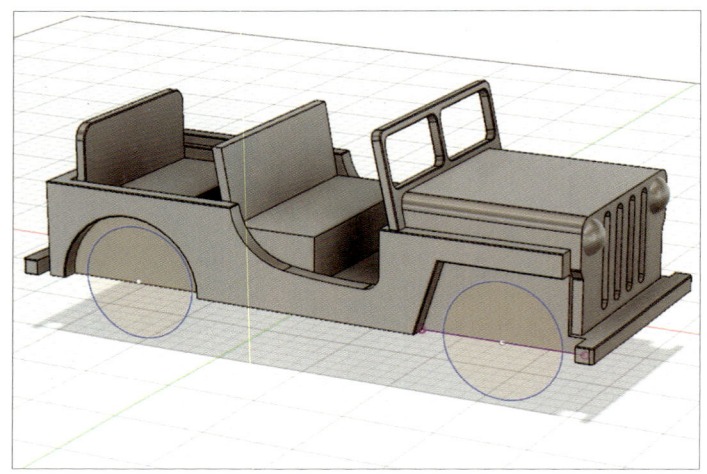

02-30

Extrude 툴을 사용하여 돌출시켜 바퀴 모델을 생성한다.

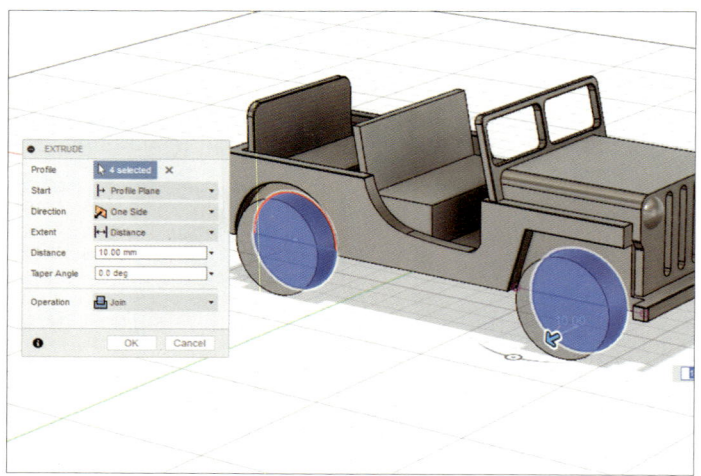

02-31

바퀴 옆면을 스케치 작업 면으로 선택하고 원 스케치를 작성한다.

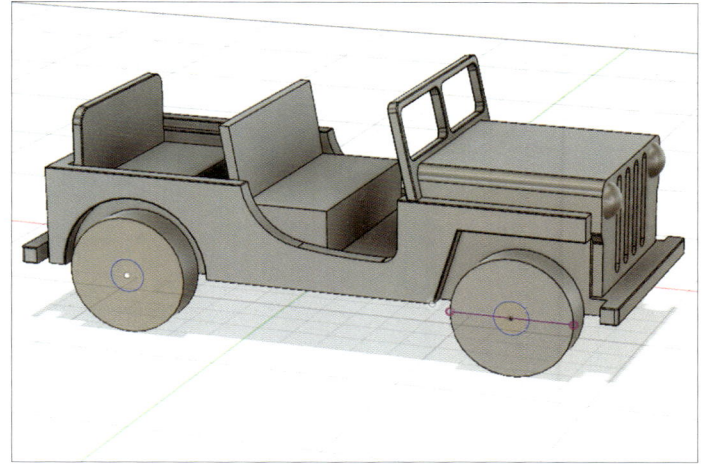

02-32

Extrude 툴을 사용하여 안쪽으로 돌출시켜 깎아낸다.

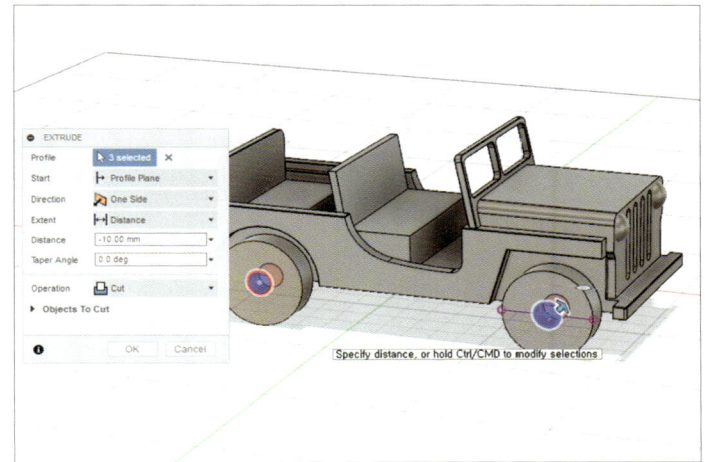

02-33

바퀴 옆면을 스케치 작업 면으로 선택하고 구멍보다 약간 작은 원 스케치를 작성한다.

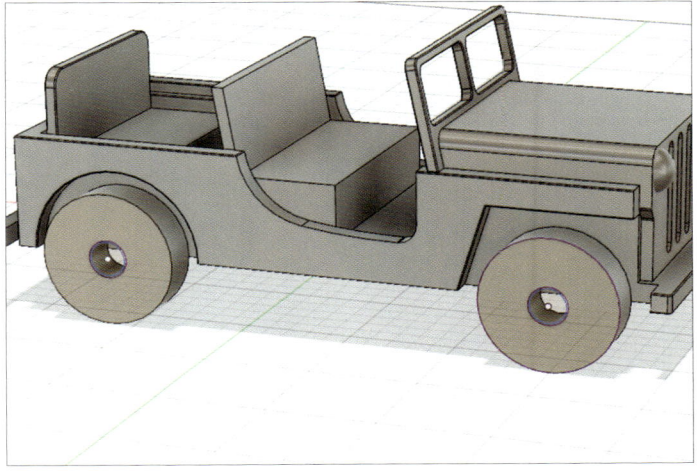

02-34

Extrude Operation을 Join으로 변경하고 돌출시켜 모델을 생성한다.

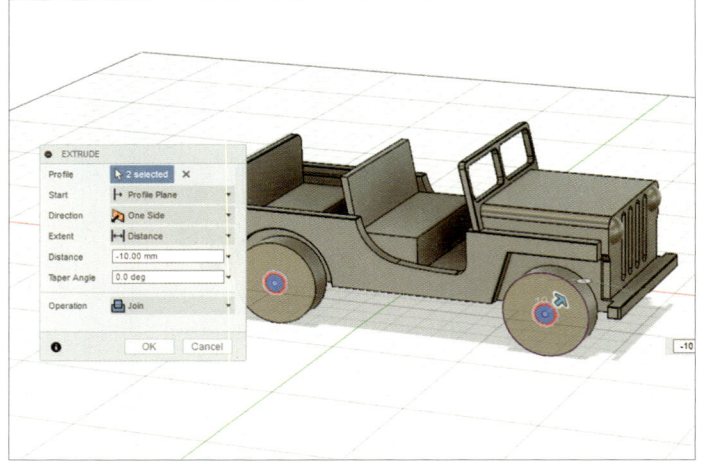

02-35

Fillet 툴을 이용하여 둥글게 마감한다.

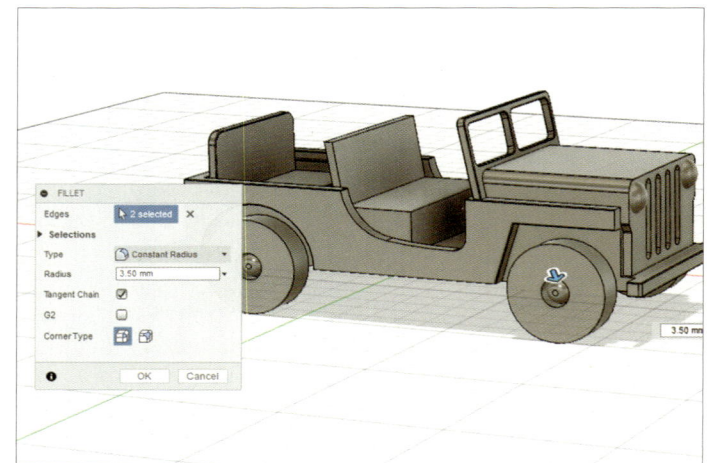

02-36

Modify의 Chamfer 툴을 사용한다. Chamfer Type을 Two distances로 변경하고 그림과 같이 바퀴 안쪽 모서리에 모따기를 적용한다.

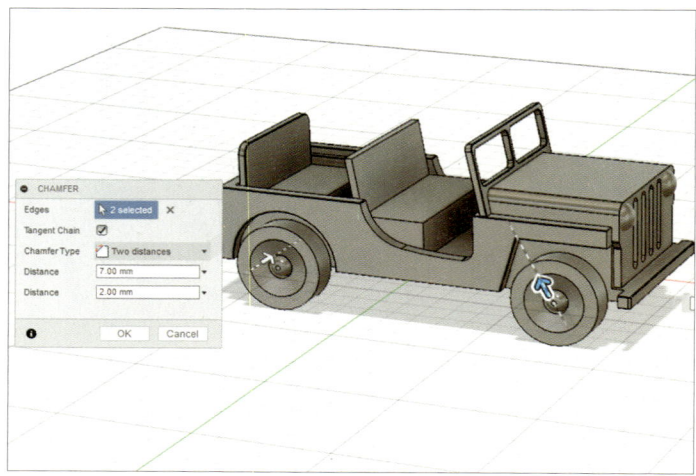

02-37

Construct의 Offset Plane을 이용하여 운전석 쪽에 작업 면을 생성한다.

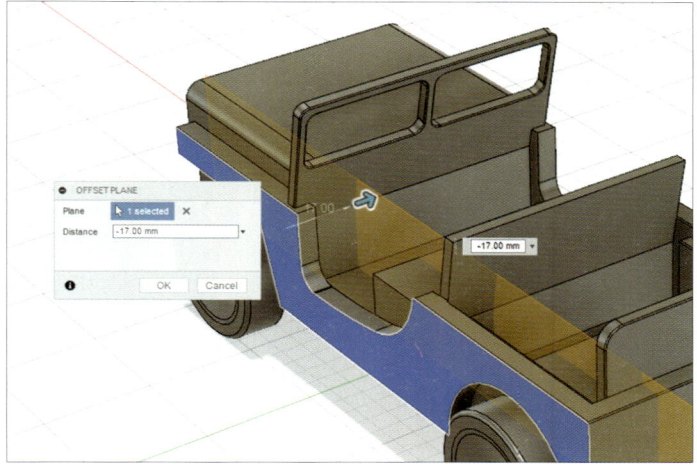

02-38

Offset Plane으로 만들어진 작업 면에 그림과 같은 직선 스케치를 작성한다.

02-39

Construct의 Plane Along Path 툴을 사용하여 직선 끝에 작업 면을 생성한다.

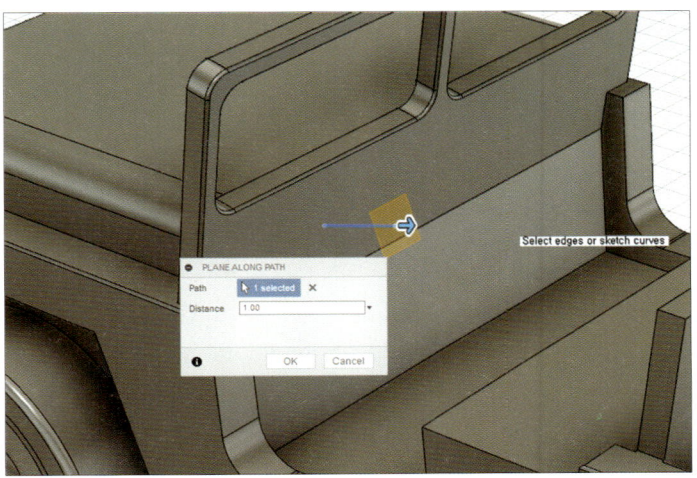

02-40

Plane Along Path로 만들어진 작업 면 위에 핸들 모양의 스케치를 작성한다.

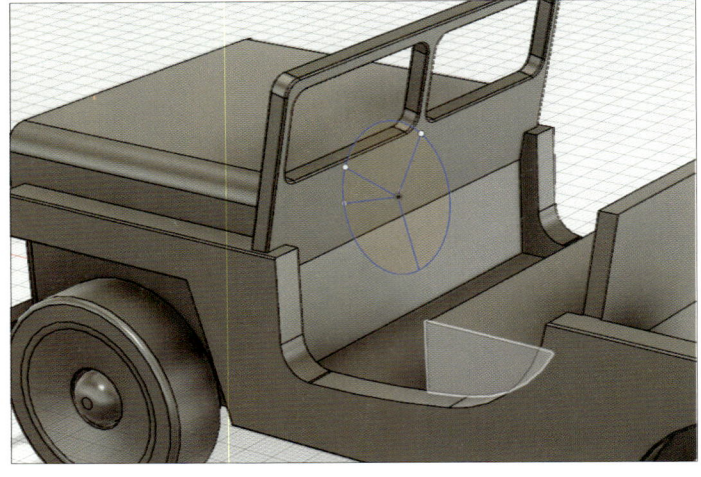

02-41

Create의 Pipe 툴을 사용하여 핸들 모델을 생성한다.

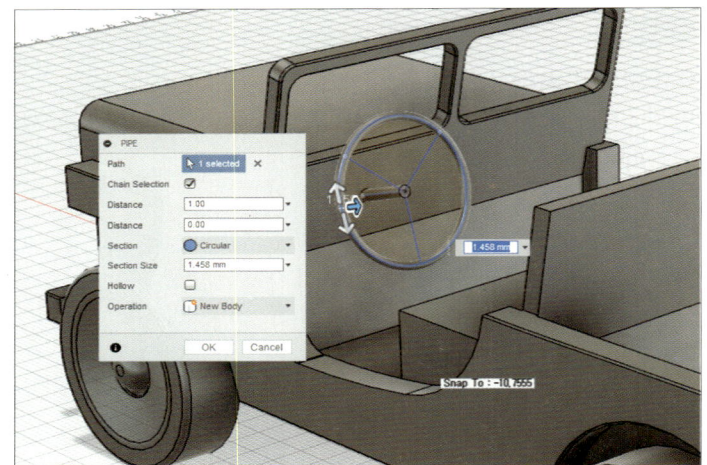

02-42

핸들 중심에 그림과 같은 원 스케치를 작성한다.

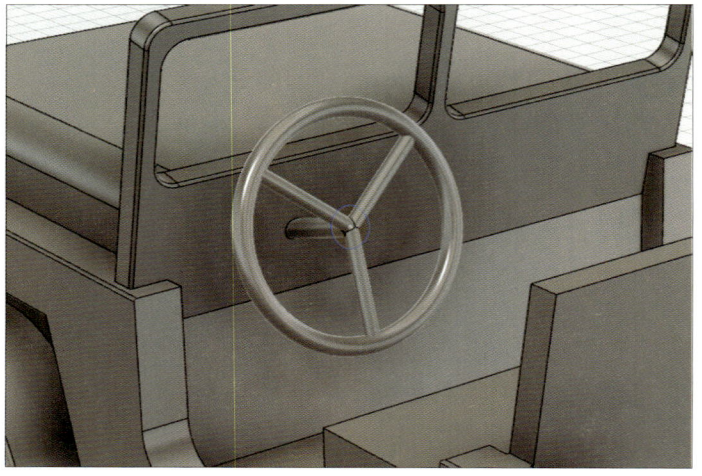

02-43

Extrude 툴을 사용하여 돌출시켜 핸들 모델을 완성한다.

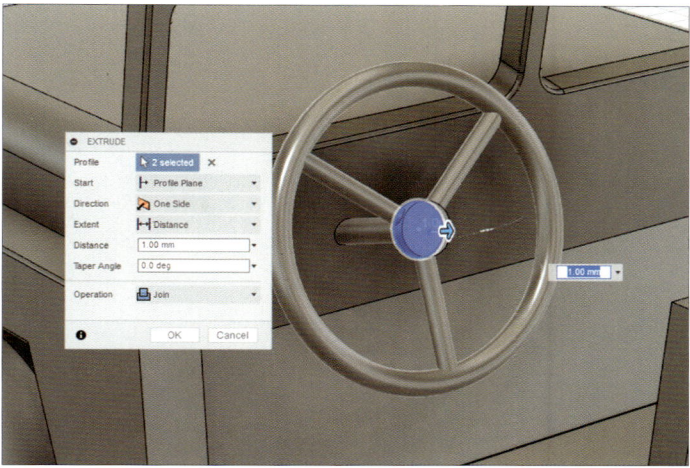

02-44

툴 바에서 'Render'를 클릭한다.

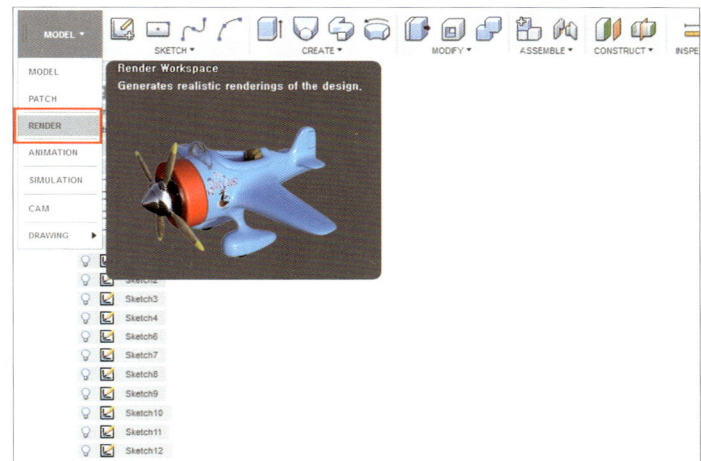

02-45

Appearance를 클릭한다.

02-46

Library에서 원하는 재질과 색상을 선택하고 모델에 드래그하여 적용한다.

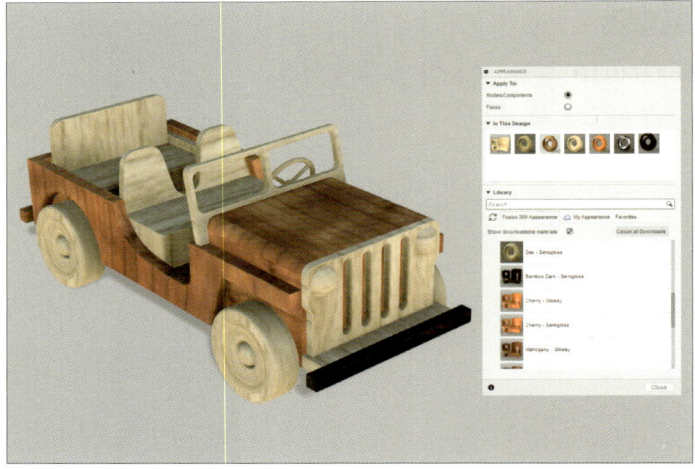

02-47

Scene Settings를 클릭한다.

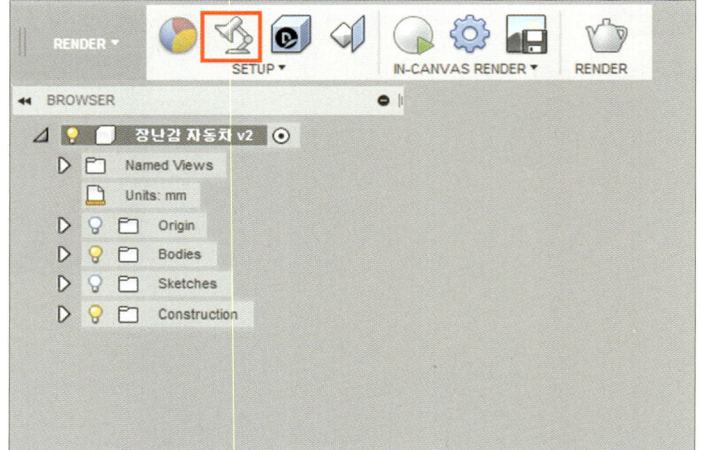

02-48

Environment의 Background를 Environment로 변경한다.

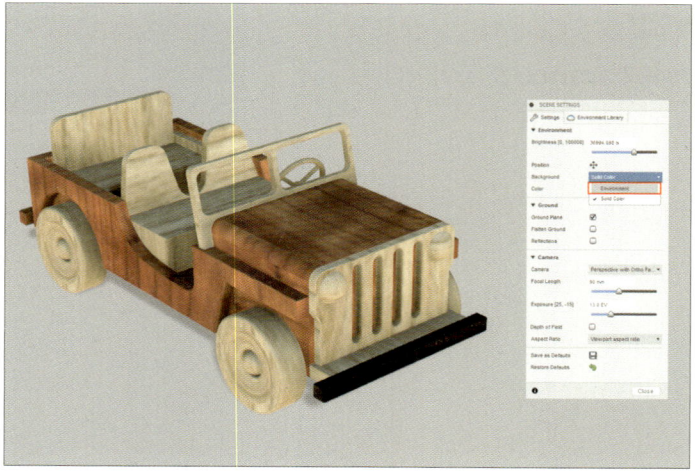

02-49

Environment Library에서 원하는 배경을 선택하고 드래그하여 적용한다.

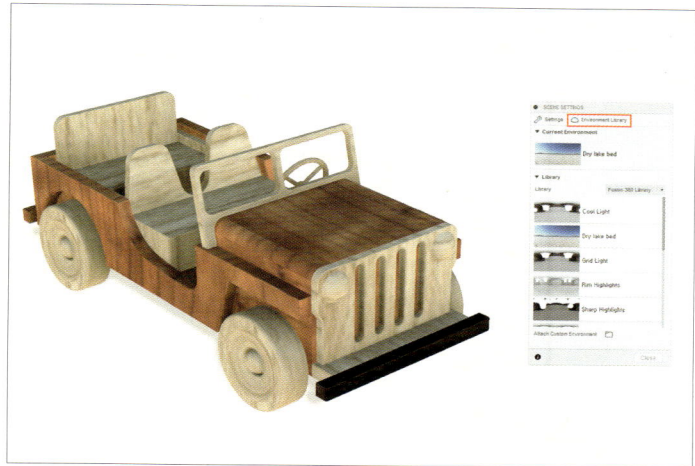

02-50

완성된 모습이다.

병 모델링

그림과 같은 병 모델링을 배워보도록 한다.

학습 목표

1. Split face 툴을 이용한 면 분할 방법에 대해 학습한다.
2. Sweep 툴에 대해 학습한다.
3. Pattern 툴을 이용한 배열 방법을 학습한다.
4. Shell 툴에 대해 학습한다.
5. Decal 툴을 이용한 이미지 삽입 방법을 학습한다.

예제 풀이 과정을 동영상으로 확인할 수 있다.

03-1

Sketch의 'Line'을 클릭한다.

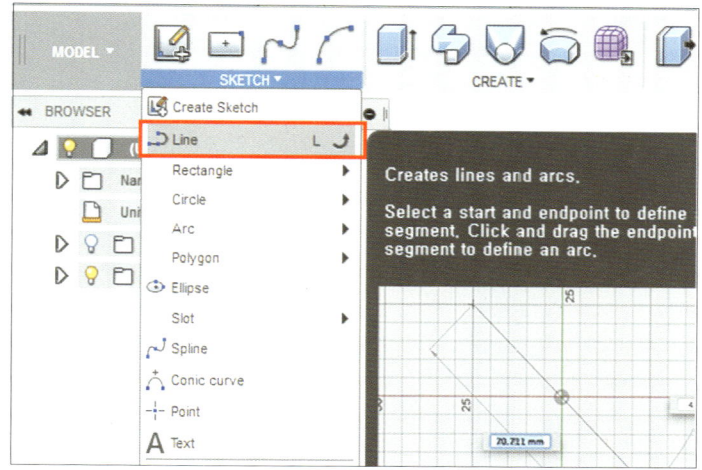

03-2

스케치 작업 면으로 XZ평면을 선택한다.

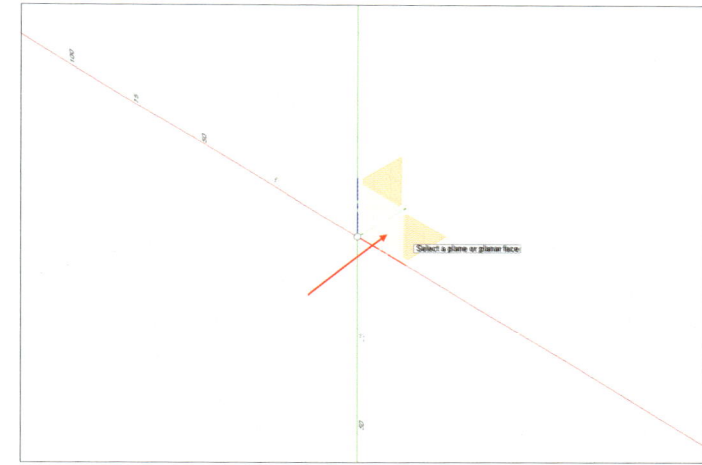

03-3

그림과 같은 라인 스케치를 작성한다.

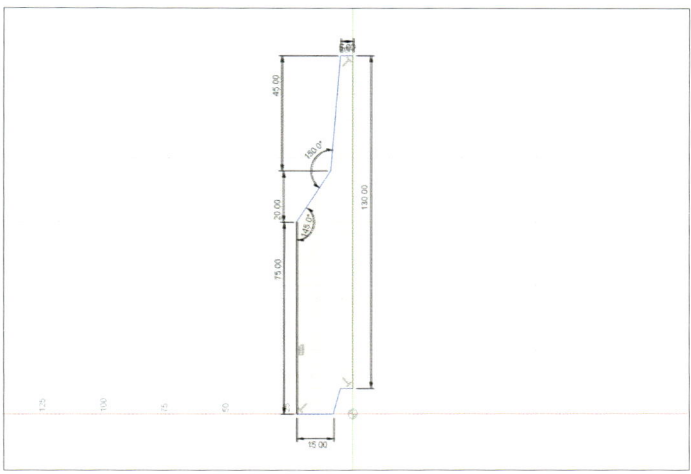

03-4

Create의 'Revolve'를 클릭한다.

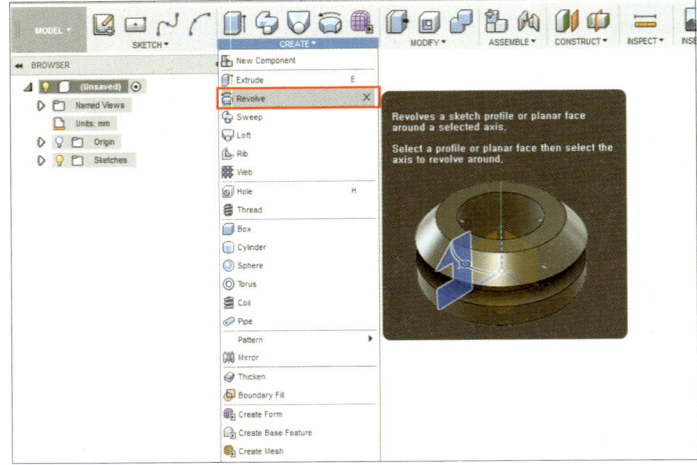

03-5

Profile은 스케치를 선택한다.

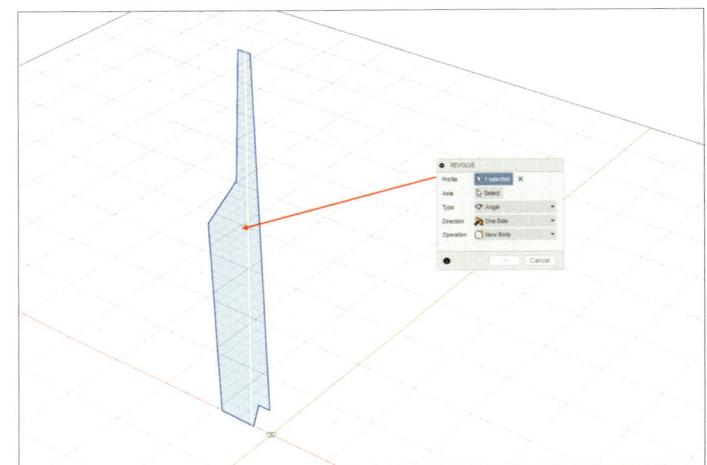

03-6

Axis는 스케치의 오른쪽 모서리를 선택한다. Profile이 Axis를 기준으로 회전하면서 그림과 같은 모델이 생성된다.

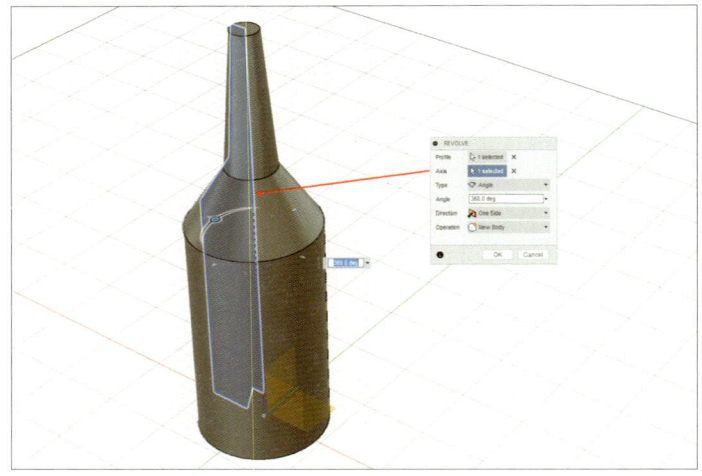

03-7

Sketch의 '3-Point Arc'를 클릭한다.

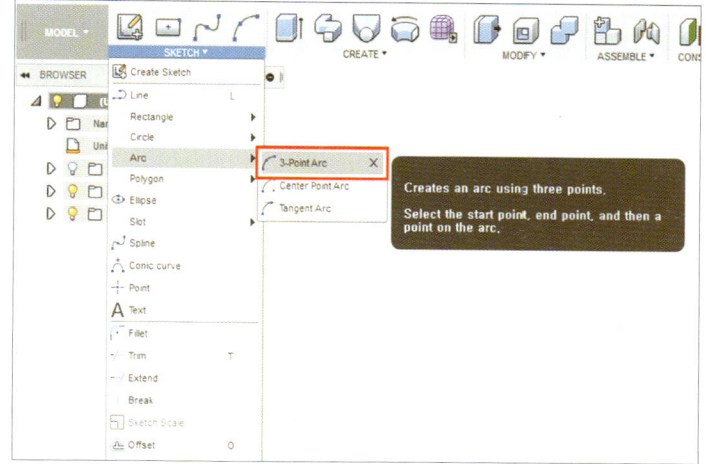

03-8

스케치를 작성할 작업 면으로 XZ평면을 선택한다.

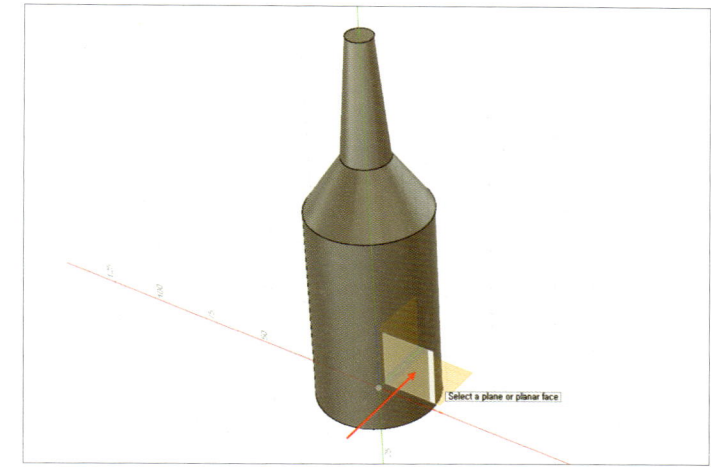

03-9

그림과 같은 원호 스케치를 작성한다.

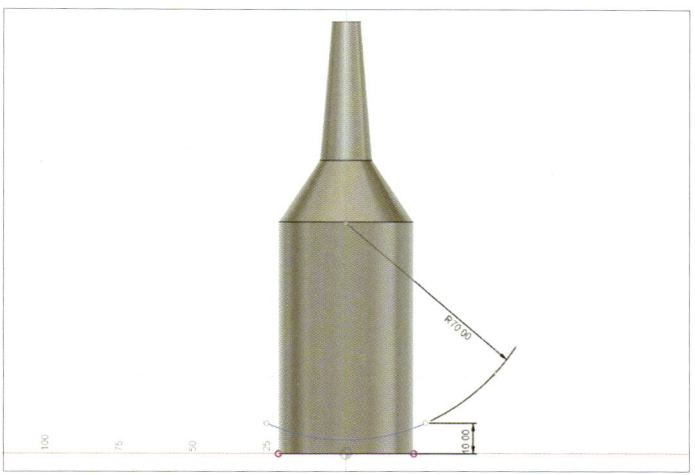

03-10

Modify의 'Split Face'를 클릭한다.

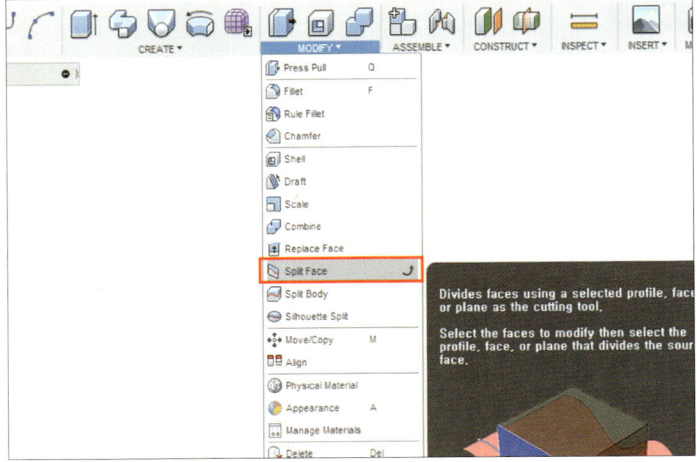

03-11

Faces to Split은 병 모델의 옆면을 선택한다.

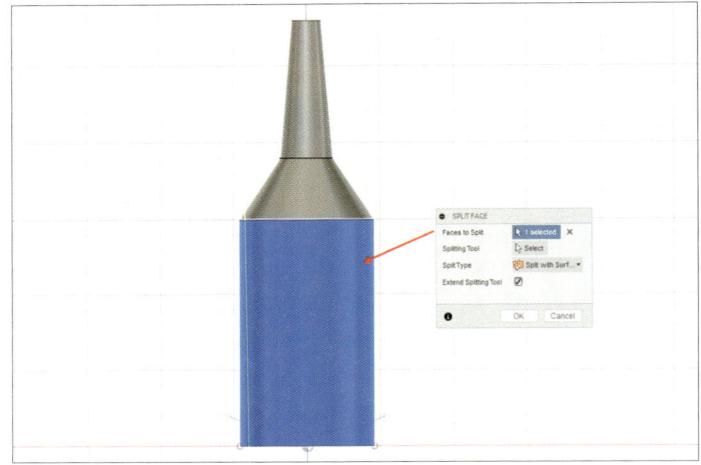

03-12

Splitting Tool은 원호 스케치를 선택한다.

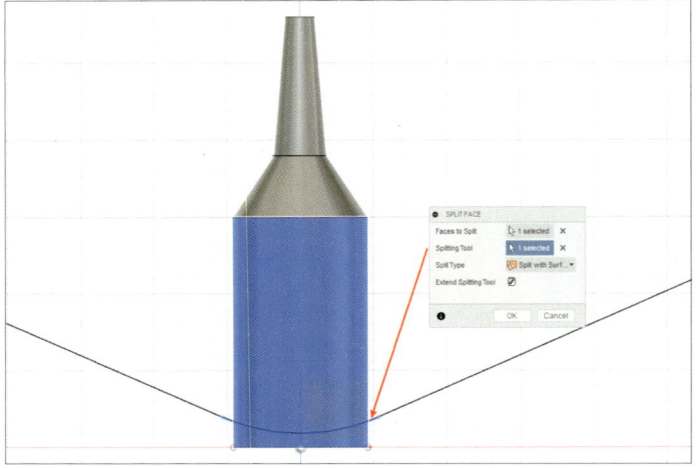

03-13

OK 버튼을 눌러 완료하면 그림과 같이 병 모델의 옆면이 분할된 것을 확인할 수 있다.

03-14

Sketch의 'Center Diameter Circle'을 클릭한다.

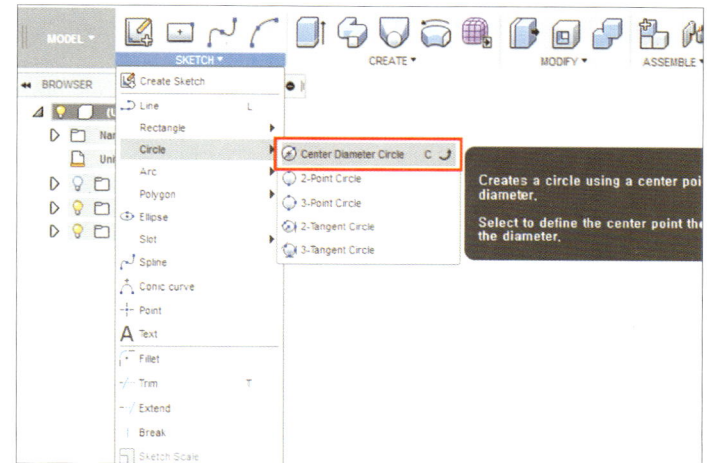

03-15

스케치 작성을 하기 위한 작업 면으로 XZ평면을 선택한다.

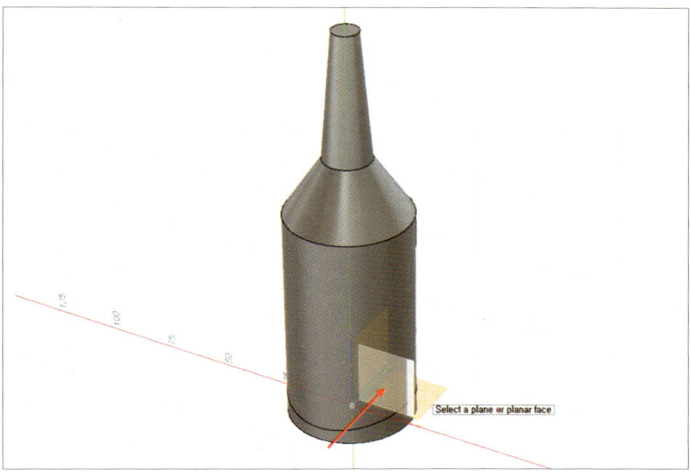

03-16

그림과 같이 원 스케치를 작성한다.

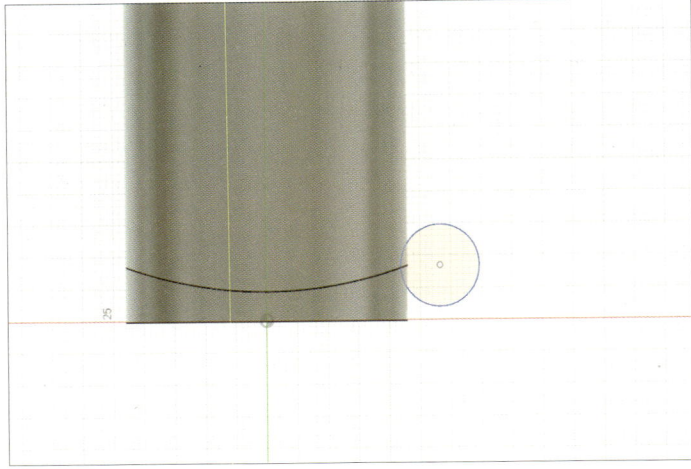

03-17

Create의 'Sweep'을 클릭한다.

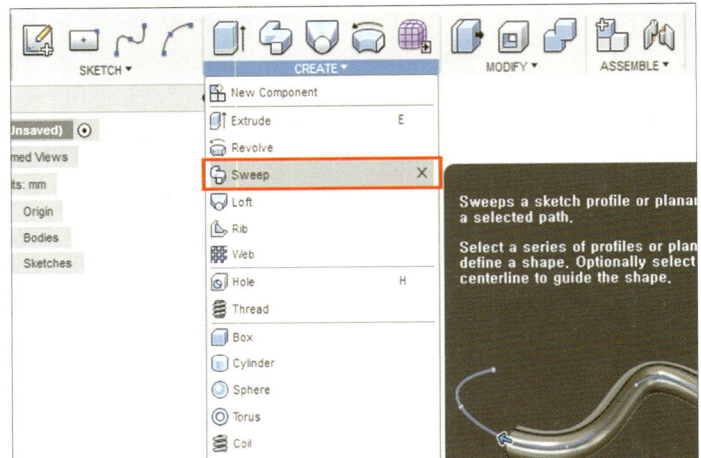

03-18

Profile은 원 스케치를 선택한다.

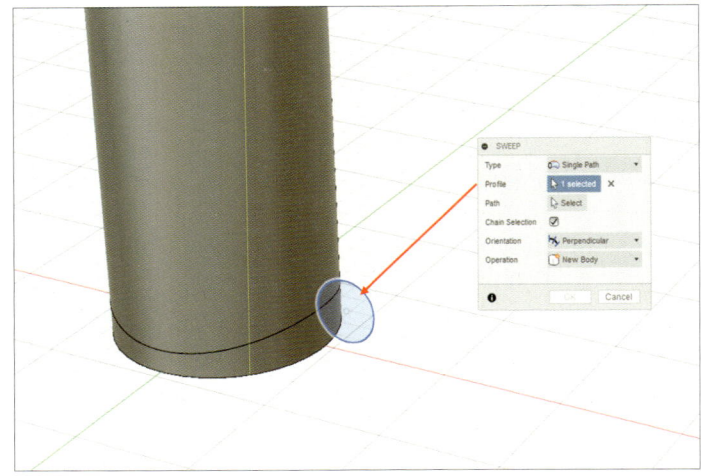

03-19

Path는 병 모델의 분할된 면의 선을 선택한다.

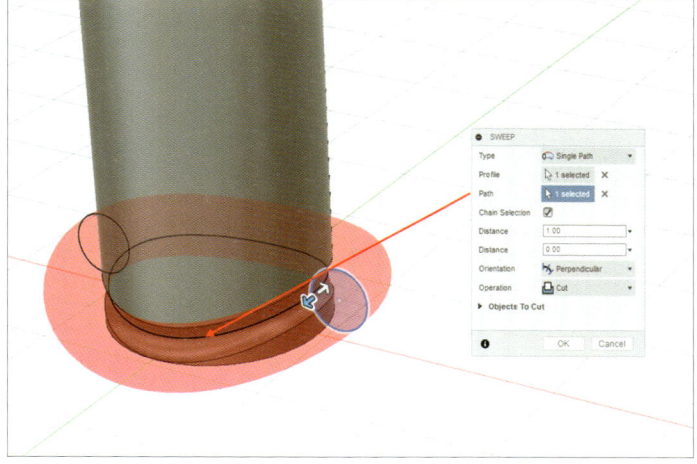

03-20

Create의 'Rectangular Pattern'을 클릭한다.

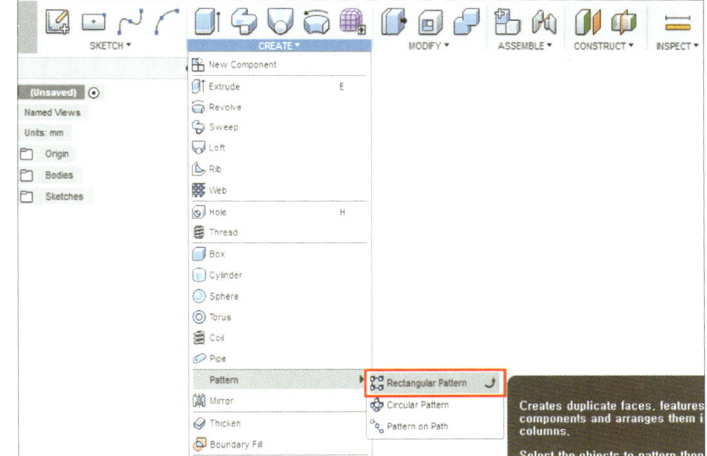

03-21

Objects는 병 모델 옆면의 안쪽으로 파인 면들을 선택한다.

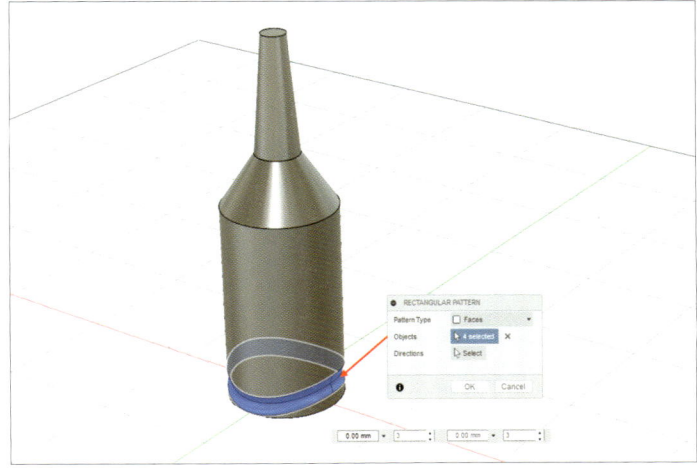

03-22

Directions는 Z축을 선택한다.

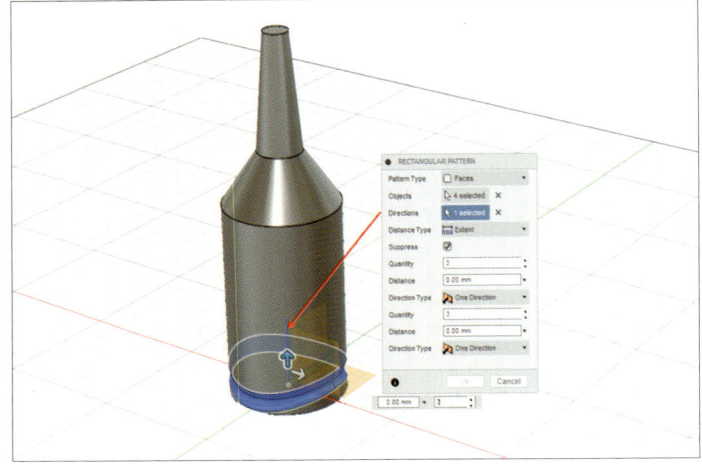

03-23

화살표를 위 방향으로 드래그하고 Quantity를 늘려준다.

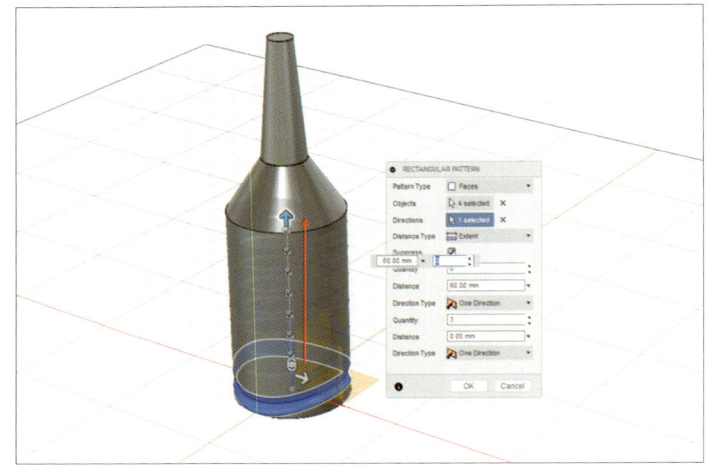

03-24

OK 버튼을 눌러 완료하면 그림과 같이 일정한 간격으로 배열된 것을 확인할 수 있다.

03-25

Modify의 'Fillet'을 클릭한다.

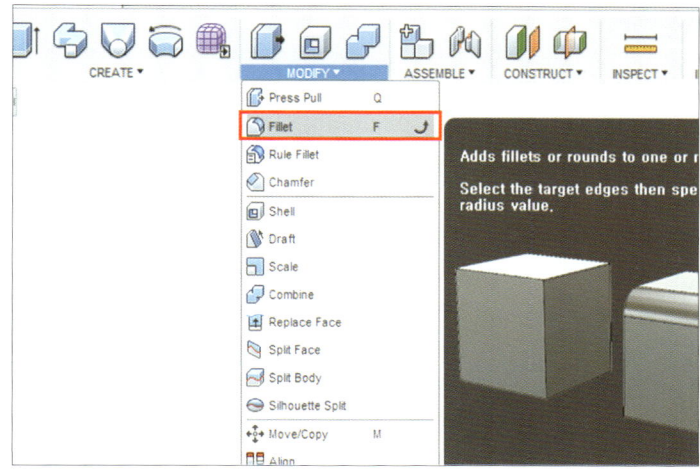

03-26

병목 부분의 라인을 선택한다.

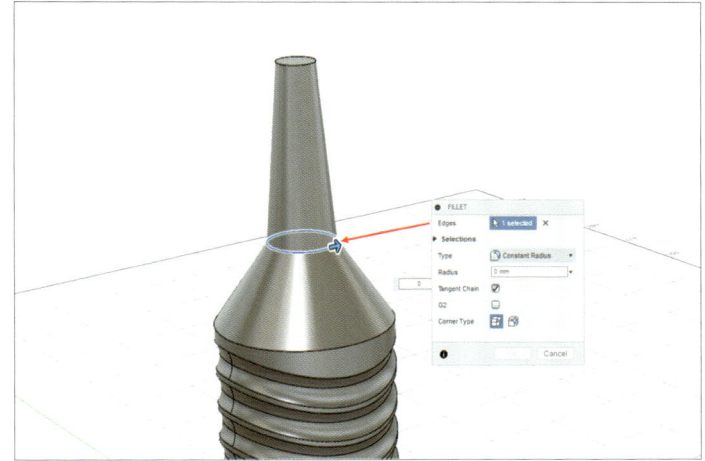

03-27

화살표를 드래그하여 그림과 같이 둥글게 마무리한다.

03-28

마찬가지 방법으로 각이 져 있는 부분을 둥글게 마무리한다.

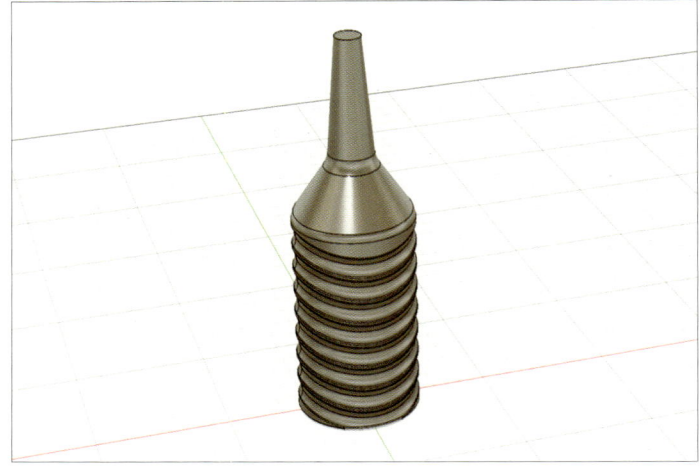

03-29

Modify의 'Shell'을 클릭한다.

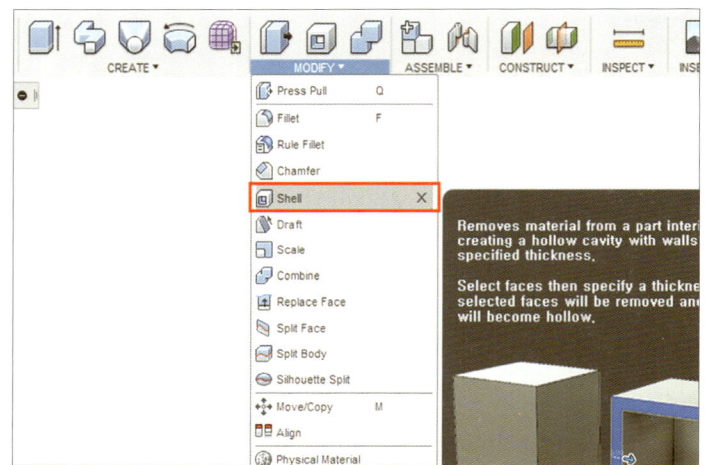

03-30

병 주둥이의 윗면을 선택한다.

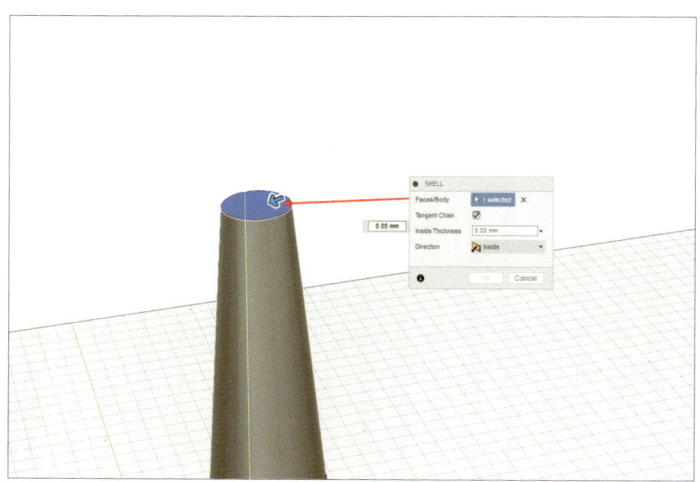

03-31

두께 값을 입력하면 입력한 두께의 속이 빈 모델이 생성된다.

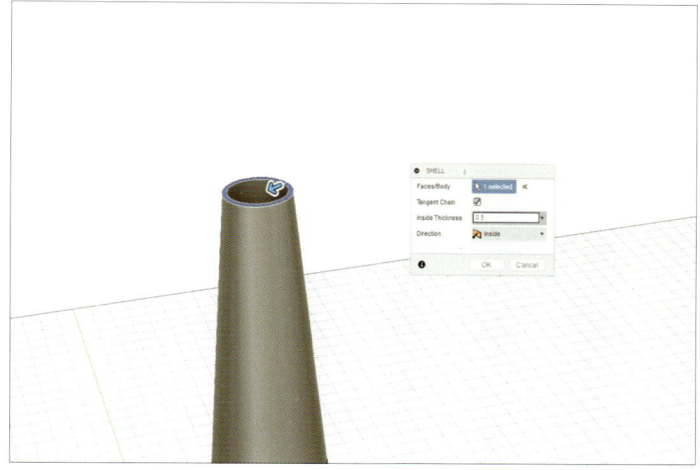

03-32

Sketch의 'Intersect'를 클릭한다.

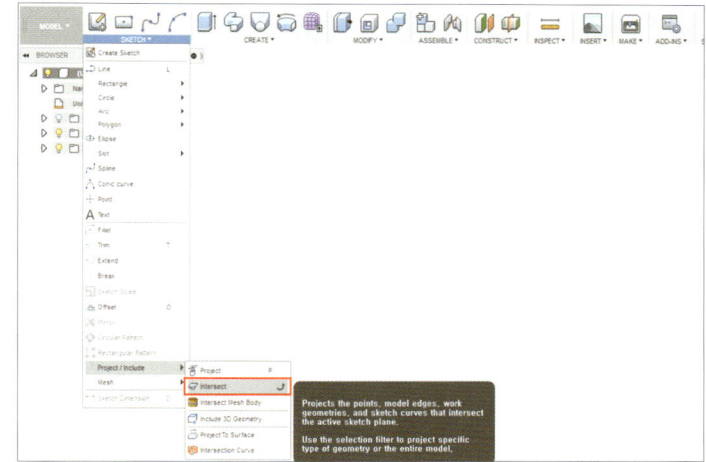

03-33

XZ평면을 선택한다.

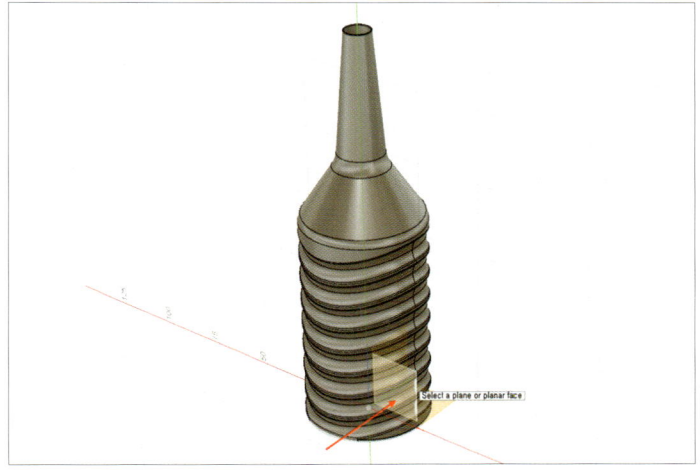

03-34

병 주둥이 부분을 선택하면 그림과 같이 모델의 외곽 라인 스케치가 작성된다.

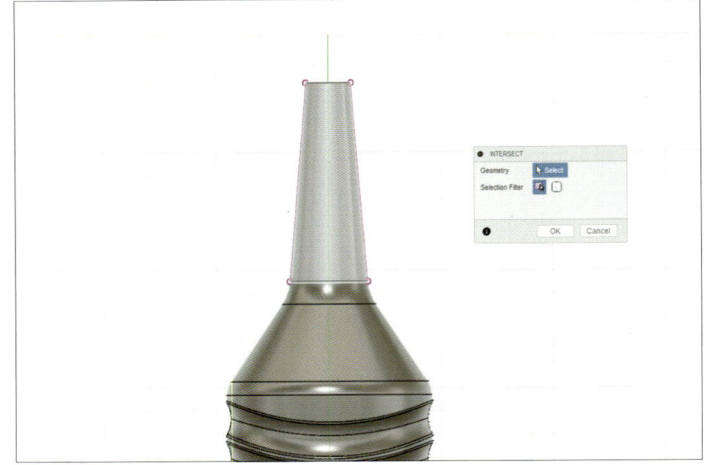

03-35

Spline 툴을 이용하여 그림과 같은 스케치를 작성한다.

03-36

Revolve 툴을 이용하여 그림과 같이 모델을 생성한다.

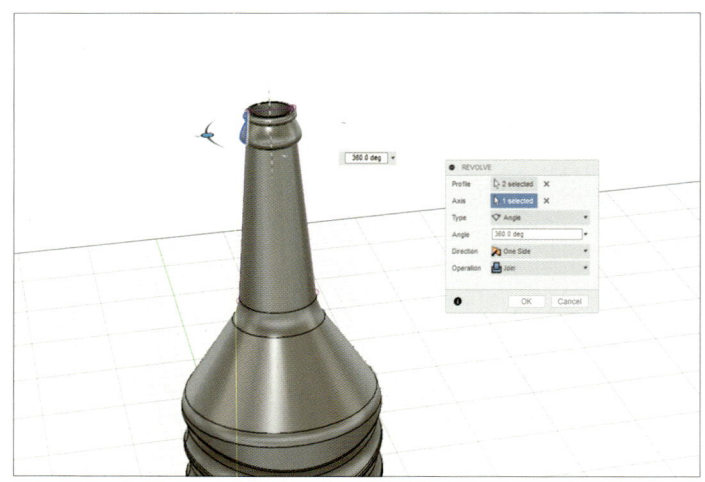

03-37

그림과 같은 병 모델링이 완성되었다.

03-38

Render 작업 환경으로 전환한 후 'Appearance'를 클릭한다.

03-39

Library에서 재질과 색상을 선택하고 드래그하여 모델에 적용한다.

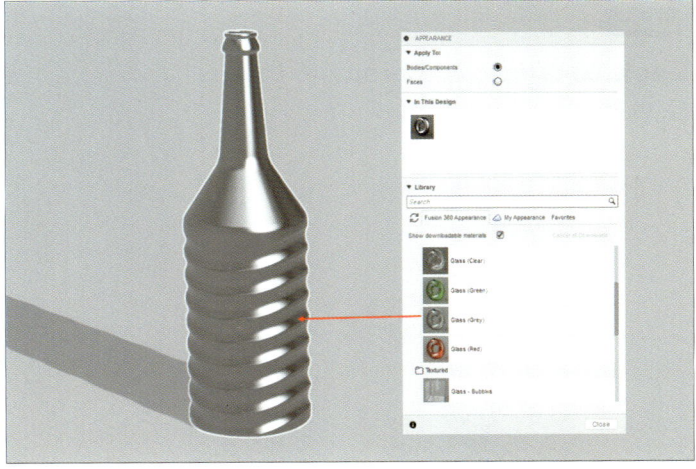

03-40

적용되면 그림과 같이 모델이 변경된다.

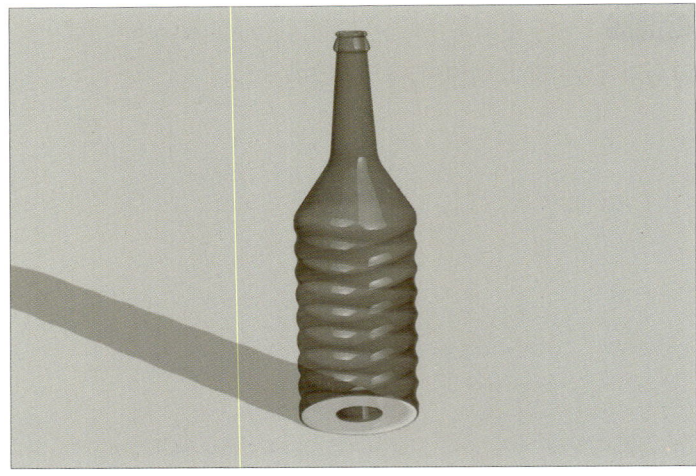

03-41

툴 바에서 'Scene Settings'를 클릭한다.

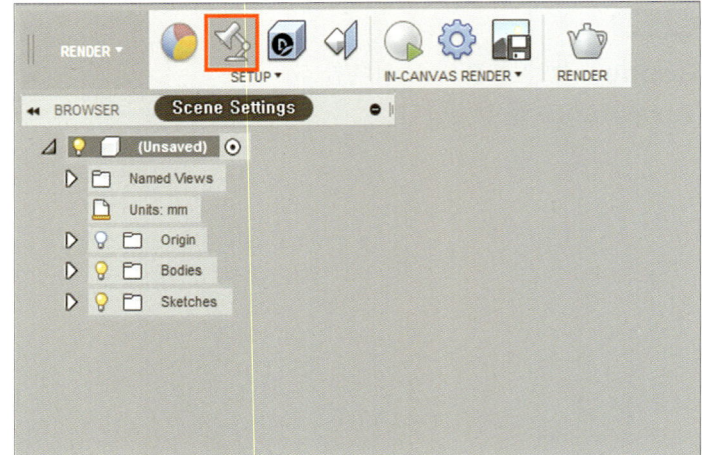

03-42

Back Ground를 Environment로 변경한다.

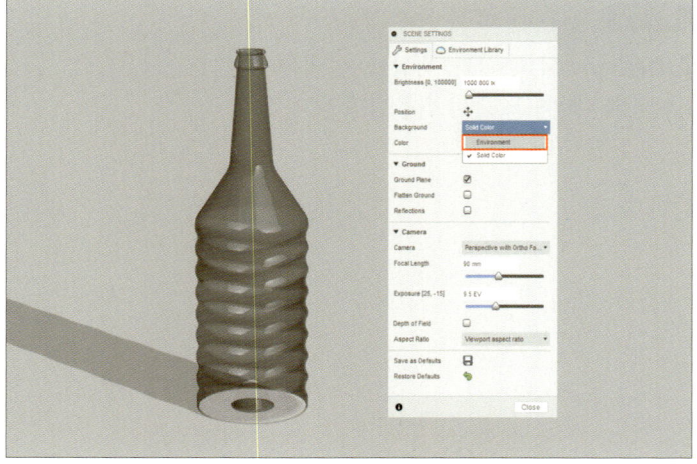

03-43

Environment Library를 클릭한다.

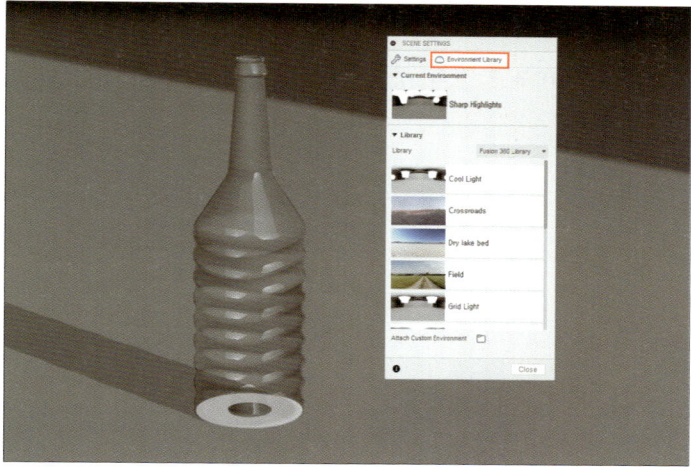

03-44

Library에서 배경을 선택한 후 드래그하여 바닥에 적용하면 배경이 바뀌는 것을 확인할 수 있다.

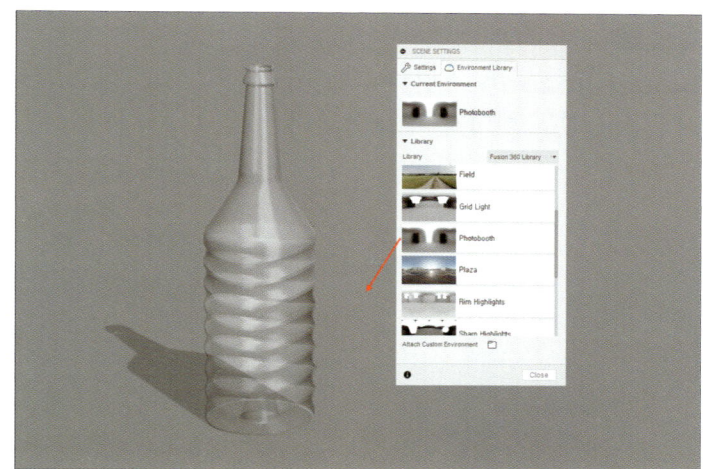

03-45

툴 바에서 'Decal'을 클릭한다.

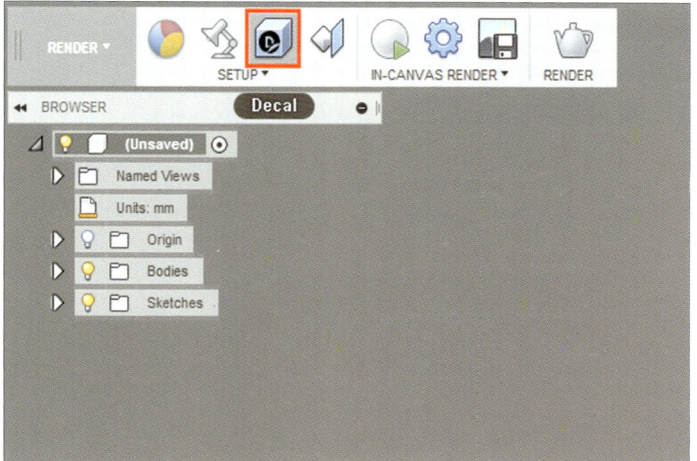

03-46

Select Face는 병목 부분의 면을 선택한다.

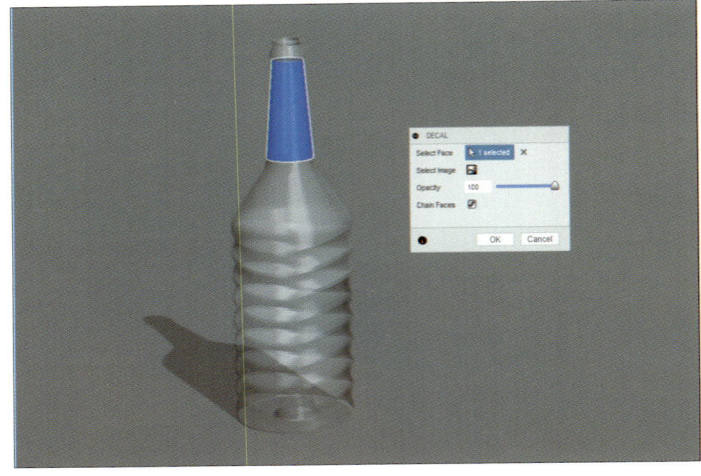

03-47

Select Image를 클릭하여 PC에 저장되어 있는 이미지 파일을 불러온다.

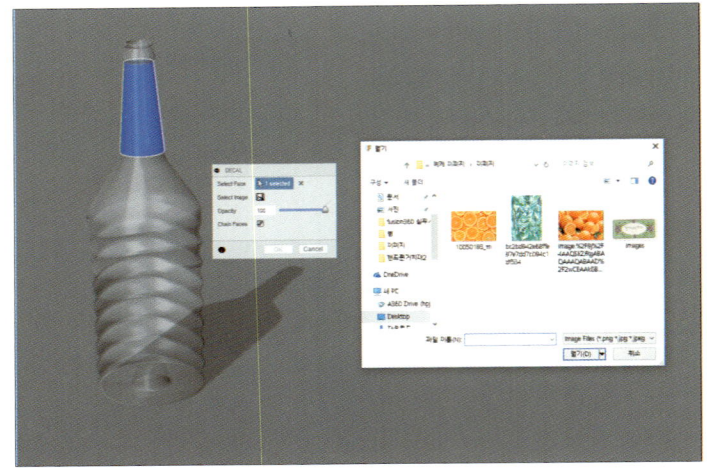

03-48

그림과 같이 이미지가 불러 온 것을 확인할 수 있다. Chain Faces의 체크 박스를 해제한다.

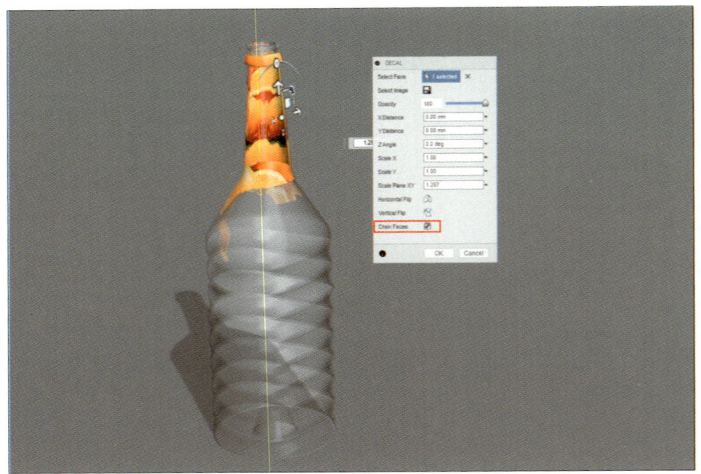

03-49

선택한 면에만 이미지가 적용된 것을 확인할 수 있다.

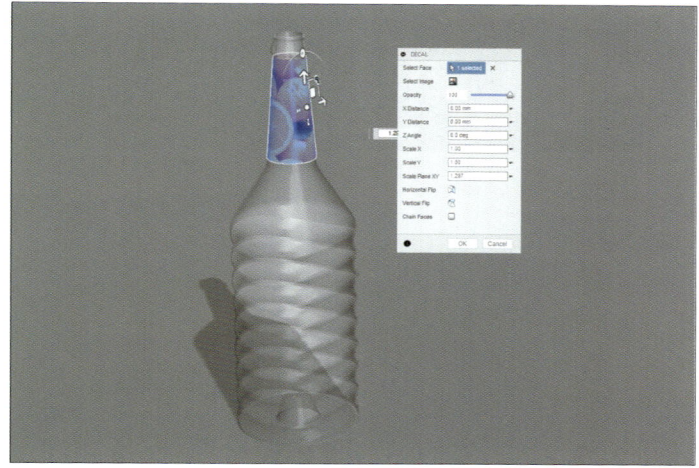

03-50

In-Canvas Render를 클릭하여 렌더링 작업을 진행·완성한 모델을 확인한다.

 의자 모델링

그림과 같은 의자 모델링을 배워보도록 한다.

학습 목표

1. Revolve 툴을 이용하여 3차원 모델을 생성한다.
2. Project 툴을 이용한 스케치 투영법을 학습한다.
3. Split Solid 툴을 이용한 모델의 분할 방법을 학습한다.
4. Combine 툴을 이용한 모델의 병합 방법을 학습한다.
5. Loft 툴의 세부 옵션을 이용하는 방법을 학습한다.

예제 풀이 과정을 동영상으로 확인할 수 있다.

04-1

Sketch의 'Spline'을 클릭한다.

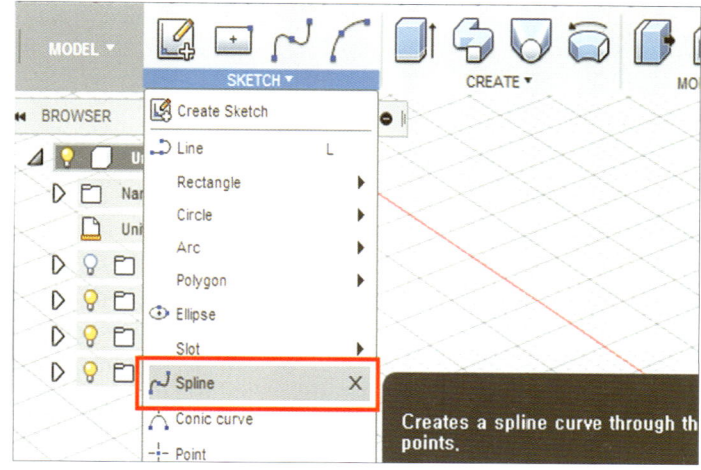

04-2

그림과 같은 대략적인 곡선 스케치를 작성한다.

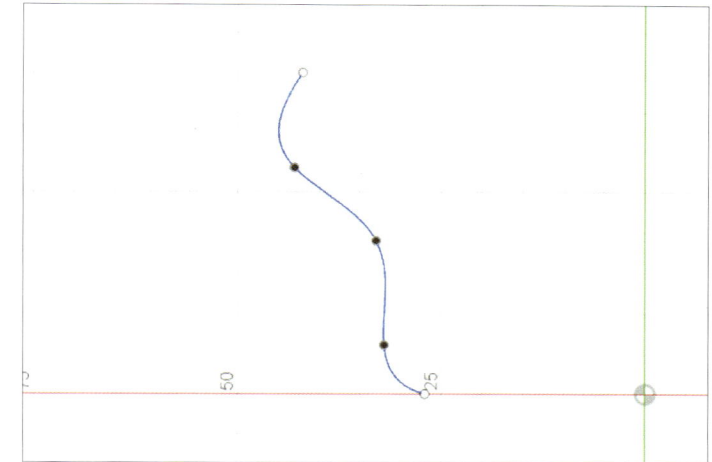

04-3

Sketch의 'Offset' 툴을 클릭한다.

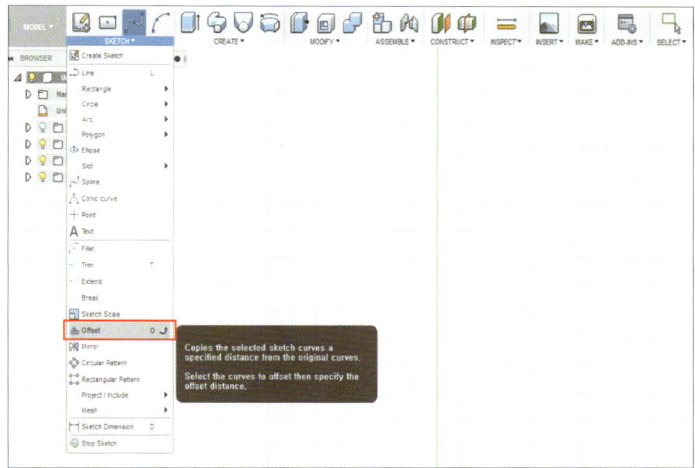

Chapter 05 Model 작업 환경에서의 모델링 • 173

04-4

곡선 스케치를 선택한 후 Offset position에 거리 값을 입력하면 일정한 간격만큼 띄워진 곡선 스케치가 작성된다. OK 버튼을 눌러 완료한다.

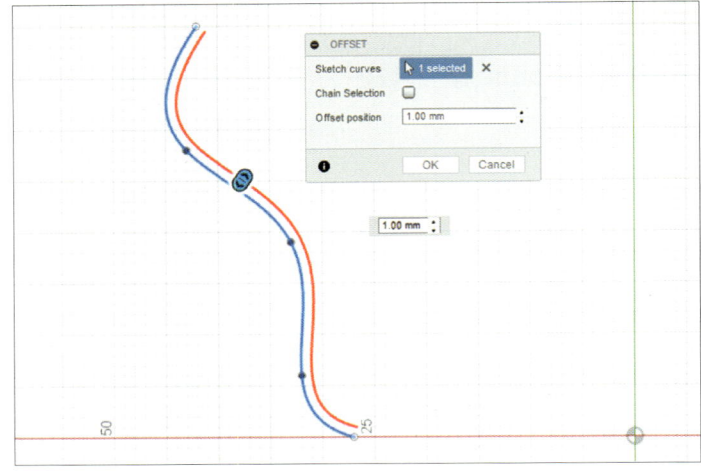

04-5

Sketch의 'Line' 툴을 클릭한다.

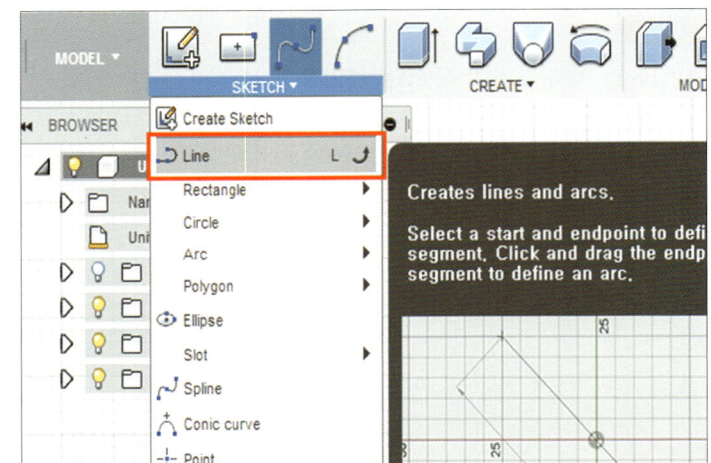

04-6

곡선 스케치의 양쪽 끝을 라인으로 연결하여 닫힌 스케치를 완성한다.

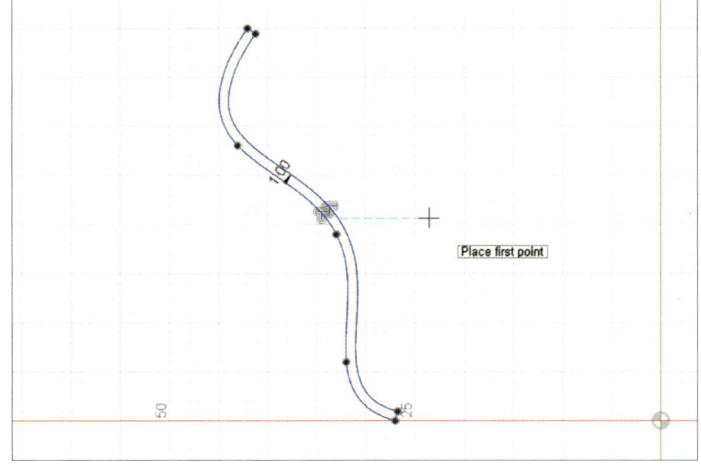

04-7

툴 바 오른쪽 끝에 'Stop Sketch'를 클릭하여 스케치 작성을 완료한다.

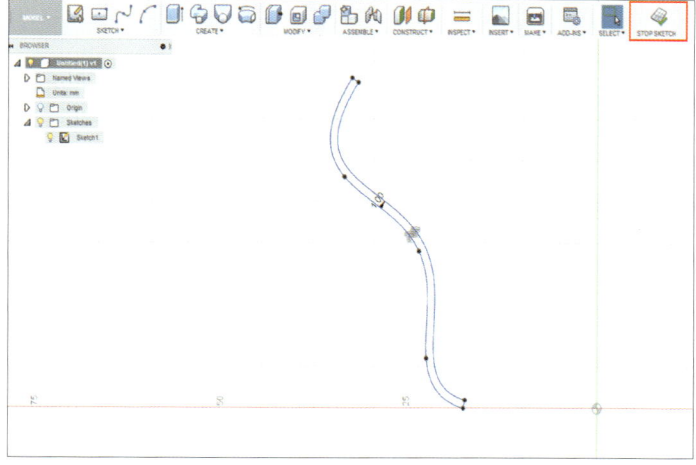

04-8

Create의 'Revolve' 툴을 클릭한다.

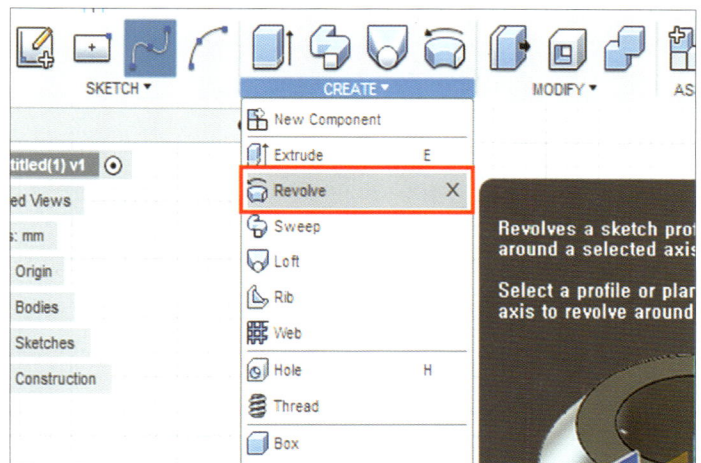

04-9

Profile은 곡선 스케치를 선택하고 Axis는 Z축을 선택한다.

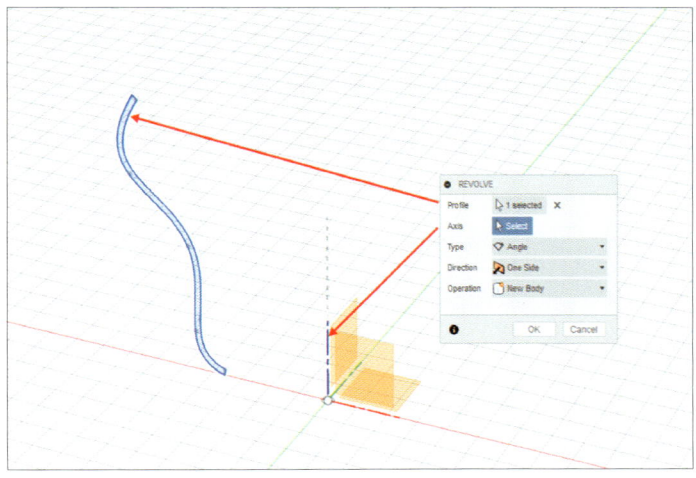

Chapter 05 Model 작업 환경에서의 모델링 • 175

04-10

곡선 스케치는 Z축을 기준으로 회전시켜 그림과 같은 모델을 생성한다.

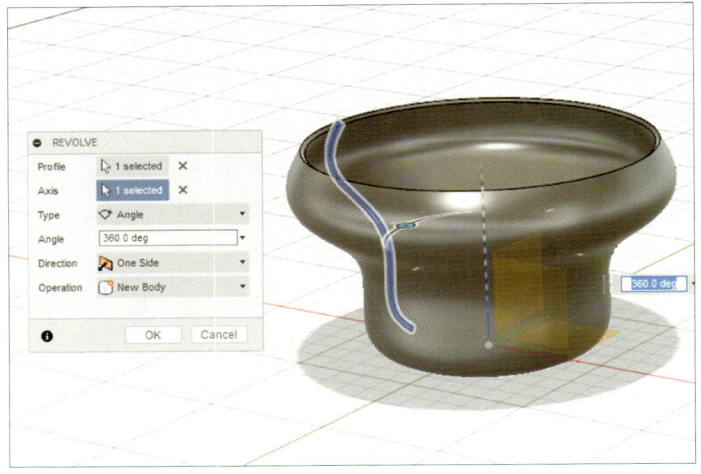

04-11

Sketch의 Line 툴을 사용하여 모델을 가로지르는 대각선 스케치를 작성한다.

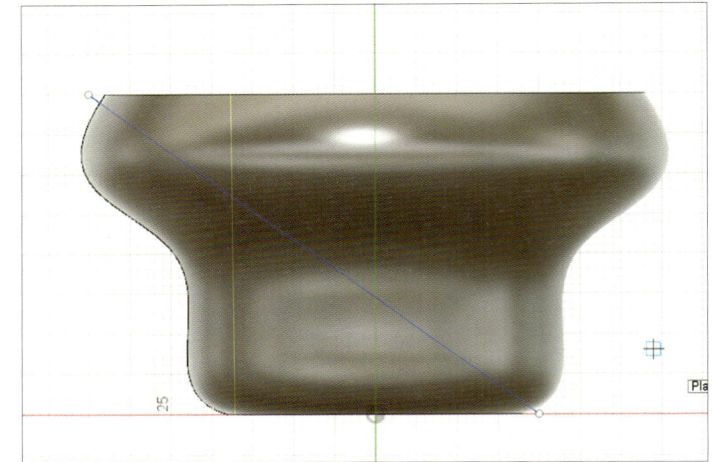

04-12

Construct의 'Plane at Angle' 툴을 클릭한다.

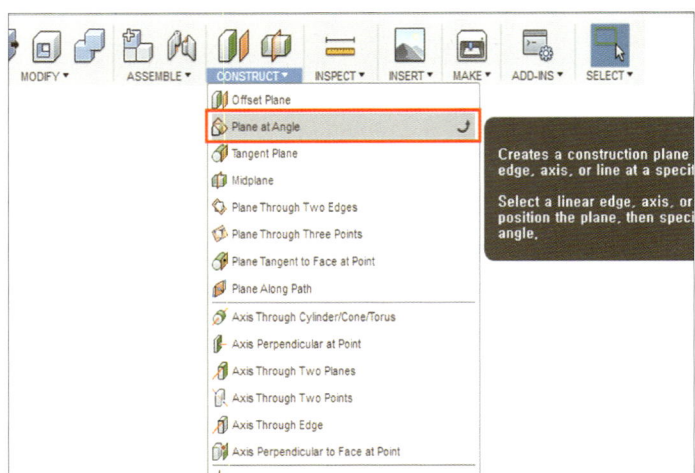

04-13

Line을 작성해 놓은 대각선 스케치를 클릭하여 작업 면을 생성한다.

04-14

Sketch의 Project/Include의 하위 메뉴에서 'Intersect' 툴을 클릭한다.

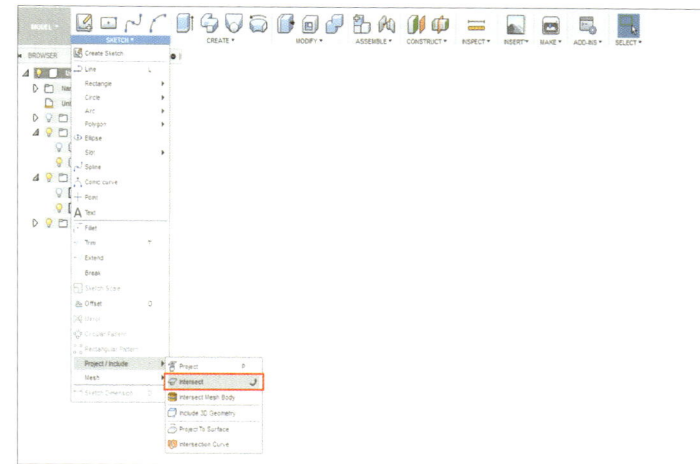

04-15

Plane at Angle 툴로 생성한 작업 면을 선택한다.

04-16

Selection Filter를 Bodies로 변경한 후 Geometry로는 모델을 선택하면 모델의 단면 스케치가 작업 면 위에 작성된다.

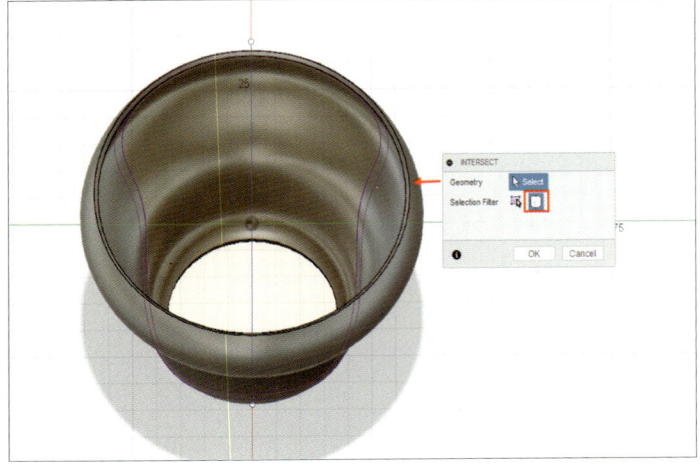

04-17

Sketch의 Offset 툴을 사용하여 중간 정도의 위치에 스케치를 작성한다.

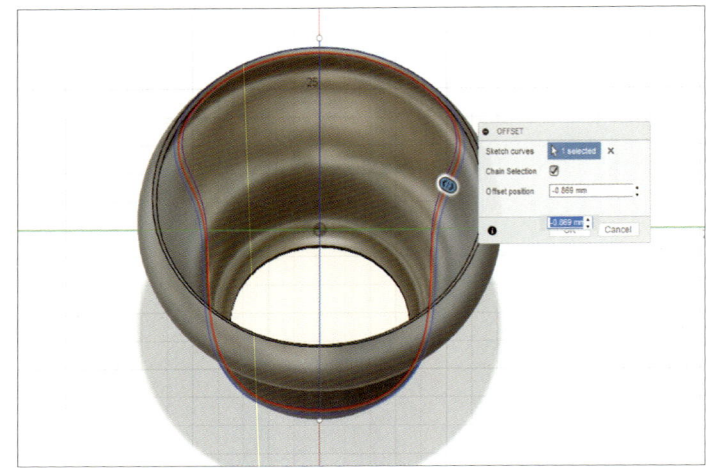

04-18

Stop Sketch를 클릭하여 스케치 작성을 완료한 후 Create의 'Pipe' 툴을 클릭한다.

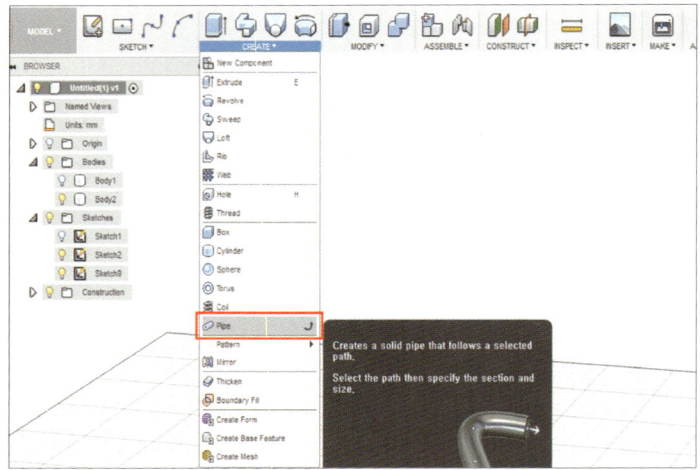

04-19

Path로는 Offset으로 작성한 스케치를 클릭한다.

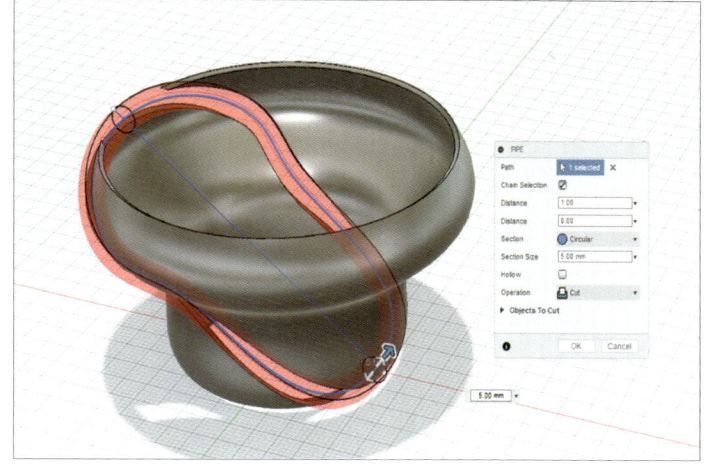

04-20

Operation을 New Body로 변경하면 스케치 형태의 파이프 모델이 생성된다.

04-21

브라우저의 Bodies 폴더를 확인해보면 두 개의 모델이 생성되어 있는 것을 확인할 수 있다.

04-22

브라우저에서 전구 모양의 아이콘을 클릭하여 파이프 모델을 잠시 비활성화한다.

04-23

Sketch의 Rectangle 툴을 이용하여 그림과 같은 사각형 스케치를 작성한다.

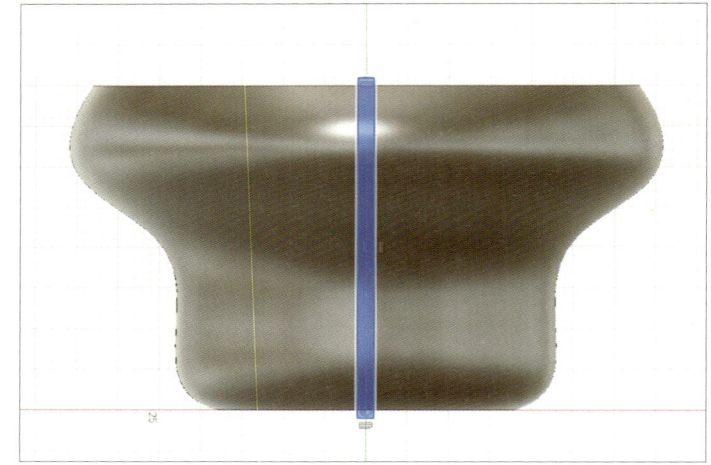

04-24

Create의 'Extrude' 툴을 클릭한다.

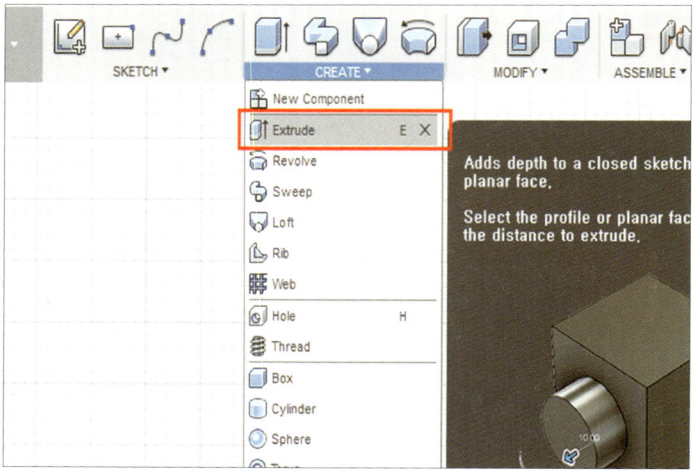

04-25

Profile은 사각형 스케치를 선택한 후 화살표를 클릭하여 드래그하면 그림과 같이 Extrude 명령어로 돌출되는 부분과 모델이 겹쳐지는 부분이 깎여나간다.

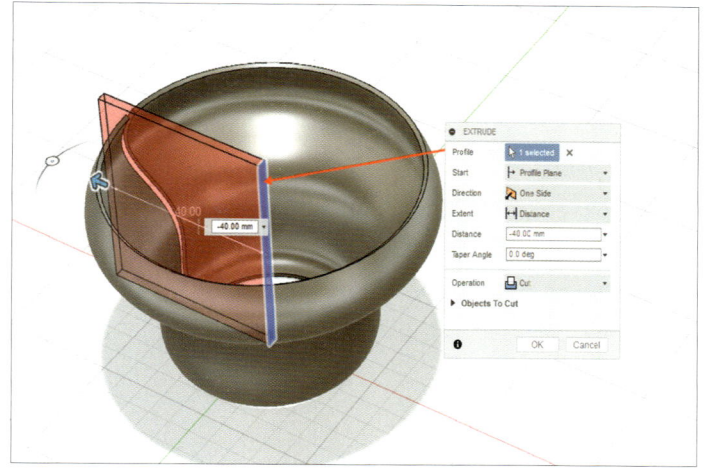

04-26

Operation을 Intersect로 변경하면 겹쳐지는 부분만 모델로 생성된다.

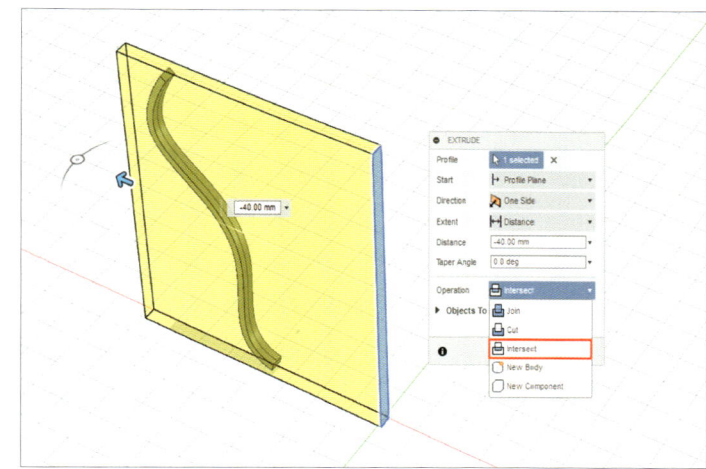

04-27

Create의 Pattern 하위 메뉴에서 'Circular Pattern'을 클릭한다.

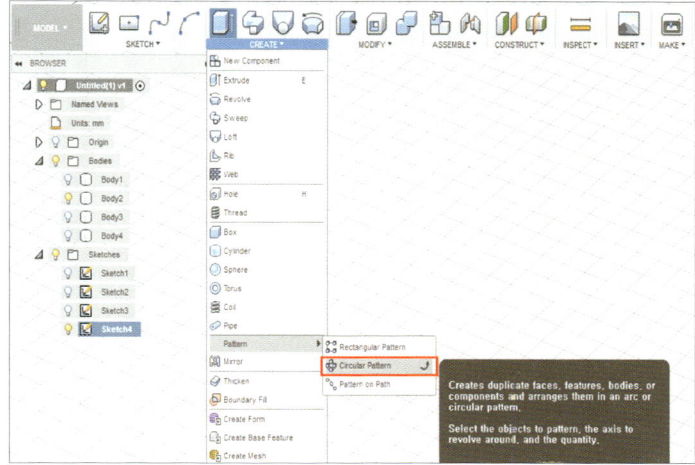

04-28

먼저 Pattern Type을 Bodies로 변경한다.

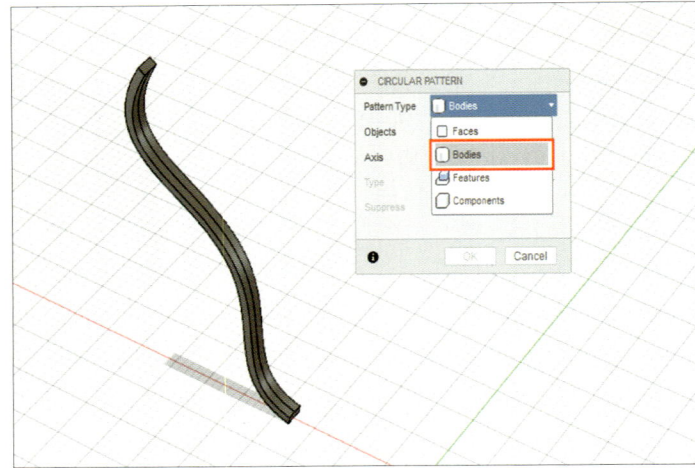

04-29

Objects는 모델을 선택하고 Axis는 Z축을 선택한다.

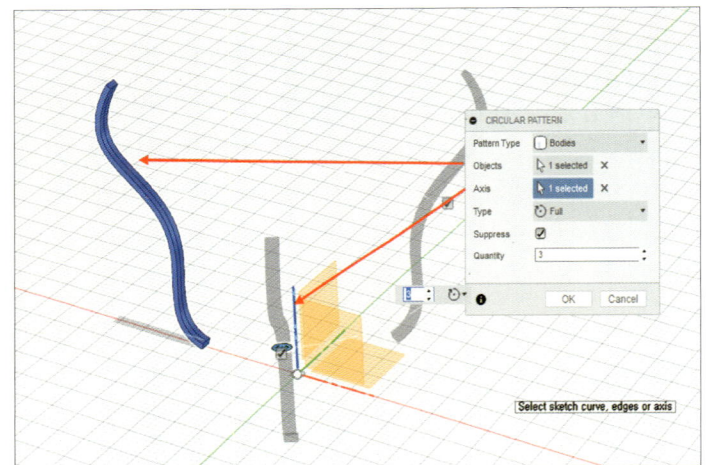

04-30

Type을 Symmetric으로 변경하고 각도와 개수를 설정한다.

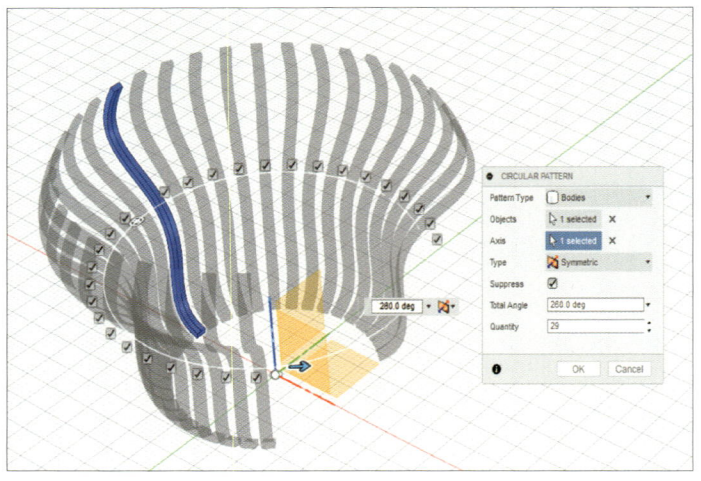

04-31

설정을 마치고 OK 버튼을 누르면 그림과 같이 원형으로 배열된 것을 확인할 수 있다.

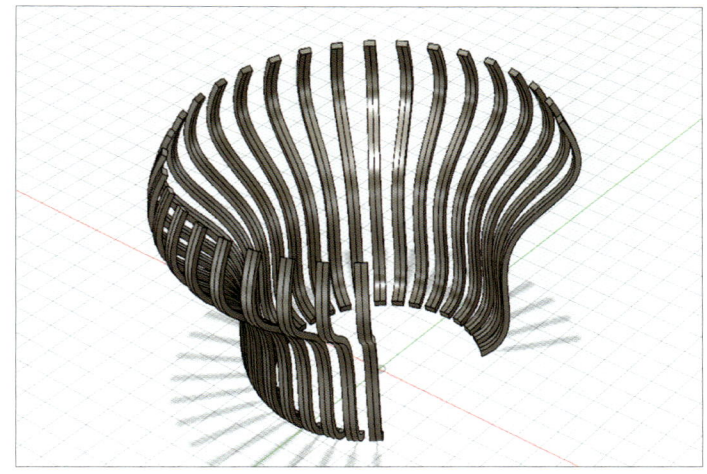

04-32

브라우저에서 대각선 스케치를 활성화한다.

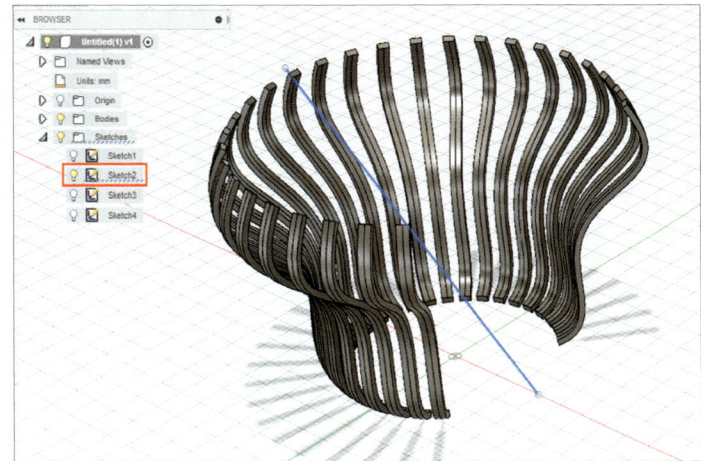

04-33

Modify의 'Split Body' 툴을 클릭한다.

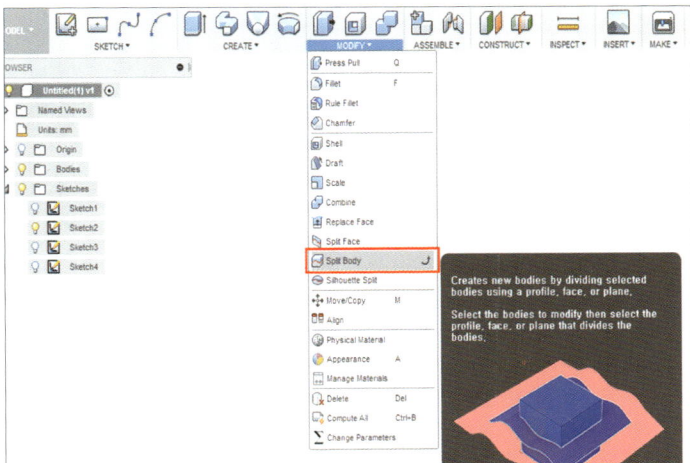

04-34

Body to Split은 얇은 막대기 모양의 모델을 드래그하여 전부 선택하고 Splitting Tool은 대각선 스케치를 선택한다.

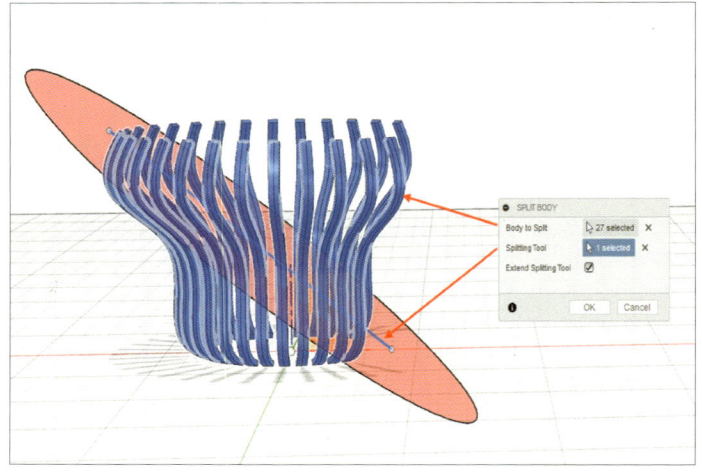

04-35

그림과 같이 모델이 대각선 라인을 기준으로 잘린 것을 확인할 수 있다.

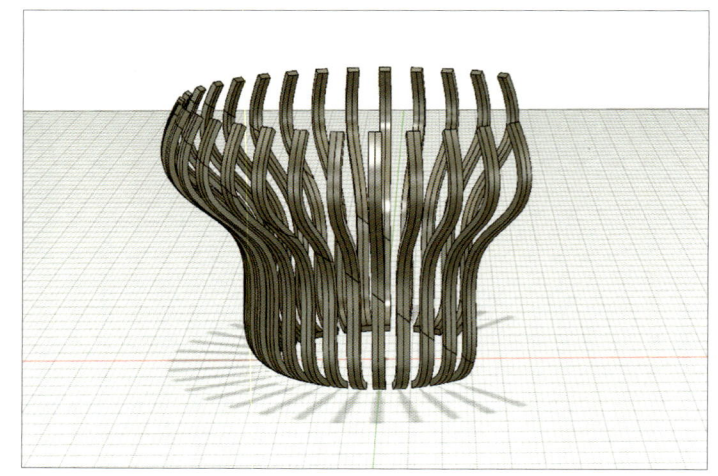

04-36

위쪽의 불필요한 모델은 브라우저에서 비활성화한다.

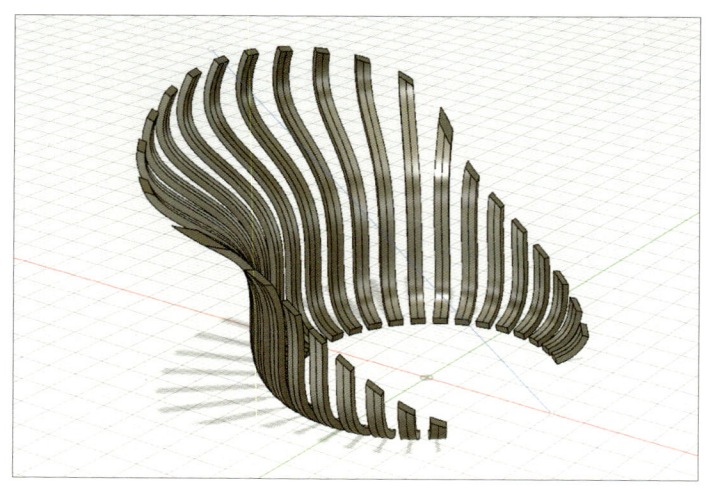

04-37

파이프 모델을 브라우저에서 다시 활성화한다.

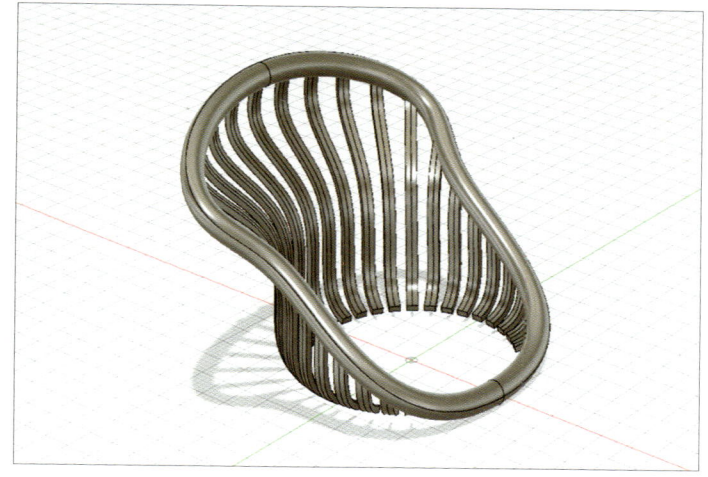

04-38

Modify의 'Combine' 툴을 클릭한다.

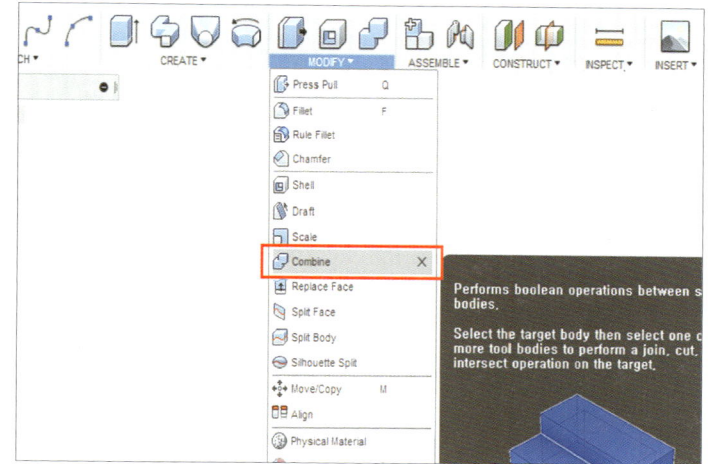

04-39

Target Body로 아무 모델이나 한 개 선택한 후 Tool Bodies는 나머지 모델 전체를 선택한다. 이때 Operation은 Join으로 설정한 후 OK 버튼을 눌러 완료한다. 브라우저를 보면 모델들이 전부 합쳐져 하나의 Body로 생성된 것을 확인할 수 있다.

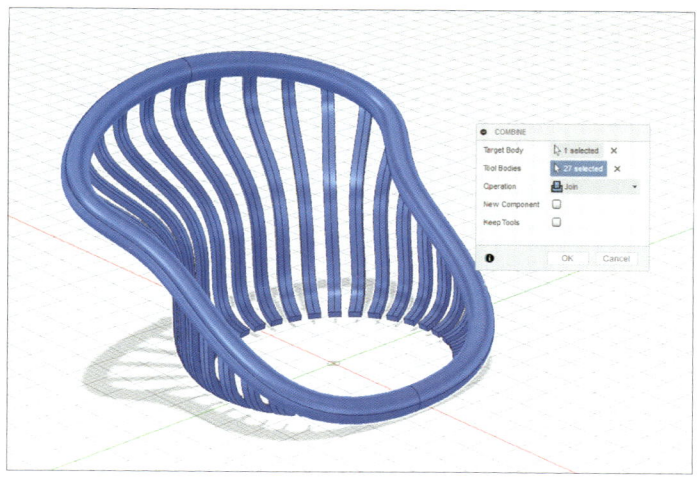

04-40

Sketch의 Circle 툴을 이용하여 그림과 같은 원 스케치를 작성한다.

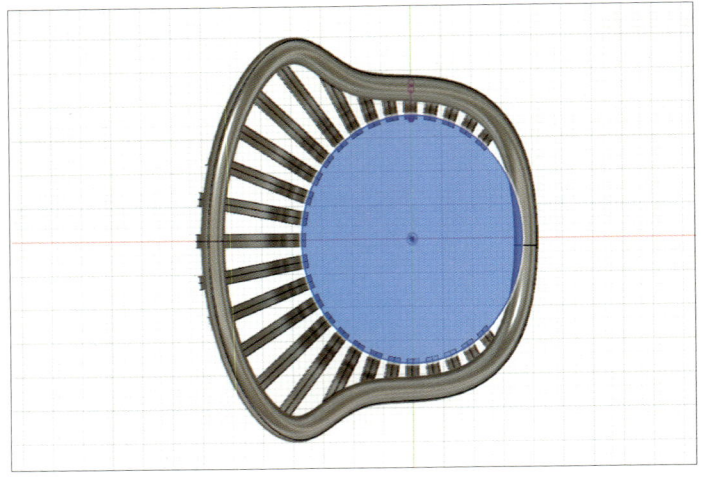

04-41

Create의 Extrude 툴을 이용하여 원 스케치를 돌출시킨다.

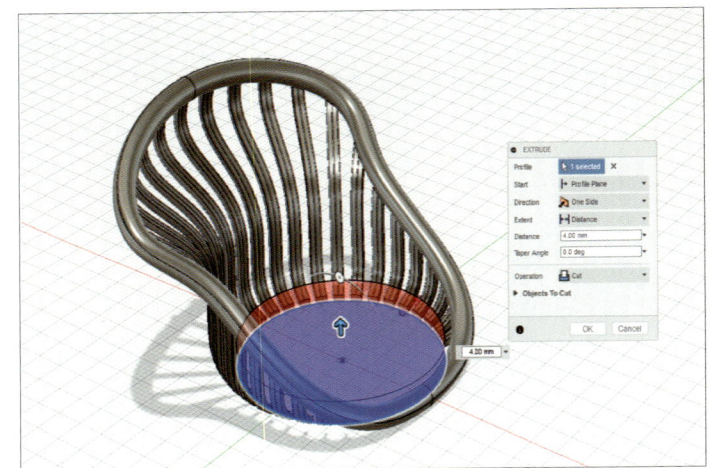

04-42

이때 Operation은 Join으로 변경한다.

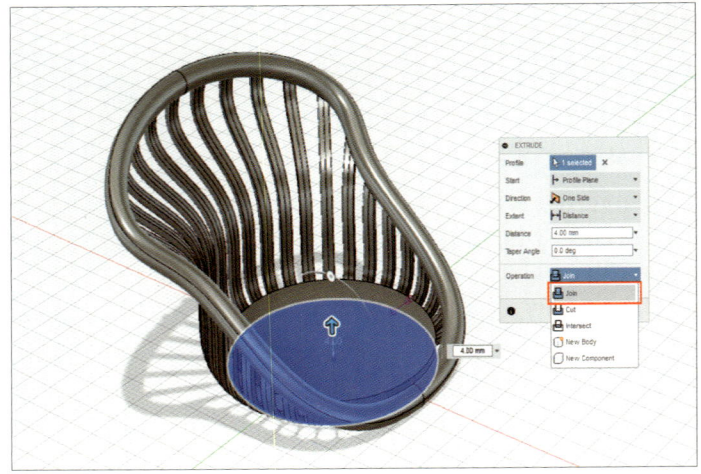

04-43

Sketch의 Line 툴을 이용하여 의자 모델 아랫면에 그림과 같은 스케치를 작성한다.

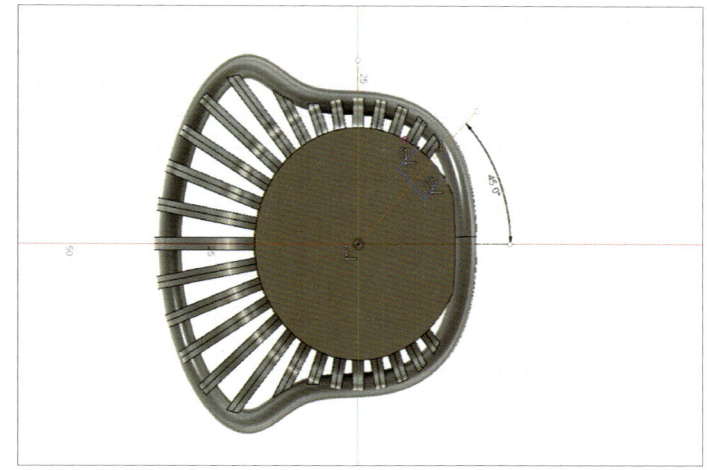

04-44

Construct의 'Offset Plane' 툴을 클릭한다.

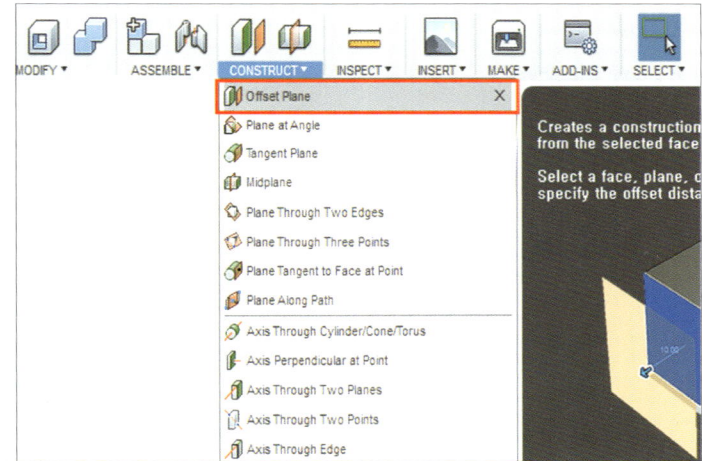

04-45

Plane은 의자 모델의 아랫면을 선택한다.

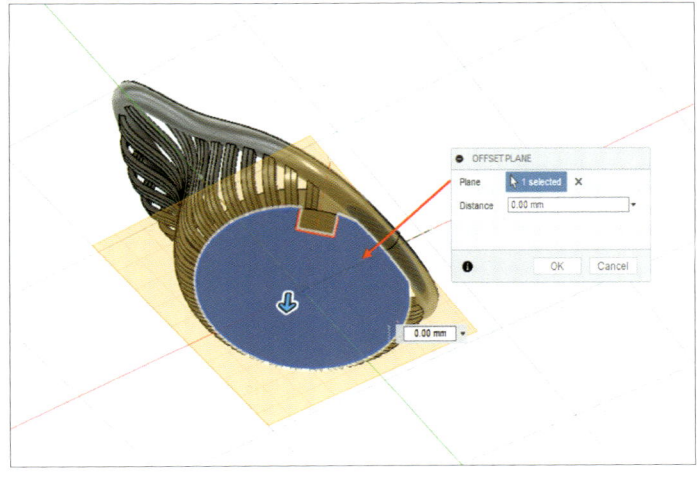

04-46

화살표를 드래그하여 적당한 위치에 작업 면을 생성한다.

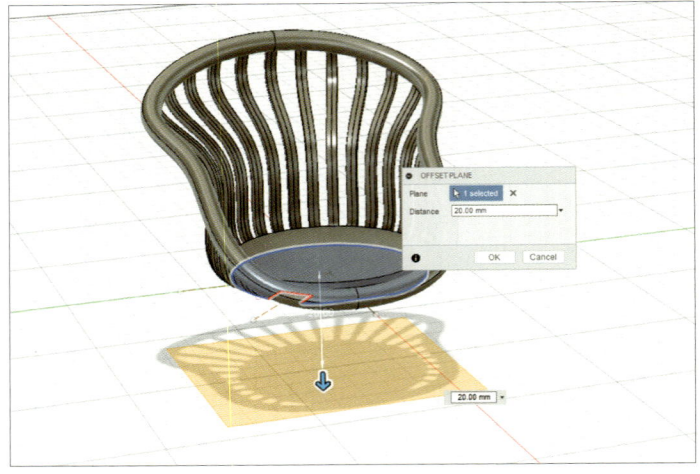

04-47

Offset Plane으로 생성된 작업 면 위에 Sketch의 Circle 툴을 이용하여 원 스케치를 작성한다.

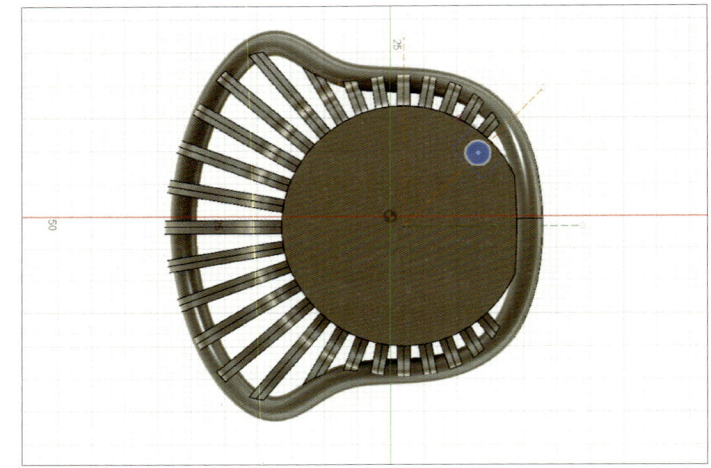

04-48

Construct의 Plane at Angle 툴을 사용한다. Line은 Z축을 선택한다.

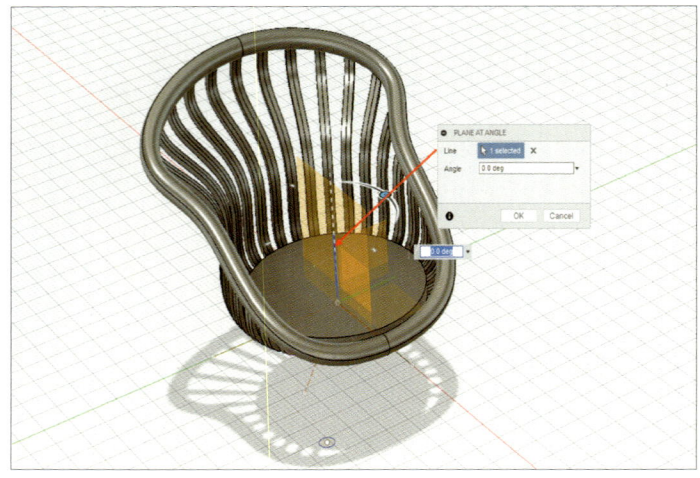

04-49

회전 핸들을 이용하여 작업 면을 그림과 같이 회전시킨 후 OK 버튼을 눌러 완료한다.

04-50

Plane at Angle로 생성된 작업 면에 Sketch의 Spline 툴을 이용하여 그림과 같이 의자 아랫면의 스케치와 원 스케치를 연결하는 곡선 스케치를 작성한다.

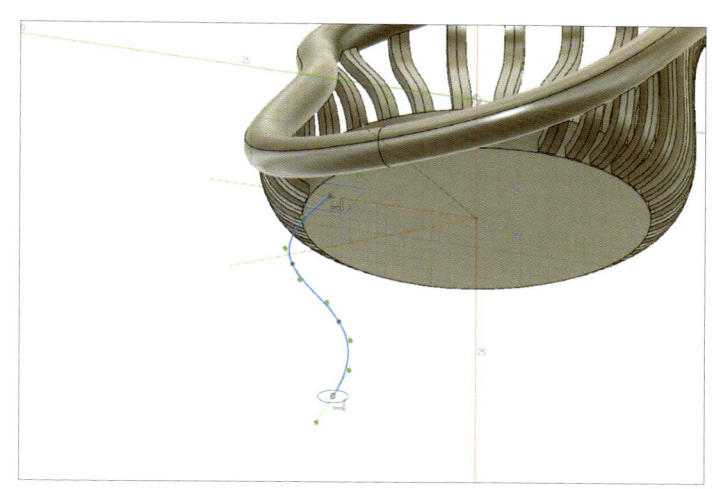

04-51

Create의 'Loft' 툴을 클릭한다.

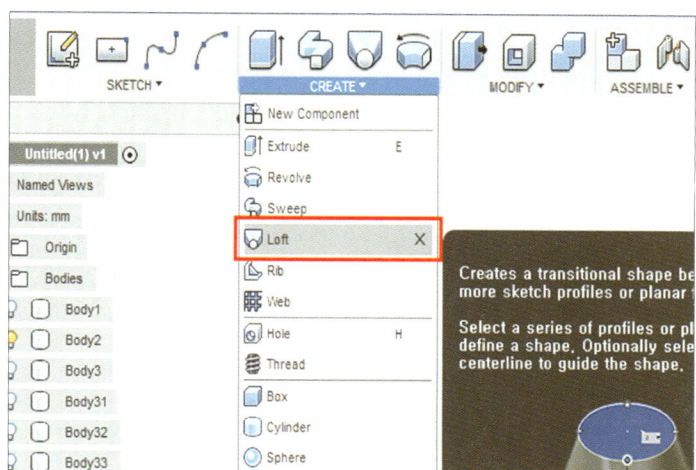

04-52

Profiles로 각각 의자 아랫면의 스케치와 원 스케치를 선택하면 그림처럼 모델이 생성된다.

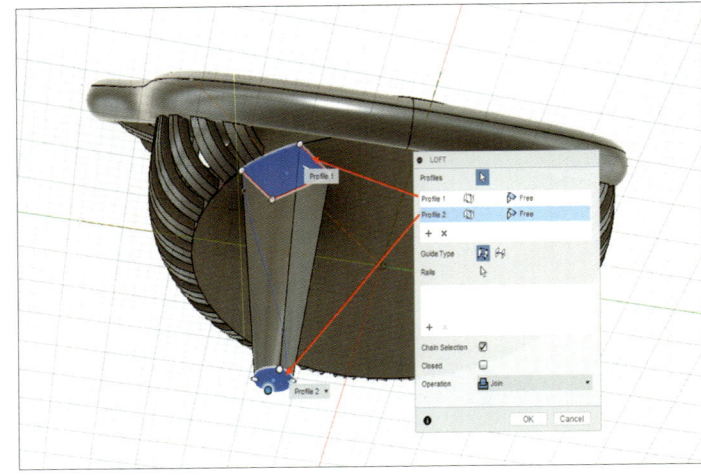

04-53

Guide Type을 Centerline으로 변경한 후 Spline 곡선 스케치를 선택하면 그림과 같이 곡선 스케치를 따라 이동하는 Loft 모델을 생성할 수 있다.

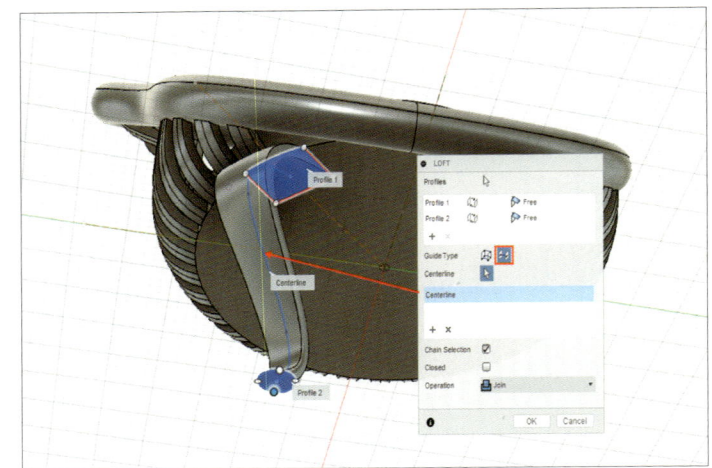

04-54

Create의 'Circular Pattern'을 클릭하고 Pattern Type을 Features로 변경한다.

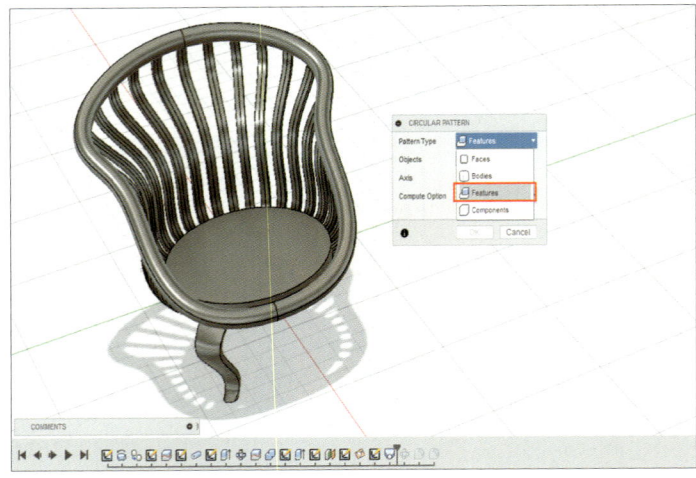

04-55

Objects는 아래의 Timeline에서 Loft feature를 선택하고 Axis는 Z축을 선택한다. 원하는 다리 개수를 입력한 후 OK 버튼을 눌러 완료한다.

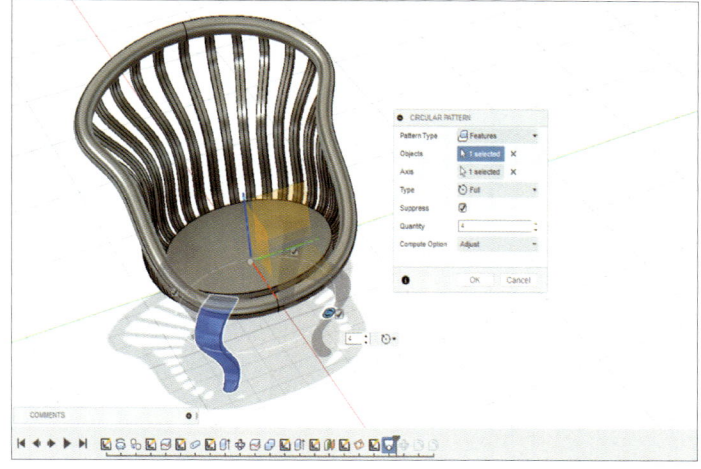

04-56

그림과 같이 다리가 원형 배열되어 모델이 생성되었다.

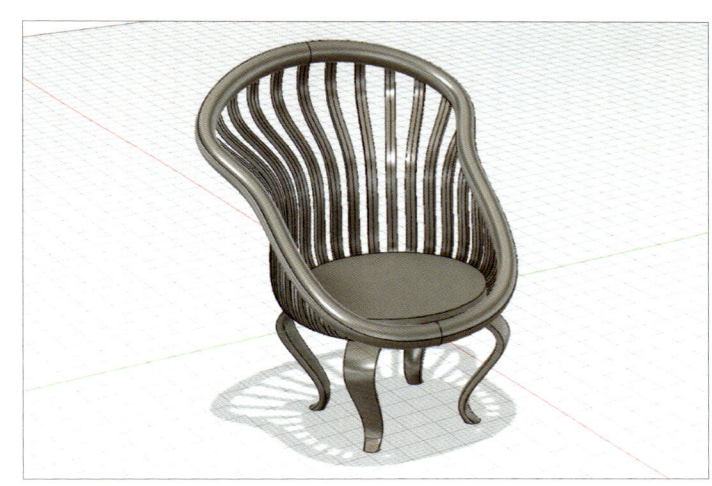

04-57

Modify의 'Fillet'을 클릭한다.

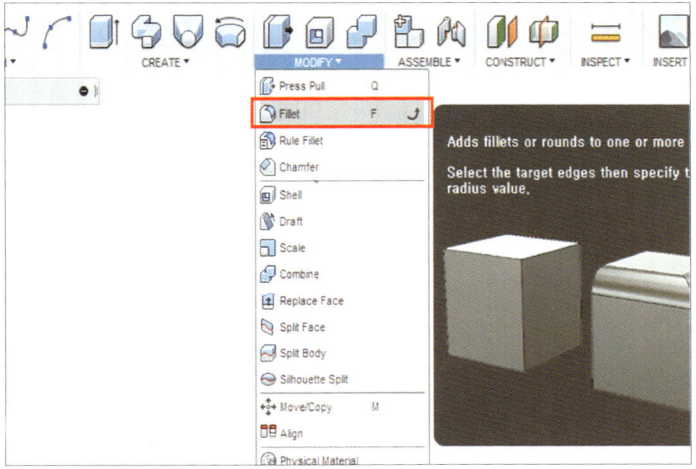

04-58

Edges는 의자 원판 모델의 위 모서리를 선택한다.

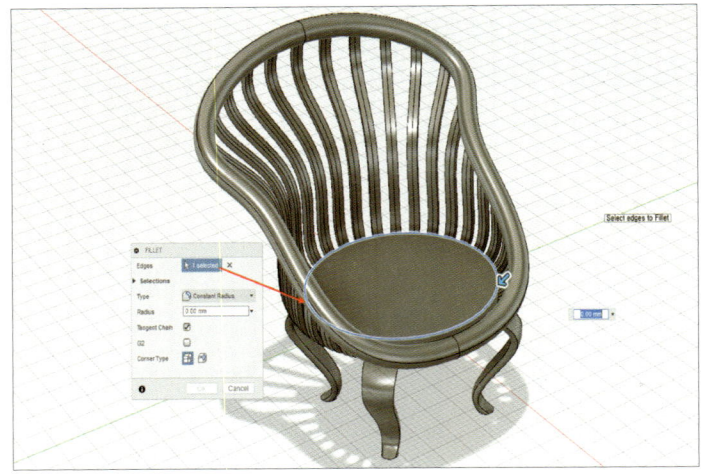

04-59

화살표를 드래그하여 모서리를 둥글게 깎아준다.

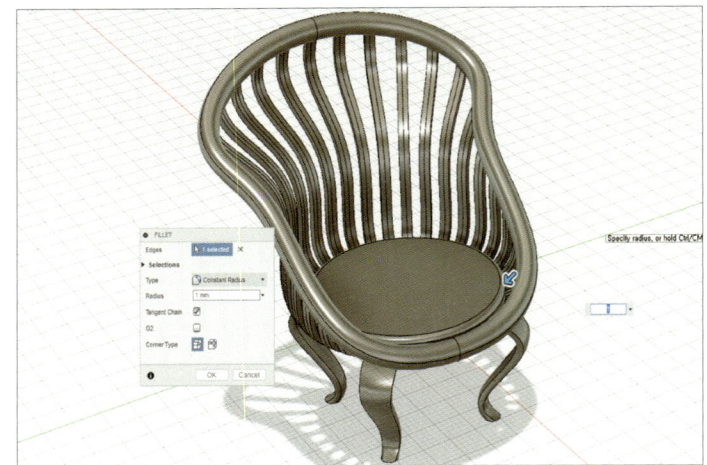

04-60

툴 바에서 'Model'을 클릭한 후 'Render'를 클릭하여 작업 모드를 변경한다.

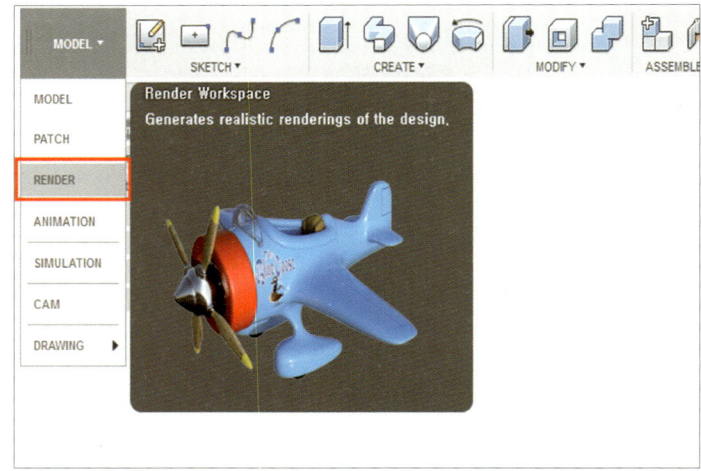

04-61

그림과 같이 툴 바가 변경된다. 여기서 'Appearance'를 클릭한다.

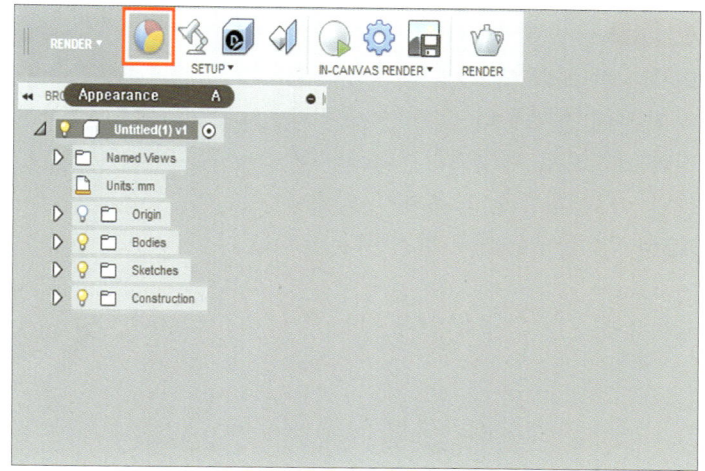

04-62

그림과 같이 재질과 색상을 세부 설정할 수 있는 창이 나타난다.

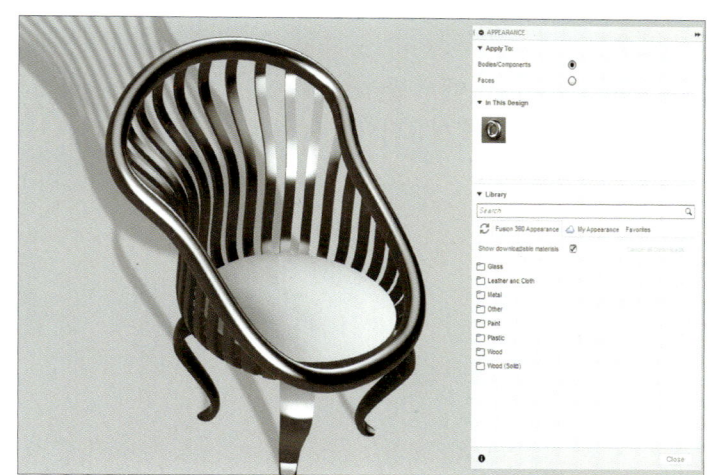

04-63

Library에서 원하는 재질과 색상을 선택하고 드래그하여 모델에 적용한다.

04-64

의자는 한 개의 Body로 이루어져 있기 때문에 전체가 다 같이 한 개의 재질과 색상으로 변경된다. 원하는 부분만 따로 재질을 적용하기 위해서 Apply To를 Faces로 변경한다.

04-65

마찬가지로 Library에서 원하는 재질과 색상을 선택하여 적용한다.

04-66

In This Design에서는 모델에 적용한 재질과 색상 정보를 확인할 수 있다. 오른쪽 마우스를 클릭한 후 'Edit'를 클릭한다.

04-67

그림과 같이 좀 더 상세한 설정 변경을 할 수 있다.

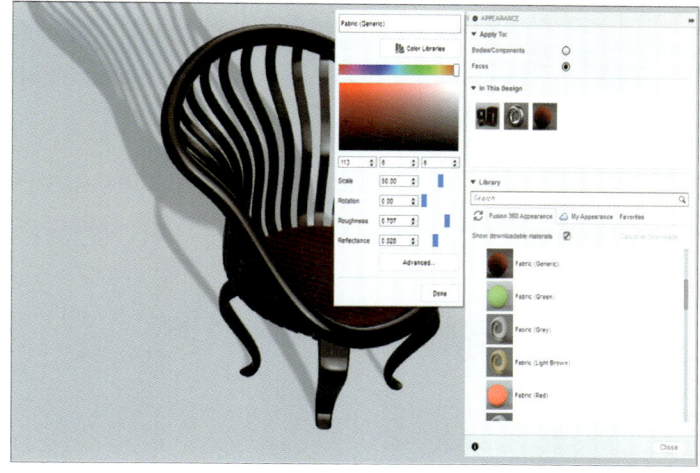

04-68

세팅이 끝났다면 툴 바에서 'In-Canvas Render'를 클릭하여 렌더 작업을 시작한다. 렌더 작업은 모델이나 세부 설정에 따라서 시간이 오래 걸릴 수 있다. 렌더 작업 도중에 화면을 회전시키거나 움직이면 다시 처음부터 렌더 작업을 해야 하므로 주의한다.

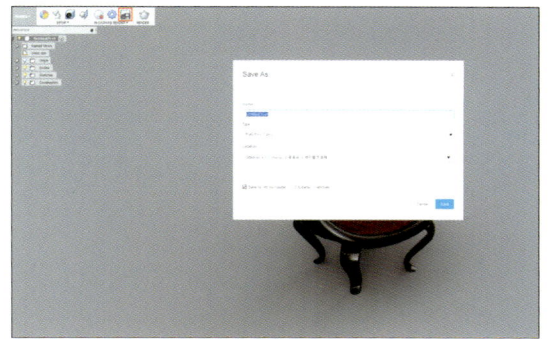

04-69

렌더 작업이 완료되었다면 툴 바에서 'Capture Image'를 클릭하여 이미지를 저장할 수 있다.

04-70

이렇게 렌더 작업까지 완료하여 그림과 같은 의자 모델링을 완성하였다.

Tip   1. Selection Tip

모델링 작업을 하다 보면 안쪽에 있는 보이지 않는 면이나 모서리를 선택해야 하는 경우가 생겨 불편할 때가 있다. 이런 때를 위한 간단한 Selection Tip을 배워보도록 한다.

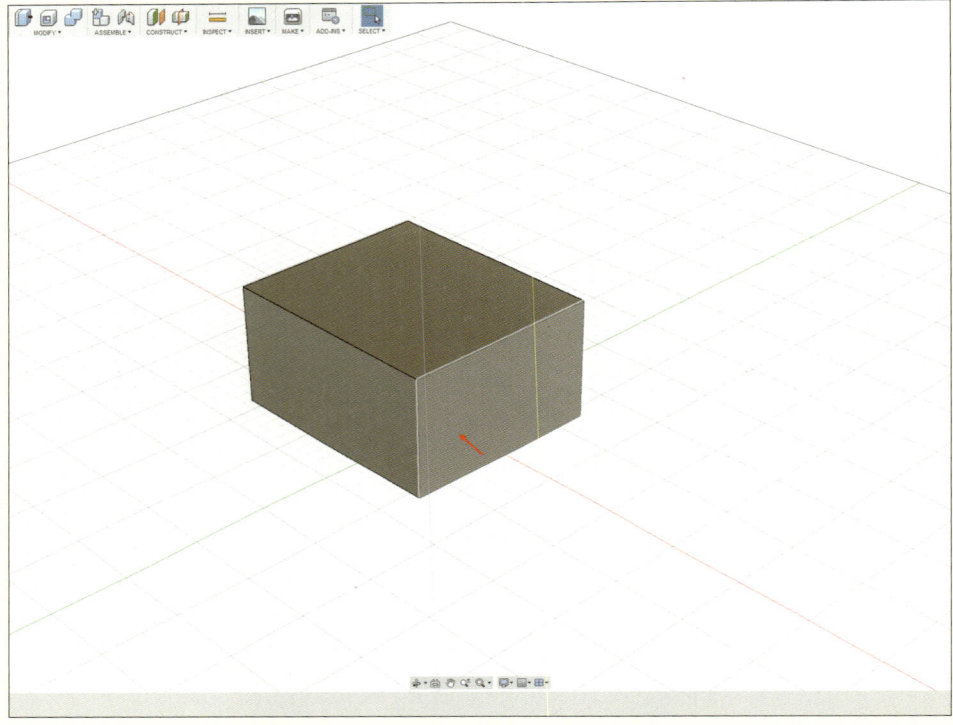

❶ 마우스 왼쪽 버튼을 1~2초 동안 꾹 클릭한다.

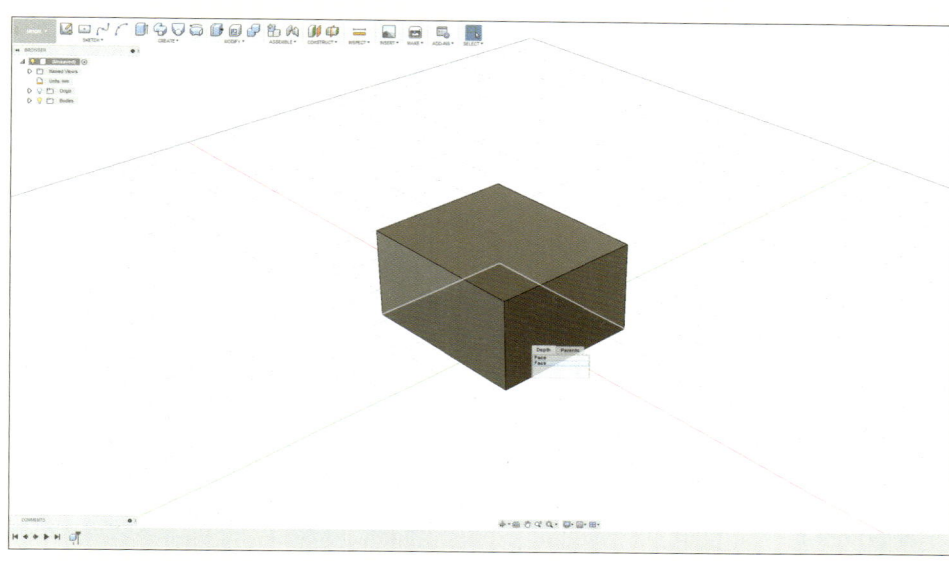

❷ 그림과 같이 Depth 창이 나타난다. 마우스로 클릭한 위치를 관통하는 모든 면이 표시된다.

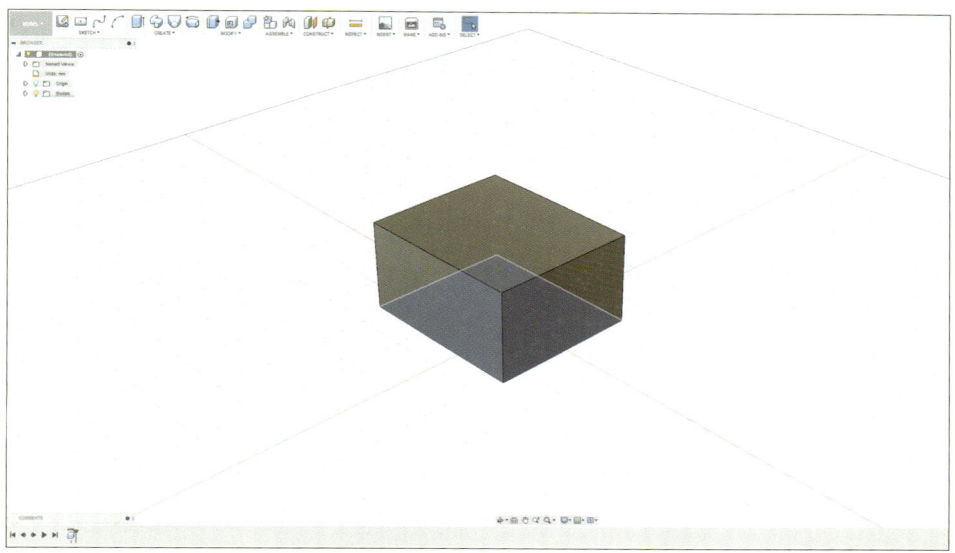

❸ 선택하고자 하는 면을 클릭한다.

이렇게 보이지 않는 부분을 선택하여 보다 쉽고 빠르게 모델링 작업을 할 수 있다.

Tip 2. Named View

Fusion 360에서는 View Cube를 이용하거나 마우스를 이용해서 시점을 회전·이동할 수 있다. 이번에는 Named View를 이용하여 원하는 시점의 저장 방법을 익히도록 한다.

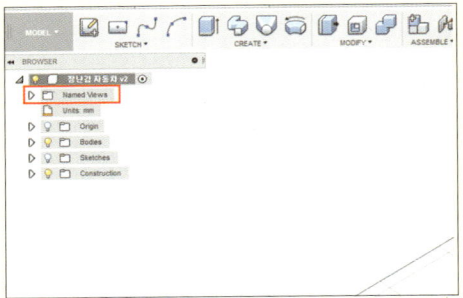

❶ Browser 상단의 'Named Views' 폴더를 클릭한다.

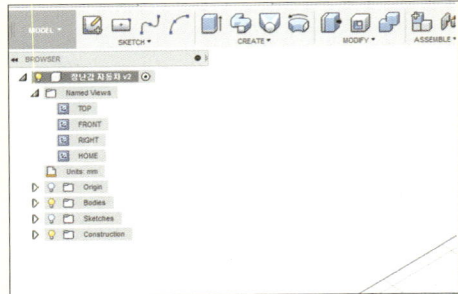

❷ 폴더를 확인해보면 TOP/FRONT/RIGHT/HOME View가 기본적으로 저장되어 있다.

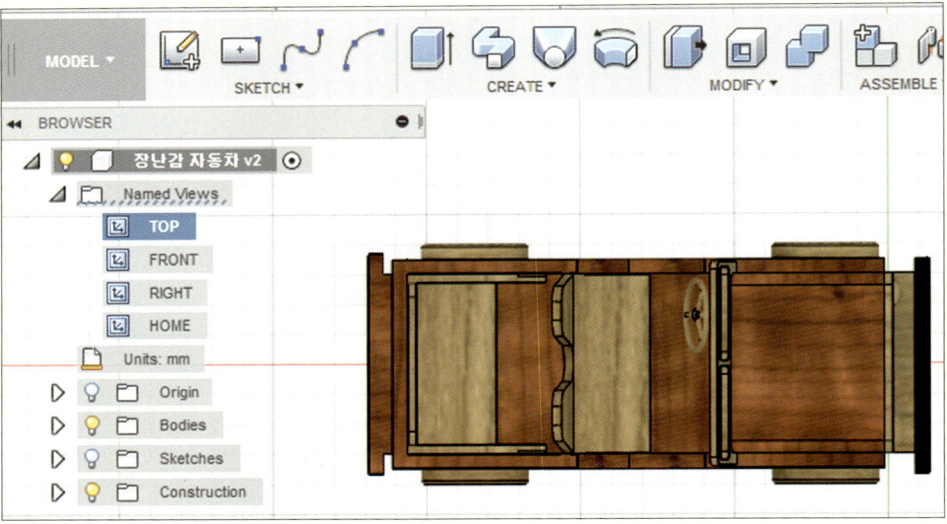

❸ 저장되어 있는 시점들을 클릭하면 View Cube를 클릭한 것과 똑같이 시점이 이동한다.

❹ 내가 작업하고 있는 시점에서 'Named Views' 폴더를 마우스 오른쪽 버튼으로 클릭해 'New Named View'를 클릭하면 새로운 View를 생성한다.

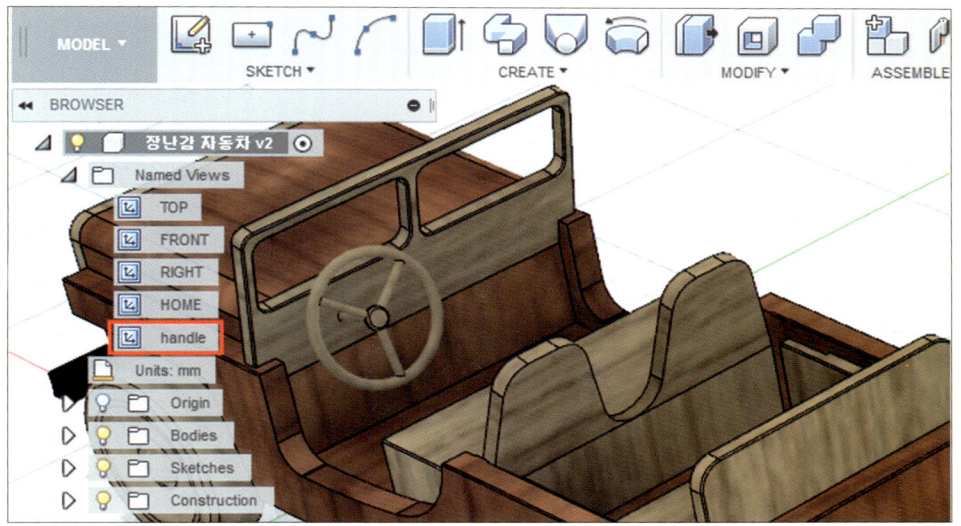

❺ 다른 위치에서 작업하다가 새롭게 만든 View를 클릭하면 빠르게 저장되어 있는 시점으로 화면이 이동한다.

이렇게 Named View를 활용하여 좀 더 쉽고 빠르게 모델링 작업을 진행할 수 있다.

| 유의 사항 | **Loft 순서에 따른 유의 사항** |

Loft 툴은 2개 이상의 Profile을 연결하여 이어 붙이는 방식으로 모델을 생성하는 툴이다. 하지만 같은 Profile을 Loft 하여 모델을 생성한다고 해도 Profile을 선택하는 순서에 따라 만들어지는 결과물은 엄청난 차이가 있다.

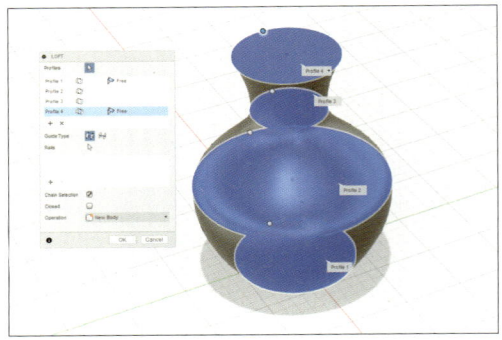 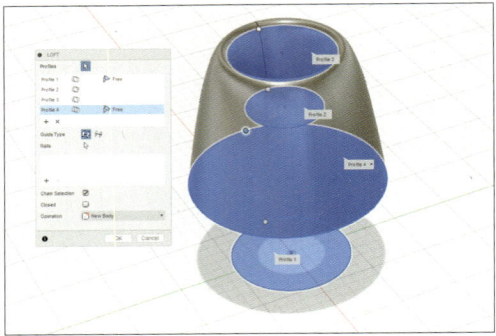

〈Profile을 아래부터 차례대로 선택한 경우〉　　〈Profile을 차례대로 선택하지 않은 경우〉

그림을 보아도 알 수 있듯이 두 개의 모델 모두 똑같은 Sketch Profile을 사용하여 Loft 한 것이다. 한눈에 보아도 생성된 결과물이 다르다는 것을 알 수 있다. 그렇기 때문에 Loft 툴을 사용할 때에는 Profile 모양뿐만 아니라 선택하는 순서에도 유념해야 한다.

Chapter
06

Patch 작업 환경에서의 모델링

01 **Create** 기본 툴 설명
02 **Modify** 기본 툴 설명
03 **Assemble** 기본 툴 설명
04 **Solid Body**로 변환하는 방법
모델링 따라 하기 01   해먹의자 모델링
모델링 따라 하기 02   안경 모델링

Tip 1. Toolbox 사용하기
Tip 2. Insert Spline Fit Point
Tip 3. Insert McMaster-Carr Component

01 Create 기본 툴 설명

Extrude 프로파일을 돌출시켜 면을 생성한다.

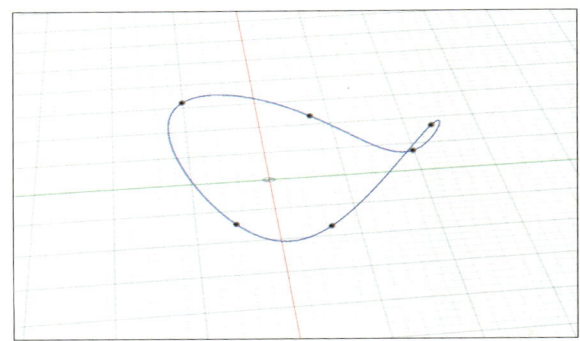
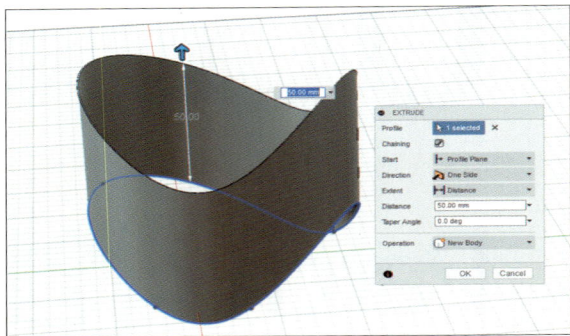

Revolve 축을 중심으로 프로파일을 회전시켜 면을 생성한다.

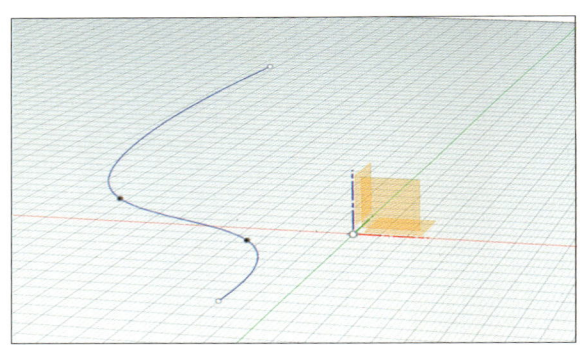
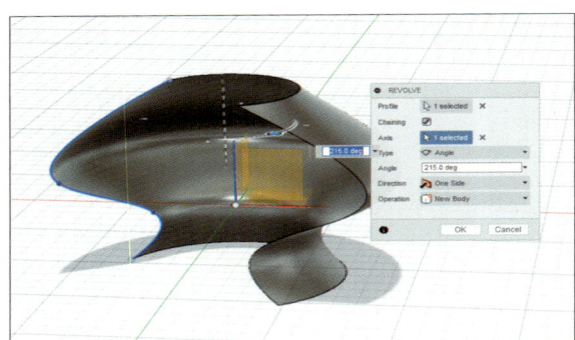

Sweep 프로파일이 경로를 따라 이동하면서 면을 생성한다.

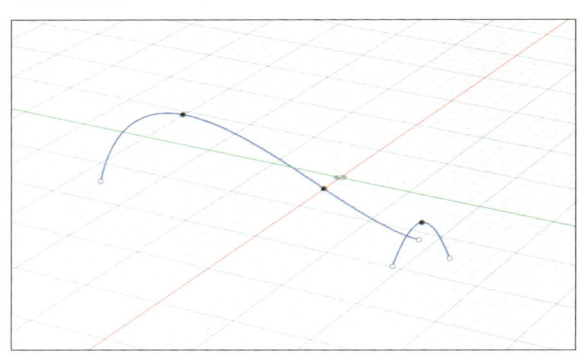
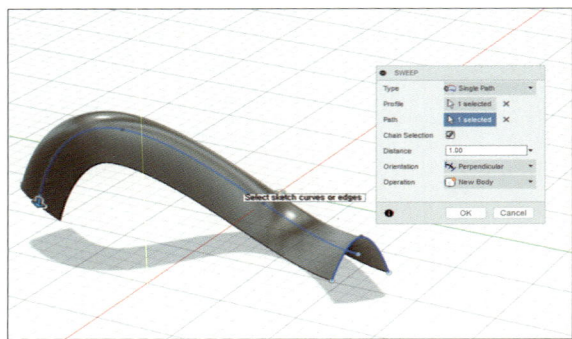

Loft 두 개 이상의 프로파일을 연결하여 면을 생성한다.

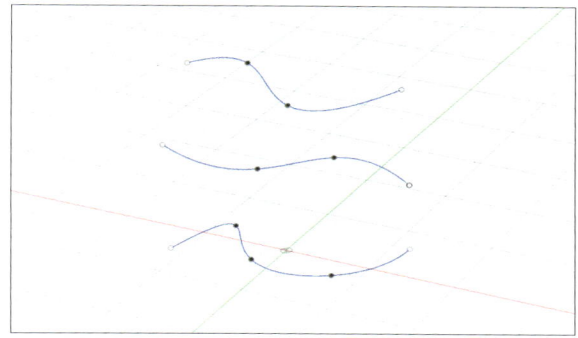
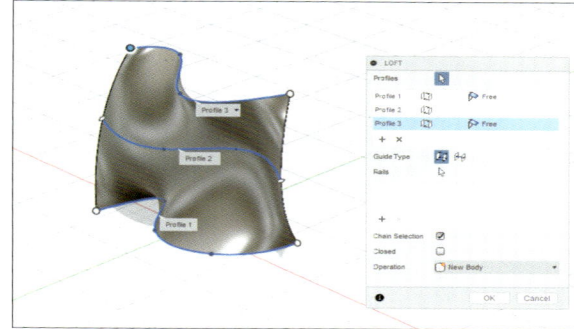

Patch 스케치 경계를 따라 면을 생성한다.

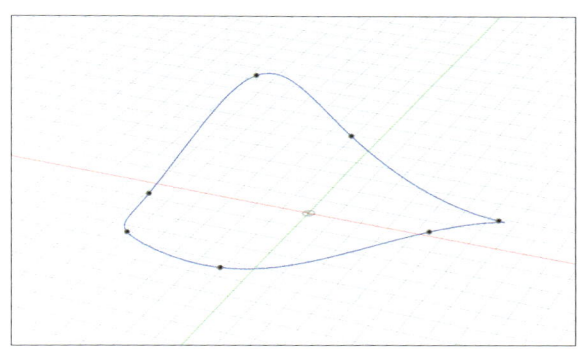
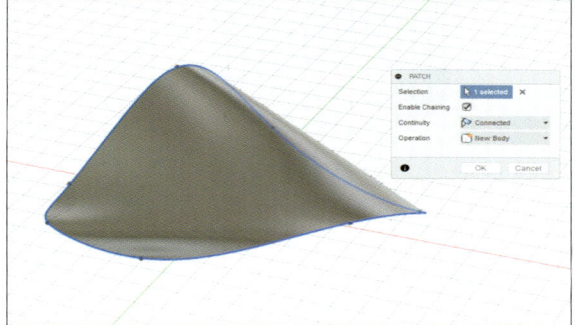

Offset 일정 간격만큼 띄워진 면을 생성한다.

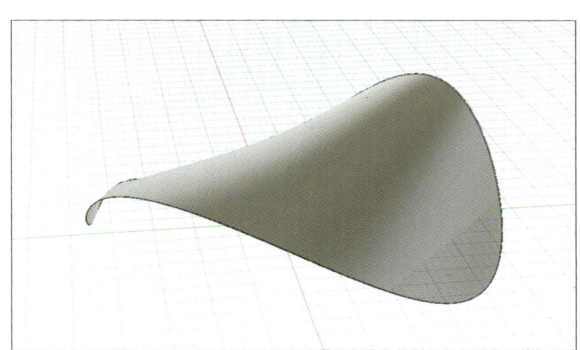
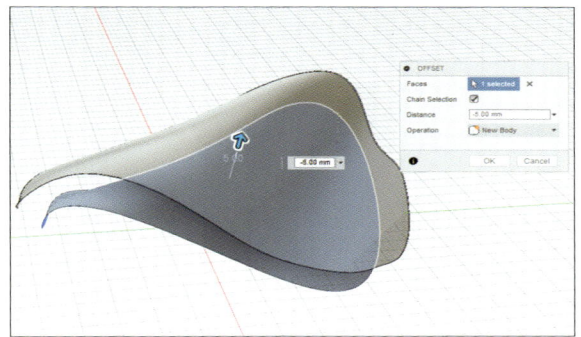

02 Modify 기본 툴 설명

Trim 불필요한 면을 잘라낸다.

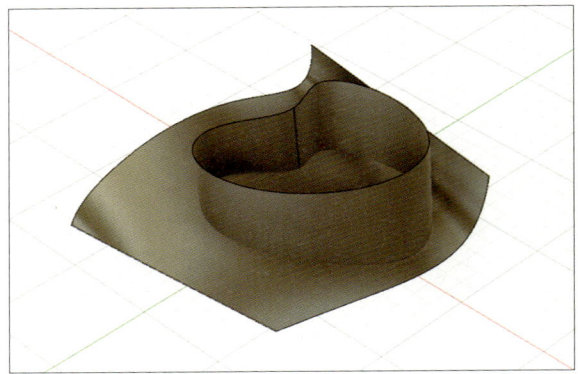
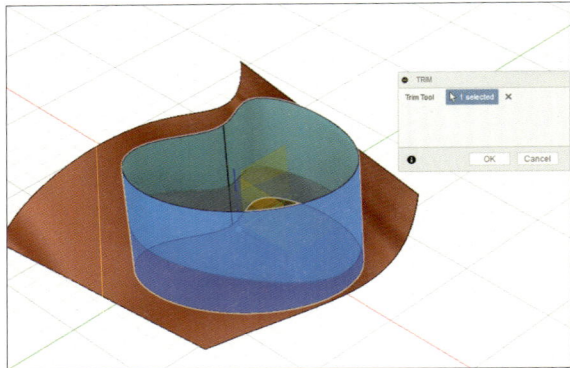

Extend 면을 확장한다.

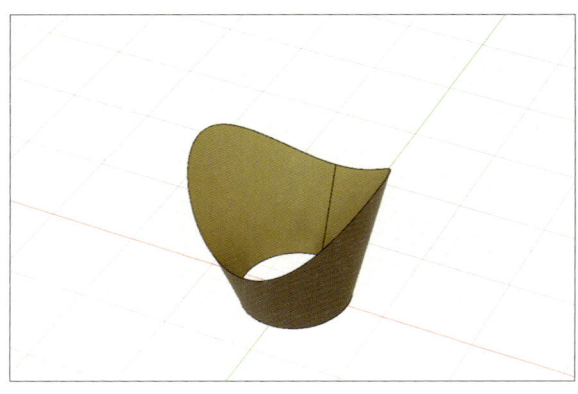
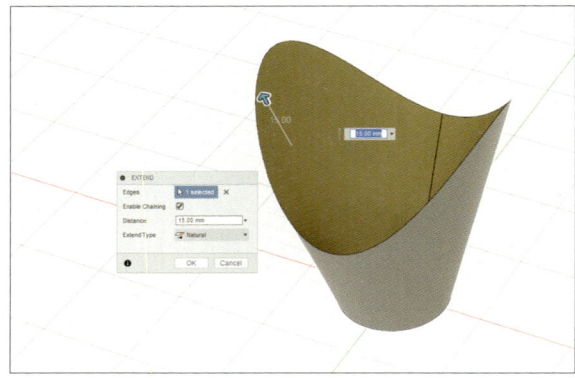

Stitch 면을 이어붙인다.

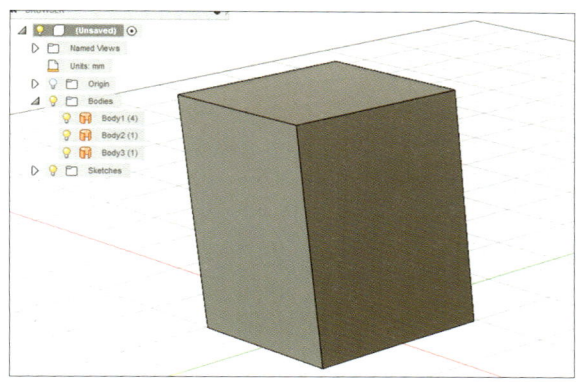
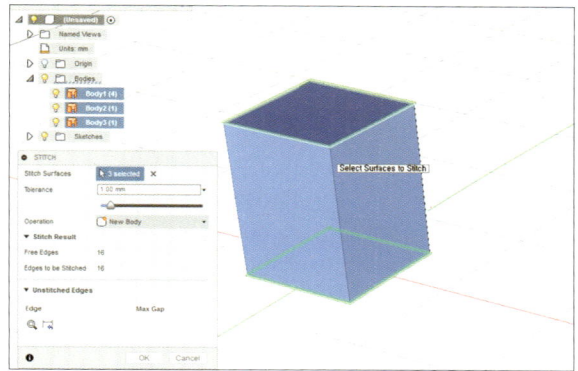

Unstitch 면을 분할한다.

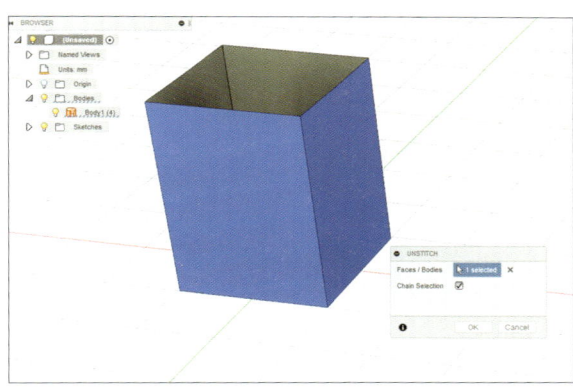
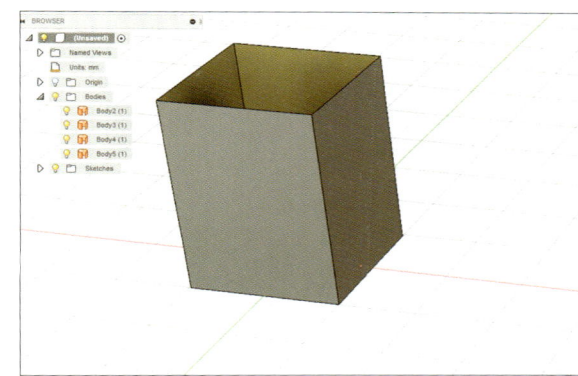

Reverse Normal 면을 뒤집는다.

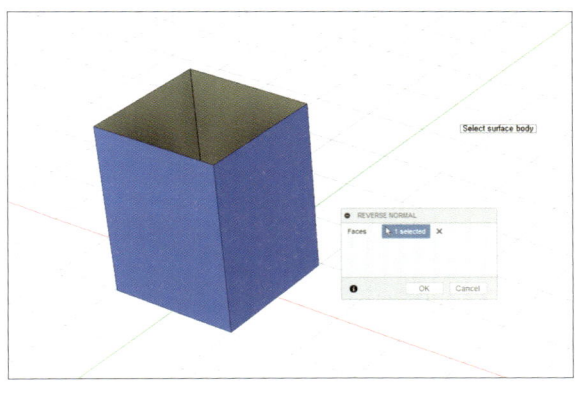
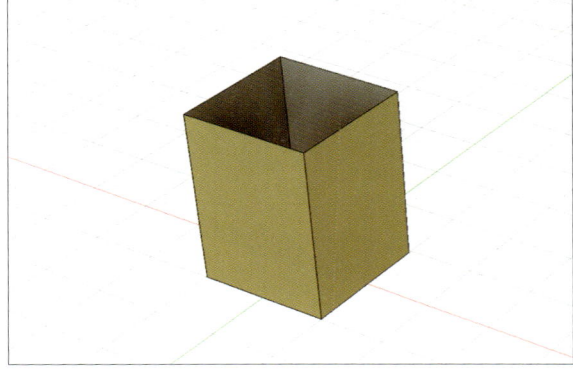

03 Assemble 기본 툴 설명

New Component 새로운 부품을 작성한다.

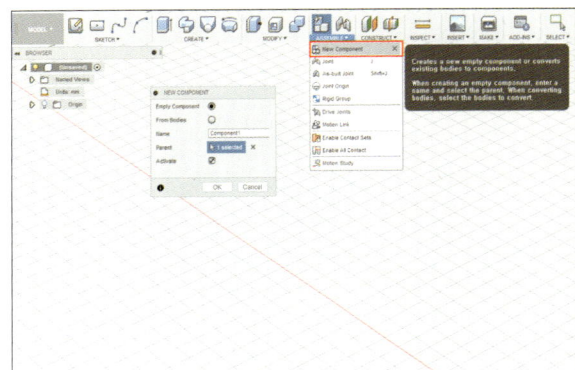
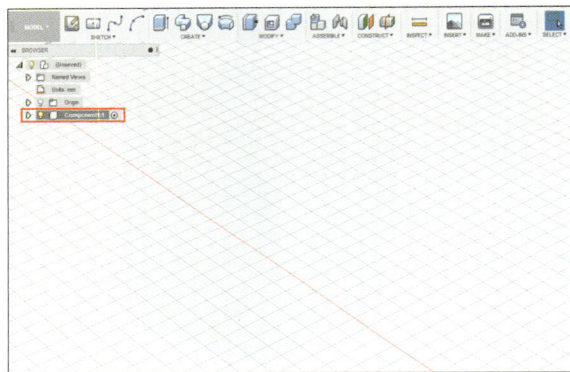

Joint 서로 떨어져 있는 부품을 조립한다.

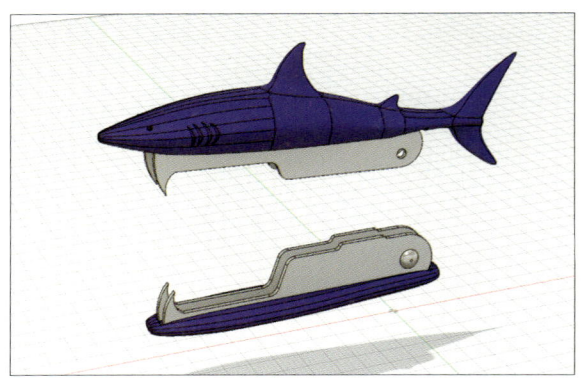
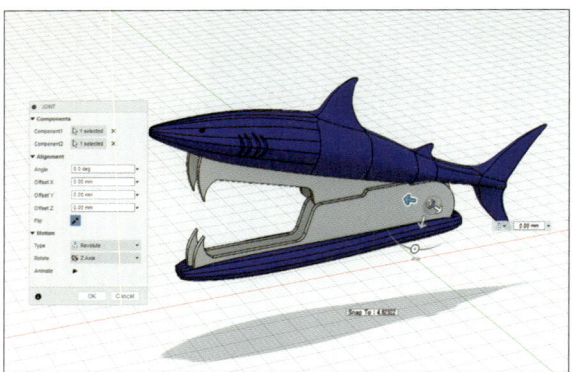

As Built Joint 현재 부품의 위치에서 Motion Type을 설정한다.

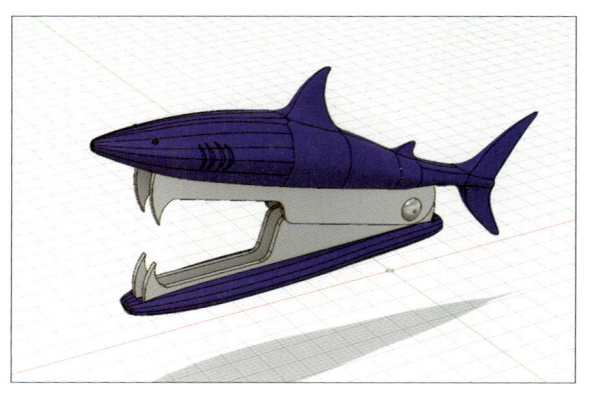
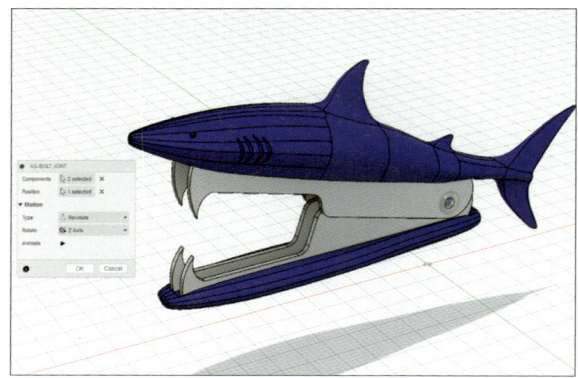

Joint Origin 조인트 연결점을 생성한다.

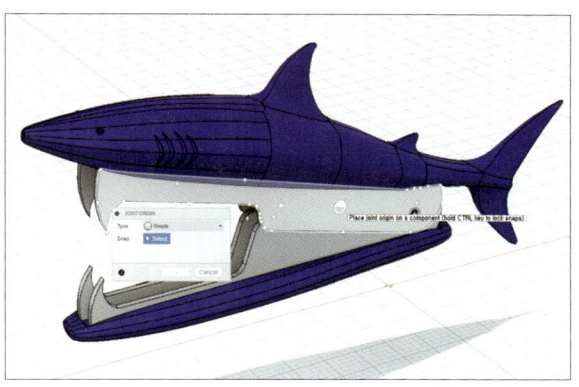 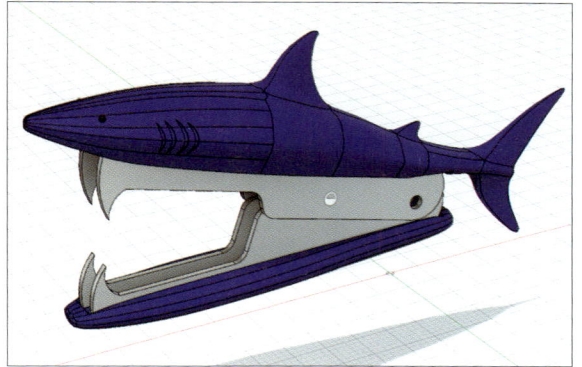

Rigid Group 그룹을 작성한다.

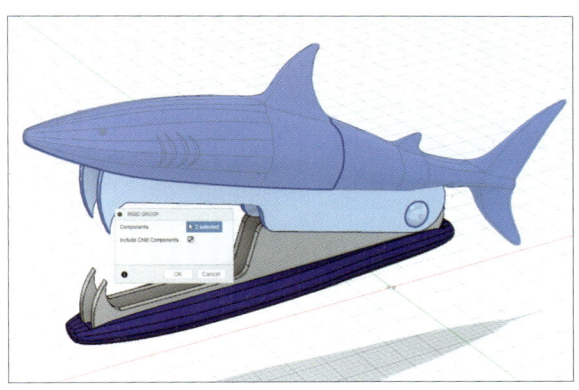 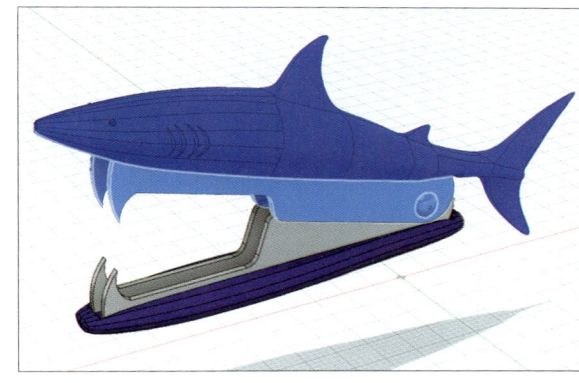

Drive Joint 조인트를 구동한다.

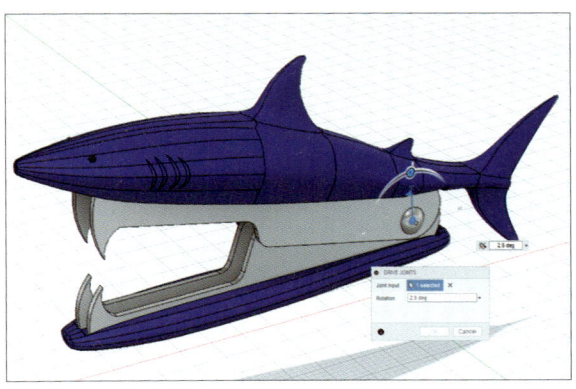 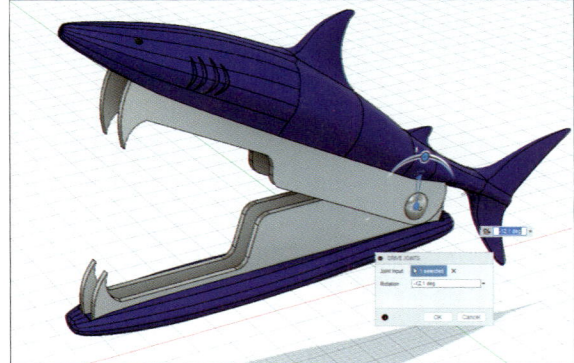

Unit 03 Assemble 기본 툴 설명

Motion Link 조인트끼리 링크를 걸어준다.

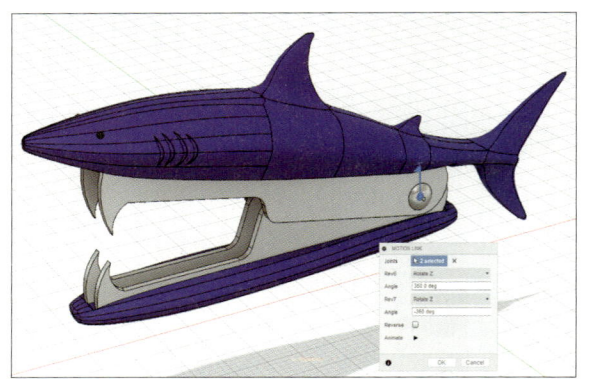
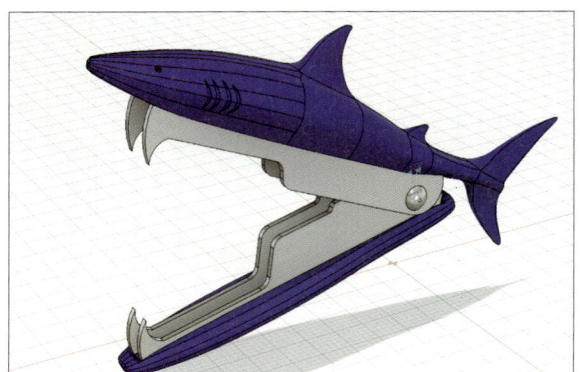

Enable Contact Sets 부품 간의 간섭을 활성화한다.

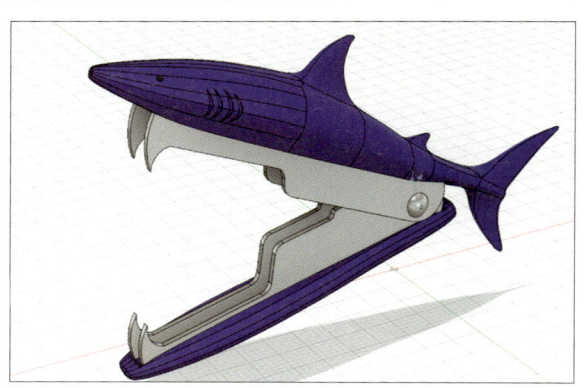
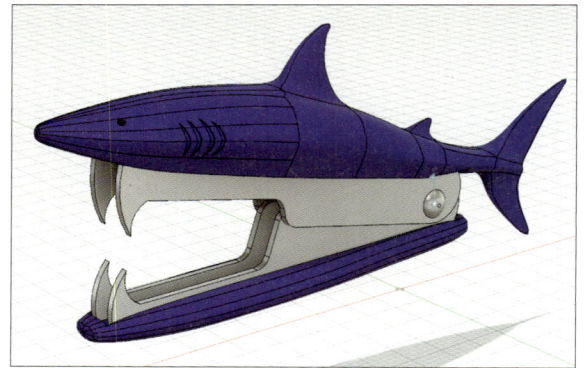

Disable Contact 부품 간의 간섭을 비활성화한다.

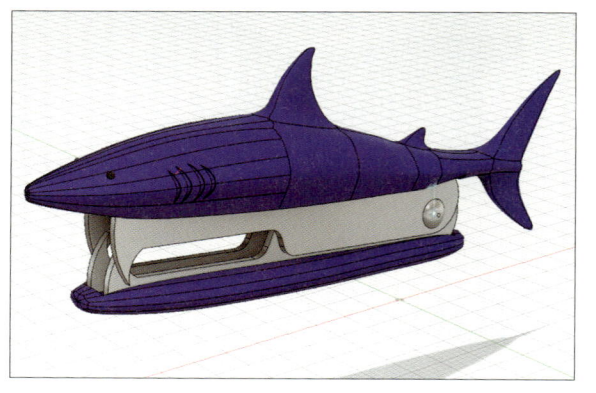
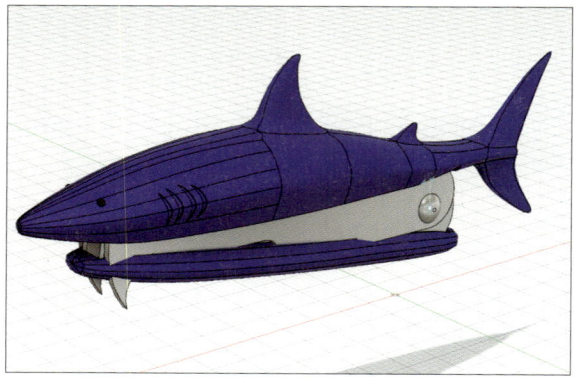

Motion Study 조인트 구동 애니메이션을 작성한다.

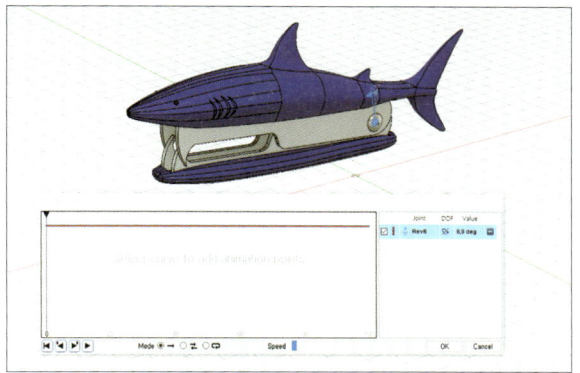 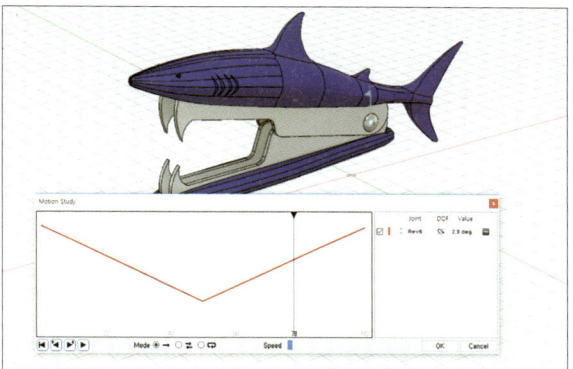

04 Solid Body로 변환하는 방법

Patch 작업 환경에서는 Create 툴을 이용해서 두께 값이 없는 면으로 되어 있는 모델을 생성한다. 이런 모델은 프로그램상에서는 아무런 문제가 없지만 3D 프린팅을 한다면 두께 값이 없기 때문에 출력이 불가능하다. 3D 프린터로 출력까지 한다면 Solid Body로 만드는 방법을 반드시 알고 있어야 한다. Patch 작업 환경에서 Solid Body를 생성할 수 있는 방법에 대해서 알아보도록 한다.

1 Patch, Stitch

❶ 그림과 같은 모델을 하나 생성하고 Create의 'Patch'를 클릭한다.
❷ 아랫부분의 모서리를 선택하면 그림과 같이 구멍을 막아주는 면이 생성된다.

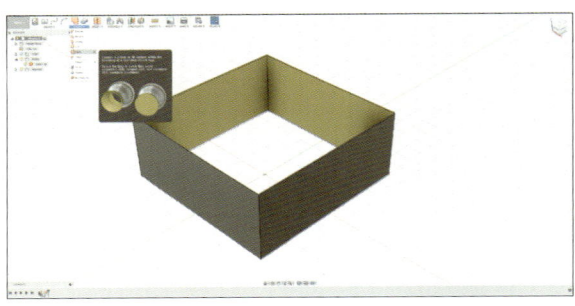 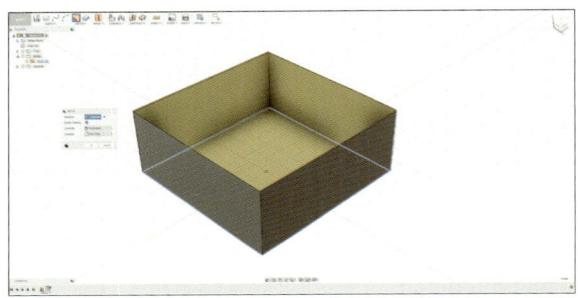

❸ 마찬가지로 Patch 툴을 이용하여 윗부분도 면을 생성한다.
❹ Modify의 'Stitch' 툴을 클릭한다.

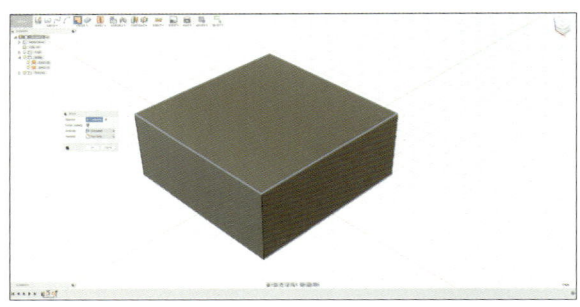 

❺ 붙일 면을 전부 선택한다. 이때 Stitch 툴로 이어붙이고자 하는 면의 모서리끼리 서로 인접해 있어야 한다.
❻ OK 버튼을 클릭하여 완료하면 그림과 같이 Solid Body가 생성된다.

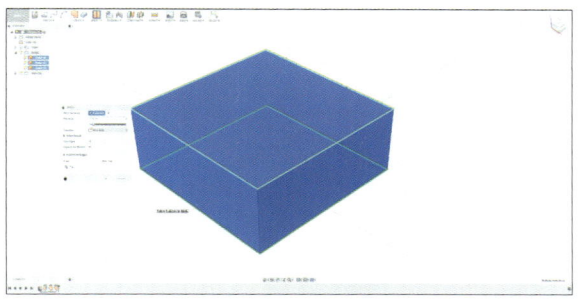 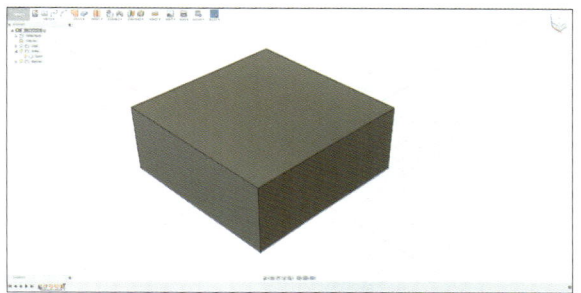

2 Thicken

❶ 그림과 같은 모델을 생성하고 Create의 'Thicken'을 클릭한다.
❷ 면을 선택한다.

 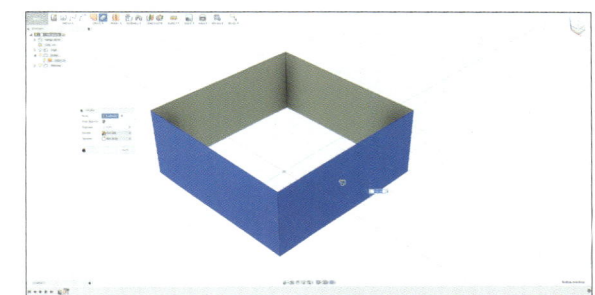

❸ 화살표를 드래그하거나 수치를 입력한다.
❹ 그림과 같이 면에 두께 값이 적용되어 Solid Body가 생성되는 것을 확인할 수 있다.

Unit 04 Solid Body로 변환하는 방법

3 Boundary Fill

❶ 그림과 같은 모델을 생성하고 Create의 'Patch'를 클릭한다.
❷ 윗부분과 아랫부분의 Patch 툴을 이용하여 면을 생성한다.

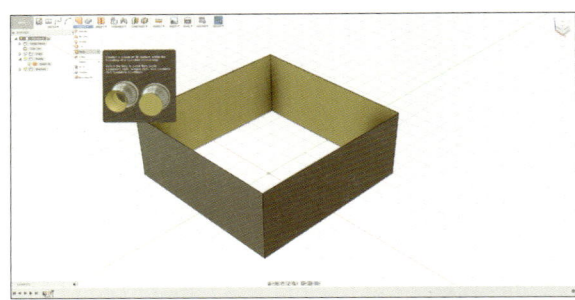 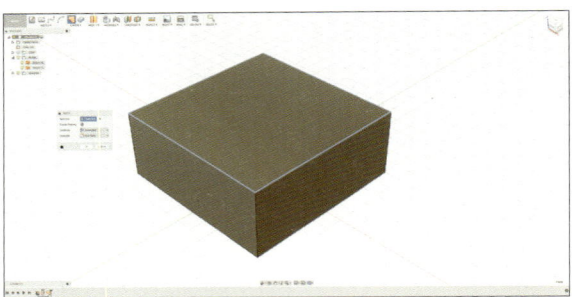

❸ Create의 'Boundary Fill' 툴을 클릭한다.
❹ Select Tools로 밀폐된 공간을 형성하는 면을 전부 선택한다.

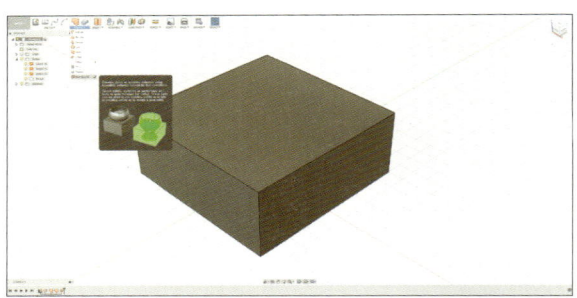 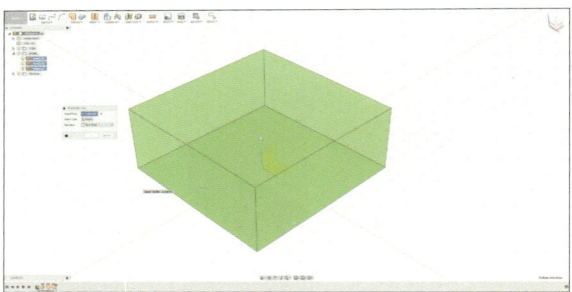

❺ Select Cells는 모델 안쪽의 체크 박스를 체크한다.
❻ OK 버튼을 클릭하여 완료하면 그림과 같이 밀폐되어 있던 공간이 Solid Body로 생성된다.

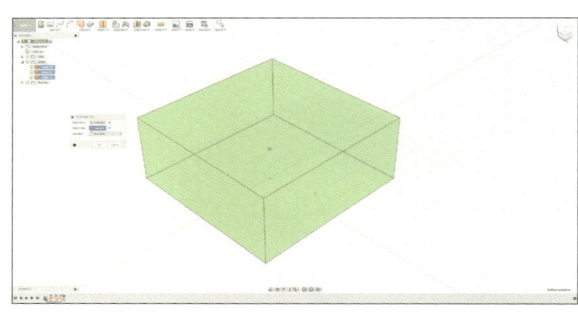 

❼ Boundary Fill 툴은 그림과 같이 다양한 곡면을 활용하여 Solid Body를 생성할 수 있다.

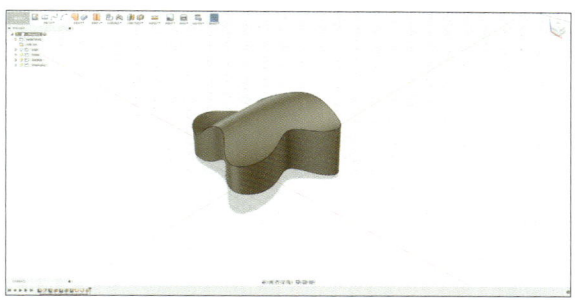 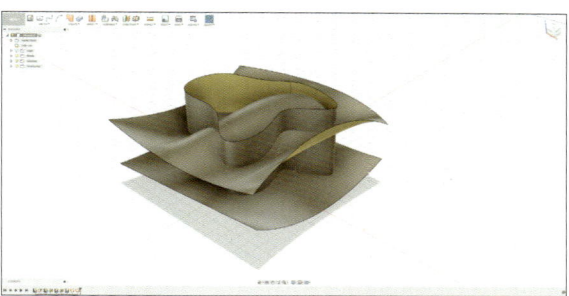

모델링 따라 하기 01 해먹의자 모델링

그림과 같은 해먹의자 모델링을 배워보도록 한다.

학습 목표

1. Patch 작업 환경의 특징에 대해 이해한다.
2. 3차원 스케치 작성 방법을 학습한다.
3. Thicken 툴을 이용하여 Solid Body로 변환하는 방법을 학습한다.

예제 풀이 과정을 동영상으로 확인할 수 있다.

01-1

Sketch의 Spline 툴을 사용하여 원점을 기준으로 그림과 같은 스케치를 작성한다.

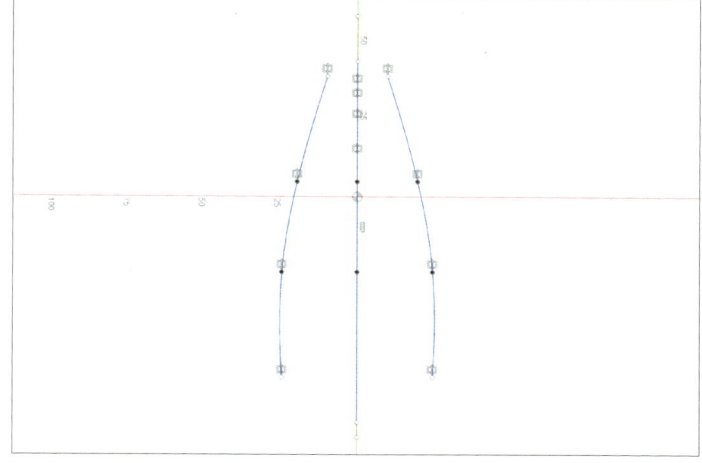

01-2

Move 툴을 클릭하고 점을 선택한다.

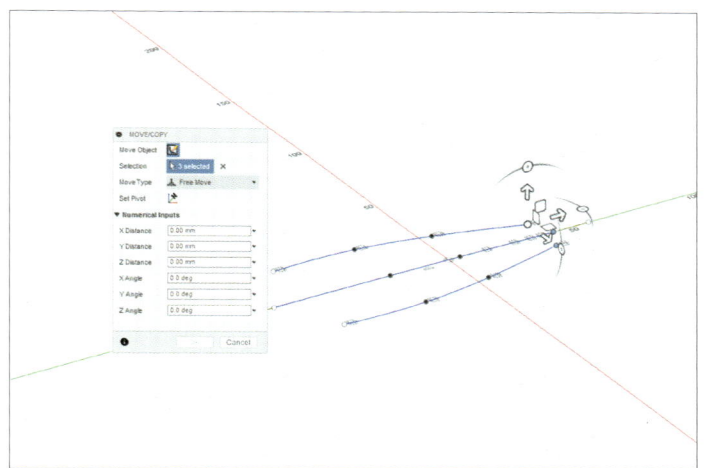

01-3

화살표를 드래그하여 위쪽으로 잡아당긴다.

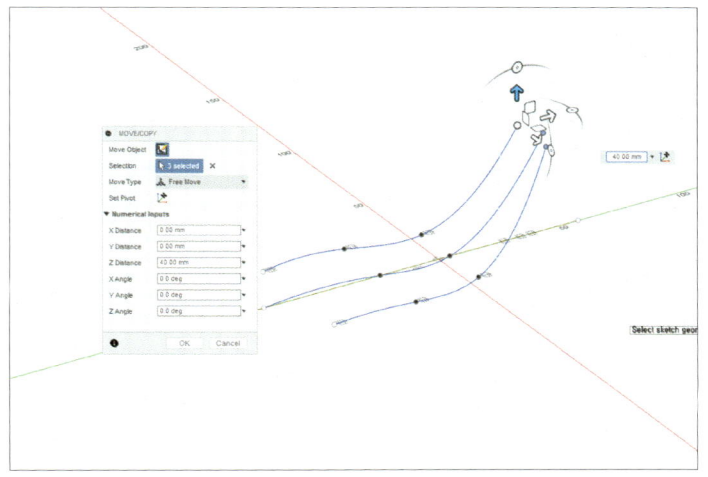

01-4

마찬가지 방법으로 다른 점들도 그림과 같은 모양으로 이동시킨다.

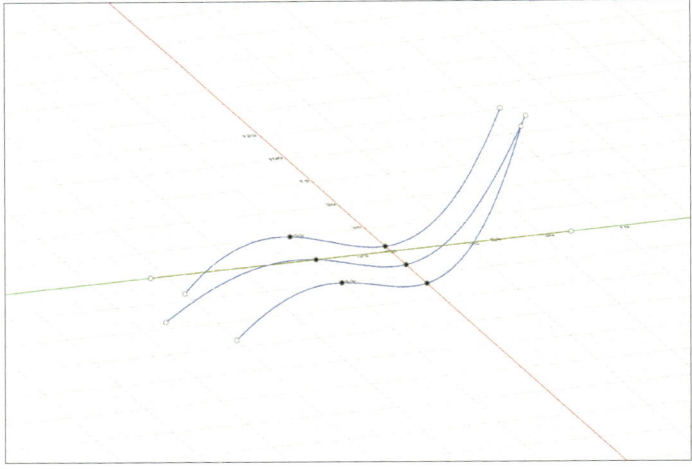

01-5

Create의 'Loft' 툴을 클릭한다.

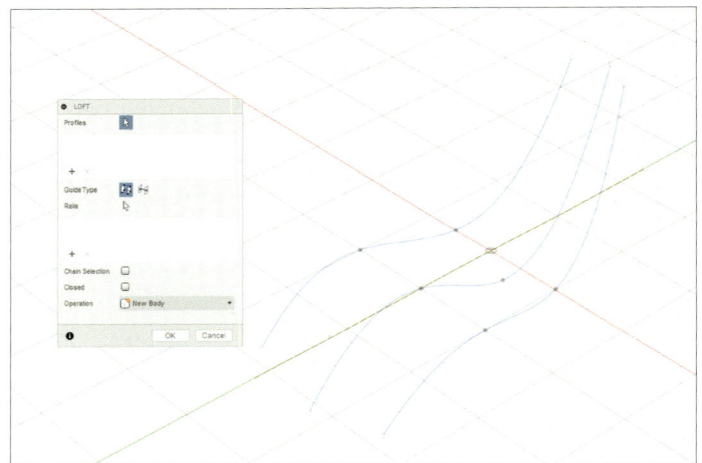

01-6

Spline Sketch를 차례대로 선택하여 모델을 생성한다.

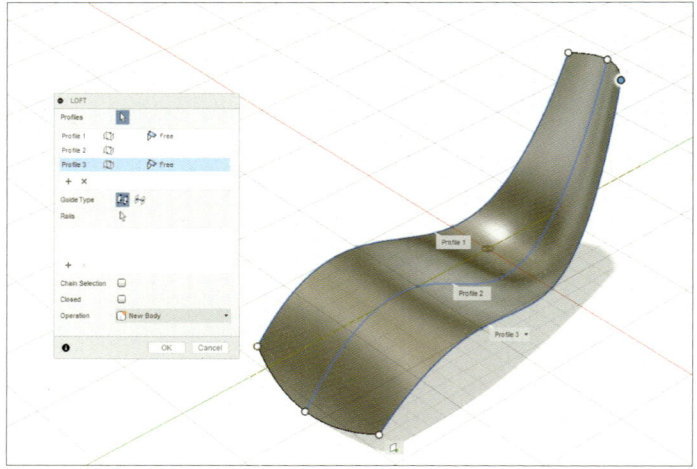

01-7

Create의 'Thicken' 툴을 클릭하고 모델을 선택한다.

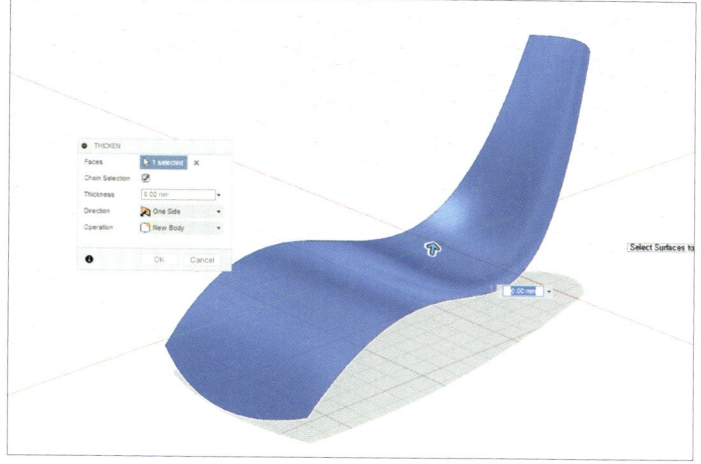

01-8

화살표를 드래그하여 모델에 두께를 준다.

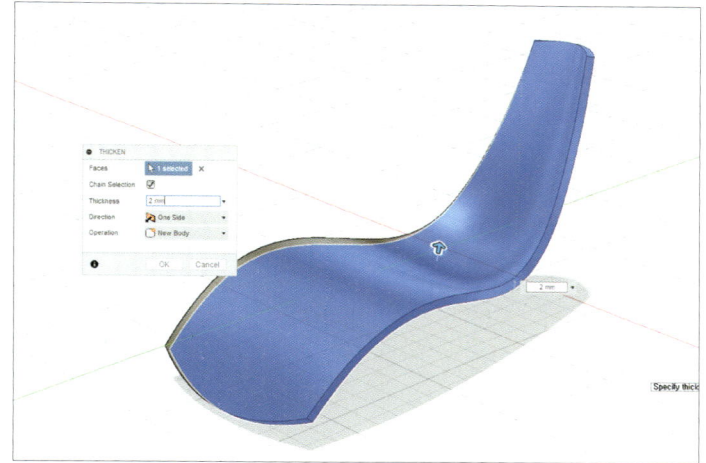

01-9

Construct의 'Axis Through Two Points'를 클릭한다.

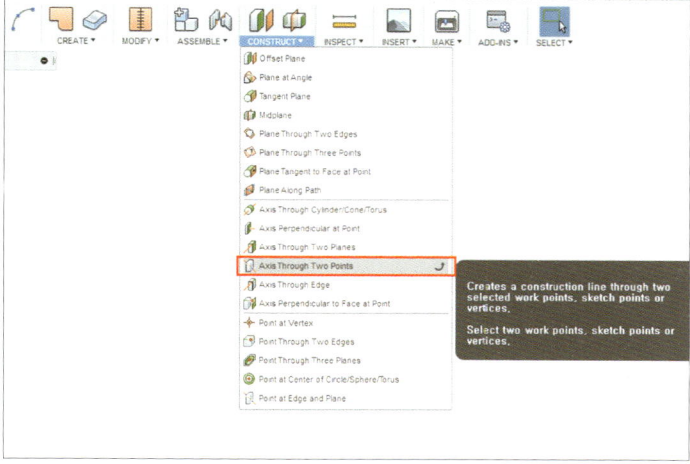

01-10

의자 모델의 끝 포인트를 선택하여 두 점을 지나는 축을 생성한다.

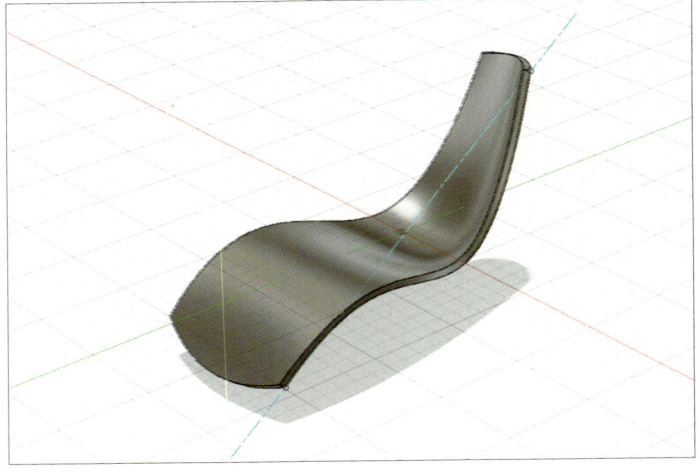

01-11

Construct의 'Plane at Angle' 툴을 클릭한다.

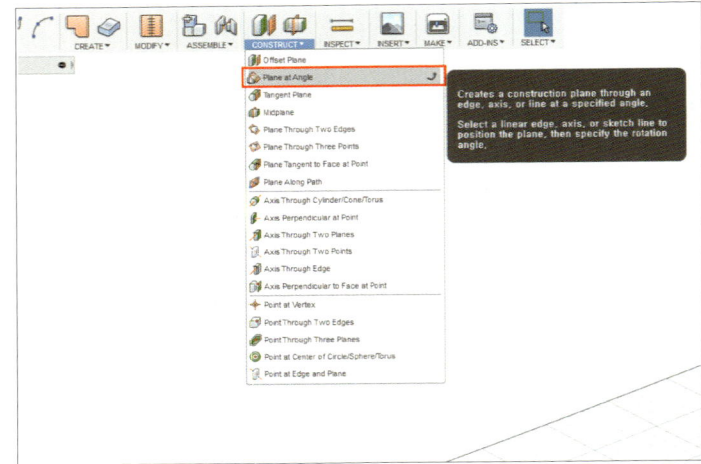

01-12

축을 클릭하여 작업 면을 생성한다.

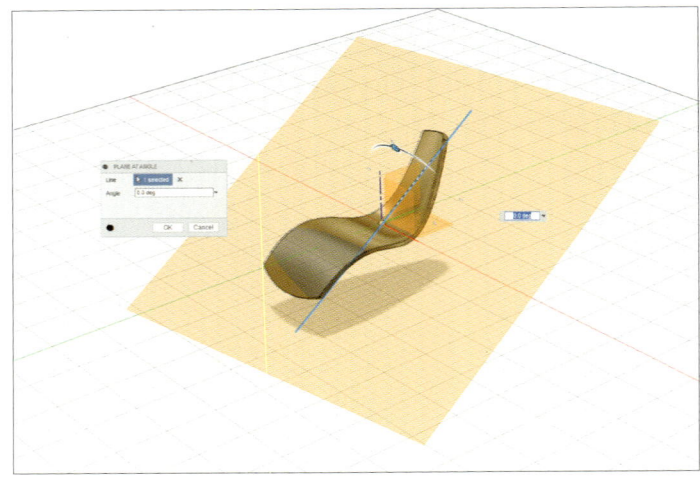

01-13

기울기를 조절하고 OK 버튼을 눌러 완료한다.

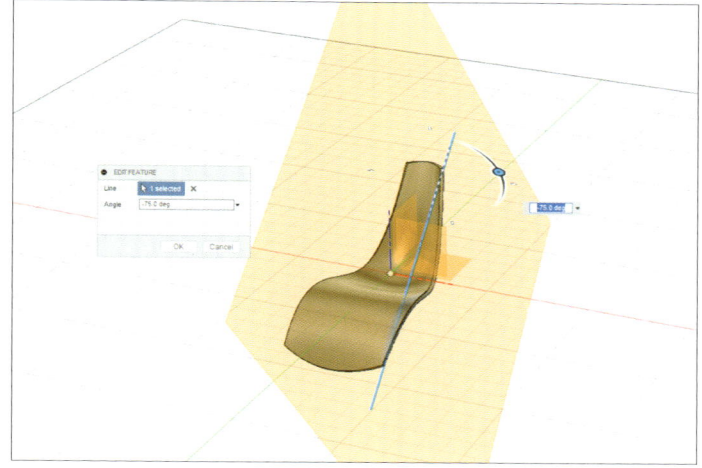

01-14

생성된 작업 면 위에 그림과 같이 스케치를 작성한다.

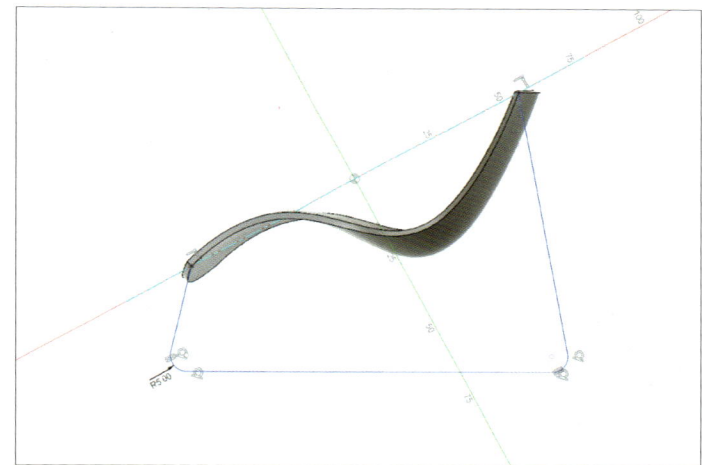

01-15

Sketch의 Project 하위 메뉴인 'Include 3D Geometry'를 클릭한다.

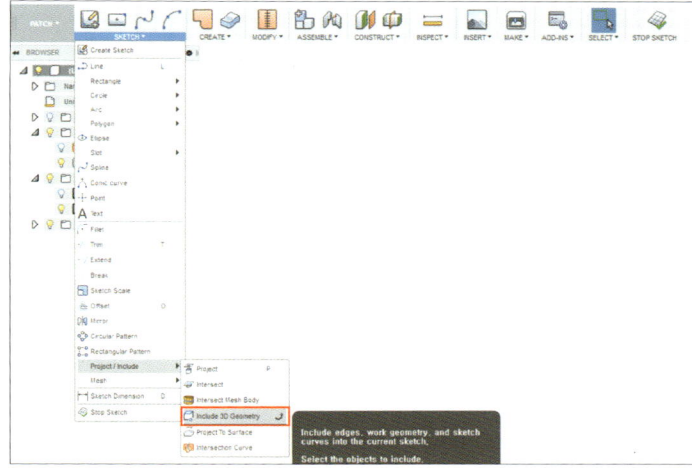

01-16

의자 모델의 옆 라인 모서리를 선택한다.

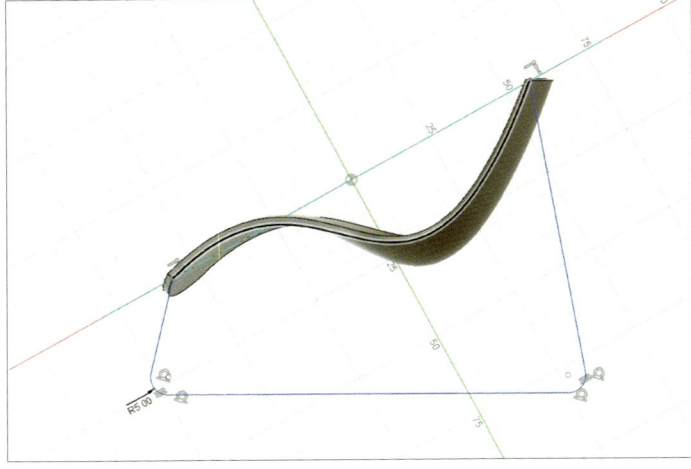

01-17

선택한 모서리를 따라 스케치가 작성된 것을 확인할 수 있다.

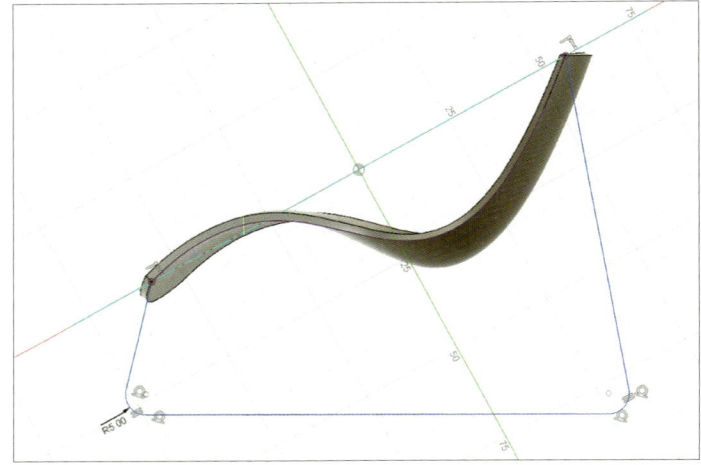

01-18

Create의 'Pipe'를 클릭한다.

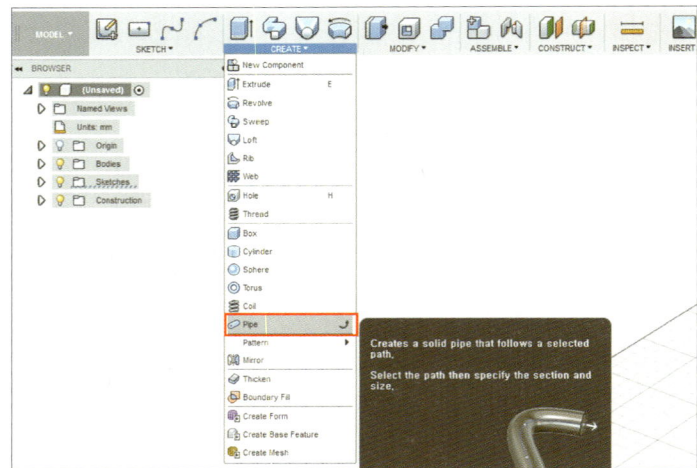

01-19

스케치를 선택하면 스케치를 따라 파이프 형태의 모델이 생성된다.

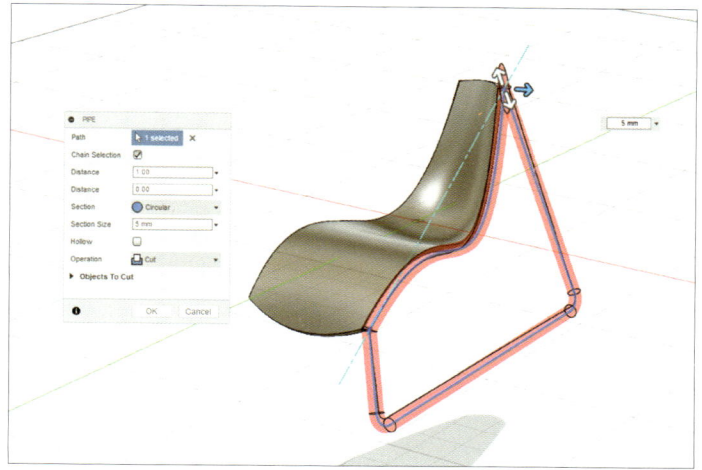

01-20

Operation을 Join으로 변경하고 OK 버튼을 눌러 완료한다.

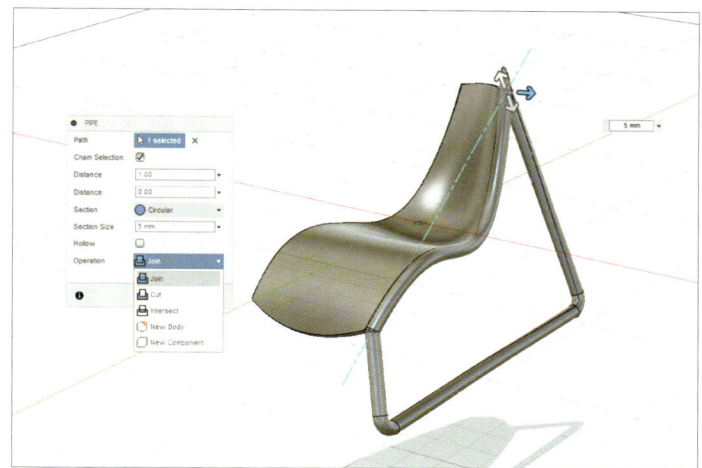

01-21

Create의 'Mirror' 툴을 클릭하고 먼저 Pattern Type을 Features로 변경한다.

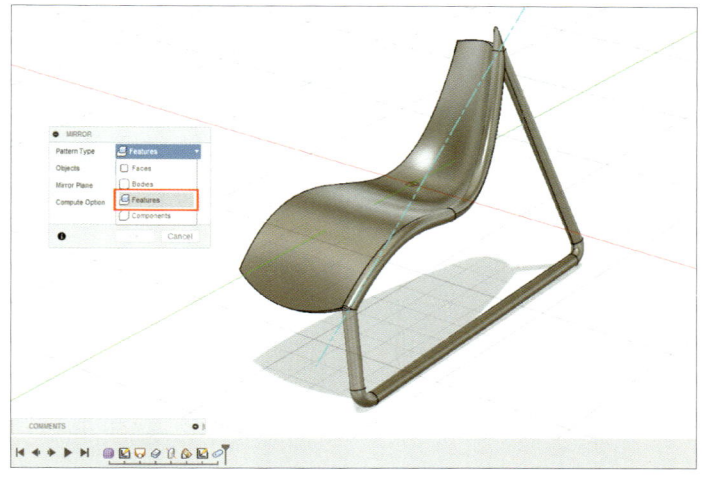

01-22

Objects는 화면 아래의 Timeline에서 Pipe Feature를 선택한다.

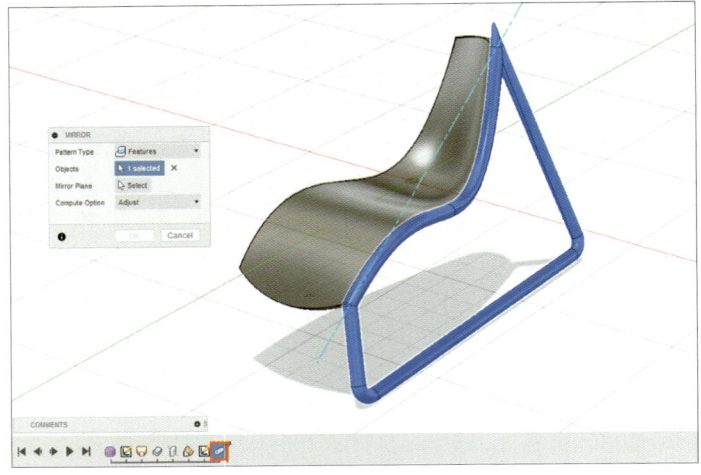

01-23

Mirror Plane을 선택하고 OK 버튼을 눌러 완료한다.

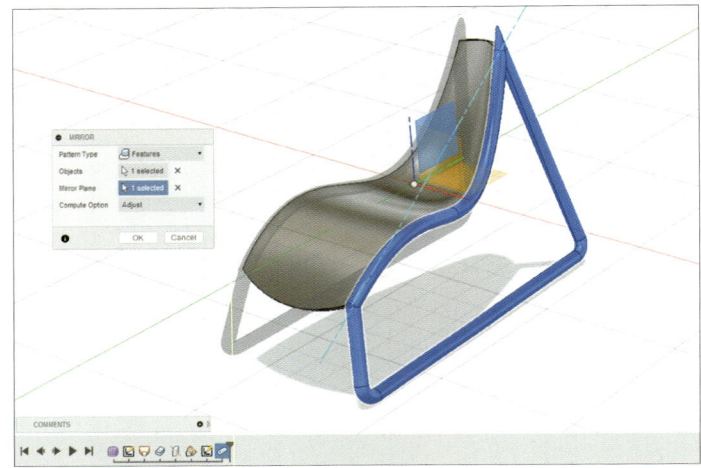

01-24

Modify의 'Fillet' 툴을 클릭하고 모서리가 날카로운 부분을 선택한다.

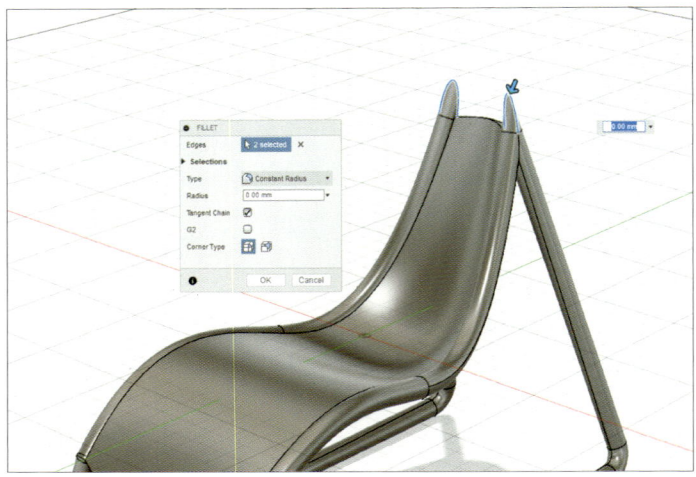

01-25

화살표를 드래그하여 둥글게 만들어 준다.

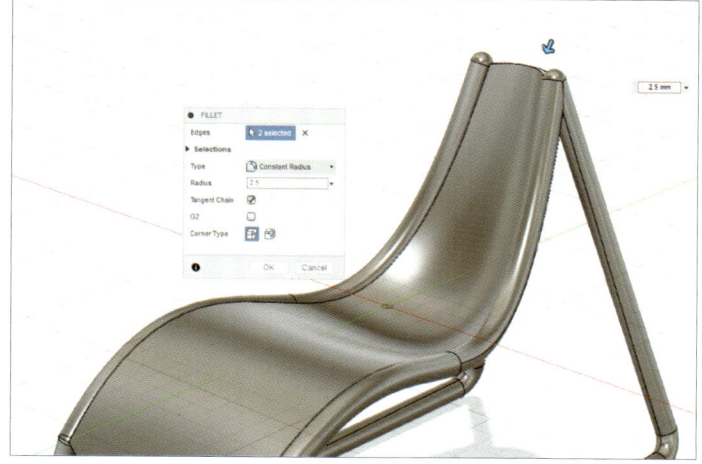

01-26

툴 바에서 Render 작업 환경으로 전환한다.

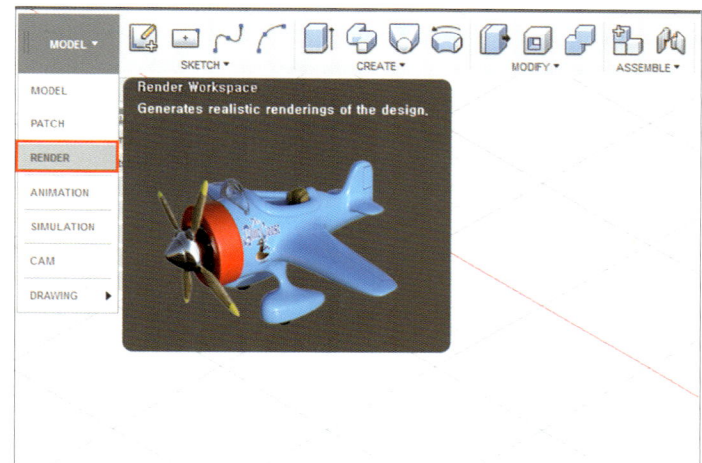

01-27

툴 바에서 'Appearance'를 클릭한다.

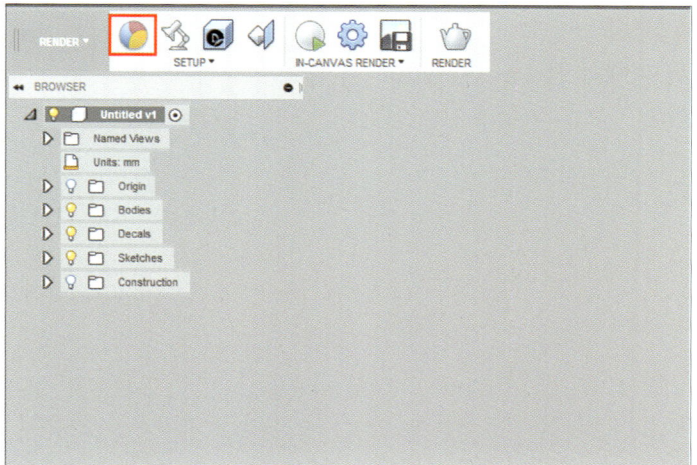

01-28

Library에서 원하는 재질과 색상을 선택한다.

01-29

선택한 재질과 색상을 드래그하여 모델에 놓으면 그림과 같이 모델의 재질이 변경된다.

01-30

툴 바에서 'Scene Settings'를 클릭한다.

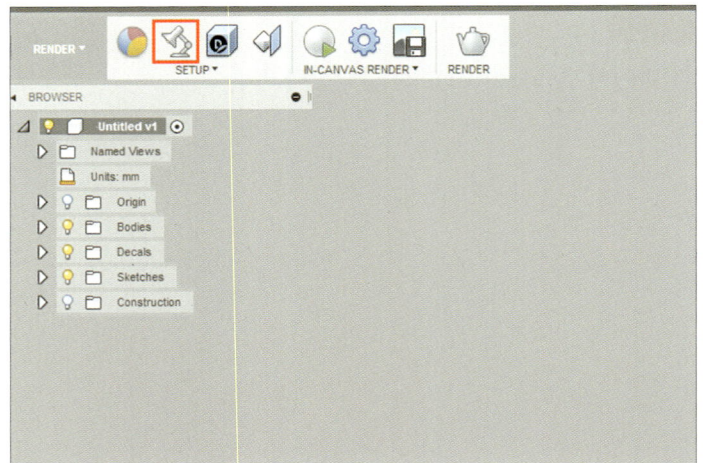

`01-31`

Scene Settings에서는 배경을 설정할 수 있다. 'Color'를 클릭한다.

`01-32`

원하는 배경색을 선택하여 적용한다.

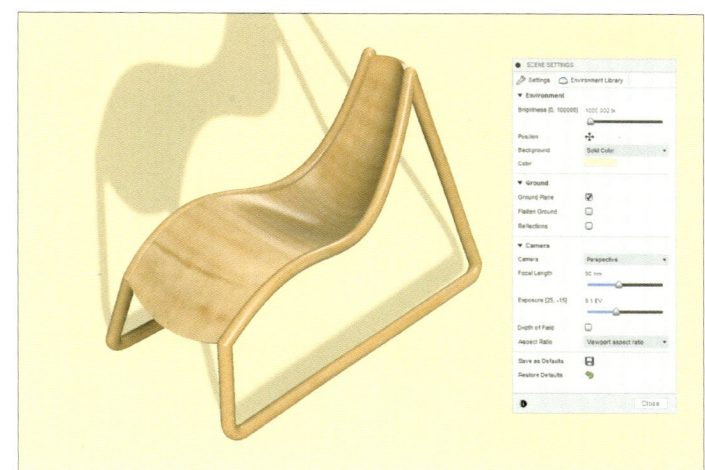

`01-33`

툴 바에서 'Decal'을 클릭한다.

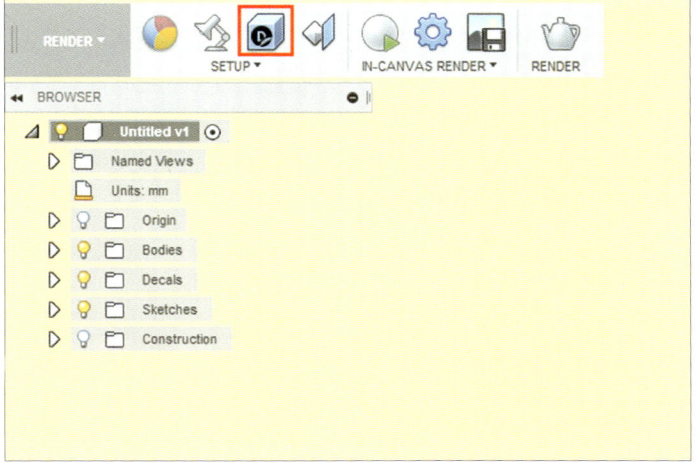

01-34

의자의 윗면을 선택한다.

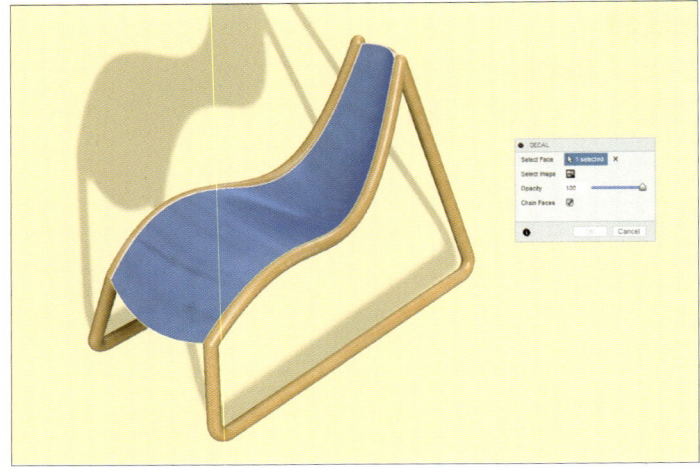

01-35

Select Image를 클릭하여 PC에 저장되어 있는 이미지를 불러온다.

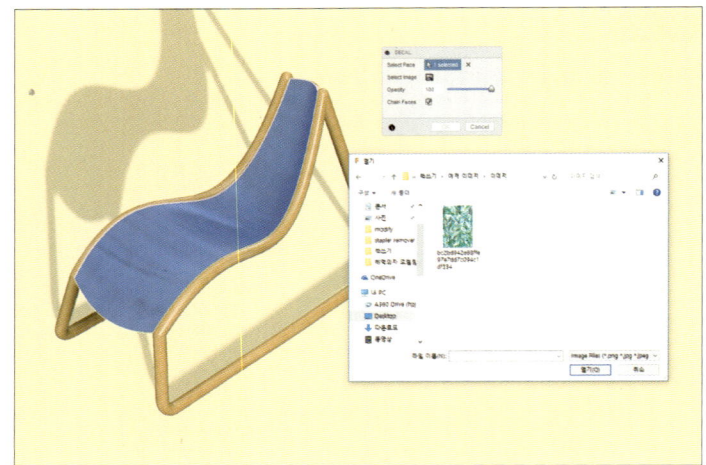

01-36

그림과 같이 선택한 이미지가 모델에 불러와 진다.

01-37

Chain Faces의 체크를 해제하면 선택한 면에만 이미지가 적용될 수 있다.

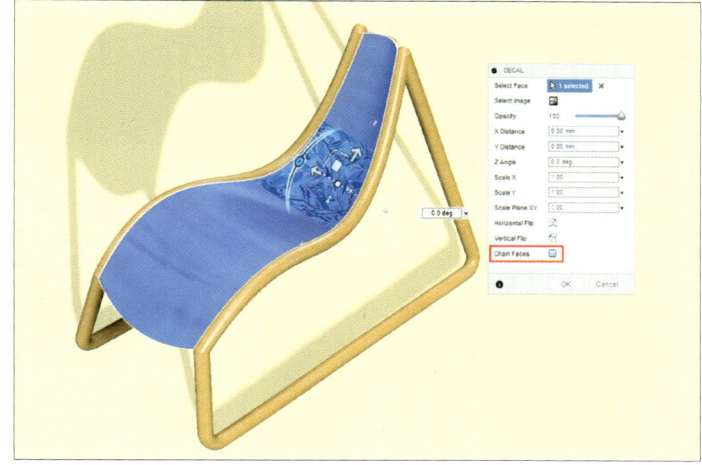

01-38

스케일 바로 이미지의 크기를 조절하고 OK 버튼을 눌러 완료한다.

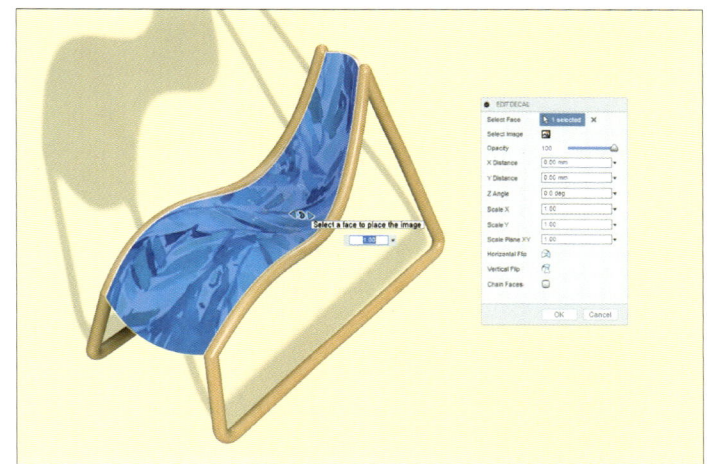

01-39

완성된 이미지이다.

모델링 따라 하기 02 안경 모델링

그림과 같은 안경 모델링을 배워보도록 한다.

학습 목표

1. Attached Canvas 툴을 이용한 배경 이미지 삽입 방법을 학습한다.
2. Trim 툴을 이용한 편집 방법을 학습한다.
3. Component에 대해 이해한다.
4. As-Built Joint 툴을 이용한 Joint 적용 방법을 학습한다.

예제 풀이 과정을 동영상으로 확인할 수 있다.

02-1

Insert의 'Attached Canvas'를 클릭한다.

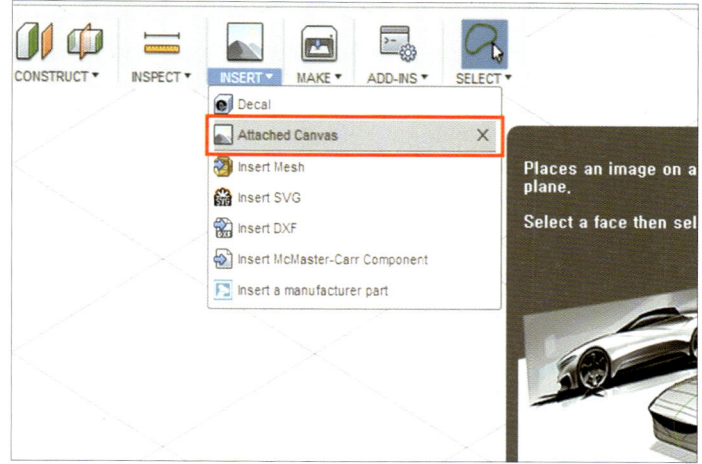

02-2

이미지를 불러올 작업 면을 선택한 후 이미지를 불러온다.

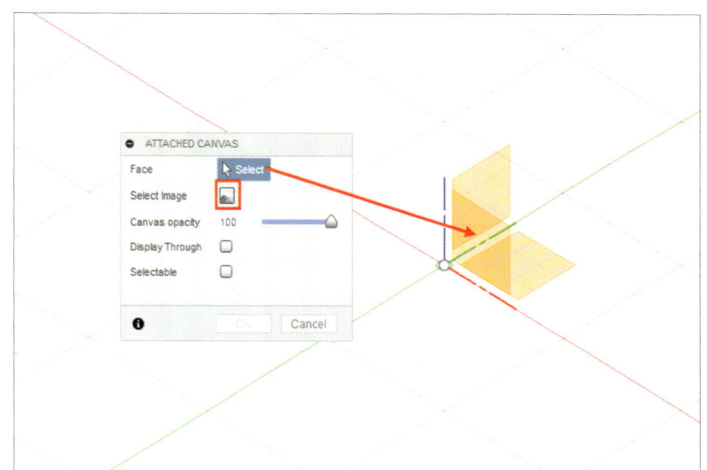

02-3

이미지 투명도를 60 정도로 낮춘다.

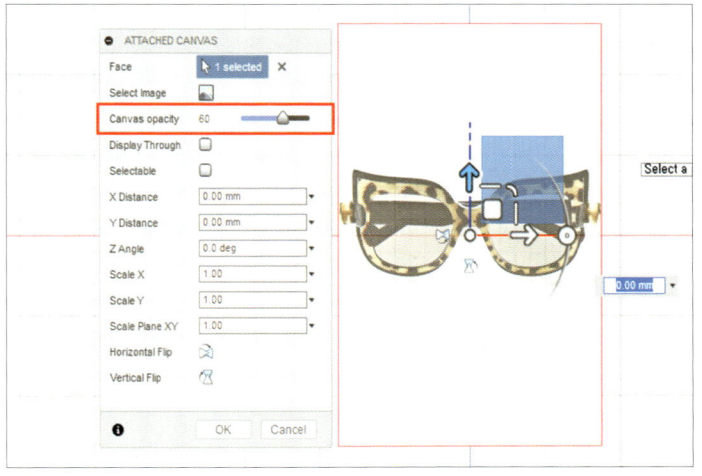

02-4

Sketch의 'Spline'을 클릭한다.

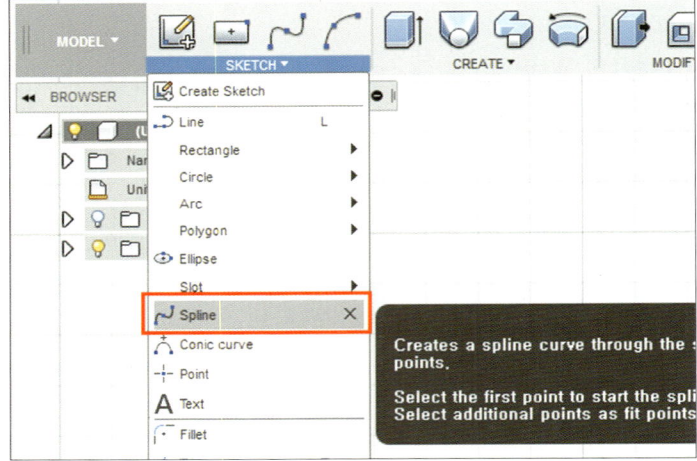

02-5

Spline을 이용하여 이미지 외곽선을 따라 스케치한다.

02-6

브라우저에서 Origin을 활성화한다.

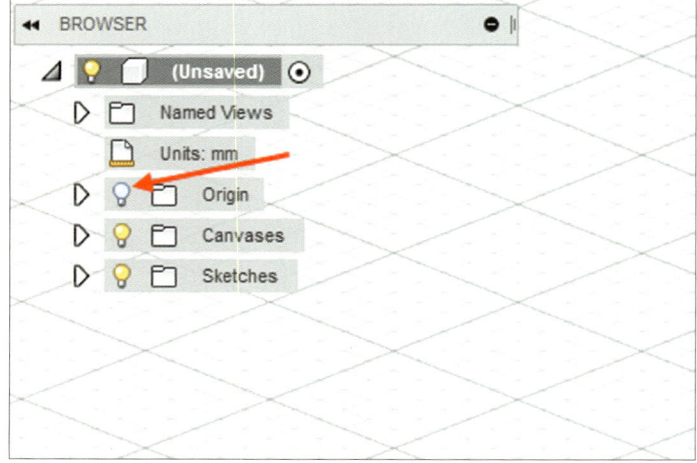

02-7

그림과 같이 Origin이 활성화되면 작업 창에 기준면이 생겨난다.

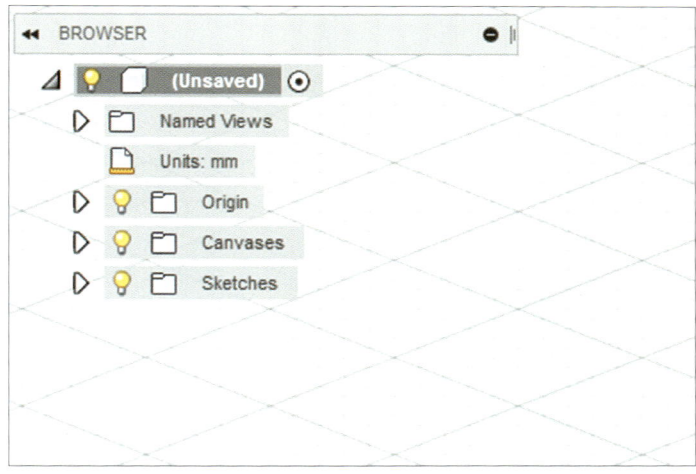

02-8

Construct의 'Offset Plane'을 클릭한다.

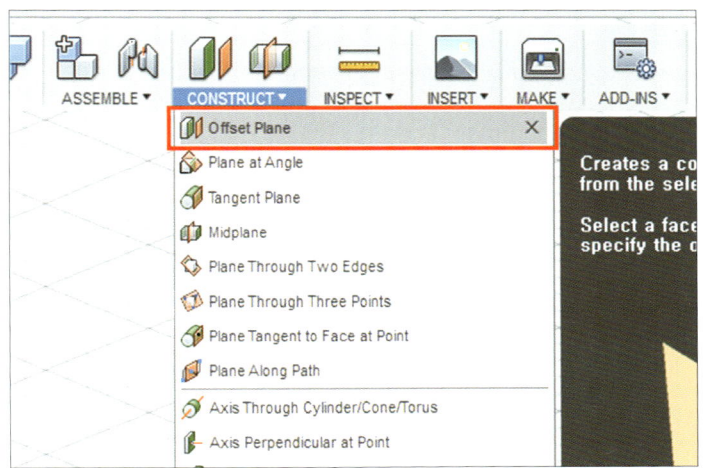

02-9

XY평면을 선택한다.

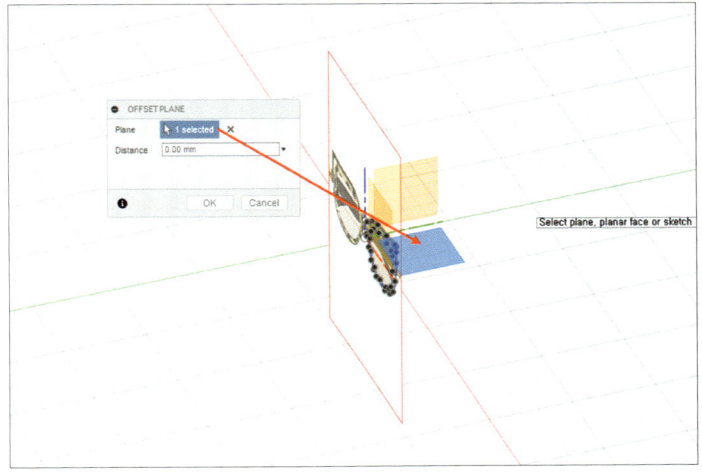

02-10

이미지 위쪽으로 작업 면을 하나 생성한다.

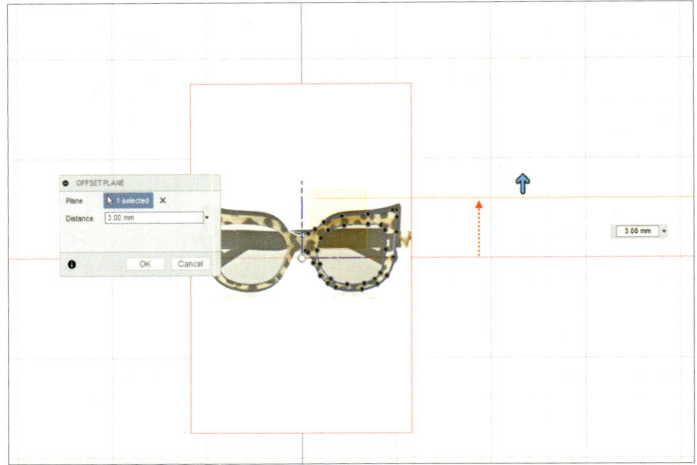

02-11

마찬가지 방법으로 아래쪽에서 작업 면을 생성한다.

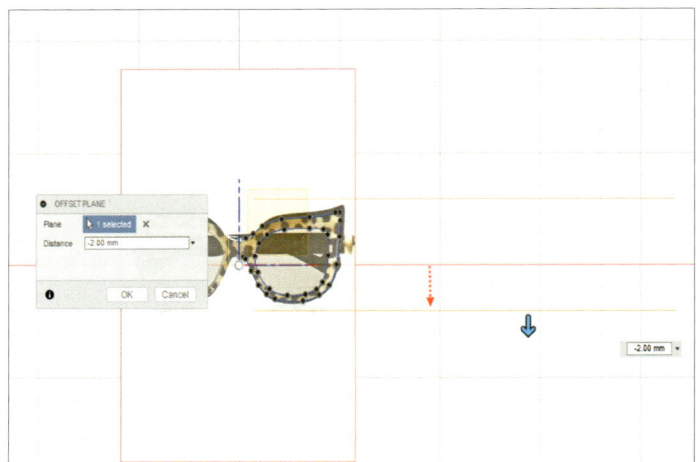

02-12

Sketch의 'Spline'을 클릭한다.

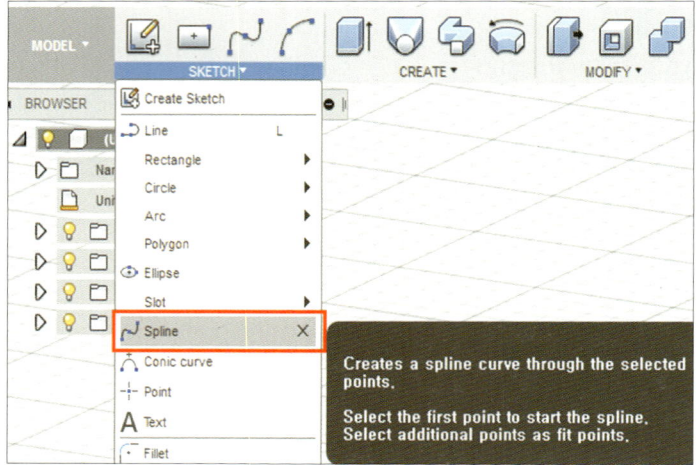

02-13

위쪽에 만들어 놓은 작업 면을 선택한다.

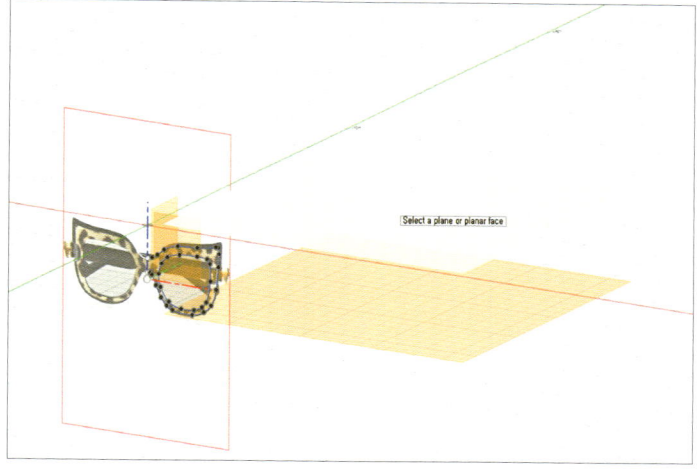

02-14

그림과 같은 스케치를 작성한다.

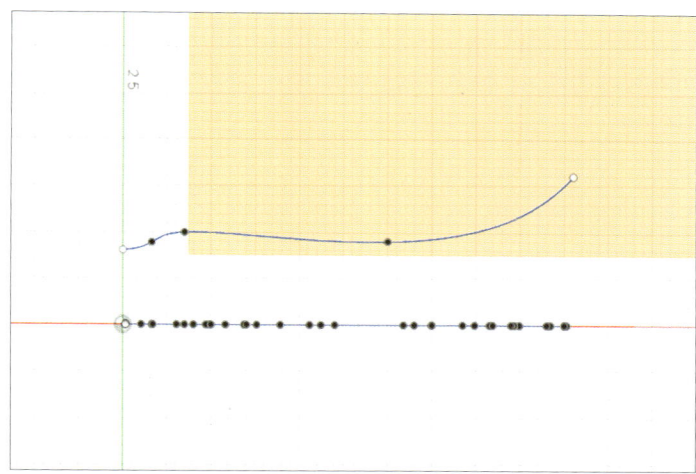

02-15

이번에는 XY평면을 선택한다.

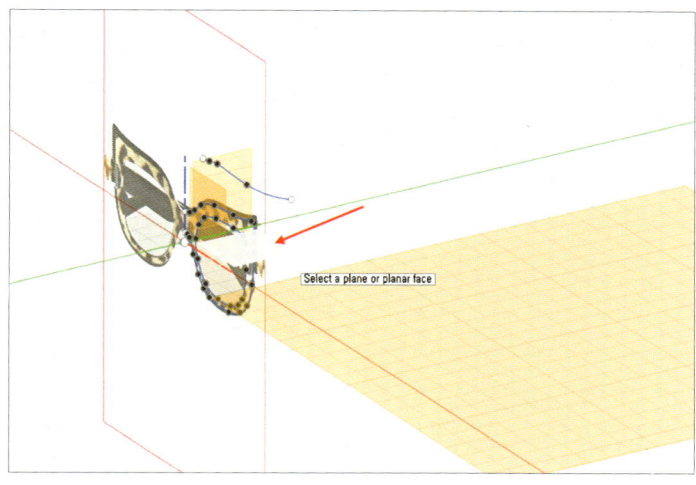

02-16

그림과 같은 스케치를 작성한다.

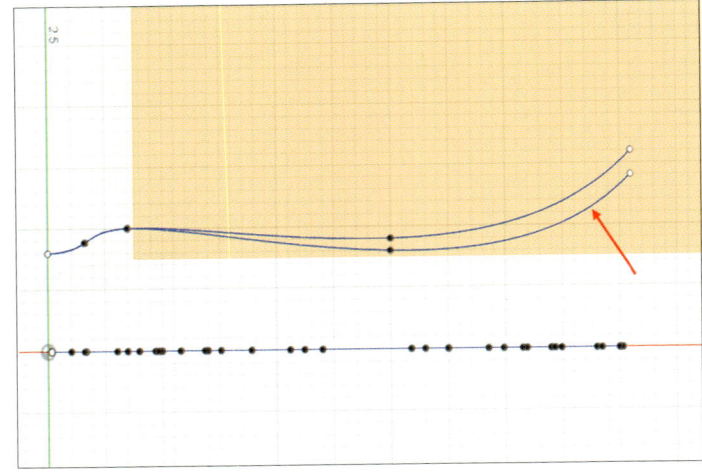

02-17

아래쪽에 만들어 놓은 작업 면을 선택한다.

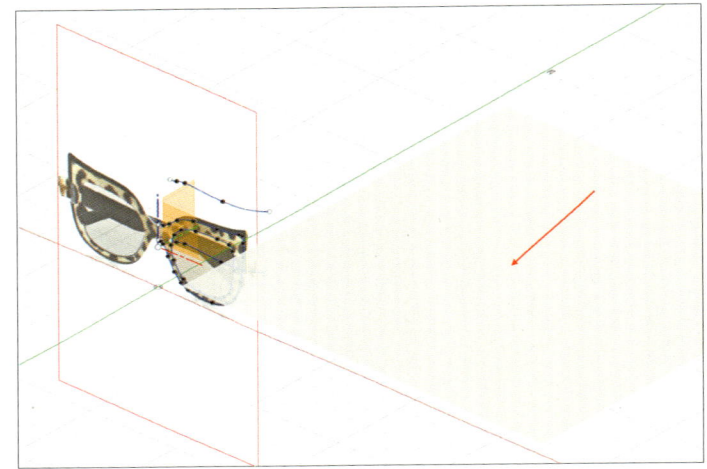

02-18

그림과 같은 스케치를 작성한다.

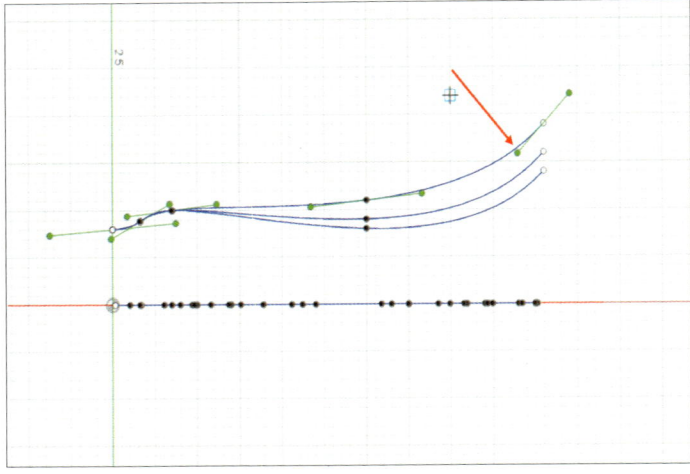

02-19

툴 바에서 'Patch'를 클릭한다.

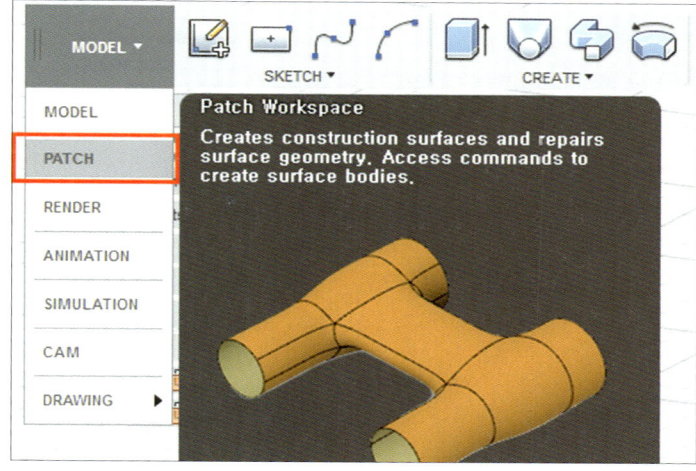

02-20

Create의 'Loft'를 클릭한다.

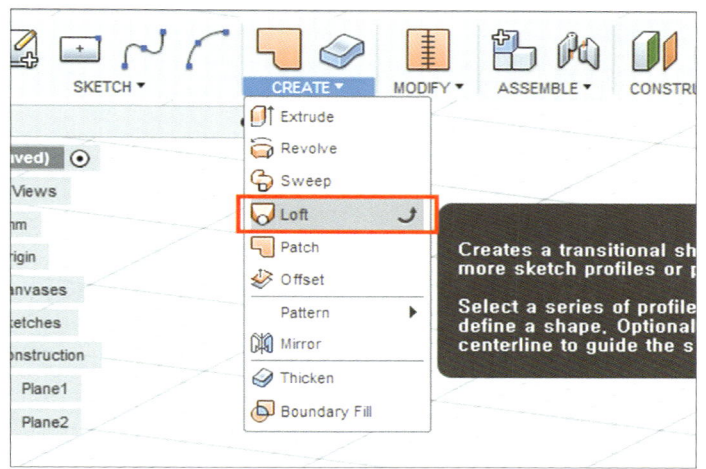

02-21

작성해 놓은 Spline 스케치를 연결하여 곡면을 생성한다.

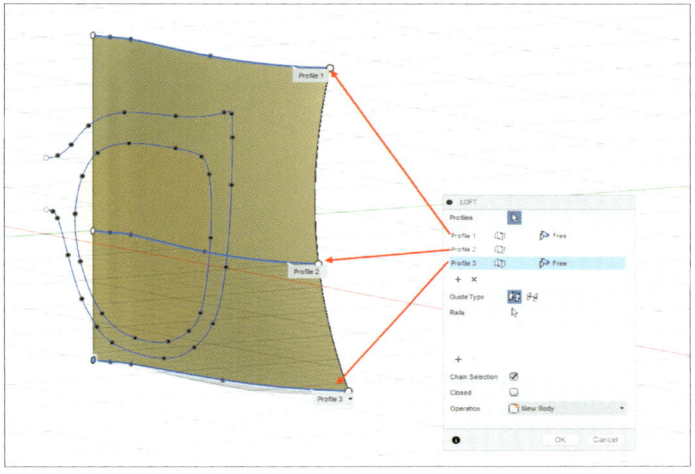

Chapter 06 Patch 작업 환경에서의 모델링

02-22

Create의 'Extrude'를 클릭한다.

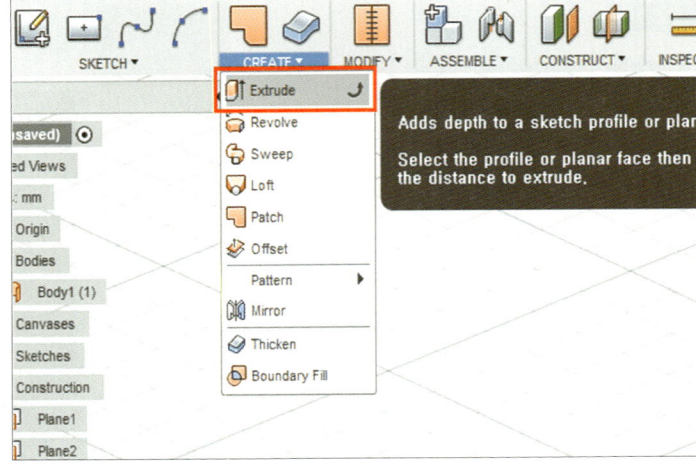

02-23

안경 모양의 스케치 프로파일을 선택한다.

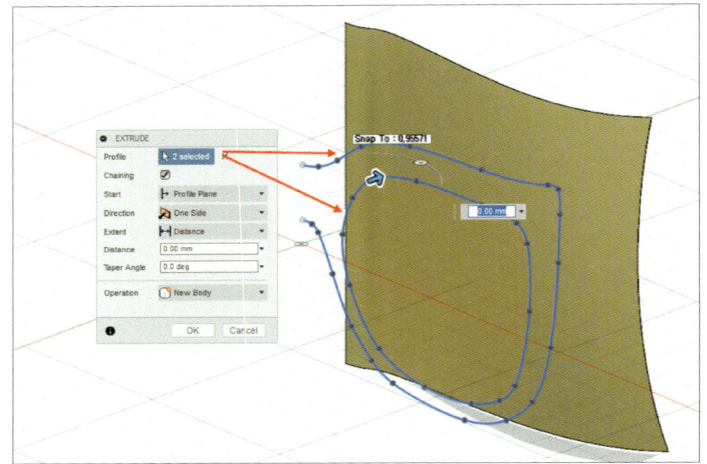

02-24

면끼리 겹쳐지는 방향으로 Extrude 면을 돌출시킨다.

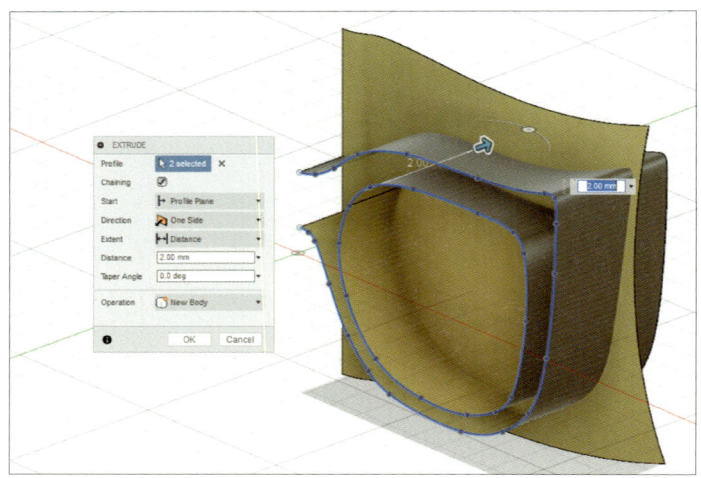

02-25

Modify의 'Trim'을 클릭한다.

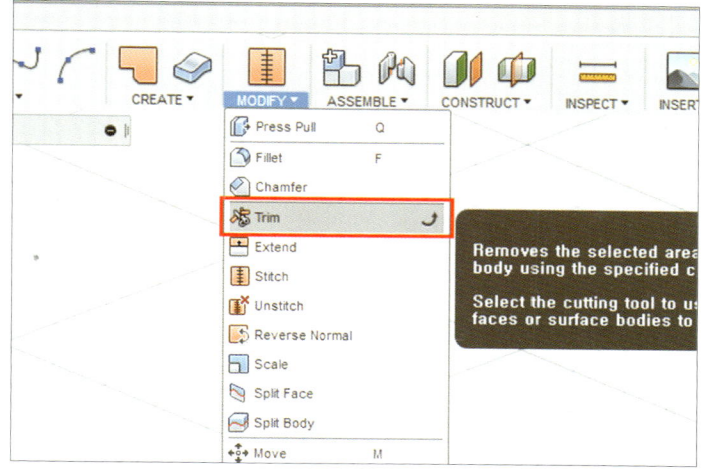

02-26

Trim Tool로 먼저 안경 모양 스케치를 선택하고 선택한 스케치를 기준으로 불필요한 면을 선택한다.

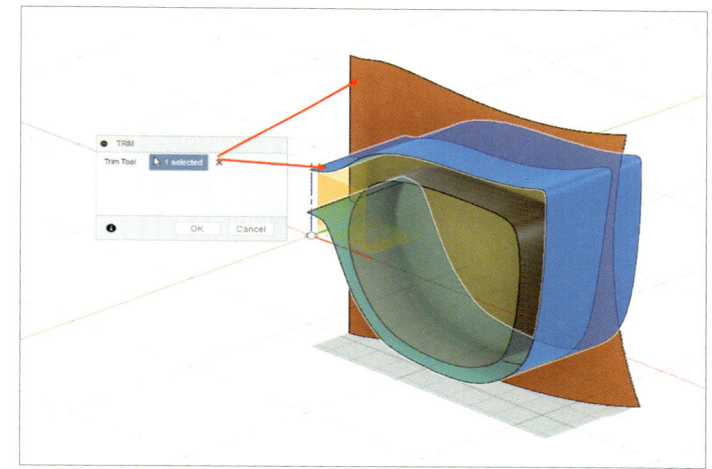

02-27

마찬가지 방법으로 불필요한 면을 잘라낸다.

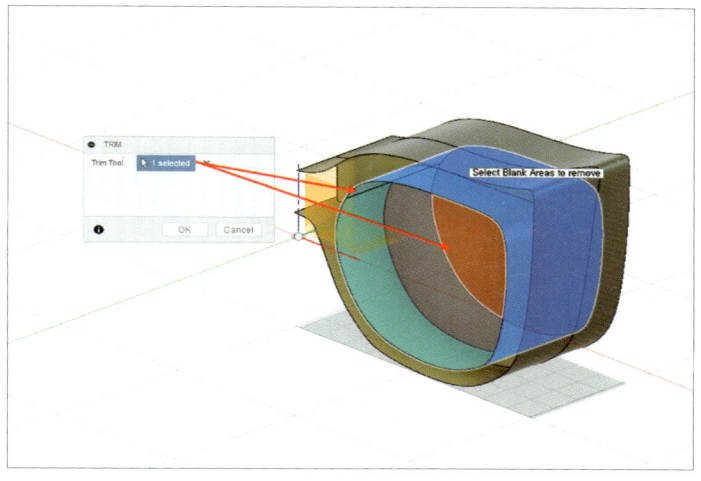

02-28

그림과 같이 면을 잘라낸 후 필요 없는 면들은 브라우저에서 비활성화한다.

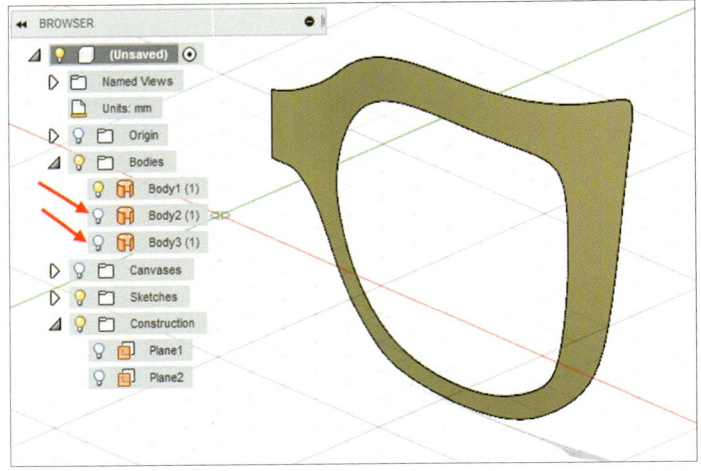

02-29

Create의 'Thicken'을 클릭한다.

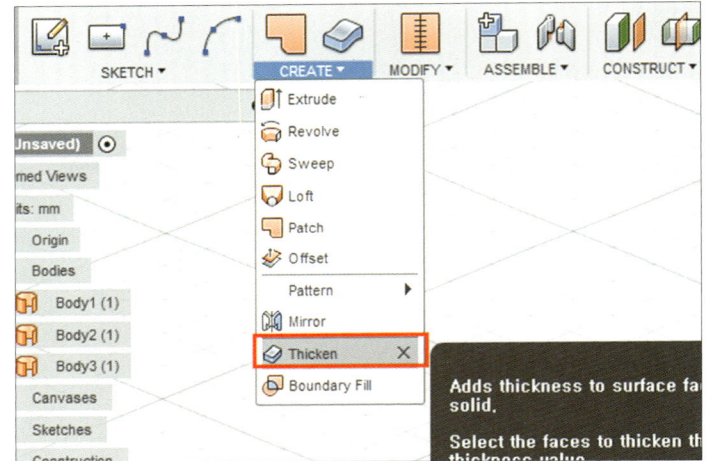

02-30

안경 모양의 면을 선택한 후 두께 값을 입력하여 모델을 생성한다.

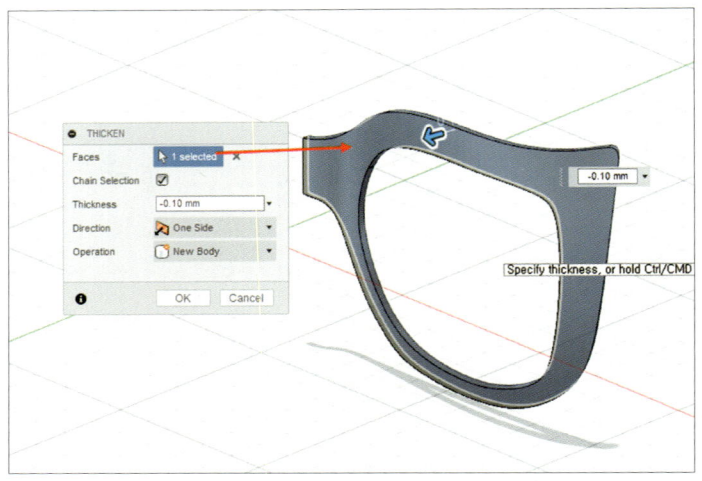

02-31

Sketch의 'Spline'을 클릭한다.

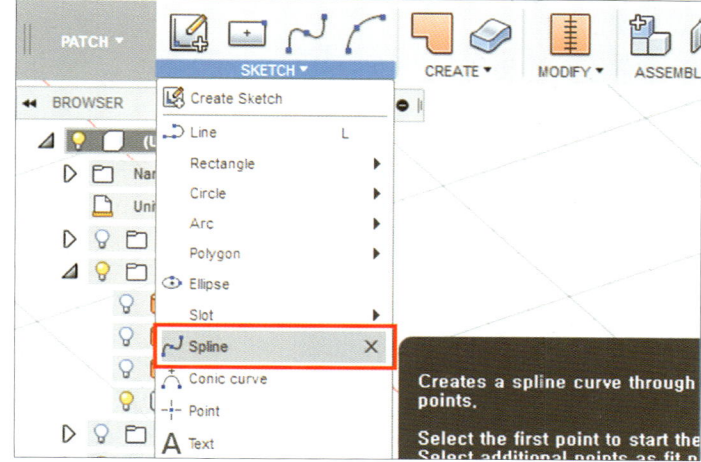

02-32

작업 면으로 XY평면을 선택한다.

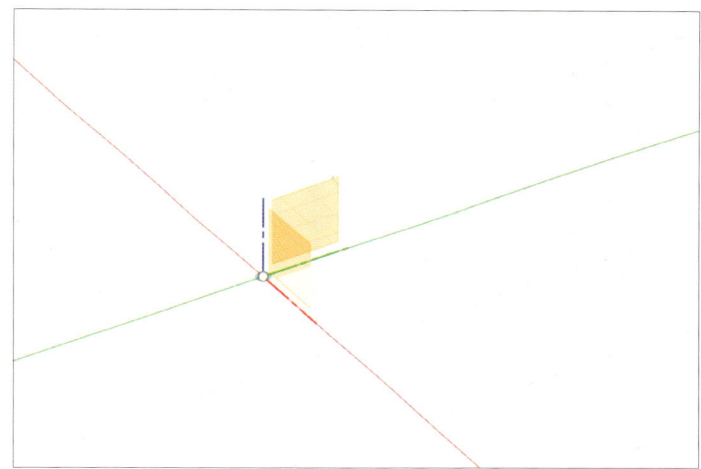

02-33

그림과 같은 스케치를 작성한다.

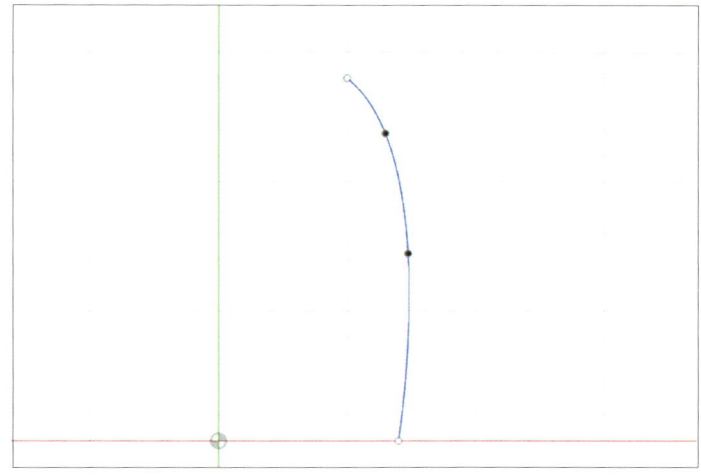

02-34

ZY평면을 작업 면으로 선택한다.

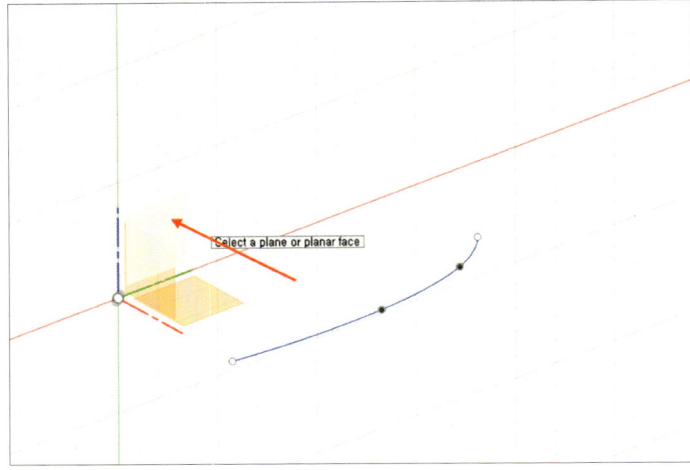

02-35

그림과 같은 스케치를 작성한다.

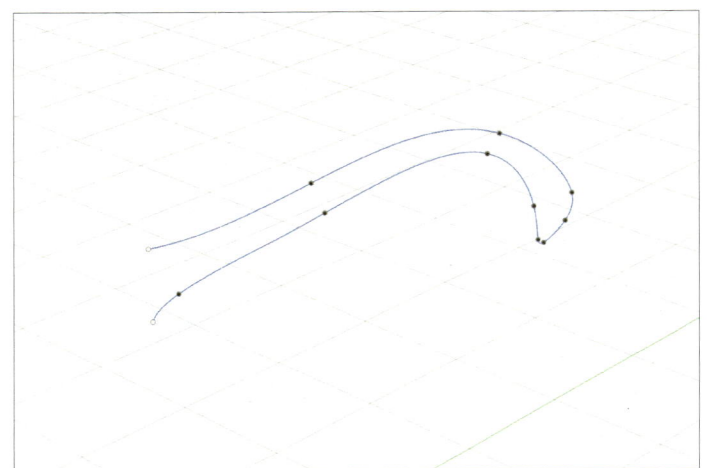

02-36

Create의 'Extrude'를 클릭한다.

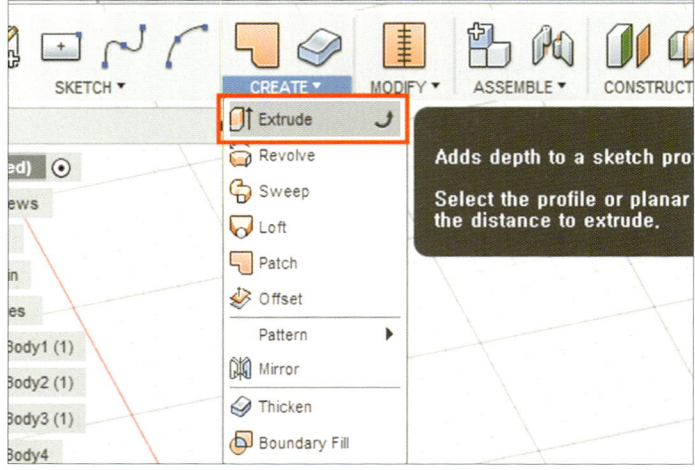

02-37

Spline 스케치를 돌출시킨다.

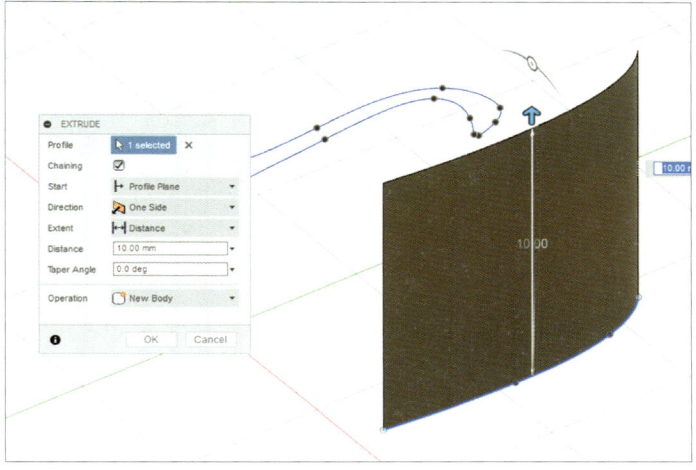

02-38

나머지 스케치도 마찬가지로 Extrude를 이용하여 돌출시킨다.

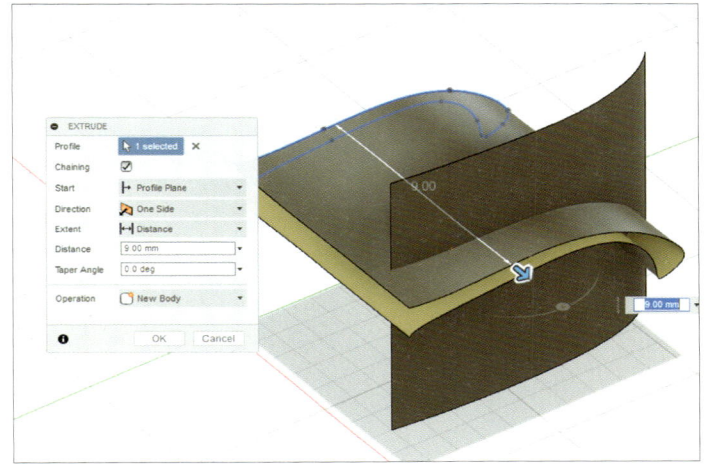

02-39

Modify의 'Trim'을 클릭한다.

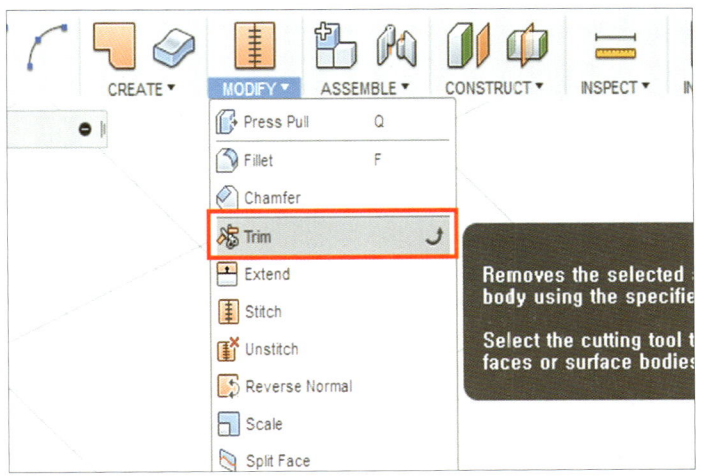

02-40

먼저 안경다리 모양의 면을 선택한 후 선택한 면을 기준으로 불필요한 면을 선택한다.

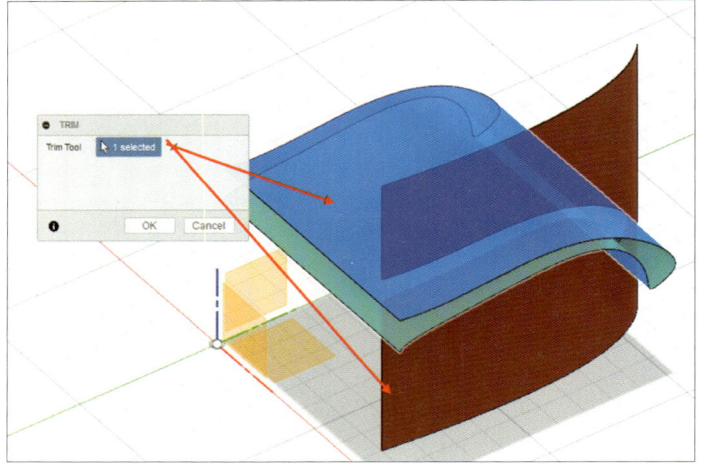

02-41

Create의 'Thicken'을 클릭한다.

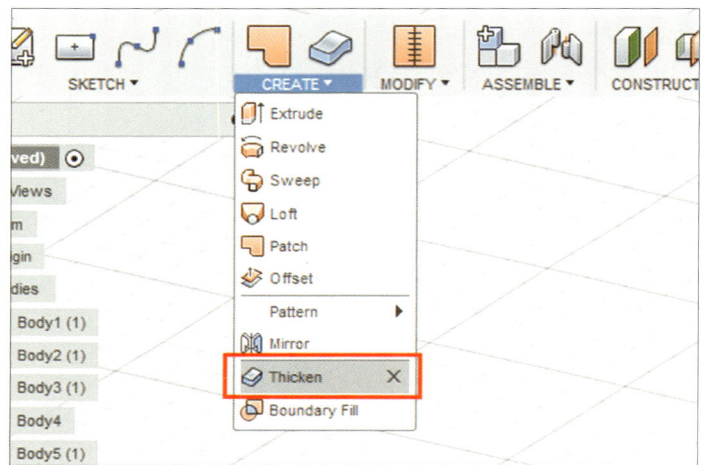

02-42

안경다리 모양의 면을 선택한 후 두께 값을 넣어 모델을 생성한다.

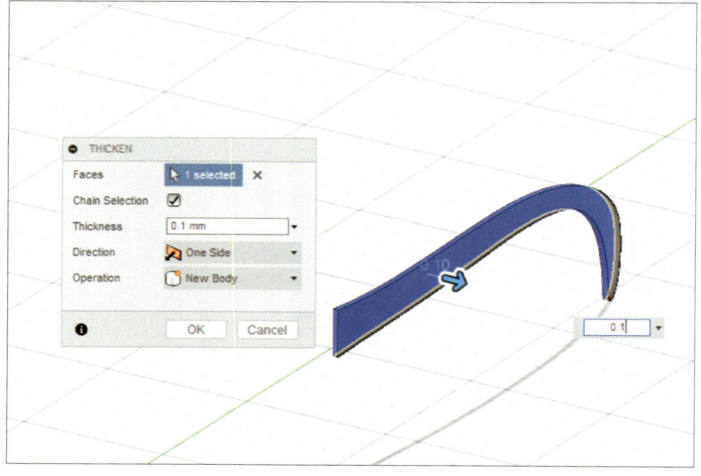

02-43

그림과 같이 안경 반쪽이 생성된 것을 확인할 수 있다.

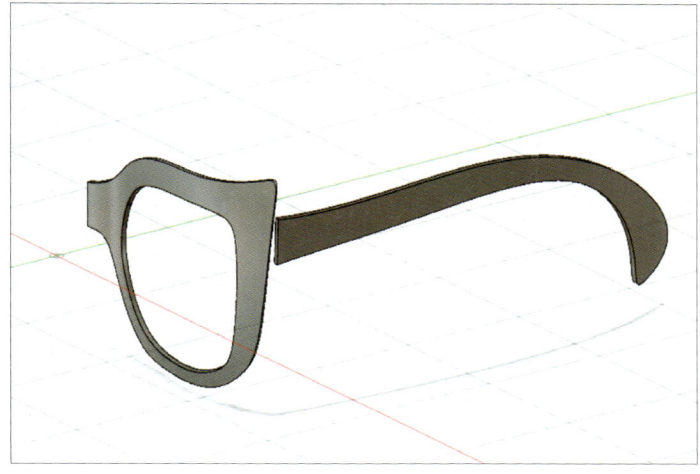

02-44

Model을 클릭한다.

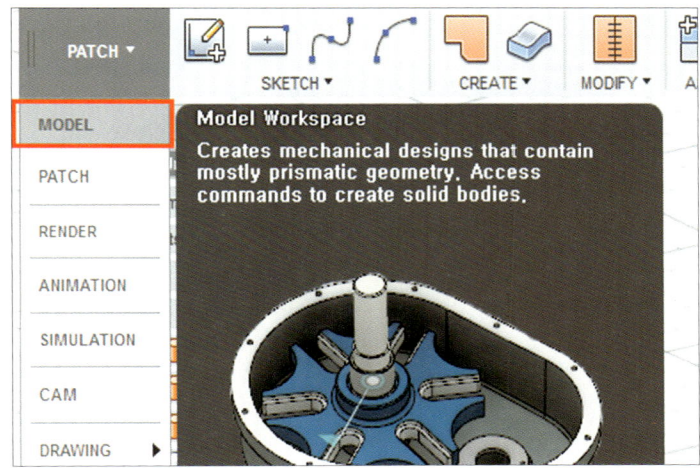

02-45

툴 바에서 Construct의 'Offset Plane'을 클릭한다.

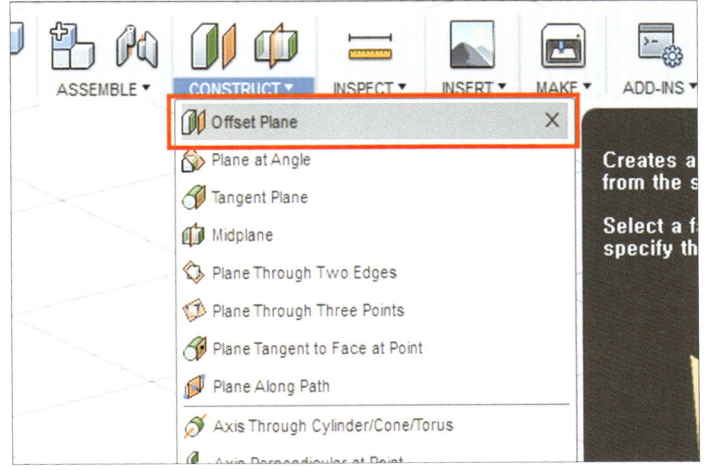

02-46

XY평면을 선택한다.

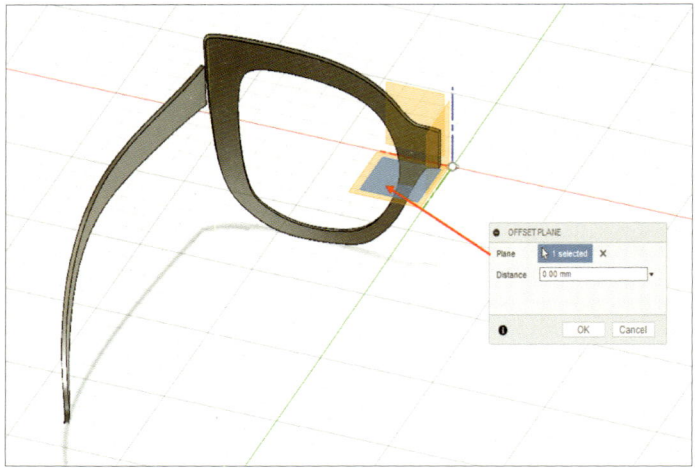

02-47

위쪽으로 이동시켜 작업 면을 생성한다.

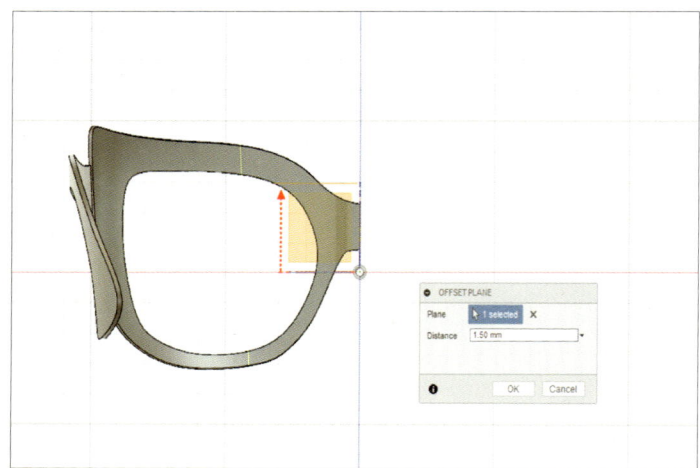

02-48

Sketch의 'Center Diameter Circle'을 클릭한다.

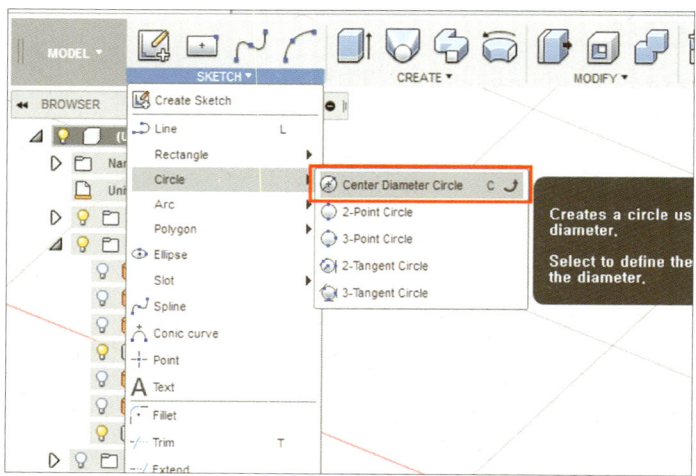

02-49

Offset Plane으로 생성된 작업 면을 선택한다.

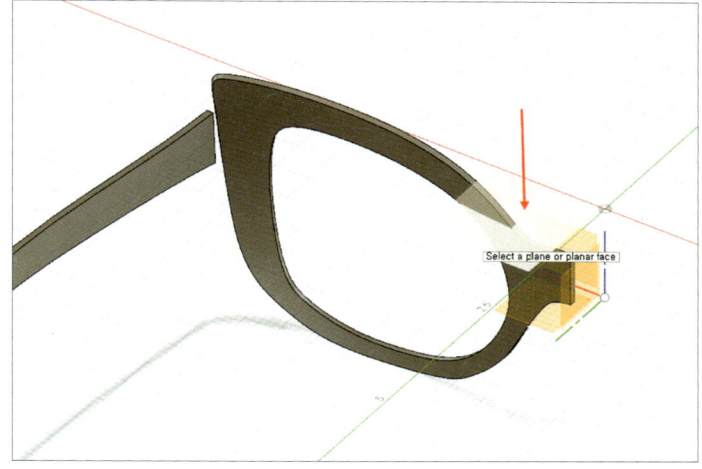

02-50

Sketch Palette에서 Slice에 체크한다.

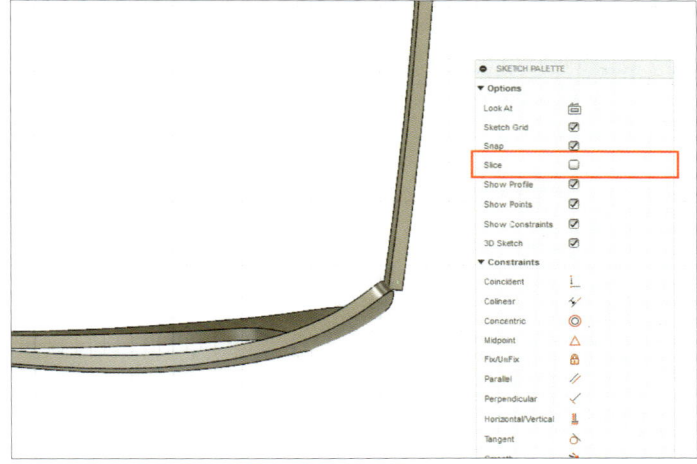

02-51

그림처럼 선택된 작업 면을 기준으로 모델의 단면이 표시된다.

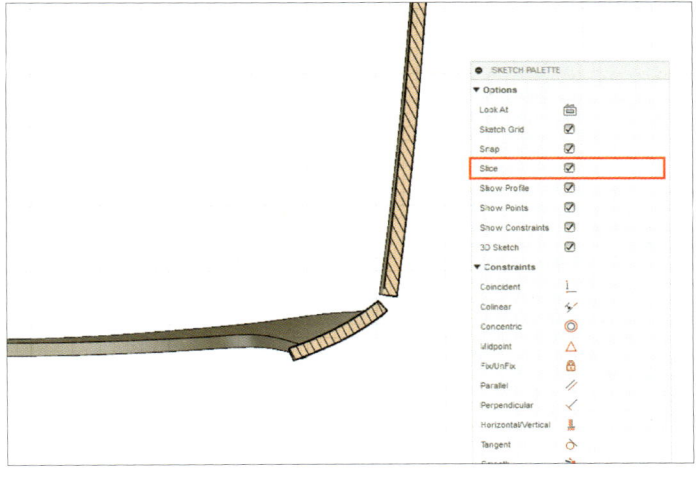

02-52

그림과 같이 안경 연결부 스케치를 작성한다.

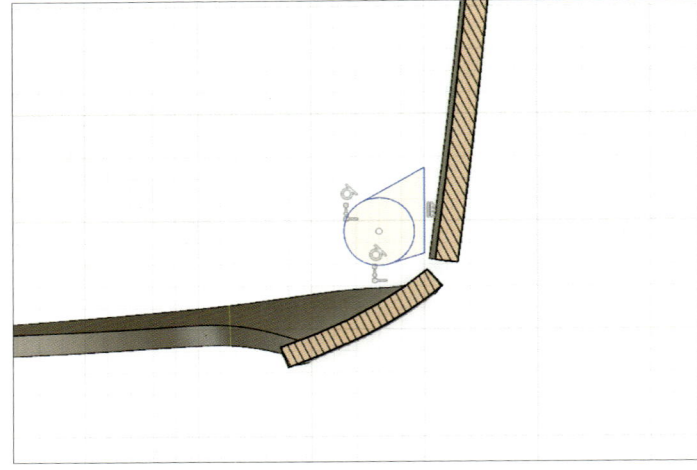

02-53

Create의 'Extrude'를 클릭한다.

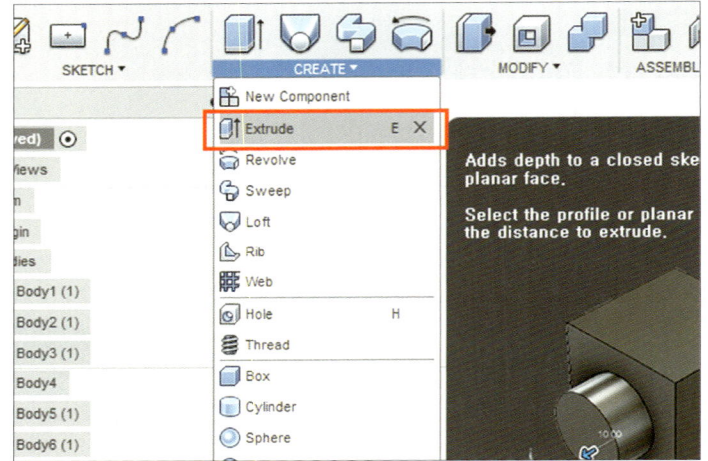

02-54

연결부를 돌출시켜 모델을 생성한다.

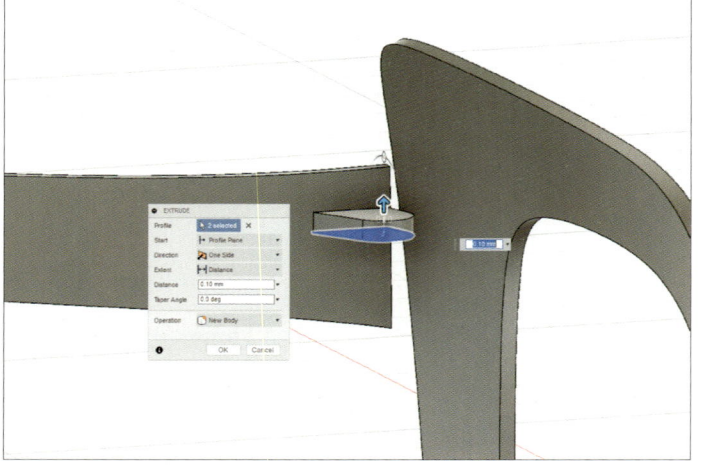

02-55

연결부 아랫면을 작업 면으로 선택한다.

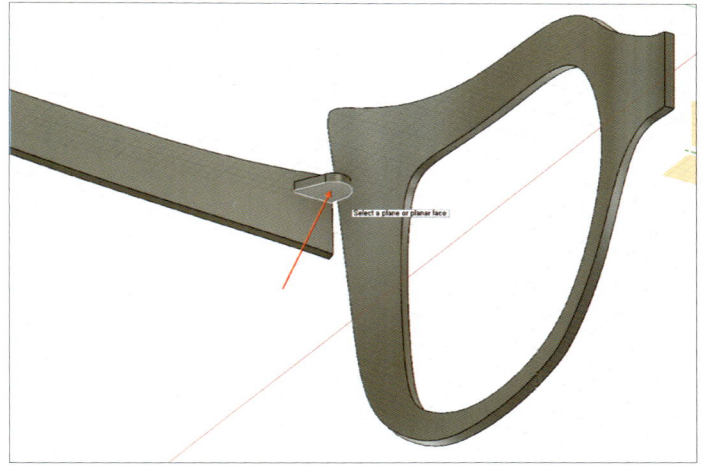

02-56

그림과 같은 스케치를 작성한다.

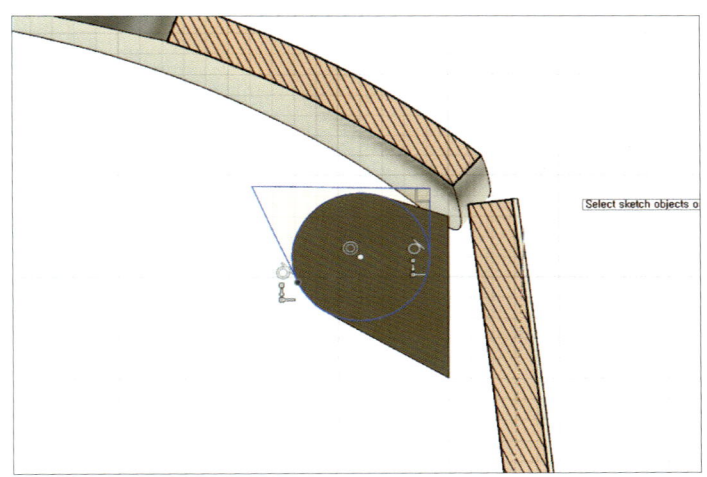

02-57

Create의 Extrude를 이용하여 모델을 생성한다.

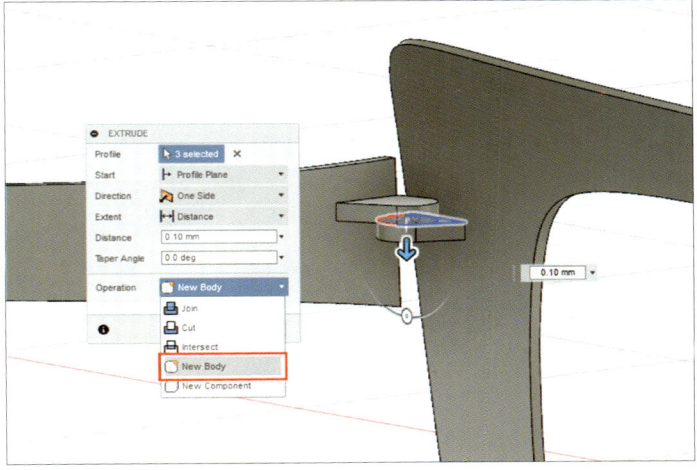

02-58

Sketch의 'Project'를 클릭한다.

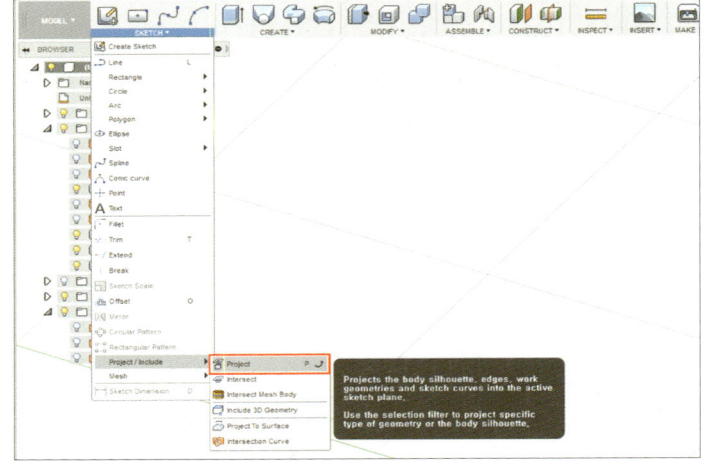

02-59

그림에 표시된 면을 작업 면으로 선택한다.

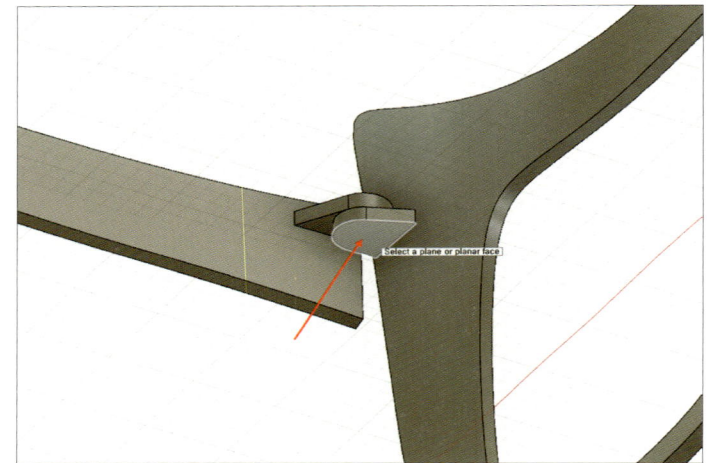

02-60

그림에 표시된 면을 선택하여 작업 면에 투영시킨다.

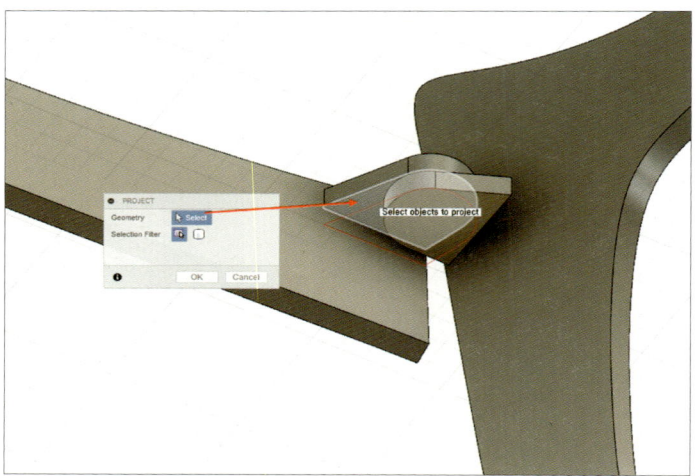

02-61

Extrude 툴을 사용하여 투영된 스케치를 돌출시킨다.

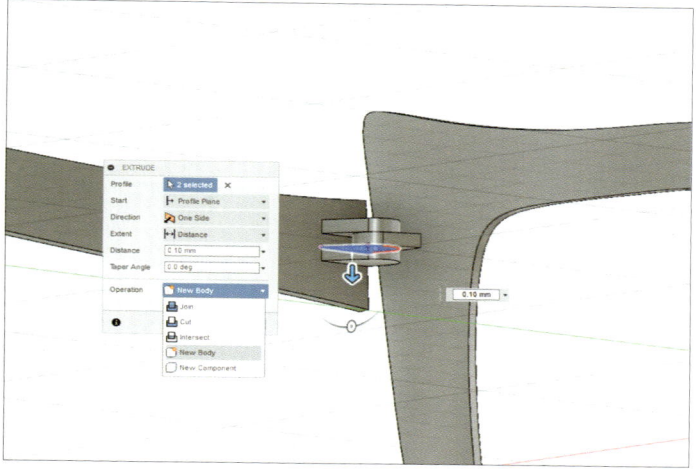

02-62

Create의 'Extrude'를 클릭한다.

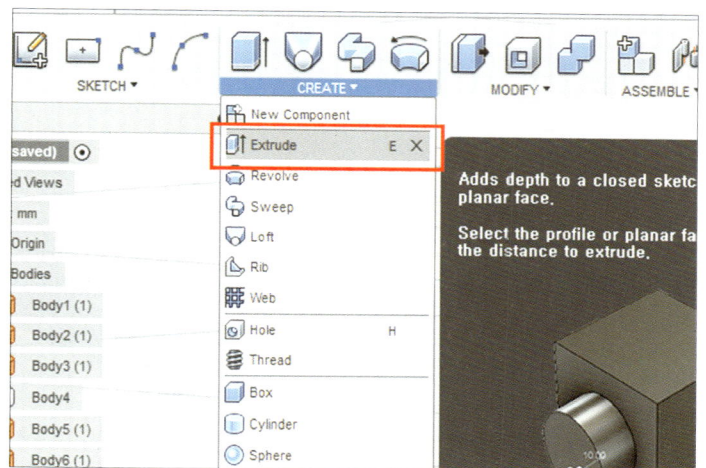

02-63

그림에 표시된 모델의 옆면을 선택한다.

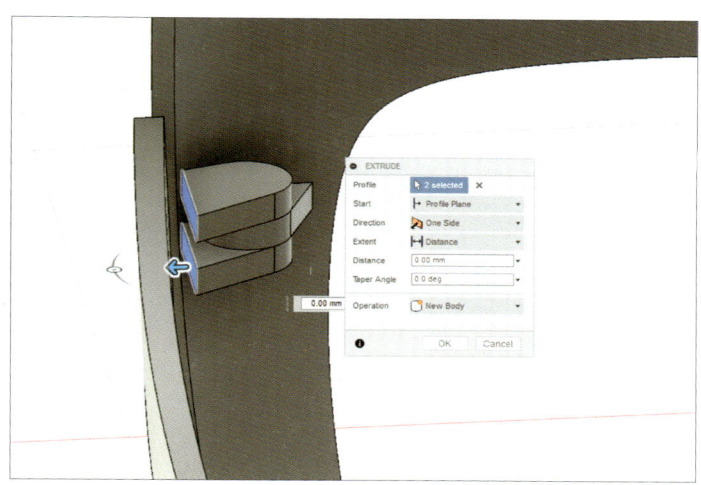

02-64

Extent 옵션을 To Object로 변경한다.

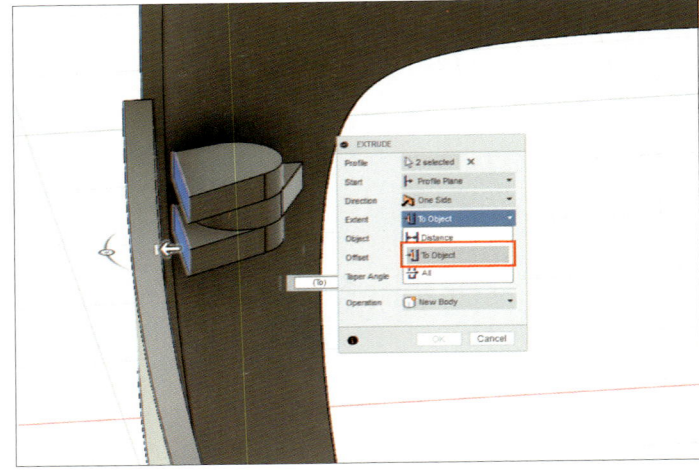

02-65

Object로 안경다리 안쪽 면을 선택한다.

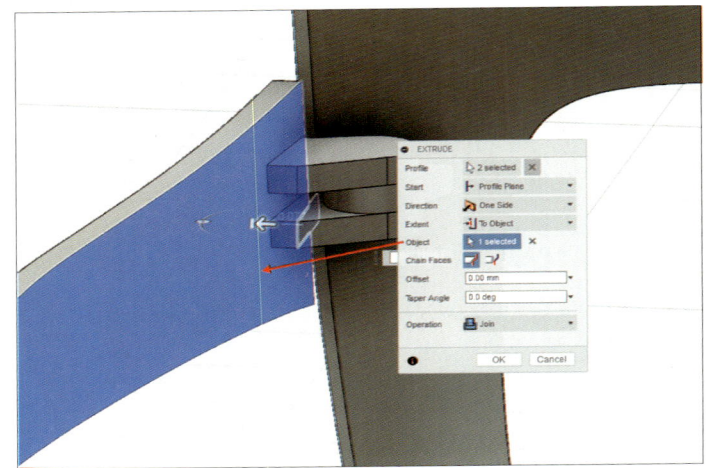

02-66

나머지 연결부도 마찬가지로 Extrude 한다.

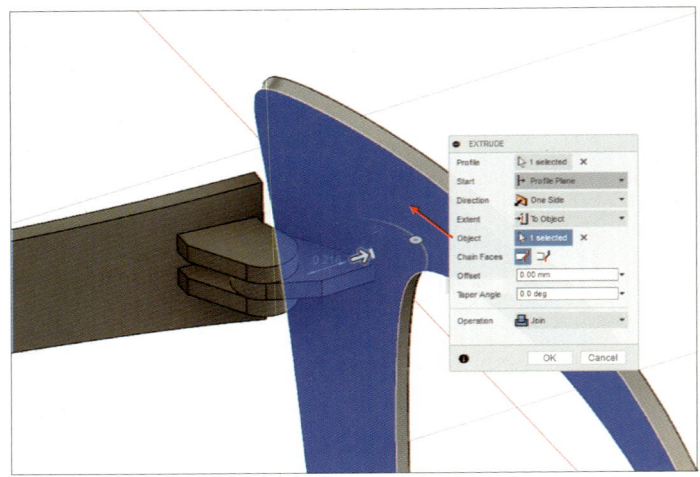

02-67

Browser에서 안경다리 모델을 비활성화한다.

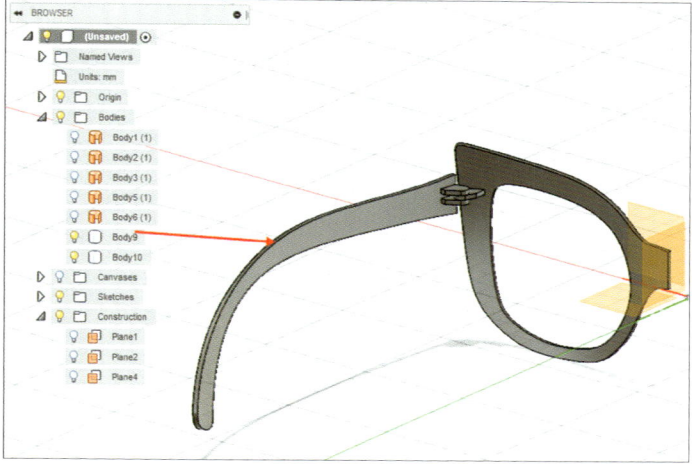

02-68

그림과 같이 화면에서 숨겨진 것을 확인할 수 있다.

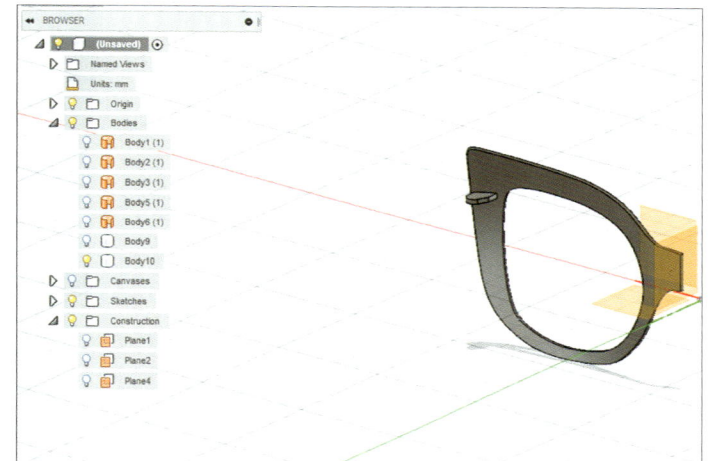

02-69

Create의 'Sphere'를 클릭한다.

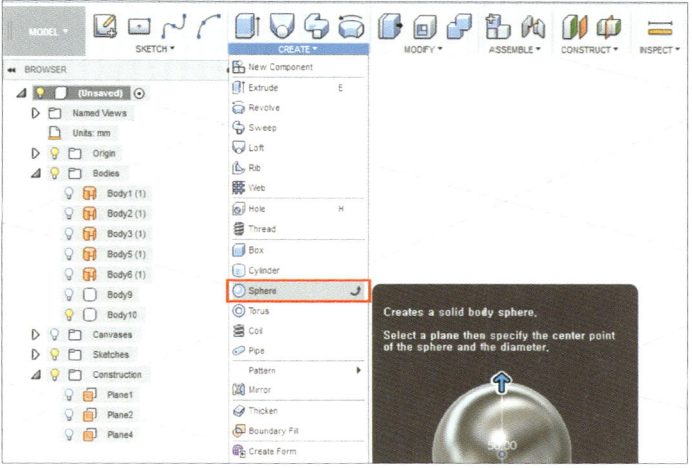

02-70

작업 면으로 연결부 위쪽 면을 선택한다.

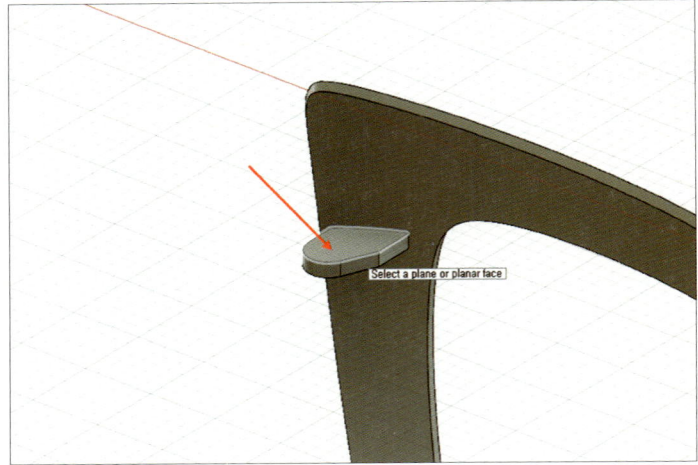

02-71

그림과 같이 구를 생성한다.

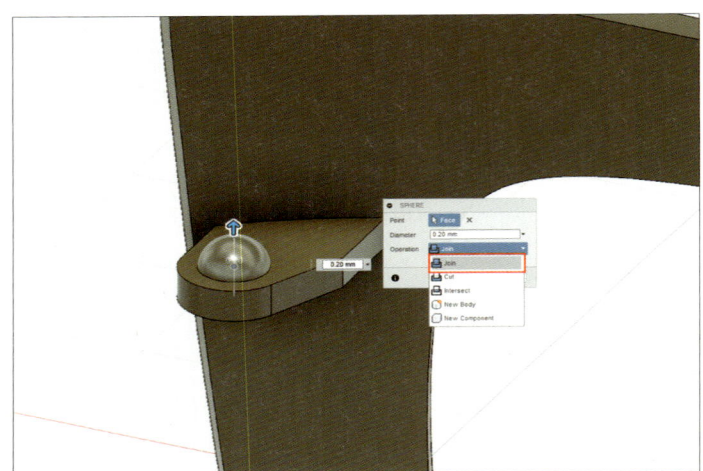

02-72

아랫면에도 마찬가지로 구를 생성한다.

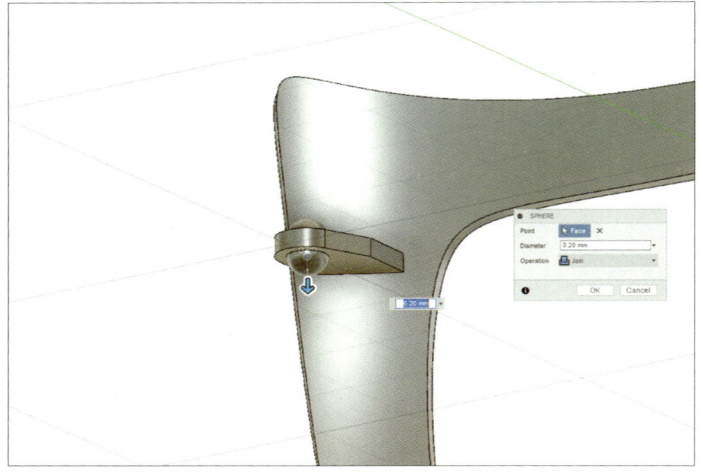

02-73

비활성화했던 안경다리 모델을 다시 활성화한다.

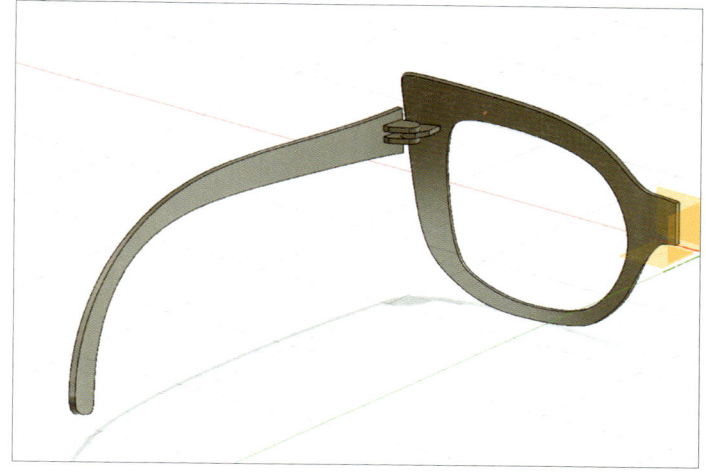

02-74

Modify의 'Combine'을 클릭한다.

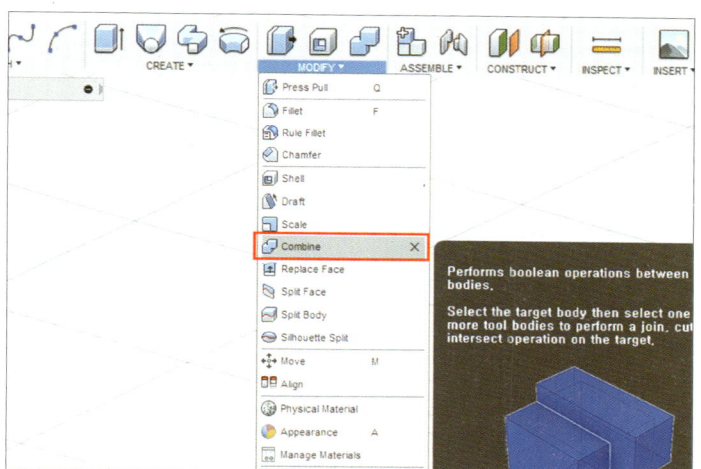

02-75

Target Body는 안경다리를 선택하고, Tool Bodies는 안경 몸체를 선택한다.

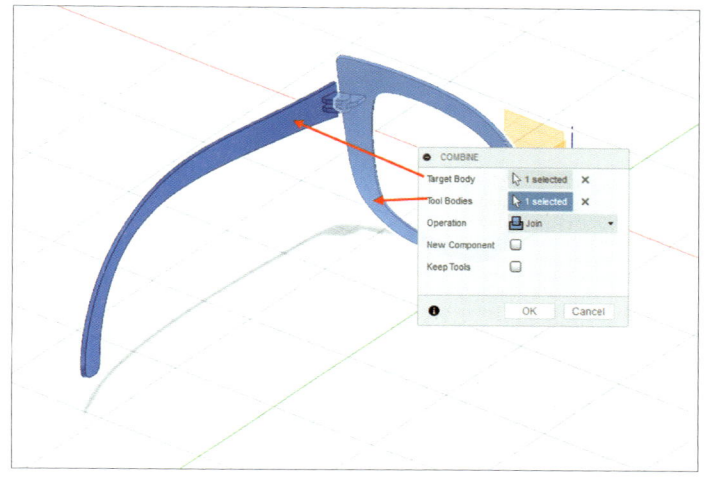

02-76

Operation을 Cut으로 변경하고 Keep Tools의 체크 박스에 체크한다.

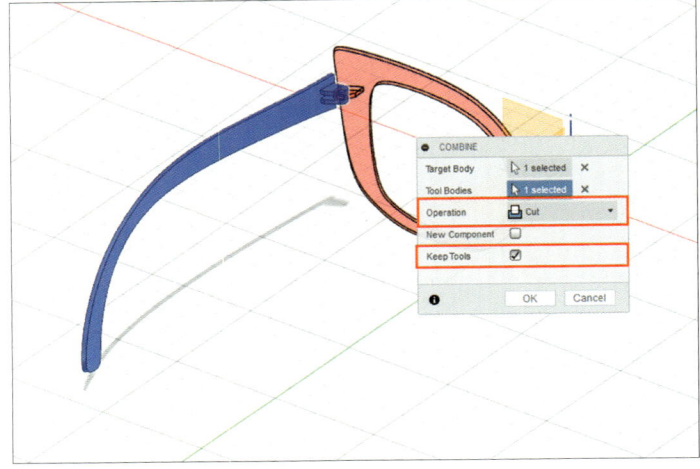

02-77

안경다리 연결부 안쪽 모양이 구 형태로 깎여나간 것을 확인할 수 있다.

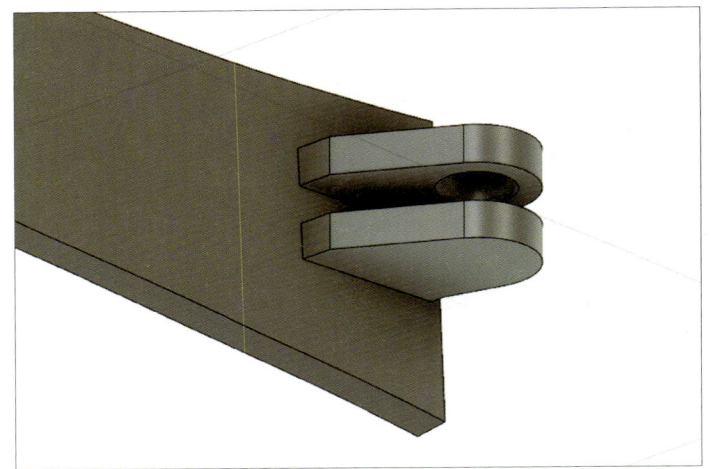

02-78

Create의 'Mirror'를 클릭한다.

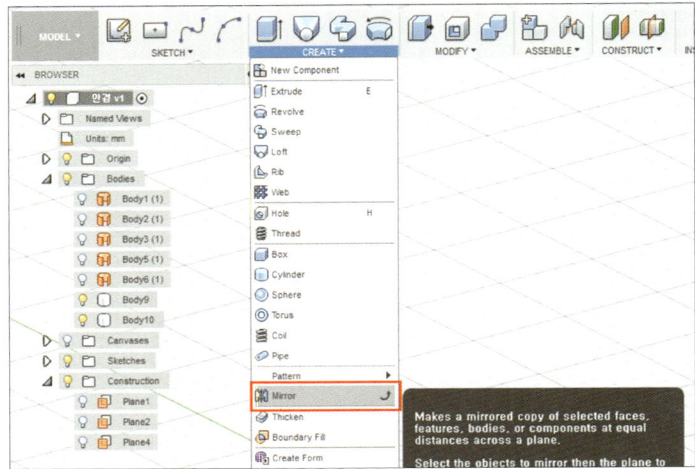

02-79

Pattern Type을 Pattern Bodies 로 변경하고 Objects는 안경 몸체와 안경다리를 선택한다.

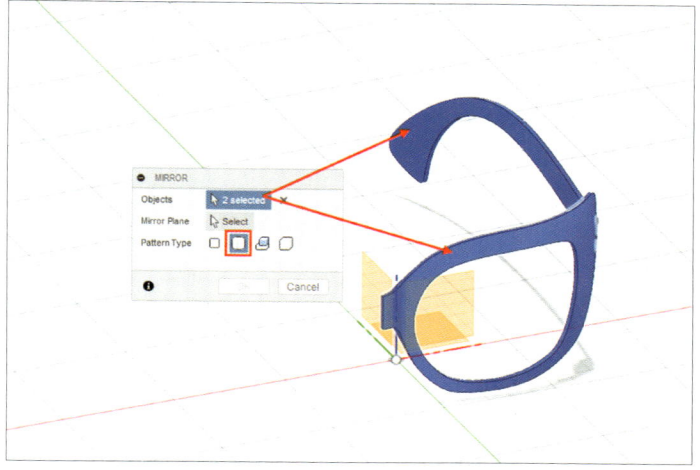

02-80

Mirror Plane을 선택한다.

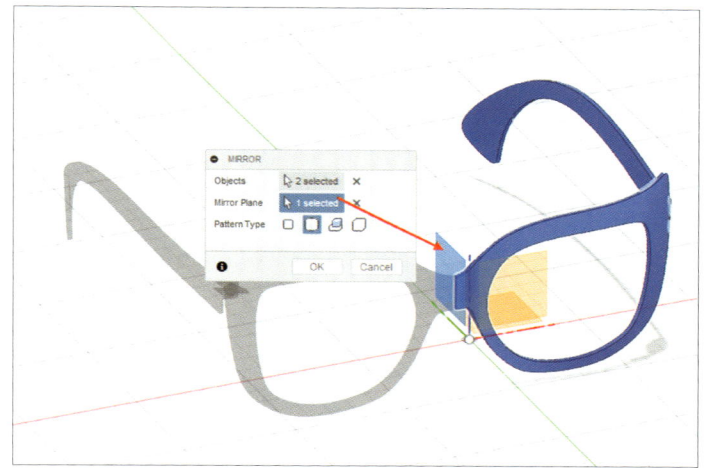

02-81

Browser에서 Body의 오른쪽을 클릭한 후 'Create Components From Bodies'를 클릭한다.

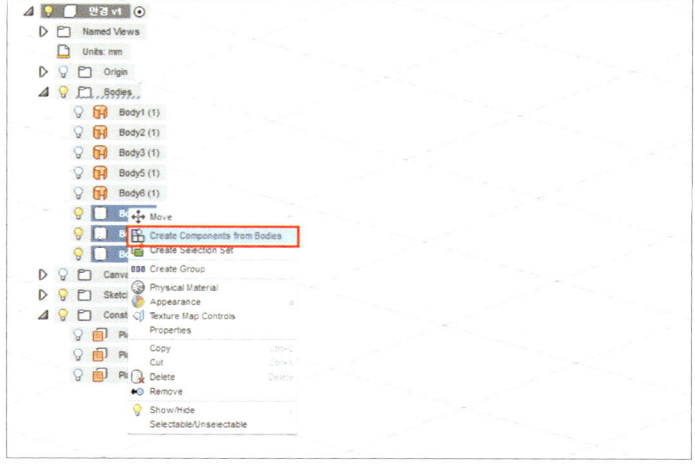

02-82

그림과 같이 Body가 Component로 바뀐 것을 확인할 수 있다.

02-83

안경 몸체를 오른쪽 마우스로 클릭한 후 Ground로 설정한다.

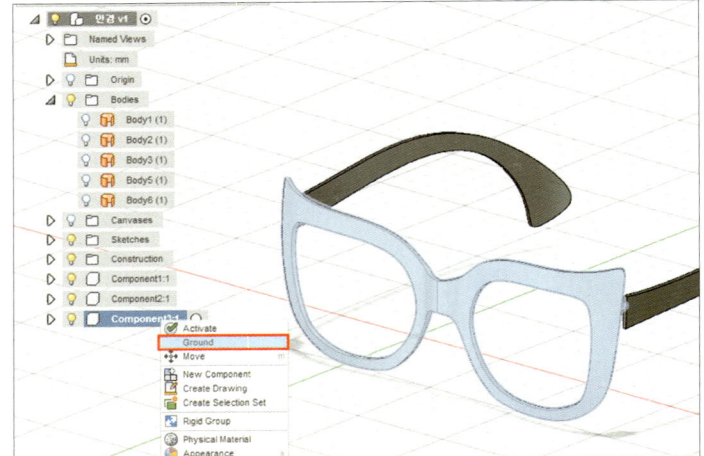

02-84

Assemble의 'As-Built Joint'를 클릭한다.

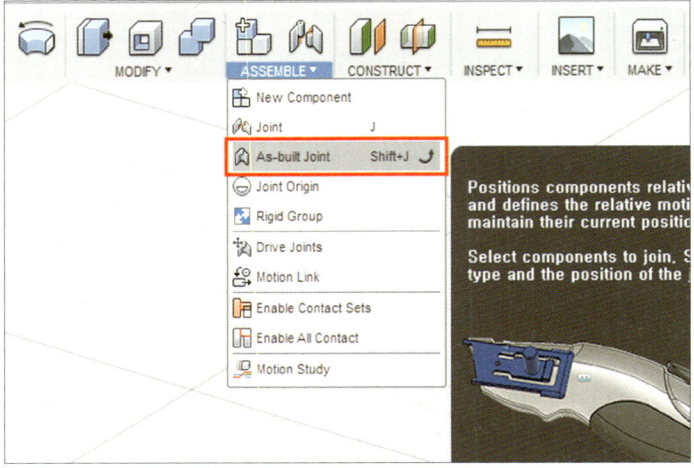

02-85

Components로 안경 몸체와 안경다리를 선택하고 Motion Type을 Revolute로 변경한다.

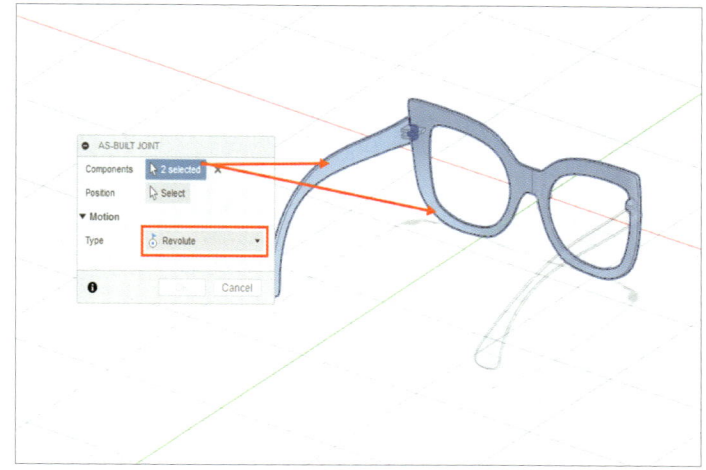

02-86

Position은 연결부의 회전축을 선택한다.

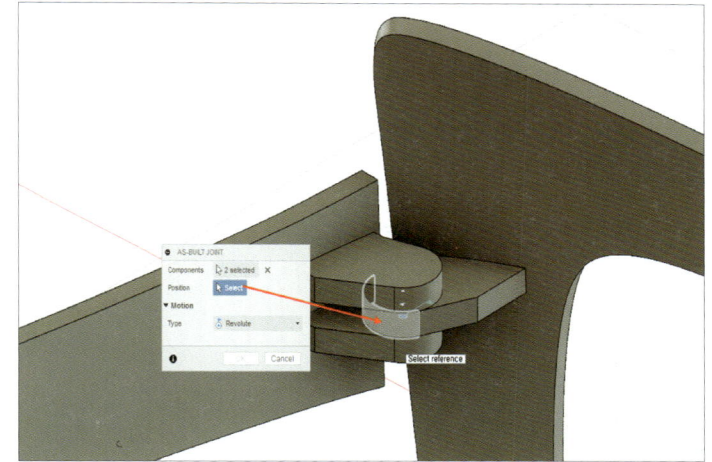

02-87

Joint를 설정하면 그림과 같이 안경다리가 회전축을 중심으로 움직인다.

02-88

색상과 재질을 입히기 위해서 툴 바의 'Render'를 클릭한다.

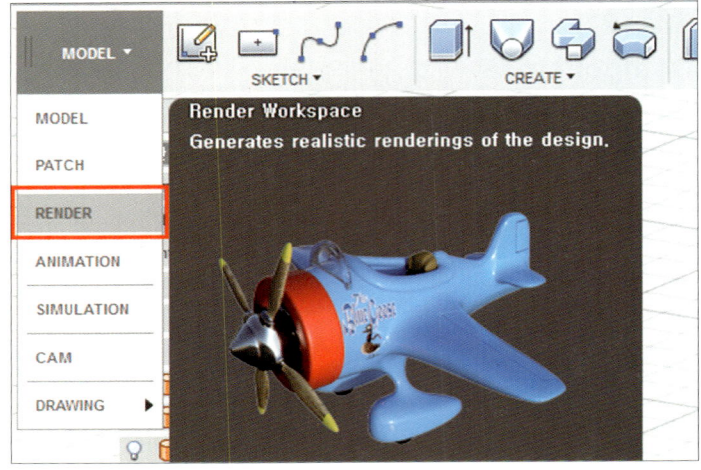

02-89

Appearance를 클릭한다.

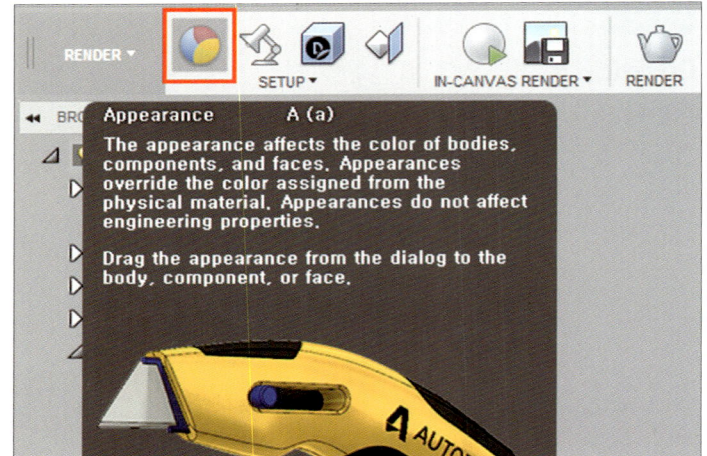

02-90

Library에서 재질과 색상을 선택한 후 드래그하여 모델에 적용한다.

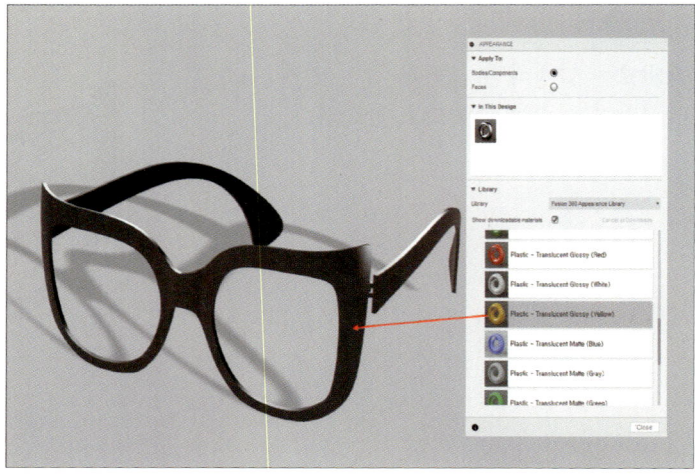

02-91

그림과 같이 선택한 재질과 색상이 적용된 것을 확인할 수 있다.

02-92

수정하고 싶다면 In This Design 에서 적용된 재질을 오른쪽 마우스로 클릭하여 'Edit'를 클릭한다.

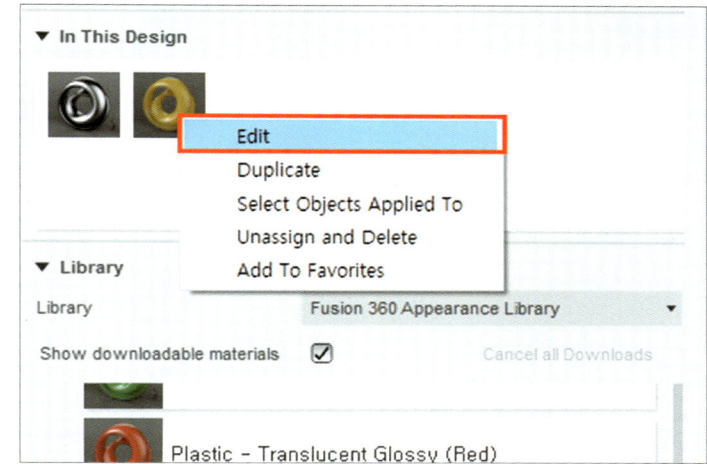

02-93

색상을 좀 더 상세하게 변경하는 것이 가능하다.

02-94

Advanced를 클릭한다.

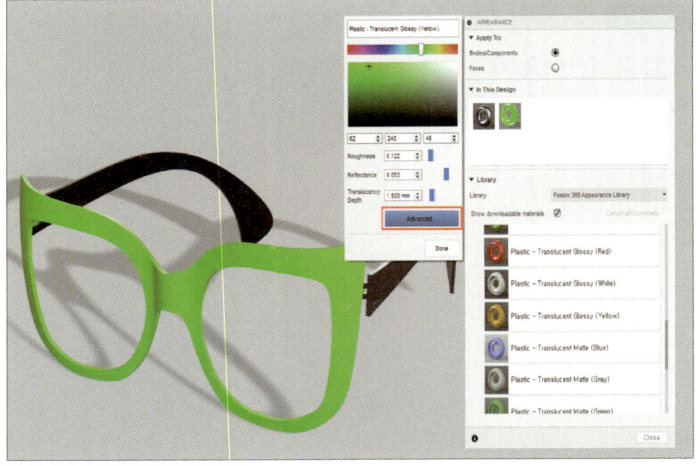

02-95

Parameters 옵션을 Image로 변경한다.

02-96

내가 원하는 이미지를 모델에 적용하여 입힐 수 있다.

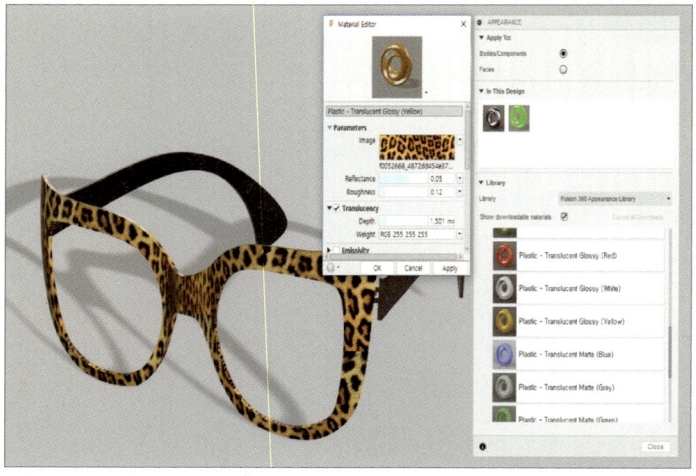

02-97
완성된 이미지이다.

> Tip **1. Toolbox 사용하기**

Fusion 360에서 자주 사용되는 툴은 단축키로 등록되어 있어 쉽고 간단하게 사용할 수 있다. 하지만 모델링에 따라 단축키는 없지만 자주 사용하게 되는 툴이 있는데 그럴 때는 Toolbox를 이용하여 내가 자주 쓰는 툴로 등록해서 사용할 수 있다.

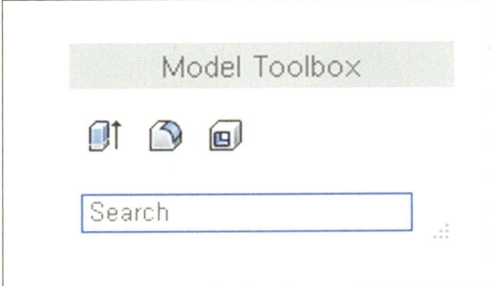

❶ 키보드 S를 누르면 그림과 같은 Toolbox가 생성된다.

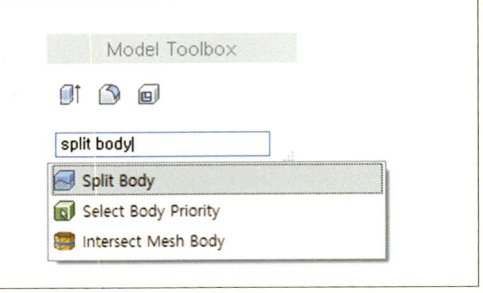

❷ Search Bar에 내가 자주 사용하는 툴을 검색한다.

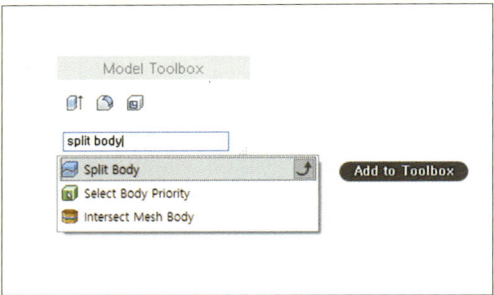

❸ 마우스 포인터를 이동시키면 Add to Toolbox 버튼이 활성화된다.

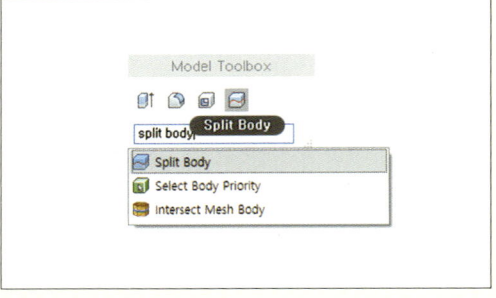

❹ 오른쪽으로 버튼을 누르면 그림과 같이 Toolbox에 등록된 것을 확인할 수 있다.

Toolbox에 등록하여 쉽고 빠르게 모델링 작업을 진행할 수 있다.

> Tip

2. Insert Spline Fit Point

Spline은 스케치를 작성하면서 클릭한 위치에 편집 포인트가 생성된다. 그 편집 포인트를 이용하여 스케치를 수정할 수 있다. 하지만 스케치를 작성하다 보면 편집 포인트가 부족한 경우가 있다. 이럴 때 어떻게 편집 포인트를 추가하는지 알아보도록 한다.

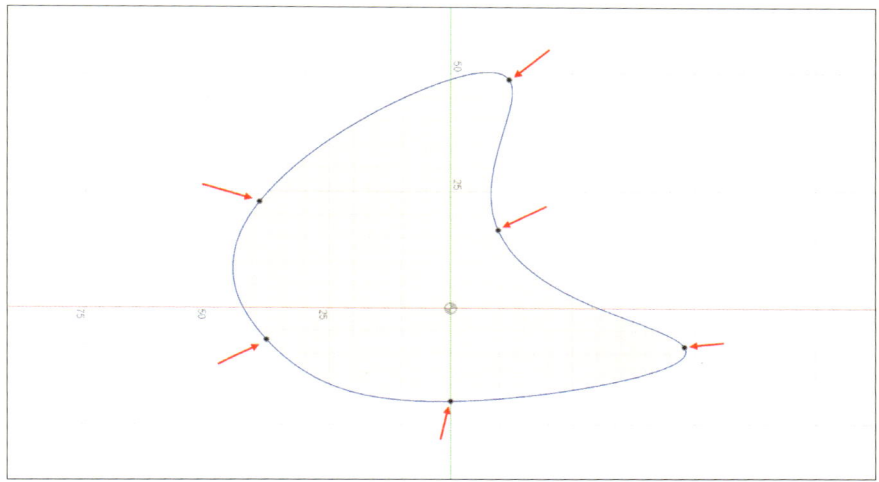

❶ 그림과 같이 스케치를 작성하면서 클릭한 위치에 편집 포인트가 생성된다.

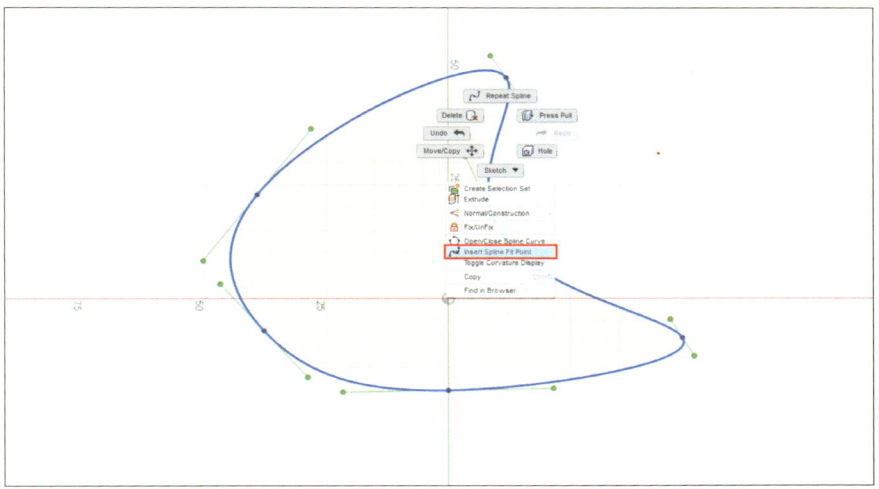

❷ 마우스 포인터를 Spline 위에 올려놓고 오른쪽 마우스를 클릭한 후 'Insert Spline Fit Point'를 클릭한다.

Tip 2. Insert Spline Fit Point

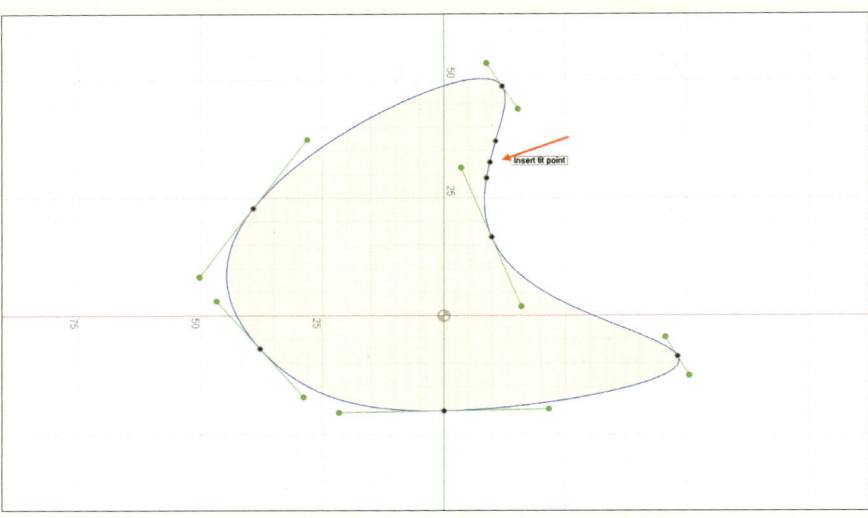

❸ 그림과 같이 Spline을 클릭하여 편집 포인트를 추가한다.

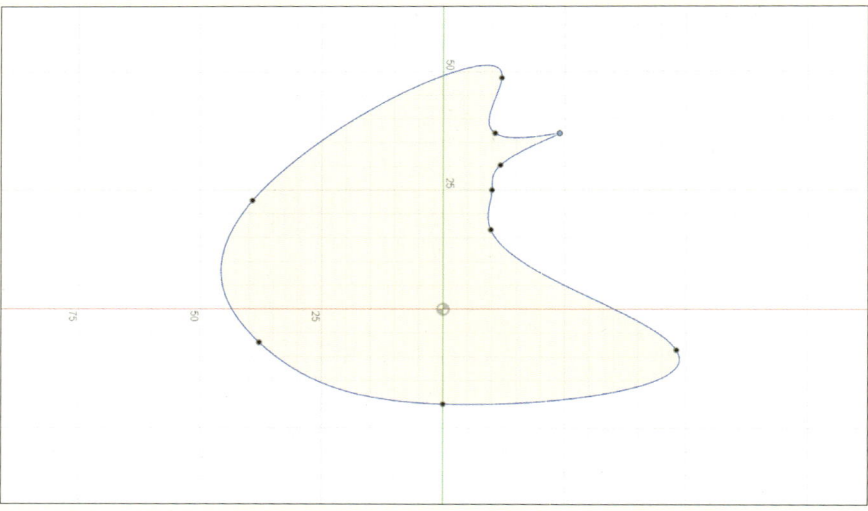

❹ 그림과 같이 추가한 편집 포인트를 이용하여 스케치를 편집할 수 있다.

Tip

3. Insert McMaster-Carr Component

설계하고 모델링을 진행하다 보면 볼트와 너트 또는 기타 부속품들도 모델링을 같이 하게 되는데 이때 McMaster-Carr Component를 이용하면 직접 모델링 하지 않고 쉽게 이용할 수 있다.

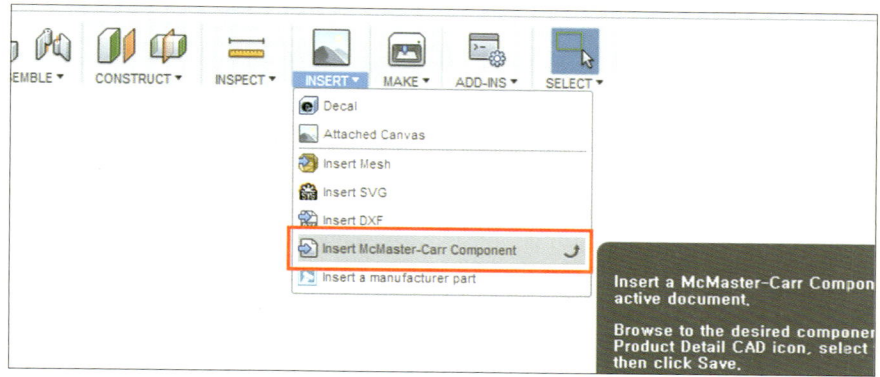

❶ Insert의 'Insert McMaster-Carr Component'를 클릭한다.

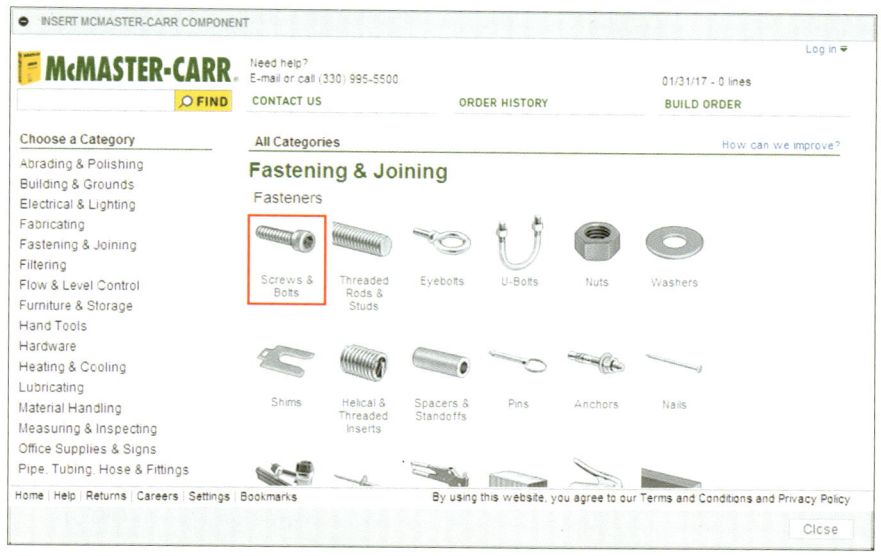

❷ 그림과 같은 화면이 뜨면 원하는 부품을 선택하여 클릭한다.

Chapter 06 Patch 작업 환경에서의 모델링 • 265

Tip 3. Insert McMaster-Carr Component

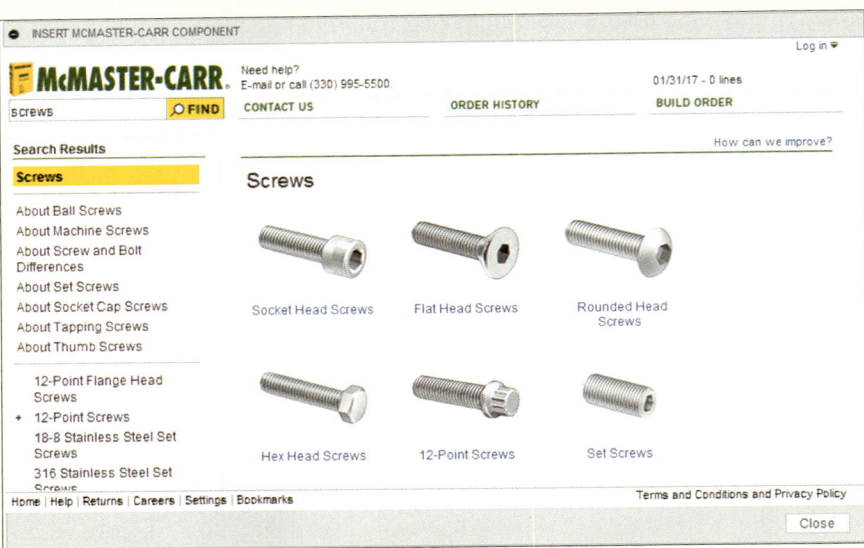

❸ 선택한 부품의 모양에 따른 세부 분류에 따라 다시 선택한다.

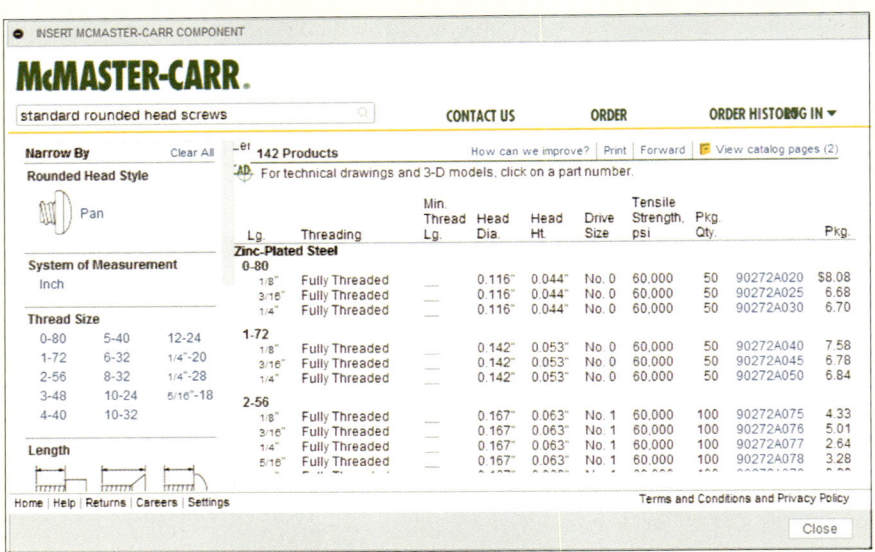

❹ 선택한 부품의 치수에 따라 선택한다.

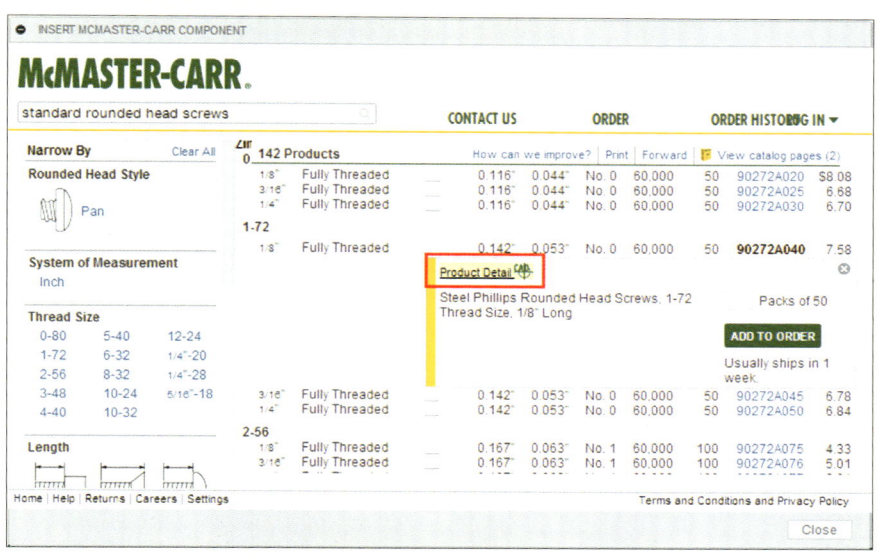

❺ 주문 창이 뜨면 'Product Detail'을 클릭한다.

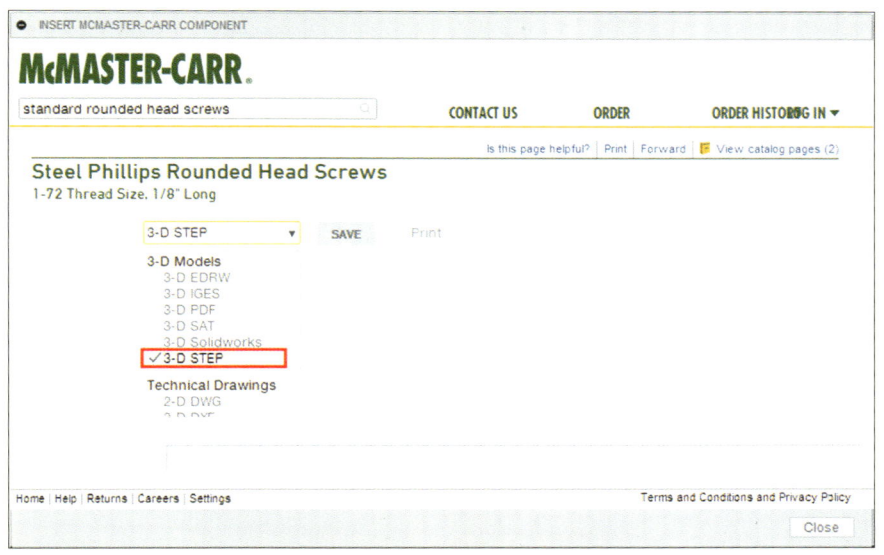

❻ 제품의 상세 정보 창이 나타나면 스크롤을 아래로 내려 3-D STEP 파일을 선택하고 'Save'를 클릭한다.

> Tip **3. Insert McMaster-Carr Component**

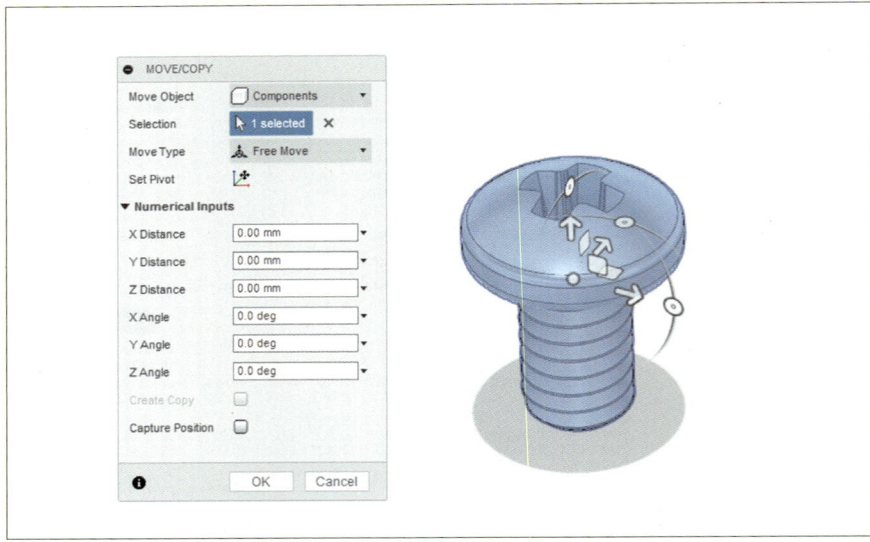

❼ 그림과 같이 작업 창에 내가 선택한 부품이 생성된다.

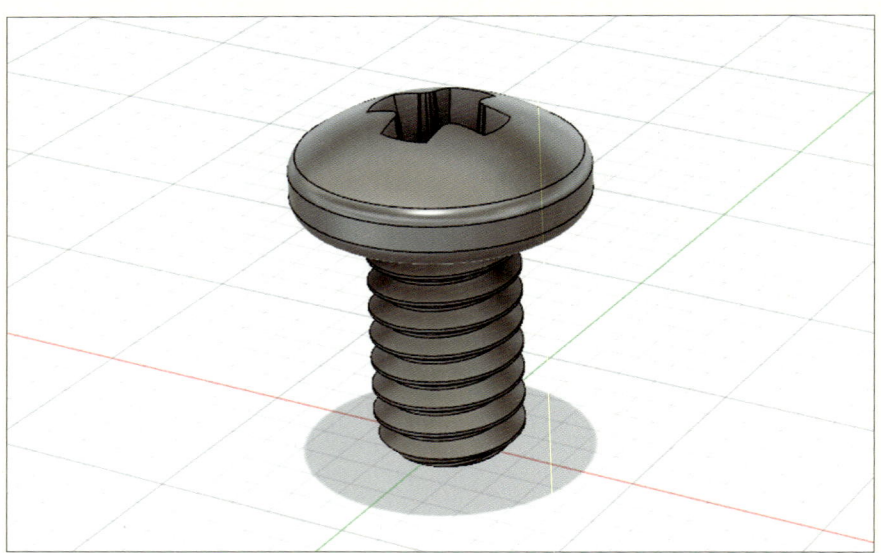

❽ 이와 같이 McMaster-Carr Component를 사용하여 직접 모델링 하지 않고 원하는 부품을 찾아서 간단하게 작업할 수 있다.

Chapter

07

Sculpt 작업 환경에서의 모델링

01 **Create** 기본 툴 설명
02 **Modify** 기본 툴 설명
03 **Edit Form** 상세 설명
04 **Symmetry** 기본 툴 설명
05 **Utilities** 기본 툴 설명
모델링 따라 하기 01   감자 칼 모델링
모델링 따라 하기 02   스테이플러 리무버 모델링
Tip. Direct Modeling
유의 사항 Sculpt 작업 환경에서의 유의 사항

3D Printing System

01 Create 기본 툴 설명

Box 박스를 생성한다.

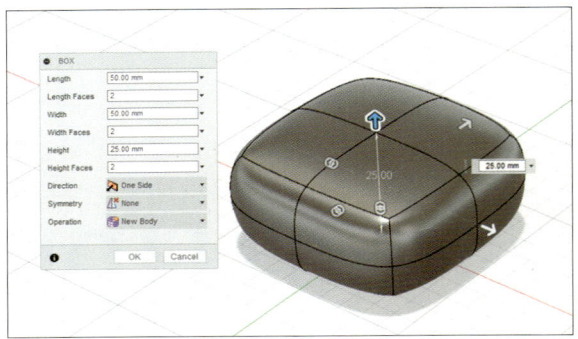

Plane 면을 생성한다.

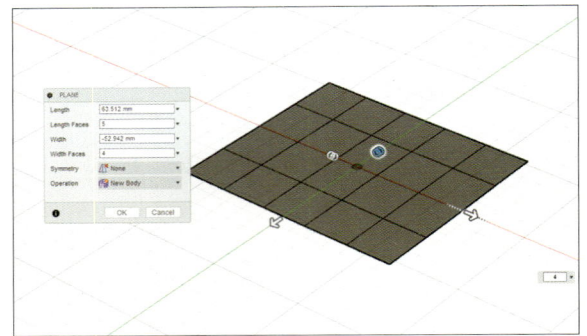

Cylinder 원기둥을 생성한다.

Sphere 구를 생성한다.

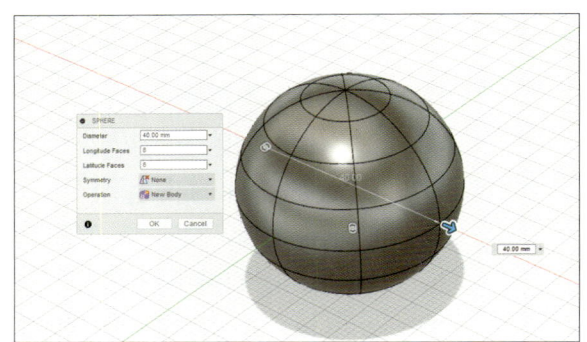

Torus 도넛 모양 모델을 생성한다.

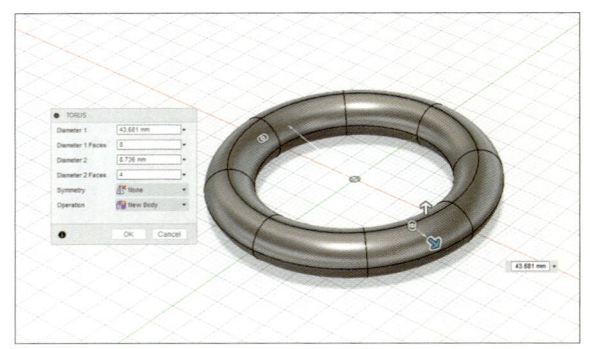

Quadball 쿼드 볼을 생성한다.

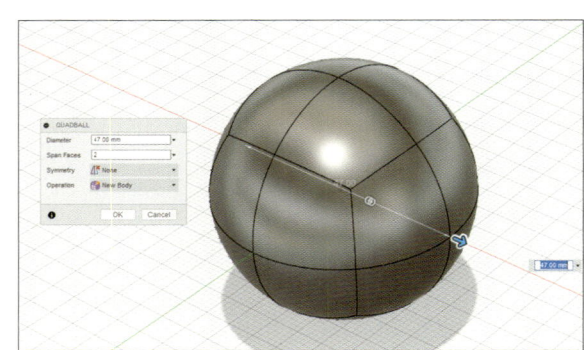

Pipe 파이프 모델을 생성한다.

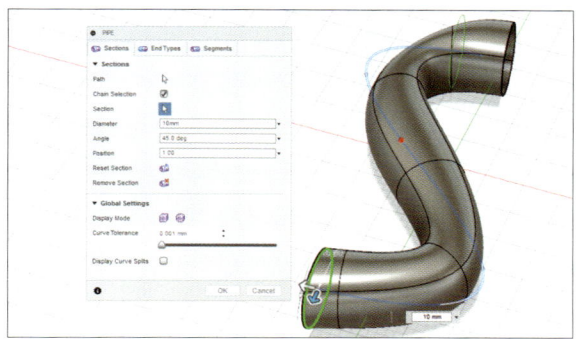

Face 사용자 지정 면을 생성한다.

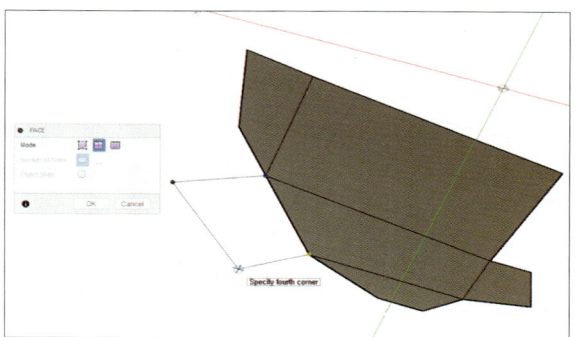

Extrude 프로파일을 돌출시켜 모델을 생성한다.

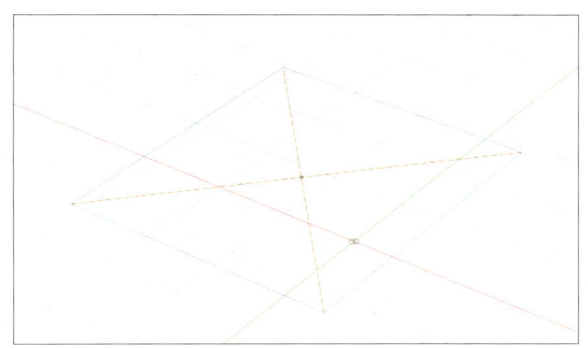

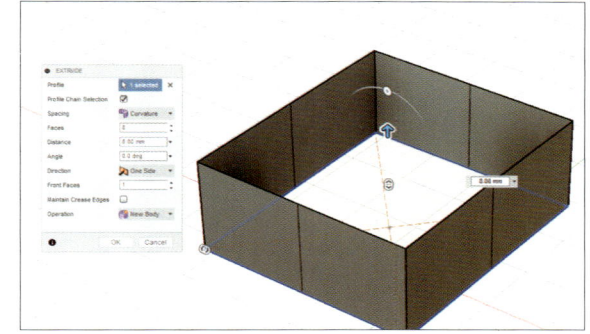

Revolve 축을 중심으로 프로파일을 회전시켜 모델을 생성한다.

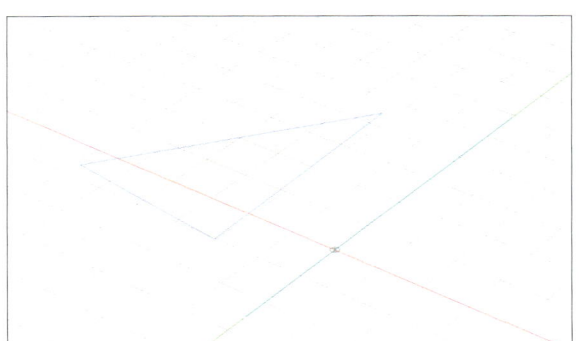

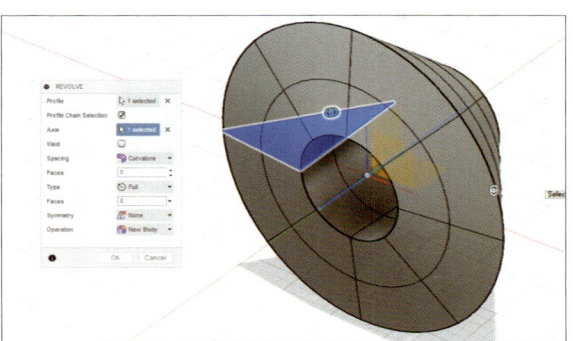

Chapter 07 Sculpt 작업 환경에서의 모델링 • 271

Unit 01 Create 기본 툴 설명

Sweep 프로파일이 경로를 따라 이동하면서 모델을 생성한다.

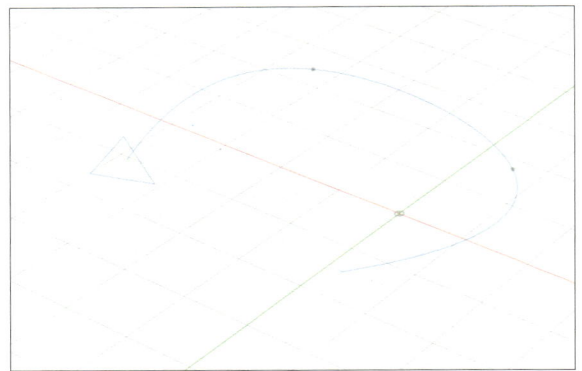
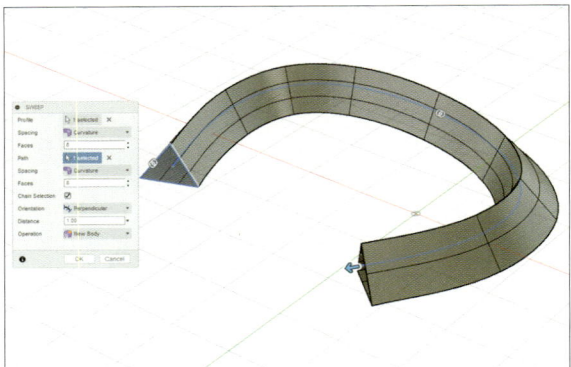

Loft 두 개 이상의 프로파일을 연결하여 모델을 생성한다.

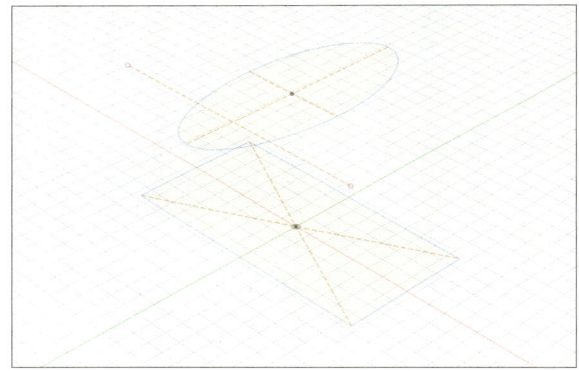
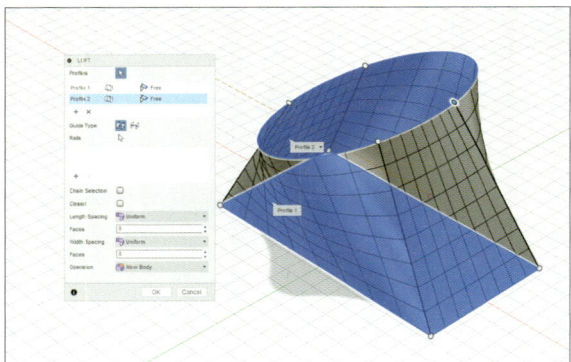

02 Modify 기본 툴 설명

Edit Form 모델의 점, 선, 면을 제어한다.

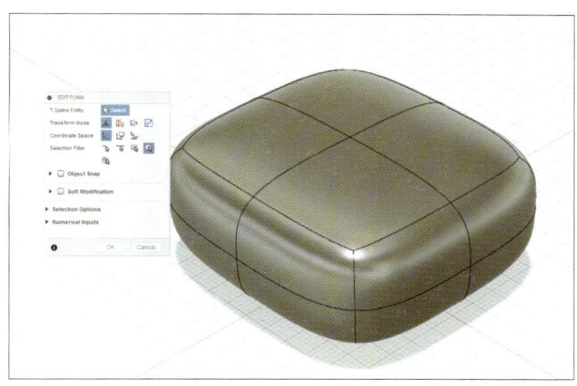 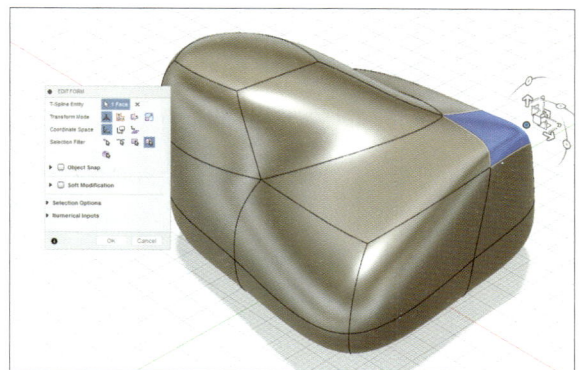

Insert Edge 모서리를 추가한다.

 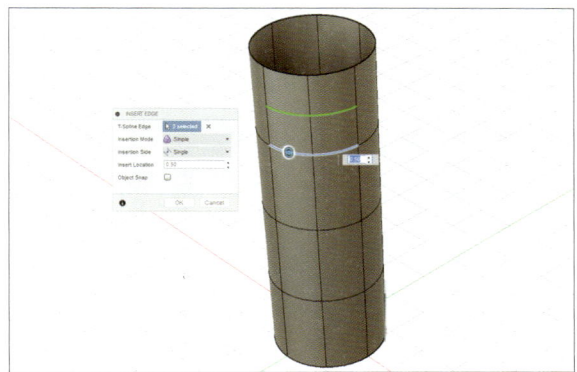

Subdivide 면을 분할한다.

Unit 02 Modify 기본 툴 설명

Insert Point 점을 연결하여 모서리를 추가한다.

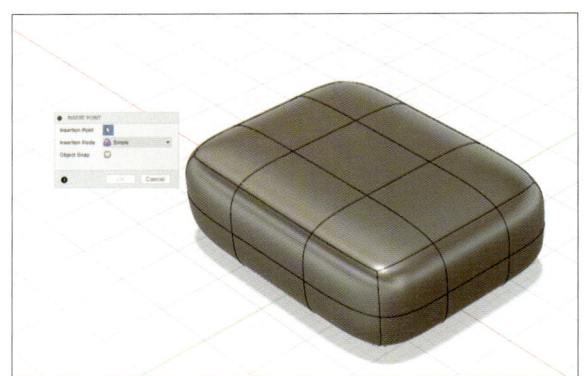
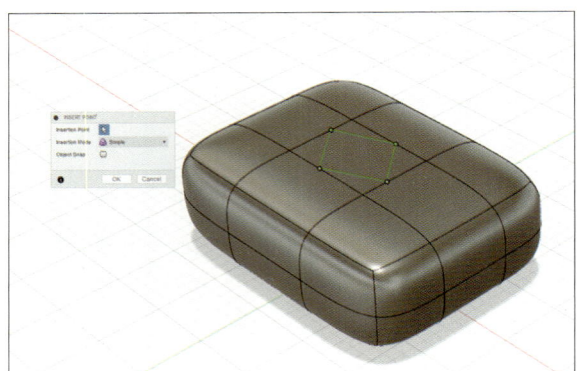

Merge Edge 모서리와 모서리를 연결하여 합친다.

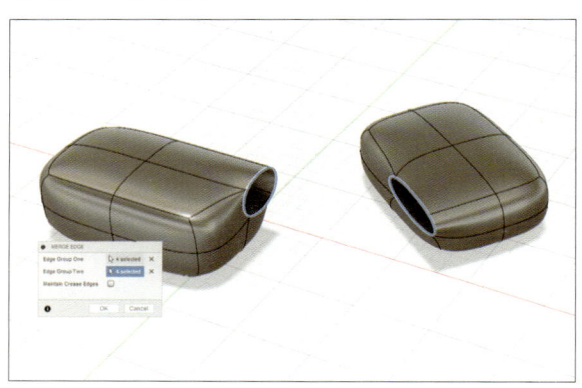
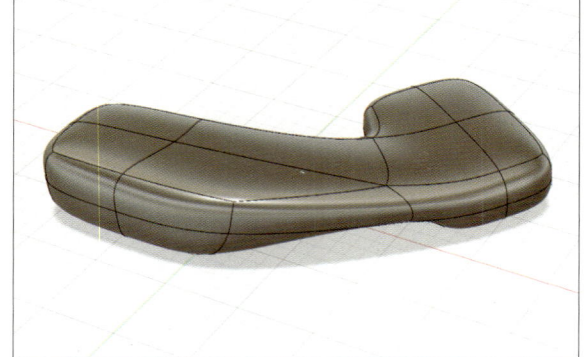

Bridge 두 지점을 연결하는 면을 생성한다.

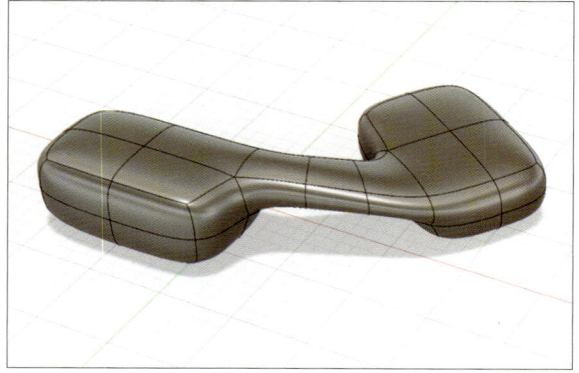

Fill Hole 구멍을 막는 면을 생성한다.

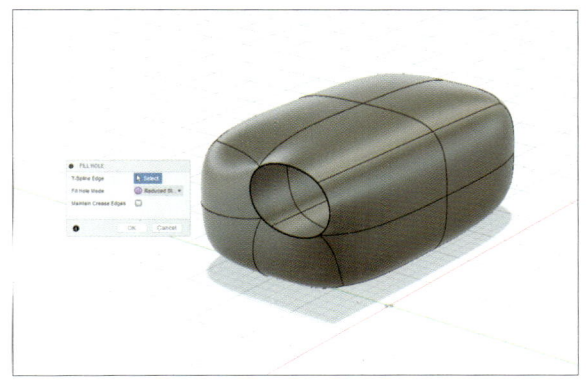 

Weld Vertices 점과 점을 연결하여 합친다.

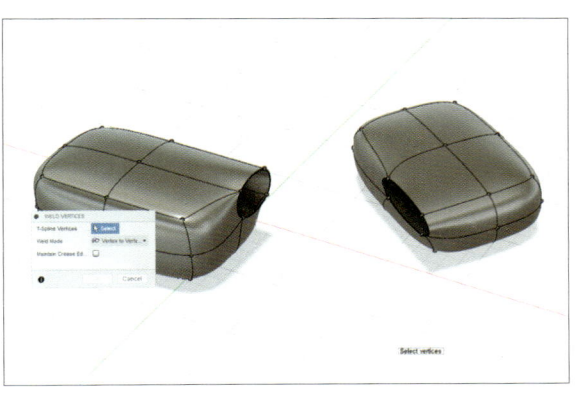 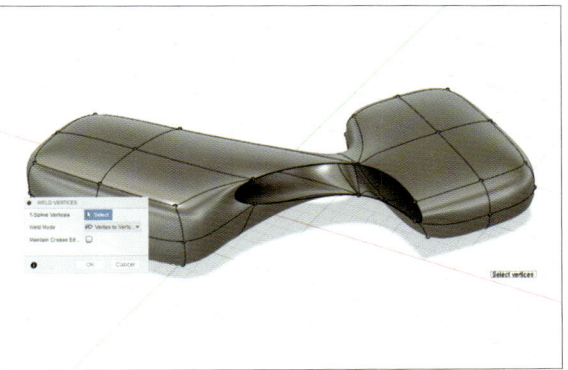

Unweld Edge 합쳐져 있는 모서리를 분할한다.

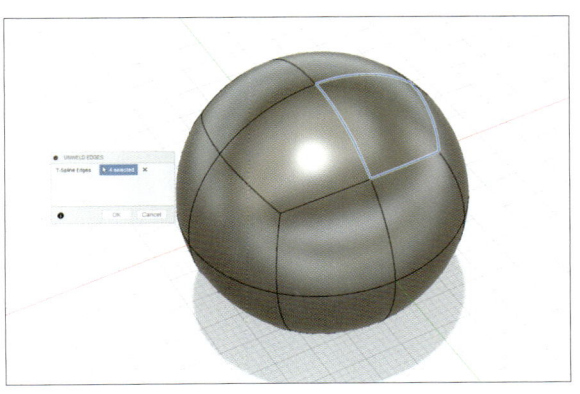 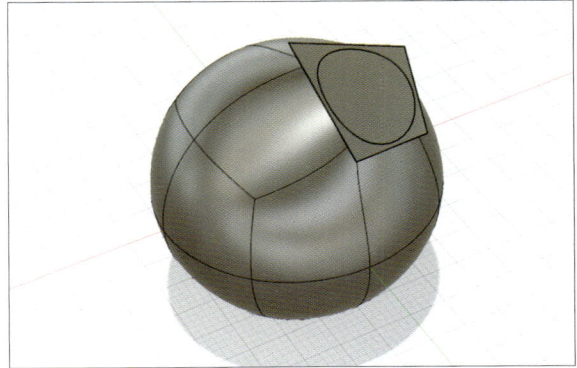

Unit 02 Modify 기본 툴 설명

Crease 모서리를 각이 지게 만들어준다.

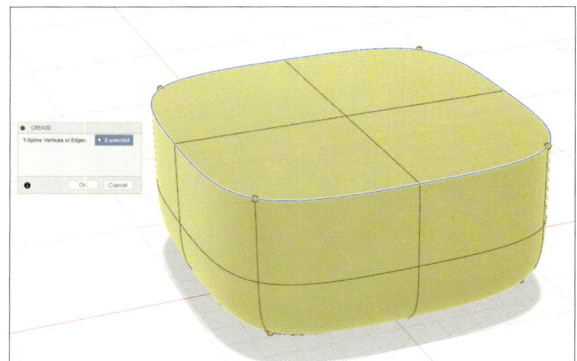

Uncrease 각진 모서리를 둥글게 만들어준다.

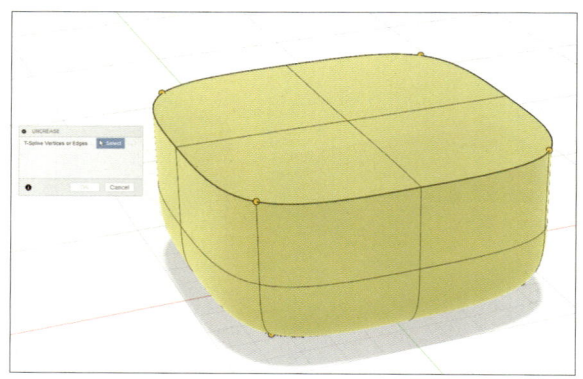
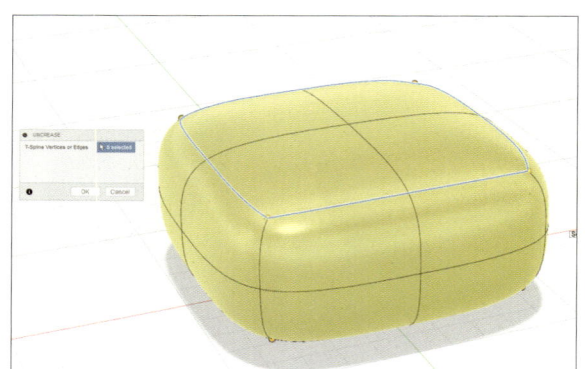

Bevel Edge 경사면을 생성한다.

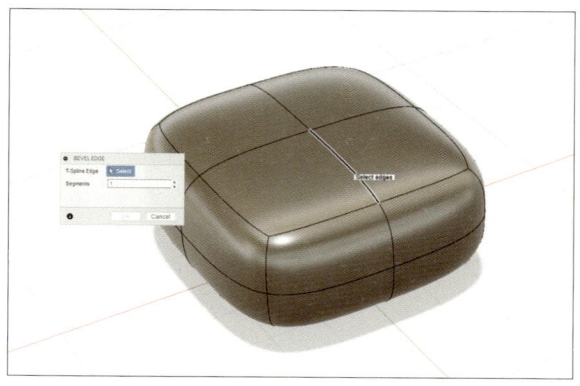

Slide Edge 모서리를 이동시킨다.

Pull T-스플라인 평면을 메시 표면에 맞게 변형시킨다.

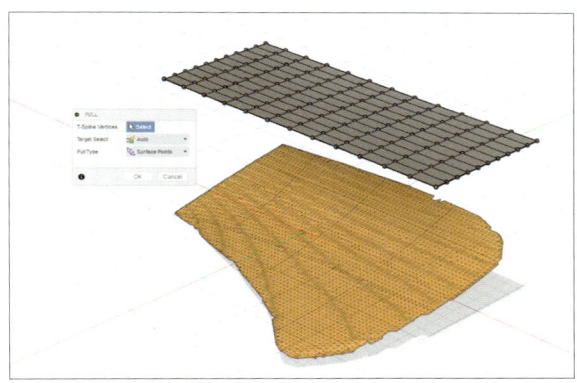 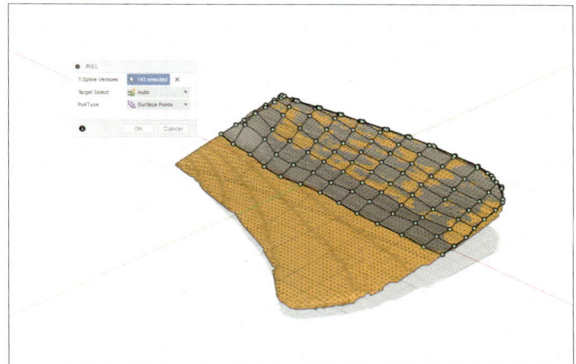

Flatten 면을 평평하게 만들어준다.

Unit 02 Modify 기본 툴 설명

Match 모서리를 스케치에 맞춘다.

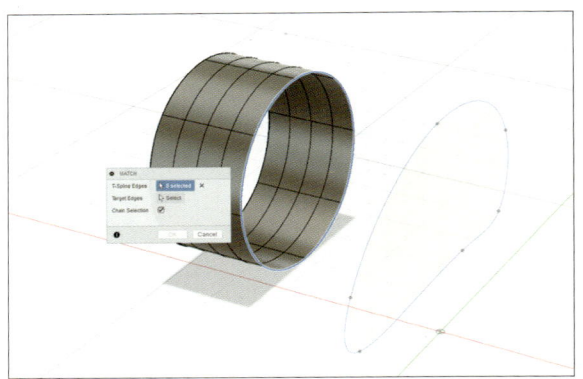
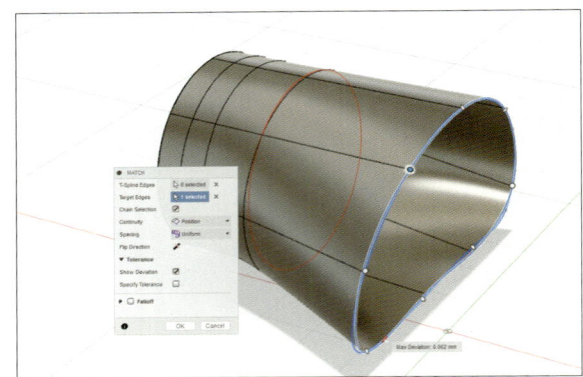

Interpolate 모델을 보간 수정한다.

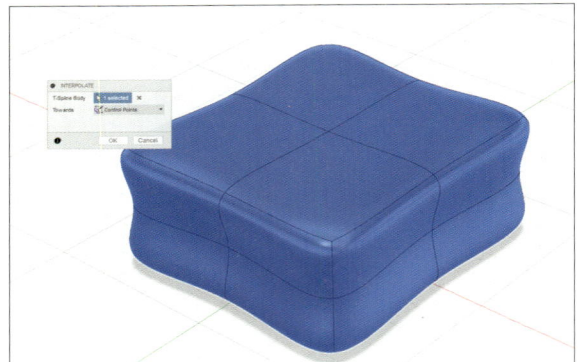

Thicken 면에 두께를 준다.

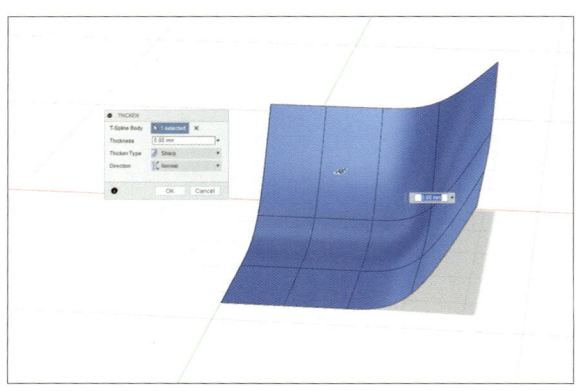
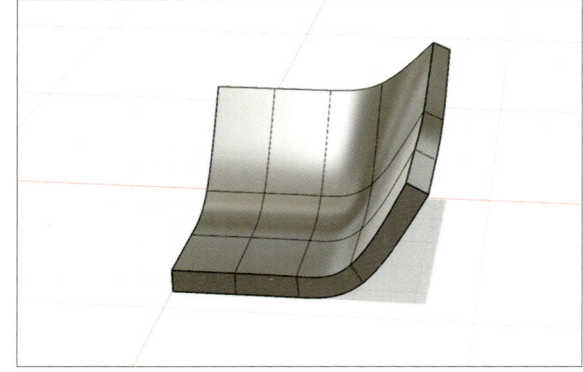

Freeze 선택한 모서리, 면을 고정한다.

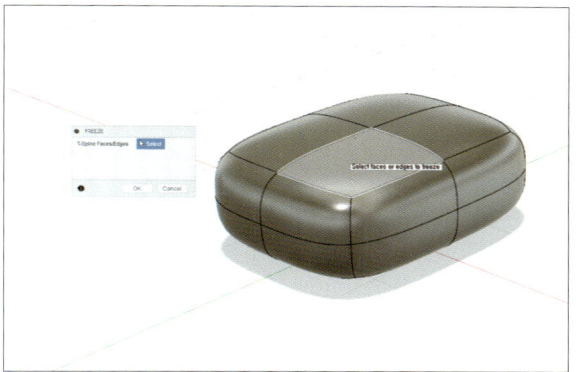 

03 Edit Form 상세 설명

T-Spline Entity 편집할 Point/Edge/Face를 선택한다.

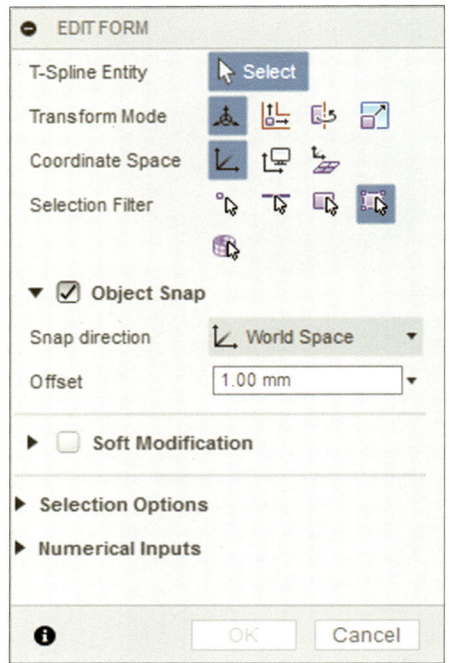

Transform Mode 편집 모드를 선택한다.

Multi : 이동 · 회전 · 축척이 모두 편집 가능한 모드이다.

Translation : 객체를 이동하는 편집이 가능한 모드이다.

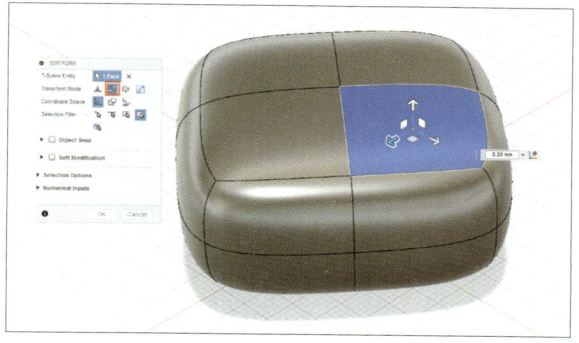

Rotation : 객체를 회전하는 편집이 가능한 모드이다.

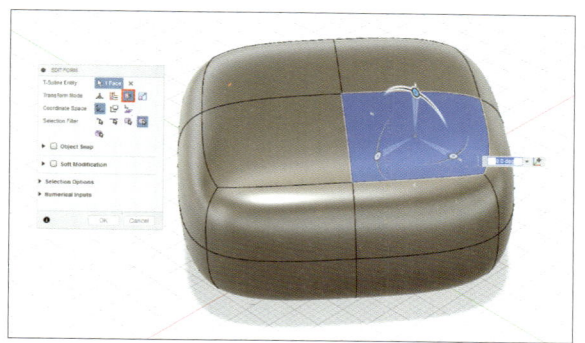

Scale : 객체의 축척이 편집 가능한 모드이다.

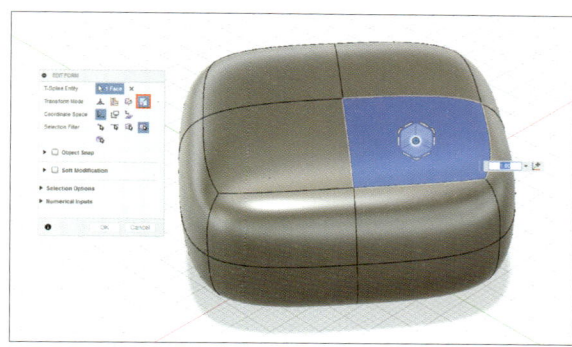

Coordinate Space 좌표 타입을 선택한다.
World Space : XYZ축을 기즌으로 Pivot이 생성된다.

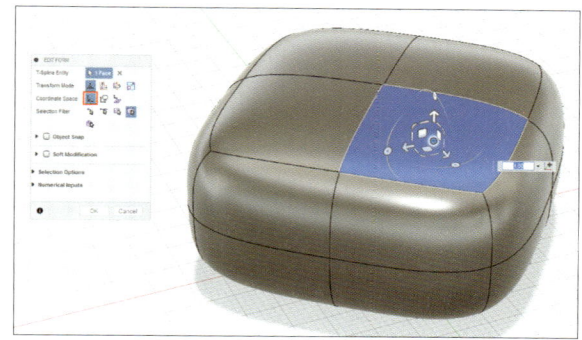

View Space : 사용자 시점을 기준으로 Pivot이 생성된다.

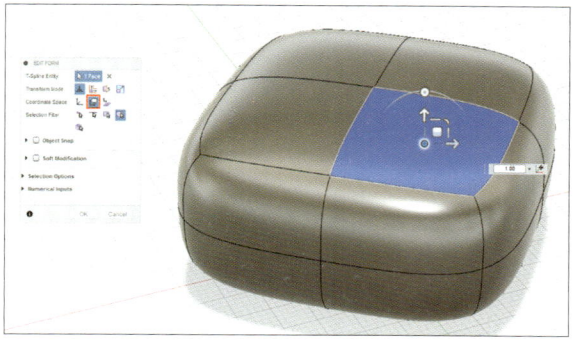

Local : 객체를 기준으로 Pivot이 생성된다.

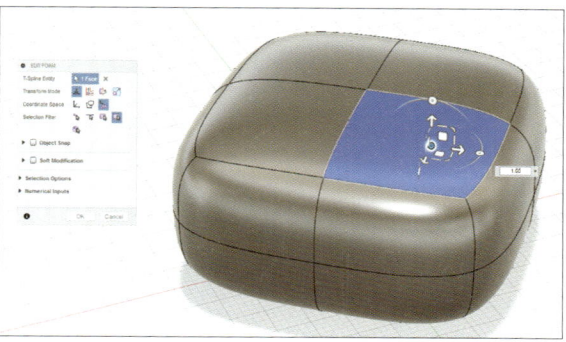

Unit 03 Edit Form 상세 설명

Selection Filter 선택 필터를 설정한다.

Vertex : 모델의 점만 선택이 가능하다.

Edge : 모델의 모서리만 선택이 가능하다.

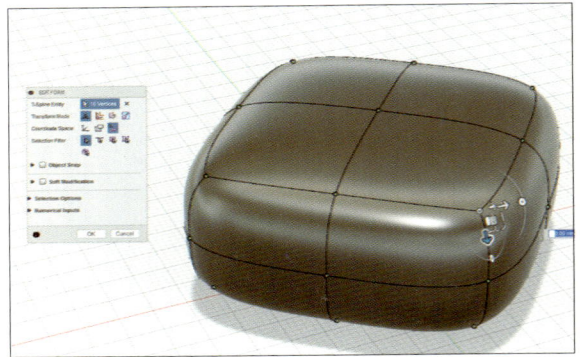
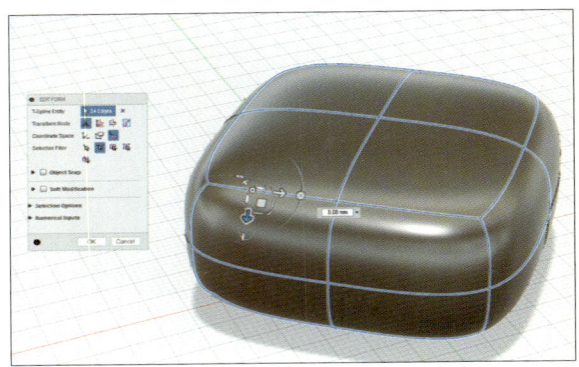

Face : 모델의 면만 선택이 가능하다.

All : 점, 모서리, 면 모두 선택이 가능하다.

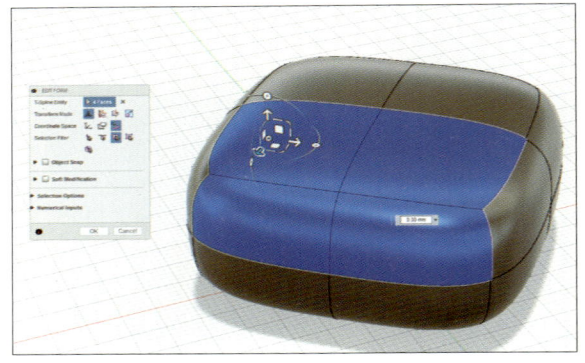

Body : 모델 전체가 선택된다.

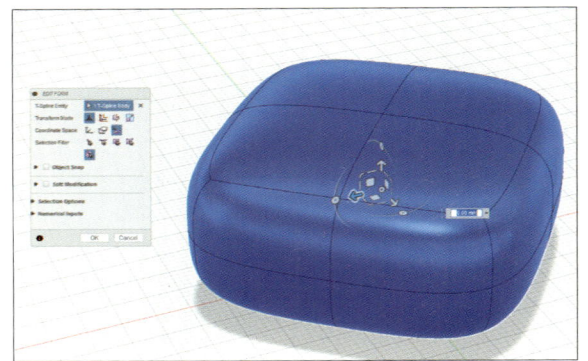

Object Snap 객체 스냅을 활성화한다.

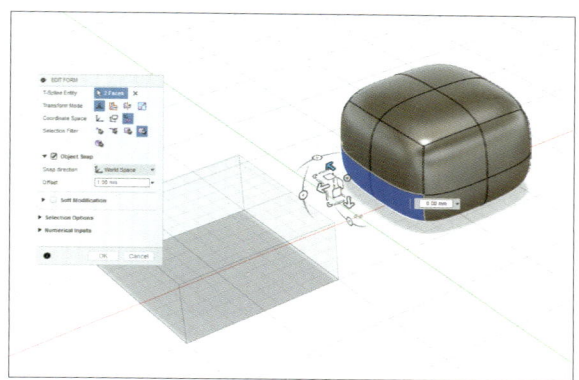 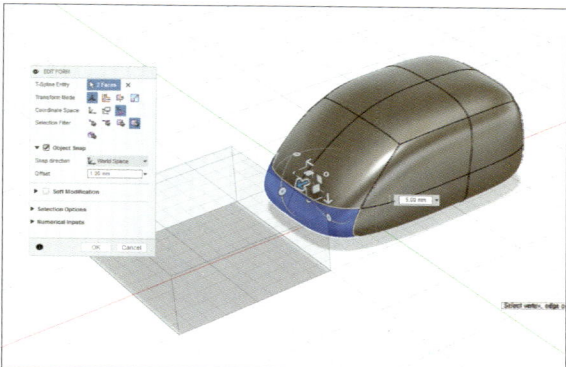

Soft Modification 부드러운 편집 설정을 작성한다.

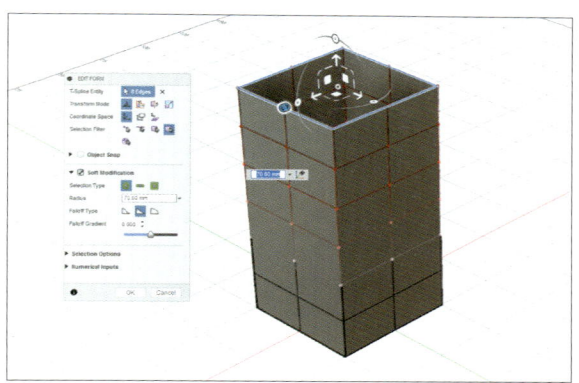 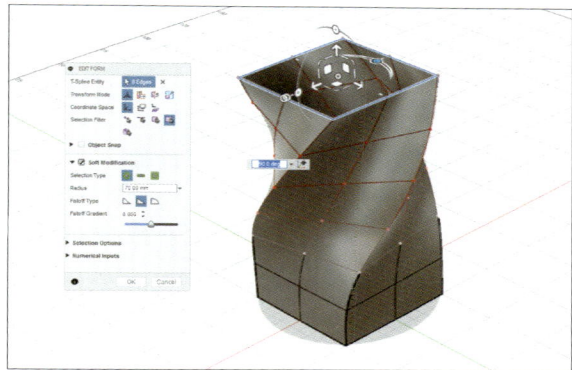

04 Symmetry 기본 툴 설명

Mirror-Internal 모델 내부 대칭을 설정한다.

Circular-Internal 모델 내부 원형 대칭을 설정한다.

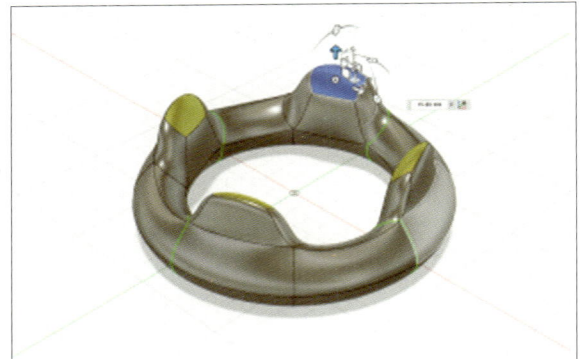

Mirror-Duplicate 모델을 대칭 복사한다.

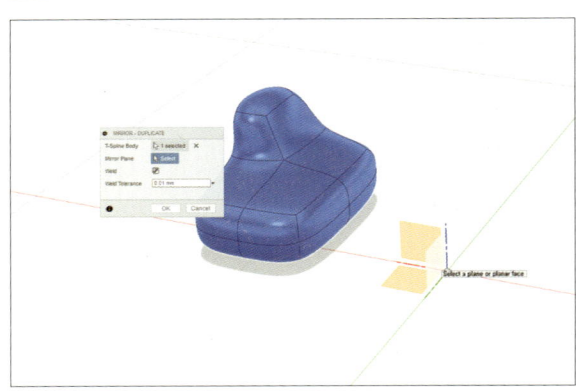
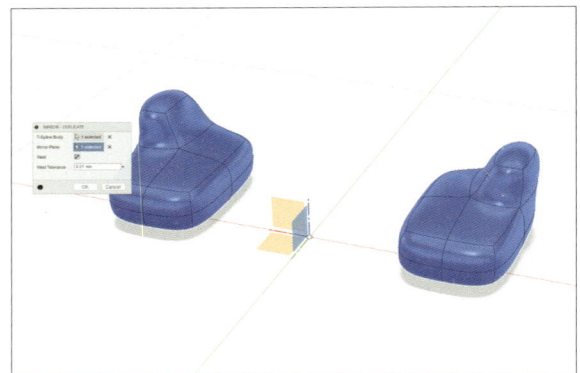

Circular-Duplicate 모델을 원형 패턴 복사한다.

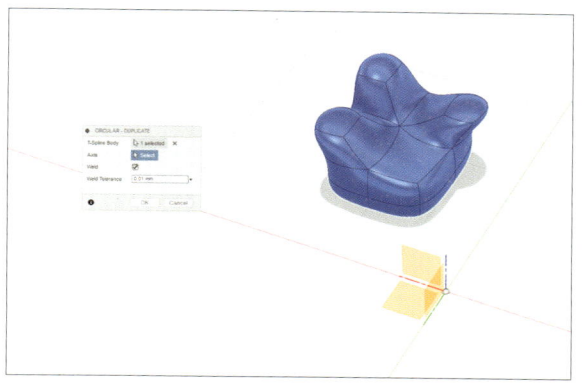 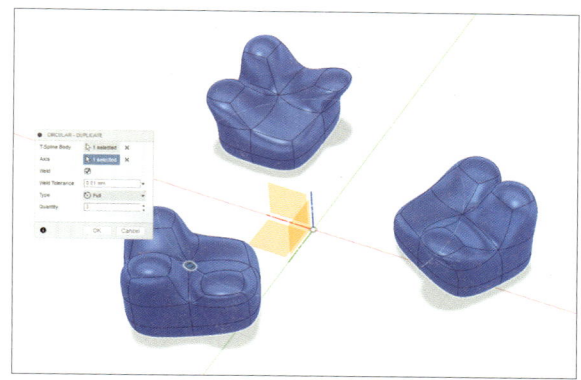

Clear Symmetry 대칭 설정을 해제한다.

Isolate Symmetry 선택한 부분만 대칭 설정을 해제한다.

 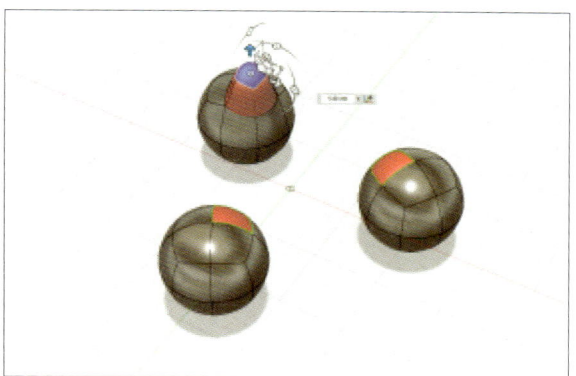

05 Utilities 기본 툴 설명

Display Mode 모델이 보이는 형태를 설정한다.

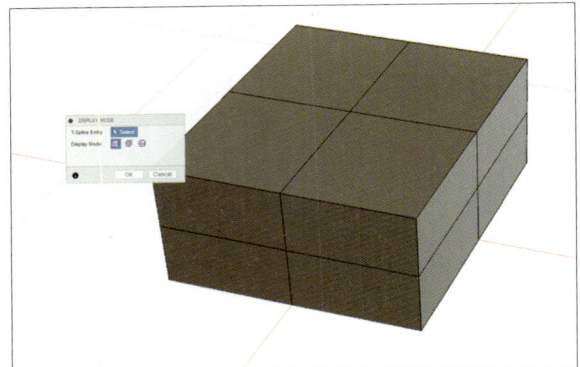

Repair Body 모델을 수정한다.

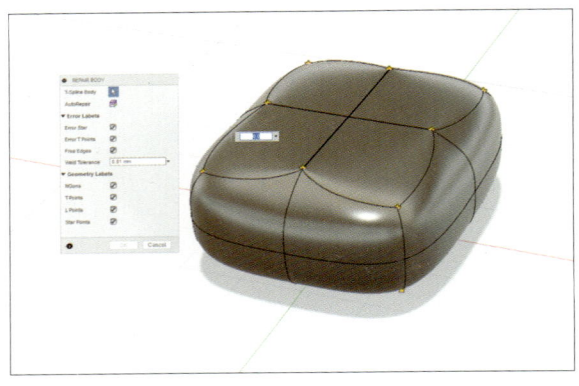
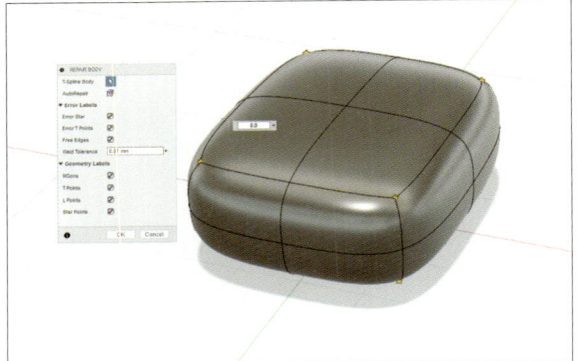

Make Uniform 면을 균일하게 만든다.

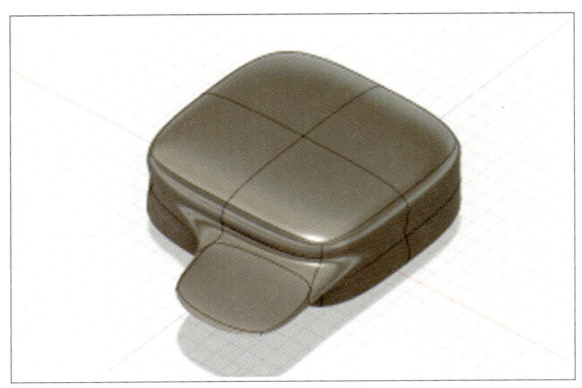
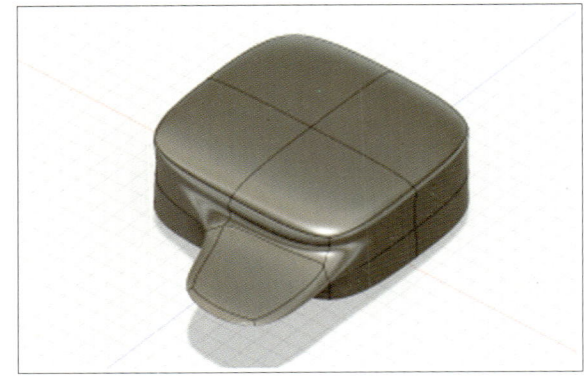

Convert 모델을 변환한다.

감자 칼 모델링

그림과 같은 감자 칼 모델링을 배워보도록 한다.

학습 목표

1. Sculpt 작업 환경의 유기적인 모델링 방식에 대해 이해한다.
2. Bridge 툴을 이용한 면 생성 방법을 학습한다.
3. Edit Form 툴을 이용한 편집 방법을 학습한다.
4. Insert Edge 툴을 이용한 모서리 추가 방법을 학습한다.

예제 풀이 과정을 동영상으로 확인할 수 있다.

01-1

Create에서 'Create Form'을 클릭한다.

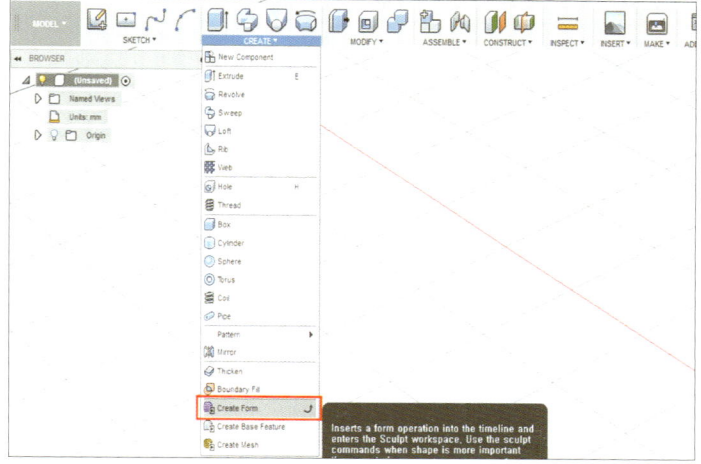

01-2

그림과 같이 툴 바가 모두 변경된 것을 확인할 수 있다.

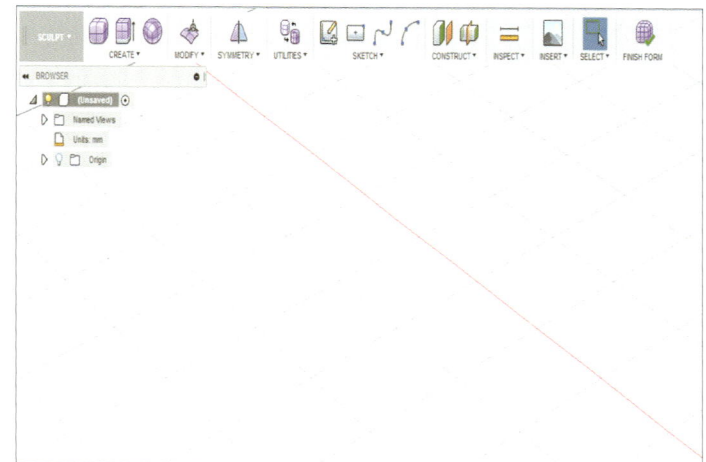

01-3

Create의 'Box' 툴을 클릭한다.

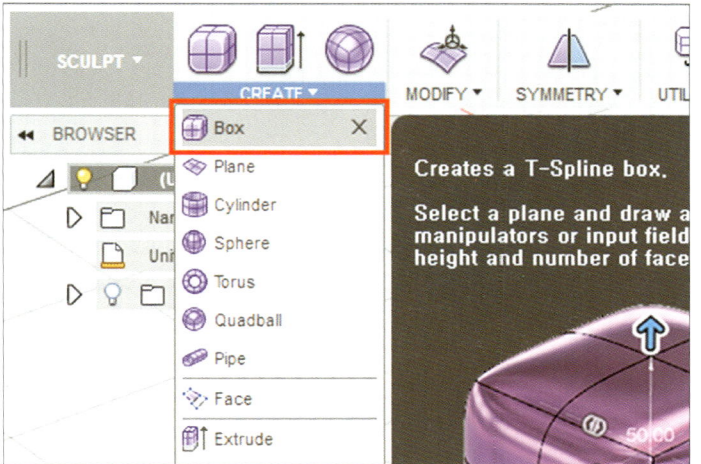

01-4

그림과 같이 Box 모델을 생성한다.

01-5

키보드의 Shift를 누르고 그림과 같이 면 두 개를 선택한다.

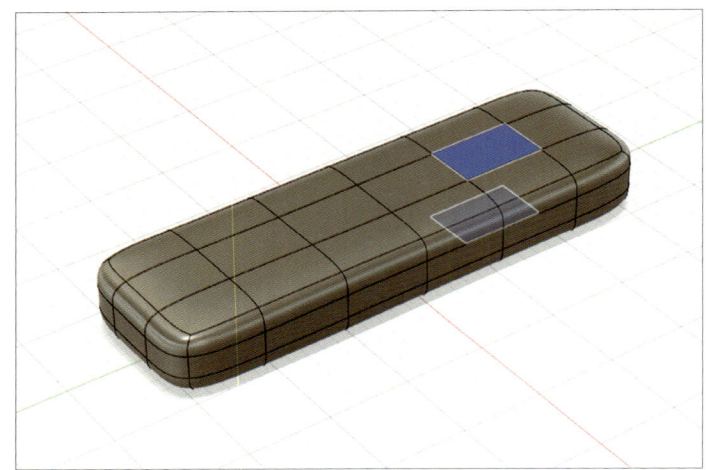

01-6

키보드의 Delete를 눌러 선택한 면을 삭제한다.

01-7

Modify의 'Bridge' 툴을 클릭한다.

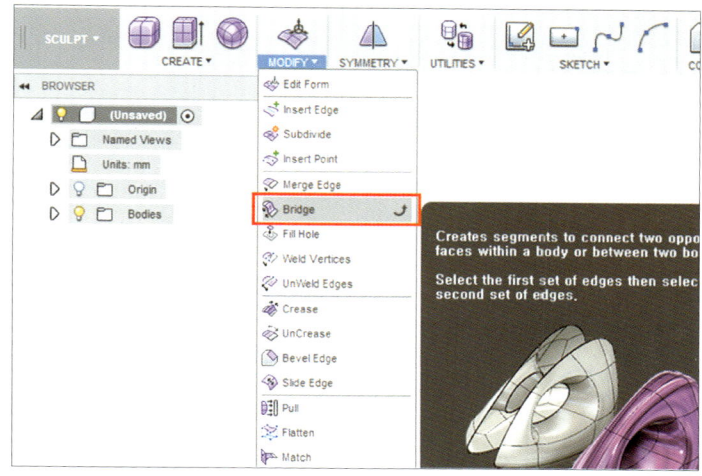

01-8

Side One, Side Two 각각 구멍의 모서리를 선택한다. 모서리를 선택할 때 더블 클릭하면 연결되어 있는 모서리가 한꺼번에 같이 선택된다. Faces를 1로 변경한 후 OK 버튼을 눌러 완료한다.

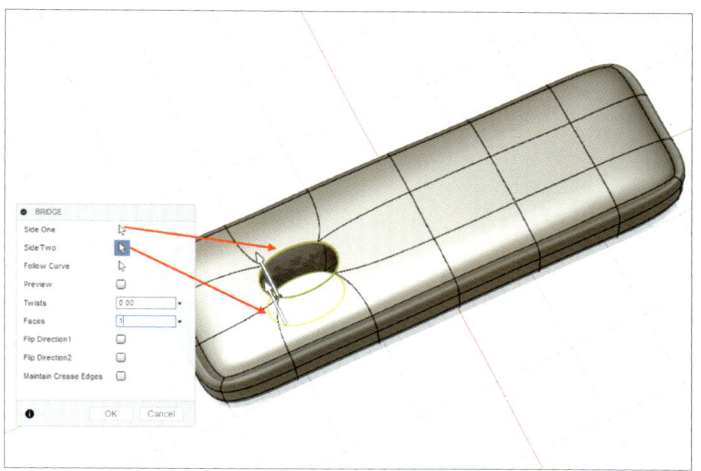

01-9

그림과 같이 구멍을 연결하는 면이 생성된다.

01-10

Modify의 'Edit Form'을 클릭한다.

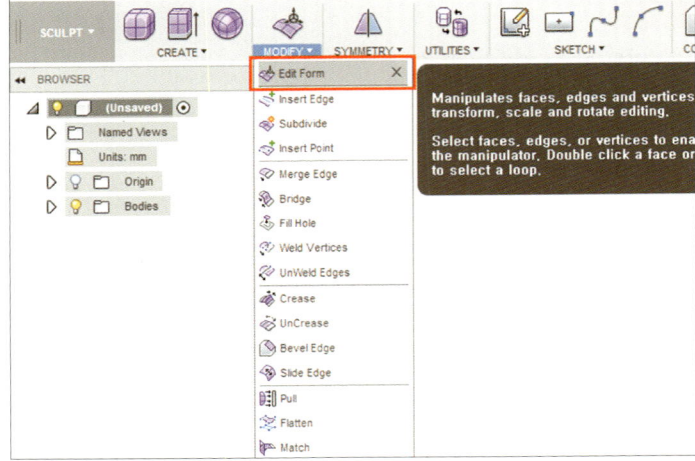

01-11

구멍 안쪽의 Edge를 선택하여 그림과 같은 모양으로 수정한다.

01-12

마찬가지 방법으로 끝부분이 얇아지도록 모양을 변형한다.

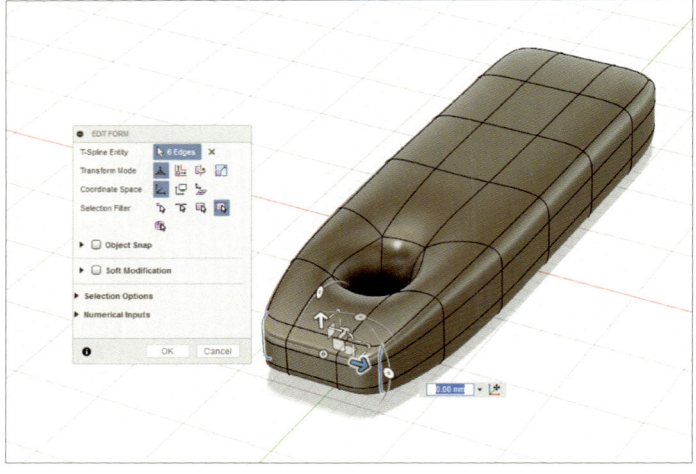

01-13

Modify의 'Insert Edge' 툴을 클릭한다.

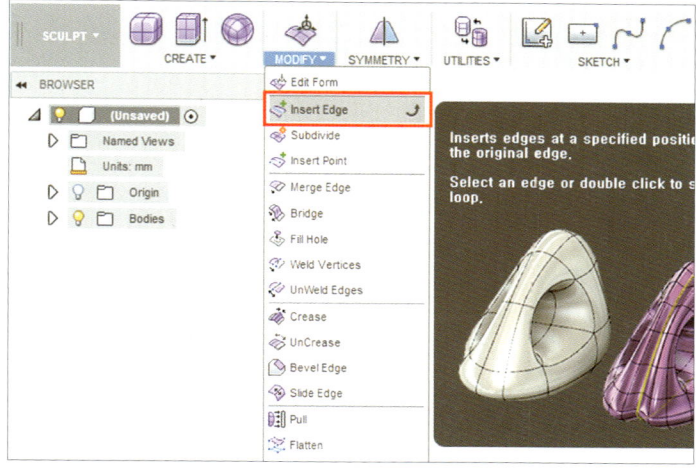

01-14

그림과 같이 옆면의 Edge를 선택하면 초록색으로 새로 생기는 Edge를 미리보기 할 수 있다. OK 버튼을 눌러 Edge를 추가한다.

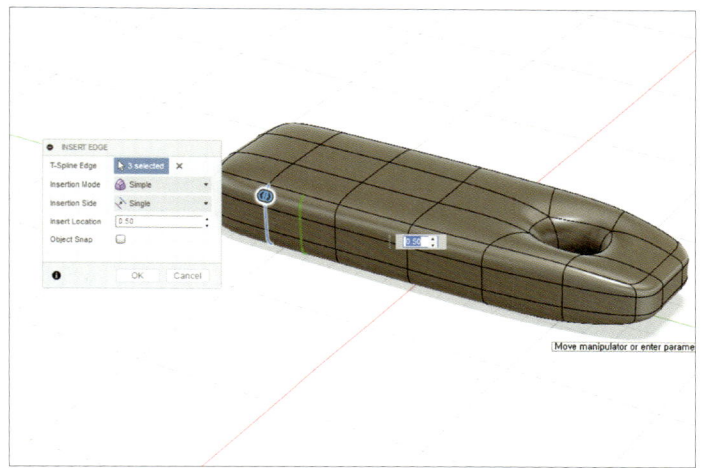

01-15

마찬가지 방법으로 Insert Edge를 이용하여 그림과 같이 옆면에 Edge를 추가한다.

01-16

Modify의 'Crease' 툴을 클릭한다.

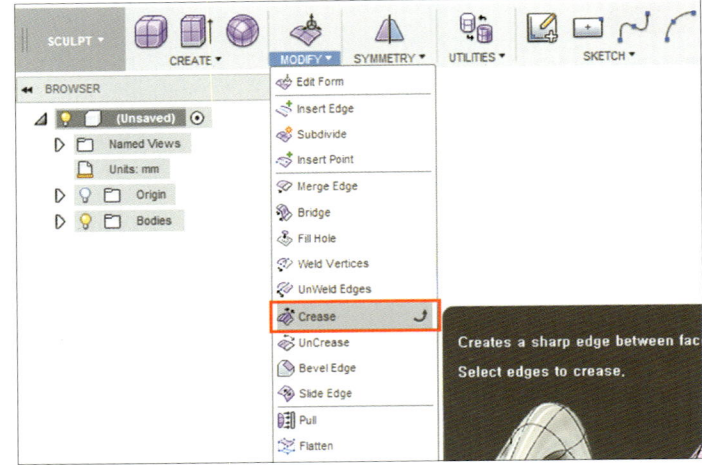

01-17

Insert Edge로 추가한 Edge를 선택하고 OK 버튼을 눌러 완료한다.

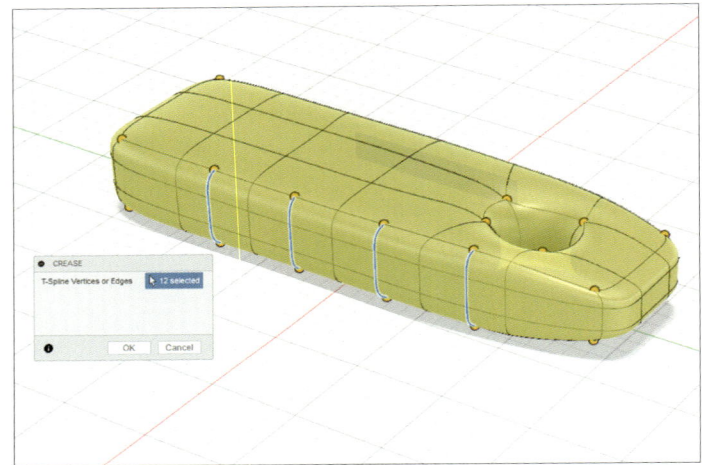

01-18

Modify의 'Edit Form'을 클릭하고 그림과 같이 Edge를 선택한다.

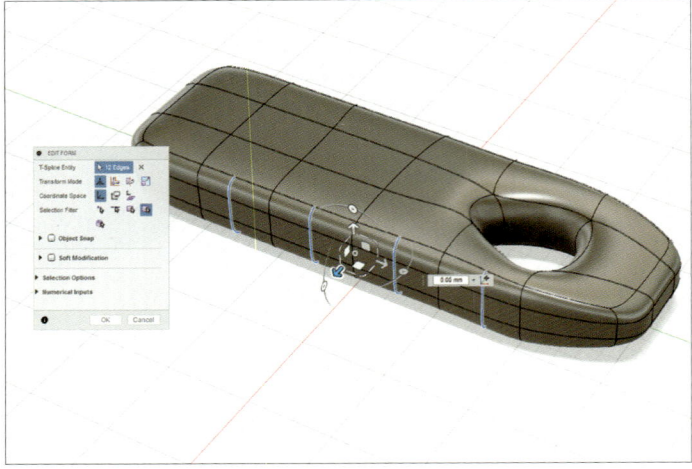

01-19

화살표를 드래그하여 손잡이 모양이 될 수 있도록 Edge를 움직여준다.

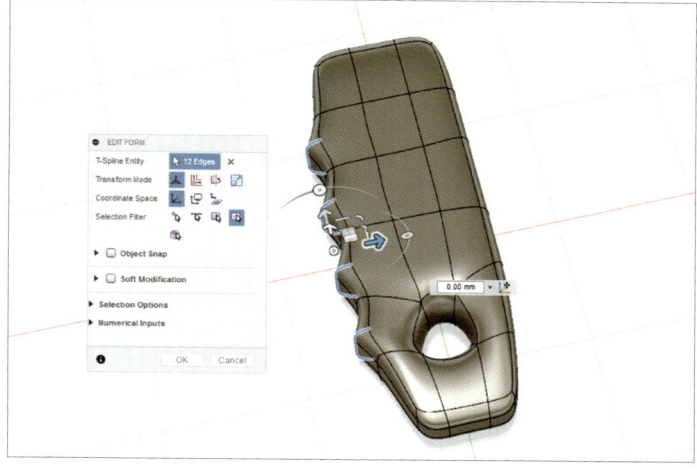

01-20

마찬가지로 Edit Form 툴을 이용하여 원하는 모양의 손잡이를 모델링한다.

01-21

Modify의 'Create' 툴을 클릭하고 손잡이의 윗면을 선택한다.

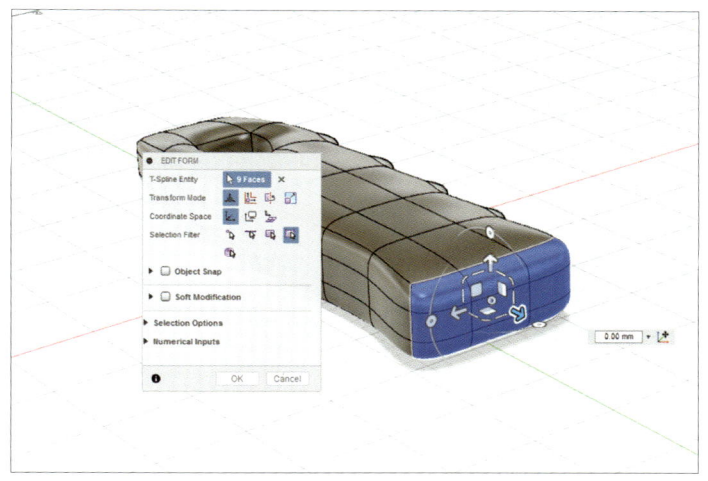

01-22

키보드의 Alt를 누른 상태로 화살표를 드래그하면 그림과 같이 새로운 면이 생성되는 것을 확인할 수 있다.

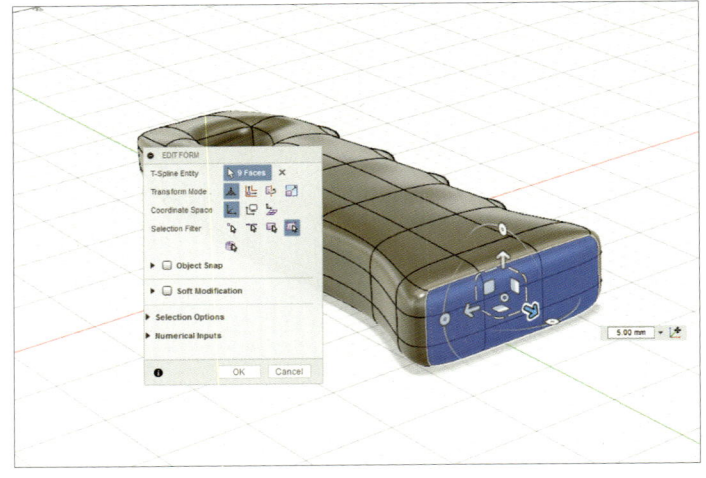

01-23

Alt를 누른 상태로 새로운 면을 생성하고 스케일을 조절하여 그림과 같은 모델을 생성한다.

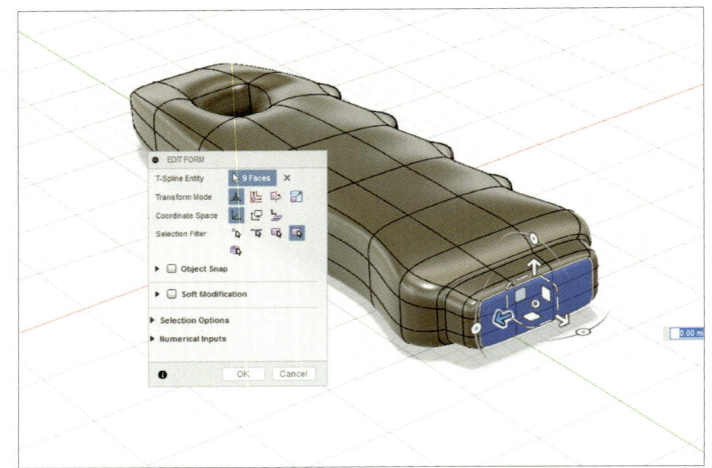

01-24

그림과 같이 끝부분의 면만 선택한다.

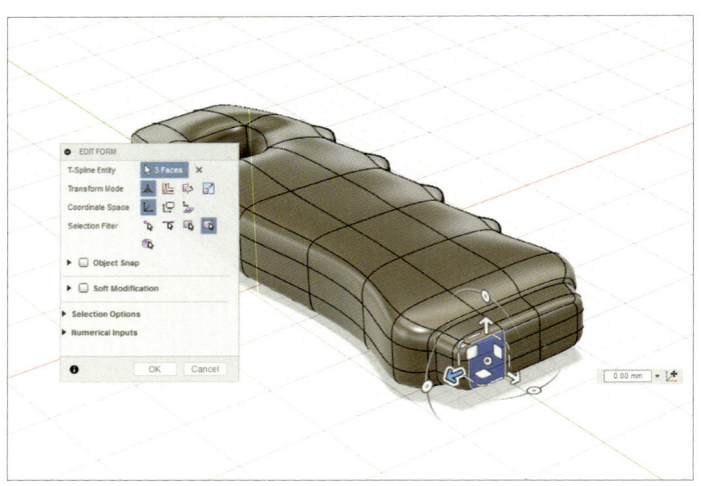

01-25

마찬가지로 Alt를 누른 상태로 새로운 면을 생성하여 그림과 같은 모델을 생성한다.

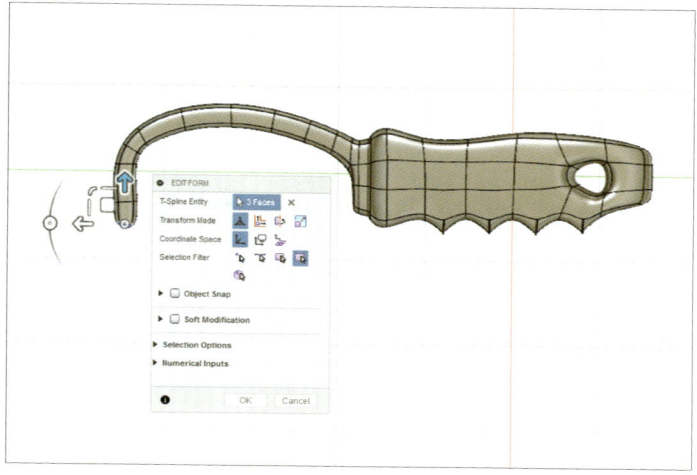

01-26

툴 바 오른쪽 끝의 'Finish Form'을 클릭하여 완료한다.

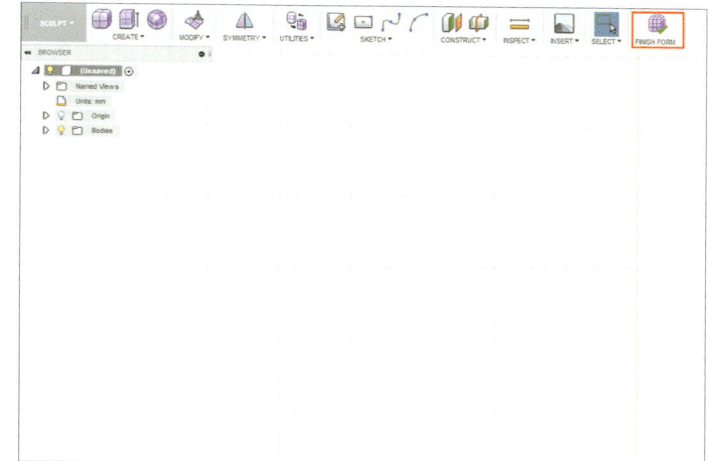

01-27

그림과 같이 모델이 생성된 것을 확인할 수 있다.

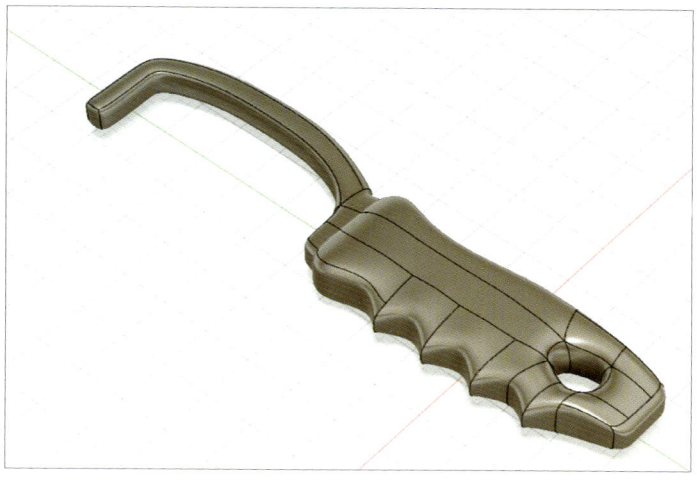

01-28

Browser에서 Origin의 전구 모양 아이콘을 클릭하여 활성화한다.

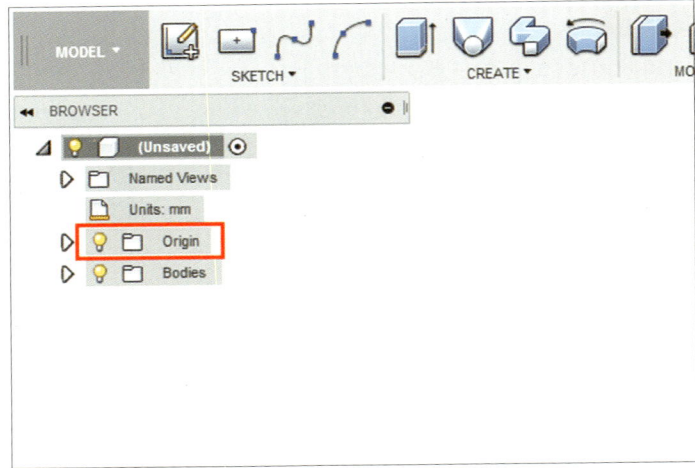

01-29

Construct의 'Offset Plane' 툴을 클릭한다.

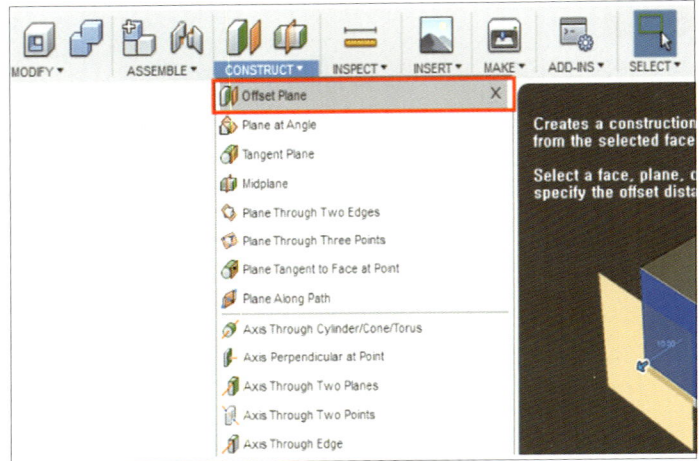

01-30

Origin 평면을 선택하고 화살표를 드래그하여 대략적인 위치에 작업 면을 생성한다.

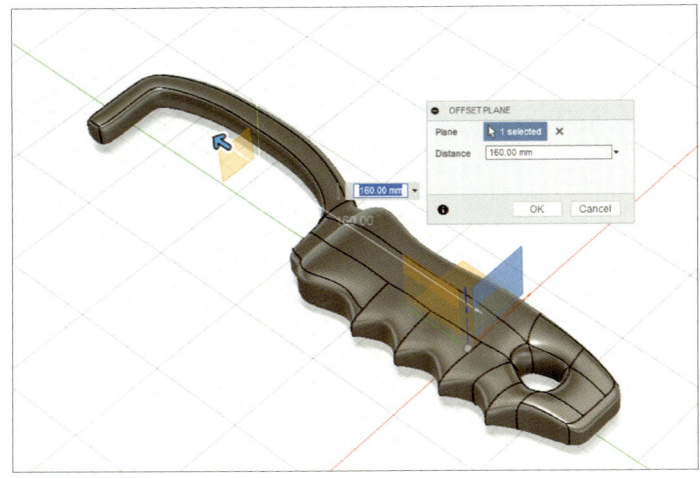

01-31

Offset Plane으로 생성된 작업 면 위에 Sketch의 Circle 툴을 이용하여 원 스케치를 작성한다.

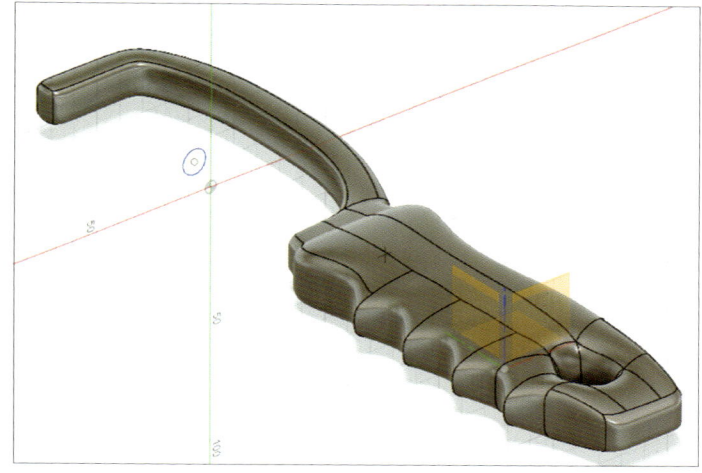

01-32

Create의 Extrude 툴을 이용하여 원 스케치를 돌출시킨다. 이때 Direction을 Two Sides로 변경하여 그림과 같이 위아래로 약간씩 파인 모델을 생성한다.

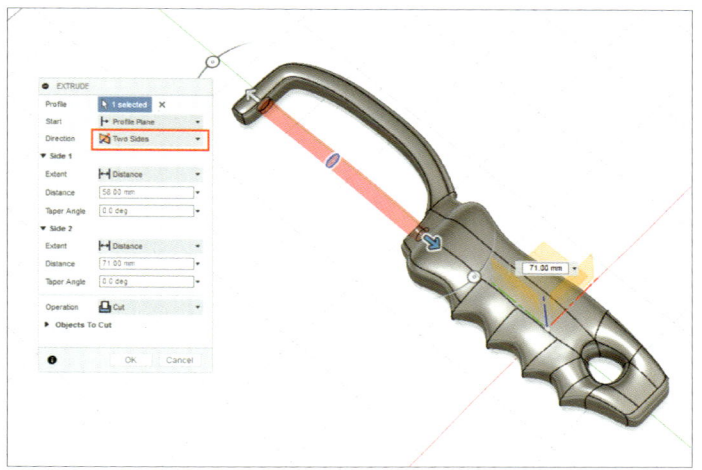

01-33

안쪽으로 파인 면에 그림과 같은 스케치를 작성한다.

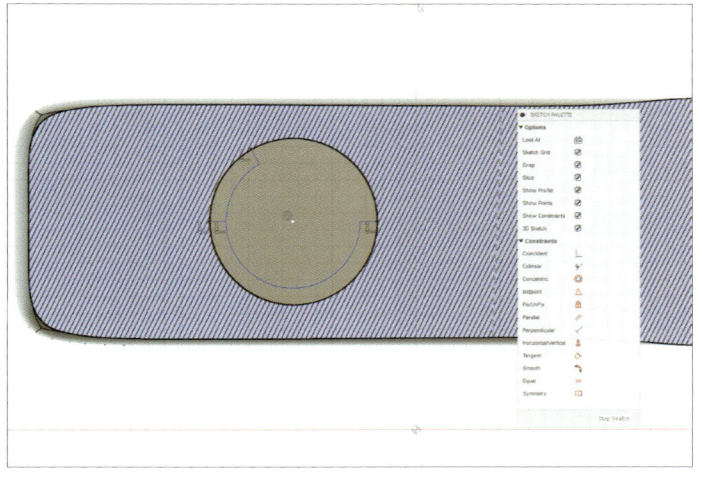

01-34

Create의 Extrude 툴을 사용하여 스케치를 돌출시켜 그림과 같은 모델을 생성한다.

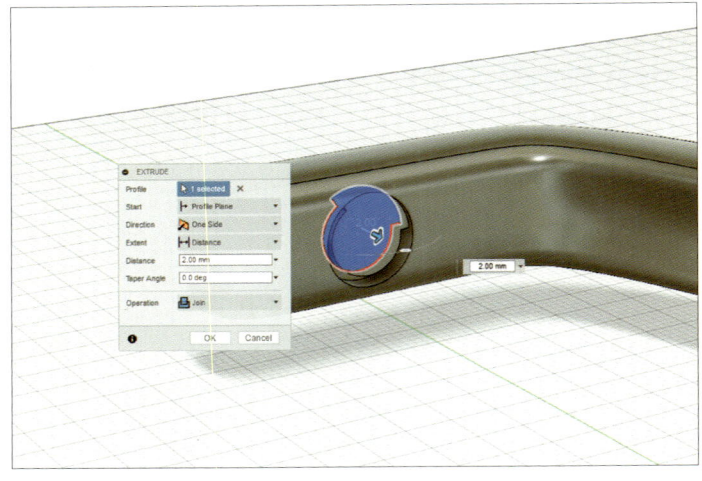

01-35

Construct의 'Midplane'을 클릭한다.

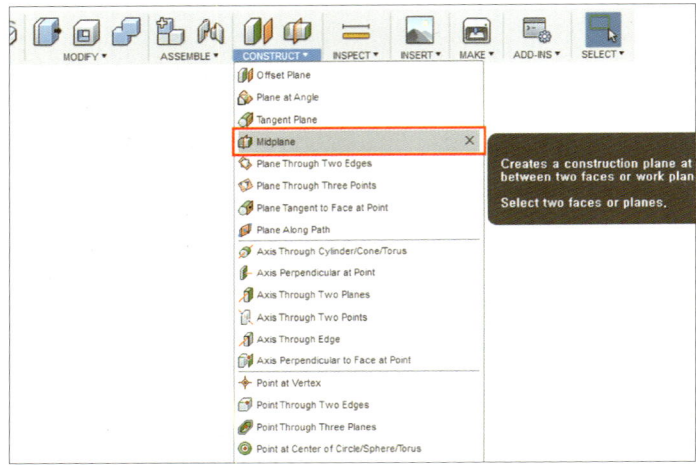

01-36

양끝의 구멍 안쪽 면을 선택하면 중간에 작업 면이 생성된다.

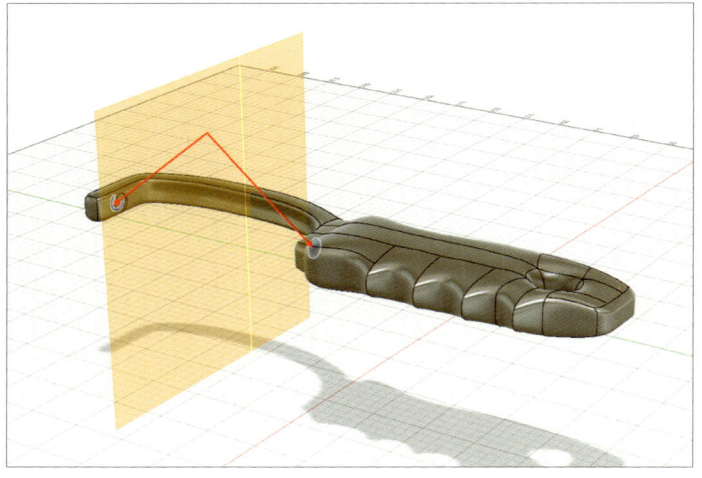

01-37

Create의 'Mirror' 툴을 클릭한다.

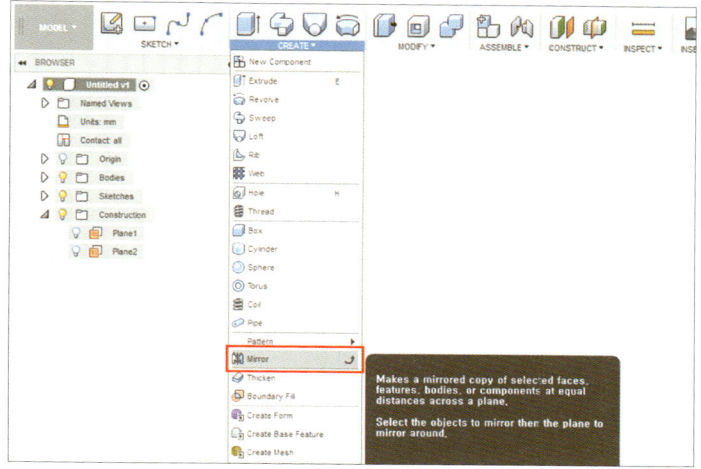

01-38

Pattern Type을 Features로 변경한다.

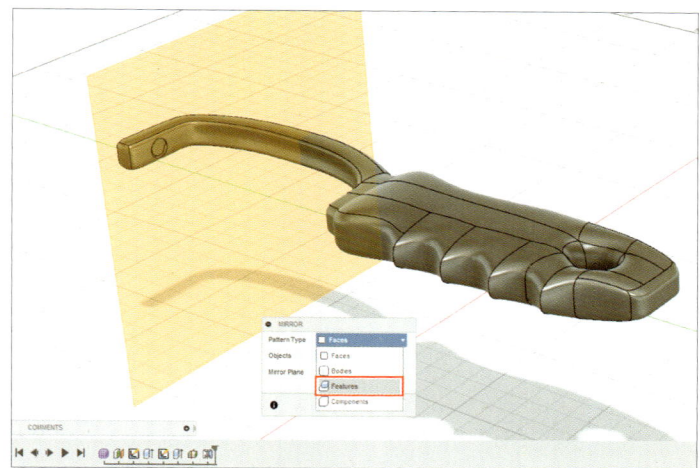

01-39

Objects는 Timeline에서 Extrude Feature를 선택하고 Mirror Plane은 Midplane으로 생성한 작업 면을 선택한다.

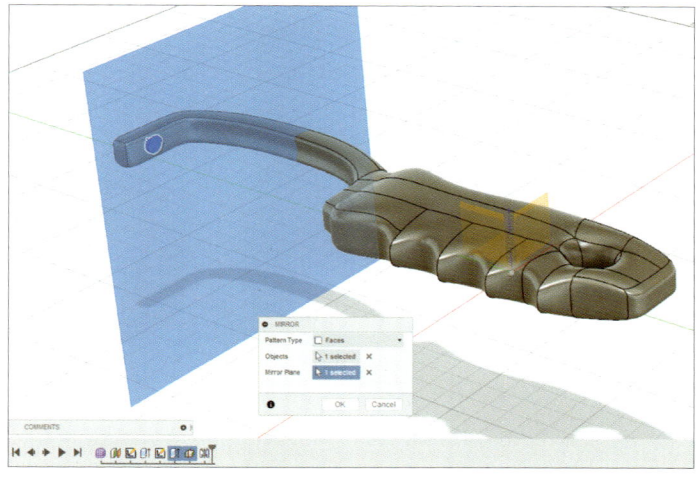

01-40

작업을 완료하면 그림과 같이 Extrude로 돌출시킨 모델이 Midplane을 기준으로 대칭 복사되어 생성된 것을 확인할 수 있다.

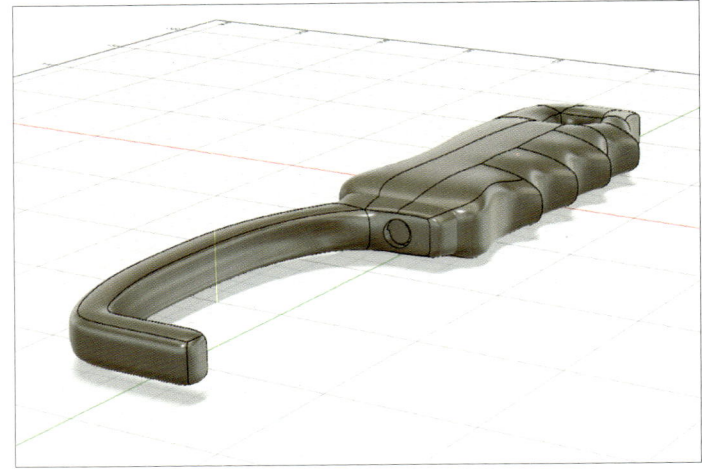

01-41

Construct의 'Axis Through Cylinder/Cone/Torus' 툴을 클릭한다.

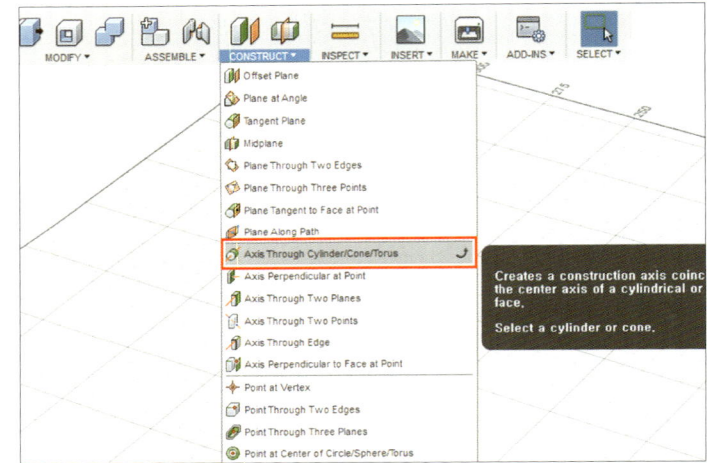

01-42

돌출시킨 모델의 곡면을 선택하여 축을 생성한다.

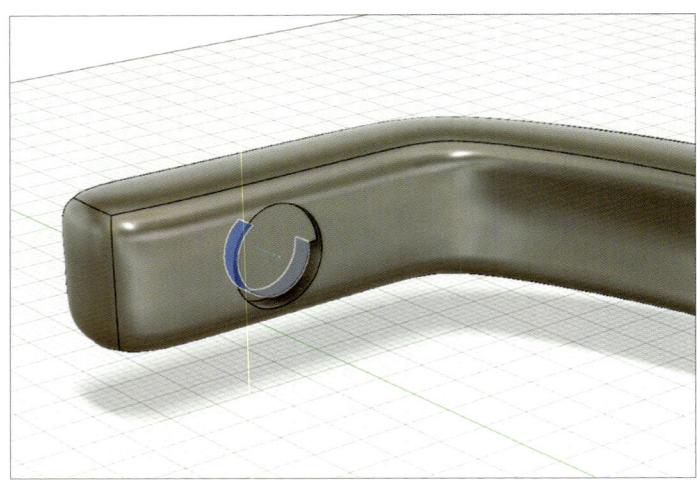

01-43

Construct의 'Plane at Angle'을 클릭한다.

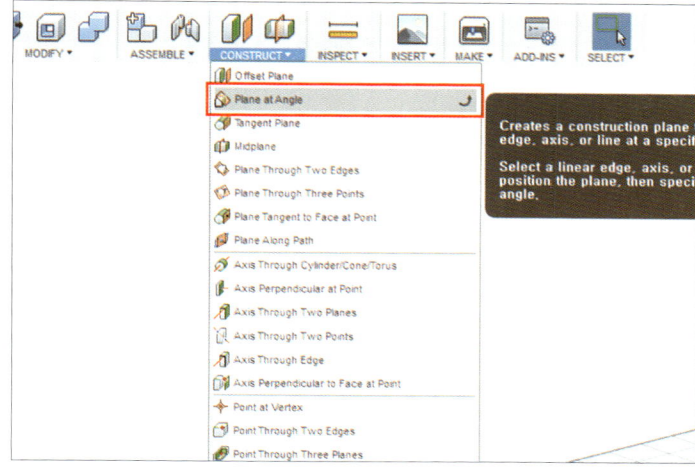

01-44

Axis Through Cylinder/Cone/Torus 툴을 이용하여 생성한 축을 클릭하여 작업 면을 생성한다.

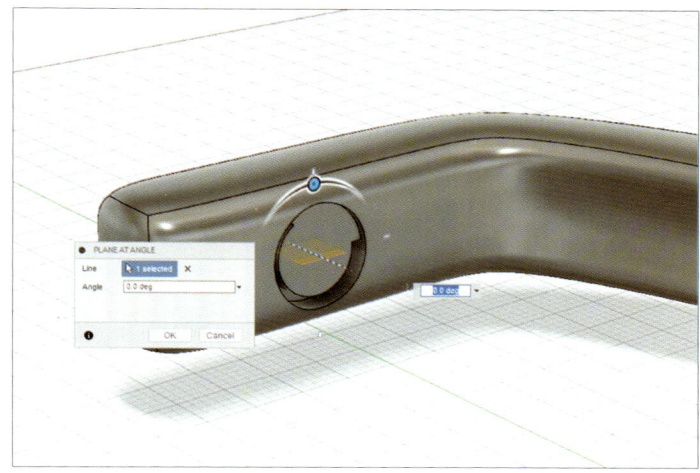

01-45

Sketch의 Project 하위 메뉴의 'Intersect'를 클릭한다.

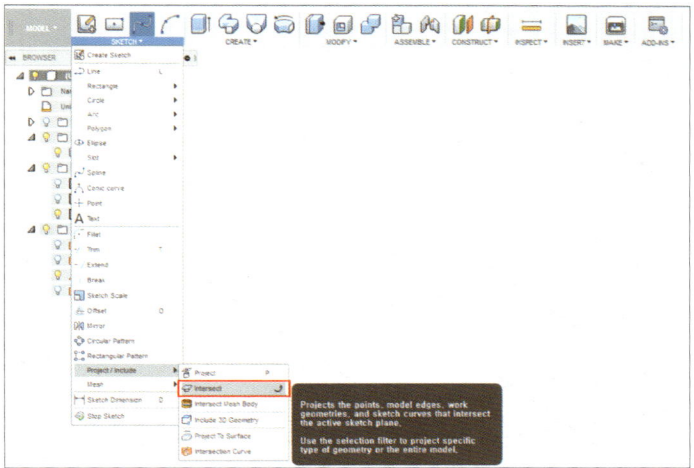

01-46

Plane at Angle로 생성한 작업 면을 클릭한 후 Geometry는 구멍 안쪽에 돌출되어 있는 모델의 윗면을 선택한다.

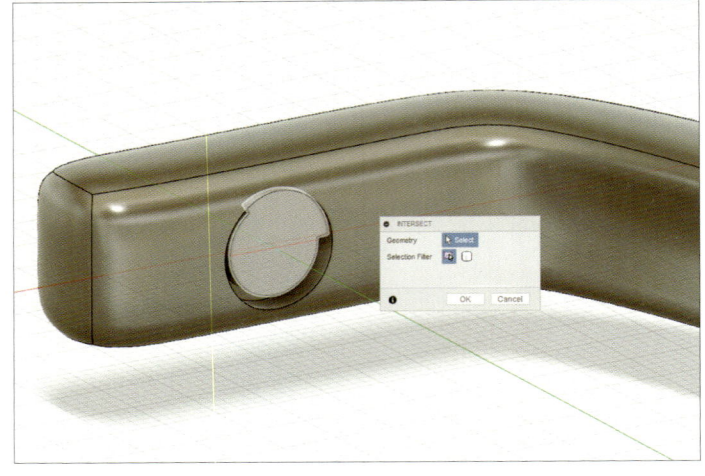

01-47

그림과 같이 선택한 Geometry의 단면 스케치가 작성된다.

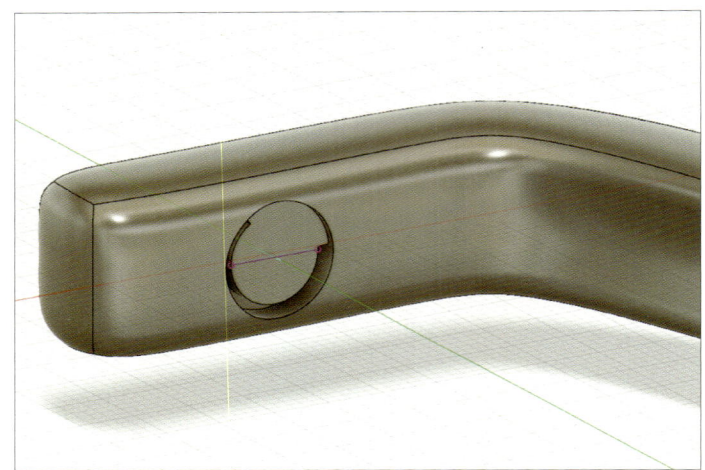

01-48

반대쪽도 마찬가지로 스케치를 작성한다.

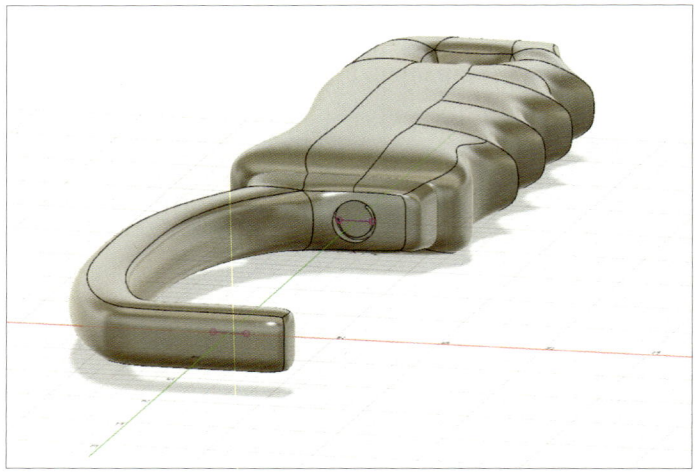

01-49

Line 툴을 이용하여 그림과 같은 직선 스케치를 작성한다.

01-50

마우스 포인터를 직선 위에서 움직이다 보면 그림처럼 삼각형으로 변하면서 스냅이 걸리는 포인트가 있는데, 이 부분이 직선의 중점이다.

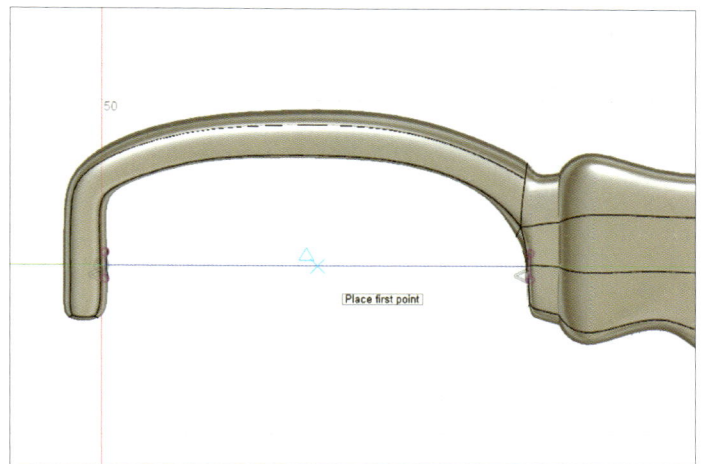

01-51

Line 스케치를 이용한 중점을 기준으로 그림과 같은 스케치를 작성한다.

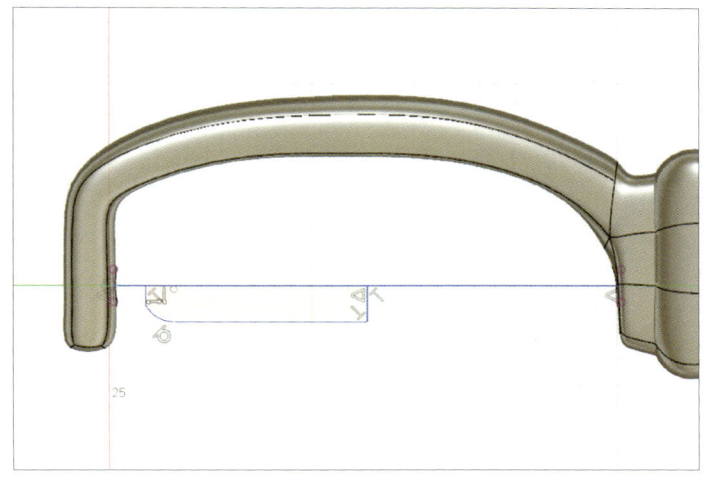

01-52

Sketch의 'Mirror' 툴을 클릭하고 그림과 같이 Mirror Line을 기준으로 스케치를 대칭 복사한다.

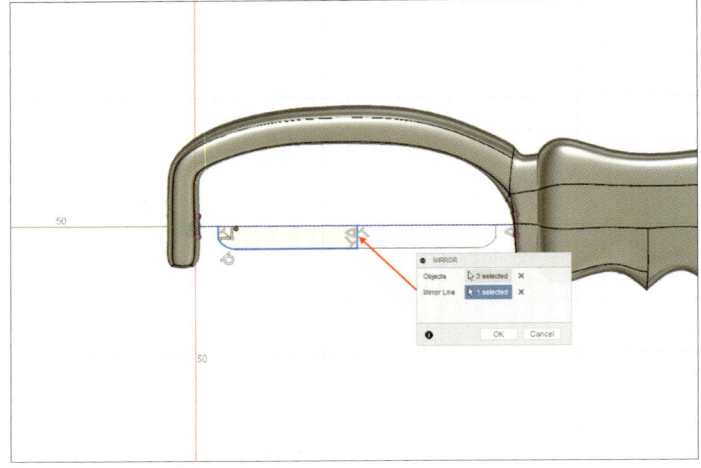

01-53

Create의 'Revolve' 툴을 클릭한다.

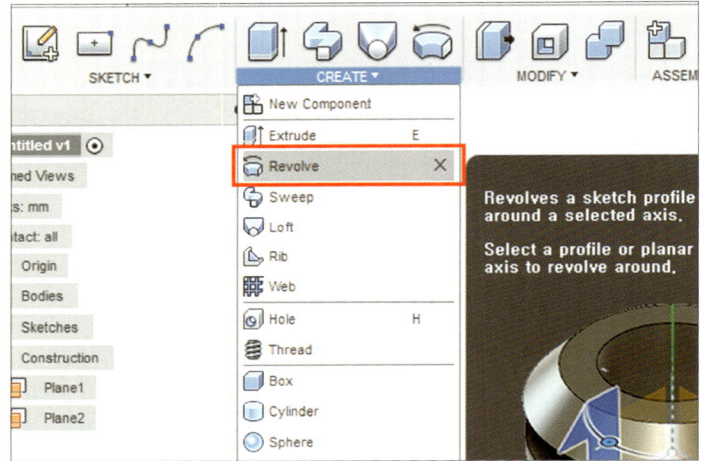

01-54

Profile과 Axis를 선택하면 그림과 같이 Axis를 중심으로 스케치 단면이 회전하면서 모델을 생성한다. Angle 값을 조절하여 반만 회전시킨 모델을 생성한다.

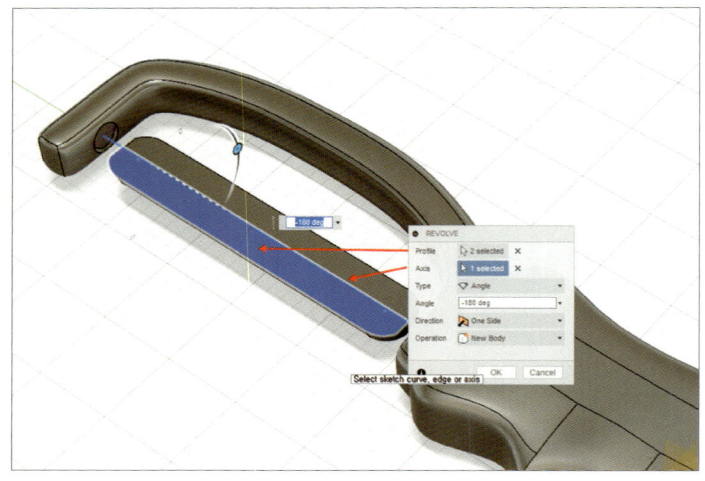

01-55

Modify의 'Shell' 툴을 클릭한다.

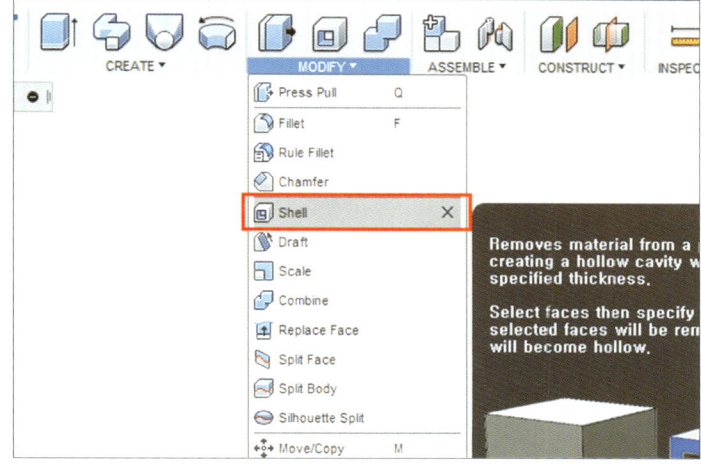

01-56

Faces/Body는 그림과 같이 면을 선택한다.

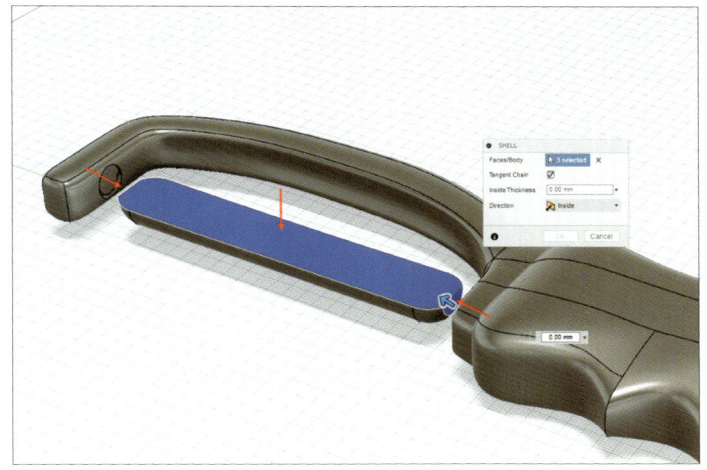

01-57

Inside Thickness 값을 입력하면 입력한 수치만큼 껍데기를 남기고 속이 비워진 모델이 생성된다.

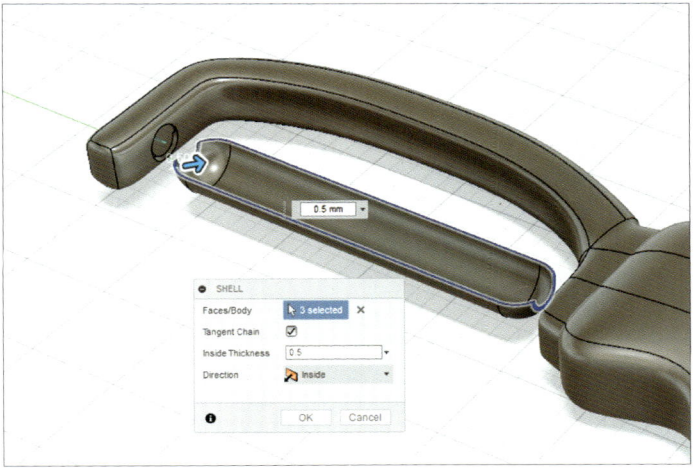

Chapter 07 Sculpt 작업 환경에서의 모델링 • 307

01-58

Extrude나 Revolve 등 한번 사용되었던 스케치는 자동으로 비활성화된다.

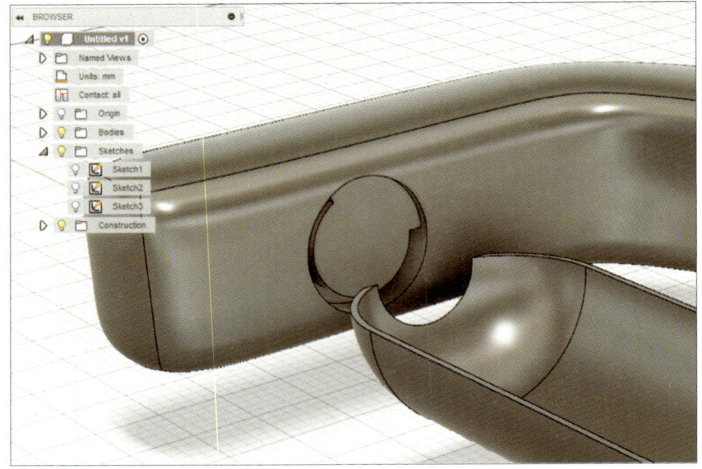

01-59

구멍 안쪽에 작성했던 스케치의 전구 아이콘을 클릭하여 다시 활성화한다.

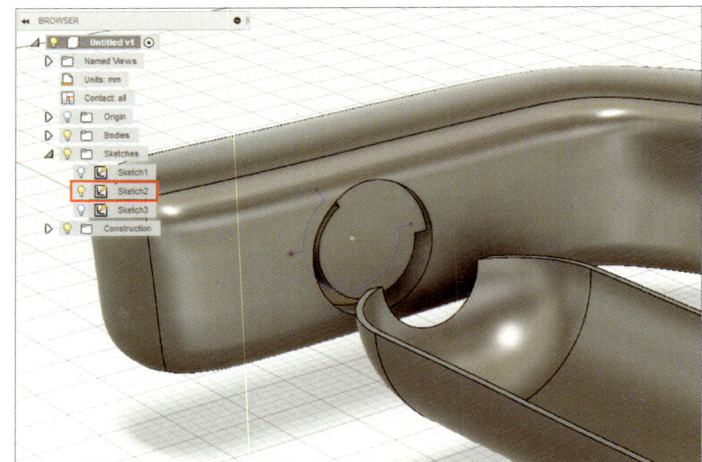

01-60

Create의 Extrude 툴을 사용하여 그림과 같이 돌출시킨다. 이때 Operation을 New Body로 변경하여 완료한다.

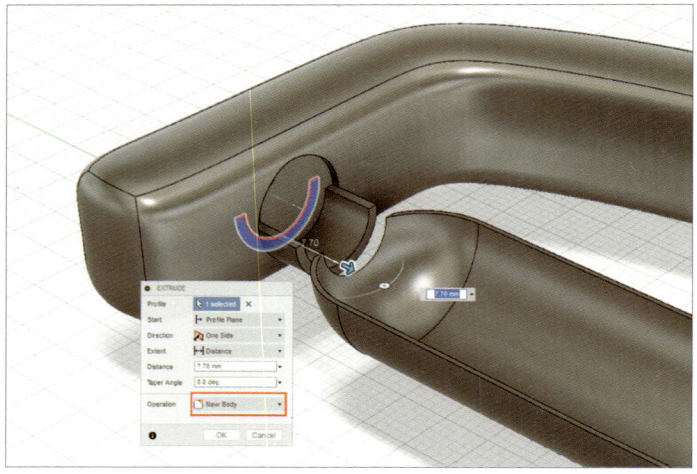

01-61

두 모델의 단면이 다르기 때문에 Create의 Loft 툴을 이용하여 연결시켜 모델을 생성한다.

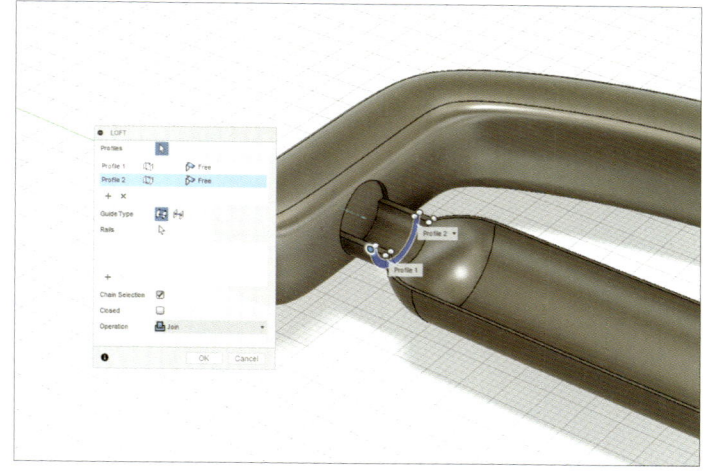

01-62

반대편도 같은 방법으로 모델을 생성한다.

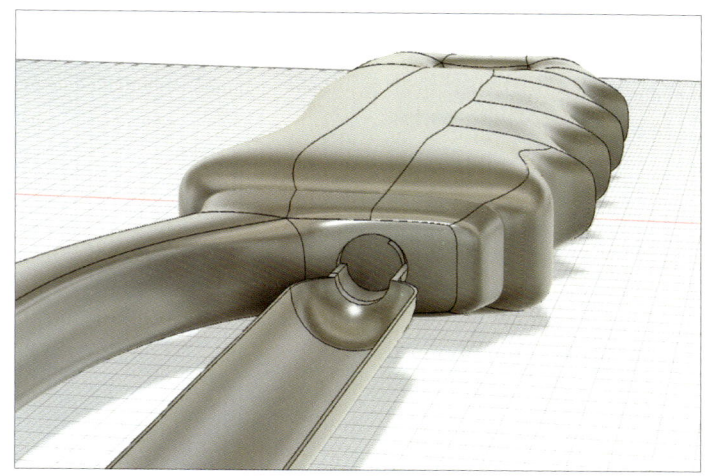

01-63

Sketch의 Slot 툴을 이용하여 그림과 같은 스케치를 작성한다.

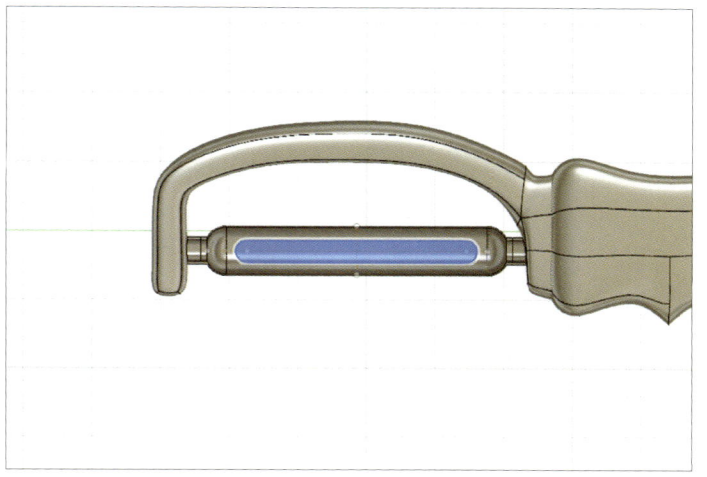

01-64

Create의 Extrude 툴을 이용하여 Slot 스케치를 돌출시켜 그림과 같이 Slot 모양으로 깎아낸다.

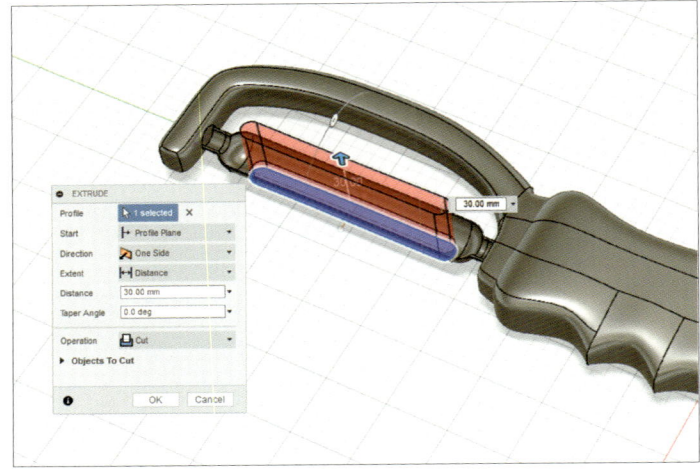

01-65

Modify의 'Chamfer' 툴을 클릭한다.

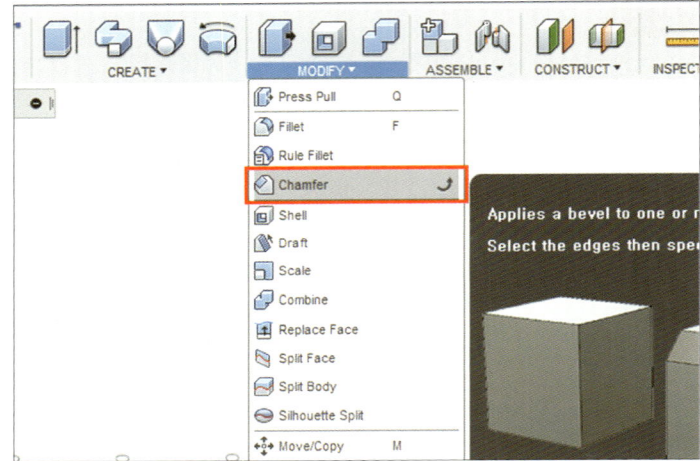

01-66

Edges는 깎여나간 구멍의 아래쪽 모서리를 선택한다.

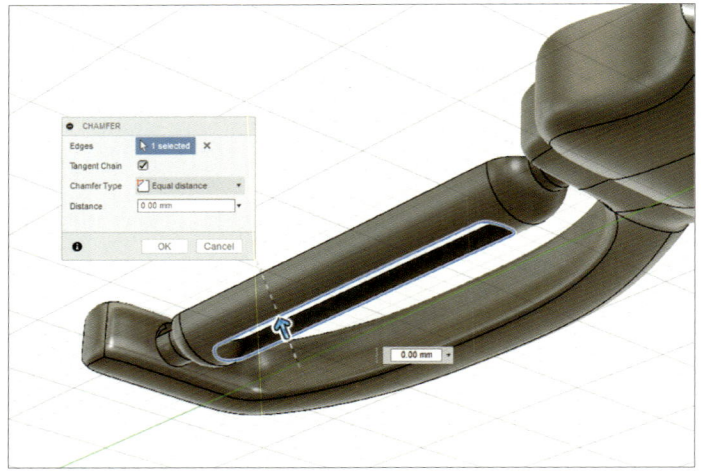

01-67

Chamfer Type을 Two distances로 변경하고 그림처럼 모서리를 깎아낸다.

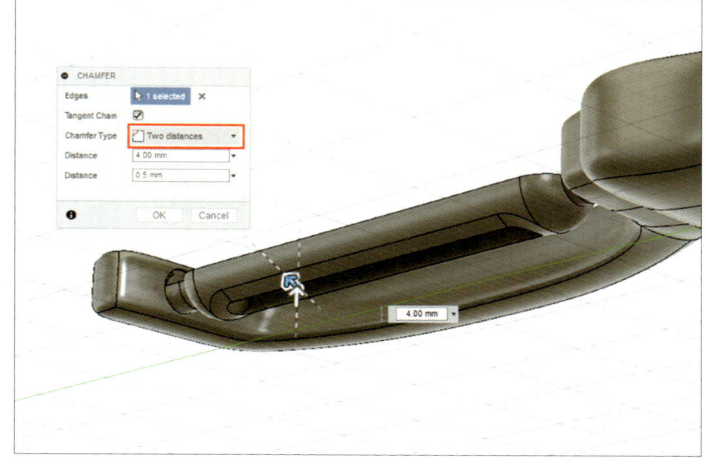

01-68

Sketch의 Circle 툴을 이용하여 그림과 같은 원 스케치를 작성한다.

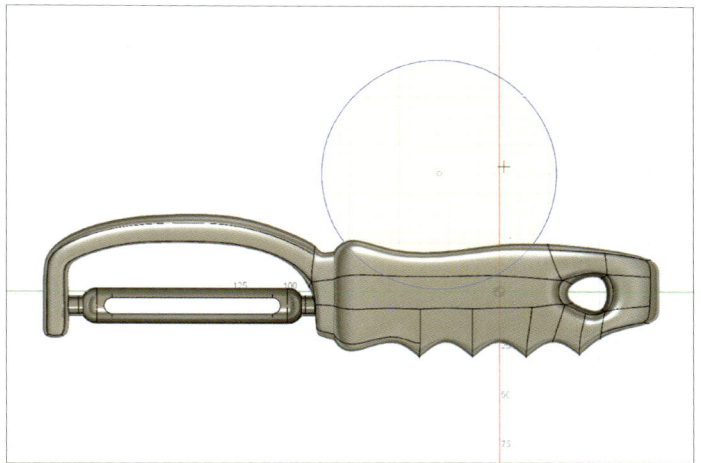

01-69

Modify의 'Split Body'를 클릭한다.

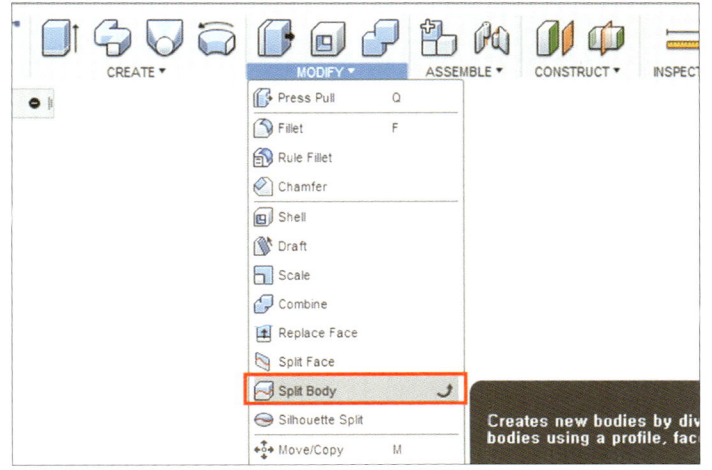

01-70

Body to Split은 감자 칼 모델을 선택하고 Splitting Tool은 원 스케치를 선택한다.

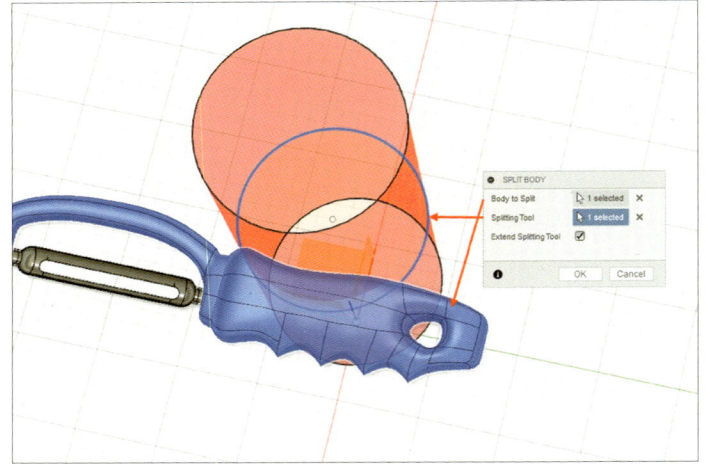

01-71

그림과 같이 감자 칼 모델이 잘린 것을 확인할 수 있다.

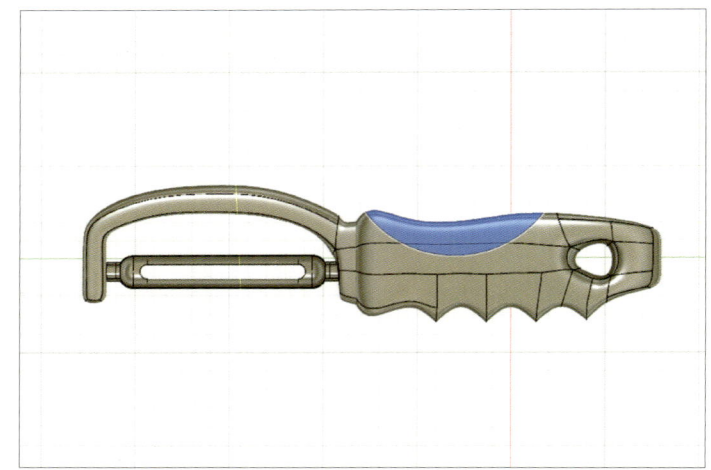

01-72

손잡이의 잘려나간 모델을 선택한 후 키보드 Ctrl+c, Ctrl+v를 눌러 제자리에 복사한다.

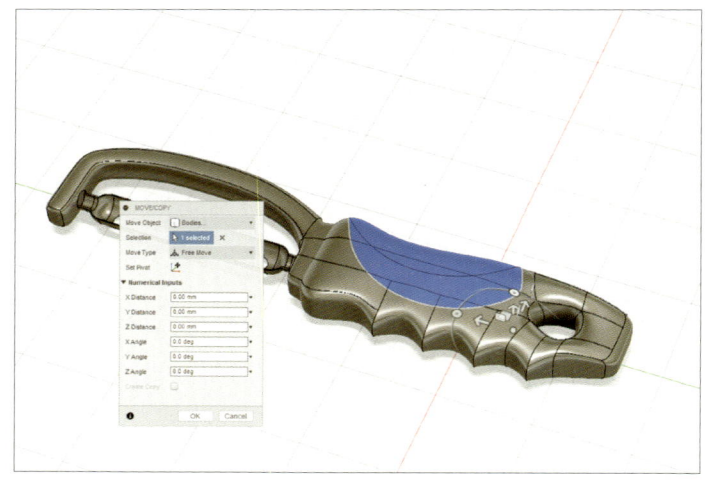

01-73

그림처럼 잘린 부위의 모델 하나만 남기고 나머지는 비활성화한다.

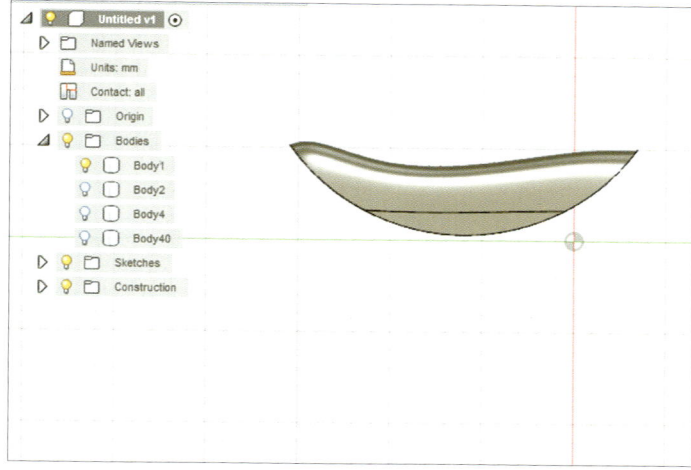

01-74

Sketch의 Rectangle 툴을 이용하여 직사각형 스케치를 작성한다.

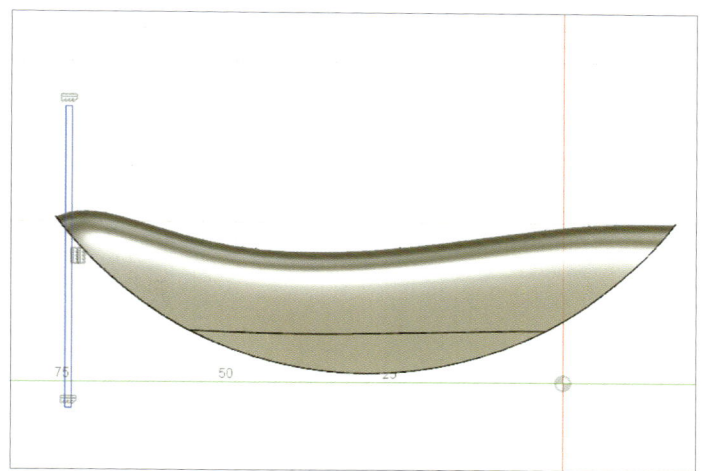

01-75

Sketch의 'Rectangular Pattern' 툴을 클릭한다.

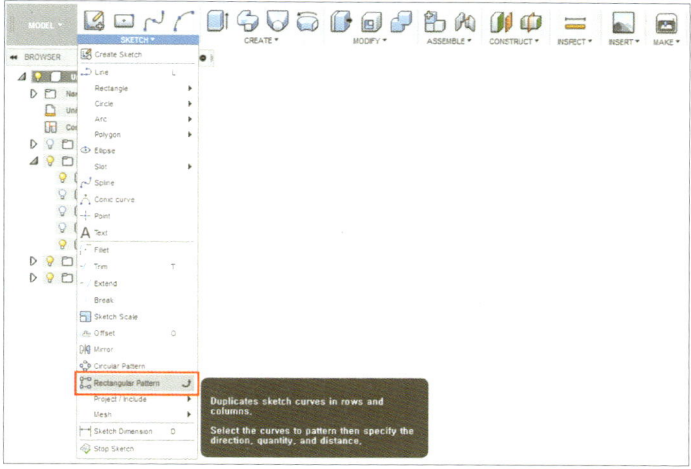

01-76

Objects는 사각형 스케치를 선택하고 화살표를 드래그하여 배열한다.

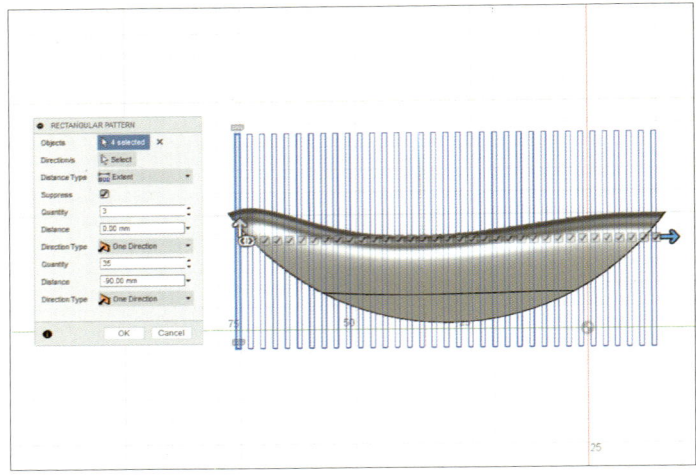

01-77

Create의 Extrude 툴을 사용하여 사각형 스케치를 돌출시킨다.

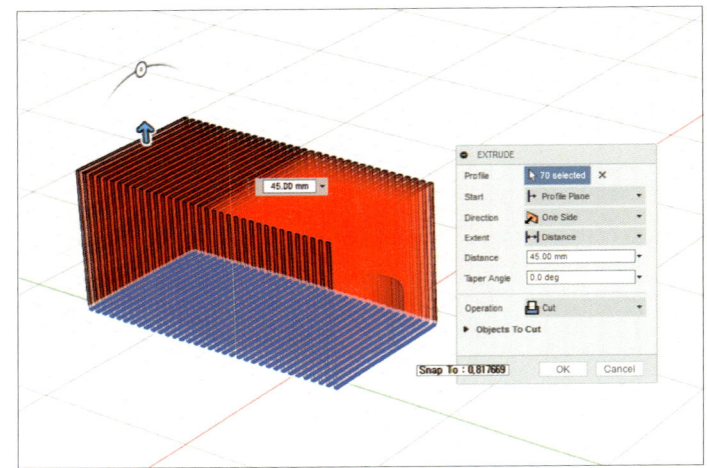

01-78

Operation을 Intersect로 변경한다.

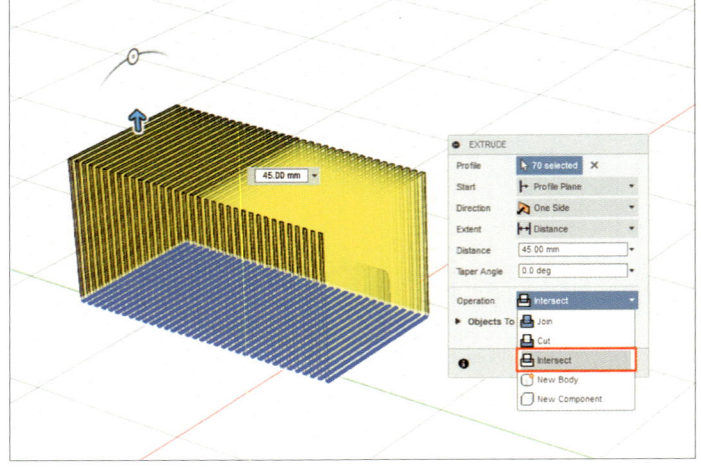

01-79

그림과 같이 겹쳐진 부분만 남겨져 생성된다.

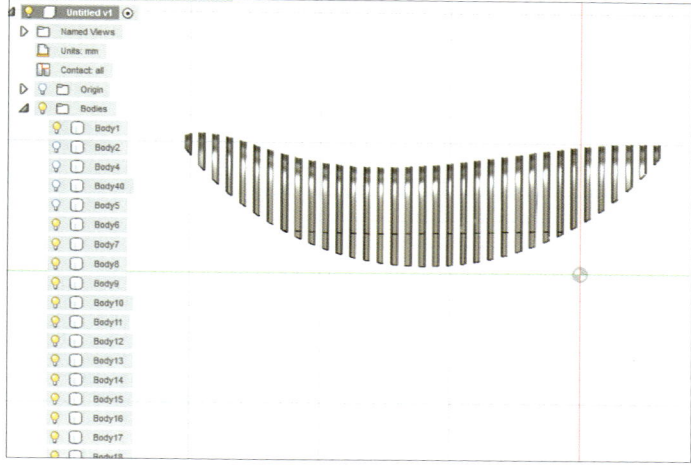

01-80

Browser에서 아까 복사해 두었던 모델을 다시 활성화한다.

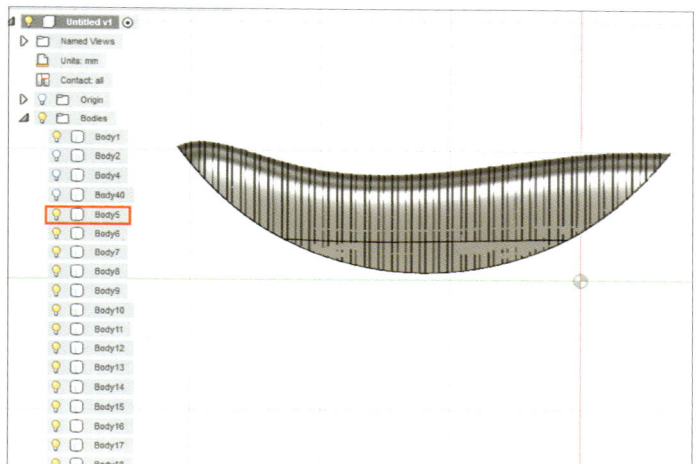

01-81

Modify의 'Press Pull' 툴을 클릭한다.

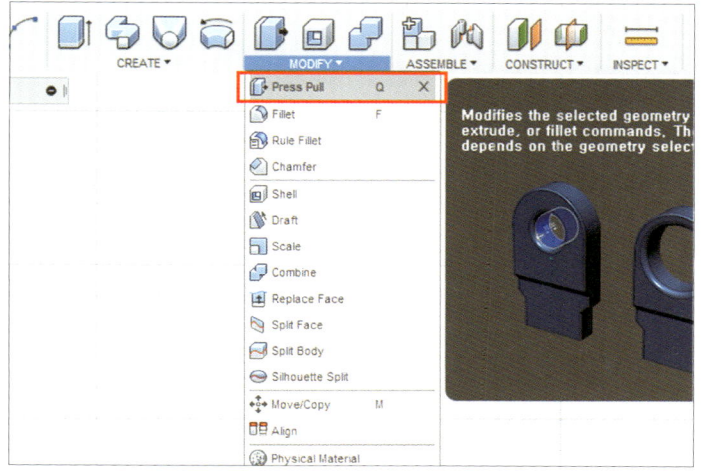

01-82

그림과 같이 Faces를 선택한다.

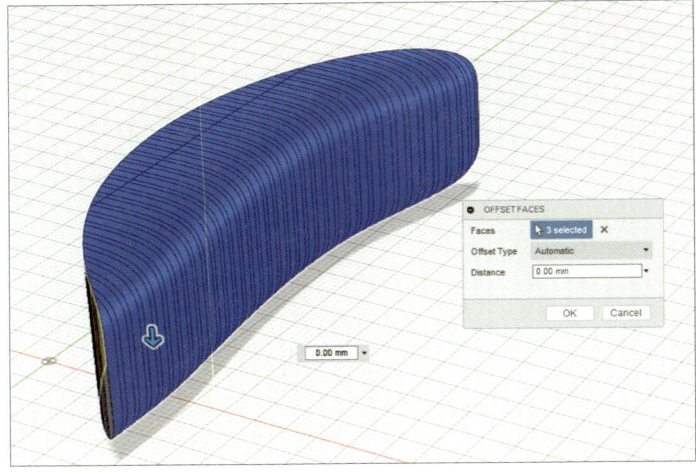

01-83

Distance에 마이너스 값을 입력하여 그림과 같은 모델을 생성한다.

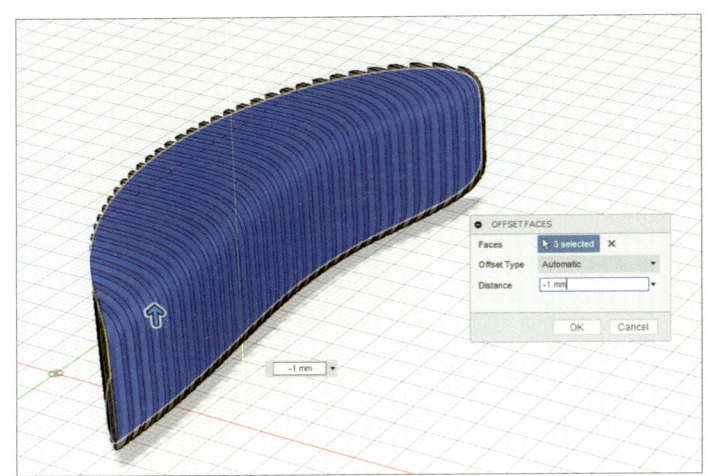

01-84

Modify의 'Combine' 툴을 클릭한다.

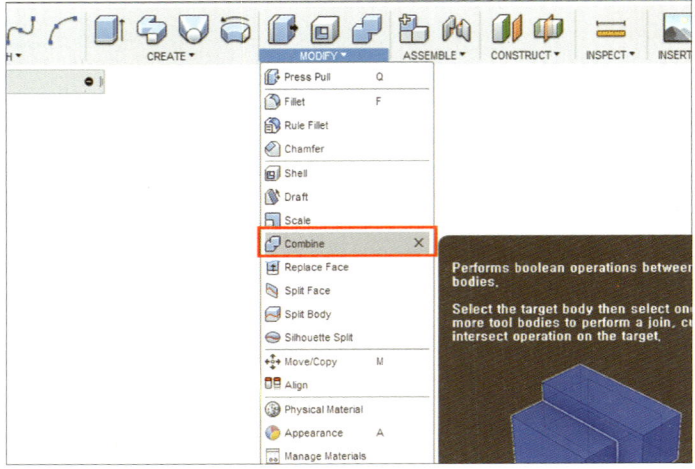

01-85

그림과 같이 하나로 합치고자 하는 바디를 선택한 후 Operation을 Join으로 하고 OK 버튼을 눌러 완료한다.

01-86

Modify의 'Fillet'을 클릭한다.

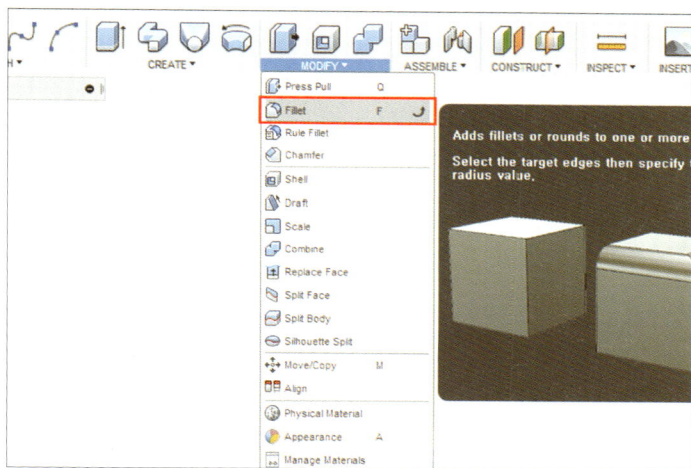

01-87

Edges는 그림과 같이 모서리를 선택한다.

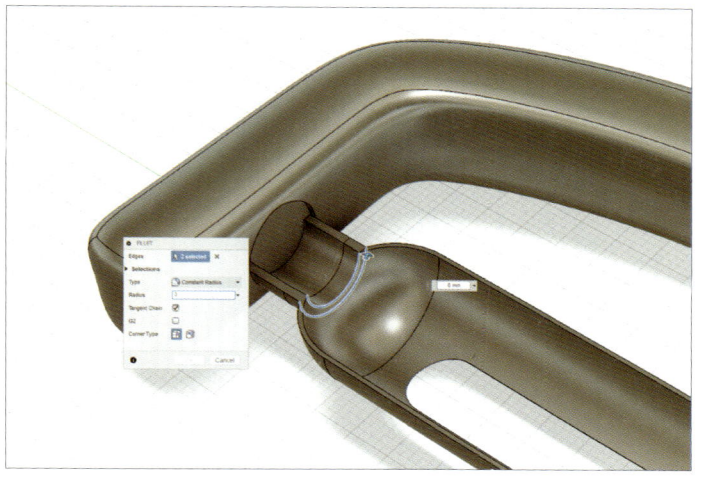

01-88

화살표를 드래그하여 그림과 같이 모서리를 둥글게 만들어준다.

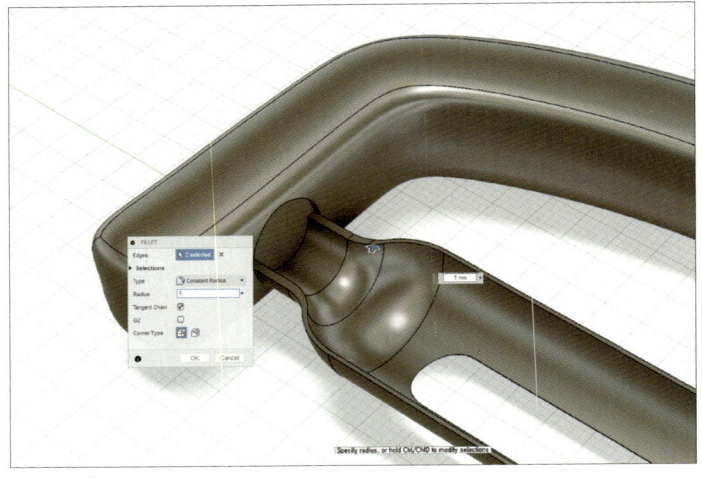

01-89

Browser에서 Body를 오른쪽 마우스로 클릭한 후 'Create Components from Bodies'를 클릭한다.

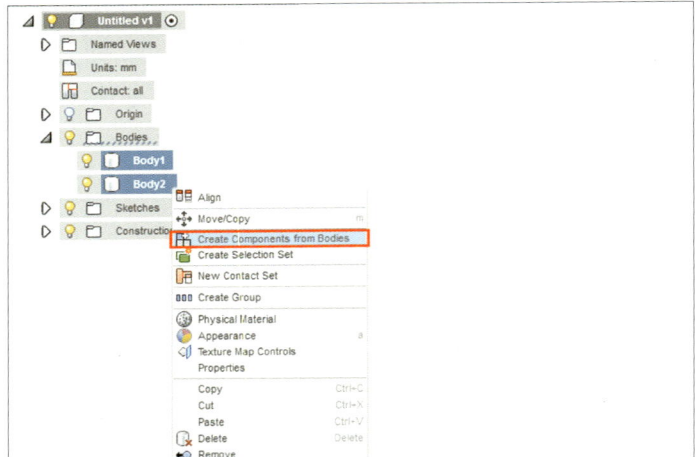

01-90

그림과 같이 선택한 모델이 Component로 변경된 것을 확인할 수 있다.

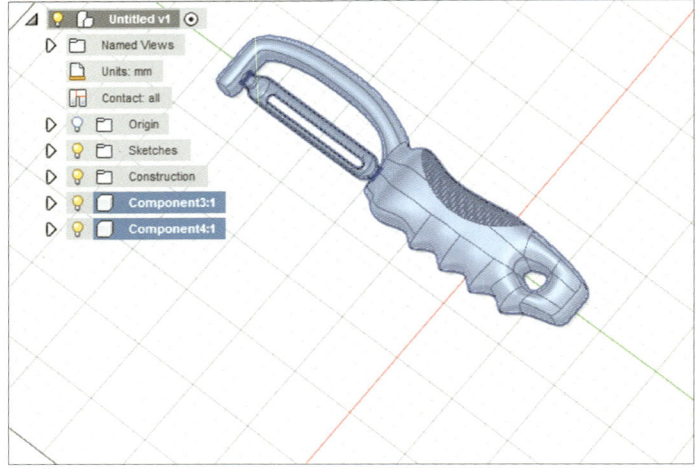

01-91

감자 칼 몸체 Component를 오른쪽 마우스로 클릭한 후 Ground로 설정한다.

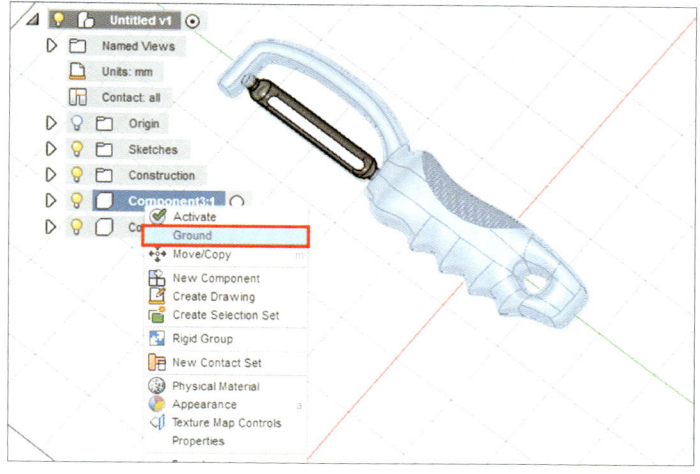

01-92

Assemble의 'As-Built Joint'를 클릭한다.

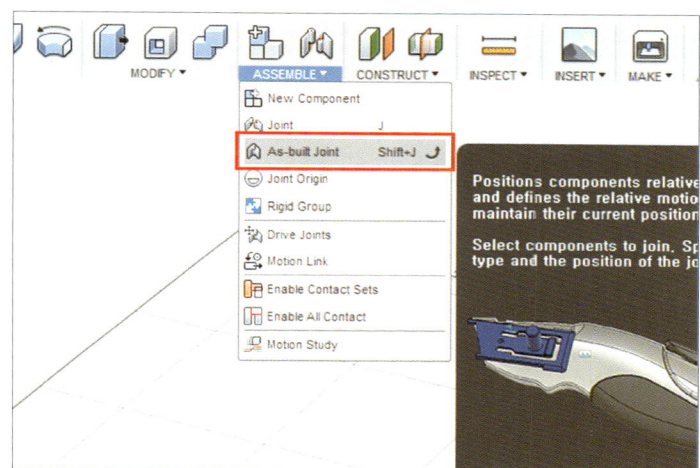

01-93

Components는 감자 칼 부분과 몸통 Component를 선택한다.

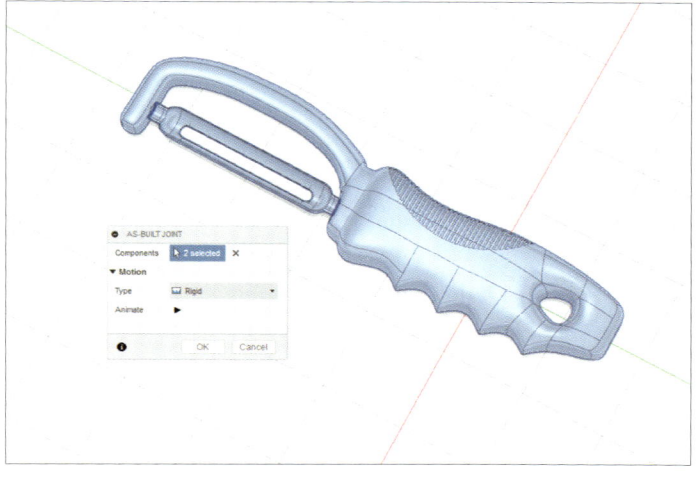

01-94

Motion Type을 Revolute로 변경한다. 그러면 Position 설정 창이 활성화된다.

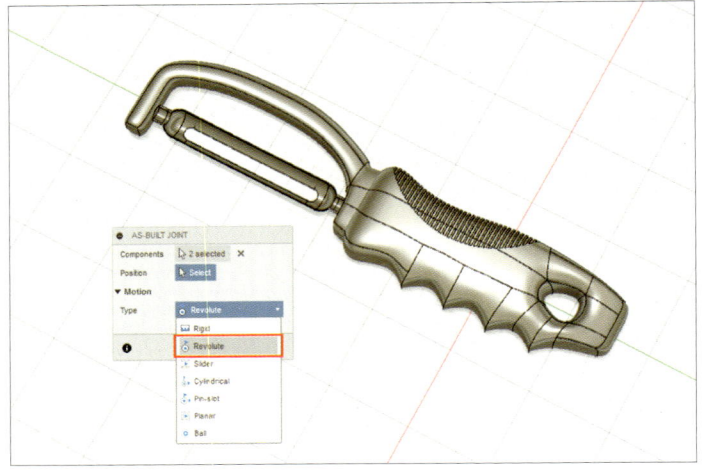

01-95

Position은 구멍 안쪽의 돌출된 모델의 모서리를 선택한다. OK 버튼을 눌러 Joint 적용을 완료하고 감자 칼 모델을 마우스로 클릭하여 드래그하면 선택한 Position을 기준으로 회전하면서 움직이는 것을 확인할 수 있다.

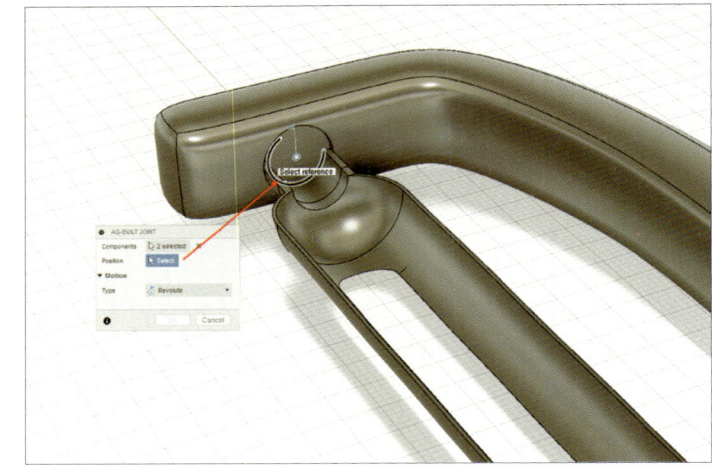

01-96

Assemble의 'Enable All Contact'를 클릭한다.

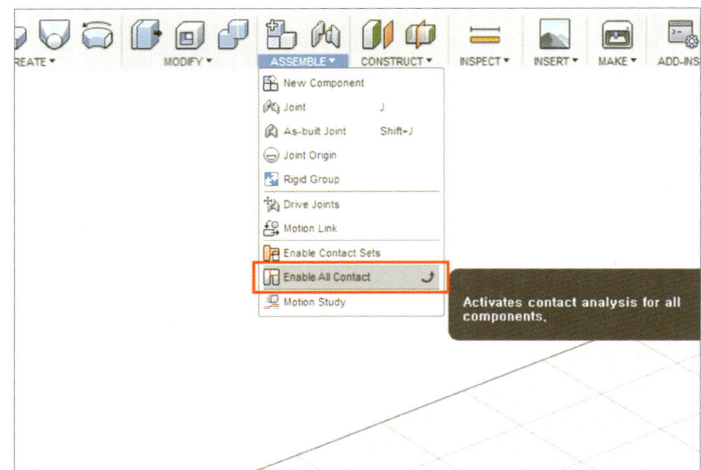

01-97

다시 한 번 감자 칼 모델을 마우스로 클릭하여 드래그하면 이번에는 Component 간의 간섭이 생기는 부분까지만 움직이는 것을 확인할 수 있다.

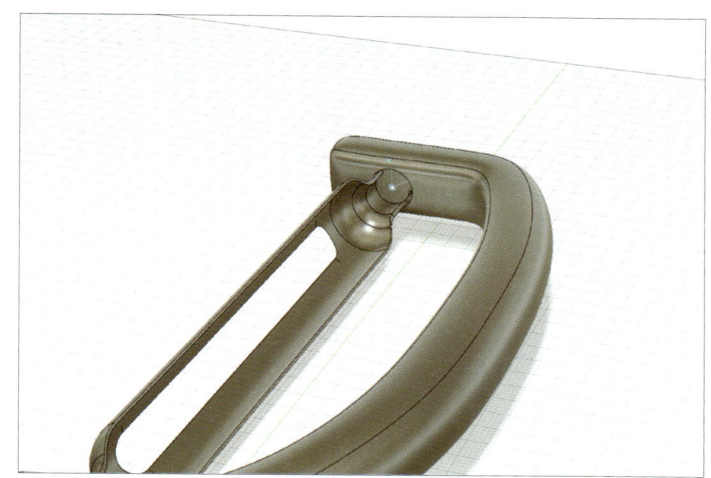

01-98

그림과 같은 모델링이 완성되었다.

01-99

Render 작업 환경에서 색상과 재질을 입혀 그림과 같은 모델링을 완성한다.

스테이플러 리무버 모델링

모델링 따라 하기 02

그림과 같은 스테이플러 리무버 모델링을 배워보도록 한다.

학습 목표

1. Model 작업 환경과 Sculpt 작업 환경을 유기적으로 이용하여 모델링 기술을 숙련한다.
2. Flatten 툴을 이용한 면 편집 방법을 학습한다.
3. Motion Study 툴을 이용한 Joint 구동 방법을 학습한다.

예제 풀이 과정을 동영상으로 확인할 수 있다.

02-1

Sketch의 Line 툴을 이용하여 그림과 같은 스케치를 작성한다.

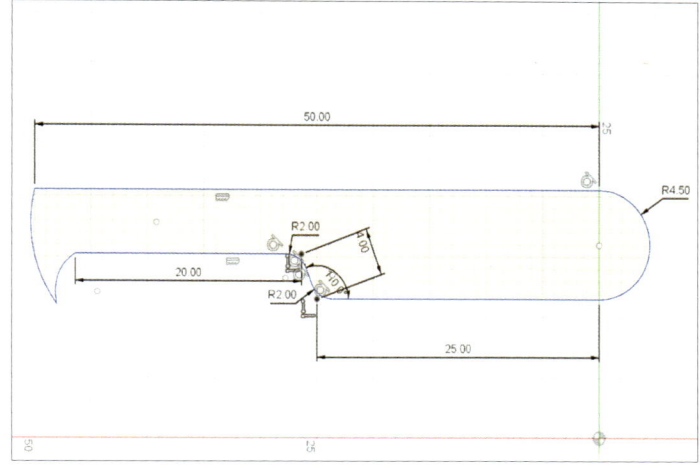

02-2

Create의 Extrude 툴을 사용하여 스케치를 돌출시켜 모델을 생성한다.

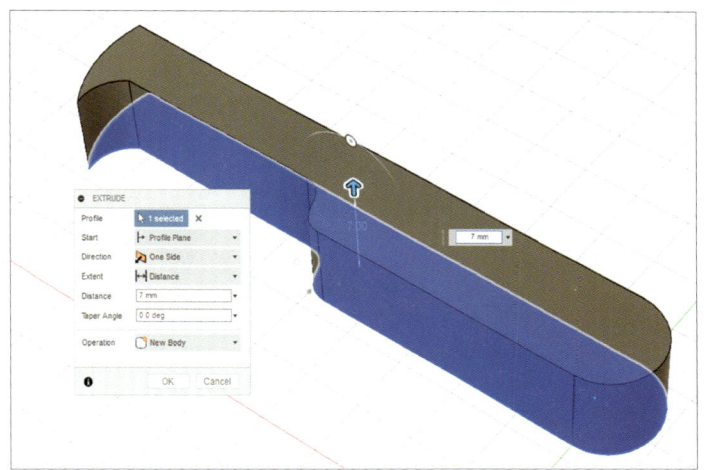

02-3

Modify의 'Shell' 툴을 클릭하고 Faces/Body는 모델의 옆면을 선택한다.

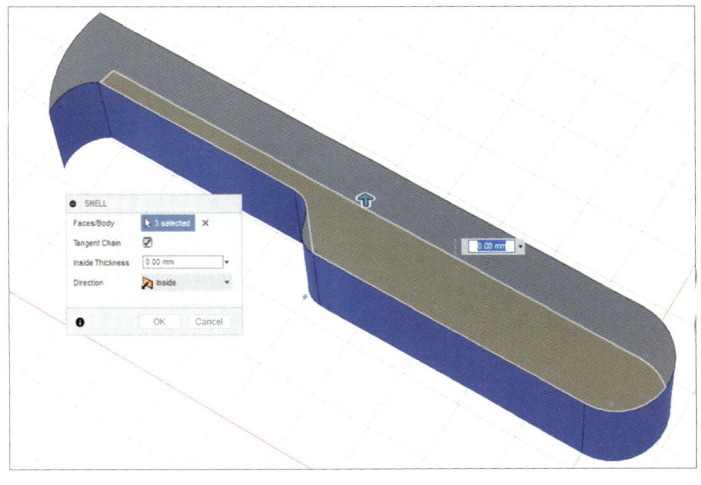

02-4

Inside Thickness에 수치를 입력하면 선택한 면은 사라지고 그림과 같이 껍데기 모델만 남겨져 생성된다.

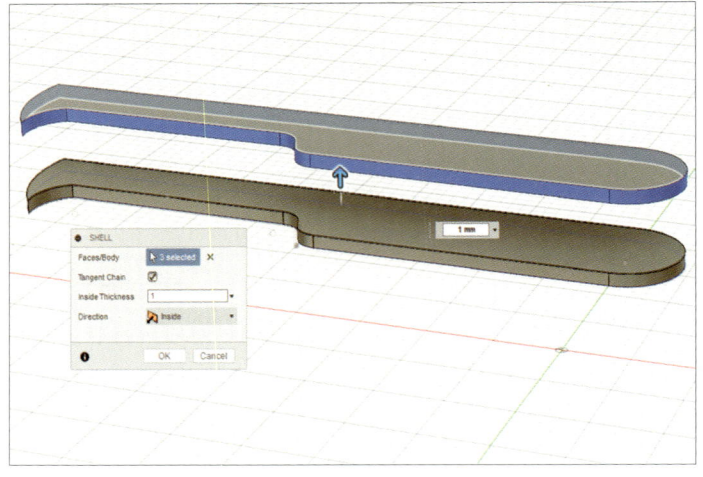

02-5

Sketch Line 툴을 이용하여 그림과 같은 스케치를 작성한다.

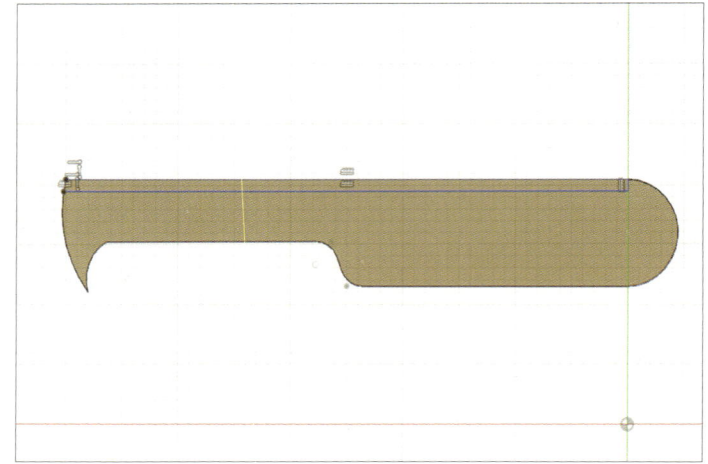

02-6

Create의 'Extrude' 툴을 클릭하고 작성한 스케치를 선택한다.

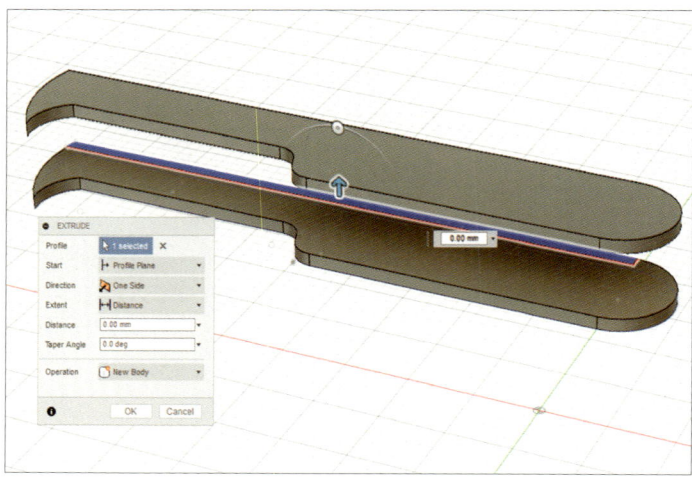

02-7

Extent 설정을 All로 변경하면 그림과 같이 맞은편 모델의 끝부분까지 자동으로 돌출되는 것을 확인할 수 있다.

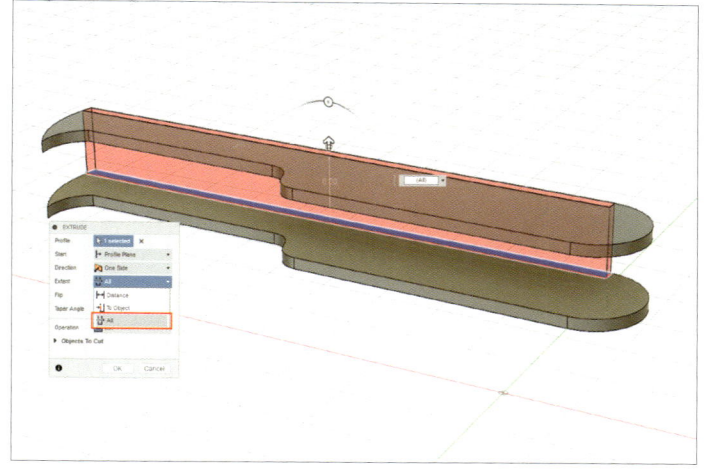

02-8

Operation을 Join으로 변경하고 OK 버튼을 눌러 모델을 생성한다.

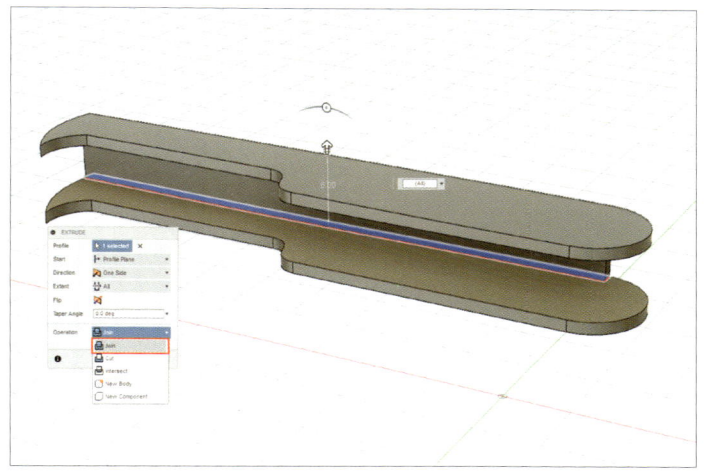

02-9

Sketch의 Line을 클릭하고 작업면을 선택한다.

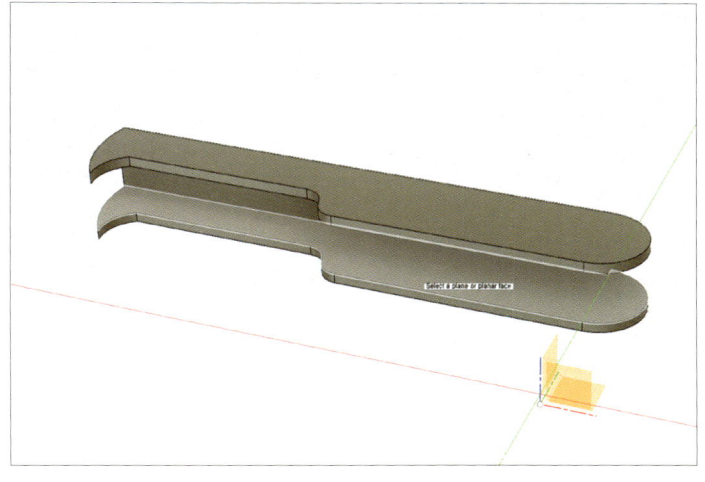

02-10

Sketch Palette에서 Slice에 체크하면 그림과 같이 작업 면의 단면이 표시된다.

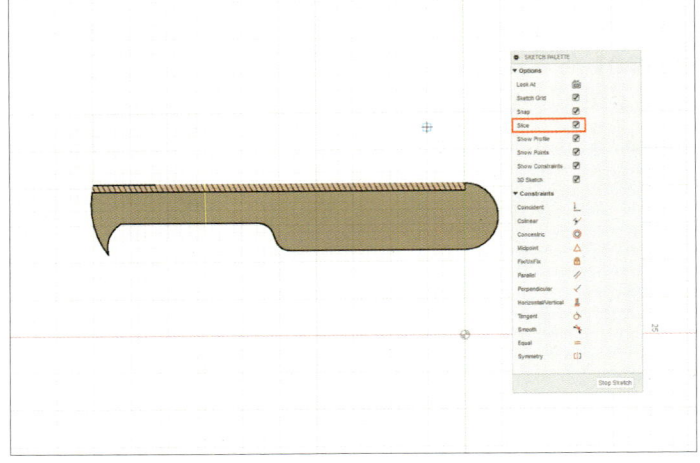

02-11

그림과 같이 스케치를 작성한다.

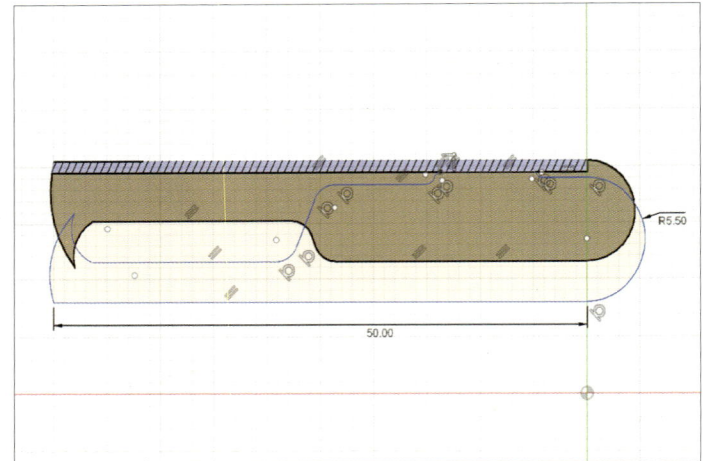

02-12

Create의 Extrude 툴을 사용하여 그림과 같이 돌출시켜 모델을 생성한다. 이때 Operation은 New Body로 변경한다.

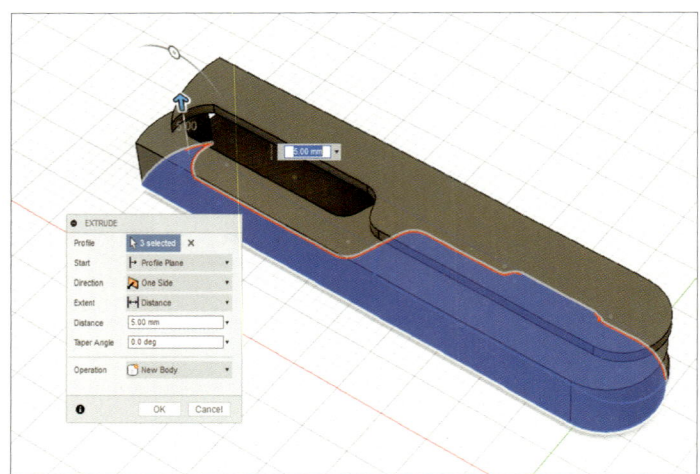

02-13

Browser를 확인해보면 두 개의 모델이 생성된 것을 확인할 수 있다.

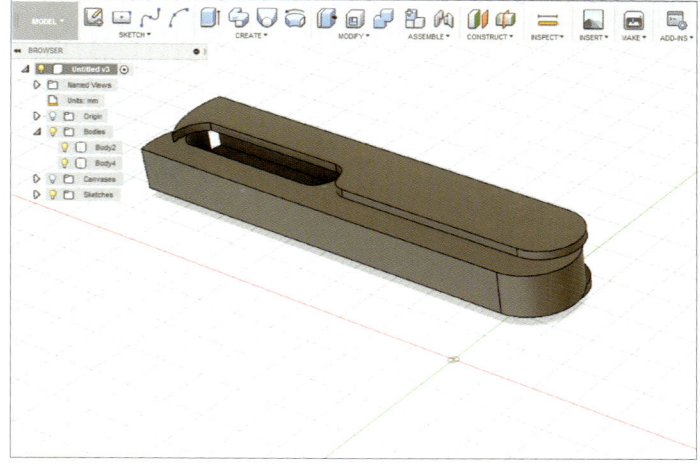

02-14

전구 모양의 아이콘을 클릭하여 윗부분의 모델을 잠시 비활성화한다.

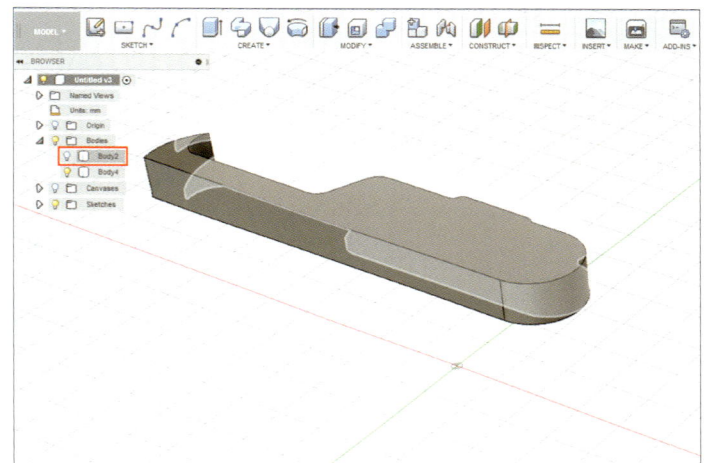

02-15

Modify의 'Shell' 툴을 클릭하고 Faces/Body는 모델의 옆면을 선택한다.

02-16

Inside Thickness에 수치를 입력하면 선택한 면은 사라지고 그림과 같이 껍데기 모델만 남겨져 생성된다.

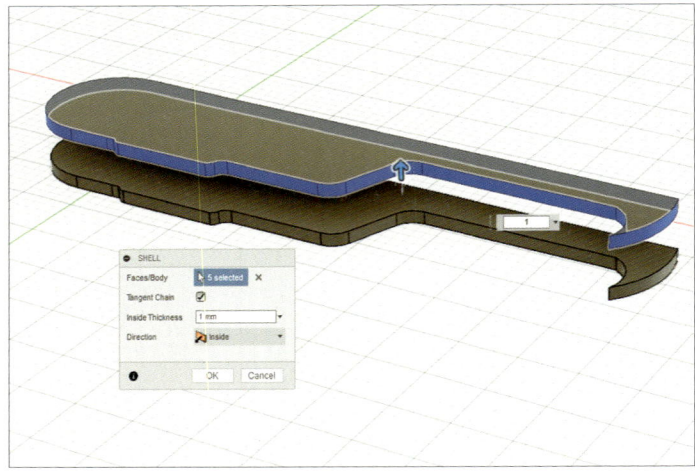

02-17

Sketch Line 툴을 이용하여 그림과 같은 스케치를 작성한다.

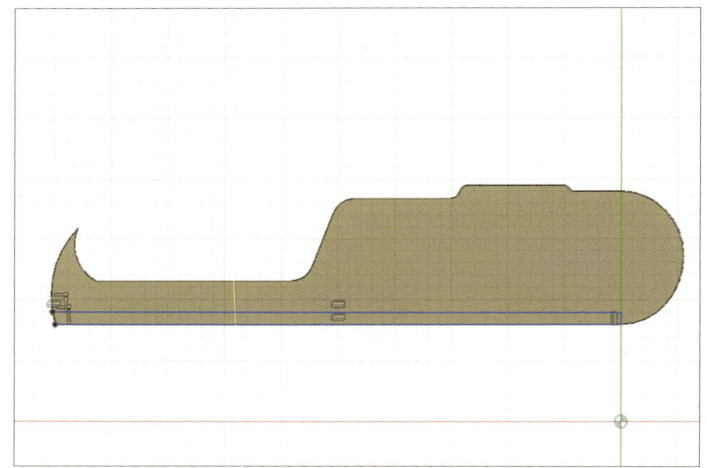

02-18

Create의 Extrude 툴을 사용하여 돌출시킨 그림과 같은 모델을 생성한다.

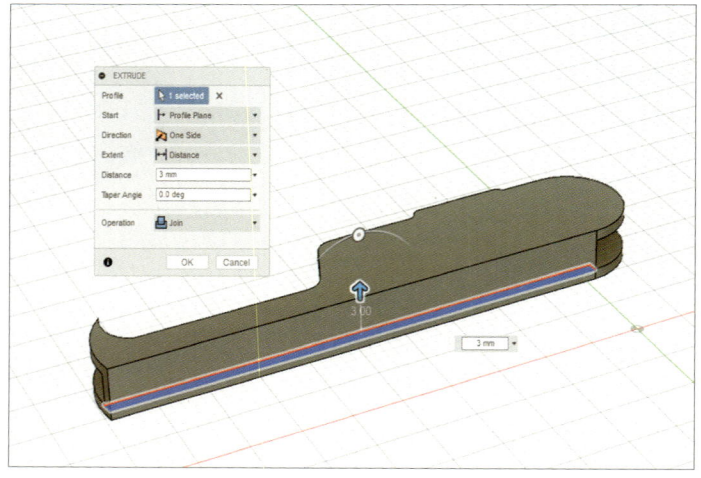

02-19

비활성화했던 모델을 다시 활성화한 후 그림과 같은 원 스케치를 작성한다.

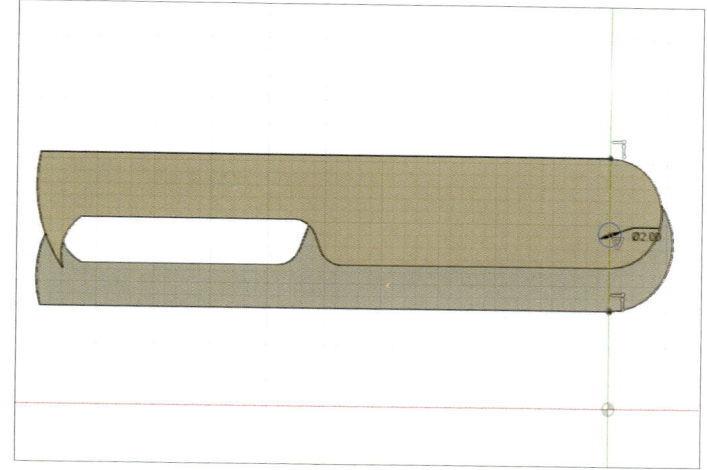

02-20

Create의 Extrude 툴을 사용하여 원 스케치를 돌출시켜 구멍을 뚫는다.

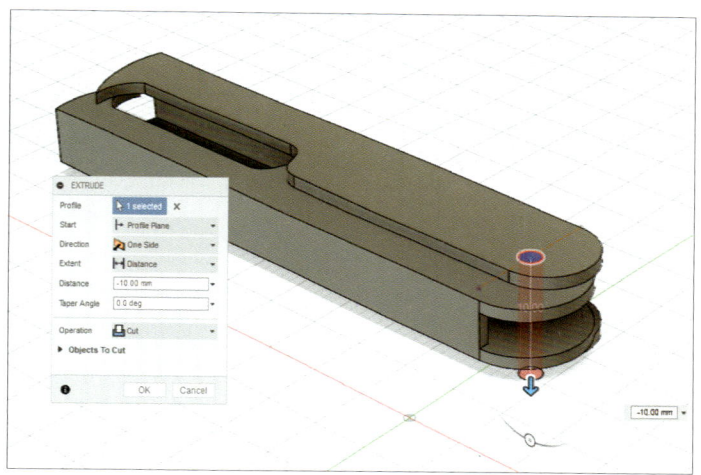

02-21

한번 사용되었던 스케치는 Browser에서 확인할 수 있듯이 자동으로 비활성화된다.

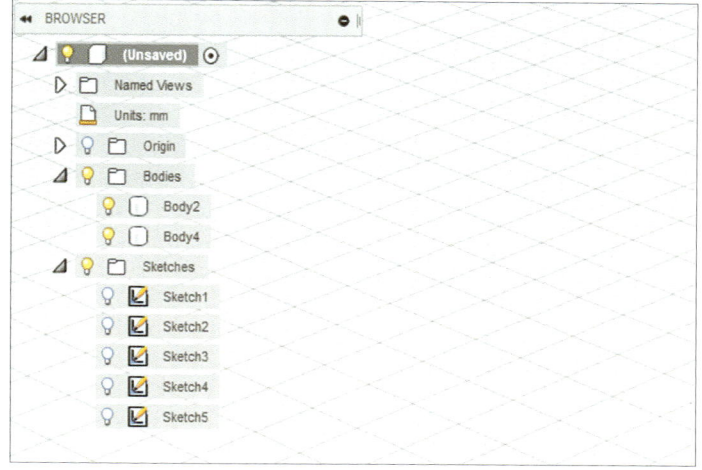

02-22

전구 모양의 아이콘을 클릭하여 원 스케치를 다시 활성화한다.

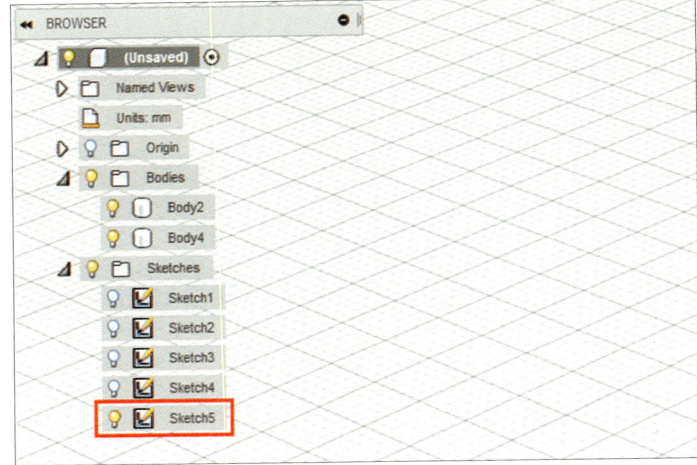

02-23

다시 Create의 Extrude 툴을 사용하여 돌출시킨다. 이때 Operation을 New Body로 변경하여 모델을 생성한다.

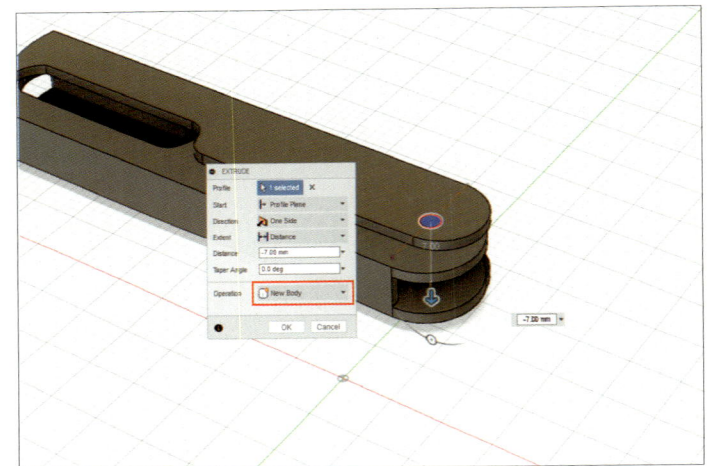

02-24

그림과 같이 기본적인 스테이플러 리무버 모델이 완성되었다.

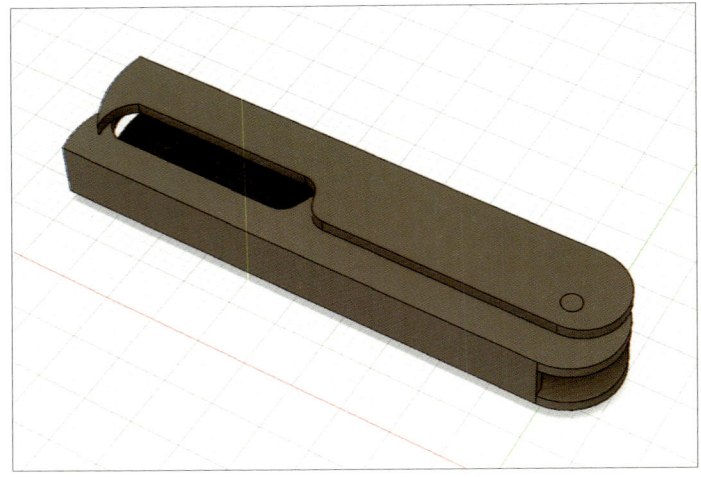

02-25

핀 모델을 제외한 나머지 모델을 비활성화한다.

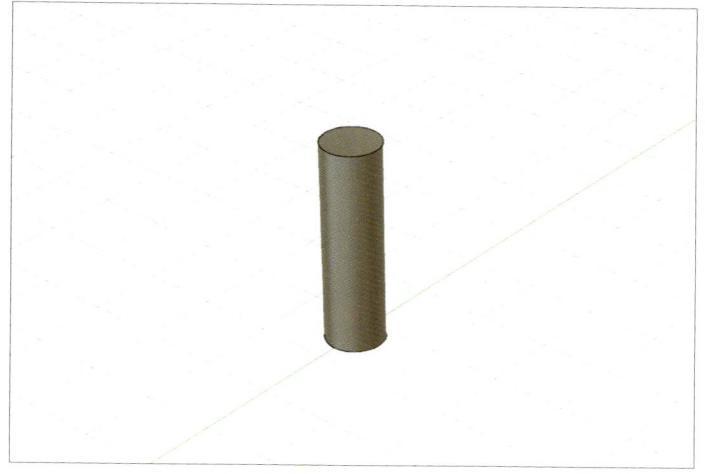

02-26

Construct의 'Midplane' 툴을 클릭하고 그림과 같이 면을 선택하면 선택한 면 중간에 작업 면이 생성된다.

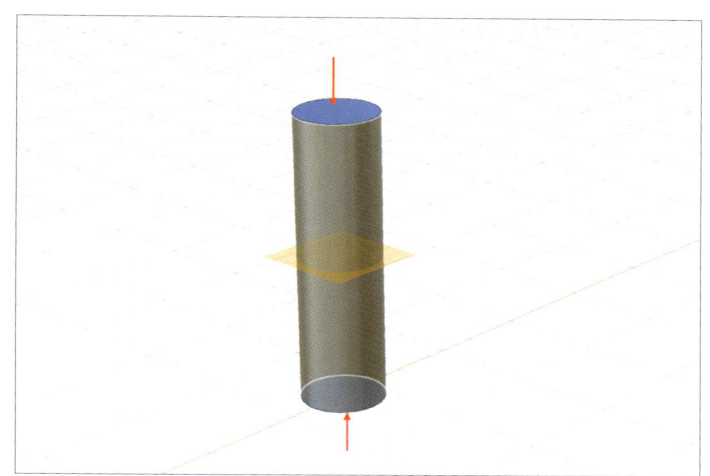

02-27

핀의 윗면에 Sketch의 Circle 툴을 사용하여 원 스케치를 작성한다.

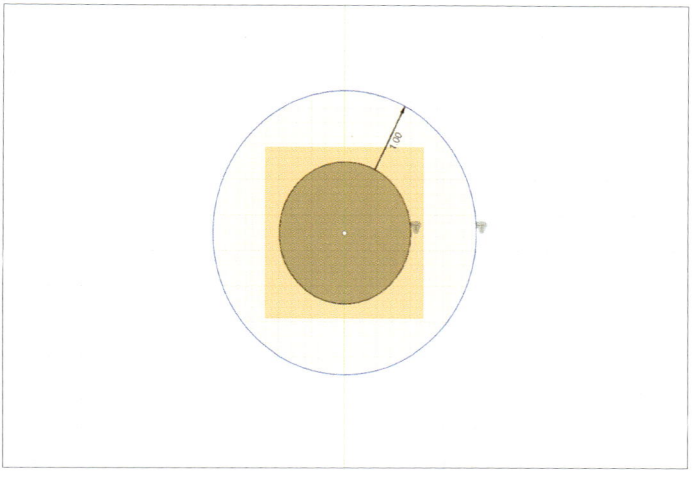

02-28

Create의 Extrude 툴을 사용하여 원 스케치를 돌출시켜 모델을 생성한다.

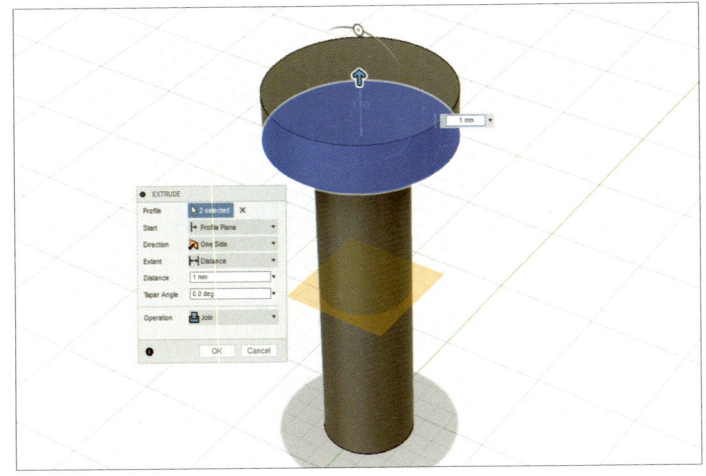

02-29

Modify의 'Fillet' 툴을 클릭하고 그림과 같이 모서리를 선택한다.

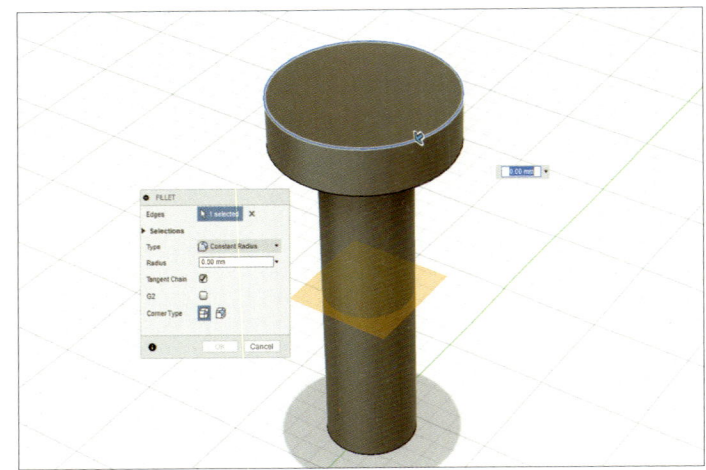

02-30

화살표를 드래그하거나 Radius에 수치를 입력하여 모서리를 둥글게 깎아낸다.

02-31

Create의 'Mirror' 툴을 클릭하고 먼저 Pattern Type을 Features 로 변경한다. Objects는 아래의 Timeline에서 Extrude, Fillet Feature를 선택하고 Mirror Plane 은 Midplane으로 생성했던 작업 면을 선택한다.

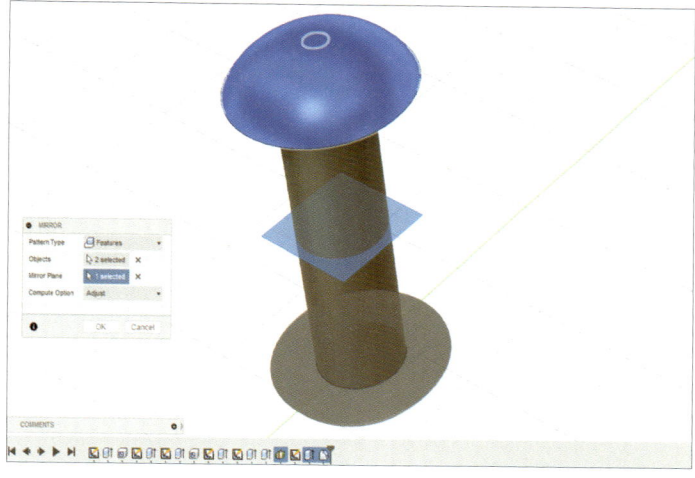

02-32

그림과 같이 Mirror Plane을 기준으로 대칭 복사된 것을 확인할 수 있다.

02-33

Create의 Coil 툴을 이용하여 그림과 같이 스프링 모델을 생성한다. 이때 Operation은 New Body로 변경한다.

02-34

핀을 비활성화하고 스프링 모델만 남긴 상태에서 그림과 같은 직선 스케치를 작성한다.

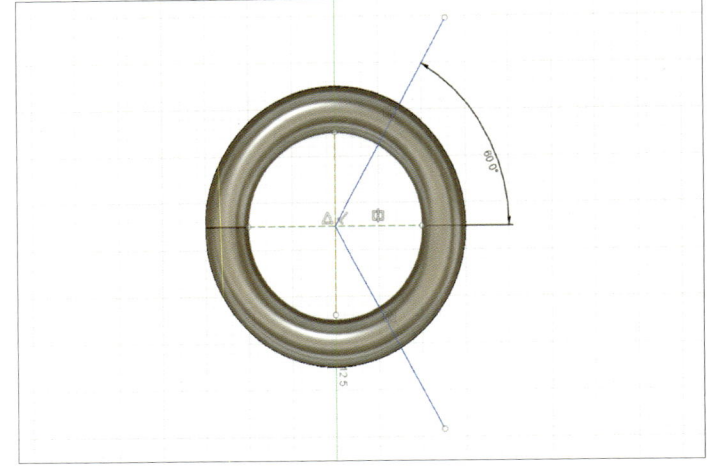

02-35

Modify의 'Split Body' 툴을 클릭한다. Body to Split은 스프링 모델을 선택하고 Splitting Tool은 직선 스케치를 선택한다.

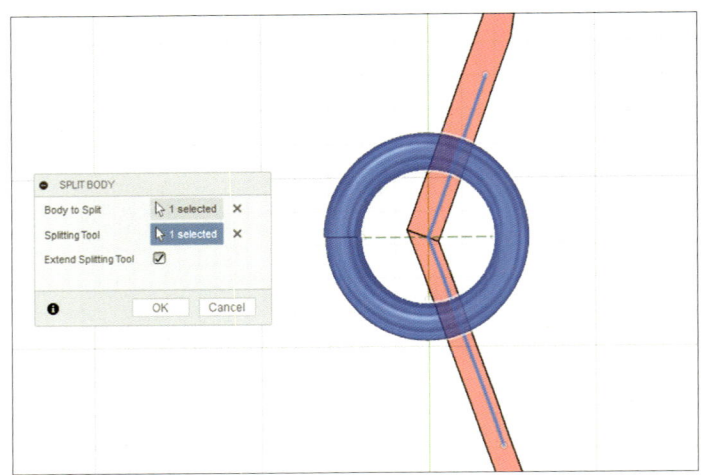

02-36

그림과 같이 모델이 분할된 것을 확인할 수 있다.

02-37

분할된 모델 중에서 그림과 같이 양 끝의 모델을 선택하여 비활성화한다.

02-38

Modify의 'Combine' 툴을 클릭한다. 분할된 모델을 전부 다 선택한다. Operation을 Join으로 변경하고 OK 버튼을 눌러 분할된 모델을 다시 하나로 합쳐준다.

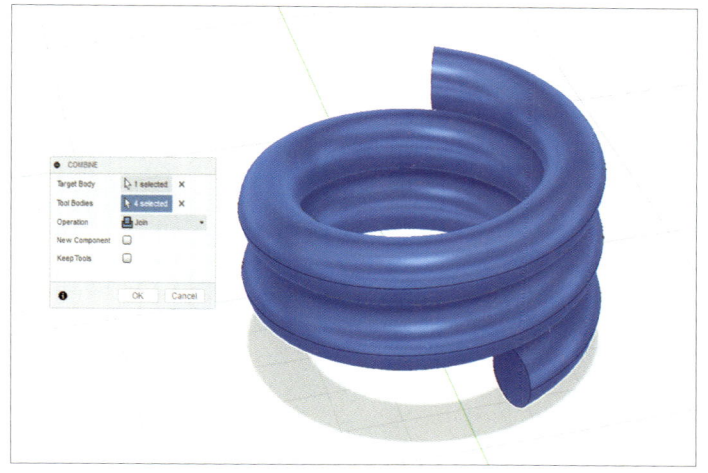

02-39

Create의 'Extrude' 툴을 클릭하고 스프링 모델의 원 단면을 선택하여 돌출시킨다.

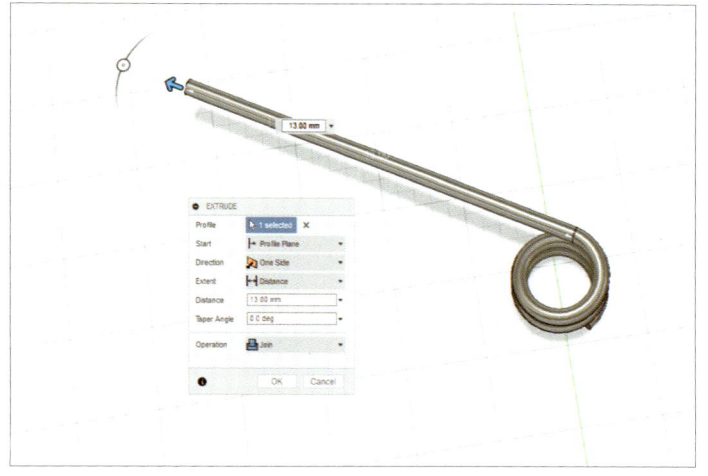

02-40

아래쪽도 마찬가지로 Extrude 툴을 사용하여 돌출시켜 모델을 완성한다.

02-41

그림과 같이 모델이 생성되었다.

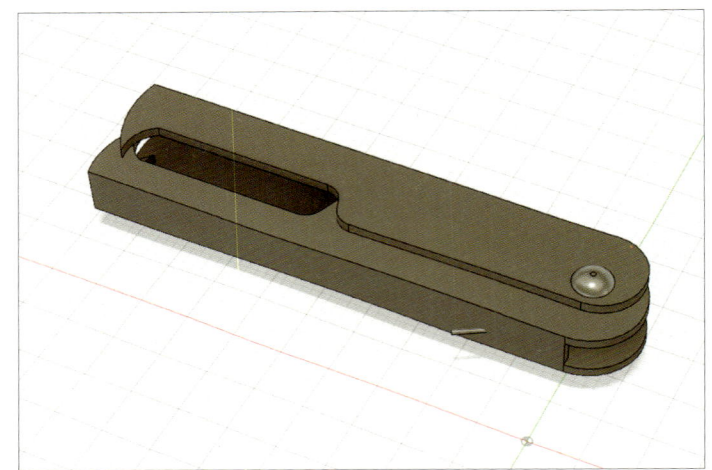

02-42

Create의 'Create Form'을 클릭하면 Sculpt 모델링 작업 창으로 넘어가고 모델은 반투명한 상태로 비활성화된다.

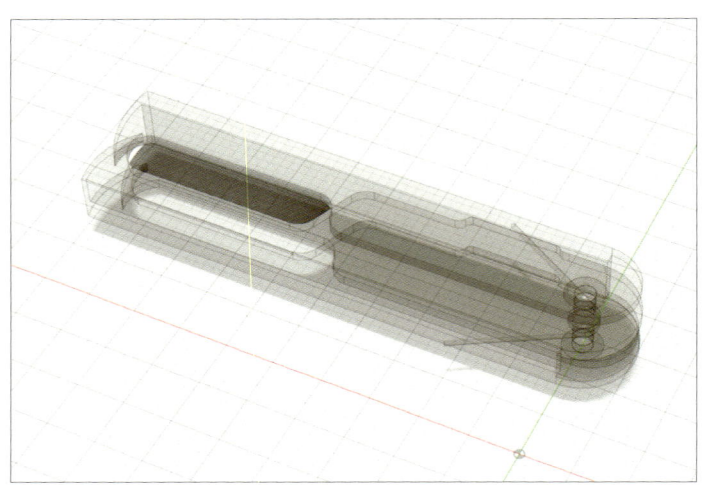

02-43

Insert의 'Attached Canvas' 툴을 클릭하고 먼저 Face는 이미지를 불러올 작업 면을 선택한 다음 'Select Image'를 클릭하여 PC에 저장되어 있는 이미지를 열어 불러온다.

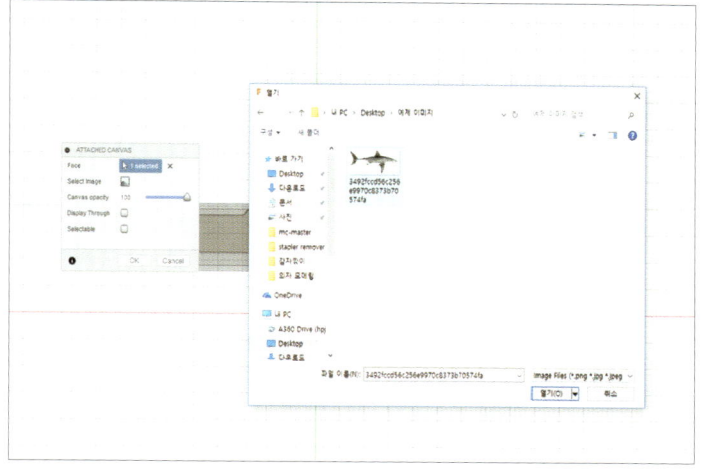

02-44

불러온 이미지는 화살표를 이용하여 위치를 조절하고 Canvas opacity로 이미지의 투명도를 조절한다.

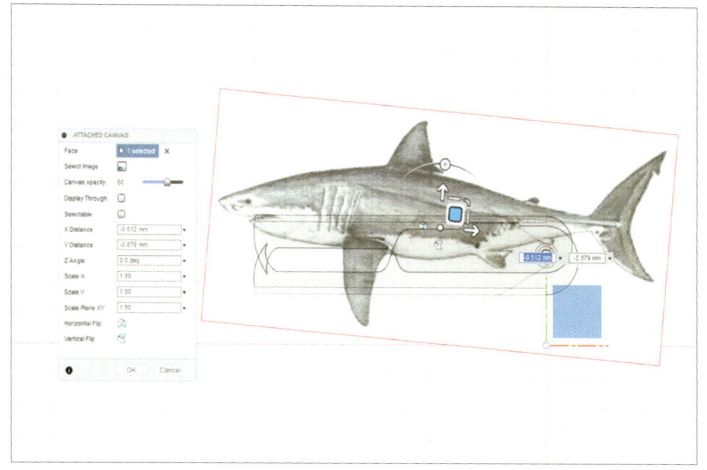

02-45

Create의 Cylinder 툴을 이용하여 그림과 같은 모델을 생성한다.

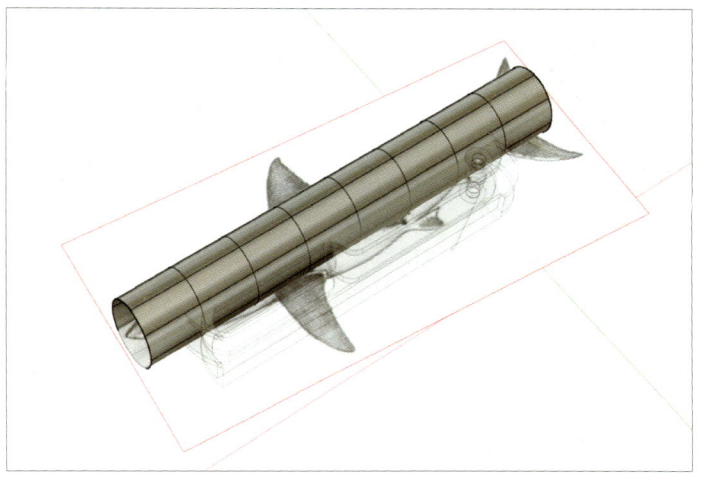

02-46

Modify의 Edit Form 툴을 이용하여 이미지에 맞춰 모델을 수정한다.

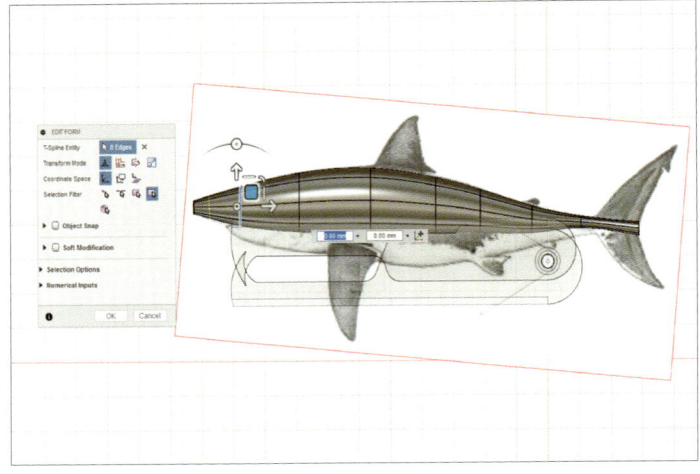

02-47

Modify의 'Fill Hole' 툴을 클릭하고 Cylinder 모델 앞쪽의 구멍 모서리를 선택한다. Fill Hole Mode를 Collapse로 변경하고 Weld Center Vertices에 체크한 후 OK 버튼을 눌러 완성한다. 뒤의 부분도 마찬가지 방법으로 구멍을 메워준다.

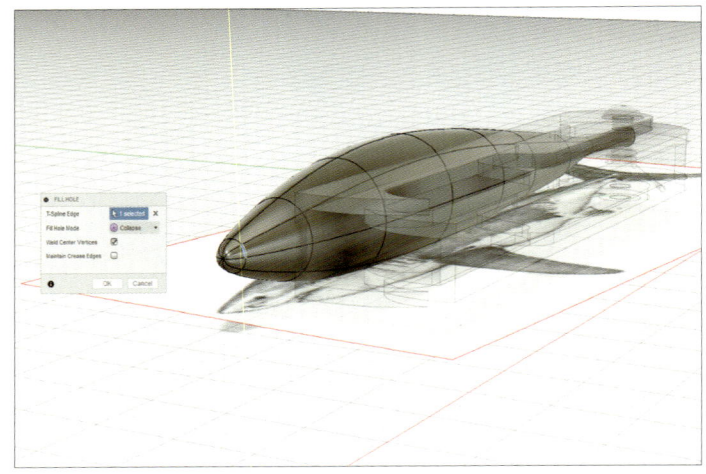

02-48

Modify의 'Bevel Edge' 툴을 클릭한다. 지느러미를 만들어 줄 위치의 Edge를 선택하고 OK 버튼을 눌러 완료한다.

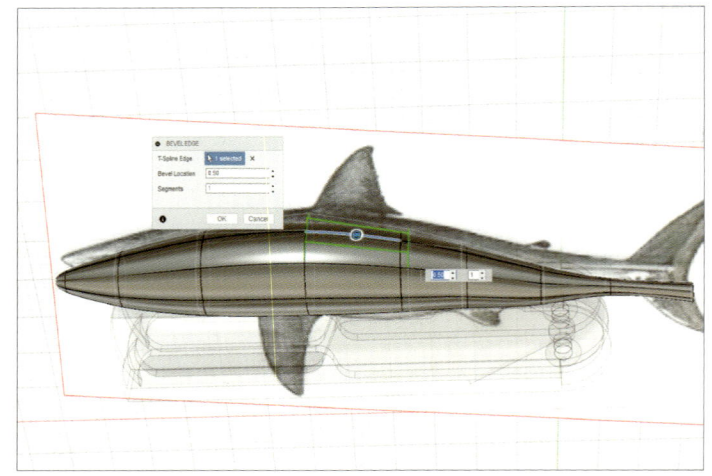

02-49

그림과 같이 선이 둘로 나뉜 것을 확인할 수 있다.

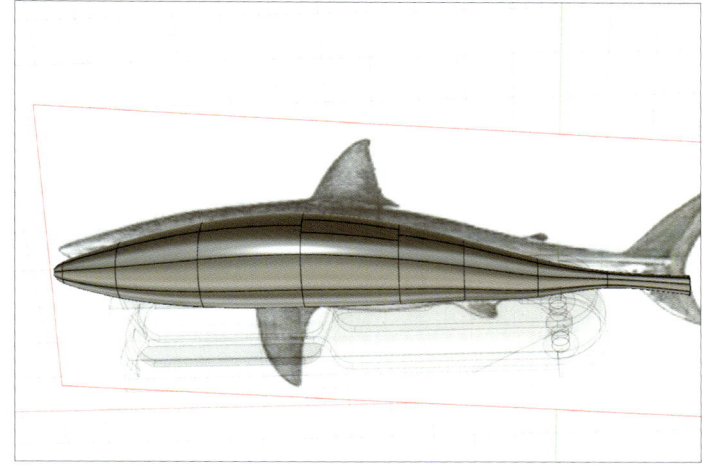

02-50

Modify의 'Edit Form'을 클릭하고 지느러미를 만들 면을 선택한다. 키보드의 Alt를 누른 상태로 면을 잡아당기면 새로운 면이 생성된다.

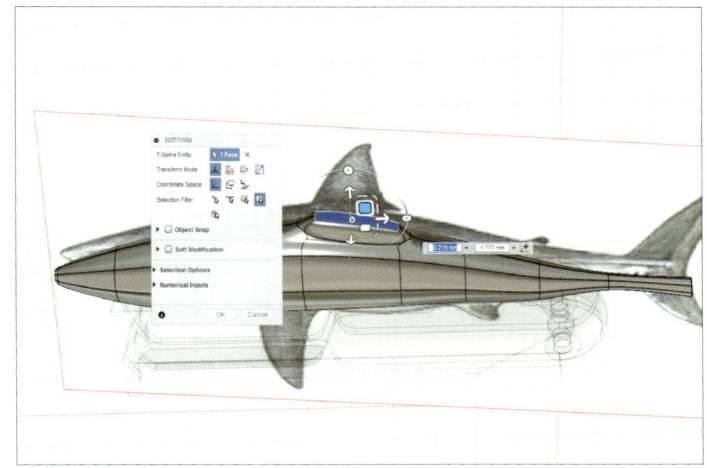

02-51

계속해서 Alt를 눌러 새로운 면을 뽑아내듯이 상어 지느러미를 완성한다.

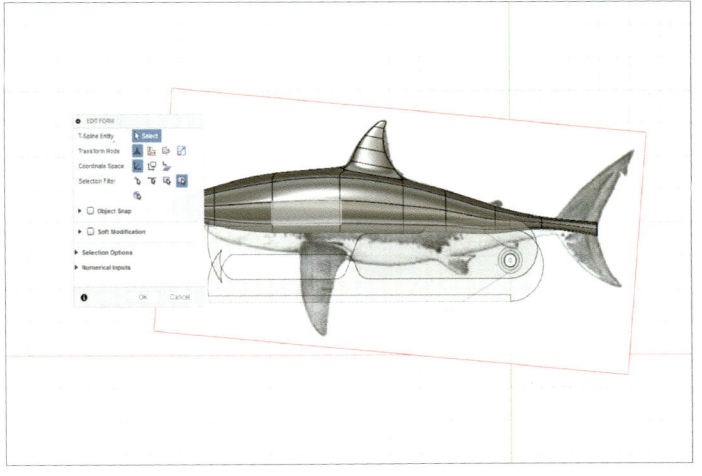

02-52

뒷부분 지느러미도 마찬가지 방법으로 모델을 생성한다.

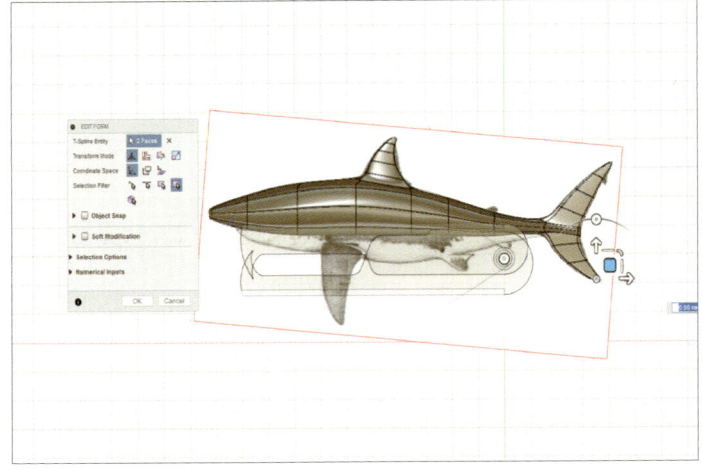

02-53

Modify의 'Crease' 툴을 클릭하고 상어의 배 부분이 되는 곳의 Edge를 그림과 같이 선택한다.

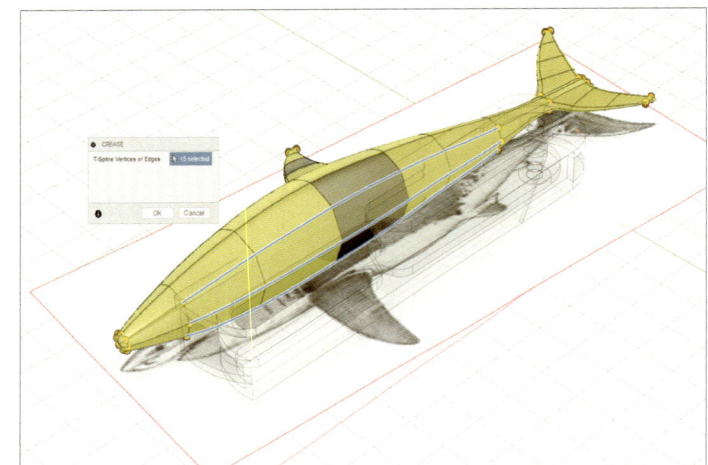

02-54

Modify의 'Flatten' 툴을 클릭하고 상어의 배 부분이 되는 곳의 점들을 모두 선택하고 OK 버튼을 눌러 완료한다.

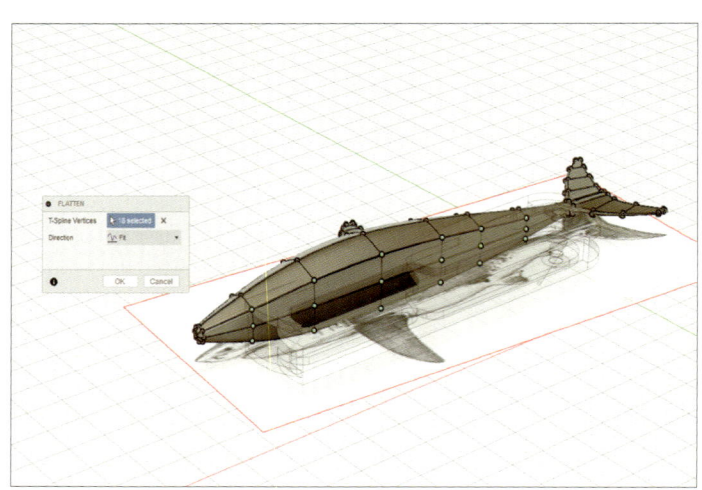

02-55

그림과 같이 배 부분이 평평하게 수정된 것을 확인할 수 있다.

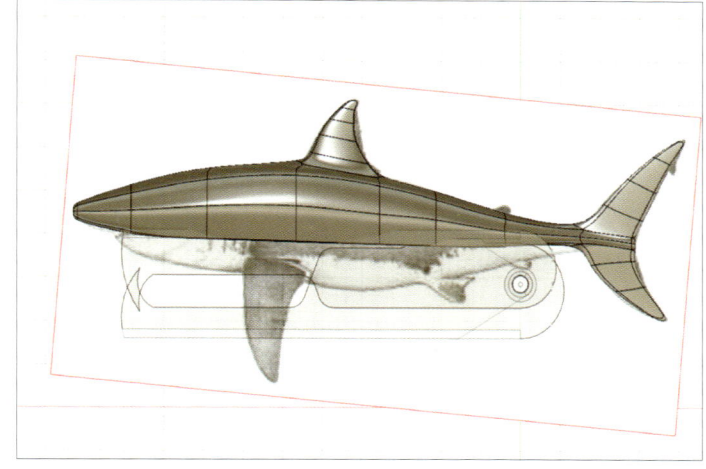

02-56

아랫부분도 마찬가지 방법으로 모델을 생성한다.

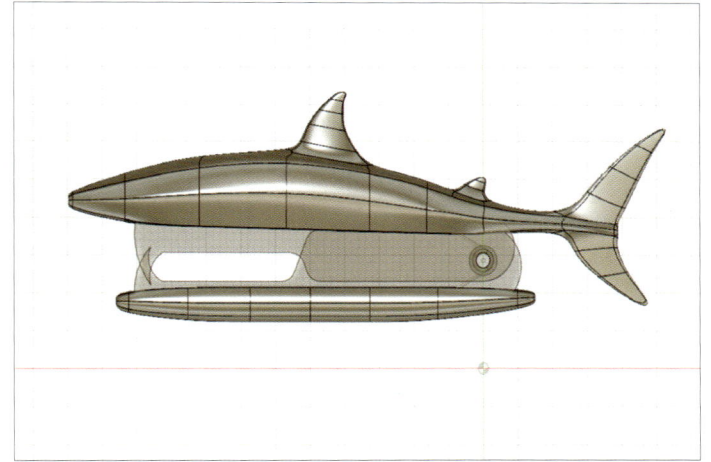

02-57

툴 바 오른쪽 끝에 'Finish Form'을 클릭하여 완료한다.

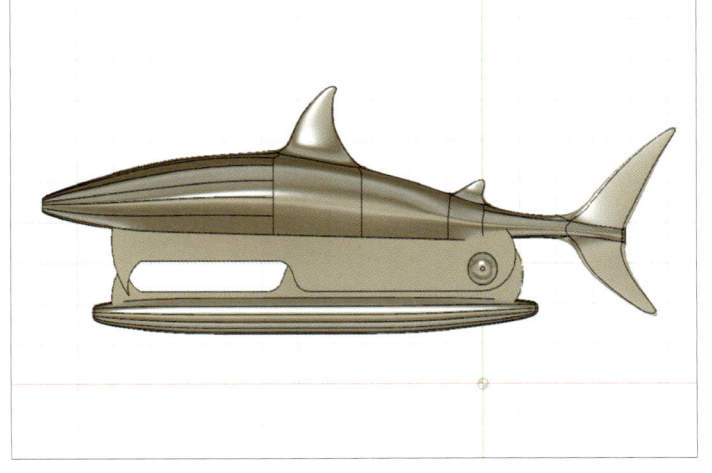

02-58

모델 앞쪽에 Construct의 Offset Plane 툴을 이용하여 작업 면을 생성한다.

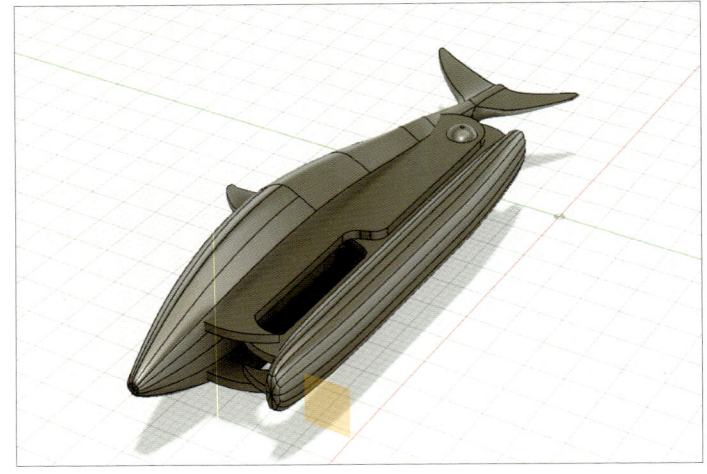

02-59

Sketch의 'Project' 툴을 클릭하고 먼저 Selection Filter를 Bodies로 변경하여 집게 모델을 선택하면 그림과 같이 모델의 단면 스케치가 작업 면에 투영되어 작성된다.

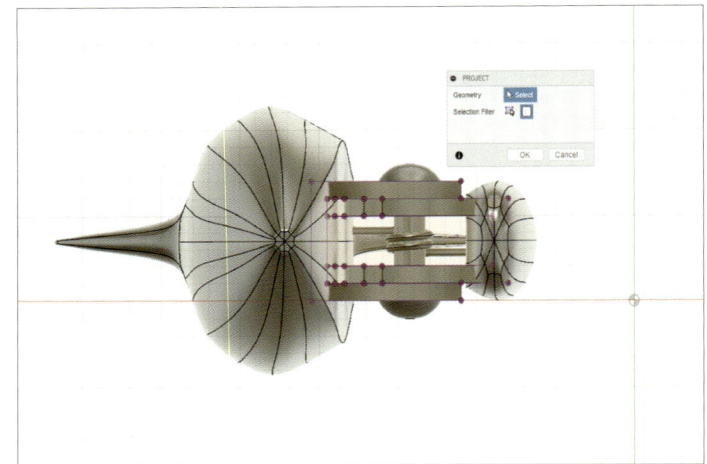

02-60

상어 모델을 제외한 나머지 모델을 비활성화한다.

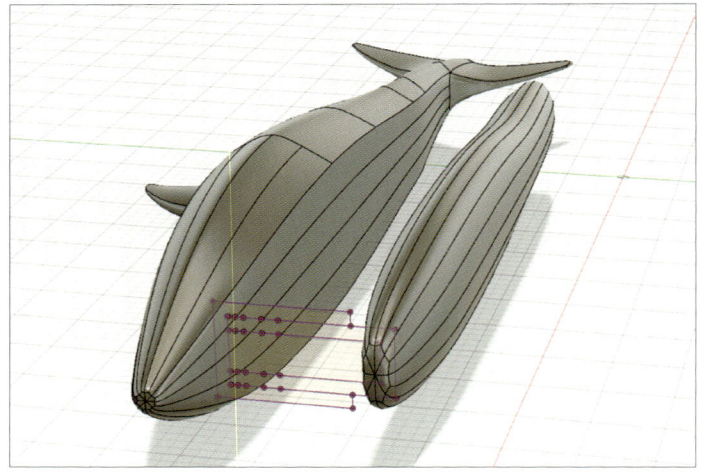

02-61

Create의 Extrude 툴을 사용하여 Project로 작성한 스케치를 그림과 같이 돌출시켜 모델을 깎아낸다.

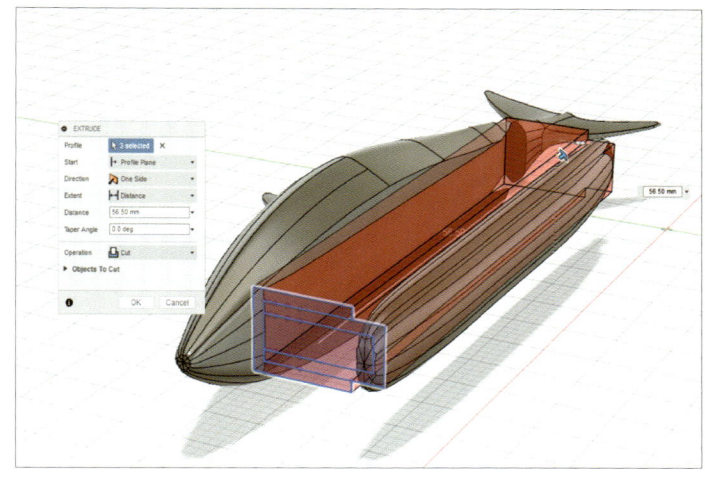

02-62

비활성화했던 모델들을 다시 활성화하고 Modify의 'Combine' 툴을 클릭한다. 상어 윗부분의 모델과 집게 윗부분의 모델을 선택하고 Operation을 Join으로 변경한 뒤 OK 버튼을 눌러 모델을 하나로 합쳐준다.

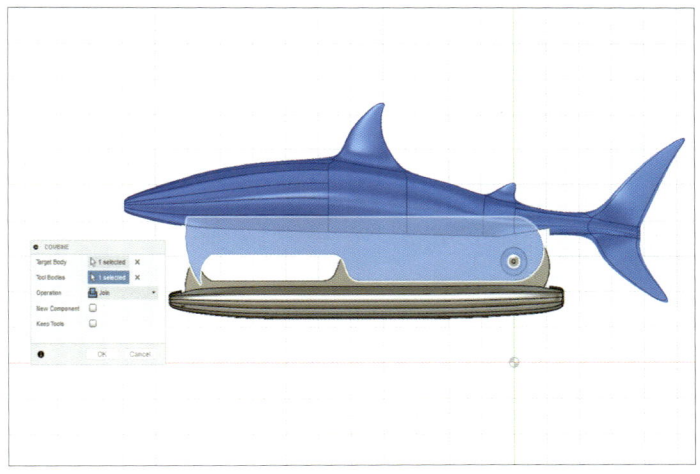

02-63

아랫부분의 모델도 마찬가지 방법으로 하나로 합쳐준다.

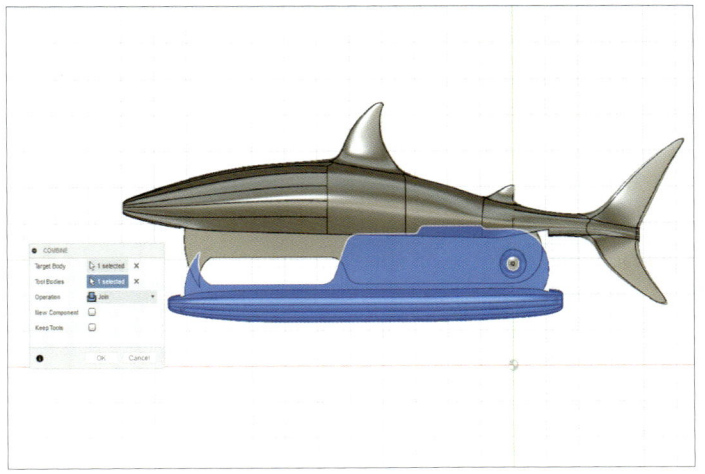

02-64

Sketch의 Arc 툴을 이용하여 그림과 같이 아가미 모양의 스케치를 작성한다.

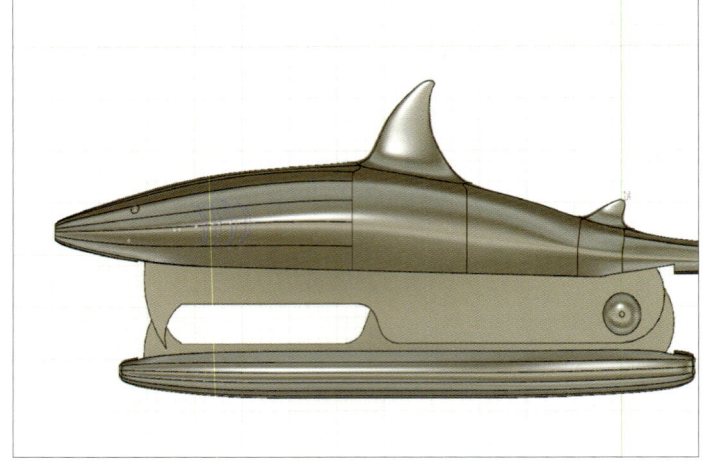

02-65

Modify의 'Split Face' 툴을 클릭한다. Faces to Split은 상어 모델의 옆면을 선택하고 Splitting Tool은 아가미 스케치를 선택하여 OK 버튼을 눌러 면을 분할한다.

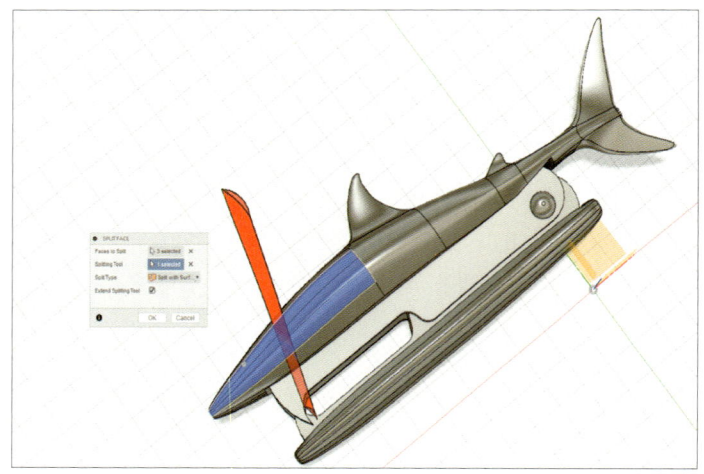

02-66

같은 방법으로 아가미 모양으로 면을 분할한다.

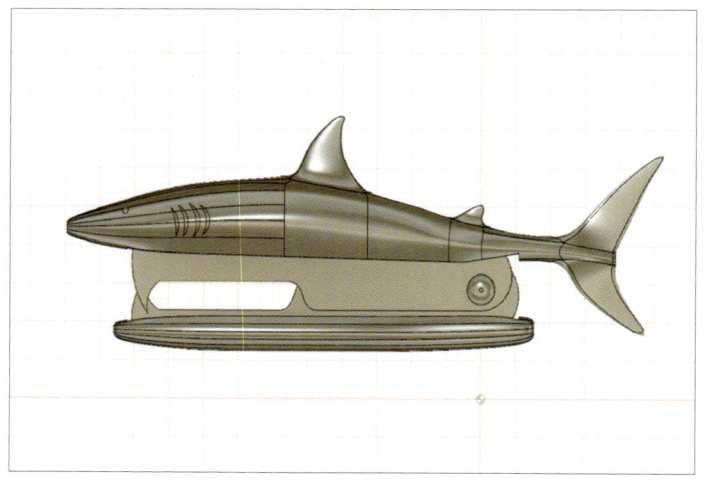

02-67

Modify의 'Press Pull' 툴을 클릭하고 아가미 모양의 면을 선택한다. 화살표를 안쪽으로 드래그하여 면을 안쪽으로 넣어준다.

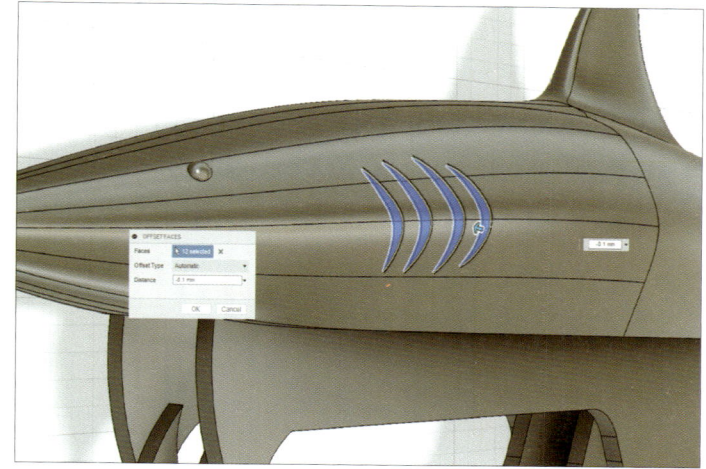

02-68

그림과 같은 스테이플러 리무버 모델링이 완성되었다.

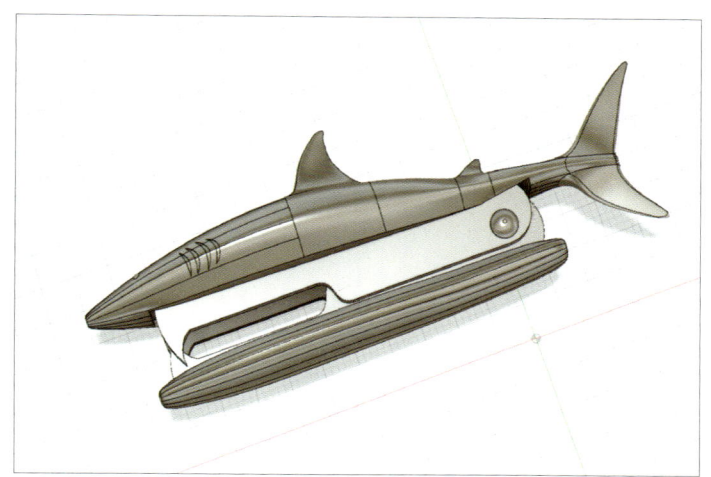

02-69

Browser에서 완성된 모델의 Body를 선택하고 오른쪽 마우스로 클릭하여 'Create Components from Bodies'를 클릭한다.

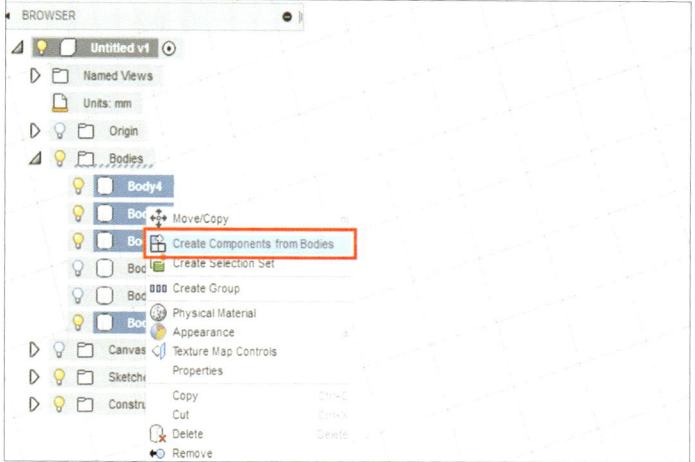

Chapter 07 Sculpt 작업 환경에서의 모델링 • 345

02-70

Browser를 확인해보면 Body가 Component로 바뀐 것을 확인할 수 있다. 핀 Component를 오른쪽 마우스로 클릭하여 Ground로 설정한다.

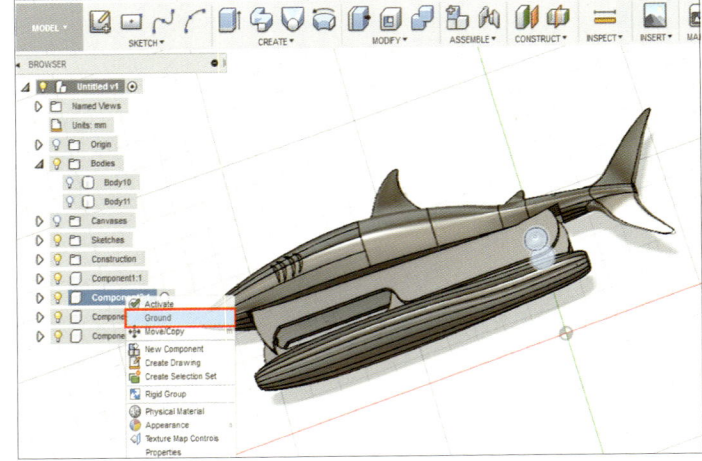

02-71

Assemble의 'As-Built Joint'를 클릭하고 집게 윗부분 모델과 핀 모델을 선택한다.

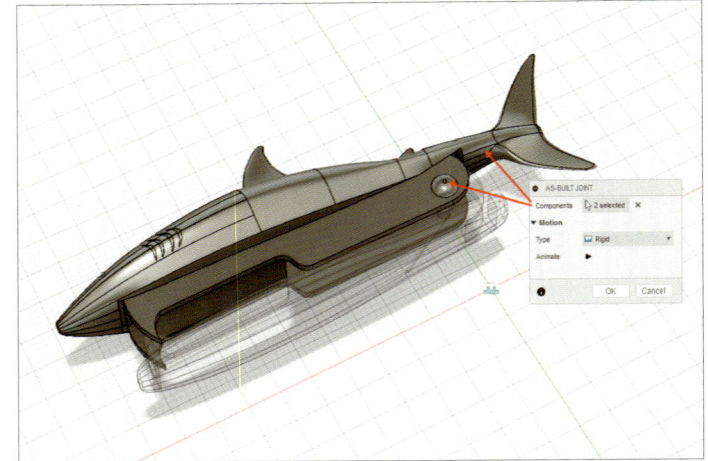

02-72

Motion Type을 Revolute로 변경한다.

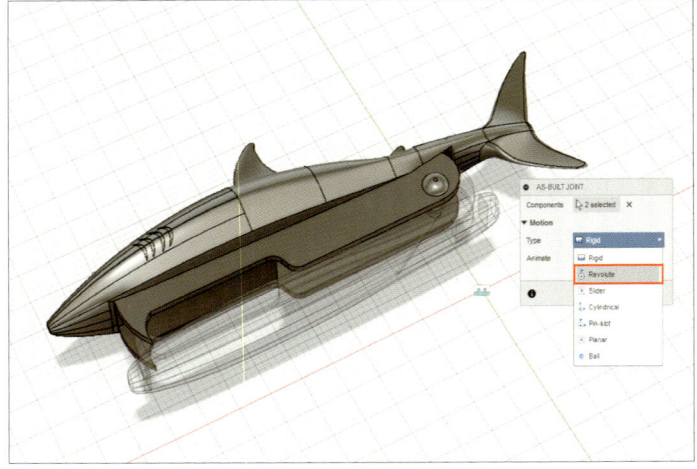

02-73

Position은 핀의 가장자리 모서리를 선택한다.

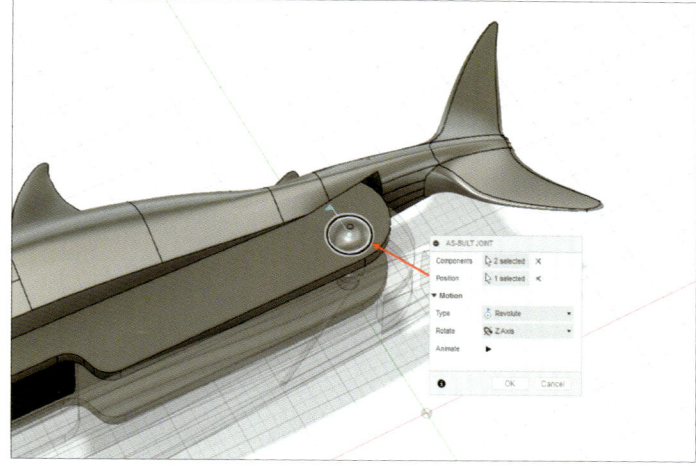

02-74

집게 아랫부분 모델도 마찬가지로 집게와 핀을 선택한 후 Revolute Joint로 설정한다.

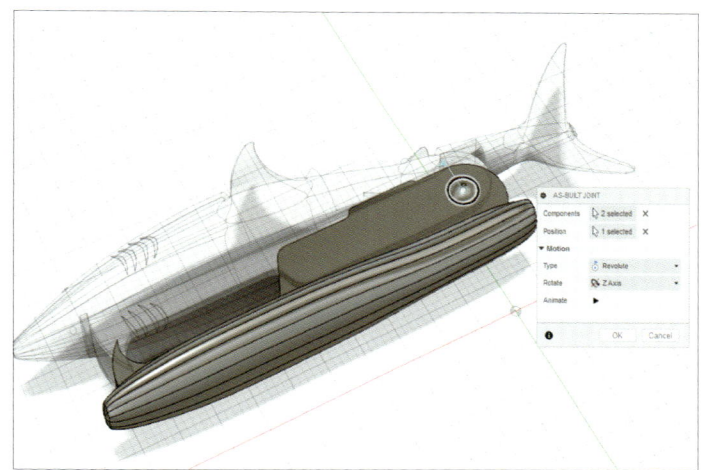

02-75

Assemble의 'Motion Link' 툴을 클릭하고 링크하고자 하는 Joint를 클릭한다. OK 버튼을 클릭하여 완료한다.

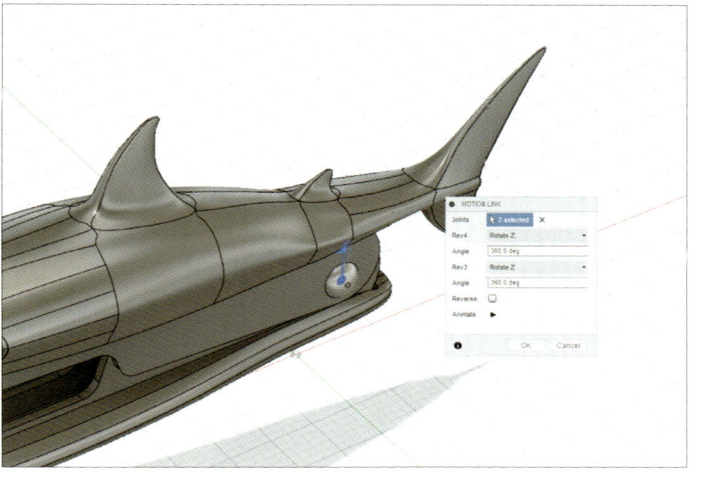

02-76
Assemble의 'Motion Study'를 클릭한다.

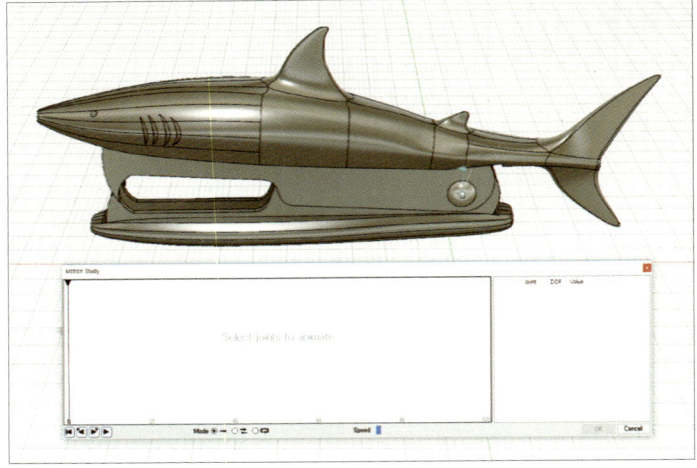

02-77
Motion Study를 하고자 하는 Joint를 클릭한다. Joint를 선택하면 그림과 같이 라인이 생성된다.

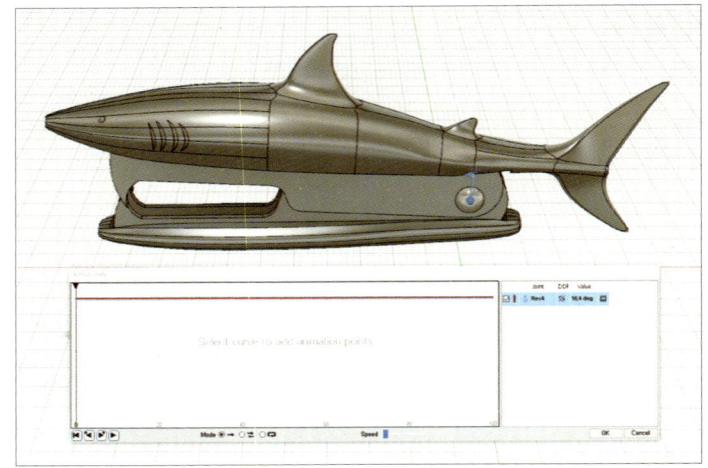

02-78
Motion Study에서는 Joint의 구동을 0에서부터 100까지의 Step으로 나누어 구동 모션을 확인할 수 있다. 라인을 클릭하여 Step 값에 움직이고자 하는 각도 값을 입력한다.

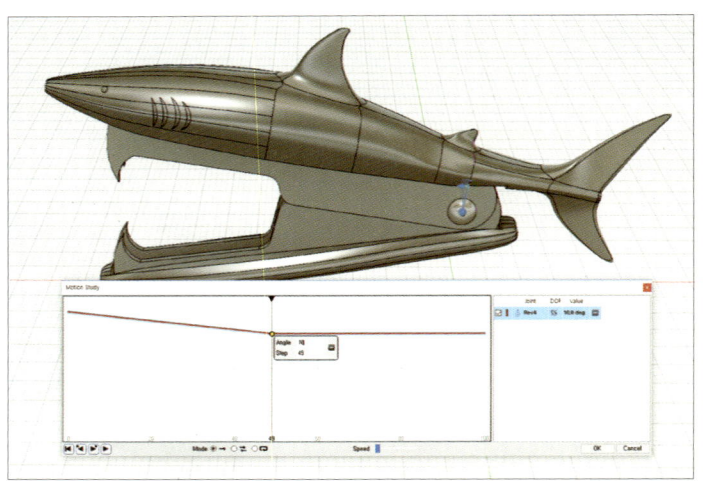

02-79

Play 버튼을 클릭하면 설정한 값에 따라 구동되는 Joint를 확인할 수 있다.

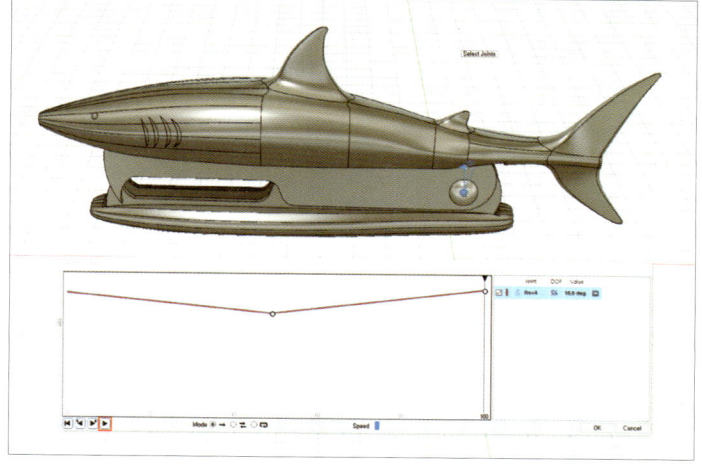

02-80

Render 작업 환경에서 색상과 재질을 입혀 그림과 같이 모델링을 완성한다.

Tip   Direct Modeling

보다 직관적인 방식의 Direct Modeling에 대해서 배워보도록 한다.

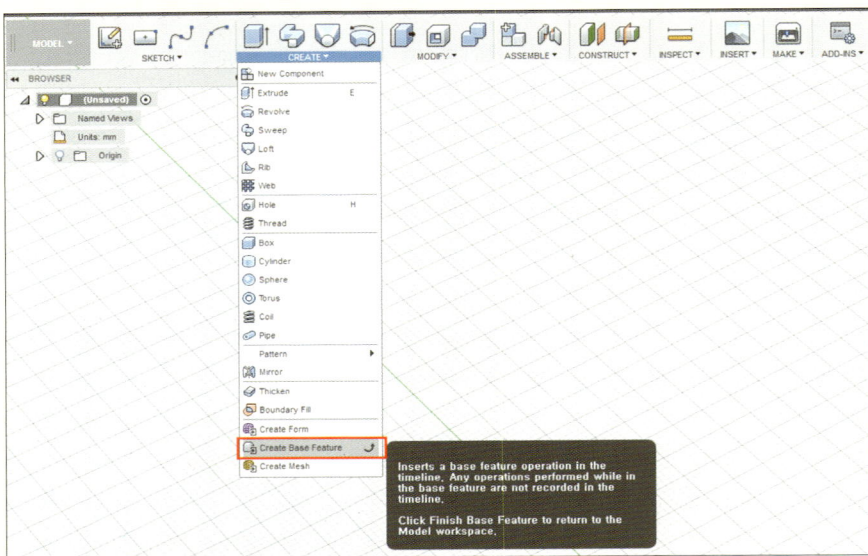

❶ Create의 'Create Base Feature'를 클릭하고 박스 모델을 하나 생성한다.

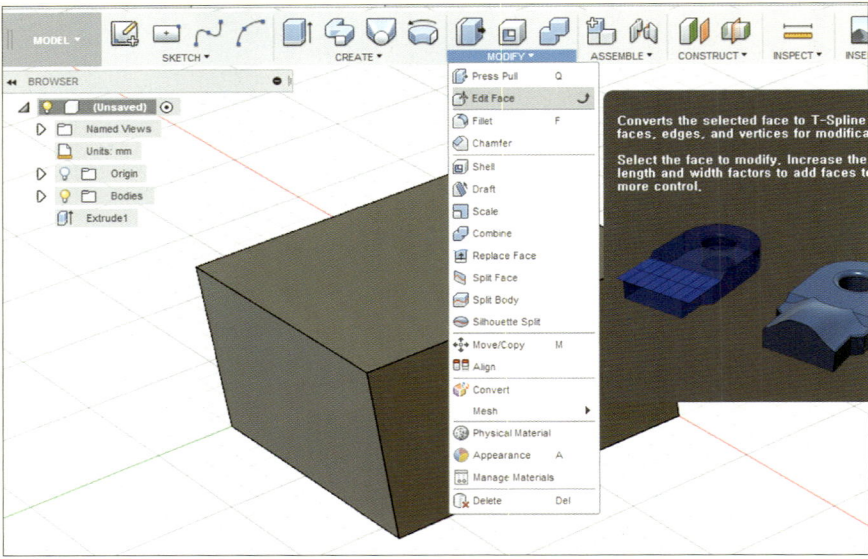

❷ Modify의 'Edit Face' 툴을 클릭한다.

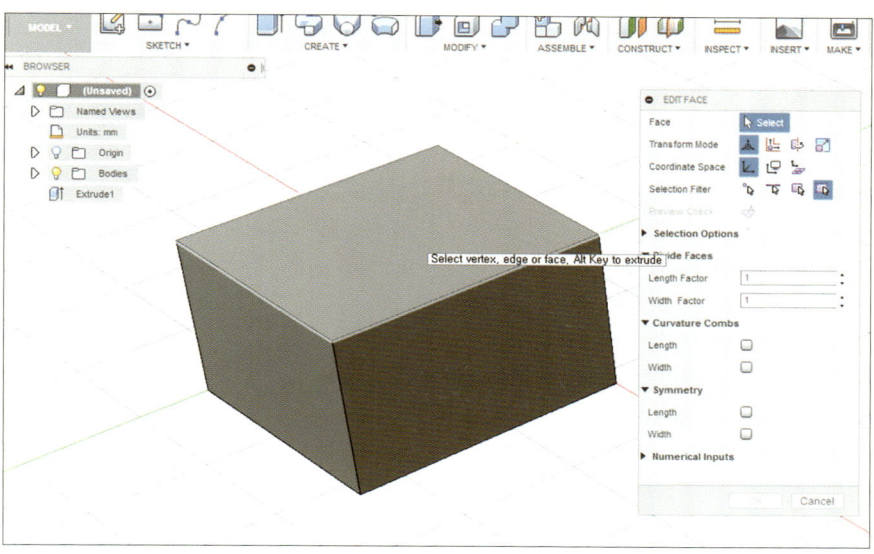

❸ 박스의 윗면을 선택한다.

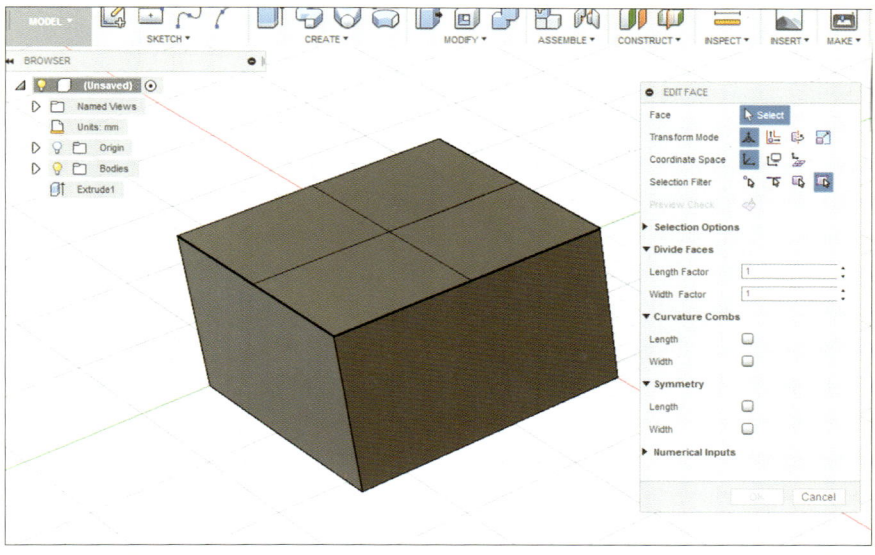

❹ Sculpt에서의 작업 환경처럼 분할된 면이 생성된다.

Tip Direct Modeling

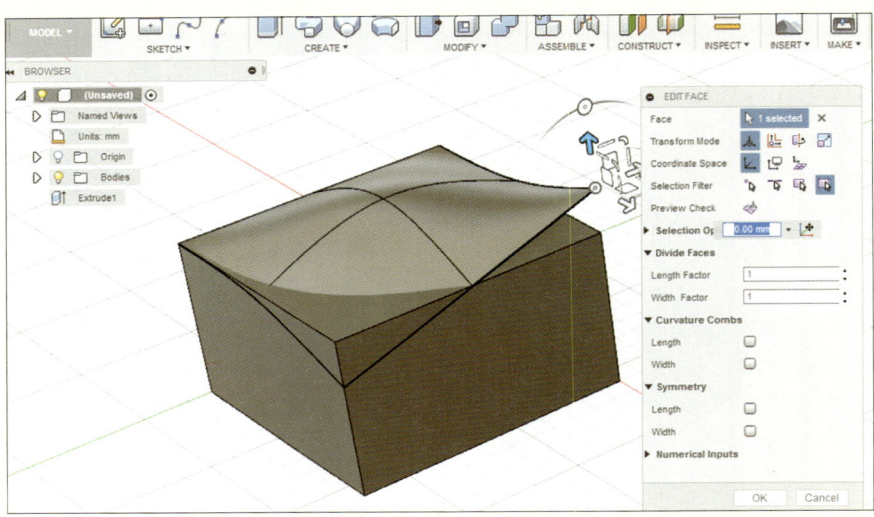

❺ 점, 선, 면을 움직이고 회전시켜 원하는 모양으로 모델링 한다.

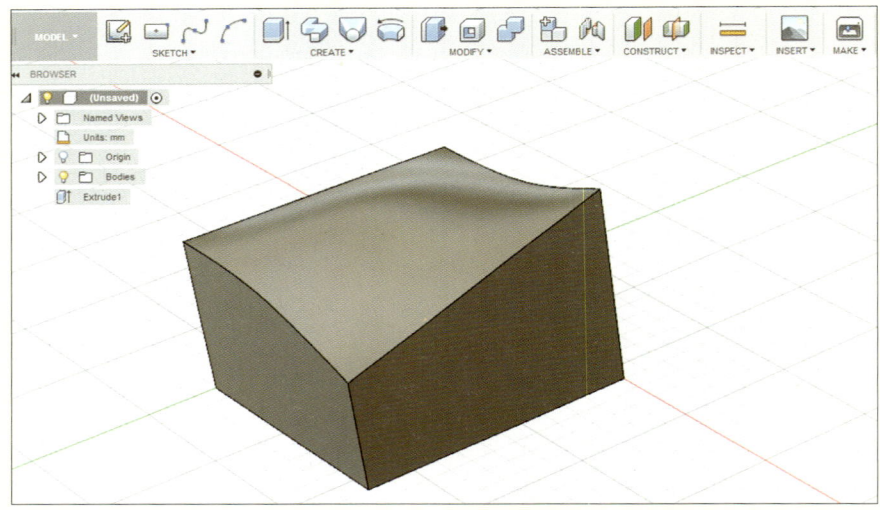

❻ OK 버튼을 눌러 완성한다.

이처럼 Direct Modeling 방식으로 작업을 진행하면 Model에서의 작업과 Sculpt 에서의 작업을 섞어가며 직관적이고 자유로운 모델링이 가능하다. 하지만 Modeling History가 생성되지 않기 때문에 이 점에 유의하여 모델링을 진행하여야 한다.

유의 사항 — Sculpt 작업 환경에서의 유의 사항

Sculpt 작업 환경에서는 점, 선, 면을 늘리고 이동시키는 유기적인 방식으로 자유롭게 모델링 하는 것이 가능하다. 그렇기 때문에 다른 작업 환경에서의 모델링보다 곡면 모델링을 하는 데 강점을 보인다. 하지만 Model 작업 환경과 Patch 작업 환경이 서로 자유롭게 작업 환경을 바꿔가면서 모델링 할 수 있는 반면 Sculpt 작업 환경에서 작업한 모델은 Convert 되는 과정을 거쳐야 한다.

다음 그림의 Browser를 확인해보도록 한다.

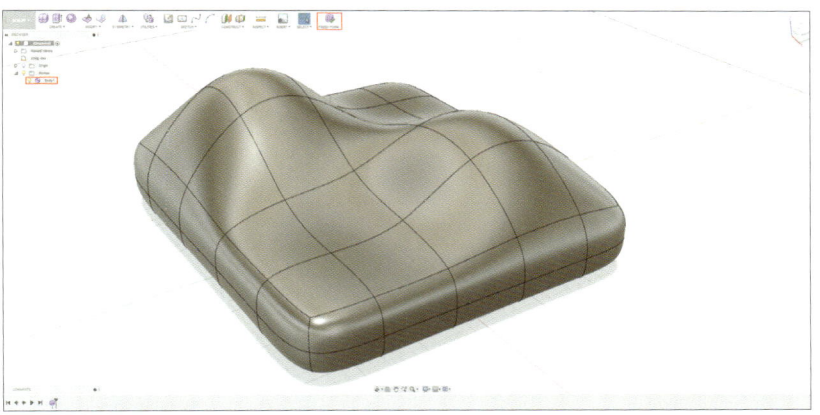

❶ 툴 바에서 'Finish Form'을 클릭한다.

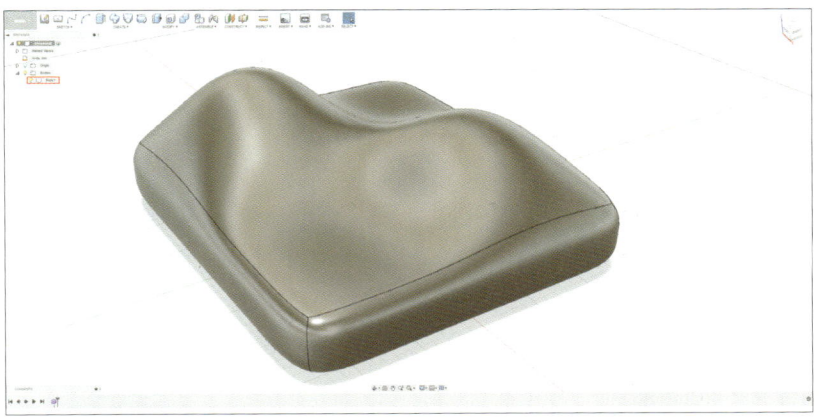

❷ Model 작업 환경으로 변환되면서 Body가 Convert 된 것을 확인할 수 있다.

유의 사항 | Sculpt 작업 환경에서의 유의 사항

이번에는 다른 경우를 살펴본다.

① 모델의 면이 꼬여 있는 경우

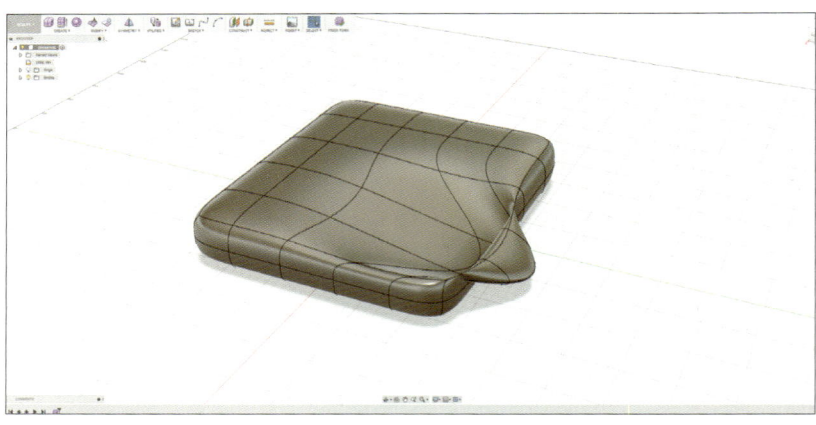

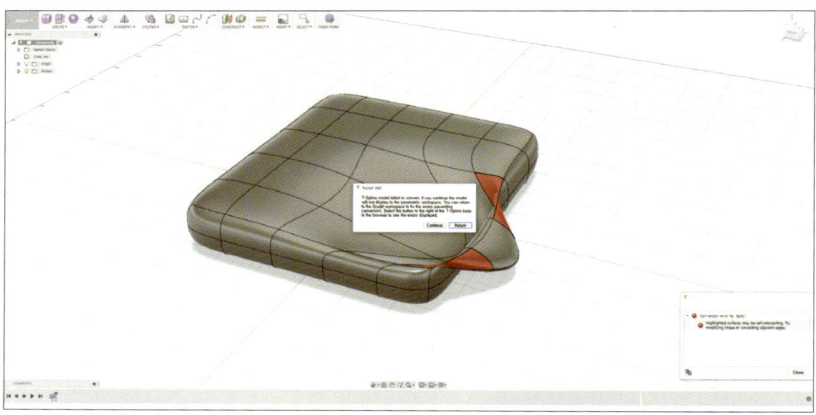

하지만 그림과 같이 모델의 면이 겹쳐지거나 꼬여 있는 경우 Error 메시지가 나타나면서 Convert 되지 못한다. 그림과 같은 경우는 오류가 생긴 부분이 비교적 간단하기 때문에 쉽게 해결이 가능하지만 모델이 보다 복잡해진다면 모델링 하는 것보다 오류를 해결하는 것이 더 어려워질 수도 있다. 어떻게 하면 이런 오류들을 줄일 수 있을지 그림과 같이 확인해본다.

② 서로 다른 모델이 겹쳐져 있는 경우

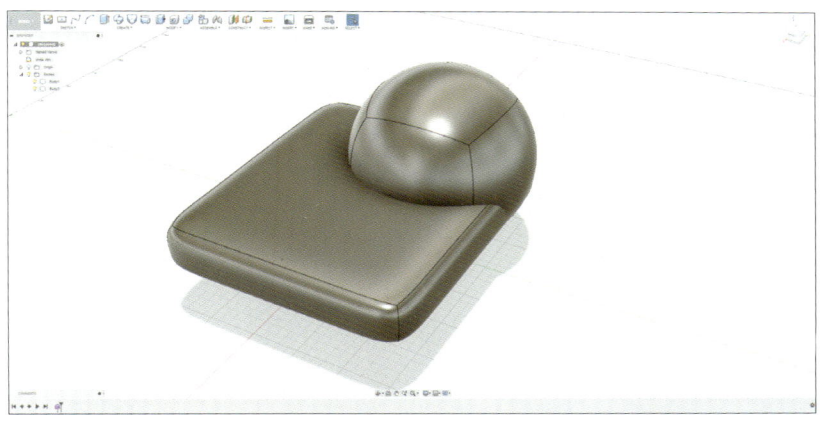

하나의 모델 안에서 면이 겹쳐지거나 꼬여 있는 경우에는 오류가 생겨 Convert 되지 않는다. 하지만 그림처럼 서로 다른 모델끼리는 겹쳐 있다고 해도 문제없이 Convert 되는 것을 확인할 수 있다. 이것처럼 Sculpt 작업 환경에서 모델링을 할 때 모델이 복잡한 모양이라면 하나의 모델에서 면을 계속 늘려가면서 모델링 하는 것보다는 여러 개의 모델을 따로 모델링 하고 붙이는 방식으로 모델링 하는 것이 오류를 줄일 수 있는 방법 중의 하나이다.

MEMO

Chapter

08

Mesh 작업 환경에서의 모델링

01 **Mesh 작업 환경에 대하여**
02 **Create 기본 툴 설명**
03 **BRep to Mesh 상세 설명**
04 **Modify 기본 툴 설명**
05 **Remesh 상세 설명**
06 **Reduce 상세 설명**
모델링 따라 하기 01   깨진 파일 복구하기
모델링 따라 하기 02   스캔 파일 보정하기
Tip. Face Group을 이용하여 원하는 영역을 쉽게 선택하기

01 Mesh 작업 환경에 대해

Mesh 작업 환경은 다음과 같은 절차를 통해 등록할 수 있다.

우측 상단의 사용자 이름을 클릭하면 아래 Preferences란 메뉴가 보인다.
Preferences 메뉴를 클릭하면 아래와 같은 창이 뜬다.

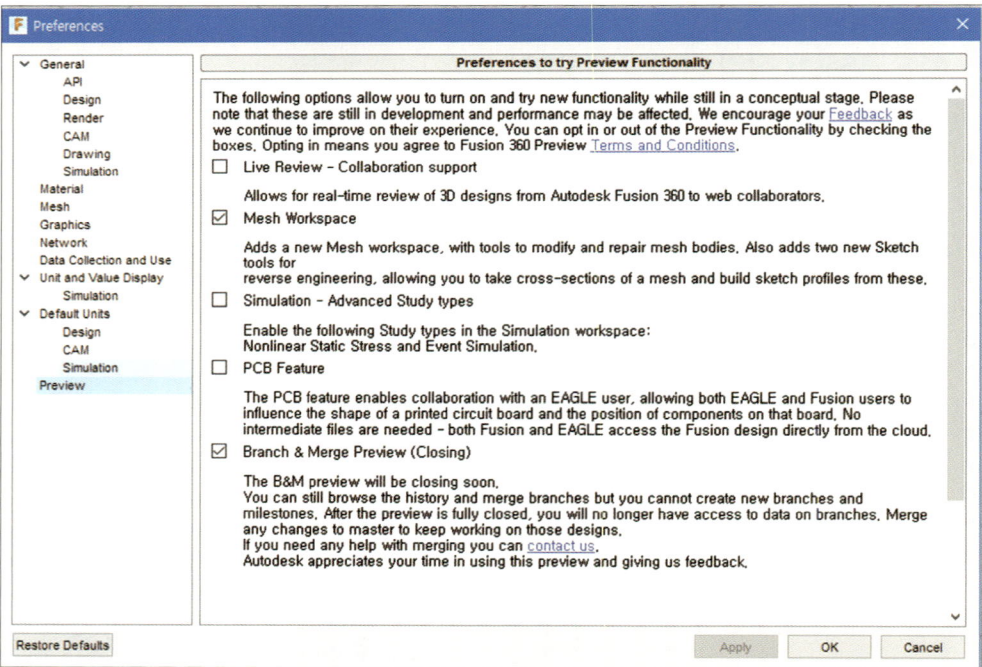

두 번째 보이는 Mesh Workspace 칸에 체크한 후 OK 버튼을 눌러야 이 Mesh 작업 환경을 사용할 수 있다.

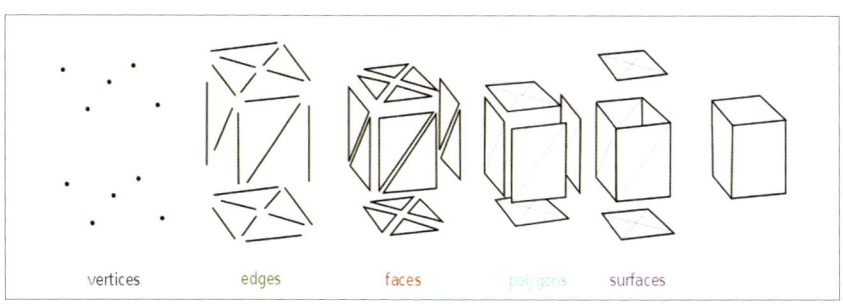

Mesh 모델링의 요소

〈출처 : 위키백과, 폴리곤 메시〉

   3차원 컴퓨터 그래픽스에서 입체 형상을 표현할 때 사용하는 가장 작은 단위의 다각형을 폴리곤이라고 하며, 폴리곤과 정점들의 집합을 폴리곤 메시 또는 메시라고 한다. 메시 형태의 파일은 물체의 윤곽을 폴리곤과 정점을 이용해 표현하고 있기 때문에 물체의 형태를 좌표로 특정할 수 있다.

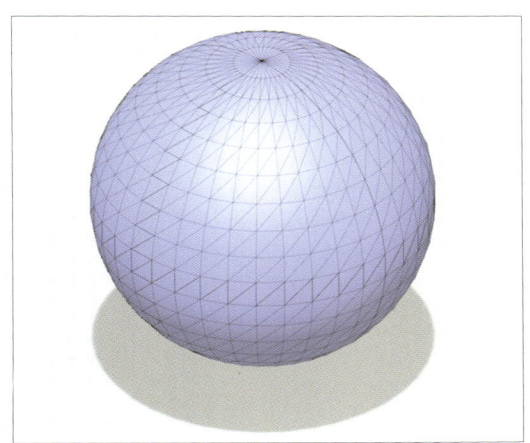

   메시 파일은 이러한 특징을 이용하여 CNC 조각기, 3D 프린터, 3D 게임, 영화, 애니메이션 등 3차원 가공 분야에 활용된다.

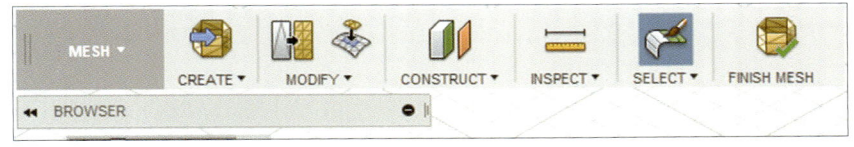

   이러한 메시 파일을 편집할 수 있는 도구들을 제공하는 작업 공간이 Mesh 작업 환경이다.

02 Create 기본 툴 설명

Insert Mesh PC에 저장되어 있는 OBJ 또는 STL Mesh 파일을 불러온다.

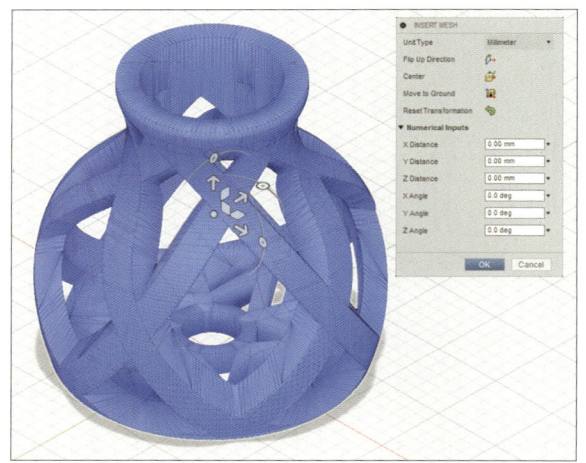
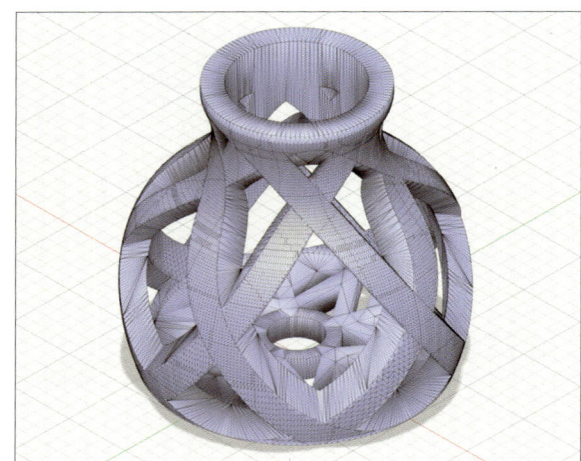

BRep to Mesh Solid Body 형식의 모델 데이터를 Mesh 파일로 변환한다.

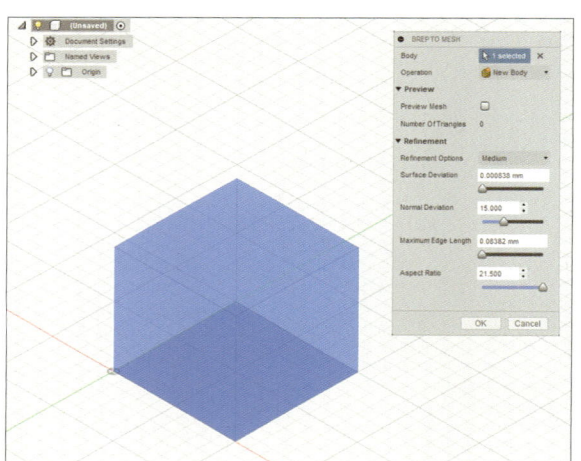
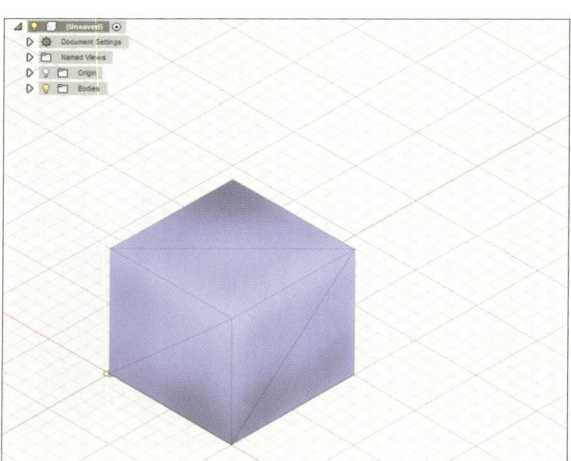

03 BRep to Mesh 상세 설명

Body 편집할 모델을 선택한다.
※ Browser에서 Bodies로 분류된 데이터만 변환 가능

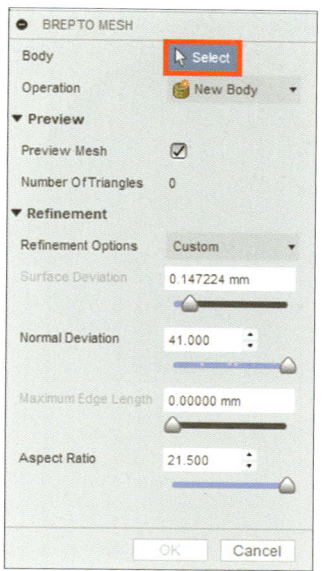

Operation 작업 내용을 선택한다.
※ 현재는 새로운 Mesh Body를 생성하는 기능만 선택 가능

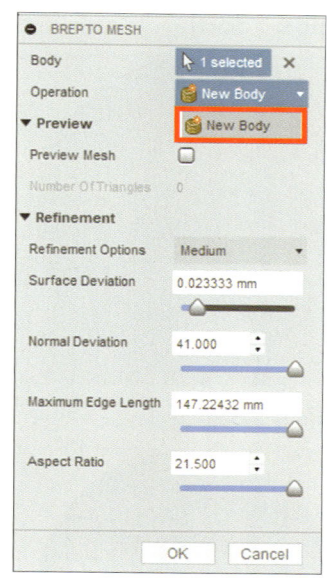

Preview Mesh 작업 결과 미리보기 기능의 활성화 여부를 선택한다.
※ 활성화한 경우 결과를 미리 계산하는 작업을 옵션이 수정될 때마다 새롭게 실행하여 작업에 딜레이가 생긴다.

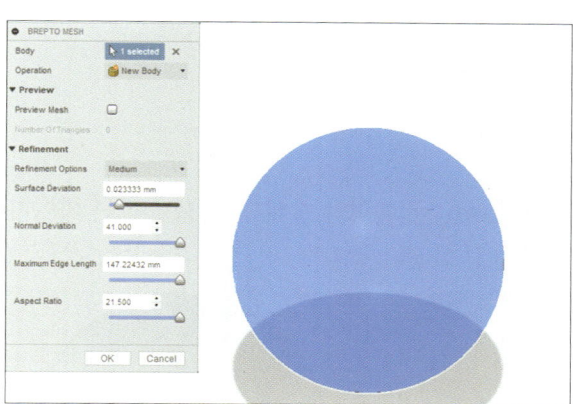

Unit 03 BRep to Mesh 상세 설명

Number of Triangles 모델을 표현하는 데 사용된 폴리곤의 수량

※ 동일한 모델이어도 폴리곤의 수량에 따라 데이터 크기와 표면 정밀도가 달라진다.

[Number of Triangles 1368]

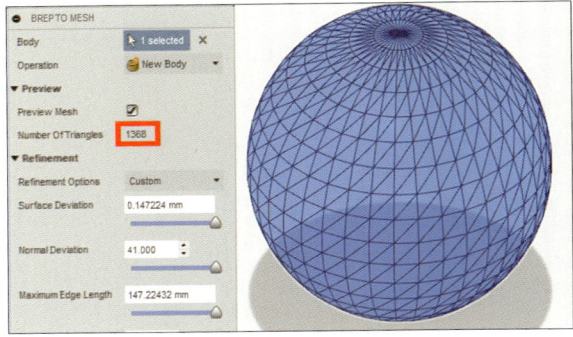

[Number of Triangles 9024]

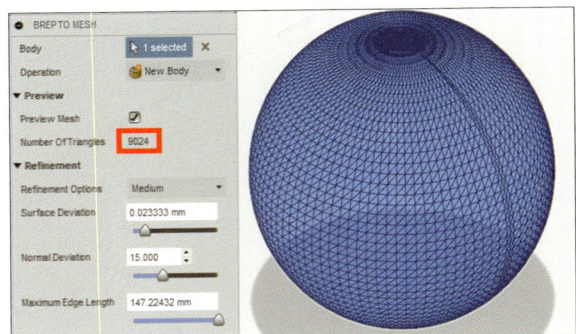

[Number of Triangles 28560]

Refinement Options 개선 옵션을 선택한다.

High : 식별 가능한 한도 내에서 가장 정밀한 개선 옵션, 데이터가 방대해진다.

Medium : 전체적인 형태가 본 모델과 큰 차이가 없는 개선 옵션

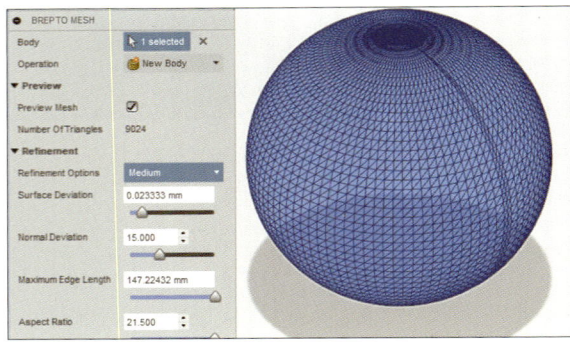

Unit 03 BRep to Mesh 상세 설명

Normal Deviation 깎인 면 모서리와 수직 모서리 사이의 최대 각도를 조정한다.

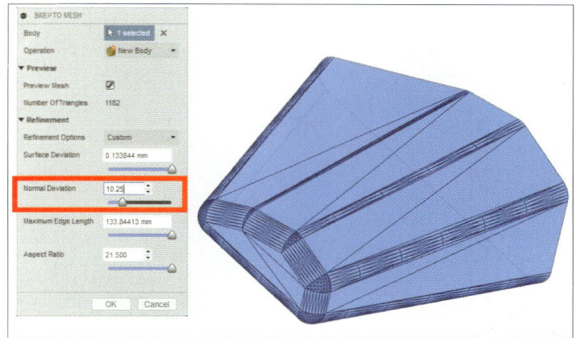
Normal Deviation 25% 설정

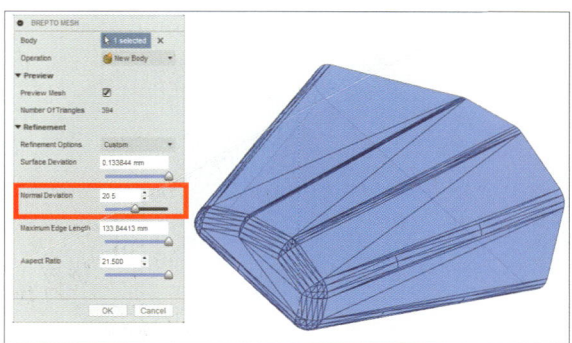
Normal Deviation 50% 설정

Maximum Edge Length 폴리곤 면의 격자 선 사이 최대 거리를 정의한다. 물체의 외형을 결정하는 단일 폴리곤의 최대 크기(면적)를 제한한다.

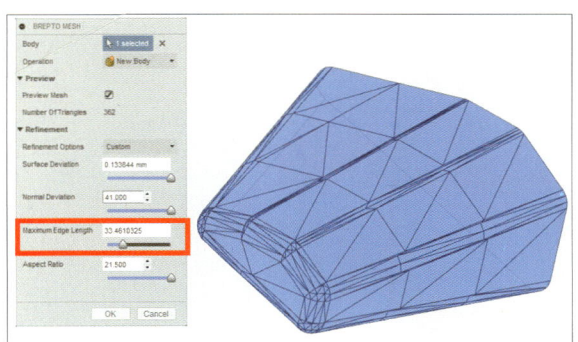
Maximum Edge Length 25% 설정

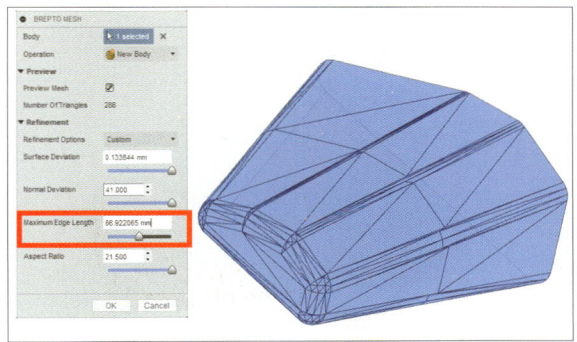
Maximum Edge Length 50% 설정

Aspect Ratio 생성되는 단일 폴리곤의 종횡비를 결정한다.

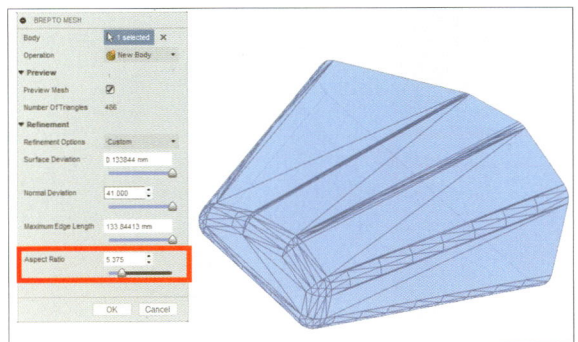
Aspect Ratio 25% 설정

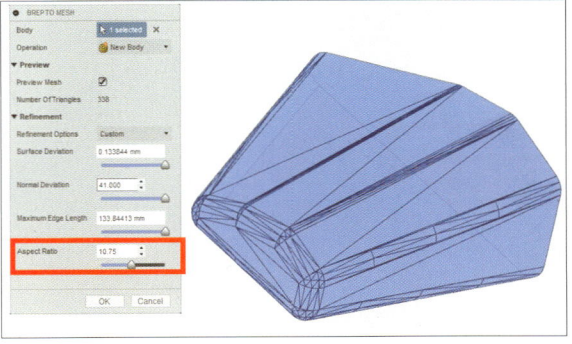
Aspect Ratio 50% 설정

Low : 눈에 띄는 형태 변화가 없는 한도 내에서 가장 데이터가 적은 개선 옵션

Custom : 사용자가 임의로 세부 옵션을 조정한 경우 선택되는 개선 옵션

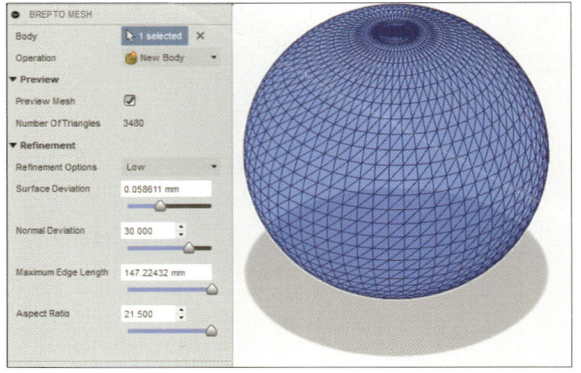
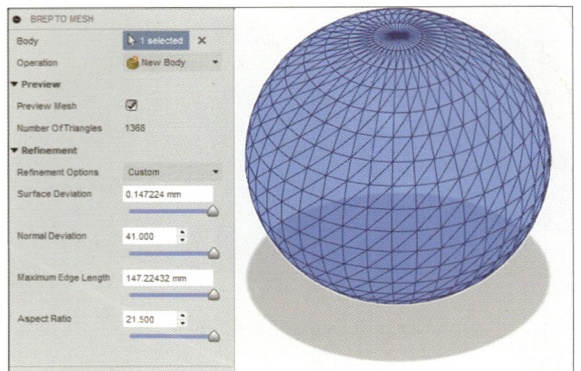

Custom 원본 Body 파일

※ Custom 상세 설정 항목은 수치가 작을수록 정밀하다.

Custom BRep to Mesh 최저 설정 변환

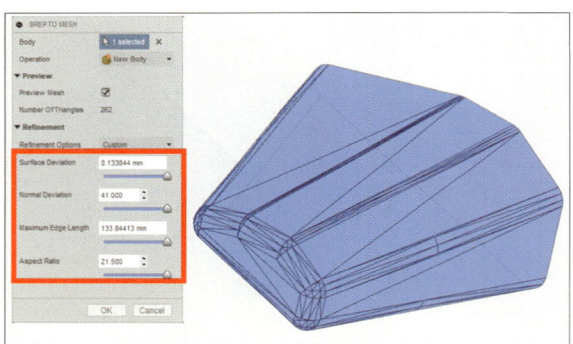

Surface Deviation 깎인 면 모서리와 수평 모서리 사이의 최대 거리를 조정한다.

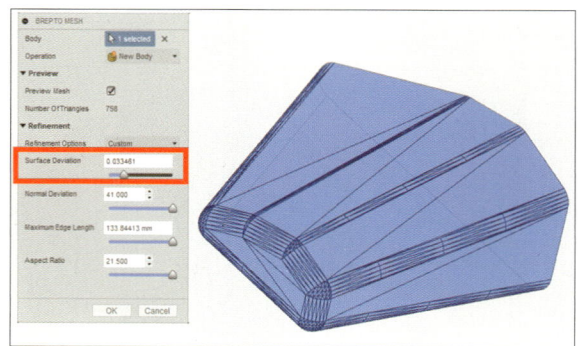
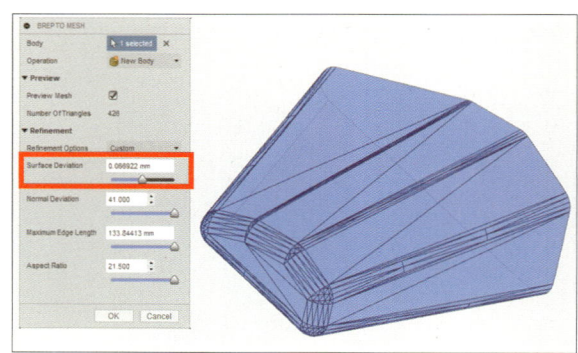

Surface Deviation 25% 설정

Surface Deviation 50% 설정

04 Modify 기본 툴 설명

Remesh 모델의 폴리곤 수를 늘린다.

Reduce 모델의 폴리곤 수를 줄인다.

Unit 04 Modify 기본 툴 설명

Make Closed Mesh 모델의 결손 부위를 수복시킨다.

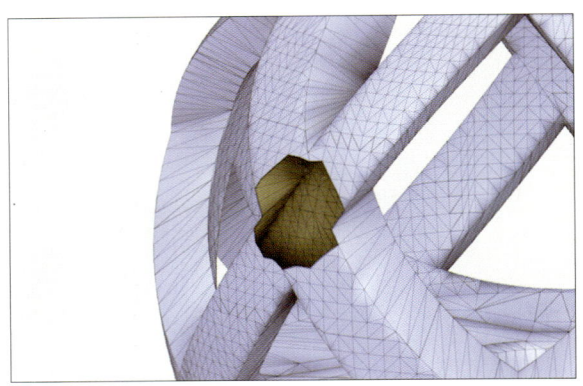
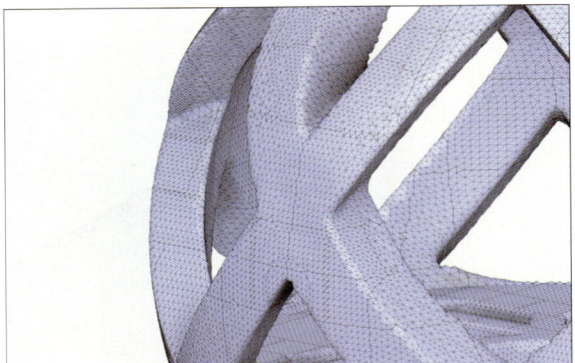

Erase and Fill 선택한 영역을 삭제한 다음 평평하게 만든다.

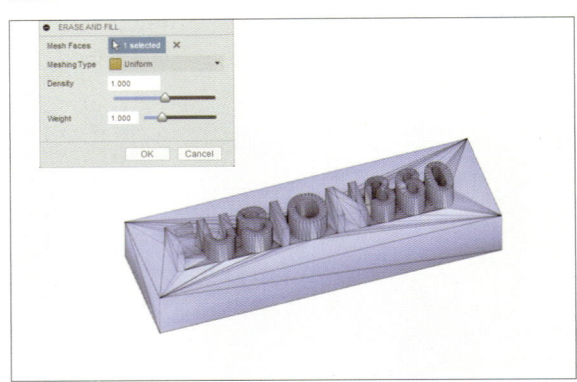
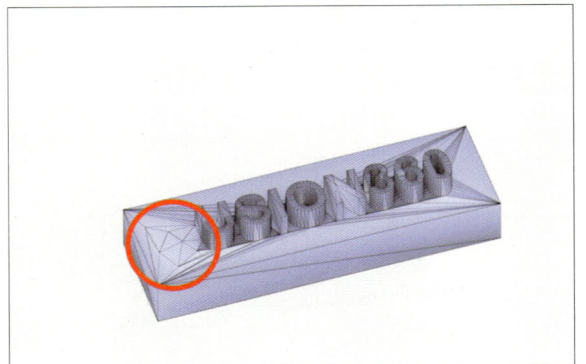

Smooth 선택한 Face/Body의 표면 굴곡을 부드럽게 만든다.

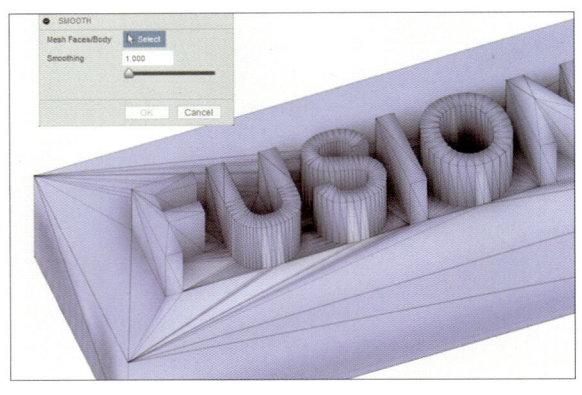
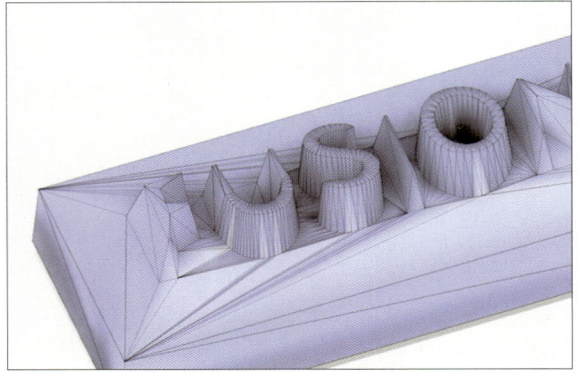

Plane Cut 모델을 선택한 평면을 기준으로 잘라낸다.

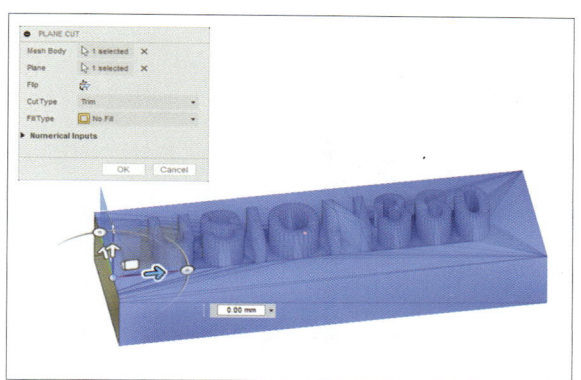 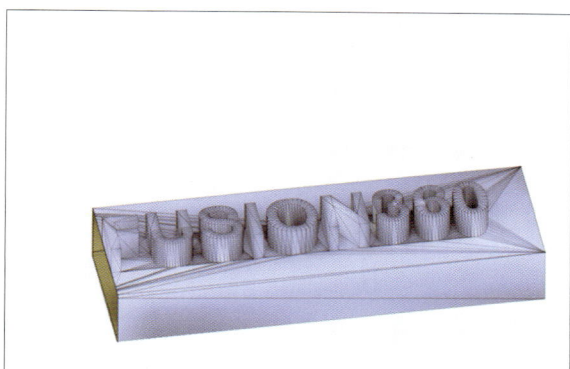

Reverse Normal 선택한 면을 뒤집는다.

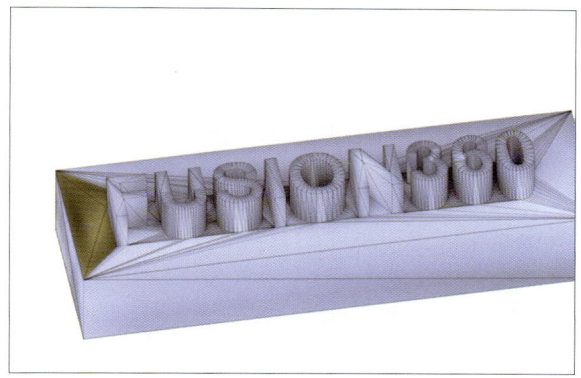 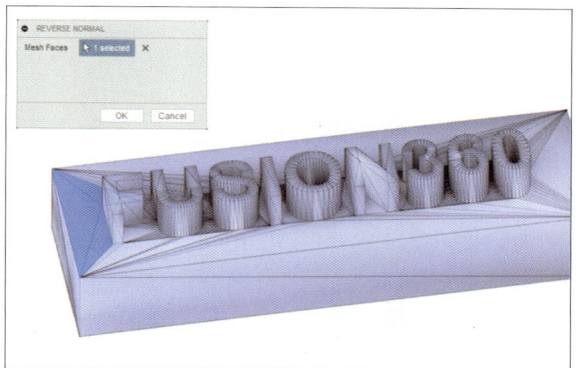

Delete Faces 선택한 면을 삭제한다.

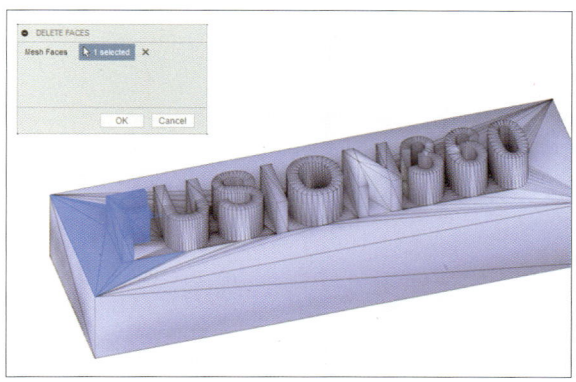 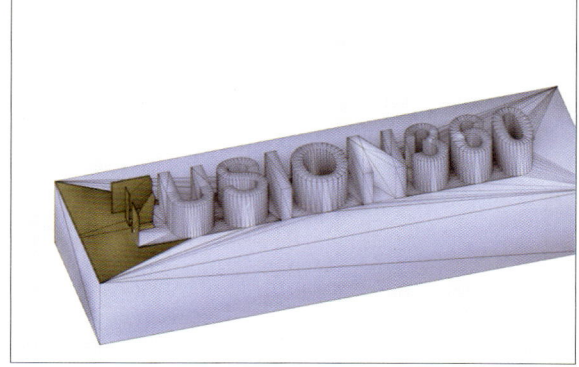

Unit 04 Modify 기본 툴 설명

Separate 선택한 면을 새로운 개체로 분리시킨다.

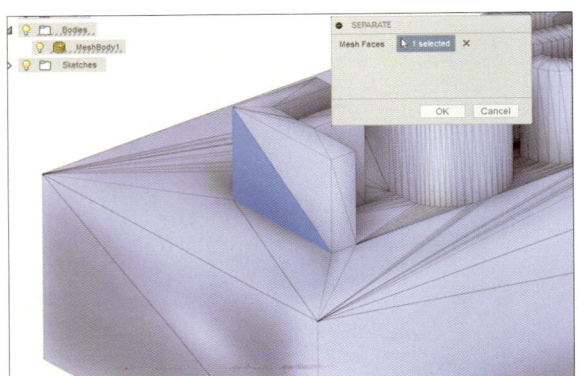 

Merge Bodies 둘 이상의 메시 바디를 하나의 메시 바디로 합친다.

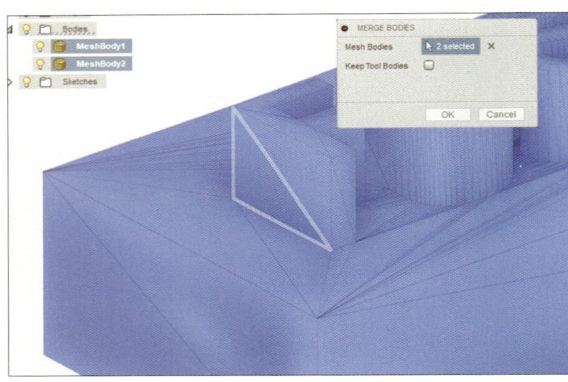 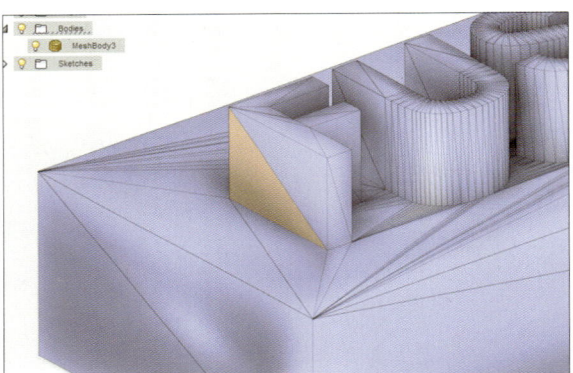

Face Groups 메시 바디를 구성하는 다수의 면을 모둠으로 묶어주거나 풀어주는 도구들이 준비되어 있다.

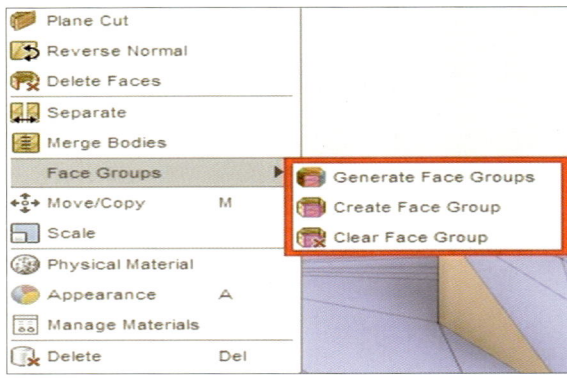

Generate Face Groups : 선택한 Mesh Body를 구성하는 Face들을 임의의 그룹으로 나눠 묶어준다.

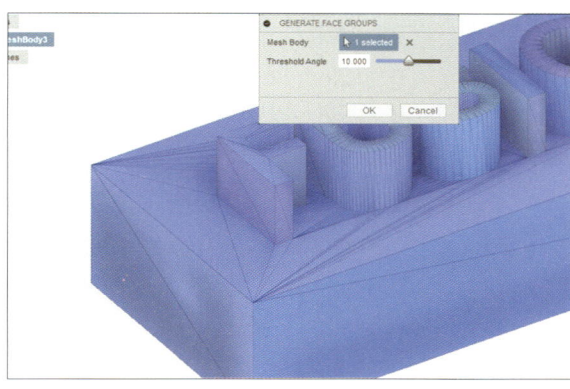 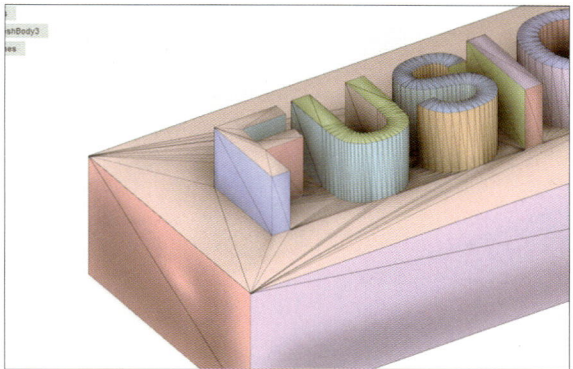

Create Face Groups : 사용자가 임의로 선택한 Mesh Face를 그룹으로 묶어준다.

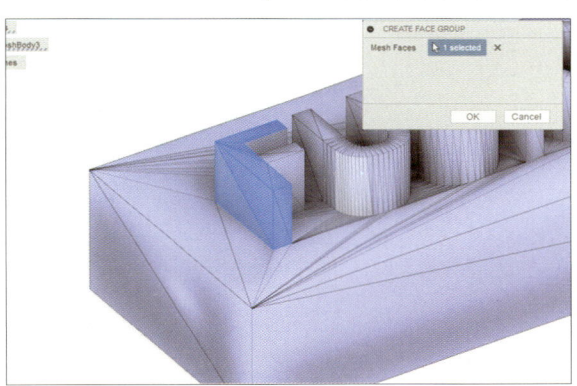 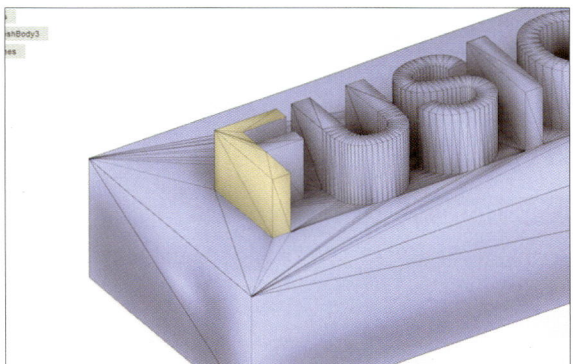

Clear Face Groups : 선택한 Mesh Faces/Body에 존재하는 Face Group을 해제한다.

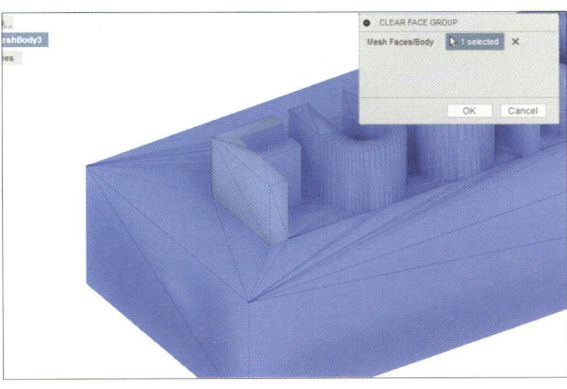 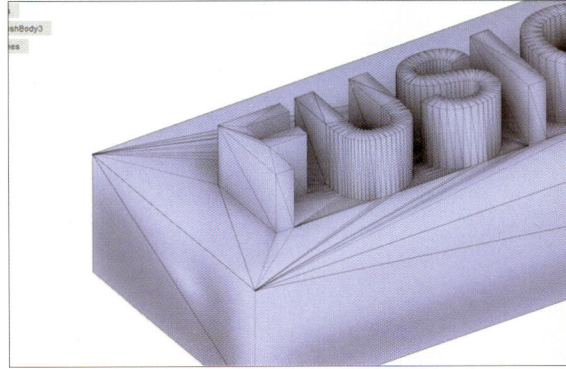

05 Remesh 상세 설명

Mesh Faces/Body 편집할 Mesh Faces/Body를 선택한다.

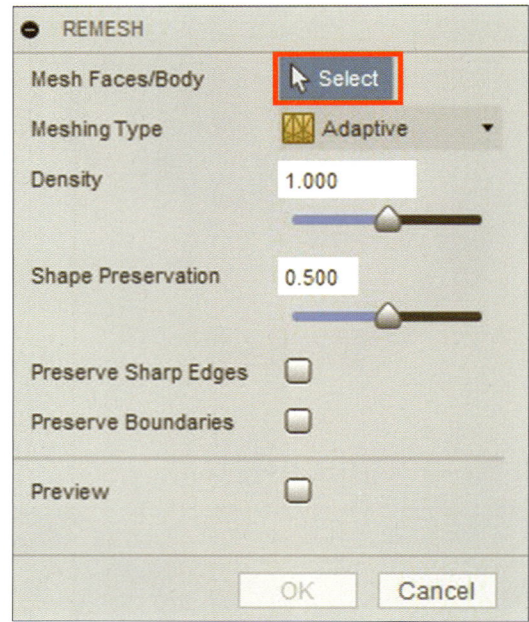

Meshing Type 적용할 Mesh 구성 방식을 선택한다.

Adaptive : 원본 모델의 굴곡에 따라 각 위치의 Mesh 크기를 각각 다르게 생성한다.

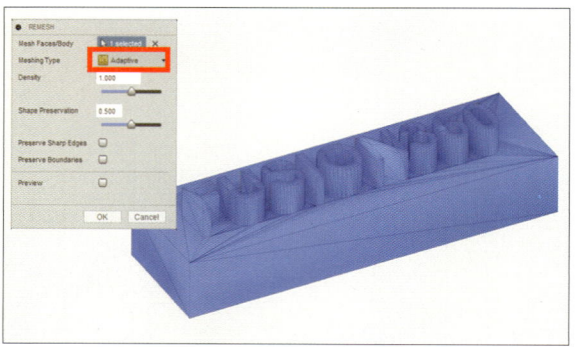
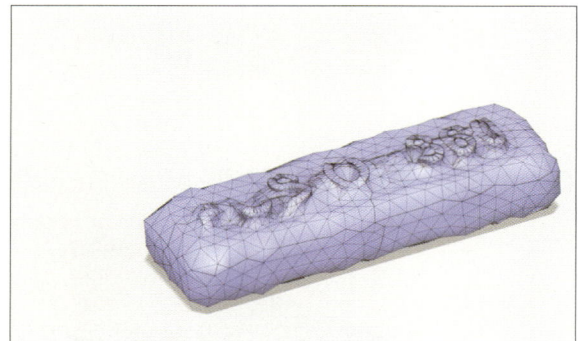

Uniform : 모든 Mesh의 크기를 균등하게 생성한다.

 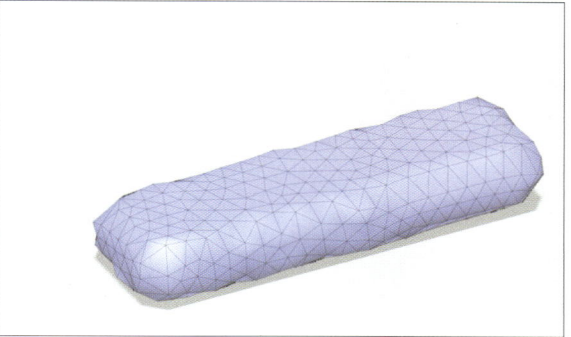

Density 새롭게 배치할 Mesh 면의 밀도를 결정한다. 새로 생성되는 Mesh 면의 수는 1.0을 기존 Mesh Face 수 100%라 설정하고 비례 적용한다.

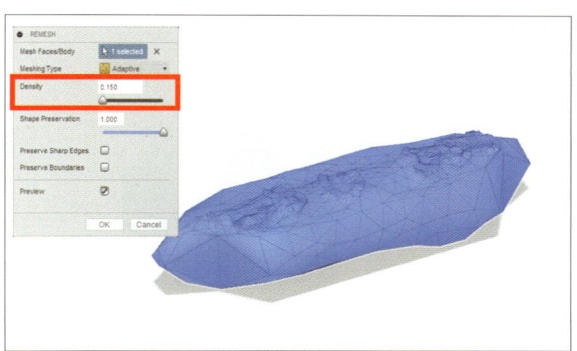 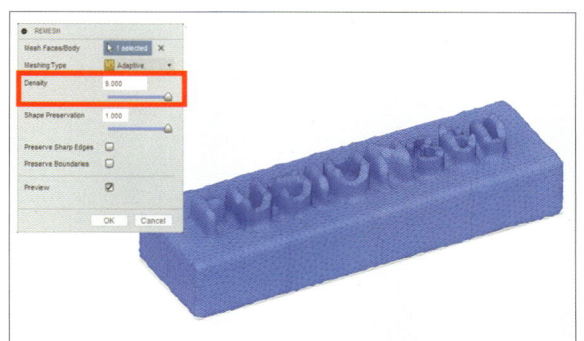

Shape Preservation Meshing Type에서 Adaptive 옵션을 선택했을 경우 활성화한다. 형상 보존 정도를 결정한다.

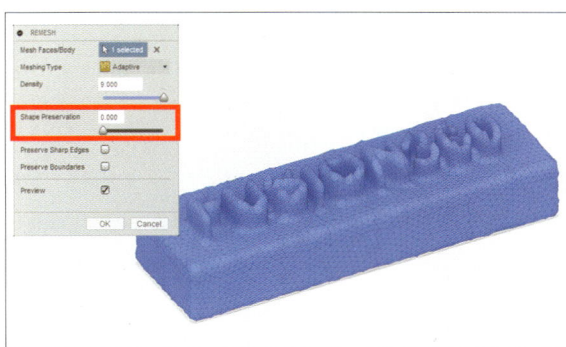 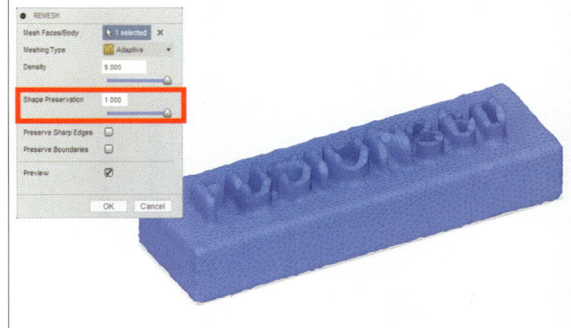

Unit 05 Remesh 상세 설명

Preserve Sharp Edges 날카롭게 꺾인 모서리의 보존 여부를 결정한다.

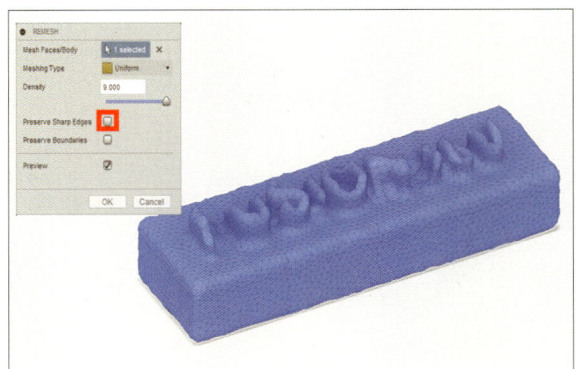 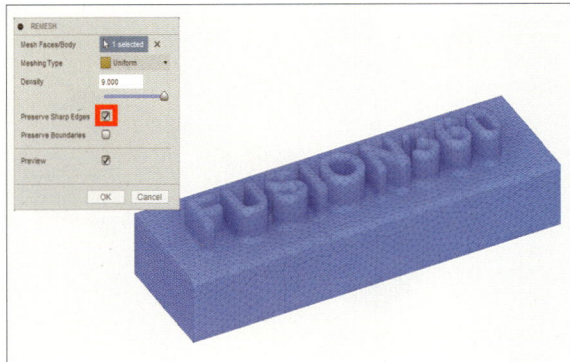

Preserve Boundaries 열린 경계면 모서리의 형태를 유지시킬지 여부를 결정한다.

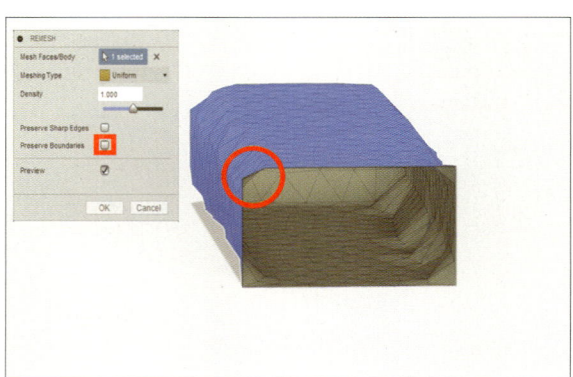 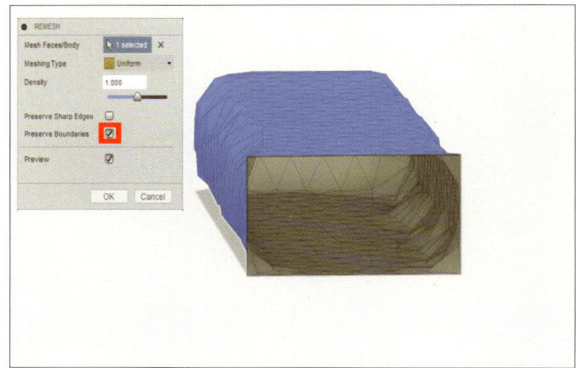

Preview 작업 결과 미리보기 기능의 활성화 여부를 선택한다.

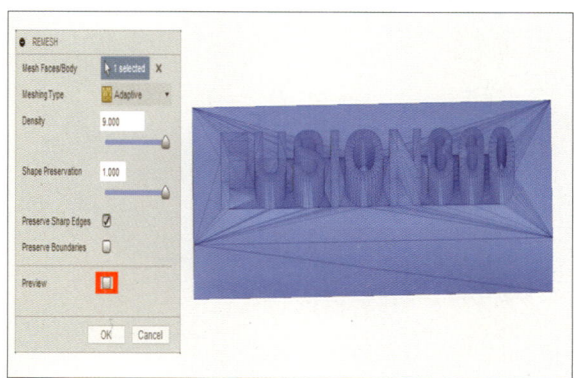 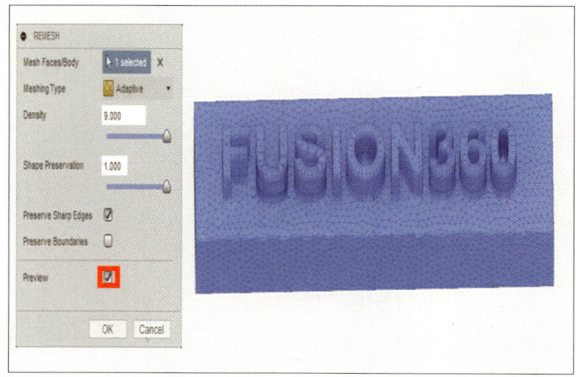

06 Reduce 상세 설명

Mesh Faces/Body 편집할 Mesh Faces/Body를 선택한다.

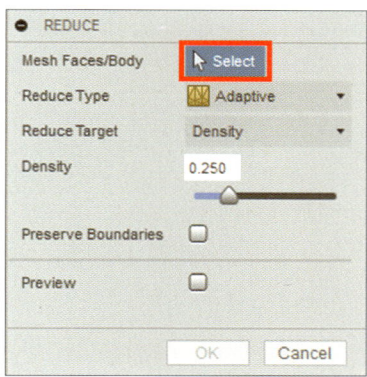

Reduce Type 적용할 Mesh 구성 방식을 선택한다.

Adaptive : 원본 모델의 굴곡에 따라 각 위치의 Mesh 크기를 각각 다르게 생성한다.

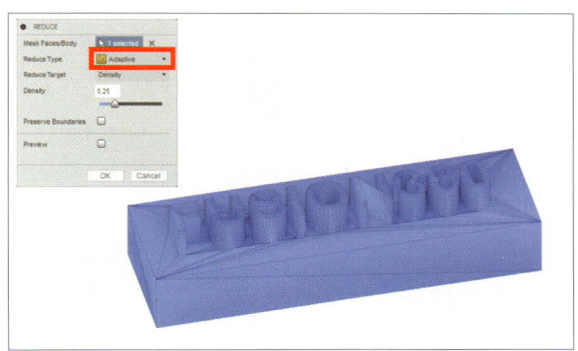 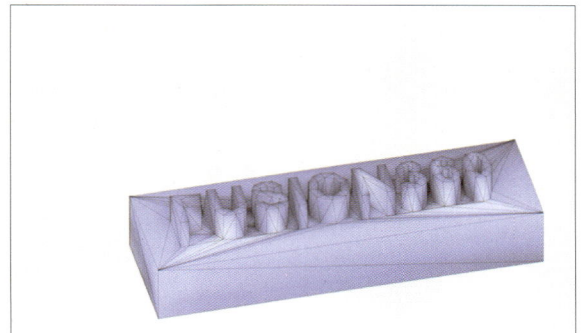

Uniform : 모든 Mesh의 크기를 균등하게 생성한다.

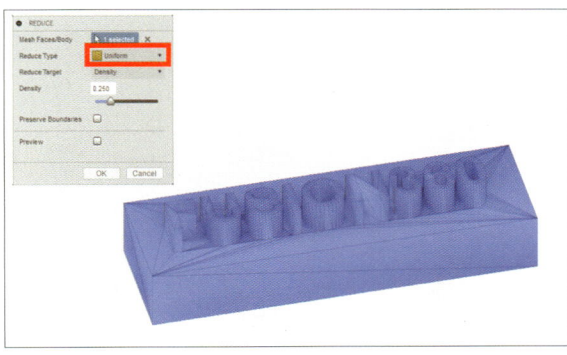 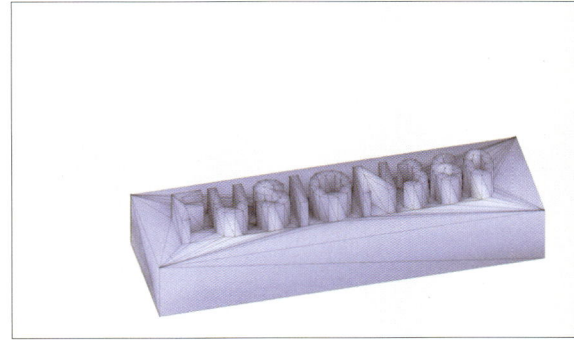

Unit 06 Reduce 상세 설명

Reduce Target 경감시킬 대상을 Density/Face Count/Tolerance 중 선택한다.

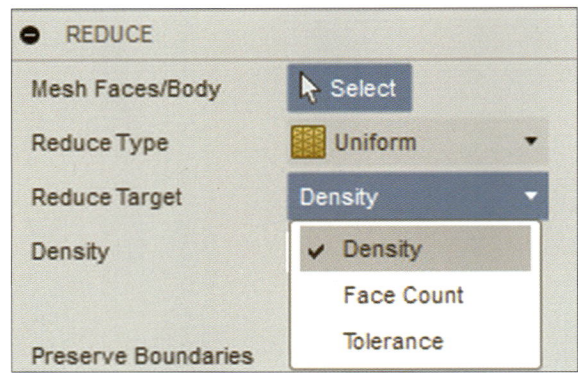

Density : 생성할 Mesh Face의 밀도를 결정한다.

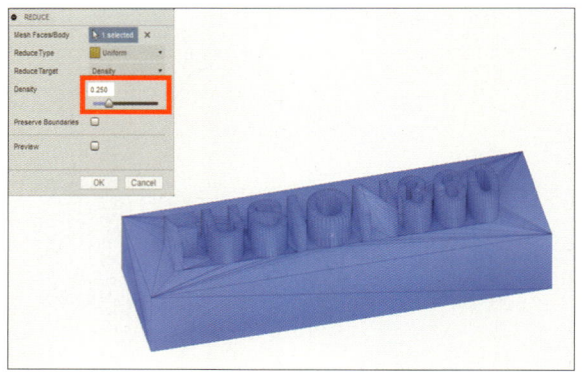 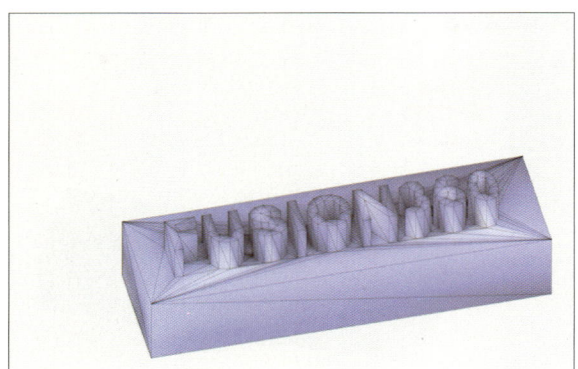

Face Count : 생성할 Mesh Face의 수를 결정한다.

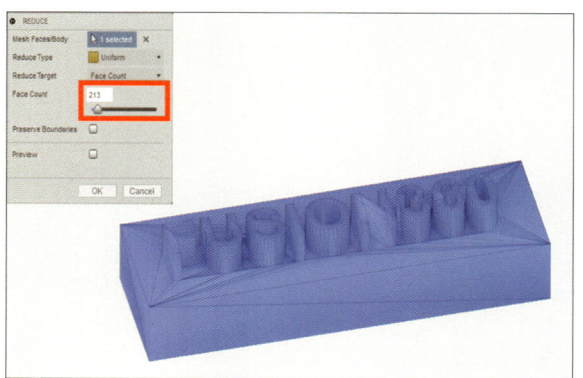 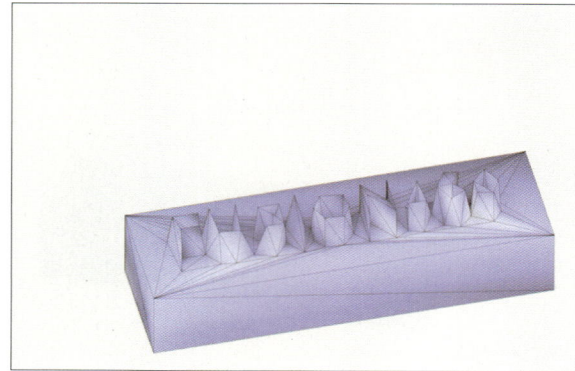

Tolerance : 공차 적용 수치를 결정한다.

Preserve Boundaries 열린 경계면 모서리의 형태를 유지시킬지 여부를 결정한다.

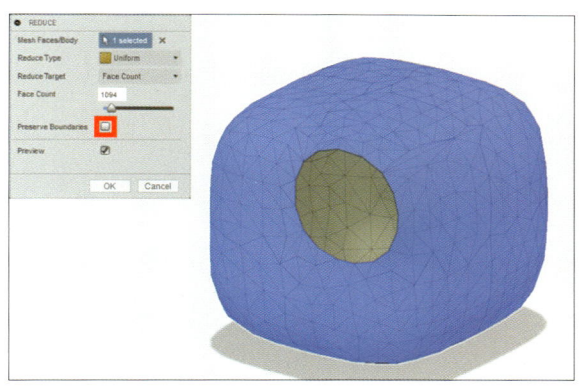 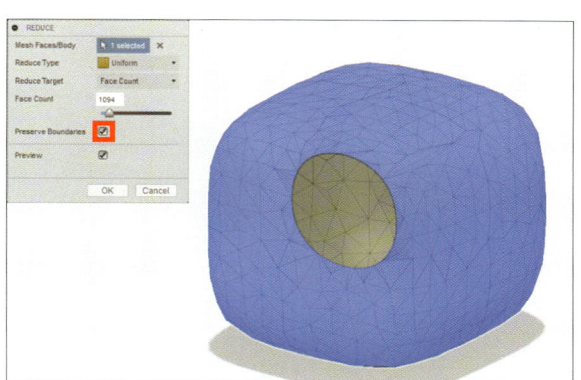

Preview 작업 결과 미리보기 기능의 활성화 여부를 선택한다.

 깨진 파일 복구하기

그림과 같이 일부 Mesh Face가 손상된 파일을 복원하는 방법을 배워보도록 한다.

학습 목표

1. Mesh 작업 환경에서 손상된 파일을 복원하는 방식에 대해 이해한다.
2. Erase and Fill 툴을 이용한 면 생성 방법을 학습한다.
3. Make Closed Mesh 툴을 이용한 결손 부위 복원 방법을 학습한다.
4. Remesh 툴을 이용한 보정 방법을 학습한다.

예제 풀이 과정을 동영상으로 확인할 수 있다.

01-1

Create에서 'Create Mesh'를 클릭한다.

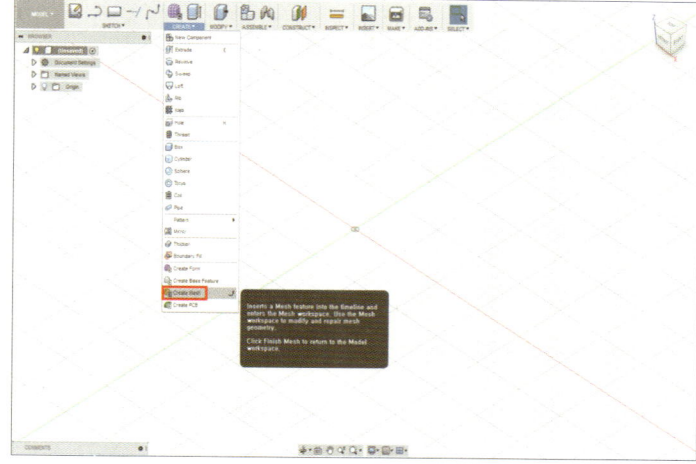

01-2

그림과 같이 툴바가 모두 변경된 것을 확인할 수 있다.

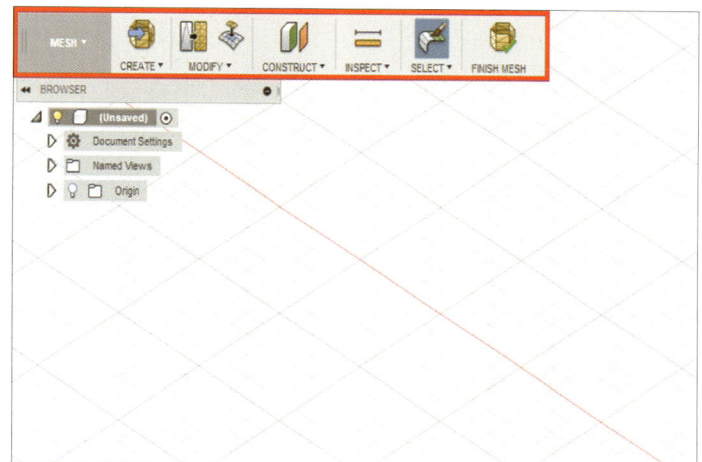

01-3

Create의 'Insert Mesh' 툴을 클릭한다.

01-4

편집할 **Mesh** 데이터를 선택한 다음 열기 버튼을 클릭한다. (OBJ, STL 형식)

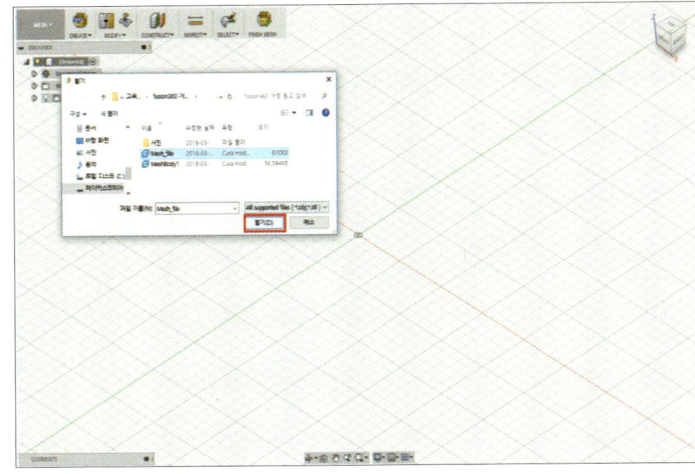

01-5

불러온 **Mesh**의 위치를 지정해 준 다음 **OK** 버튼을 클릭하여 모델을 불러온다.

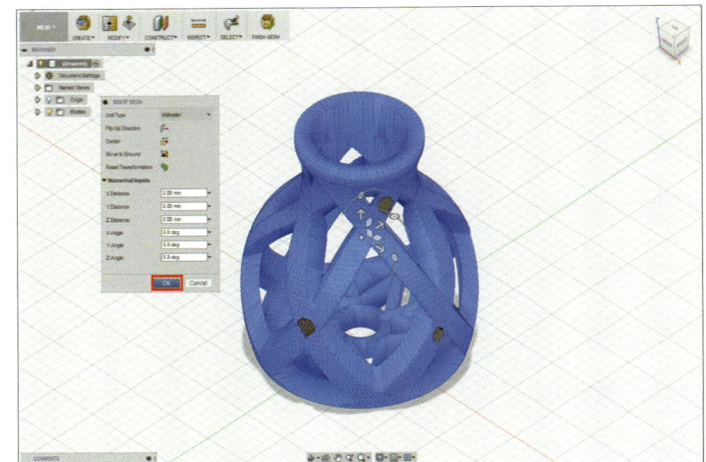

01-6

Select의 'Mesh Palette' 항목을 클릭한다.

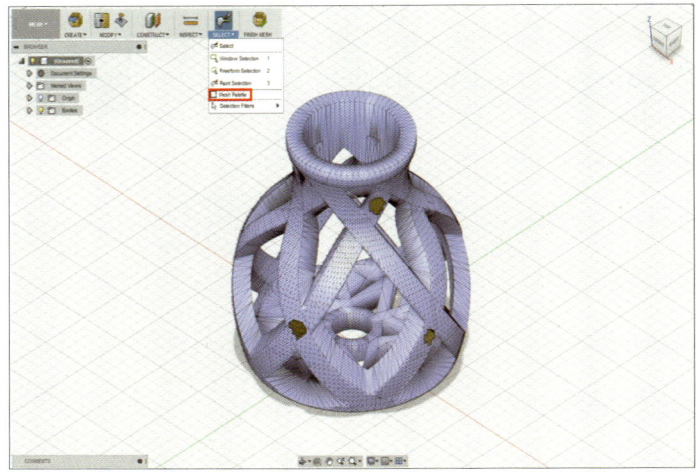

01-7

Mesh Palette의 브러시 사이즈를 조정한다.

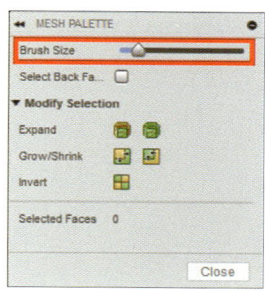
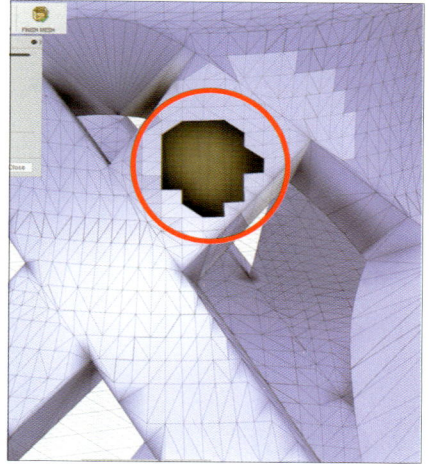
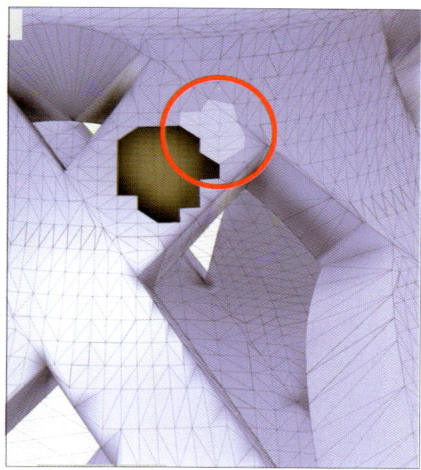

01-8

구멍 주변을 선택한다.

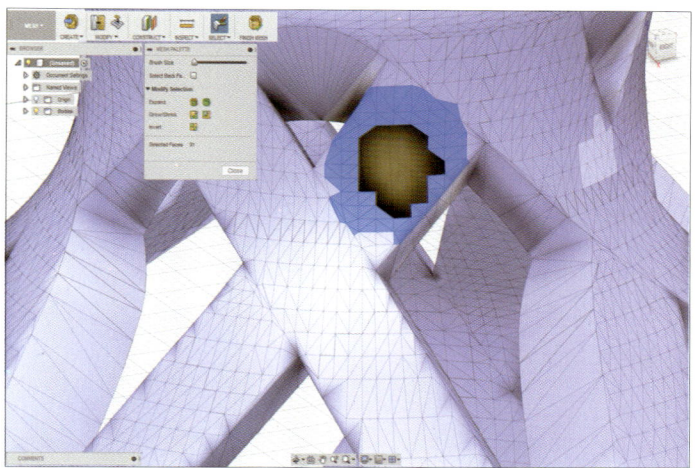

01-9

Modify의 'Erase and Fill' 툴을 클릭한다.

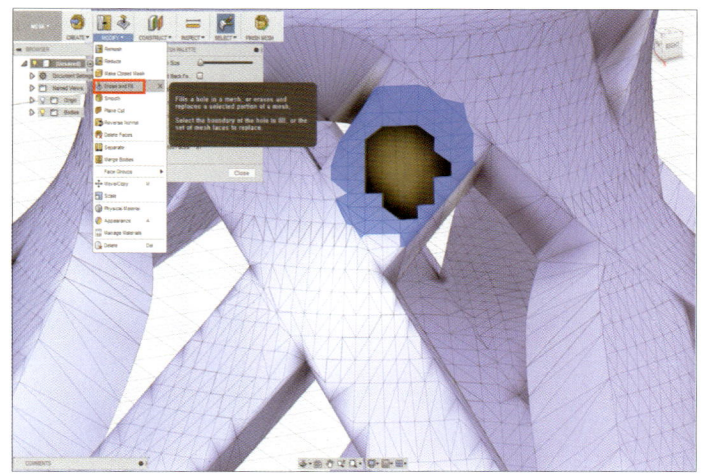

Chapter 08 Mesh 작업 환경에서의 모델링 • 379

01-10

OK 버튼을 눌러 완료한다.

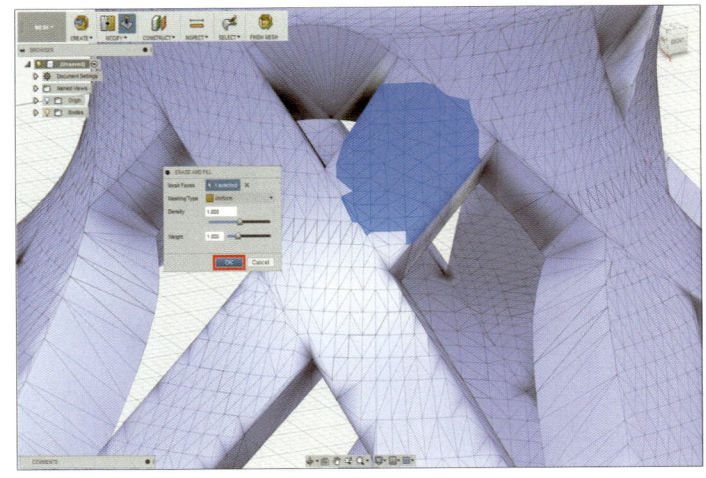

01-11

8~10과 같은 요령으로 작은 구멍들을 메꿔준다.

'Erase and Fill' 툴을 사용하여 작업을 할 때, 손상 부위에 굴곡이 포함되어 있으면 원하는 형태로 수복이 되지 않는 경우가 있으므로 작업에 주의해야 한다.

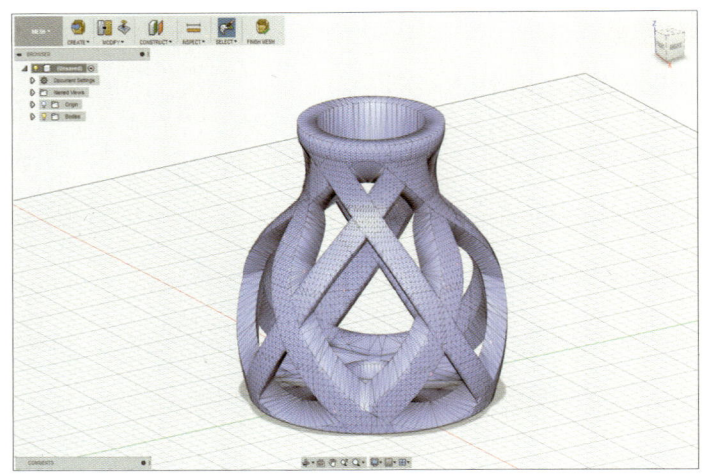

01-12

작은 범위의 손상 부위는 8~10과 같은 요령으로 'Erase and Fill' 툴을 사용하여 수복이 가능하나 그림과 같이 넓은 부위에 다양한 경계면을 포함하는 손상 부위는 일부 영역만 선택하여 수복하는 것이 어렵다.

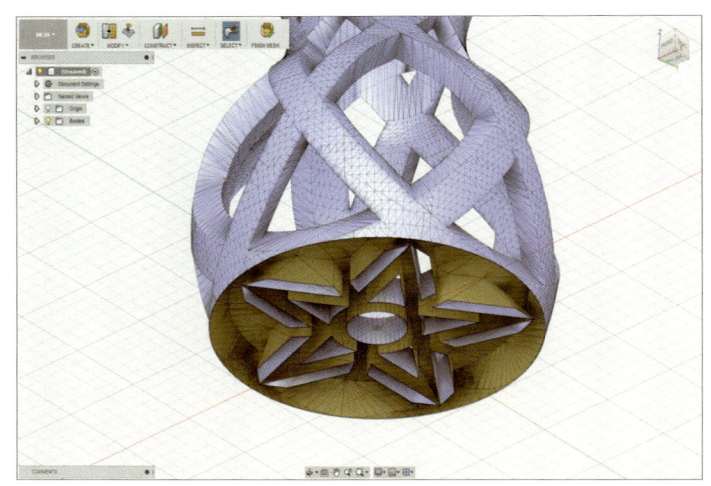

01-13

Modify의 'Make Closed Mesh' 툴을 클릭한다.

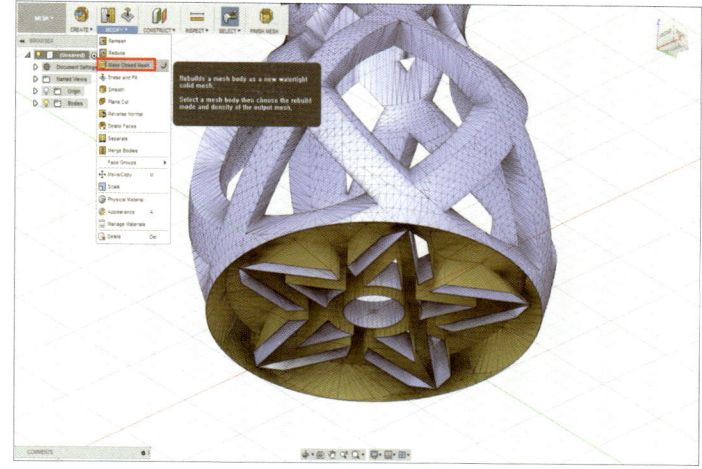

01-14

수복할 **Mesh Body**를 선택한다.

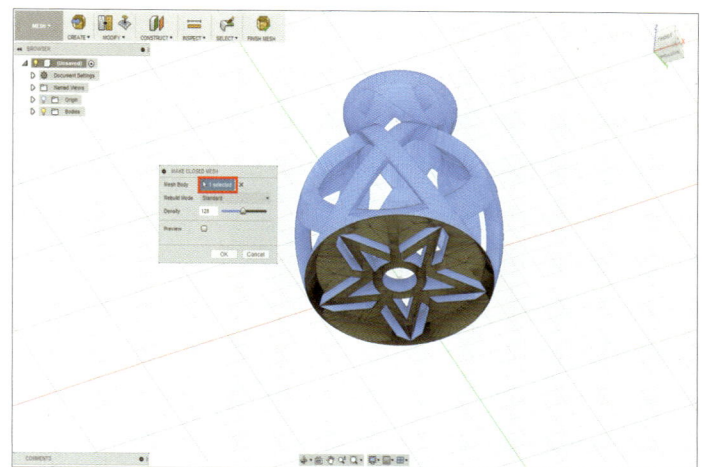

01-15

수복할 부위에 날카롭게 꺾인 모서리가 많이 존재하므로, **Rebuild Mode** 옵션을 'Standard'에서 'Preserve Sharp Edges'로 변경한다.

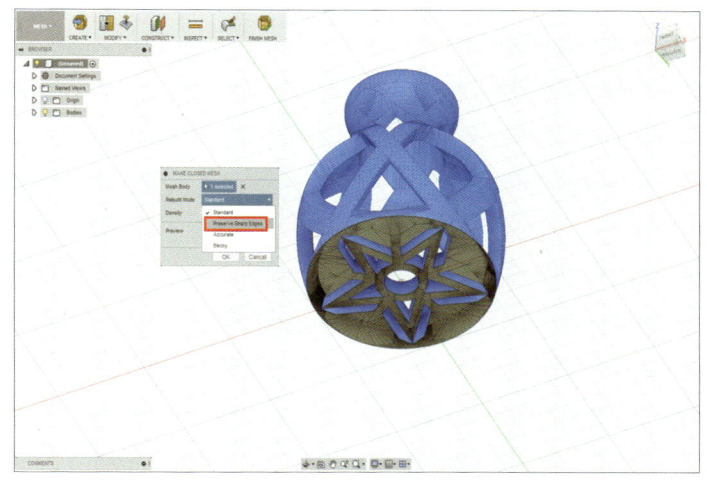

01-16

Preview 기능을 선택하여 작업 결과를 미리 확인한다.

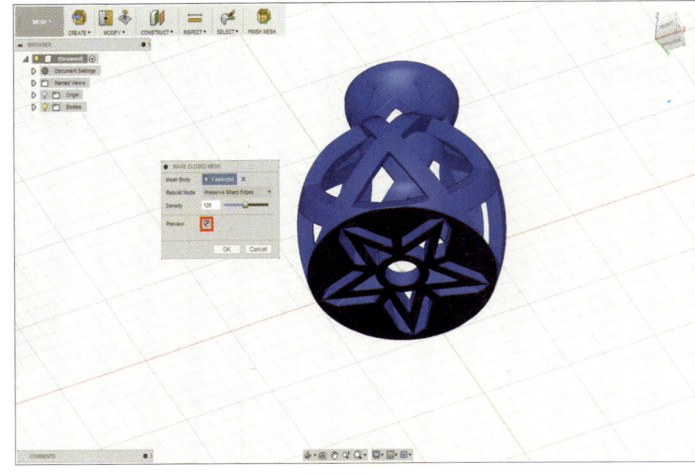

01-17

필요에 따라 **Density** 항목을 조정하여, 밀도를 정한 다음 **OK** 버튼을 클릭하여 완료해준다.

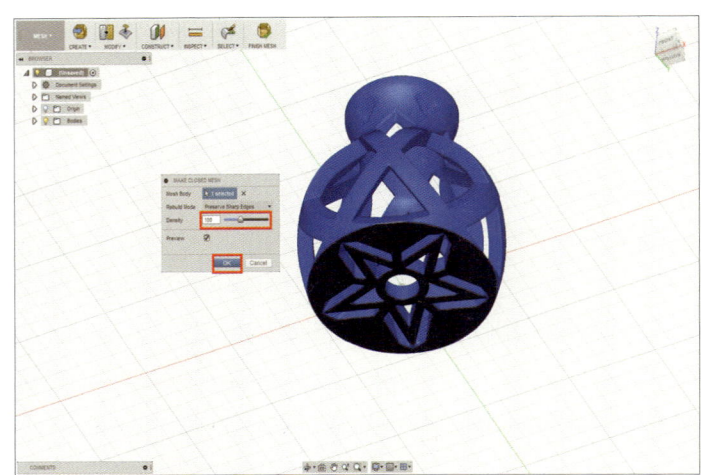

01-18

Modify의 'Remesh' 툴을 클릭한다.

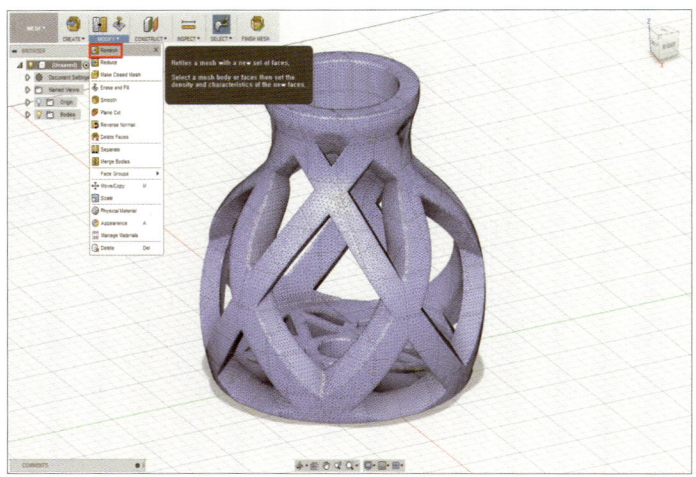

01-19

편집할 **Mesh Body**를 선택한다.

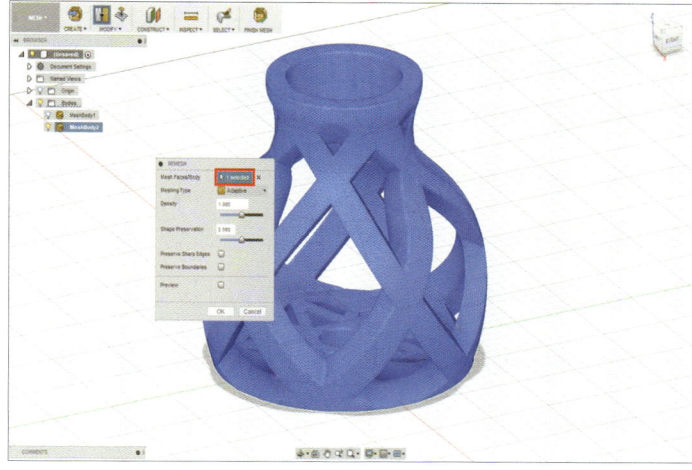

01-20

Meshing Type으로 'Uniform'을 선택한다.

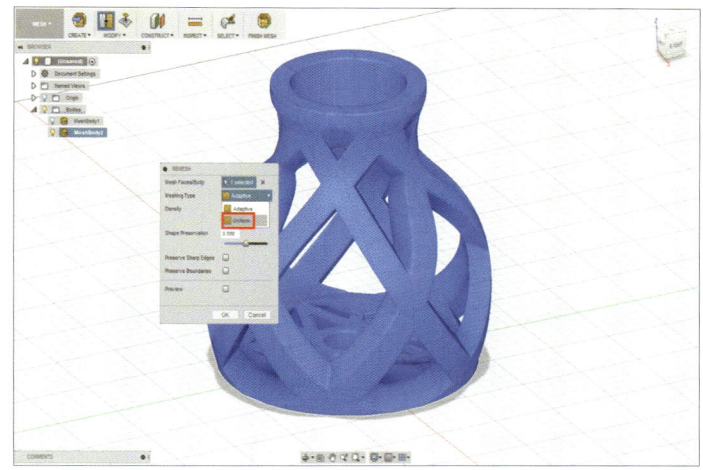

01-21

모델의 각을 유지시켜주기 위해 'Preserve Sharp Edges' 기능을 활성화시켜 준 다음 **OK** 버튼을 눌러 완료해준다.

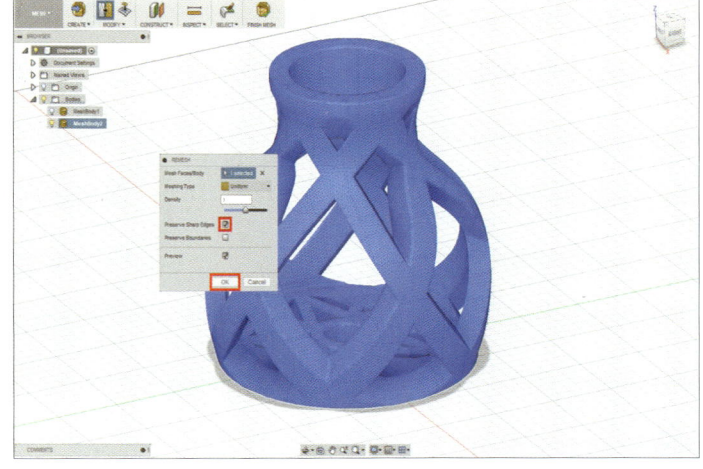

01-22

그림과 같은 모델링이 완성되었다.

01-23

Render 작업 환경에서 수복하기 전 모델과 비교해보자.

스캔 파일 보정하기

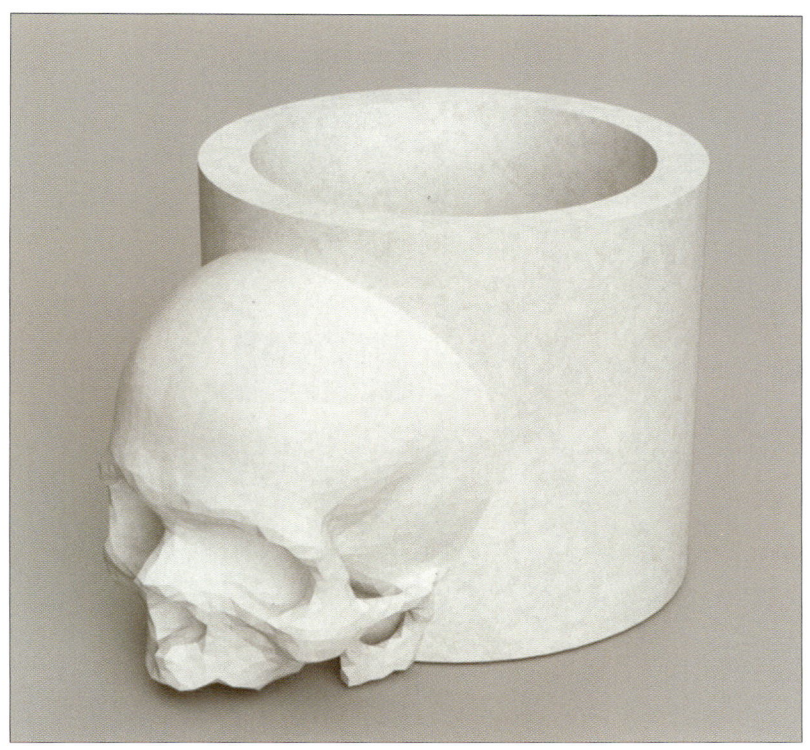

그림과 같이 3D 스캔 파일을 보정하여 원하는 형상을 만드는 방법을 배워보도록 한다.

학습 목표

1. Mesh 작업 환경과 Model 작업 환경을 유기적으로 이용하여 모델링 기술을 숙련한다.
2. Erase and Fill 툴을 이용한 면 생성 방법을 학습한다.
3. Make Closed Mesh 툴을 이용한 결손 부위 복원 방법을 학습한다.
4. Reduce 툴을 이용한 데이터 절약 방법을 학습한다.
5. Mesh to BRep 툴을 이용한 Mesh Body의 변환 방법을 학습한다.

예제 풀이 과정을 동영상으로 확인할 수 있다.

02-1

Create의 'Create Mesh' 툴을 클릭한다.

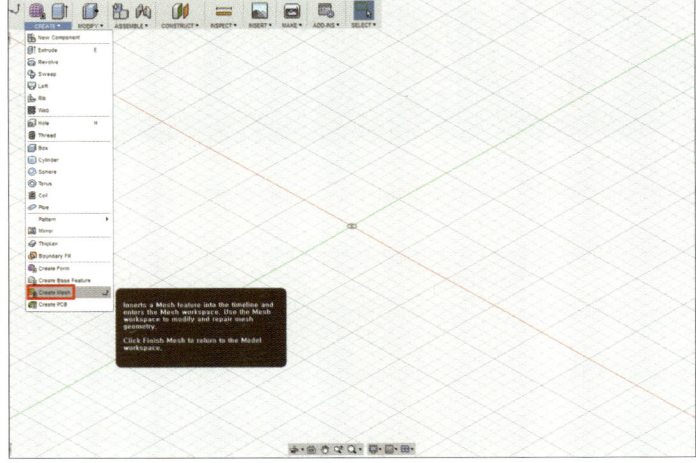

02-2

Create의 'Insert Mesh' 툴을 선택한다.

02-3

편집할 **OBJ/STL** 파일을 선택한 다음 열기 버튼을 클릭한다.

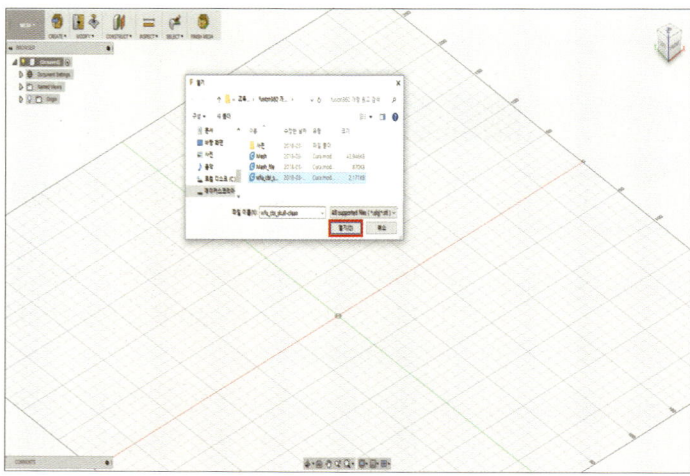

02-4

추후 편집의 용이성을 위해 'Center' 와 'Move to Ground' 항목을 선택하여 대상을 정렬해 준 다음 OK 버튼을 클릭한다.

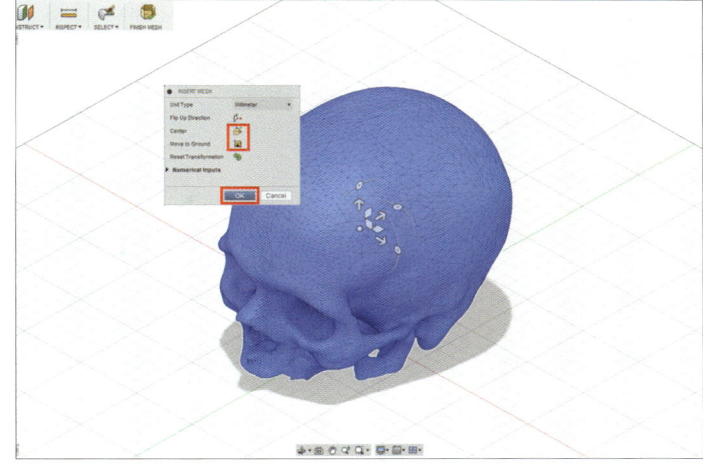

02-5

Modify의 'Reduce' 툴을 선택한다.

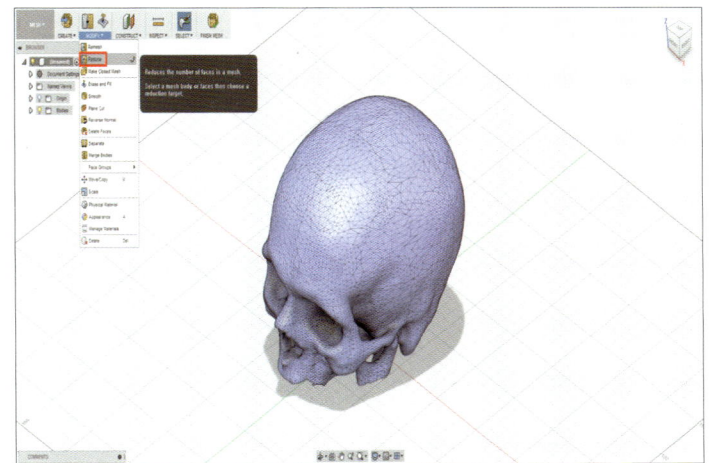

02-6

데이터 크기에 따라 적절한 **Density** 수치를 지정한 다음 **OK** 버튼을 클릭한다.

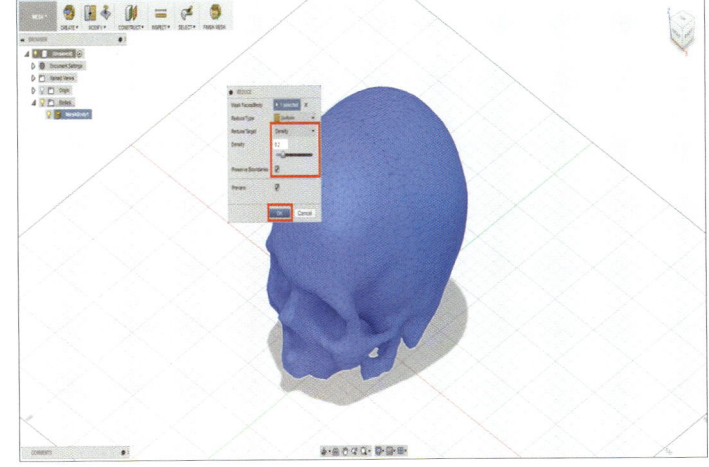

02-7

Modify의 'Scale' 툴을 선택한다.

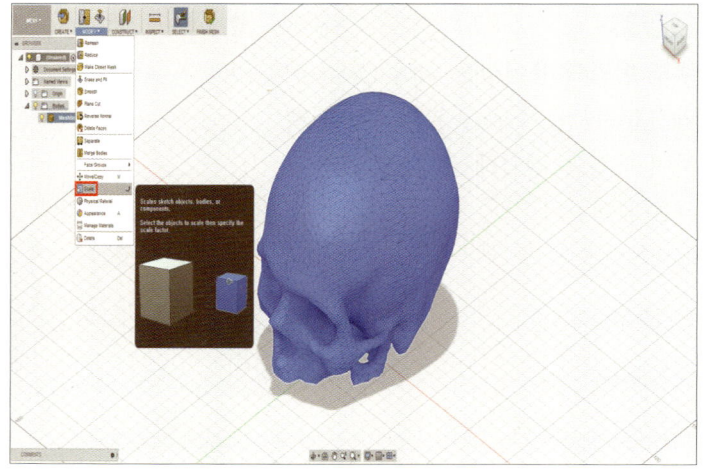

02-8

Scale 툴은 대상을 임의의 정점을 기준으로 크기 조정을 해주는 도구다. 좌측 **Browser**에서 **Origin**을 활성화한다.

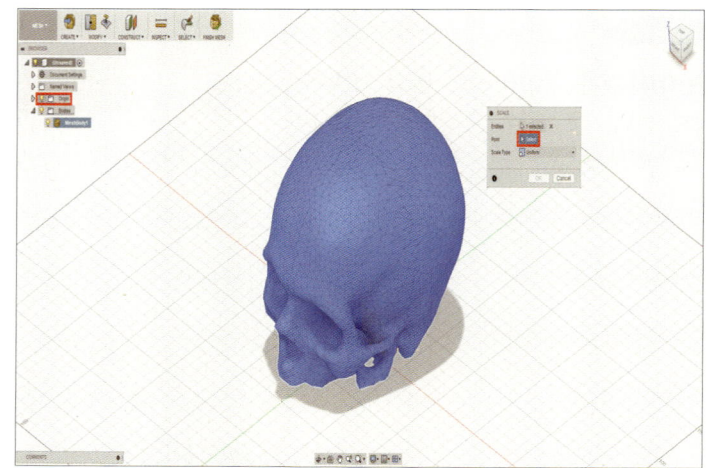

02-9

Scale의 **Point** 대상으로 좌표계 원점을 클릭한다.

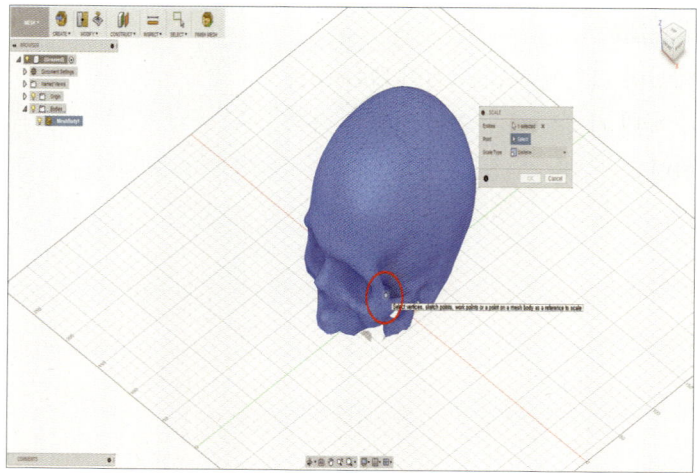

02-10

원하는 크기를 지정한 다음 **OK** 버튼을 클릭한다.

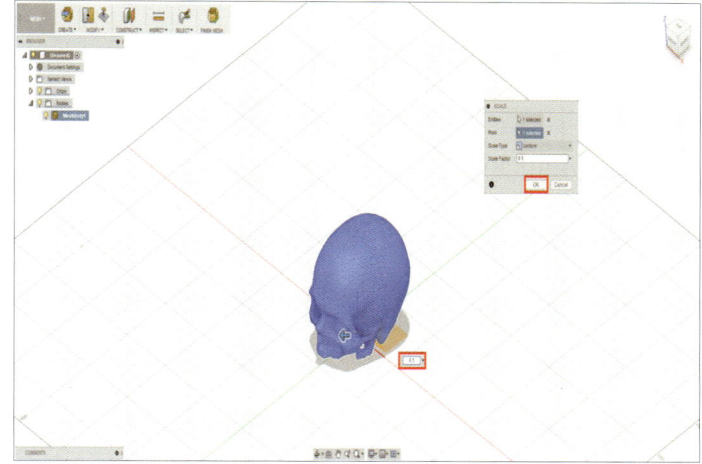

02-11

툴을 사용하여 모델의 형상을 변화시키게 되면 다음 그림과 같이 일부 손상된 부위가 발생하는 경우가 있다.

02-12

Select의 'Mesh Palette' 툴을 클릭한다.

02-13

Mesh Palette에서 브러시 사이즈를 조정한 다음 결손 영역을 **Modify**의 'Erase and Fill' 툴을 사용하여 복원한다.

02-14

브러시로 결손 영역만 선택이 잘 안 될 경우 **Select**의 'Window Selection', 'Freeform Selection' 옵션을 사용하여 원하는 영역만 지정하여 선택해준다.

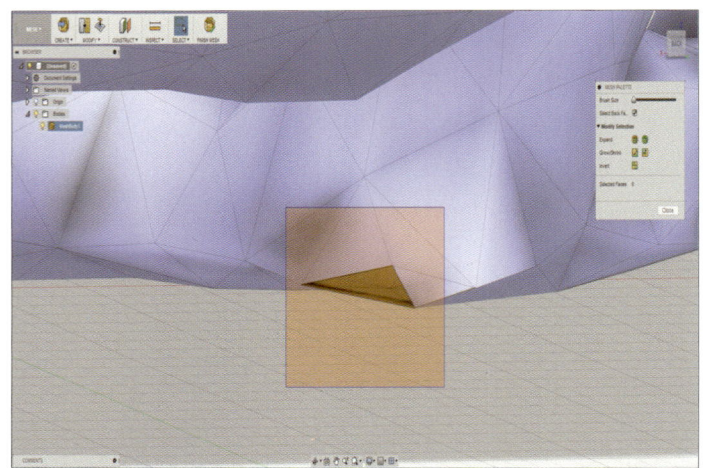

02-15

Modify의 'Erase and Fill' 툴을 클릭한다.

02-16

표면 형상에 따라 적절한 옵션을 선택한 다음 **OK** 버튼을 클릭하여 기능을 적용한다.

02-17

Fusion 360에서는 대용량의 폴리곤을 처리하는 기능이 지원되지 않는다. **Model** 작업 환경에서 편집이 가능한 형태로 대상을 전환하기 위해 **Modify**의 'Reduce' 툴을 사용하여 폴리곤을 줄여준다. 모델을 전체 선택한 다음 **Mesh Palette**의 **Selected Faces** 항목을 확인해 보면 대상을 구성하는 폴리곤 수량을 파악할 수 있다. **Selected Faces** 항목이 10,000개 이하가 되도록 조정한다.

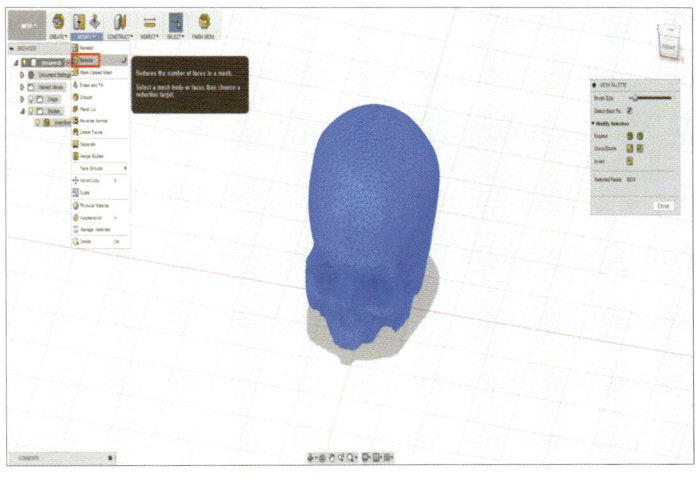

02-18

Finish Mesh 버튼을 클릭한다.

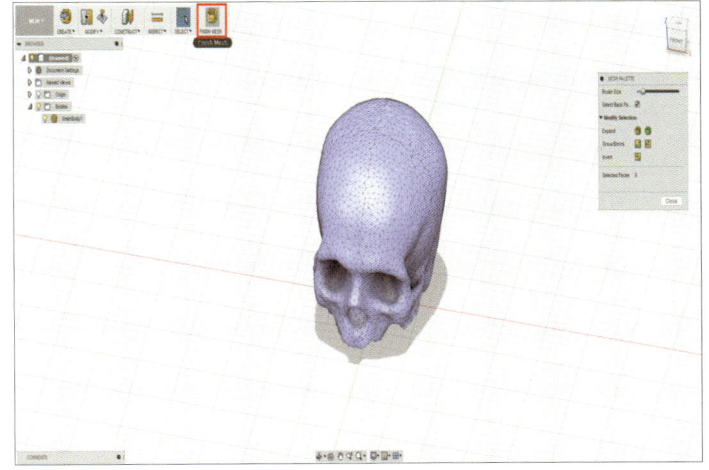

02-19

우측 하단에 위치한 기어 모양의 설정 버튼을 클릭한 다음 'Do not capture Design History' 기능을 선택한다.

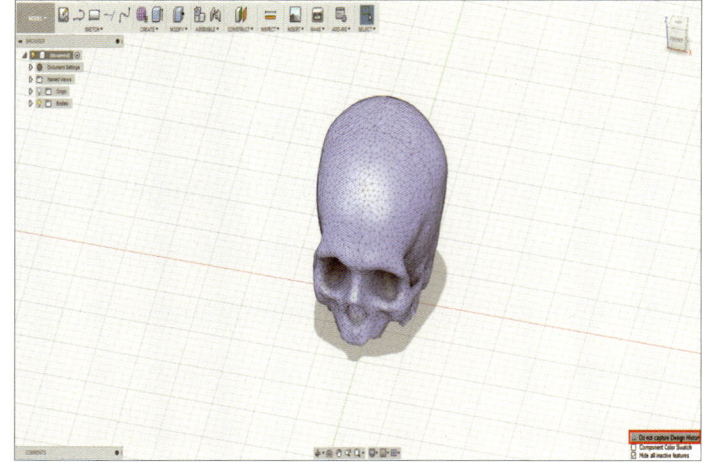

02-20

히스토리 라인이 사라지는 것에 대한 경고창이 나타난다. **Continue** 버튼을 클릭한다.

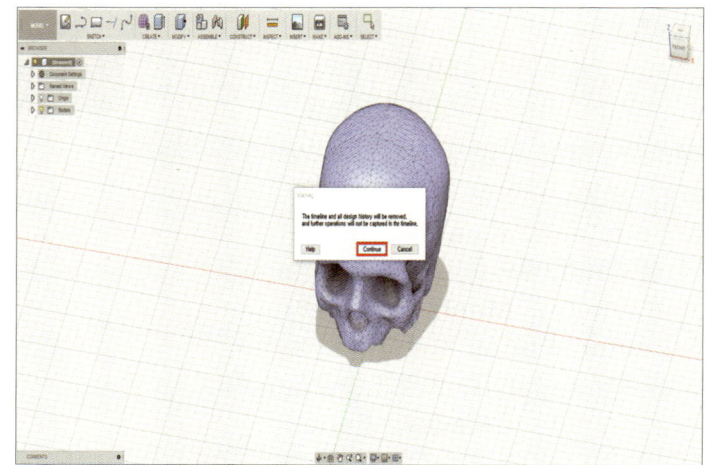

02-21

좌측 **Browser**에서 대상을 마우스 오른쪽 클릭을 한다. 'Mesh to BRep' 툴을 선택한다.

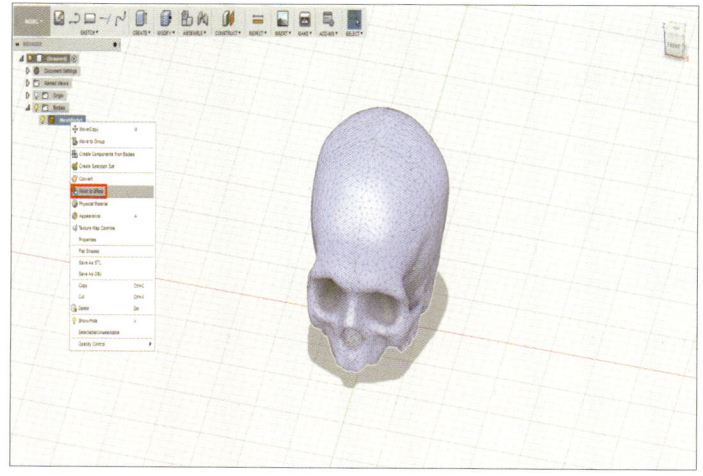

02-22

OK 버튼을 클릭한다.

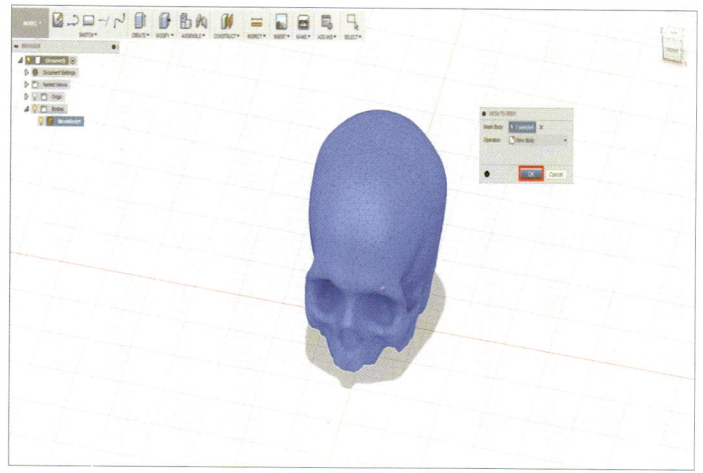

02-23

대상이 **Model** 작업 환경에서 편집 가능한 형태로 전환된 것을 확인할 수 있다. **Sketch**의 'Create Sketch' 툴을 선택한다.

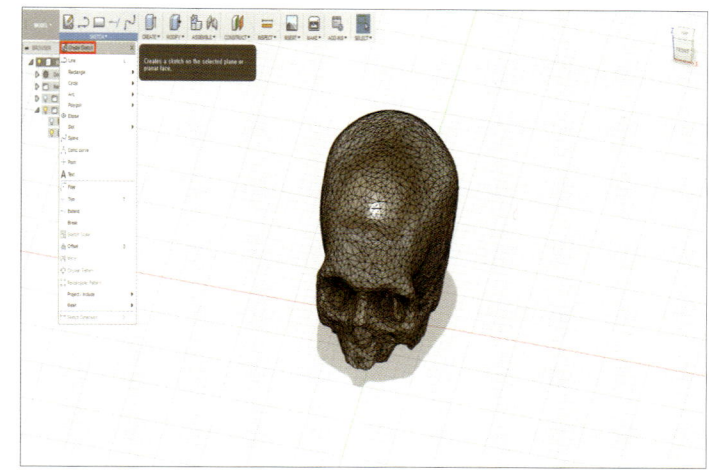

02-24

Origin 좌표계의 XY평면을 선택한다.

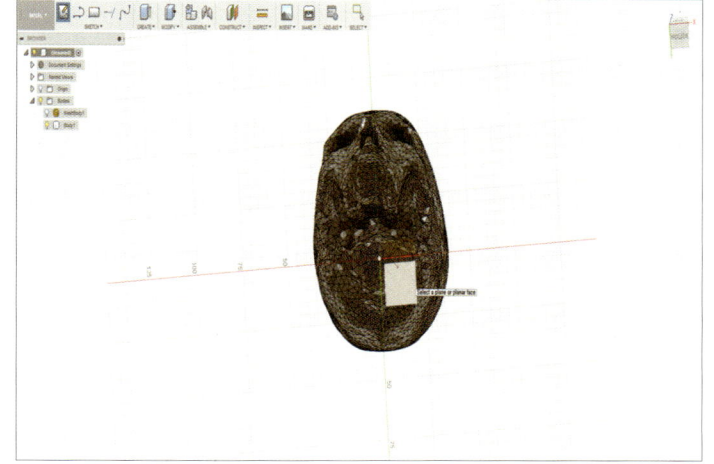

02-25

그림과 같이 스케치를 그린다.

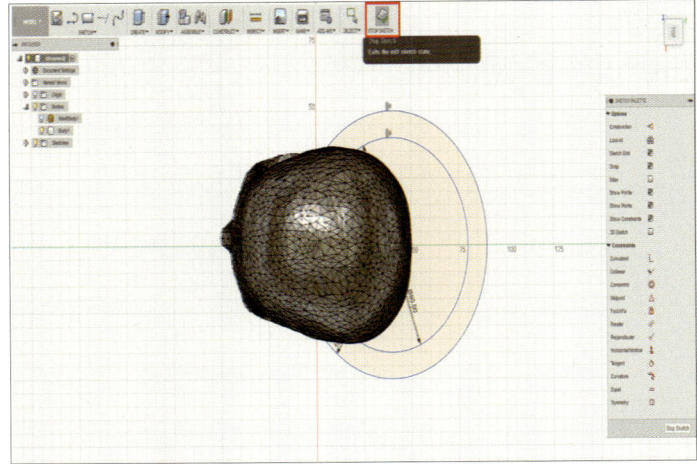

02-26

Stop Sketch 버튼을 클릭한다.

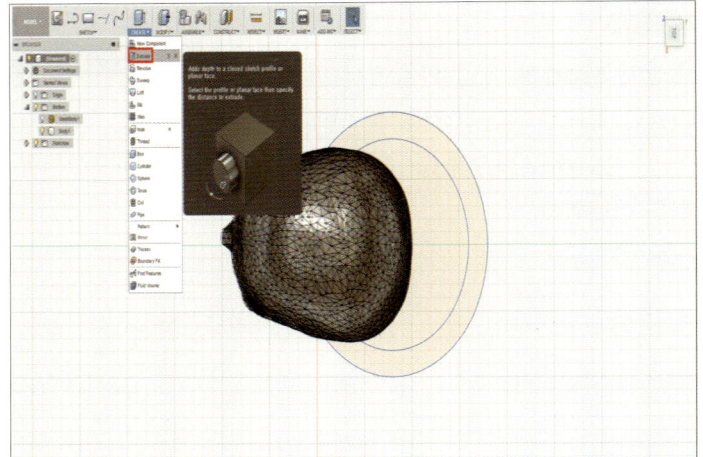

02-27

Create의 'Extrude' 툴을 선택한다.

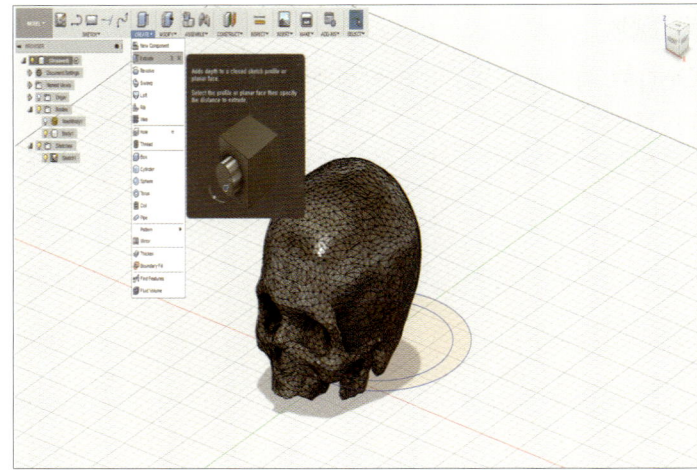

02-28

그림과 같이 내부 원을 선택한다.

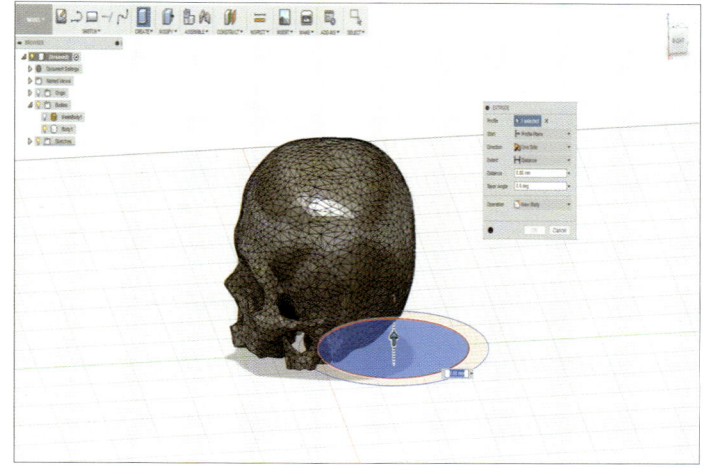

02-29

대상과 겹쳐지는 영역을 잘라낸다.

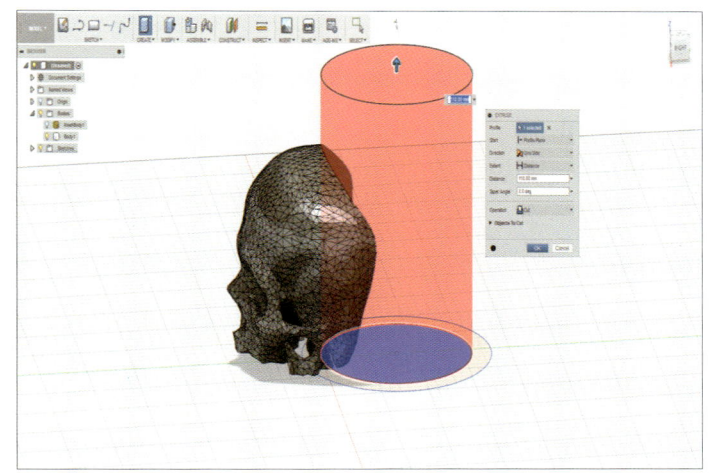

02-30

좌측 **Browser**에서 비활성화된 **Sketch**를 다시 활성화시킨다. 대상 스케치의 전구 모양 아이콘을 클릭한다.

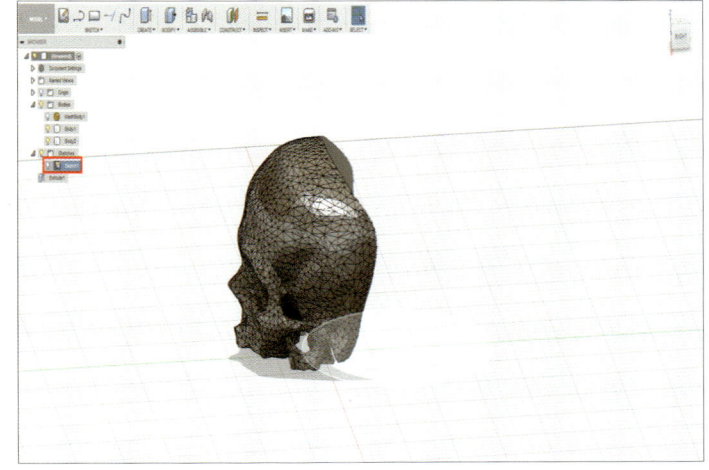

02-31

Create의 'Extrude' 툴을 실행한 다음 활성화된 스케치의 내부 원을 한 번 더 선택한다.

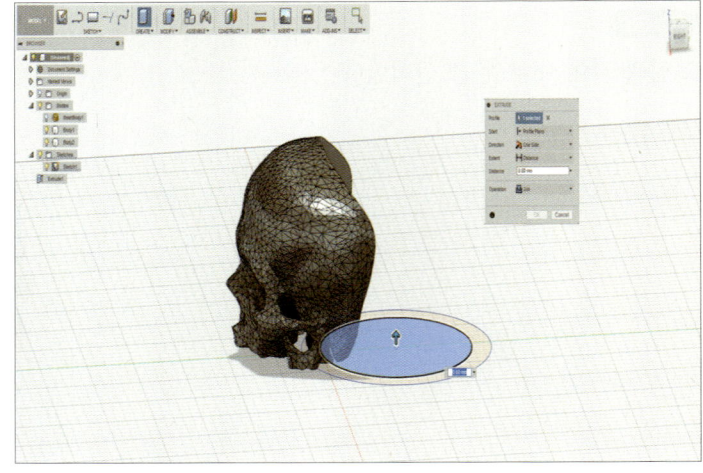

02-32

연필꽂이의 바닥이 될 부분이다. 적절한 **Distance** 수치를 입력한 다음 **OK** 버튼을 클릭한다.

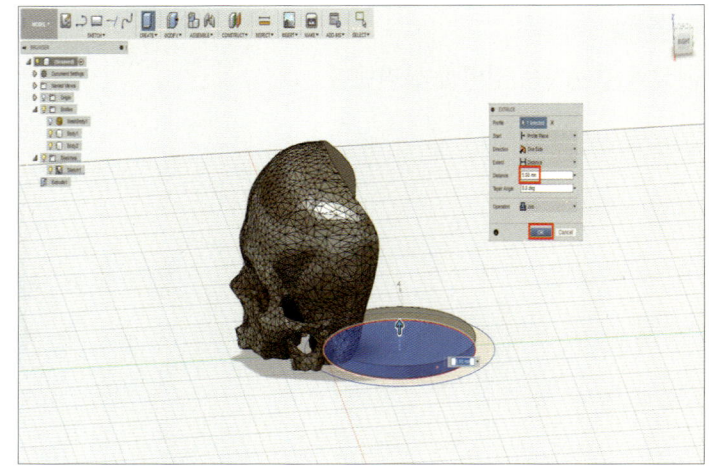

02-33

Create의 'Extrude' 툴을 실행한 다음 이번에는 바깥쪽 원을 선택한다.

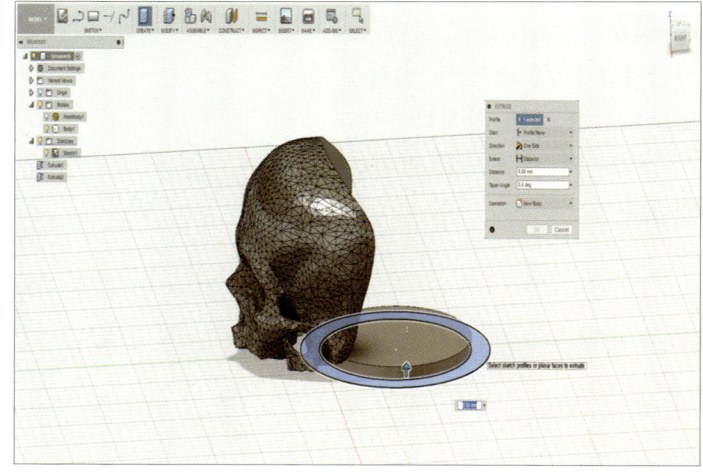

02-34

연필꽂이의 벽면이 될 부분이다. 원하는 높이를 **Distance** 항목에 입력한 다음 **Operation** 옵션을 'Join'으로 변경한다.

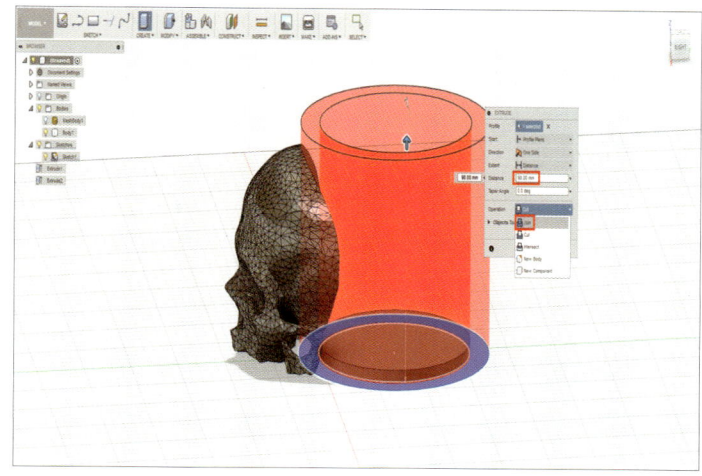

02-35

작업 결과를 미리 눈으로 확인한 다음 **OK** 버튼을 클릭한다.

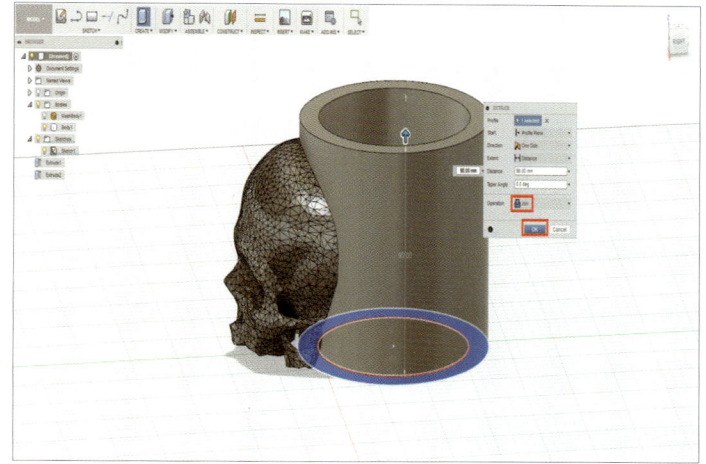

02-36

나만의 연필꽂이가 완성되었다.

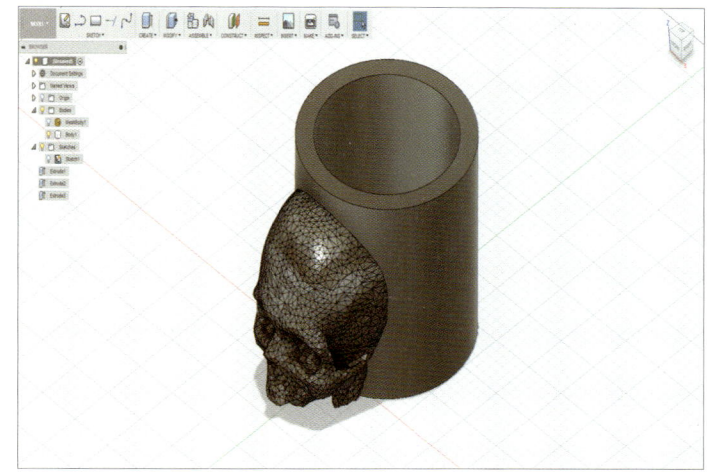

02-37

Render 작업 환경에서 재질 정보까지 적용한 결과를 확인해보자.

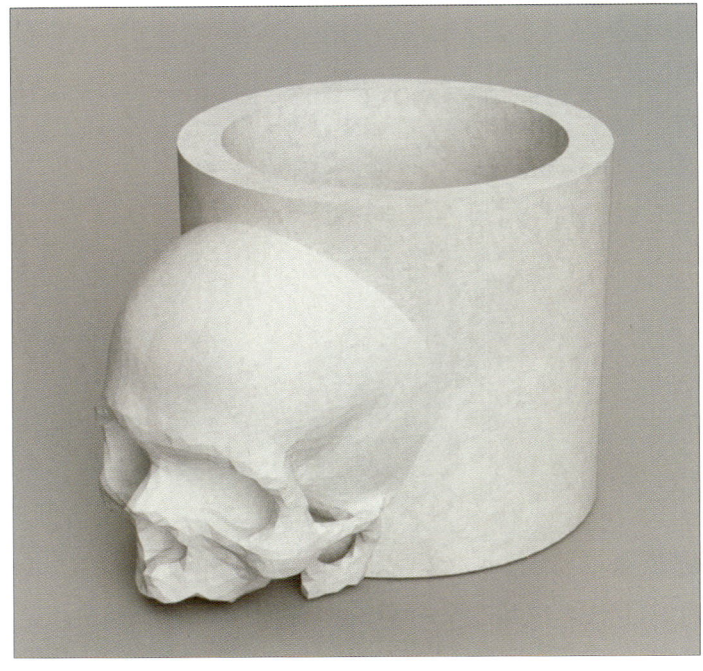

> **Tip** **Face Group을 이용하여 원하는 영역을 쉽게 선택하기**

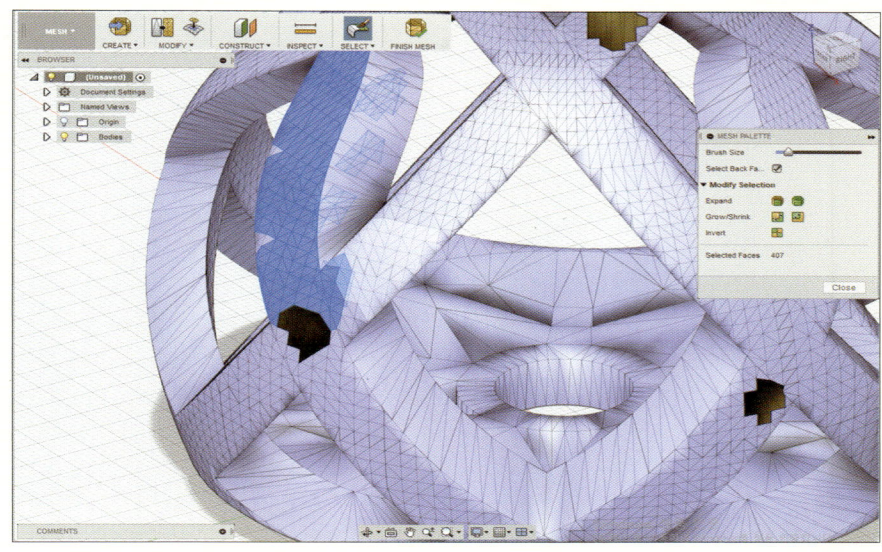

❶ 그림과 같이 Mesh 작업 환경에서 원하는 영역을 브러시를 이용해 선택할 경우 사용자가 원하는 영역만을 선택하는 것은 쉽지 않은 일이다.

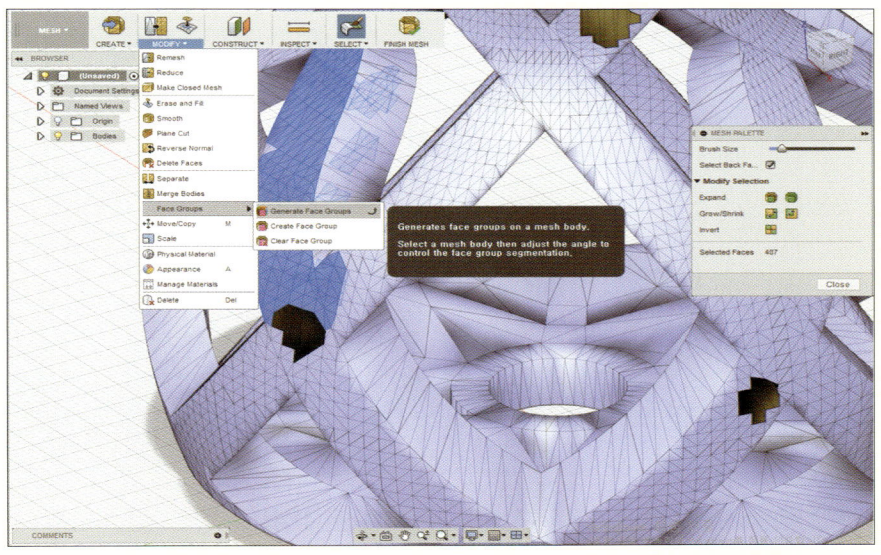

❷ 이때 Face Group 기능을 활용하면 원하는 영역만 선택하는 것이 조금 더 수월해진다. Modify의 Face Groups 항목에서 'Generate Face Groups' 툴을 선택한다.

> Tip   **Face Group을 이용하여 원하는 영역을 쉽게 선택하기**

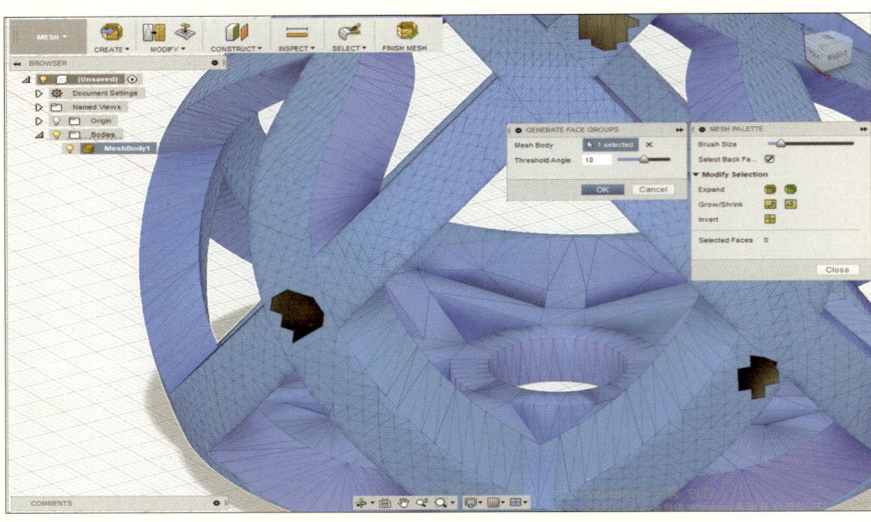

❸ 편집할 Mesh Body를 선택한 다음 ok 버튼을 클릭한다.

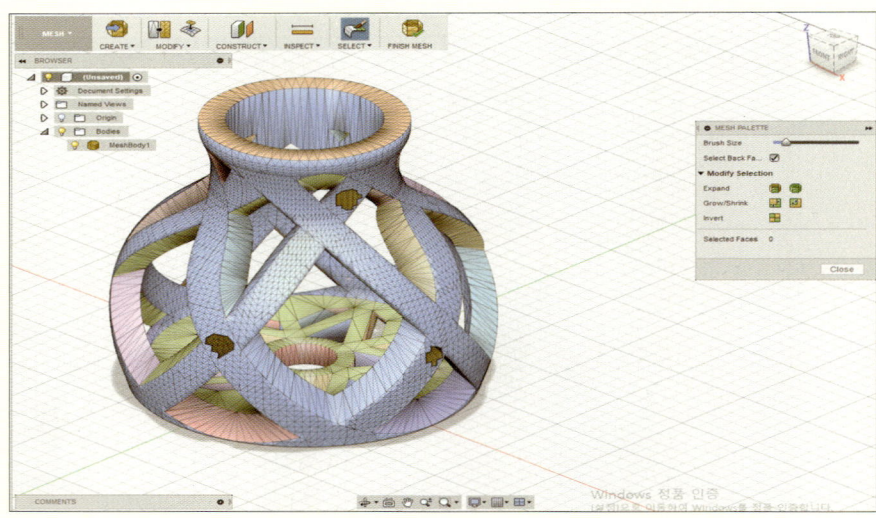

❹ 대상을 구성하는 면의 특징에 따라 각기 다른 색상으로 묶인 것을 확인할 수 있다. 이렇게 같은 색상으로 분류된 면을 Face Group이라고 한다.

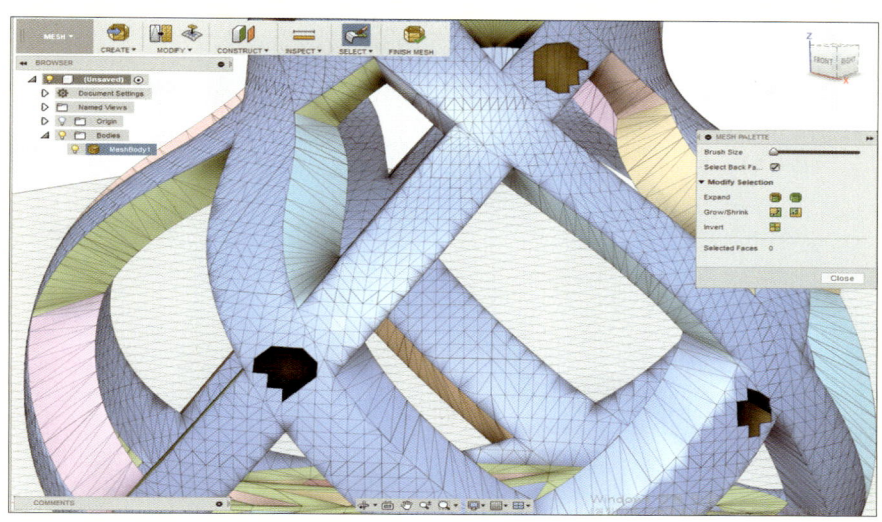

❺ 다음은 이렇게 설정한 Face Group을 활용해보는 순서다. Select의 'Mesh Palette' 도구를 선택하여 브러시 사이즈를 가장 작게 조정한다.

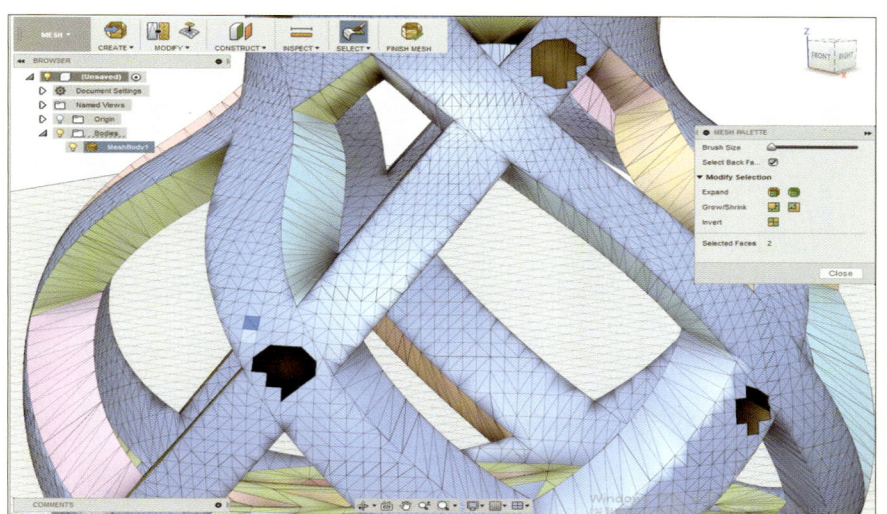

❻ 선택하고자 하는 영역의 일부를 클릭한다.

Tip Face Group을 이용하여 원하는 영역을 쉽게 선택하기

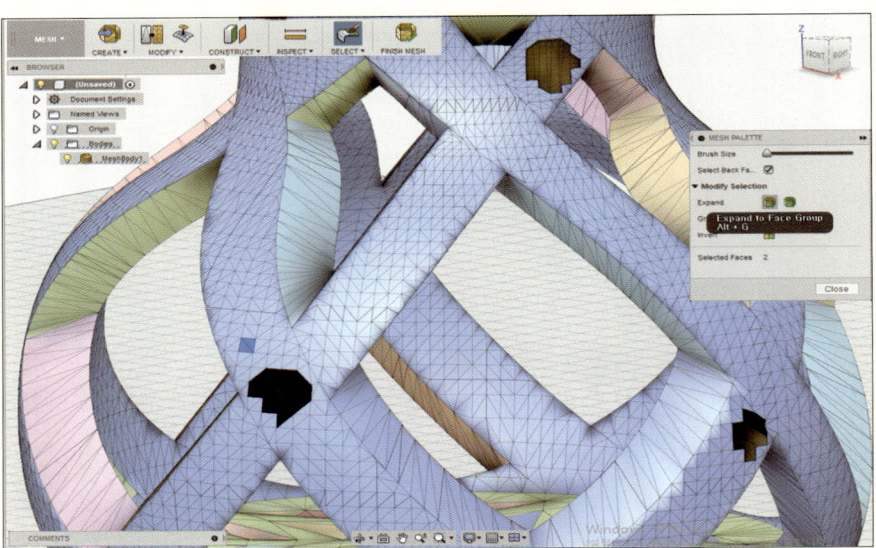

❼ Mesh Palette의 Expand 항목 중 다음 그림과 같은 아이콘을 클릭한다. 'Expand to Face Group'이라고 하는 기능으로 선택 영역을 확장시켜 주는 기능 중에서 현재 선택된 부위와 연결된 동일한 Face Group을 모두 선택된 상태로 만들어 주는 기능이다.

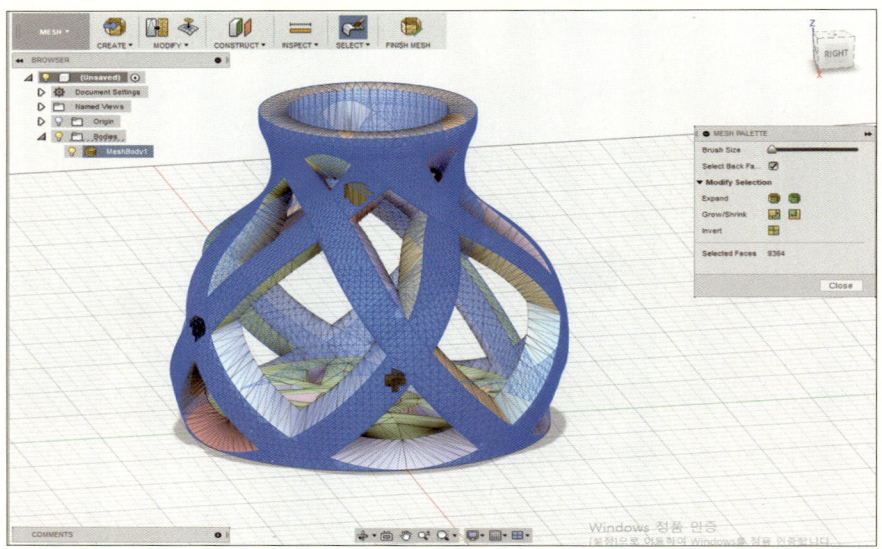

❽ 그림과 같이 선택이 완료되었다면 원하는 편집 도구를 실행하여 대상을 편집하면 된다.

Chapter 09

자동차 모형 만들기

01 슬라이싱 프로세스
02 후가공

01 슬라이싱 프로세스

1 슬라이싱이란?

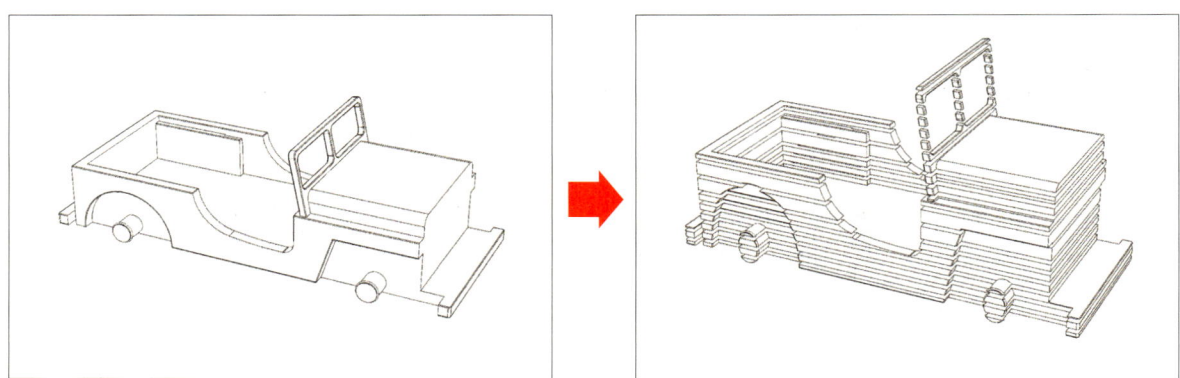

슬라이싱이란 말 그대로 3D 모델을 얇게 잘라내는 작업이다. 슬라이싱 프로그램을 통하여 모델을 분할한 후 각각의 분할된 단면에 대한 좌표 정보가 3D 프린터에 입력되면 입력된 좌표를 따라 노즐이 이동하면서 한 층 한 층 적층하게 된다. 모델링 단계에서도 3D 프린팅을 하기 위해 여러 가지를 고려하면서 모델링을 하듯이 슬라이싱 단계에서도 세부적인 세팅 값에 따라 출력물의 질에 차이가 나기 때문에 슬라이싱 프로세스를 잘 이해하고 프로그램을 다루는 것이 중요하다. 우리가 만든 3D 데이터는 바로 3D 프린터에 입력할 수 없다. 슬라이싱 프로그램을 통해 3D 프린팅에 적합한 파일 형태로 만들어준 다음 3D 프린터에 입력하여 출력을 진행한다.

2 Cura 소개

Cura는 Ultimaker사에서 무료로 제공하는 슬라이싱 프로그램으로 호환성이 뛰어나 많이 사용되며 사랑받고 있다.

① Cura 다운로드 및 설치

Cura는 현재 필자가 사용하고 있는 15.04.6버전을 기준으로 작성되었다.

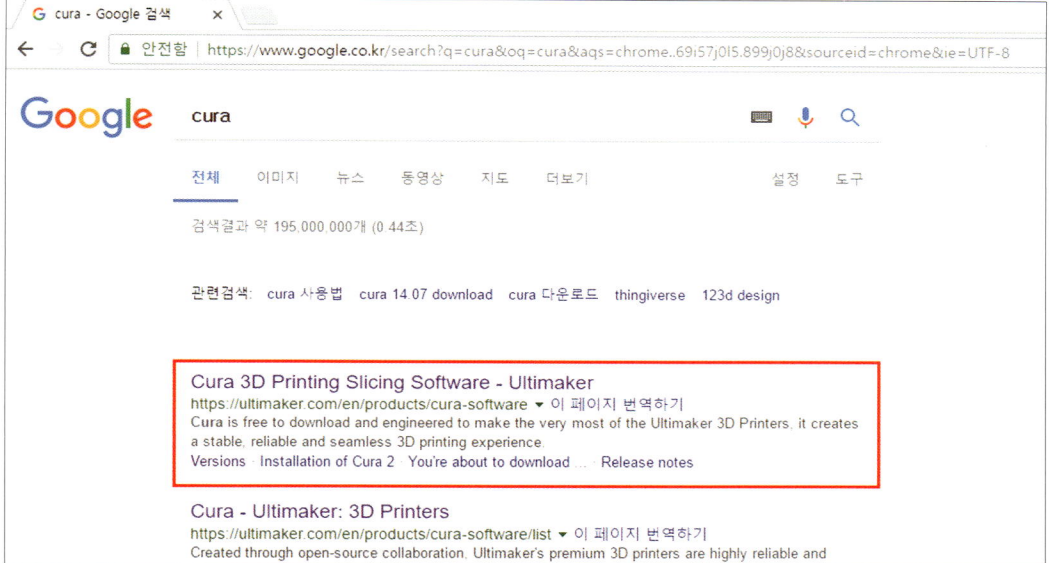

❶ 구글에서 'Cura' 검색 후 가장 위에 나오는 홈페이지를 클릭하여 접속한다.

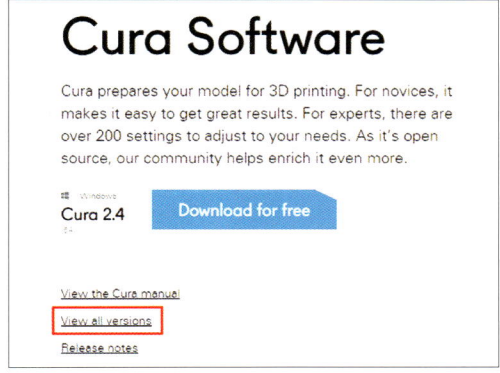

❷ 'View all versions'를 클릭한다.　　　　❸ 'Version 15.04.6'을 클릭하여 다운로드한다.

　　Cura는 15.04.6과 2.1.2버전을 기준으로 사용자 인터페이스가 크게 바뀌었다. 기본적인 사용 방법은 동일하므로 좀 더 사용하기 편한 버전을 다운로드하여 사용하면 된다.

Chapter 09 자동차 모형 만들기 • 405

Unit 01 슬라이싱 프로세스

② Machine Setting

❶ Cura를 처음 실행하면 그림과 같은 화면이 나타난다. 'Next'를 클릭하여 다음으로 넘어간다.

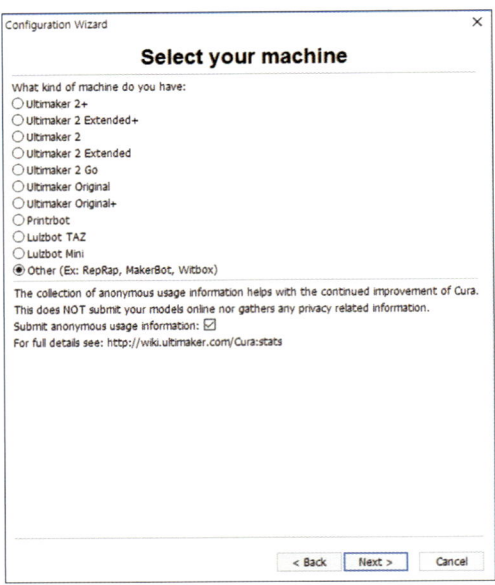

❷ 사용하고 있는 프린터를 선택한다. 사용하고 있는 프린터가 목록에 없는 경우 Other에 체크하고 'Next'를 클릭하고 다음으로 넘어간다.

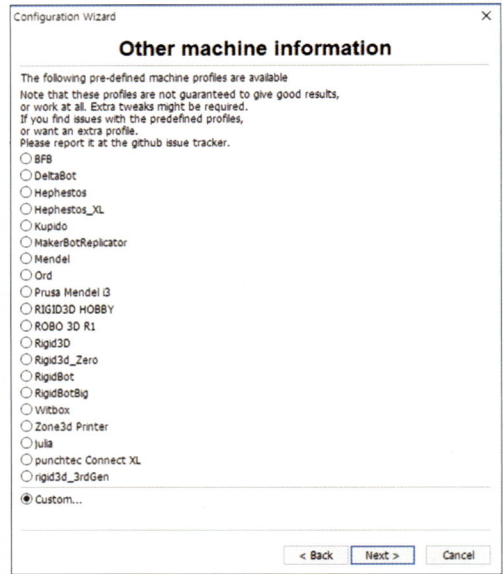

❸ 다음 목록에서 사용하고 있는 프린터를 선택한다. 목록에 없는 경우 Custom에 체크하고 'Next'를 클릭하여 다음으로 넘어간다.

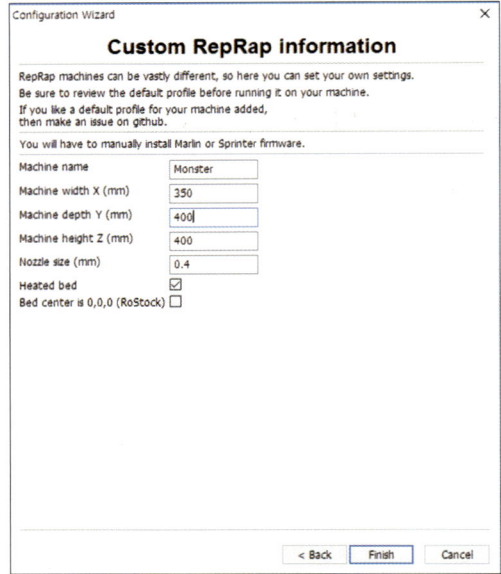

❹ 사용하고 있는 3D 프린터의 베드 사이즈를 입력한다. Heated bed를 사용하는 경우 체크한다. Bed center is 0, 0, 0은 델타 방식의 프린터를 사용하는 경우 체크한다. 기본적인 세팅이 완료되었으면 'Finish'를 클릭하여 완료한다.

③ Basic Setting

Layer height
한 층의 적층 두께를 설정한다.
– 적층 두께가 얇아지면 그만큼 출력의 질이 좋아지지만 출력 시간이 늘어난다.

Shell thickness
외벽의 두께를 설정한다.

Enable retraction
노즐이 출력하지 않고 움직이는 구간에서 필라멘트를 빨아들여 흘러내리는 것을 방지한다.

Bottom/Top thickness
바닥 층과 가장 위층의 두께를 설정한다.

Fill Density
내부 채움 정도를 설정한다.

Print speed
출력 속도를 설정한다.

Printing temperature
노즐 온도를 설정한다.

Bed temperature
베드의 온도를 설정한다.

Support type
서포트 타입을 설정한다.

- **None** : 서포트를 사용하지 않는다.
- **Touching buildplate** : 프린터 바닥에서부터 공중에 떠 있는 위치에만 서포터가 생성된다.
- **Everywhere** : 공중에 떠 있는 부분 모두에 서포터가 생성된다.

Platform adhesion type 바닥 구조물 타입을 설정한다.
Diameter 필라멘트 직경을 설정한다.
Flow 압출량을 설정한다.
Nozzle size 노즐 직경을 설정한다.

Unit 01 슬라이싱 프로세스

3 파일 불러오기, 오브젝트 편집하기

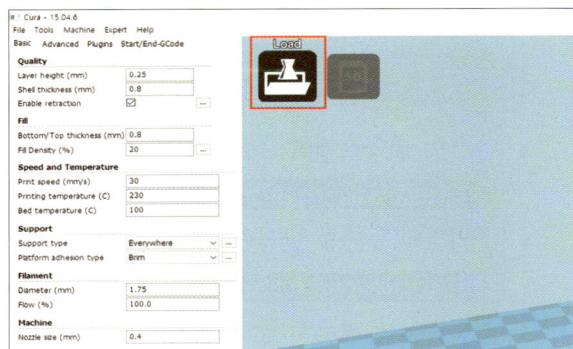

❶ Cura 화면 왼쪽 위에 폴더 모양의 Load 아이콘을 클릭하여 stl 파일을 불러온다.

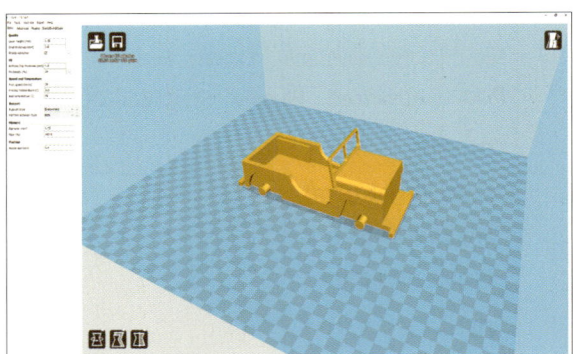

❷ 그림과 같이 모델링의 렌더 색상에 상관없이 노란색으로 오브젝트가 불려 온다.

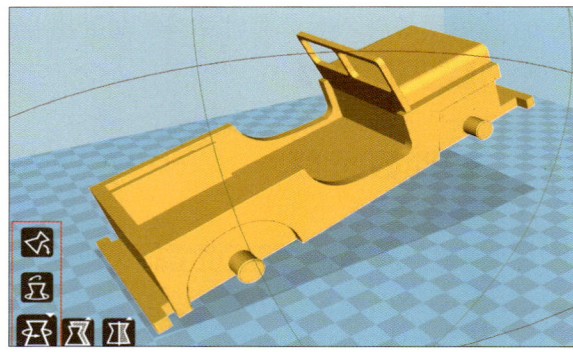

❸ 화면 왼쪽 하단의 회전 아이콘을 클릭하여 오브젝트를 회전시키거나 바닥 면에 붙일 수 있다.

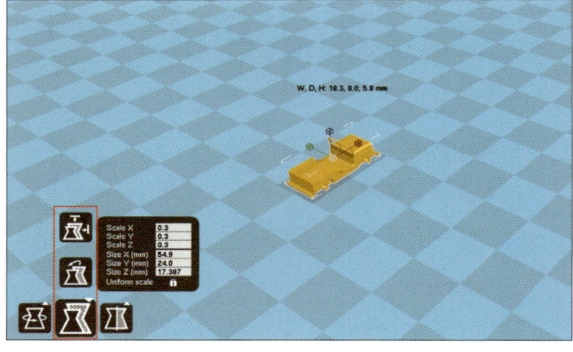

❹ 스케일 아이콘을 클릭하여 오브젝트의 축척을 변경할 수 있다.

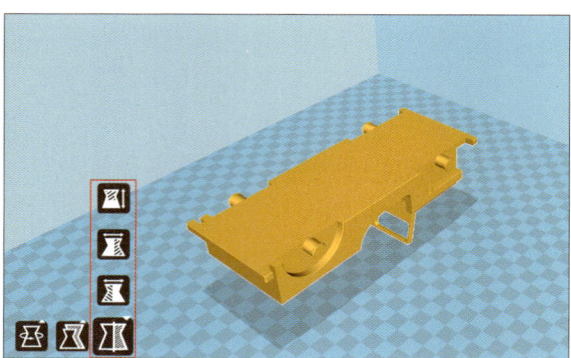

❺ 대칭 아이콘을 클릭하여 오브젝트를 대칭 회전시킬 수 있다.

4 Veiw Mode

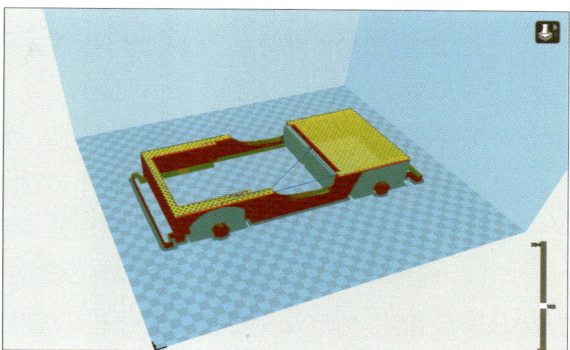

❶ 화면 오른쪽 상단의 아이콘을 클릭하면 여러 가지 View Mode를 이용한 오브젝트를 확인해 볼 수 있다. 그중에서 'Layers'를 클릭한다.

❷ Layers를 클릭하면 그림과 같이 어떻게 출력되는지 확인할 수 있다. 외벽은 빨간색, 속 채움은 노란색, 지지대 구조물은 하늘색으로 표현된다. 오브젝트 세팅이 끝난 후에는 반드시 Layers View로 출력에 이상이 없는지 확인한다.

5 G-code 변환하기

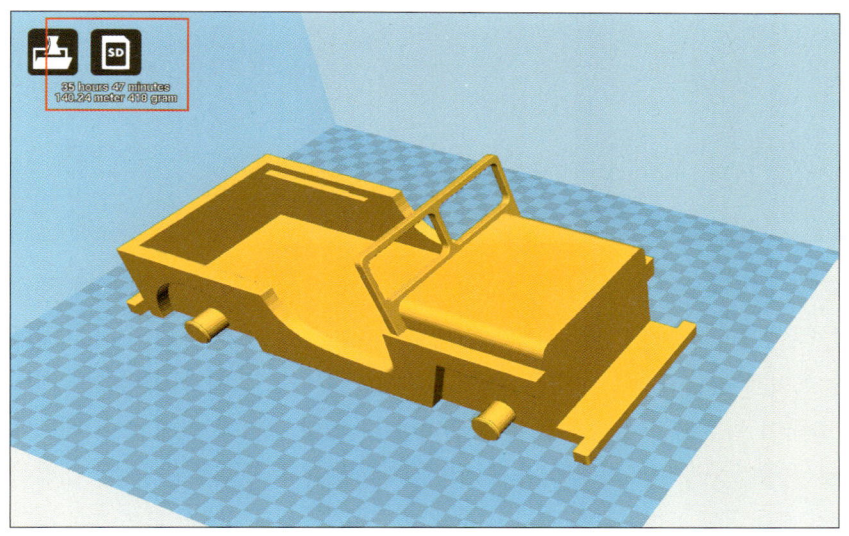

화면 왼쪽 상단의 Save 아이콘을 확인해보면 대략적인 출력 시간과 소모되는 필라멘트 양을 알 수 있다. SD카드가 삽입된 상태에서는 그림과 같이 아이콘 모양이 바뀌는 것을 확인할 수 있다. SD카드를 삽입한 상태에서 Save 아이콘을 클릭하면 자동으로 G-code로 변환되어 SD카드에 바로 저장된다.

02 후가공

1 3D 프린팅 출력하기

3D 프린팅 출력하기는 FDM 장비를 기준으로 작성되었다.

모델링과 슬라이싱이 완료되었다면 바로 출력을 하면 될 것 같지만 출력에 앞서 먼저 프린터 세팅을 잘 해야 한다. 3D 프린팅 출력에서 가장 먼저 확인해봐야 하는 것이 베드의 수평이다. 한 층의 두께가 보통 0.2mm이기 때문에 베드의 수평이 조금만 틀어져도 출력물에 지대한 영향을 끼치게 된다. 베드의 수평을 맞추는 경우에는 노즐과 베드 사이의 간격을 명함 한 장이 들어갈 정도의 간격으로 맞춘다. 베드의 수평을 맞췄다면 프린터를 전반적으로 한번 확인한 뒤 출력을 시작한다.

그림과 같이 출력이 시작되면 그 뒤로는 프린터가 자동으로 출력을 해나가겠지만 맨 첫 번째 층을 출력할 때는 확인을 해주는 것이 좋다. FDM 장비는 보통 필라멘트라고 하는 플라스틱 수지를 재료로 사용하는데 필라멘트를 녹여서 압출하고 식히면서 쌓는 과정에서 수축이 일어나 출력물이 베드에 제대로 안착하지 못해 출력이 이루어지지 않는 경우가 일어날 수 있다. 맨 첫 번째 층이 베드에 잘 안착이 되었다면 그 후로는 중간중간 탈조가 일어나지 않았는지 정도만 확인해주면 된다. 출력이 끝났다면 출력물을 베드에서 떼어내야 한다. 이때 베드가 충분히 식지 않은 상태에서 무리하게 출력물을 떼어내면 출력물의 모양이 변형될 수 있으므로 충분히 베드가 식은 후에 떼어내야 한다. 이렇게 출력이 끝났다고 해도 FDM 장비의 특성상 표면 질이 좋지 않다. 그렇기 때문에 좀 더 나은 결과물을 위해서는 후가공 공정을 거쳐야만 한다.

2 후가공 준비물

후가공의 첫 단계에서는 장갑, 방진 마스크, 니퍼, 롱노우즈, 줄, 사포 등의 공구가 필요하다. 후가공의 단계는 통상적으로 다음과 같이 나뉜다.

- **하도** : 단순한 표면 처리 및 사포질
- **중도** : 표면 가공(서페이서/퍼티 작업)
- **상도** : 도색 및 코팅

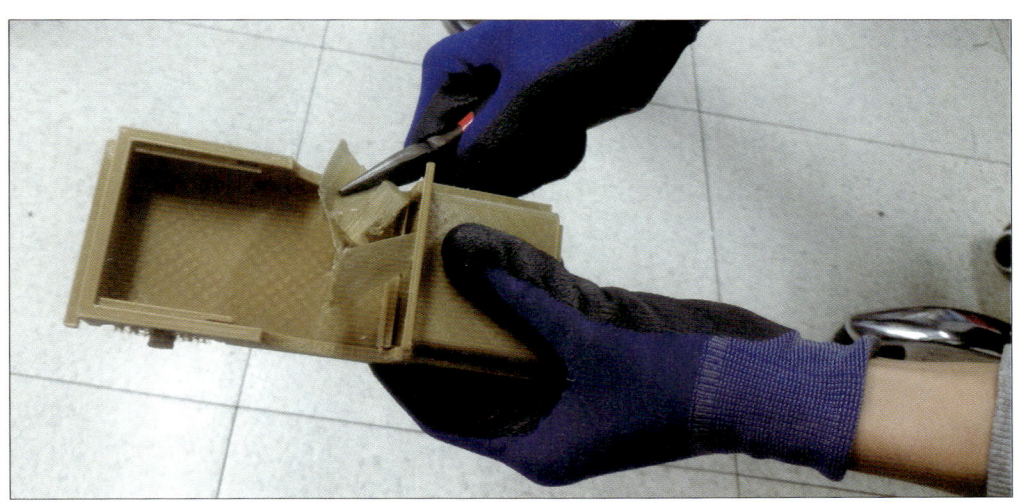

가장 먼저 롱노우즈와 니퍼를 이용하여 서포터를 제거한다. 공구를 사용할 때는 반드시 장갑을 착용하고 작업해야 한다. 출력물이 얇은 부분에 서포터가 생성된 경우 무리하게 서포터를 뜯어내면 출력물에 손상이 있을 수 있으므로 주의하여 서포터를 제거한다.

Unit 02 후가공

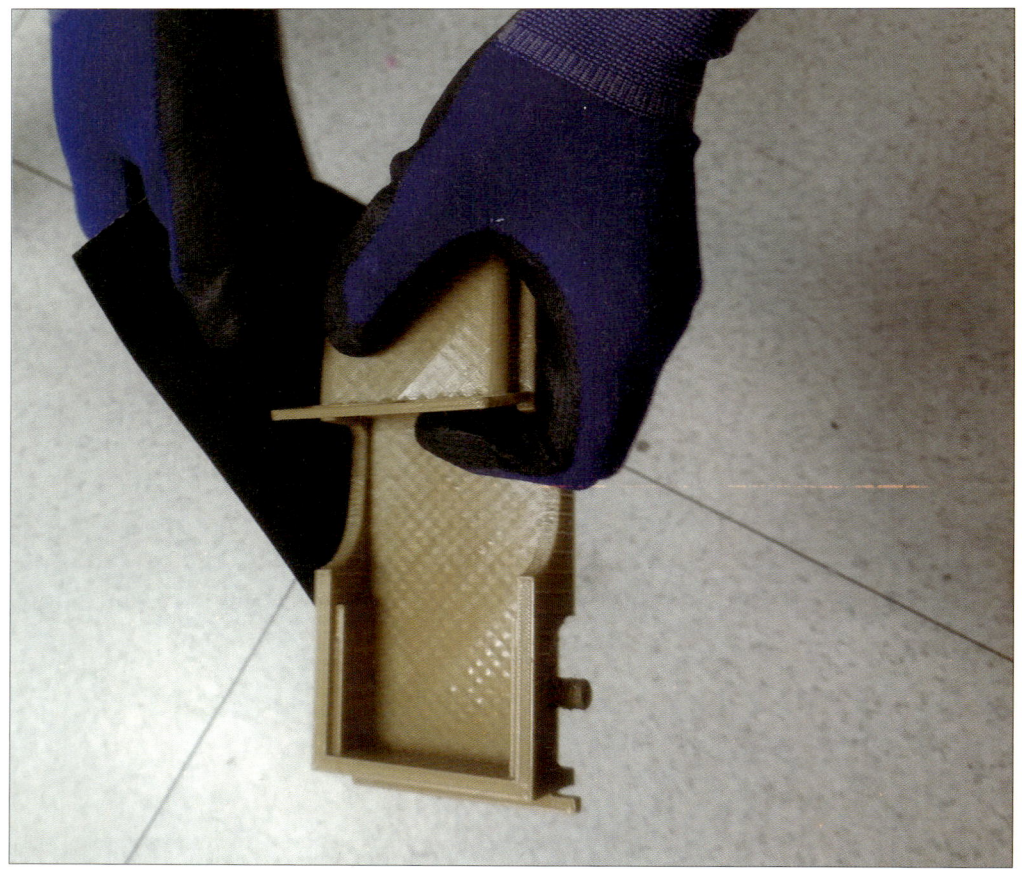

　서포터나 브림 등의 2차 구조물 제거가 끝났으면 종이 사포를 이용하여 출력물 표면을 다듬어준다. 사포질을 할 때는 미세 먼지가 많이 흩날리므로 반드시 환기가 잘 되는 작업 환경에서 방진 마스크를 착용하고 작업하도록 한다. 사포질을 너무 빠르고 강하게 하면 마찰열에 의해서 표면이 녹아 찌꺼기가 발생할 수 있으므로 적당한 힘과 속도로 사포질을 해야 한다.

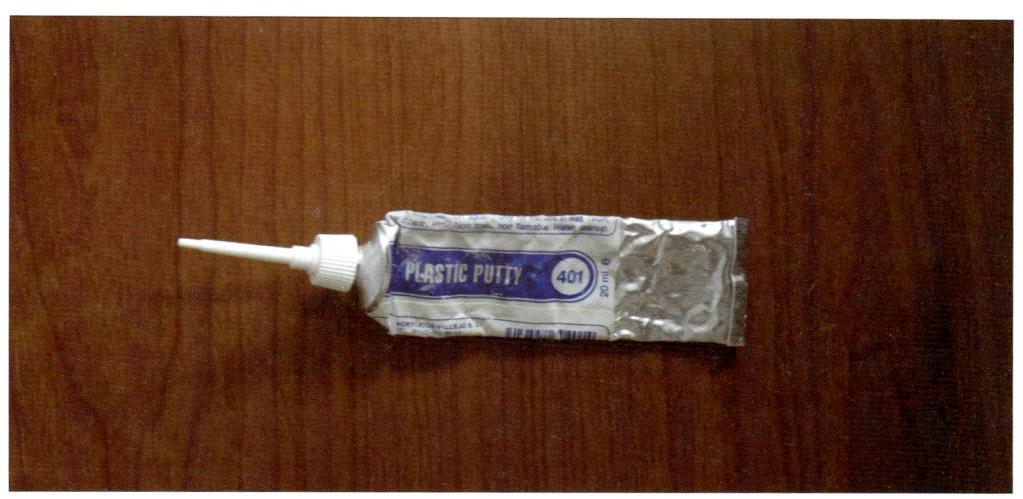

    사포질로 표면을 다듬는 과정이 끝났다면 퍼티를 이용하여 패여 있는 부분을 메워준다. 퍼티는 ABS필라멘트를 사용하는 경우, 아세톤에 녹여 직접 퍼티를 만들어 사용하기도 하고 점토 형태의 퍼티 등 다양한 종류가 존재한다. 여기서는 튜브 형태의 플라스틱 퍼티를 이용하여 작업했지만 각각 퍼티의 특성에 따라 사용해주면 된다. 퍼티를 사용하여 작업할 때는 퍼티를 한 번에 많이 사용하는 것보다는 얇게 여러 번 펴 바르는 것이 좋다.

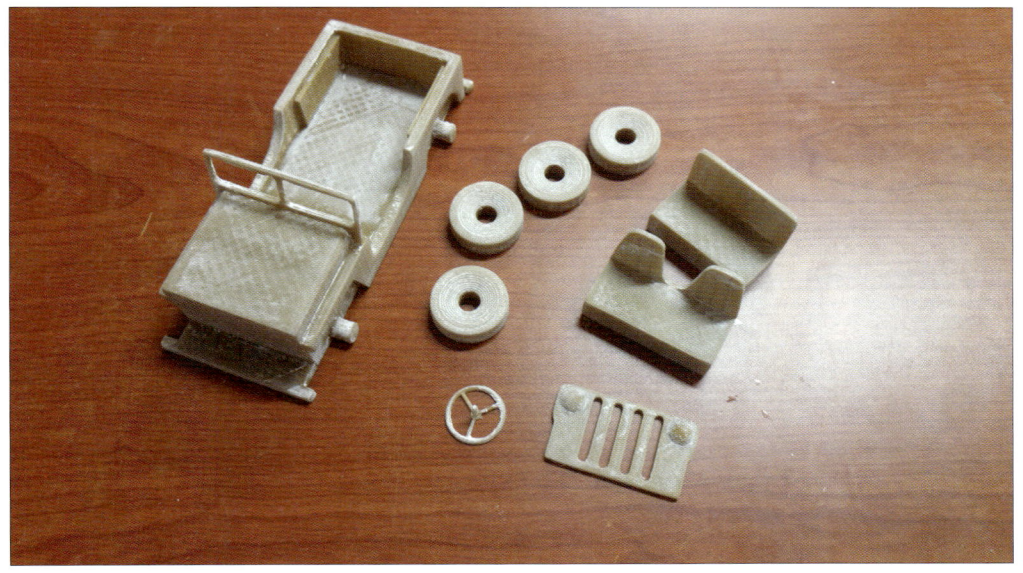

    사진과 같이 퍼티를 바른 후에도 사포질을 하여 표면을 매끄럽게 다듬어준다. 위의 작업을 여러 차례 반복할수록 질이 뛰어난 표면을 가진 작품을 얻을 수 있다.

Unit 02 후가공

다음으로는 서페이서 스프레이를 출력물 표면에 얇게 도포한다. 서페이서는 출력물의 표면을 마감하는 데 사용하고 도색하기 전 바탕색을 깔아주는 역할을 한다.

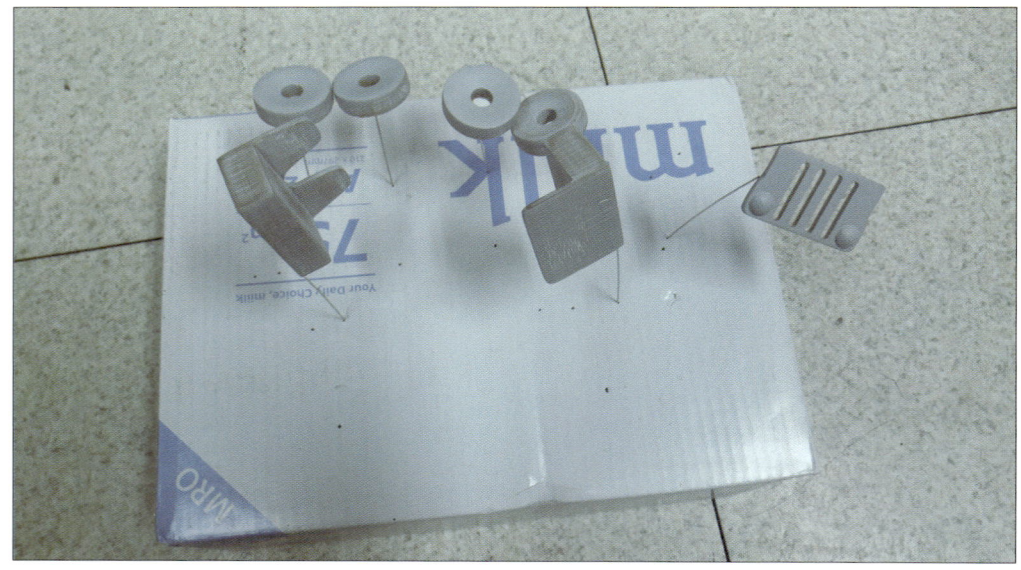

서페이서를 도포할 때도 마찬가지로 한 번에 많이 분사하는 것보다 흩날리듯이 얇게 여러 번 칠해주는 것이 좋다. 한 위치에 너무 많이 분사하여 서페이서가 흘러내리지 않도록 주의한다.

3D 프린팅 완전 정복
Fusion 360 모델링

발 행 일 2018년 5월 10일 개정판 1쇄 발행
2019년 1월 10일 개정판 2쇄 발행

저 자 홍표제 · 임건우 · 이기훈 공저

발 행 처

발 행 인 이상원
신고번호 제 300-2007-143호
주 소 서울시 종로구 율곡로13길 21
대표전화 02)745-0311~3
팩 스 02)765-3232
홈페이지 www.crownbook.com
I S B N 978-89-406-3590-2 / 13550

특별판매정가 28,000원

이 도서의 판권은 크라운출판사에 있으며, 수록된 내용은
무단으로 복제, 변형하여 사용할 수 없습니다.
Copyright CROWN, © 2019 Printed in Korea

이 도서의 문의를 편집부(02-744-4959)로 연락주시면
친절하게 응답해 드립니다.